昭阳年鉴
2019

云南省昭通市昭阳区《昭阳年鉴》编辑委员会　编

中国林业出版社

图书在版编目(CIP)数据

昭阳年鉴.2019/云南省昭通市昭阳区《昭阳年鉴》编辑委员会编.—北京：中国林业出版社,2019.9
ISBN 978-7-5219-0298-3

Ⅰ.①昭… Ⅱ.①云… Ⅲ.①昭阳区—2019—年鉴 Ⅳ.①Z527.45

中国版本图书馆CIP数据核字(2019)第213599号

中国林业出版社

策划编辑：吴锐涛
责任编辑：何 蕊 杨 洋 童仁川
电 话：(010)83143561

出版发行	中国林业出版社(100009 北京市西城区德内大街刘海胡同7号)电话：(010)83143500　http://lycb.forestry.gov.cn
经　销	新华书店
印　刷	云南民大印务有限公司
版　次	2019年9月第1版
印　次	2019年9月第1次印刷
开　本	787mm×1092mm　1/16
印　张	22.25
字　数	614千字
定　价	180.00元

未经许可，不得以任何方式复制或抄袭本书之部分或全部内容。

版权所有　侵权必究

脱 贫 攻 坚

昭阳区是云南省2017年确定的27个深度贫困县(区)之一。近年来,全区50余名处级领导、100余个区直部门、145支驻村扶贫工作队、2.4万余人攻坚队伍奋战在脱贫攻坚战场,经过艰苦奋战,已稳定脱贫近17万人,贫困发生率下降到6.28%。2019~2020年,全区要脱贫11 675户47 775人,今年要退出70个贫困村,脱贫42 211人。同时承担靖安安置区大关、永善、彝良、盐津、镇雄5个县、30个贫困乡镇、194个贫困村(其中深度贫困村134个)10 197户43 991人跨县安置,任务非常繁重。区委、区政府按照市委"133"工作思路,紧扣脱贫攻坚目标任务,举全区之力,立足资源禀赋,主打"苹果、马铃薯"两大主导扶贫产业,力推蔬菜、生猪、肉牛、林产等生态种养业,创新机制、内引外联,多措并举、融合发展,推动"输血式"扶贫向"造血式"扶贫转变,基本实现区有主导产业、乡有扶贫产业园、村有农业产业项目、户有帮扶产业覆盖目标。

昭阳区脱贫攻坚誓师大会

昭阳区易地扶贫搬迁项目——靖安新区规划鸟瞰图

全国政协副主席卢展工(左四)在昭通市委书记杨亚林(左三)陪同下,到昭阳区昭通超越苹果基地调研产业发展

云南省人大常委会副主任和段琪(前排左二),在昭通市委书记杨亚林(前排左一)陪同下,调研靖安新区规划建设

昭通市委书记杨亚林(中)与贫困户亲切交谈

昭通市委常委、昭阳区委书记江先奎(中)到昭阳区工业园区调研建档立卡户贫困户转移就业

市委常委、区委书记江先奎(右一)与实现转移就业的建档立卡户贫困户亲切交谈

昭通市委常委、昭阳区委书记江先奎(右二)与贫困群众亲切交谈

昭通市委常委、昭阳区委书记江先奎(右二)、区委副书记、区长陶毅(中)率队到北闸镇红路安置区实地调研易地扶贫搬迁工作

昭阳区委副书记、区长陶毅(中)调研脱贫攻坚产业培育

昭阳区委副书记、区长陶毅(左三)走访贫困户

昭阳区委副书记、区长陶毅(左三)与建档立卡户亲切交谈

2018年,投入脱贫攻坚资金40 681.84万元。其中,财政专项扶贫资金17 216.94万元、涉农统筹整合其他资金15 671.88万元、东西协作资金3 160万元、盘活存量资金4 627.54万元、涉农统筹整合专户利息5.18万元;省级财政投入资金4 883.94万元,市、区财政投入6 540万元。1家央企、5家省直单位、5家市直单位、100个区直部门包村到户负责,145支驻村扶贫工作队、472名队员驻村扶贫履责,23 765名党员干部职工联户帮扶担责。

2018年,昭阳、东莞在"1+8"框架协议下,进一步共商"3+1"模式下的扶贫协作工作,签订《结对及项目合作协议》16个,引进东莞立时电子厂、鸿宝科技股份有限公司入驻昭阳工业园区,石碣润丰果蔬有限公司与昭通昌宏信达农贸有限公司于2018年4月合作,成立"莞昭果蔬供应链昭阳区华苑小区澳蔬菜种植基地",并试种10余种供港蔬菜品种。

供稿:昭阳区扶贫办、新闻中心、刘松、邓鹏

苹果展销会

昭阳区是昭通苹果主产区,正在实施苹果产业发展"苹果之城"三年行动计划,到2020年,种植规模将达到100万亩、产量400万吨左右。

"2018昭通苹果展销会"于9月26~30日在昭通国际会议会展中心举行。展销会开幕当天,共签订苹果小镇建设项目、昭通健康城综合体建设项目、昭阳区5万亩现代苹果种植示范园建设项目等8个招商引资项目,协议投资总额共计110.2亿元。开幕当日,昭通苹果专柜首发,由昭通市农投公司、海升公司、琪祥公司先期发送4车52吨昭通苹果直达北京、深圳、广东、重庆。

据不完全统计,9月26日至29日展销会期间,昭通苹果与高原农特产品现场销售金额达216.21万元。其中,苹果销售82 465千克,销售金额143.55万元;签约订单52个,签约金额3.97亿元。苹果产品采购协议,共计采购苹果15 200吨,价值2.21亿元。

苹果展销会启动仪式

苹果展销会论坛现场

企业家见面会,共商脱贫攻坚大计

苹果展销会现场之一

苹果展销会现场之二

载歌载舞庆丰收

展品苹果

摄影:彭静

中国第二十届马铃薯大会

昭通夏无酷暑,气候凉爽,是世界上除秘鲁之外最好的马铃薯种植地区,是我省马铃薯主产区,全国马铃薯种植面积最大5个地级市之一,其种植历史有200多年。

2018年7月8~10日,第二十届中国马铃薯大会在云南省昭通市召开,本次大会由中国作物学会马铃薯专业委员会主办,昭通市人民政府、云南省农业厅和云南省农业科学院承办,会议主题为"马铃薯产业与脱贫攻坚"。

出席本次大会的有农业农村部副部长、中国作物学会马铃薯专业委员会主任委员屈冬玉博士,中国工程院院士、云南农业大学名誉校长朱有勇教授,云南省人民政府副省长陈舜,中共昭通市委书记杨亚林,以及多家部级单位和8个马铃薯主产省区市相关部门领导。

此次大会共有21个省、5个自治区、4个直辖市参会交流。参展企业288家,其中美国、荷兰和日本等国家企业3家,省外企业76家,省内企业70家,昭通市内企业139家,为参会人数、参展企业最多的一次。

在3天时间里,来自国内外的2 600多位马铃薯方面专家、学者、企业家和行业精英,围绕大会主题举行主题报告、现场观摩、专题研讨会、招商推介暨签约仪式等系列活动。同时举办马铃薯种薯生产、栽培技术、加工技术、机械设施、信息传媒、主食产品等展览展示。

在开幕当天招商推荐会上,签约36个项目,签约资金达88.6亿元。

2018年中国马铃薯大会开幕式

2018年中国马铃薯大会会场

出席2018年中国马铃薯大会的领导进入会场

云南农垦集团所属企业云南农垦高原特色农业有限公司与太平财产保险有限公司云南分公司签署战略合作协议

供稿单位:昭阳区委宣传部

云南省昭通市昭阳区《昭阳年鉴》编辑委员会

顾　问：陶　毅
主　任：郭映辉
副主任：张　宁
委　员：费忠平　李林森（回族）
　　　　曹玉树　邓光涛　刘平勇
　　　　杨兴华　马　娟（回族）　李新华

昭阳区《昭阳年鉴》编辑部

主　编：张　宁
副主编：马　娟（回族）　王立俊　李新华
编　辑：陈　俊　陈　林　蒋　睿
编　务：罗永芬（彝族）　张永志

《昭阳年鉴》供稿人员及供稿单位
（排名不分先后）

文字供稿人员：

政　治：马凌峰　李蓓液　李　昆　季心平　张祥聪　孙　雄　王雅婷
　　　　虎　进　刘俊杰　张权伟　吴青俊　李玉晶　代　然　卢楚雄
　　　　李　潇　张　莎　彭明英

法　治：李方耀　李　涛　郭　茂　锁　黎　吕光意　范富队　姚　智
　　　　罗　茜　王海鹰　晋春丽

军　事：唐　涛　崔大芳

经　济：周　燚　朱　颖　陈华刚　毕敬刚　胡良乾　赵泽卿　梁　蕾
　　　　陈　欢　杨　钟　杨云跃　陈　秋　赵声梅　马文荣　陶永繁
　　　　普明卫　王德丽　黄　伟　李保队　蔡　斌　高正全　曾祥德
　　　　訾先红　王　军　赵青青　刘代军

文　化：刘　钒　柳　艳　撒媛赟　赵　恒　范　瑶　吴　强　刘太忠
　　　　王　玲　朱　镛　姚　权

社　会：马俊涛　金方平　潘明娟　阳廷安　张紫琪　铁　欢　杨庆忠
　　　　张绍美　官德云　李　鹏　李洪毅

乡、镇（办事处）：
　办事处：来艳华　黄太松　耿玉伟　郎银菊
　镇：胡正全　薛　维　毕光华　王朝伟　彭艳玲　邹正梅　赵庆翠
　　　莫　令　彭诗雅　洪　康　姜小玉
　乡：邓锦心　秦　俊　李　丹
　民族乡：白仕迅　阮　婷　马　空　马丽江

封面图片供稿人员： 彭　静

供稿单位：

政　治：昭阳区委办　昭阳区人大办　昭阳区政府办　昭阳区政协
　　　　昭阳区纪委、区监察委　昭阳区委组织部　昭阳区委宣传部
　　　　昭阳区委统战部　昭阳区委政研室　昭阳区委编办
　　　　昭阳区直属工委　昭阳区信访局　昭阳区政务服务管理局
　　　　昭阳区公共资源交易中心　昭阳区工商联　昭阳区总工会
　　　　共青团昭阳区委　昭阳区妇联

法　　治：昭阳区政法委　昭阳区检察院　昭阳区法院　昭阳区法制局
　　　　　昭阳区公安局　昭阳区公安交警一大队　昭阳区公安交警二大队
　　　　　昭阳区消防大队　昭阳区司法局　昭阳区综合执法局
军　　事：昭阳区人武部　昭阳区人防办
经　　济：昭阳工业园区管委会　昭阳区发改局　昭阳区粮食局
　　　　　昭阳区工科局　昭阳区财政局　昭阳区国土资源局
　　　　　昭阳区环保局　昭阳区住建局　昭阳区交通局　昭阳区农业局
　　　　　昭阳区水务局　昭阳区旅游局　昭阳区安监局　昭阳区审计局
　　　　　昭阳区市场监管局　昭阳区林业局　大山包黑颈鹤保护区管理局
　　　　　昭阳区统计局　国家统计局昭阳调查队　昭阳区供销社
　　　　　烟草专卖局昭阳区分公司　昭阳区烟办　昭阳区城管委
　　　　　昭阳区税务局　昭阳区招商局
文　　化：昭阳区教育局　昭阳区文体局　昭阳区卫计局　昭阳区新闻中心
　　　　　昭阳区档案局　昭阳区广电局　昭阳区委党史办　昭阳区科协
　　　　　昭阳区文联　昭阳区社科联
社　　会：昭阳区民宗局　昭阳区民政局　昭阳区人社局　昭阳区扶贫办
　　　　　昭阳区移民局　昭阳区计生协会　昭阳区残联　昭阳区红十字会
　　　　　昭阳区防震减灾局　昭阳区气象局　昭阳区农村人力资源开发办

乡、镇（办事处）：
　办事处：昭阳区凤凰街道办事处　昭阳区龙泉街道办事处
　　　　　昭阳区太平街道办事处
　镇：昭阳区北闸镇　昭阳区大山包镇　昭阳区旧圃镇　昭阳区靖安镇
　　　昭阳区乐居镇　昭阳区盘河镇　昭阳区苏家院镇　昭阳区洒渔镇
　　　昭阳区永丰镇　昭阳区炎山镇
　乡：昭阳区大寨子乡　昭阳区苏甲乡　昭阳区田坝乡
　民族乡：昭阳区布嘎回族乡　昭阳区青岗岭回族彝族乡
　　　　　昭阳区守望回族乡　昭阳区小龙洞回族彝族乡

编 辑 说 明

一、《昭阳年鉴》是中共昭通市昭阳区委领导、昭通市昭阳区政府主管、昭通市昭阳区年鉴编辑委员会主办的地方综合性年鉴。

二、《昭阳年鉴》2019年卷以邓小平理论和"三个代表"重要思想、科学发展观、习近平新时代中国特色社会主义思想、党的十九大精神为指导,坚持实事求是原则,记述昭通市昭阳区2018年政治、经济、文化、社会等各方面的基本情况,全书采用条目体,分设特载、年内要事、概况、政治、法治、军事、经济、文化、社会、组织机构及领导名录、附录等内容。

三、《昭阳年鉴》资料来源于昭阳区直属单位和市直有关单位提供的材料。

四、《昭阳年鉴》的出版,得到各级领导、各单位的大力支持,在此深表谢意。由于编辑水平有限,不妥之处在所难免,殷切希望读者批评指正。

昭通市昭阳区《昭阳年鉴》编辑部

2019年8月30日

目 录

特 载

汇聚一切力量　穷尽一切措施为决胜脱贫摘帽冲刺全面小康而努力奋斗 …………1
昭阳区人民政府工作报告 …………10

年内要事

1月 …………19
2月 …………20
3月 …………20
4月 …………21
5月 …………22
6月 …………23
7月 …………23
8月 …………24
9月 …………25
10月 …………26
11月 …………26
12月 …………28

概 况

昭阳区 …………30
凤凰街道办事处 …………38
昭阳区龙泉街道办事处 …………41
昭阳区太平街道办事处 …………43
昭阳区北闸镇 …………45
昭阳区大山包镇 …………47
昭阳区旧圃镇 …………49
昭阳区靖安镇 …………51
昭阳区乐居镇 …………53
昭阳区盘河镇 …………55
昭阳区苏家院镇 …………57
昭阳区洒渔镇 …………59
昭阳区永丰镇 …………63
昭阳区炎山镇 …………65
昭阳区大寨子乡 …………66
昭阳区苏甲乡 …………68
昭阳区田坝乡 …………70
昭阳区布嘎回族乡 …………72
昭阳区青岗岭回族彝族乡 …………74
昭阳区守望回族乡 …………76
昭阳区小龙洞回族彝族乡 …………80

政 治

中共昭阳区委员会 …………84
昭阳区人大常委会 …………87
昭阳区人民政府 …………90
昭阳区政协 …………93
昭阳区纪委、区监察委 …………94
昭阳区委组织部 …………95
昭阳区委宣传部 …………97
昭阳区委统战部 …………99
昭阳区委政研室 …………99
昭阳区委编办 …………100
昭阳区直属工委 …………101
昭阳区信访局 …………102
昭阳区政务服务管理局 …………103
昭阳区公共资源交易中心 …………104
昭阳区工商联 …………104
昭阳区总工会 …………106
共青团昭阳区委 …………107
昭阳区妇联 …………108

法 治

昭阳区政法委 …………………… 111
昭阳区检察院 …………………… 112
昭阳区法院 ……………………… 115
昭阳区法制局 …………………… 117
昭阳区公安局 …………………… 117
昭阳区公安交警一大队 ………… 120
昭阳区公安交警二大队 ………… 125
昭阳区消防大队 ………………… 130
昭阳区司法局 …………………… 130
昭阳区综合执法局 ……………… 131

军 事

昭阳区人民武装部 ……………… 134
昭阳区人民防空办公室 ………… 135

经 济

昭阳区发展和改革局 …………… 137
昭阳区发改局 …………………… 138
昭阳区粮食局 …………………… 140
昭阳区工科局 …………………… 141
昭阳区财政局 …………………… 144
昭阳区国土资源局 ……………… 145
昭阳区环保局 …………………… 152
昭阳区住建局 …………………… 156
昭阳区交通局 …………………… 157
昭阳区农业局 …………………… 159
昭阳区水务局 …………………… 164
昭阳区旅游局 …………………… 165
昭阳区安监局 …………………… 166
昭阳区审计局 …………………… 168
昭阳区市场监管局 ……………… 170
昭阳区林业局 …………………… 175
大山包黑颈鹤保护区管理局 …… 177
昭阳区统计局 …………………… 178
国家统计局昭阳调查队 ………… 180
昭阳区供销社 …………………… 180

烟草专卖局昭阳区分公司 ……… 182
昭阳区烟办 ……………………… 183
昭阳区城管委 …………………… 184
昭阳区税务局 …………………… 186
昭阳区招商局 …………………… 187

文 化

昭阳区教育局 …………………… 189
昭阳区文体局 …………………… 191
昭阳区卫计局 …………………… 192
昭阳区新闻中心 ………………… 195
昭阳区档案局 …………………… 196
昭阳区广电局 …………………… 197
昭阳区委党史办 ………………… 198
昭阳区科协 ……………………… 199
昭阳区文联 ……………………… 200
昭阳区社科联 …………………… 200

社 会

昭阳区民宗局 …………………… 201
昭阳区民政局 …………………… 202
昭阳区人社局 …………………… 204
昭阳区扶贫办 …………………… 205
昭阳区移民局 …………………… 207
昭阳区计生协会 ………………… 209
昭阳区残联 ……………………… 210
昭阳区红十字会 ………………… 211
昭阳区防震减灾局 ……………… 212
昭阳区气象局 …………………… 213
昭阳区农村人力资源开发办公室 ……… 213

组织机构及领导名录

附 录

一、方案、通知、公告 …………… 235
二、表 彰 ……………………… 312

特 载

汇聚一切力量 穷尽一切措施
为决胜脱贫摘帽冲刺全面小康而努力奋斗

——在中共昭阳区委五届四次全体(扩大)会议上的报告

市委常委、区委书记 江先奎

(2019年2月14日)

现在,我受区委常委会委托,向全委会报告工作,请审议!

一、2018年工作回顾

2018年,是昭阳发展进程中不寻常、不容易、不简单的一年。一年来,在省委、市委的坚强领导下,我们高举习近平新时代中国特色社会主义思想伟大旗帜,克难攻坚,埋头苦干,全区经济健康发展、社会事业长足进步、人民生活持续改善、民族团结社会和谐,实现了高质量发展的良好开局。

(一)这一年,我们用实干保持了经济中高速增长。坚持稳中求进工作主基调,全区经济保持了稳中有进、进中向好的发展势头。预计全年生产总值273.26亿元,比上年增长8.0%(下同)。其中,一、二、三产增加值分别达29.14亿元、136.6亿元和107.52亿元,增长6.4%、9.2%和6.8%;规模以上固定资产投资204.67亿元,增长9.38%;地方公共财政预算收入和支出分别达13.09亿元和62.35亿元,增长15%和8.3%;基金收入32.78亿元,增长203.9%;金融机构人民币存贷款余额分别达572.18亿元和286.43亿元,增长5.62%和8.75%。

(二)这一年,我们用"苦干"打下了脱贫摘帽的坚实基础。坚持把提高脱贫质量放在首位,认真落实"五级书记抓扶贫",构建了58名处级领导、100个区直部门、145支驻村扶贫工作队、2.4万名党员干部挂乡驻村入户的三级作战体系。深入开展"村村清、户户清"行动,项目库、路线图、施工图进一步精准到村到户到人。累计投入资金16.21亿元,深入实施"十大扶贫行动",21个村1.13万户4.7万人如期脱贫出列,顺利通过"省检"。靖安、红路、永丰、洒渔4个易地扶贫搬迁集中安置点建设全速推进,完成稳定搬迁658户、农村危房改造6 034户。创新"大产业+新主体+新平台"产业发展模式,精准对接贫困群众,产业扶贫、资产收益扶贫基本实现到村到户全覆盖。订单式培训贫困劳动力6.7万人次,转移5.46万人。教育、生态、政策兜底等扶贫行动实现应扶尽扶、应保尽保,水电路讯等基础设施建设全覆盖。

(三)这一年,我们用"大干"构建了产业发展大格局。坚持现代产业发展理念,以重整山河的决心重构产业版图,大产业顶天立地、新经济新业态铺天盖地的发展态势正在形成。做响了一产品牌。实现农林牧渔业总产值59.2亿元,增长7%。累计流转土地8 833.33公顷,建成农业产业基地19个,组建专业合作社1 055个,完成"三品一标"认证12个。苹果种植面积达2.73万公顷,实现产值35亿元;马铃薯3.13万公顷,实现产值7.5亿元,基本实现"区有基地、乡有样板、村有示范"目标。做强了二产实力。完成工业总产值206.81亿元,增长9%。70万吨水电铝一期项目建成投产,补齐了工业短板。商贸企业升限纳限16户、工业企业升规纳规5户。工业园区新增入驻企业5户,纳入园区管理企业75户,完成工业产值132.29亿元,增长15.71%,火车头作用日益凸显。做大了三产规模。社会消费品零售总额完成109.53亿元,增长11%。围绕建链补链强链,生产性服务业蓬勃发展,各类市场主体增幅达34.6%,总量3.48万户;房地产交易额达131.68万平方米、60.69亿元。

(四)这一年,我们用"快干"重塑了城乡人居环境新形象。中心城市正由中等城市加快向大城市转型,城乡一体化发展步伐明显加快。累计完成投资94.2亿元,省耕公园、会议会展中心和一批市政工程建成投入使用,建成区面积已达50平方千米、人口51.6万人。坚决以整改中央环境督察反馈问题为契机,全面打响提升城乡人居环境形象革命系列攻坚战,拆违145万平方米,清理垃圾500余万吨,1 665辆"黄标车"全部淘汰,"河长制"全面落实,利济河已消除"黑臭",成功争取全省唯一、全国首批黑臭水体治理示范城市项目,中心城市垃圾填埋场和垃圾焚烧发电厂启动建设,建成"一水两污"项目5个,30个村庄人居环境整治点全面启动,污染防治攻坚战取得阶段性胜利。

(五)这一年,我们用"真干"开辟了跨越发展新天地。坚持以改革创新的精神,全力冲破制约发展的天花板,供给侧结构性改革、"放管服"改革等各领域改革全面深化。农业产业基地建设、"三变"资产收益改革、易地扶贫搬迁安置、农村集体经济、贫困劳动力培训就业、"城增村减"等创新发展模式闯出了新路、走在了前列,得到国家有关部委和省、市各级领导的高度肯定,有的全省复制推广,各地赴昭阳考察学习上千人次。开放的大门越打越开,六威(昭)高速公路建成通车,渝昆高铁、宜昭高速、都香高速、新机场迁建加快推进。开放的大路越走越远,成功举办昭通苹果展销会和国际马铃薯大会,"昭通苹果"登上央视8个核心频道,昭通苹果、苹果昭通品牌享誉全国,小小苹果走出了国门,激活了昭阳全方位对外开放发展的"一池春水"。全国、全省20余家知名企业入驻昭阳,全年协议总投资达635.7亿元,实际到位166.73亿元,同比增长17.83%。赴昭阳游客达465.97万人(次),实现旅游收入42.28亿元,增长26.78%。

(六)这一年,我们用"勤干"提升了民生福祉温度。自觉践行"以人民为中心"的思想,用心用情增进民生福祉,广大人民群众的获得感、幸福感、安全感日益增强。全年财政民生支出达49.88亿元,占一般公共财政支出80%以上。城乡居民人均可支配收入分别达3.19万元、1.05万元,同比增长8.5%、9.5%。新增城镇就业人口4 982人,扶持创业435人,城镇登记失业率控制在3.4%。棚户区改造3个片区9个安置点共1.41万套安置房,分配入住2 829套;货币化安置3 892户。教育发展三年行动计划启动实施,义务教育基本均衡发展接受了国家督导评估,覆盖城乡的社会保障和医疗卫生服务体系日趋完善,民族宗教、人民武装等各项社会事业齐头并进,基本公共服务水平不断提升。扫黑除恶专项斗争成效显著,成功打掉涉黑涉恶团伙3个。社会治理能力明显提升,治安防控体系建设不断加强,禁毒工作受到公安部表彰,省级"无传销城市"成功创建,安全生产形势持续稳定好转,社会大局和谐有序,法治昭阳、平安昭阳深入推进。

(七)这一年,我们用"干"字诠释了昭阳铁军担当。始终坚持用习近平新时代中国特色社会主义思想武装头脑、指导实践、推动工作,区委常委会自身建设不断加强,"两学一做"学习教育、"不忘初心、牢记使命"主题教育深入推进。全面从严治党纵深发展,纪检监察体制改革全面完成,派驻监督和巡察监督全覆盖,意识形态、"基层党建巩固年"和"支部规范年"各项工作成效显著。人大及其常委会法律监督和人民政协民主监督作用明显,统战、群团、老干部等各界别工作规范加强,"好声音"越来越响,"凝聚力"越来越强,"同心圆"越画越大。这一年,我们历经了中央扶贫专项巡视、中央环保督察、国务院大督察、土地例行督察和省委巡视、扶贫成效考核等接连不断的"大体检",接连集中开展了脱贫攻坚、产业转型升级、生态环境保护、提升城乡人居环境、扫黑除恶等系列攻坚战,攻克了一大批困难堡垒,破解了困扰昭阳多年的系列发展难题,干成了一大批昭阳人民引以为豪的大事要事,干出了昭阳速度、昭阳经验、昭阳优势、昭阳形象和昭阳信心,充分展现了我们昭阳广大党员干部勇于担当、不惧艰险、战天斗地、一往无前的"铁军"风采,赢得了广大人民群众的普遍赞誉,凝聚了全区人民思发展、谋发展、推发展的磅礴力量。

一年的苦干,苦来的是昭阳大地日新月异的变化;一年的艰辛,换来的是昭阳经济社会各项事业的深刻变革;一年的奋斗,赢来的是高质量发展的坚实基础。可以说,过去一年是好事连连、好戏连台、好评如潮的一年,是各项工作更有奋斗、更有态势、更有成效的一年。这些成绩的取得,倾注了省委省政府、市委市政府各级领导和社会各界的倾情关心和大力支持,饱含了全区广大党员干部和人民群众的心血汗水。在此,我代表中共昭阳区委,表示最衷心的感谢!

在看到成绩的同时,我们也清醒地认识到存在的问题。主要是:脱贫攻坚家底不清、底数不明、措施不实、绩效不明显,一些乡镇和部门还没有把主要精力投入到脱贫攻坚上;我们仍处于欠发达阶段,经济基础差、底子薄,社会民生事业欠账大,历史遗留问题多,影响社会安定的不确定性因素多;有的党员干部思想观念、能力素质、工作作风与高质量发展的要求不相适应,有的甚至腐化变质。这些问题,都是发展中的问题,我们一定高度重视,在加快发展中认真加以解决。

二、2019年工作任务

2019年,是新中国成立70周年,也是我区脱贫摘帽、在昭阳发展史上具有里程碑意义的一年。做好今年工作,对于2020年冲刺决胜全面小康、推进高质量发展至关重要。

总体要求是:高举习近平新时代中国特色社会主义思想伟大旗帜,认真贯彻党的十九大和十九届二中、三中全会,以及中央经济工作会、省委十届六次全会、市委四届四次全会精神,统筹推进"五位一体"总体布局和协调推进"四个全面"战略布局,坚持稳中求进工作总基调,坚持新发展理念,坚持推动高质量发展,坚持以供给侧结构性改革为主线,坚持深化市场化改革、扩大高水平开放,扎实做好稳增长、促改革、调结构、惠民生、防风险各项工作;坚持以脱贫攻坚统揽经济社会发展全局,汇聚一切力量,穷尽一切措施,决战决胜脱贫摘帽,奋力冲刺全面小康,以优异成绩庆祝中华人民共和国成立70周年。

目标任务是:农村贫困人口减少4万人以上,巩固提升脱贫成果,完成脱贫出列摘帽任务;生产总值增长9%左右,力争跨过300亿元大关;固定资产投资增长18%以上,社会消费品零售总额增长11%以上,地方一般公共预算收入增长5%以上,城镇调查失业率控制在3.8%以内,居民收入增长与经济增长基本同步,单位GDP能耗完成上级下达目标任务。

当前,昭阳正处于深化改革的攻坚期、加快转型的关键期、国家政策的窗口期。完成上述目标任务,要牢牢把握新时代高质量发展的根本要求,遵循新常态下经济发展的一般规律,始终坚持把昭阳放在全市、全省乃至全国的大背景下审视考量,超前研判宏观大势,精准把握区域态势,积极引领发展走势,在积极应对挑战中赢得主动,在科学谋划未来上抢占先机,始终走在前列、干在实处。

(一)突出第一要事,坚决打好脱贫攻坚歼灭战。决战脱贫摘帽,我们责无可推、路无可退,唯有背水一战。要下定破釜沉舟的决心,抱定战则必胜的信念,集中一切力量,穷尽一切办法,聚合一切资源,发起最后总攻,啃下最硬骨头,坚决高标准高质量完成这一首要政治任务。

1. **要聚围歼之势**。战鼓催征,军令如山。要抓住"党委主责、政府主抓、基层主推、干部主帮、群众主干、社会主扶"关键环节,层层压实责任,吹响最强集结号,迅速形成合力围歼之势。要高效运行指挥、帮扶、责任和监督"四大体系",让区级"主令"畅通无阻、乡镇部门"主攻"所向披靡、村级"主战"旌旗招展。要筑牢专项扶贫、行业扶贫、对口帮扶、社会扶贫多方联动联推、互为支撑的作战格局。人,必须全民动员、全员上阵、全体冲锋,决不允许任何一人当逃兵、打败仗;财,所有产业、所有政策、所有项目、所有资金,必须全部聚焦扶贫,决不允许做选择、留余地。要以金规铁律作保证。工作,必须零差错、零失误、零缺陷;监督,必须全区域、全天候、全覆盖;执纪,必须零容忍、零宽容、零懈怠,一律从快、从重、从严,坚决保证"军令"二字生威。

2. 要打歼灭之战。打仗打要塞,攻击攻要冲。我们要盯死"两不愁三保障"这个总目标,瞄准"户脱贫6条""村出列10条""县退出5条"靶心,集中全部力量,冲锋"十大行动",坚决攻克坚中之坚,坚决歼灭困中之困。要坚持"小雨不停工、昼夜不歇气",坚决完成靖安、红路2个集中安置点搬迁安置任务,坚决攻克易地扶贫搬迁这个堡垒。要建立从宣传动员到教育培训、就业输出、后续服务的全链条工作机制,确保有意愿的贫困劳动力100%培训、100%推荐岗位、贫困家庭至少1人就业,坚决攻克劳动力转移就业扶贫这个堡垒。要因地因户因人精准施策,强化精准帮扶措施,确保"乡乡有扶贫基地、村村有扶贫样板、户户有增收项目、人人有脱贫门路",坚决攻克产业扶贫这个堡垒。要严格对标对表、多管齐下,统筹实施好农危改、教育、生态、社会保障兜底等扶贫专项行动,全力补短板强弱项,确保条条达标、项项合格。

3. 要聚群众之力。扶贫先扶志,扶贫必扶智。要抓住"人"这一根本,广泛深入开展"感党恩、听党话、跟党走"主题教育和扶贫政策宣传教育,全面汇聚民智民力,推动被动"输血"到主动"造血"的转变。要抓住"思想引导、素质提升、典型引路、精准帮扶"四个关键,推动贫困群众由"不想脱""不会脱"到"主动脱""学着脱",再到"我能脱""我愿脱"的转变。要坚持自治、法治、德治相结合,正向激励与失信惩戒相结合,加强村规民约制度建设,推动形成好风气、养成好习惯、创造好环境、过上好日子。要深入与贫困群众算好政策支持账、收入对比账、生活变化账,讲好扶贫故事,增强思想、工作、情感"三个认同"。

(二)突出聚合发展,坚决打好产业转型升级战。产业,是昭阳当前最大的短板。要强化产业兴区理念,坚持把产业转型升级作为脱贫攻坚首要之策,作为稳增长、稳预期、利长远的关键之举,加快结构调整,重构产业版图,深入推进供给侧结构性改革,全力推动产业由弱小散乱型向集聚化布局、规模化发展、中高端迈进,加快构建特色鲜明、多极支撑的现代产业体系。

1. 要优化产业布局。推进产业集中集聚集约发展,是现代产业的发展方向,也是优化产业布局、促进产业转型升级、实现资源效益最大化的必由之路。要集聚发展工业。工业强则昭阳强、工业兴则经济兴,没有工业的发展,就没有昭阳的未来。要强化工业强区理念,坚持以水电铝旗舰项目为龙头,抓紧布局落地一批铝产业链上下游项目,加快形成昭通"铝谷"。要以省级昭阳工业园区和扶贫车间建设为平台,制定最优惠的招商引资政策,让外来企业进得来、留得住、能发展,加快形成工业聚集高地。要规模发展农业。要按照建设4.67万公顷苹果、3.33万公顷马铃薯的目标,高标准推进农业产业基地建设,全力推动产业由分散向集中、低质向高效、传统向现代转变,着力发挥规模集聚倍增效应,加快形成大生产、大市场、大流通的产业发展格局,力促传统产业凤凰涅槃、新兴产业星火燎原、优势产业顶天立地。

2. 要加快跨界融合。当前,产业边界日益模糊,产业融合的程度已经成为一个国家、一个地区经济发达程度的重要标志。要紧跟大趋势,牢固树立全产业链理念,围绕培育打造"铝谷"、苹果、马铃薯等产业支柱,抓住建链、补链、强链关键环节、重点企业,强化用地、资金、基础配套和服务平台"四个保障",加快推进云南能投现代物流园区等一批关键型、龙头型、基地型重大项目建设,带动发展一批加工制造、电子商务、文创旅游、楼宇会展、物流配送等新兴产业,着力补齐工业和生产性服务业发展短板,聚沙成塔、握指成拳,推动产业由单一向多极集群发展,壮大经济实体。

3. 要壮大企业规模。要牢固树立大龙头带动大产业、推动大融合的发展理念,认真落实国家"更大规模减税降费"等系列支持实体经济政策措施,促进各类要素向优势企业集中、向行业龙头集聚,全力支持高成长性企业化蛹成蝶、做大做强。要推进大众创业、万众创新,认真落实市场准入负面清单制度,用足用活贷免扶补、小额信贷等国家扶持政策,鼓励支持民营经济等各类市场主体各显神通、求新求变,推动新产业、新技术、新模式、新业态竞相迸发、百花齐放,充分激发全社会创新创业活力。

4. **要倾情倾力服务**。创业难,守业更难。当前,受国家宏观经济下行的影响,很多企业都遇到了一些困难。我们要换位思考,设身处地为企业着想,倾情倾力帮助企业融化市场的冰山,移走融资的高山,跨越转型的火山,渡过当前的难关,做实"营商环境提升年"的各项工作,切实在全社会营造尊商、重商、亲商、扶商的浓厚氛围。广大企业一定要坚定信心、苦练内功,逢山开路、遇水架桥,以无坚不摧、一往无前的决心和勇气,做大浪淘沙中的弄潮儿,做新时代创新创造的引领者,为昭阳决战贫困决胜全面小康增光添彩,开创更加美好的明天。

(三)**突出提标提质,坚决打好城市建设形象战**。要紧紧围绕建设"滇东北城市明珠和引领省际区域发展的滇川黔省际中心城市"的目标,按照"一城三区、若干小镇、产城融合、城乡一体"的发展思路,全力加快扩容提质步伐,努力把中心城市打造成为滇东北经济中心城市、融入长江经济带的主体城市、绿色能源产业基地和先进制造业重镇。

1. **规划要提标**。要坚持"全域规划、多规合一",统筹空间、规模和产业三大结构,定位生产、生活、生态三大布局,突出功能、业态、特色三大重点,高起点、高标准加快推进中心城市总规修编和海绵城市、智慧城市、产业园区、凤凰山特色小镇等规划及专规、控规、详规编制,强化空间立体性、平面协调性、风貌整体性、文脉延续性规划管控,科学划定开发边界,适度控制开发强度,促进"精明增长",不断优化城水相依、组团相间、生态相连、文脉相融的城市形态,推动外延扩张和内涵提升双转变,引领城市高质量发展。

2. **建设要提质**。要以打造特色山水城市的理念,按照"老城做减法、新城做加法"的思路,全速推进城市建设。在旧城区上,要突出城市综合服务功能,继续推进"四治三改一拆两增",突出做好"古城保护、危房拆除、改造提升"三篇文章,加快配套完善一批公共服务设施,疏解人流、车流、物流和生态环境承载压力,着力提升城市的通透性和微循环能力。在新区开发上,要坚持以旗舰项目为引领,大格局、大气魄、大手笔、高水平推进文化体育产业新区、省耕湖、乌蒙水乡片区开发建设,建成红路、靖安两个新区,加快苹果产业特色小镇、凤凰山温泉全域旅游特色小镇和永丰荷花稻田风光等5个田园综合体建设,力争年内新增建成区面积10平方千米、城镇人口10万人以上,推动城市由碎片化向组团式片区开发转变,加快拉开城市骨架,打造城市地标群,刷新城市天际线,让中心城市月月有变化、年年有惊喜。

3. **品质要提升**。要以打造景点的理念精美设计城市、精心雕琢城市、精致妆点城市,力求每幢建筑都是精品、每处街景都是经典,让我们广大市民的美好生活镌刻在城市品质中、流淌在青山绿水间,真正成为"人人都想来、来了不想走、走了还要来"的最美精致城市。要加快培育苹果文化,推进城市景观打造、产业培育和城市形象塑造"三位一体"融合发展,塑造城市品牌个性。要坚持把最美空间留给市民,全面启动黑臭水体治理示范城市建设,深入实施绿化、美化、亮化、硬化、净化系列工程,着力彰显昭阳地域风情和文化内涵,努力形成"一路一景、一街一品,三百米见绿、五百米见园"的亲水、近绿、怡人的美丽城市生态画卷。

4. **治理要提档**。要主动顺应城市发展的新变化,加快健全完善与"大城市"相匹配、相适应的城市治理体系,推动城市管理向现代城市治理的转变。要改进和创新社会治理体制机制,调整优化行政区划设置,厘清政府、社会、市民三大主体权责分工,构建党委领导、政府主导、社会协同、公众参与、法治保障的全民共建、共治、共享的城市治理新格局。要坚持系统治理、依法治理、综合治理和源头治理,着力在建设与治理两端共同发力,加快智慧城市建设,转变治理方式,建立"掌上有端(手机终端)、天上有云(云计算)、地上有格(网格)、中间有网(互联网)"的信息支撑体系,推进城市治理能力现代化建设。要加快农业转移人口市民化,推进以人为核心的城镇化。

(四)**突出破题破局,坚决打好乡村振兴突围战**。实施乡村振兴战略,是新时代"三农"工作的总抓手,也是我们面临的新任务新课题。

要坚持以深化农业供给侧结构性改革为主线，大胆破题，勇于破局，着力找准实施乡村振兴战略的有效路径。

1. 要让产业兴起来。要牢固树立现代农业发展理念，加快淘汰低质低效落后农业产能，坚定不移建设苹果、马铃薯、畜牧、果蔬等农业产业基地，推动规模化、集约化、专业化生产，绿色化、品牌化、全链条经营，全面推进农业行业大整合，着力提高农产品供给质量和效率，提升农业综合竞争力。要牢固树立融合发展理念，充分利用新技术、新模式，加快建设一批现代田园综合体、特色农庄、家庭农场，大力发展加工农业、设施农业、休闲农业、观光农业等新产业、新业态，推进农业产业接二连三深度融合，着力提升农业生产综合效益，鼓足农民的钱袋子。

2. 要让主体大起来。要加快培育壮大龙头企业，着力通过股权链接、产业链接、订单链接，纵连生产基地，横连服务组织，以龙头企业密织的"产业网"，构筑牵动农业产业发展的"覆盖面"，打造农业现代化的"新引擎"。要加快发展农民专业合作社，着力把千家万户的小生产与大市场联结起来，全面提高农民组织化程度，引入现代农业发展的大格局。要加快培育新型农民，着力通过培养一名学员、带动一个家庭，培养一名能人、带活一项产业，培养一名党员、带富一方山水的"火种效应"，打造一支有文化、懂技术、会经营的生产经营型、专业技术型和社会服务型职业农民队伍，为农业现代化建设提供坚实优质的人力资源保障。

3. 要让资源活起来。要抓住"钱、地、人"等关键环节，坚持和完善农村土地"三权"分置，深化农村产权制度改革，稳慎推进农村宅基地改革，深入推进资源变资产、资金变股金、农民变股东"三变"改革，全力推动工商资本下乡，做活农业农村经济，助推乡村振兴。要坚持以龙头企业为引领，以打造"股份农民"为核心，以产业发展为支撑，以合股联营为关键，融合一切可以融合的资源要素，探索创新一切有利于发展的经营模式，让农民分享全产业链红利，努力使农村沉睡的资源活起来、分散的资金聚起来、增收的渠道多起来、百姓的日子好起来。

4. 要让政策撑起来。要坚持农业农村优先发展的地位不动摇，认真贯彻中央强化五级书记抓乡村振兴的制度保障，加强懂农业、爱农村、爱农民农村工作队伍建设，选优配强"三农"干部队伍。要打好政策组合拳，强化乡村规划引领，切实加大财政、金融、科技、人才、用地等各个方面的支持力度，加强村庄基础设施建设，加快补齐农村人居环境和公共服务短板，毫不松懈、坚定不移推进农业农村经济社会全面发展。

（五）突出环境整治，坚决打好绿水青山保卫战。绿色，是昭阳永恒的底色，决不能把脏乱差带进小康社会。要坚决贯彻习近平生态文明思想，认真实施"千村示范、万村整治"工程，真正来一场整治提升昭阳人居环境形象的革命，加快推进最美昭阳建设，切实解决"有新房无新村、有新村无新貌、有新貌无新人"的问题。

1. "治"出一片净土。要以整改环保督察和土地例行督察反馈问题为契机，突出垃圾污水处理、厕所革命、村容村貌村风三大重点，全面深入推进提升城乡人居环境综合整治行动，全覆盖、拉网式、地毯式开展大排查、大清理、大整治，坚决彻底整治人畜混居、垃圾遍地、污水横流、蚊蝇乱舞、臭气满天等突出的人居环境问题，坚决严厉惩治乱建滥占、乱堆乱倒、乱排乱放、打砂取石等突出的环境污染问题，坚决消灭土坯房、危旧房、大棚房和黑臭水体，彻底改变昭阳"脏乱差灰堵"的落后形象。

2. 要"护"绿一方山水。要牢固树立"山水林田湖草是生命共同体"的思想，建立落实最严格的负面清单制度，实施最严格的生态环境保护措施，严守生态安全高压线，下好生态建设一盘棋。要坚决打好青山、蓝天、碧水、净土保卫战，加强"一水两污"等环保设施和复绿增绿工程建设，打造一批绿色生态长廊，全域化保护生态家园，绘就生态环境一幅画。要严格落实各级河长、湖长、路长责任制，强化网格化管理政策措施，健全完善长效保护机制，织牢生态监管一张网。

3. 要"创"出一片天地。要坚持建设美、经营美、传承美"三美同步"规划，生产、生活、生态"三生同步"建设，加快培育打造大山包极限运动小镇、苹果小镇、省耕湖滨影视小镇、马铃薯小镇、樱桃小镇等一批特色小镇和美丽村庄，全面推进生态宜居美丽乡村建设。要加快发展生态绿色经济，推动产区变景区、田园变公园、耕作变体验、农房变客房，实现从"卖山林"到"卖生态"的转变，切实把我们的好山、好水、好气候转化为实实在在的"金山银山"，打造昭阳生态文明建设的升级版。

（六）突出动能转换，坚决打好改革开放主动战。当前，党和国家正在实施新一轮全方位的改革开放大战略。要抓住这一大改革、大开放、大调整窗口期，坚决打破一切阻碍发展的坛坛罐罐，加快新旧动能转换，努力走出一条创新发展的"昭阳路径"，全力培优做强新优势。

1. **要深化放管服改革**。要以深化党和国家机构改革为契机，加快理顺行政管理体制机制，切实转变政府职能。要深入推进政务服务"一网、一门、一次"改革，管好用好"一部手机办事通"，推动政务服务事项"掌上办""指尖办"，实现治理大逻辑从"以政府为中心"向"以人民为中心"的根本性转变，着力打造优质高效的政务服务环境，切实降低全社会制度性交易成本。要以政府自我革命为突破口，全面撬动教育卫生、社会保障、综合执法、应急救援等经济社会各行业、各领域开展"以人民为中心"的全面深化改革，切实为广大人民群众供给最优质的公共服务产品，不断提升人民群众的体验感、获得感、满意度。

2. **要构建开放大格局**。要坚持以高水平开放推动高质量发展，坚决摒弃固步自封的落后心态，破除一切体制机制弊端，推动广大干部群众在眼界、思想、知识、素质等各个方面全方位走向开放，以海纳百川的胸怀，让开放的大门越打越开。要协同加快推进宜昭高速、都香高速、渝昆高铁、新机场迁建等一批重大项目建设，全力构筑陆空一体的省际区域中心开放大枢纽，让开放的路走得更宽更远。要坚持以工业园区为主平台，"筑巢引凤"与"引凤筑巢"并举，积极走出去、请进来，加快构筑一批"小而精""小而新""小而强"的创新创业小微园区平台，全力推动昭阳经济由小循环、小开放向大循环、大开放转变，全力打造对外开放新高地，让开放的路走得更快更好。

3. **要抢抓发展大机遇**。要紧跟国家政策风向标，抓住"继续实施积极的财政政策和稳健的货币政策"机遇，加强银政银企合作，加大地方政府专项债券争取融资力度，着力解决好民营企业和小微企业融资难融资贵问题，扎实打好防范化解金融风险攻坚战。要抓住"稳增长，加大基础设施等领域补短板力度"政策机遇，扎实做好项目储备争取工作，大干快上，全速加大投资力度，加快补齐基础设施和公共服务设施建设短板。要用足用活国家"城增村减助推脱贫攻坚"政策，进一步加大建新拆旧、土地整理等工作力度，规范加强农村集体建设用地管理，全力挖潜建设用地空间指标，保障基础设施、易地扶贫搬迁、民生发展等建设用地，增加助推脱贫攻坚可用财力。

（七）突出普惠共享，坚决打好民生改善持久战。保障和改善民生，只有起点，没有终点。群众盼的，就是我们要干的。要始终坚持"以人民为中心"的思想，不断夯实保障"厚度"，持续提升民生"温度"，让群众幸福更有"质感"。

1. **要就业富民**。要实施更加积极的创业就业政策，努力实现高质量的充分就业。要认真贯彻国家扶持民营经济发展政策，严格落实普惠性减税措施，积极搭建创业创新平台，鼓励支持外出农民工、高校毕业生、退伍军人、城市各类人才返乡下乡创新创业，推动以创业促进就业。要实施基地化转移、产业化支撑战略，大规模、大力度开展职业技能培训，加快推进产学研教深度融合，推动农民变土地管家、变产业工人和职业经理人，实现就地就近就业。要依法保障劳动者的合法权益，构建和谐劳动关系。

2. **要教育兴民**。要认真实施教育振兴三年行动计划，调整优化校点布局，做好控辍保学工作，加强师德师风建设，提升教育教学质量，全力推进昭阳义务教育由"基本均衡"向"优质均衡"迈进，努力办好人民满意的教育。要坚持引育并举、兴师强校，坚持以强带弱、强强联合，加快补齐学前教育、高中教育短板，加快培育一批名师名校，推动有学上到上好学、由大起来向强起来的目标转变，全力打造"学在昭阳"教育高地。要坚持以文化人、以文育人，把"送文化"与"种文化"有机结合起来，用教育的手段不断启智增智，着力构建学习型社会，努力提升全民素质，创造昭阳精神财富。

3. **要普惠利民**。要坚持在加快发展中保障和改善民生，不断提高公共服务供给质量。要加快医疗卫生服务体系建设,持续深化医药卫生体制改革,预防控制重大疾病,加强食品药品监管,发展康体养老事业和产业,推进"健康昭阳"建设。要规范加强社保、医保、低保等社会保障管理,统筹加强社会救助、社会福利、慈善事业、优抚安置等工作,构建全社会保障体系。要坚持多主体供给、多渠道保障、租购并举的住房制度,加大棚改力度,规范发展房地产业,加强小区物业管理,让人民群众住得起、住得好。

4. 要和谐安民。坚持发展与稳定并重、富民与安民共进,认真落实总体国家安全观,全面压实"大平安"责任,构建"大维稳"格局,健全"大防控"体系,创新"大治理"模式,推进"大普法"网络,全力打造共建、共治、共享的社会治理模式。要加强全民安全教育,强化突出问题治理,加强基层基础建设,筑牢公共安全网络,坚决维护社会稳定,坚决遏制重特大安全事故,全面推进平安昭阳、法治昭阳建设。要坚持凡黑必扫、有恶必除、除恶必尽,深化扫黑除恶专项斗争,切实扫出一方净土。

三、强化党的保障

2019年,全区工作任务很重,容不得丝毫懈怠。我们一定要全面贯彻落实新时代党的建设总要求和组织路线,以铁一般的信仰、铁一般的信念、铁一般的纪律、铁一般的担当,提升党建质量,锻造昭阳铁军。

(一)坚定必胜信念,铸造绝对忠诚的党性之魂。 要始终坚持把学习贯彻习近平新时代中国特色社会主义思想作为我们做好各项工作的"主心骨"和"定盘星",切实增强政治敏锐性、政治鉴别力和政治斗争性,自觉维护党中央"定于一尊、一锤定音"的权威,让"上级有要求、昭阳有行动、落地见实效"成为全区工作最鲜明的主基调。要规范加强各级理论学习中心组和新时代讲习所等平台建设,深入推进"两学一做"学习教育常态化制度化,深化"不忘初心、牢记使命"主题教育,真正学在深处、谋在新处、干在实处,切实在悟初心、守初心、践初心中不断夯实共同奋斗、决战必胜的思想根基。要严格落实意识形态工作责任制,排除一切干扰,讲好昭阳故事,传播昭阳声音,汇聚昭阳力量,展示昭阳形象,牢牢把握意识形态工作主导权、领导权、话语权,全方位营造心无旁骛、大干快上的干事环境。

(二)打造过硬队伍,淬炼无坚不摧的精锐之师。 要认真贯彻习近平总书记"五个体系"要求,建立素质培养体系,全力补短板、强弱项、增本领,全面打造一支政治强、懂专业、善治理、敢担当、作风正的高质量干部队伍。要建立知事识人体系,坚持经常化、制度化、全覆盖考核干部,全面历史辩证地评价干部。要建立选拔任用体系,坚持事业为上、以事择人、人岗相适,大力选拔任用拒做"蜗牛"、争当"奔牛"、甘为"孺子牛"的干部,重用脱贫攻坚一线锤炼出彩的优秀干部。要建立从严管理体系,坚持抓早抓小、防微杜渐,管好关键人、管到关键处、管住关键事、管在关键时,让忠诚、干净、担当成为昭阳党员干部主色调。要建立正向激励体系,严格"三个区分开来",旗帜鲜明地为担当者担当,让有为者有位,真正让我们担当干事的干部辛苦不"心苦"、流汗不"流泪"、吃苦不"吃亏",决不让那些做样子、混日子、要位子的"官油子"得势得利。

(三)夯实基层基础,构建凝心聚力的固本之基。 要认真贯彻《中国共产党支部工作条例(试行)》《中国共产党农村基层组织工作条例》,做好"基层党建创新提质年"各项工作,推进各领域基层党组织全面进步、全面过硬。要突出基层导向,坚持党建扶贫"双统领""双保障""双推进",推动力量、投入、资源和工作"四个下沉",更好地服从服务于脱贫攻坚这个当前第一要事。要突出问题导向,持续深化"两整顿两创建",全面推进党支部标准化、规范化建设,强化政治功能和服务功能,打通服务基层、服务群众"最后一千米"。要突出创新导向,坚持党的工作推进到哪里,党的红旗就插在哪里,着力创建一批"先锋型"机关党建、"富民型"农村党建、"和谐型"社区党建、"效益型"企业党建等特色品牌,不断推动基层党建由"有形覆盖"向"有效覆盖"转变。要认真实施发展壮大村级集体经济三年行动计划,坚决打好"脱壳""消薄""创优"攻坚战。

(四)从严执纪问责,锻造正风肃纪的反腐之剑。 要坚持以单定责、按单履责、照单问责,清单化、项目化捆紧压实"两个责任",推动全区各级党组织守好"主阵地"、种好"责任田"。要持续深化纪检监察体制改革,不留"暗门",不开"天窗",健全完善配套完备、有效管用的制度体系,切实为权力运行涂上"防腐剂"、套上"紧箍咒"。要坚持有责必问、有腐必反、有贪必肃,高质量发挥巡察监督、派驻监督利剑作用,持续深化脱贫攻坚、涉黑涉恶等行业和领域突出问题专项治理,以更大的决心和力度整治形式主义、官僚主义,巩固发展党风廉政建设和反腐败斗争压倒性胜利。全区各级党员干部特别是领导干部,一定要自觉做政治上清醒、经济上清楚、工作上清明、作风上清廉、生活上清白的"五清"干部,不做不清醒浑作为、不学习不会为、不担当不愿为、不负责不敢为、不守纪乱作为的"五不"干部,始终满怀公仆情怀,用心用情用力做好昭阳的事情。

(五)凝聚发展共识,汇聚决战决胜的磅礴之力。 要充分发挥区委常委会统揽全局、协调各方的领导核心作用,支持人大及其常委会依法全面履职,支持人民政协参政议政、开展民主监督,支持法院、检察院依法独立公正行使职权,加强和改进党对工会、共青团、妇联、红十字会等群团工作的领导,切实做好民族、宗教、"双拥"和侨务等工作,充分发挥各民主党派、工商联、无党派人士、老干部等社会各族各界服务发展的独特优势,调动一切有利于发展的积极因素,携手共画同心圆,合力共筑小康梦,汇聚加快推进昭阳高质量发展的洪荒之力。

同志们,干在实处永无止境,走在前列要谋新篇。历史的接力棒已经交到我们手中,让我们更加紧密地团结在以习近平同志为核心的党中央周围,高举习近平新时代中国特色社会主义思想伟大旗帜,在省委、市委的坚强领导下,以"撑天一根担日月、拔地千笋写春秋"的勇毅开拓进取,以"自信人生二百年,会当水击三千里"的气魄破浪前行,勇挑最重担子、敢啃最硬骨头,拼搏到感天动地、奋斗到感动自己,为决胜脱贫摘帽、冲刺全面小康作出我们应有的更大贡献!

昭阳区人民政府工作报告

在昭阳区第五届人民代表大会第三次会议第一次全体会议上的报告

昭阳区人民政府区长 陶 毅

（2019年2月20日）

各位代表：

现在，我代表区人民政府，向大会报告工作，请予审议，并请区政协委员和列席同志提出意见。

一、攻坚克难、砥砺奋进，2018年工作成效明显

刚刚过去的2018年，是全面贯彻落实党的十九大精神的开局之年，也是昭阳改革发展进程中极不平凡的一年。在市委、市政府和区委的坚强领导下，在区人大、区政协的监督支持下，区人民政府始终把学习贯彻习近平新时代中国特色社会主义思想和党的十九大精神作为首要政治任务，始终把增强"四个意识"、坚定"四个自信"、坚决做到"两个维护"作为最重要的政治纪律和政治规矩，始终在思想上、政治上、行动上同以习近平同志为核心的党中央保持高度一致，坚持稳中求进工作总基调，贯彻新发展理念，落实高质量发展要求，以供给侧结构性改革为主线，不忘初心，苦干实干，积极而为，统筹推进稳增长、促改革、调结构、惠民生、防风险各项工作，确保各项工作始终保持正确的政治方向，开创了新时代昭阳各项事业发展新局面。

（一）抢抓机遇谋发展，综合实力跃上新台阶。坚持稳中求进总基调，制定出台33条稳增长措施，强化预期管理，精准实施调度，压实各级责任，经济社会持续健康发展。全区生产总值完成273.26亿元、增长8.0%。其中，一产增加值29.14亿元，增长6.4%；二产增加值136.6亿元，增长9.2%；三产增加值107.52亿元，增长6.8%。规模以上固定资产投资完成204.67亿元，增长9.38%。社会消费品零售总额完成109.53亿元，增长11.0%。地方一般公共预算收入和支出分别完成13.09亿元和62.35亿元，增长15.0%和8.3%。金融机构人民币存贷款余额分别为572.18亿元和286.43亿元，增长5.62%和8.75%。城乡常住居民人均可支配收入分别实现31 870元和10 520元，增长8.3%和9.5%。城镇登记失业率控制在3.4%以内。居民消费价格总水平涨幅2.4%。单位GDP能耗完成上级下达任务。

（二）砥砺奋进抓落实，脱贫攻坚取得新成效。对标对表脱贫出列标准，紧扣"村村清、户户清"目标，6 877名干部进村入户、摸底调查，开展"大调研、大遍访"专项行动，精准制定村级施工图、乡级路线图、区级项目库，计划三年投资122.65亿元，实施12大项51类148个项目。全年投入扶贫资金16.21亿元，深入实施十大扶贫行动，21个村11 292户47 053人脱贫出列。靖安、红路、永丰、洒渔4个集中安置点全面启动建设，幸福馨居易地搬迁模式受到各级肯定和认可。聚焦"四类对象"，完成农村危房改造6 034户。通过"公司+基地+农户"产业扶贫模式，精准嫁接贫困群众4 233户16 708人。开展农村劳动力培训6.7万人次，新增农村劳动力转移就业5.46万人，实现务工收入6.55亿元。实施东西部扶贫协作项目14个，投入资金3 160万元。"雨露计划"资助贫困学生2 613人。贫困群众100%参加城乡居民基本医疗保险和大病保险。政策性兜底助推脱贫2.72万人。退耕还林、生态公益林补偿、生态护林员惠及贫困群众8.05万人。建设村级文化活动场所23个，村民小组活动场所260个。"自强、诚信、感恩"主题实践活动深入推进，贫困群众脱贫内生动力持续增强。

（三）科学谋划促转型，产业培育迈出新步伐。认真落实省市打造产业"三张牌"决策部署，坚持"老产业+新主体+新平台+新技术"发展理念，聚焦苹果、马铃薯、蔬菜、畜牧4大产业，以龙头企业为引领，以基地建设为支撑，以现代农业为目标，流转土地8 833.33公顷，建设各类基地19个，组建专业合作社1 055个，4.4万户17.7万人加入合作社。完成"三品一标"认证12个，成功举办2018昭通苹果展销会和2018中国马铃薯大会，昭通苹果登上央视8个核心频道，荣获云南省2018年"十大名果"第一名，品牌知名度大幅提升，苹果、马铃薯种植面积分别达2.73万公顷、3.13万公顷，实现产值35亿元、7.5亿元。扎实推进粮食、烟草、花椒、核桃等高原特色农业。非洲猪瘟得到有效防控，畜牧业健康发展。全年实现农林牧渔业总产值59.2亿元，增长7%。70万吨水电铝项目一期建成投产，广东立时电子、韩升元电子、鸿宝科技等项目落户昭阳，水电铝配套产业、电子加工、农特产品加工、鞋帽服装等重点产业加快发展，永安煤矿投入生产，广丰、石垭口、新厂、凉风台4家煤矿恢复建设，商贸企业"升限纳限"16户、工业企业"升规纳规"5户，发放微型企业贷款152户1 780万元。全年实现工业总产值206.81亿元，增长9%。龙氏家祠成功申报3A级景区，全省唯一户外郊野绿道—昭璞绿道建成开放，成功举办"七彩云南秘境百马"昭阳站马拉松赛及昭通第二届全国乒乓球邀请赛，"一部手机游云南昭阳板块"成功上线，金融保险、批零住餐、商贸物流、"互联网+"、电子商务等业态蓬勃发展，全区市场主体达34 794户，增长34.6%。全年接待游客465.97万人次，增长5.88%，实现旅游收入42.28亿元、增长26.78%。新建商品房、二手房交易面积分别达106.61万平方米、25.07万平方米，增长22.49%、56.0%；实现交易金额52.55亿元、8.14亿元，增长59.77%、61.8%。

（四）凝心聚力搞建设，城乡面貌发生新变化。紧紧围绕省委省政府"建设引领区域发展的滇川黔省际中心城市"的目标定位和市委市政府"一城三区、若干小镇、产城融合、城乡一体"的发展思路，积极推进新一轮城市总规、控规、详规修编。启动实施中心城市规划建设三年行动计划，累计投入资金94.2亿元，"苹果之城"建设再加力，全年实施城建项目40个，拆除违法违规建筑145万平方米，省耕公园全面建成开放，会议会展中心竣工投入使用，区二院、乌蒙水乡公园、靖安安置区、红路安置点及红星美凯龙、新城控股等一批城市综合体项目加快推进，新建市政道路12条17.1千米，城市建成区面积达50平方千米，城市人口达51.6万人。"五网"基础设施建设大会战成效明显，新机场迁建扎实推进，新开通至西安、杭州、西双版纳、丽江4条航线，新机场连接线建成通车，宜昭高速、都香高速、绕城高速等重大项目扎实推进。建成农村公路434千米，完成行政村电网改造升级90个。水利、能源等基础设施建设力度不断加大，润昭引水工程前期工作有序推进，边箐水库大坝主体工程完工，实施饮水安全巩固提升工程38件，中央财政小农水重点县等工程新增改善灌溉面积1 333.33公顷。结合"百村示范、万村整治"行动，稳步推进乡村振兴战略，启动民居改造提升4 025户，已完成1 541户，城郊接合部人居环境明显改观。

（五）壮士断腕护生态，环境保护呈现新气象。严格执行生态环境保护制度，88件中央环保督察"回头看"现场交办和信访举报问题整改基本完成。清理生活垃圾11万吨，处置固体废物427.6万吨。中心城市垃圾填埋场建成投用，垃圾焚烧发电厂建设加快推进，三善堂存量垃圾治理成效明显。土地例行督察问题整改扎实推进，158个挂账问题完成124个。完成土地整理1 279.53公顷，城乡建设用地增减挂钩上报拆旧规模530.67公顷，完成第一阶段复垦82.73公顷。1 665辆"黄标车"全部淘汰，中心城市建成区34台每小时10蒸吨以下燃煤锅炉淘汰完毕，城市空气质量平均优良率99.45%。完成天然林保护7.38万公顷、退耕还林4 666.67公顷、造林866.67万公顷,森林覆盖率达38.17%。治理石漠化26平方千米、水土流失38平方千米,建设高标准农田3 093.33公顷。利济河治理完成销号,秃尾河治理加快推进,成功申报全省唯一、全国首批20个黑臭水体治理示范城市。全面推行河长制,区乡村三级河长巡河5 245人次,搬迁渔洞水库一级保护区居民274户,库区随水而耕现象得到有效遏制,水源地保护工作取得明显成效。新建、改造、提升乡镇供水设施39个、垃圾处理设施6个、污水处理设施3个、城乡公厕112个。划定畜禽禁养区27个354.44平方千米,关闭养殖场(户)34个,面源污染得到有效控制。

(六)解放思想破难题,改革开放增添新活力。 供给侧结构性改革、"放管服"改革深入推进,"双随机一公开"监管方式不断创新,取消、增加、调整行政职权事项229项。"两集中、两到位"改革基本完成,"互联网+政务服务"有序推进,18个部门48人166项事项进驻政务大厅,公布"网上办、直接受理、马上办、最多跑一次、就近办、全城通办"等服务事项451项。企事业公务用车改革全面启动。殡葬改革深入推进,遗体火化率达66.5%,综合整治坟墓12 835座。农村土地承包经营权确权登记颁证工作基本完成。成立公立医院管理委员会,药品采购"两票制"与零差率销售全面实施。教育科技、财税金融、生态文明、社会治理等领域改革扎实推进。开放合作纵深推进,全区自营出口企业6户,出口总额达969万美元,完成市级下达目标任务的143.62%,占全市出口总额的78%。招商引资成效明显,新签约项目13个,协议引资635.7亿元,市外到位资金166.73亿元,同比增长17.83%;重点产业到位资金80.53亿元,完成市级下达目标任务的201.3%。

(七)统筹兼顾惠民生,社会治理开创新局面。 坚持以人民为中心的发展思想,全年民生支出占公共财政支出80%以上。义务教育基本均衡发展接受了国家督导评估,制定实施《教育振兴三年行动计划(2018~2020年)》,开启教育事业发展新征程。认真落实健康扶贫政策,完成6所乡镇卫生院、34所村卫生室能力提升规范化改造,家庭医生签约服务43.09万人。全面落实二孩生育政策,人口自然增长率9.3‰。办理公租房入住10 358户,发放租赁补贴5 787户1 821.79万元;完成棚改实物安置2 829套,货币化安置3 892户,城乡低收入群体和失地失房拆迁群众住房问题得到有效解决。新增城镇就业人口4 982人,五项保险参保人数达135.1万人次。全民健身活动广泛开展,昭阳区籍运动员马皓代表中国出征印度尼西亚雅加达第十八届亚运会,荣获山地自行车越野赛冠军。文化惠民工程扎实推进,民族团结进步示范区建设成效明显,宗教事务管理不断规范。食品药品监管有力推进,安全生产形势持续稳定好转。扫黑除恶专项斗争成效显著,成功打掉涉黑涉恶团伙3个。毒品滥用通报警示地区重点整治实现一次"摘帽",成功创建省级"无传销城市"。武装、人防、方志、档案、统计、气象、广电、残联、计生协会、红十字会、外事侨务、妇女儿童等各项社会事业扎实推进。

(八)动真碰硬转作风,政府建设得到新加强。 自觉接受人大法律监督、工作监督和政协民主监督,重大事项向人大报告、向政协通报,办理答复人大代表建议131件、政协委员提案134件,办复率均为100%。广泛听取工商联、民主党派、无党派人士的意见、建议,积极支持人民法院、检察院依法独立公正行使职权,支持工青妇等人民团体发挥职能作用。依法全面履行政府职能,扎实推进机构改革各项工作。严格执行"三重一大"事项决策制度,进一步规范工程招投标、政府采购、土地交易等公共资源交易行为。组织开展规范性文件专项清理行动,共清理各类文件64 568件,决定废止和失效规范性文件13件。积极配合做好中央扶贫专项巡视、中央环保督察"回头看"、国务院大督查、土地例行督察、扶贫开发成效考核等"大检阅",推动问题解决和政府工作改进。强化纠风治乱、政务督查、审计监督,全年开展稳增长、财政管理、经济责任等审计项目36项,出具审计报告33个。全面落实党风廉政建设主体责任和"一岗双责",狠抓脱贫攻坚领域腐败和作风问题专项整治,查处各类问题65起,累计给予党政纪处分128人。

各位代表,过去的一年,我们励精图治、奋力拼搏,圆满完成了区五届人大二次会议确定的各项目标任务。这是市委、市政府和区委坚强领导的结果,是区人大、区政协监督支持的结果,是各族干部群众苦干实干的结果。在此,我代表区人民政府,向所有为昭阳经济社会发展做出贡献的同志们,向所有支持昭阳改革发展稳定的朋友们,表示衷心的感谢,并致以崇高的敬意!

各位代表,回顾过去,既有成绩、也有问题,贫困面大、贫困程度深、城镇化水平低、基础设施欠账大,产业规模小、工业发展层次低,财政负担重、历史遗留问题多,少数干部安于现状、因循守旧、作风漂浮,前进的道路并不平坦。

各位代表,立足当前,既有压力、也有信心,在各级干部群众的共同努力下,创造了违法违规建筑整治、城市管理体制改革、深度贫困地区城市建设、易地搬迁安置、现代农业发展、资产收益改革、黑臭水体整治等新鲜经验,各级对我区发展高度关注,政策倾斜力度前所未有,干事创业激情也前所未有,是我们干好工作、推动发展、谋求跨越的信心所在、动力之源。

各位代表,展望未来,既有挑战、也有机遇,随着一带一路、长江经济带、成渝经济区、乌蒙山片区区域发展与脱贫攻坚、新型城镇化、东西部扶贫协作等重大战略的深入实施,特别是中央经济工作会议强调继续打好三大攻坚战、实施更大规模减税降费、较大幅度增加地方政府专项债券等"高含金量"政策措施,昭阳的区位、资源、开放优势正在加速转化为经济优势、竞争优势、发展优势,决战脱贫、决胜小康其时已至、其势已成。

二、抢抓机遇、振奋精神,统筹抓好2019年工作

2019年是新中国成立70周年,更是昭阳决战脱贫摘帽、决胜全面小康、实现"十三五"规划目标的关键之年。做好2019年工作,意义重大、影响深远。必须坚持以习近平新时代中国特色社会主义思想为指导,把讲政治摆在首位,增强"四个意识",坚定"四个自信",坚决做到"两个维护",不折不扣落实习近平总书记重要指示批示和党中央决策部署,深入贯彻党的十九大、十九届二中、三中全会以及中央经济工作会议、中央农村工作会议、省委十届六次全会、市委四届四次全会、区委五届四次全会精神,统筹推进"五位一体"总体布局,协调推进"四个全面"战略布局,坚持稳中求进总基调,以供给侧结构性改革为主线,坚持底线思维,强化风险意识,保持斗争精神,不断深化市场化改革、扩大高水平开放,统筹推进稳增长、促改革、调结构、惠民生、防风险各项工作,以脱贫攻坚引领高质量发展,以城市建设支撑跨越式发展,积极主动应对各种风险和挑战,继续保持昭阳经济社会稳中提质、稳中向好、稳中有为的发展态势,不断增强人民群众获得感、幸福感、安全感,为全面建成小康社会收官打下坚实基础,以优异成绩迎接和庆祝中华人民共和国成立70周年。

2019年经济社会发展目标建议为:坚持以脱贫攻坚统领经济社会发展全局,农村贫困人口减少4万人以上,巩固脱贫成果,提高脱贫质量,如期实现脱贫出列摘帽目标;生产总值增长9%左右,力争跨过300亿元大关;固定资产投资增长18%以上,社会消费品零售总额增长11%以上,地方一般公共预算收入增长5%以上,城镇调查失业率控制在3.8%以内,居民收入增长与经济增长基本同步,单位GDP能耗完成上级下达目标任务。

上述目标,既立足当前,也着眼长远。实现目标,必须加倍努力、苦干实干,重点要抓好七个方面的工作:

(一)聚焦精准扶贫,保持战略定力,决胜脱贫摘帽。紧扣"两不愁、三保障"目标,坚定信心,尽锐出战,集中一切力量,整合一切资源,高标准高质量完成脱贫出列摘帽任务。

精准实施搬迁。坚持"挪穷窝"与"换穷业"并举,严把工程质量,严控工程造价,严管工程进度,全力推进靖安、红路、永丰、洒渔4个安置点建设,配套完善就医、就学、一水两污、社区服务等公共设施,强化产业、就业两大支撑,加快推进扶贫车间、商业综合体、产业基地建设,做深做细做实群众工作,稳定群众搬迁意愿,确保9月底前住房及综合配套设施全面竣工,11月底前7 534户31 686人全部搬迁入住,如期完成搬迁安置任务。

精准扶持产业。围绕苹果、马铃薯、蔬菜、畜牧4大产业,建立健全"资产抵押、固定回报、

入股分红、务工收入"产业扶贫资产收益模式，将公司、基地与村集体、贫困户有效"嫁接"，实现村集体经济和贫困户增收"双赢"。依托易迁公司，精准落实就业扶贫措施，坚持面向市场抓培训、促就业，有序推进贫困劳动力向工业园区、向产业基地、向沿海发达地区转移，提高组织化程度，确保"培训一人、就业一人、脱贫一户"。

精准补齐短板。聚焦脱贫出列标准，坚持"缺什么、补什么"，实施"四类对象"农村危房改造4 242户，"非四类对象"农村危房改造6 850户。全力推进贫困村交通、饮水、电网、通信、网络等基础设施建设，精准实施健康、教育、生态、兜底等专项扶贫行动，加大东西部扶贫协作力度，积极引导企业、致富带头人、专业合作社等社会力量参与扶贫，广泛开展"自强、诚信、感恩"主题教育，汇聚脱贫攻坚强大合力。

精准考核管理。坚持"双统领""双推进""双保障"，建立健全三级作战体系，压紧压实区、乡、村三级责任，严格考核奖惩，扎实锻造一支信念坚定、敢于担当、纪律严明、作风过硬的扶贫队伍。强化资金统筹，集中财力物力，做到脱贫项目优先安排、攻坚资金优先保障。加大督查巡查力度，对脱贫攻坚领域腐败和作风问题，发现一起，查处一起，通报一起，绝不姑息迁就。

（二）**聚焦项目建设，深挖投资潜力，厚植发展基础**。今天的项目数量，就是明天的经济总量。要将项目建设作为决胜脱贫攻坚、决战全面小康的"支撑性"工程来抓，千方百计补短板、固底盘，把项目变成实实在在的发展成果。

全力推进在建项目。建立健全问题清单、研判决策、目标管理、交办落实、考核激励等制度，优化审批程序，精简前置审批，坚持问题导向，严格落实区级领导及行业部门投资责任，强化土地、环评、供水、供电、资金等要素保障，加快推进红星美凯龙、新城控股、中梁集团、融创中国、水电铝一体化、易地扶贫搬迁、昭通综合物流园区、G356线鲁甸新街至通阳大桥公路等重大项目，全力配合推进宜昭高速、都香高速、西绕城高速、渝昆高铁、新机场迁建等综合交通项目，高效率、快节奏、满负荷推进在建项目建设。

全力包装储备项目。抢抓国家继续深化三大攻坚战、基础设施领域补短板、深度贫困地区政策倾斜、全省打造产业"三张牌"等重大机遇，紧扣脱贫攻坚、城市建设、生态环保、综合交通、社会事业、公共服务等重点领域，精准对接政策支持方向、资源禀赋优势、现有工作基础，加强项目编制、整合和申报，梳理、包装、完善项目库，做深做实做细前期工作，积极争取转移支付、预算内资金、专项建设基金、产业发展基金、债券资金支持，持续扩大民间投资、产业投资比重，不断提高项目储备总量和质量。

全力招商引进项目。坚持权利平等、机会平等、规则平等，认真研究市场准入、项目用地、减费降税、服务保障等优惠政策，充分发挥交通、区位、资源等比较优势，精心谋划发展的支点，找准吸引投资的焦点，把握宣传推介的重点，依托南博会、昆交会、旅交会、东西部协作等招商平台，借助驻外机构、行业协会、落地商家等招商窗口，紧盯高质量跨越式发展的重点区域、关键环节、特色产业，强化产业招商、以商招商、定向招商，重点围绕70万吨水电铝下游产业、电子信息产业、农特产品加工，着力引进一批产业链长、带动力强、关联度高、辐射面广、劳动力密集的优质项目，以大招商带动大投资促进大发展。

（三）**聚焦转型升级，增强内生动力，强化产业支撑**。实施"三张牌"战略是省委、省政府的重大部署，更是重构昭阳产业版图的重大契机。要坚持不懈抓转型、促升级，持续深化供给侧结构性改革，打好"三张牌"的"昭阳版"。

培育市场主体。紧扣市场化改革方向和高质量发展目标，坚持抓大不放小、喜新不厌旧、重外不轻内，加快推进70万吨水电铝项目二期年内全面建成投产，围绕水电铝下游配套、会议会展、物流配送、农耕体验、休闲旅游、文化创意、健康养老、信息消费等产业方向，扶持壮大云铝集团海鑫铝业、海升集团、国投中鲁、西充百科、重庆吉之汇等在昭龙头企业，着力培育创客群体、大个体、专业合作社等一批新兴市场主体，加快传统产业转型升级，建立完善社会信用体系，激发和保护企业家精神，充分调动企业家干事创业的积极性。

打造示范基地。以省级昭阳工业园区为平台，编制完善专业规划，扎实推进滇粤产业园、扶贫产业园、铝产业园、物流产业园等工业基地，加快建设永丰苹果、苏家院循环种养、守望苹果、靖安蔬菜、胡萝卜、太平黄竹林蔬菜、草莓等农业基地，精心打造省耕公园、会展中心、龙氏家祠、博物馆、昭璞绿道等重要旅游节点，围绕基地建设抓招商、抓投入、抓服务，将中心城市打造成为季节性休闲旅游城市，推动一、二、三产协同发展。

完善支持政策。认真落实中央、省、市系列稳增长和支持民营经济发展政策措施，为各类市场主体创造良好发展环境。充分发挥财政资金杠杆作用，深入推进城投公司、产业投资公司等政府平台市场化改革。深化银政企战略合作，积极推行PPP、信贷信托、融资租赁等投融资模式，打好降低要素成本、融资成本和税费负担系列"组合拳"。加强政策性、开发性、扶贫性金融合作，有效防范系统性金融风险。大力发展小微企业金融服务机构和多层次资本市场，为民营经济持续健康发展提供有力支撑。

发展数字经济。充分发挥中心城市集聚功能，以资源数字化、数字产业化、产业数字化为主线，聚焦"三张牌"建设，扶持数字经济新模式、新业态，打造产业发展的"数字引擎"。继续完善"一部手机游云南"昭阳板块各项功能，加快线上线下高度融合，促进旅游产业全面转型升级。全力抓好"一部手机办事通"建设，推进政务事项"应上尽上""掌上办""指尖办"，打造"办事不求人、审批不见面、最多跑一次"的政务服务环境。

（四）聚焦城乡一体，彰显秋城魅力，推动乡村振兴。按照省委省政府建设"引领区域发展的滇川黔省际中心城市"的目标定位和市委市政府"一城三区、若干小镇、产城融合、城乡一体""100万亩苹果、100万人的苹果之城"的发展思路，坚持城镇化和乡村振兴两手抓，推动城乡内涵发展、融合发展、一体发展。

大视野布局。坚持"全域规划、多规合一"，以省耕国学文化公园、文化体育产业新区、乌蒙水乡公园3个商圈构建城市核心，以北闸苹果小镇、凤凰温泉小镇、靖安马铃薯小镇、旧圃樱桃小镇等特色小镇引领若干小镇发展，以千顷池湿地公园、黄竹林蔬菜基地、永丰海升苹果基地、凤凰山葡萄基地、北闸苹果基地5个田园综合体推进产城融合，以45个人居环境整治点建设支撑城乡一体，配合完成总规修编，充分挖掘、利用、发挥小区、社区、街区等特色亮点，体现地域文化、民俗传统、建筑风格，及时修订控规、详规、专规，彰显文化软实力，增强城市吸引力，提升区域竞争力。

全方位提升。坚持"老城做减法、新城做加法"，高起点、高标准、高水平推进城市建设，精心打造红路、靖安等易地搬迁城市综合体，加快推进红星美凯龙新城市购物中心、新城吾悦广场、乌蒙水乡公园、融创中国昭通项目等"城市名片"，全面完成一期棚改安置点工程扫尾、竣工验收、分配入住，加快推进二期1.1万户新型棚改工作。坚持打造名片与弥补短板相结合，新建、续建、提升改造市政道路51千米，加快推进标准化农贸市场、停车场、垃圾中转站、公厕建设，着力提升城市的通透性和微循环能力，完善配套功能，满足市民需求，提升城市品质。

精细化管理。严格落实城市管理条例，全面推行"门前三包"管理责任制，坚持疏堵结合、刚柔并济，加强街道、公园、广场及重点部位的设施完善与维护，持续开展乱搭乱建、乱堆乱摆、乱停乱放、乱贴乱画、乱扔乱倒等专项整治，全力加强"两违"管控、规划执法和征地、拆迁、安置工作，有效遏制增量、逐步消化存量。规范房地产乱象，切实加强小区物业管理。积极探索大数据、云计算等新一代信息技术，切实加强对市政设施、市容环境、社会秩序等的实时监测、快速反应，不断提升城市管理的智能化、科学化、精细化、长效化水平。充分发挥宣传、群团、爱卫等部门作用，教育引导广大市民增强主人翁意识，自觉遵守社会公德，摒弃陈规陋习，维护公共秩序，弘扬城市新风。

一体化发展。坚持农业农村优先发展不动摇，统筹推进脱贫攻坚、乡村振兴与新型城镇化协调发展，鼓励企业兴乡、能人回乡、市民下乡，促进各种资源要素在城乡之间合理高效流动。深入开展"七改三清""百村示范、万村整治"专项行动，着力加强城镇基础设施和公共服务能力建设。加快大山包极限运动特色小镇创建，完成45个人居环境示范点建设。推动形成工农互促、城乡互补、全面融合、共同繁荣的新型工农城乡关系,促进城镇和乡村共生共荣、各美其美,让各族群众共享现代化的美好生活。

（五）聚焦深化改革,创新治理能力,全力防控风险。以庆祝改革开放40周年为契机,对标重要领域和关键环节,以更高标准、更大力度、更实举措推动各项改革走深走实,持续加大开发开放力度,以改革开放新突破推动经济社会大发展。

深化改革不停步。按照中央、省、市的要求,紧盯目标任务,把握关键环节,周密组织实施,理顺体制机制,圆满完成机构改革各项工作。全面落实全省"营商环境提升年"行动部署,以"一部手机办事通"建设为契机,深入推进"放管服"改革"六个一"行动。继续深化医疗卫生体制改革,加快分级诊疗制度和医共体建设,减轻群众就医负担。全面完成土地确权登记和农村集体产权制度改革试点工作,深入推进监察、教育、文化、户籍、养老、殡葬、环保等领域改革,持续释放发展潜力和活力。

创新引领不动摇。加快建立创新评价体系,制定完善创新考核激励机制,通过用地、用水、用能等差别化政策,促进资源要素向高收益、高产出、高技术、高成长性企业集聚,变后发优势为创新优势。加大传统产业改造升级,促进新技术与传统产业融合。深入实施"互联网+"发展战略,积极发展电子信息、人工智能、大数据等新兴产业,通过产业结构优化升级催生新技术、新动能、新活力。鼓励科技人员面向企业开展技术开发、技术咨询、技术培训,实现科技创新与企业创业深度融合。

防范风险不松劲。严格落实财税金融管理制度,切实加强诚信体系建设。建立健全债务管理、风险预警、协调化解机制,严控债务限额,妥善处置存量,有效遏制增量。强化财源培植和税源挖掘,加大税收和非税收入征管力度。用好用活城乡土地增减挂钩政策,拆旧规模294.27公顷,节余指标248.8公顷。开发整治土地1 472.67公顷,新增耕地813.73公顷,多渠道增加收入。优化财政支出结构,与社会资本建立利益共享、风险分担及长期合作关系,坚决守住不发生系统性金融风险的底线。

（六）聚焦生态建设,持续不断发力,引领绿色发展。深入贯彻习近平生态文明思想,牢固树立"绿水青山就是金山银山"理念,组织开展提升城乡人居环境三年行动,严守生态底线,坚定不移走绿色发展道路,谱写中国最美丽省份的"昭阳篇章"。

"严"字当头抓环境。深入学习浙江"千村示范、万村整治"工程经验,坚持全覆盖、零容忍、无死角,严格落实"党政同责、一岗双责、终身追责"制度,扎实开展城乡人居环境大排查、大清理、大整治专项行动,全面加快乡镇"一水两污"设施建设,全面完成乡村水冲式公厕改造,全面整治村庄公共空间、住房周边及室内环境卫生,全面开展美丽集镇、美丽村庄、美丽庭院、美丽公路创建活动,建立健全长效管养机制,坚决打赢打好示范村庄建设、农村生活垃圾、污水处理、厕所革命、村容村貌5大攻坚战,推动城乡人居环境整治和乡村休闲旅游深度融合。

"实"处着眼促整改。聚焦中央环保督察"回头看"、土地例行督察反馈问题整改扫尾,已完成整改的,开展"回头看",巩固成效,防止反弹;正在整改的,加强督办,限期落实;需要长期坚持的,一抓到底,久久为功。以整改为契机,建立健全生态环境保护考核评价体系,完成三善堂存量垃圾处置,加快中心城市垃圾焚烧发电厂、污水处理厂建设,启动黑臭水体治理示范城市建设。严格土地用途管制,扎实开展"大棚房"整治专项行动,严厉打击违法违规用地行为,逐步消化中心城市土地历史遗留问题。

"干"在前列树形象。全面落实河长、湖长、路长"三长"责任制,建立健全山水林田湖草休养生息制度。巩固大山包自然保护区环境封闭整治成果,加强渔洞水库等重要水源地保护。加快清洁能源推广使用力度,积极推进林业碳汇政策落地。深入推进生态脆弱地区、高寒山区生态系统修复、城市面山绿化、荒山荒坡治理、石漠化治理、天然林保护、退耕还林、湿地生态保护、生物多样性保护等生态工程建设。强化土壤污染管控和修复,加强农业面源污染防治,切实提高生态环境承载能力。

（七）聚焦民生福祉,凝聚社会合力,打造幸福昭阳。坚持以人民为中心的发展思想,尽力而为、量力而行，认真做好各项民生事业，让发展成果更多惠及人民群众。

兜住"底线民生"。坚持把稳就业放在突出位置，着力实施专业化培训、基地化转移、产业化支撑"三化"战略，订单定向培训，广辟就业渠道，有序转移输出，扎实做好易地搬迁群众、高校毕业生、下岗转岗职工、退役军人、失地失房群众、就业困难人员等群体就业创业工作，确保有劳动力的失地、失房、贫困家庭、进城入镇家庭至少有一人就业。坚持多主体供给、多渠道保障、租购并举，规范发展房地产，加强小区物业管理，让人民群众住得起、住得好、住得舒心。深入推进城乡低保治理，加强兜底对象动态管理，扎实推进全民参保计划，积极构建覆盖全民、城乡统筹、权责清晰、保障适度、可持续的多层次社会保障体系。

保障"基本民生"。全面实施教育振兴三年行动计划，以城区、靖安安置区为重点，新建区五小温泉校区、区五小北校区、区二小东校区、实验小学文渊校区、正道教育北校区等14所中小学，新增小学学位16 330个、中学学位6 750个，扎实推动义务教育从"基本均衡"向"优质均衡"迈进，切实缓解城区学校入学难、择校热、大班额等突出问题。坚持医保整体打包付费和医疗信息化建设"双轮驱动"，医疗服务、公共卫生、健康扶贫"三位一体"，管理、责任、利益、服务共同体"四维支撑"，着力提升基层医疗卫生服务水平。扎实做好移民后期扶持、避险解困等工作，持续改善移民生产生活环境。广泛开展全民健身运动，深入实施文化惠民工程。全力做好退役军人服务工作，解除现役军人后顾之忧。扎实抓好自然灾害监测预警和防范应对，持续提升防灾减灾能力。坚持依法依规，做好第四次全国经济普查工作。高度重视食品药品、人防、方志、档案、气象、广电、消防、武装、残联、计生协会、红十字会、外事侨务、妇女儿童等各项事业发展，不断提高普惠性公共服务供给质量。

建设"法治民生"。全面落实依法治国方略，深入推进"七五"普法，加强和创新社会治理。聚焦群众反映强烈的热点难点问题，建立健全信息收集、问题排查、风险评估、处置应对、舆情监测等工作机制和应急预案，压紧压实信访维稳责任，依法依规解决群众诉求。深入推进扫黑除恶专项斗争，继续巩固禁毒重点整治和打击传销工作成果，全力保障人民群众生命财产安全。持续推进民族团结进步示范区建设，依法依规管理宗教事务，全力维护民族团结、宗教和顺良好局面。强化隐患排查治理，开展专项整治行动，严抓严管食品药品安全，坚决防止重特大事故发生。

三、勇于担当、敢于突破，营造一流发展环境

各位代表！当前，正值昭阳推进高质量跨越式发展的关键时期，脱贫摘帽能否顺利实现，城市建设能否提速提质，各项工作能否统筹推进，关键在于加强政府自身建设。我们将坚持以人民为中心的发展思想，勇于担当、敢于突破、勤勉尽责，全力营造一流发展环境，努力建设人民满意的服务型政府。

（一）坚持依法办事。严格按照法律法规履行职责，切实将依法行政贯穿政府决策、执行、监管全过程。牢固树立法治理念，健全完善政府学法制度，提高政府公职人员法治素养。全面加强规范性文件合法性审查，严格落实公众参与、专家论证、风险评估、集体讨论等法定程序，擅于用法治思维推进改革发展，善于用法治手段干事创业，精于用法治方式维护社会稳定。认真落实行政执法责任制，强化行政执法全过程记录，细化量化行政裁量标准，规范行政执法行为。依法接受人大及其常委会的法律监督、工作监督，自觉接受政协的民主监督，主动接受社会和舆论监督，把权力关进"笼子"里、晒在"阳光"下，确保政府权力授予有据、行使有规、运行有序。

（二）坚持团结共事。始终坚持以党的政治建设为引领，严守政治纪律和政治规矩，在思想上、政治上、行动上同以习近平同志为核心的党中央保持高度一致，忠诚于党，听党指挥。坚决贯彻中央、省、市决策部署，坚决服从区委领导，坚决维护班子团结，相互支持、相互尊重、相互理解，补台不拆台、补位不越位、取长不揭短，有事多商量、遇事多商量、做事多商量，营造和睦相处、人心思进、气顺心齐、和谐融洽的干事创业环境。

（三）坚持高效理事。打破思维定势，转变落后观念，善于从纵向比照中总结经验，从横向比照中寻找差距，从多向比照中探求新路，坚决破除小富即安、小进则满思想，始终保持攻坚克难、锐意进取、奋发有为的精神状态。加大政务公开力度，及时回应社会关切。积极推行"一部手机办事通"和"互联网+政务服务"，坚决杜绝审批审核互为前置、互相牵制、效能低下等问题，持续激发市场活力，以优质高效服务不断提升群众满意度。

（四）坚持勤勉做事。坚持高标准、严要求、动真格，认真落实市委、市政府"狠抓落实年"行动部署，强化目标管理和绩效考核，以"钉钉子"精神抓好抓实抓细各项工作，严厉整治庸政懒政怠政行为。严格落实领导干部接访、下访、约访等制度，办好区长热线、政府网站、微信公众号，深化政风行风评议考核，多渠道倾听民声、解决诉求，以务实举措服务于民，以实际业绩取信于民，以发展成效造福于民。持续改进会风文风，大兴调查研究之风，腾出更多时间和精力抓落实。

（五）坚持清廉干事。严格落实政府党组全面从严治党主体责任和"一岗双责"，全力支持纪委监委开展工作。认真贯彻中央八项规定实施细则，驰而不息纠正"四风"。以"打铁必须自身硬"的韧劲和执着，深入开展扶贫领域腐败和作风问题专项治理，加大对教育卫生、征地拆迁、工程招投标、项目建设等重点领域和重要岗位的监督检查，从严从重从快查处违法违纪行为，保持惩腐高压态势，营造风清气正的政治生态。

各位代表！时代催人进，奋斗正当时。神圣的使命激励着我们，人民的重托鞭策着我们，美好的愿景召唤着我们。让我们高举习近平新时代中国特色社会主义思想伟大旗帜，在市委、市政府和区委的坚强领导下，横下一条心、立下愚公志，铆足干劲、劈波斩浪，为决胜脱贫摘帽、实现全面小康而努力奋斗！

年内要事

1月

【江先奎、陶毅一行调研产业培育及城市建设工作】 1月2日,市委常委、区委书记江先奎,区委副书记、区长陶毅一行到北闸、永丰等乡镇,调研苹果产业园区、省耕公园建设等工作。

【陆维智一行到昭阳区检查河长制工作】 1月5日,市委常委、市纪委书记陆维智一行到昭阳区检查河长制工作情况。

【昭阳区组织开展万企帮万村结对帮扶工作】 1月8日,昭阳区工商联组织四家民营企业,到乐居镇开展精准扶贫"万企帮万村"结对帮扶活动,并举行帮扶签约仪式。

【杨亚林到昭阳区调研苹果产业园建设】 1月10日,市委书记杨亚林到昭阳区北闸、永丰等乡镇调研苹果产业园建设等工作。

【江先奎主持召开区委五届第31次常委会】 1月14日,市委常委、区委书记江先奎主持召开区委五届第31次常委(扩大)会议,研究部署保障困难群众冬季生产生活、信访维稳及社会治安重点整治等工作。

【陶毅主持召开五届区人民政府第11次常务会】 1月16日,区委副书记、区长陶毅主持召开第五届区人民政府第11次常务会议,讨论和研究《2018年昭阳区人民政府工作报告》等11个议题。

【中共昭阳区委召开常委班子2017年年度民主生活会】 1月19日,区委召开常委班子2017年年度民主生活会。市委书记杨亚林出席会议,市委常委、区委书记江先奎主持会议。

【江先奎、陶毅一行调研城市建设工作】 1月21日,市委常委、区委书记江先奎,区委副书记、区长陶毅一行到敦煌路、省耕公园、G85沿线等地进行调研。

【江先奎主持召开区委五届第32次常委会】 1月23日,市委常委、区委书记江先奎主持召开中共昭阳区委五届第32次常委(扩大)会议,要求全区党员干部认真贯彻落实党的十九大精神,以新时代新思想、新目标、新定位、新举措推动昭阳升级转型,决战脱贫攻坚。

【昭通市委督查组到昭阳区督查农民工工资支付工作】 1月24日,市督查组到昭阳区督查春节前保障农民工工资支付工作相关情况。

【中共昭阳区委五届三次全会召开】 1月25日上午,中共昭阳区委五届三次全体(扩大)会议隆重开幕,并举行第一次全体会议。

【昭阳区棚户区改造指挥部召开专题会议】 1月26日,昭阳区棚户区改造指挥部召开专题办公会议,就棚户区改造进展情况、配套设施建设、存在问题等听取汇报,并安排部署相关工作。

【昭阳区政协机关组织民主党派人士学习五届三次全会精神】 1月27日，昭阳区政协组织机关干部、委员，民盟、民建、民革等民主党派人士，学习贯彻中共昭阳区委五届三次全体(扩大)会议精神。

【昭阳区与东莞市召开劳务输出洽谈会】 1月31日，东莞市劳务考察昭阳区座谈会召开，昭阳区与东莞市就用工、劳务输出等相关事宜进一步洽谈。

2月

【政协昭阳区五届第二次会议开幕】 2月1日，政协昭阳区第五届委员会第二次会议隆重开幕，并举行第一次大会。

【昭阳区五届人民代表大会第二次会议开幕】 2月2日，昭阳区第五届人民代表大会第二次全体会议隆重开幕，并举行第一次全体会议。

【昭阳区监察委员会成立并挂牌】 2月5日，昭阳区监察委员会正式挂牌成立。市委常委、区委书记江先奎，区委副书记、区长陶毅为昭阳区监察委员会揭牌。

【昭通市第四届人民代表大会第三次会议在昭阳区圆满闭幕】 2月6日，为期5天的昭通市第四届人民代表大会第三次会议圆满完成各项议程胜利闭幕。

【昭阳区人民政府五届二次全会召开】 2月7日，区政府召开五届二次全体(扩大)会议暨廉政建设工作会，安排、部署政府工作各项目标任务和政府系统党风廉政建设工作。

【江先奎主持召开区委五届第33次常委会】 2月8日，市委常委、区委书记江先奎主持召开区委五届第33次常委会议，研究部署扫黑除恶专项斗争、信访积案化解及社会治安重点整治等工作。

【昭阳区召开扫黑除恶专项斗争电视电话会议】 2月9日，昭阳区召开扫黑除恶专项斗争电视电话会议，进一步统一思想，坚定信心，强化措施，确保扫黑除恶专项斗争取得实效。

【区领导带队检查西凉山片区安全生产工作】 2月11日，区委常委、常务副区长何枢率区交通局、区安监局、交警二大队、区地方海事处、区运管分局等部门相关负责人，到西凉山督查安全生产工作。

【郭大进到昭阳区走访慰问】 2月14日，市委副书记、市长郭大进一行到洒渔镇思源馨居看望慰问易地扶贫搬迁群众，为他们送上党和政府的温暖。

【江先奎主持召开区委五届第34次常委会】 2月23日，市委常委、区委书记江先奎主持召开区委五届第34次常委(扩大)会议，评议考核2017年年度党(工)委书记抓基层党建工作述职。

【昭阳区政法工作会议召开】 2月26日，昭阳区召开2018年区委政法工作会议，安排部署相关工作。

3月

【昭阳区启动企业离退休人员养老金领取认证工作】 3月1日，昭阳区正式启动2018年企业离退休人员领取养老金资格认证工作。

【昭阳区召开计划生育协会计生保险工作会】 3月6日，昭阳区召开2018年计划生育协会暨计生保险工作会议，安排部署计划生育协会工作。

【江先奎主持召开区委五届第36次常委会】 3月7日，市委常委、区委书记江先奎主持召开区委五届第36次常委(扩大)会议，研究部署党风廉政建设责任制检查考核等工作。

【昭阳区北闸镇国家级万亩果园示范园拉开种植序幕】 3月10日,北闸镇国家级万亩果园示范园拉开种植序幕,区委副书记施华松、副区长邹云坤等领导到现场指导。

【省发改委第五督导组到昭阳区督导】 3月10日,省发改委第五督导组到昭阳区督导2018年第一季度稳增长及易地扶贫搬迁工作,并就相关工作提出要求。

【区领导率队到盐津、大关、鲁甸三县观摩学习教育均衡发展工作】 3月14~17日,副区长、区教育局局长柯大林率区教育局干部职工和乡镇中心校、中学校长前往盐津、大关、鲁甸三个县,观摩学习义务教育均衡发展工作。

【罗朝峰到昭阳区调研】 3月15日,市委常委、政法委书记罗朝峰到区法院调研审判执行和基础设施建设工作。

【昭阳区残疾人扶贫工作会议召开】 3月16日,昭阳区召开残疾人扶贫工作会议,安排部署2018年残疾人扶贫工作,提出相关要求。

【李玛琳一行到昭阳区调研】 3月20日,副省长李玛琳一行深入永丰镇三甲村,调研基层文化体育建设工作。

【刘秀萍一行到昭阳区调研】 3月20~21日,国家计生协会家庭服务部部长刘秀萍一行到昭阳区调研基层计生协会建设工作。

【昭阳区脱贫攻坚领导小组召开2018年第一次会议】 3月22日,昭阳区脱贫攻坚领导小组召开2018年第一次会议,吹响2018年脱贫攻坚战号角。

【陶毅主持召开区政府五届第13次常务会议】 3月28日,区委副书记、区长陶毅主持召开区政府第13次常务会议,研究义务教育均衡发展、2018年第一季度经济运行等工作。

4月

【昭阳区召开脱贫攻坚及乡村振兴工作会】 4月1日,昭阳区召开2018年脱贫攻坚及乡村振兴工作会。市委常委、区委书记江先奎作重要讲话。

【和段琪到昭阳区调研脱贫攻坚工作】 4月2~4日,省人大常委会常务副主任和段琪一行到昭阳区调研脱贫攻坚工作。

【昭阳区组织记者作家到思源馨居举办专题讲座】 4月3日,百余名省市区记者和作家到洒渔镇联合村余家大冲易地扶贫安置点思源馨居,举办"自强、诚信、感恩"专题讲座。

【江先奎主持召开区委五届第37次常委会】 4月8日,市委常委、区委书记江先奎主持召开区委五届第37次常委(扩大)会议,研究部署环境整治和经济工作。

【昭阳区全面启动第二次全国污染源普查工作】 4月9日,昭阳区召开第二次全国污染源普查工作推进会,全面启动第二次全国污染源普查工作。

【江先奎主持召开区委五届第38次常委会】 4月10日,市委常委、区委书记江先奎主持召开区委五届第38次常委(扩大)会议,专题研究城乡人居环境提升行动暨"四城同创",市城投公司市场化改革等工作。

【昆明市五华区人大常委会主任苏天福到昭阳区考察】 4月16日,昆明市五华区人大常委会主任苏天福一行到昭阳区考察征地拆迁工作。

【省委第三巡视组向昭阳区反馈巡视情况】 4月20日,省委第三巡视组向昭阳区委反馈巡视情况。市委常委、区委书记江先奎主持反馈会,并就做好巡视整改工作表态发言。

【昭阳区召开防汛抗旱工作会】 4月24日,昭阳区召开2018年防汛抗旱工作会议。

【昭阳区召开河长制工作推进会】 4月24日,昭阳区组织召开2018年河长制工作推进会,就进一步抓好河长制工作作出部署。

【昭阳区第五届人民代表大会常务委员会第9次会议召开】 4月28日,昭阳区第五届人民代表大会常务委员会举行第9次会议。

【昭璞绿道开通仪式暨全民健身户外赛在昭鲁驿站及昭璞绿道举行】 4月29日,昭璞绿道开通仪式暨全民健身户外赛在昭鲁驿站及昭璞绿道举行,来自全国各地200余名骑行爱好者参加60千米山地自行车个人赛。

5月

【昭阳区召开文化市场管理工作会议】 5月3日,昭阳区召开2018年文化市场管理工作会议并举办经营单位法律、法规、安全生产知识培训,200余家经营单位负责人参加会议。

【陶毅指导昭阳区靖安镇脱贫攻坚工作】 5月5日,靖安镇脱贫攻坚推进会召开。区委副书记、区长陶毅等领导为靖安镇脱贫攻坚工作"把脉",助推靖安脱贫攻坚工作。

【江先奎主持召开区委五届第39次常委会】 5月7日,市委常委、区委书记江先奎主持召开区委五届第39次常委(扩大)会议,研究部署省委第三巡视组机动巡视昭阳区反馈意见整改、党风廉政建设、烟草产业发展等工作。

【昭阳区安排150名建档立卡贫困群众到昭阳工业园就业】 5月7日,在区委、区政府统一安排部署下,来自北闸、守望、小龙洞和田坝四个乡镇150名建档立卡群众到昭阳工业园区就业。

【昭阳区召开公安工作会议】 5月8日,昭阳区召开2018年全区公安工作会议,市委常委、区委书记江先奎出席会议并作重要讲话。

【杨亚林到昭阳区调研】 5月9日,市委书记杨亚林到昭阳区调研渔洞水库环境整治及"河长制"工作。

【国家财政部调研组到昭阳区调研】 5月10日,国家财政部调研组到昭阳区调研薄弱学校办学条件改善工作。

【昭通市政府督查组到昭阳区督查】 5月12日,市政府督查组在昭阳区召开宜昭高速公路昭阳段建设工作推进会,安排部署相关工作。

【昭阳区召开提升城乡人居环境工作新闻发布会】 5月17日,区委、区政府召开提升城乡人居环境工作新闻发布会,发布工作开展情况和取得的成效,回答省、市、区媒体记者关心关注的问题。

【昭阳区召开中国马铃薯大会筹备会议】 5月21日,昭阳区召开2018年中国马铃薯大会筹备工作推进会,安排部署相关工作。

【中共昭阳区委理论学习中心组组织2018年第5次集中学习】 5月26日,中共昭阳区委理论学习中心组组织开展2018年第5次集中学习活动,市委常委、区委书记江先奎主持学习活动并作重要强调。

【广西壮族自治区移民工作管理局副局长梁永文率队到昭阳区考察】 5月29日,广西壮族自治区移民工作管理局副局长梁永文率广西考察组到昭阳区考察易地扶贫搬迁安置点建设相关工作。

6月

【江先奎主持召开区委五届第40次常委会】 6月1日,市委常委、区委书记江先奎主持召开中共昭阳区委五届第40次常委(扩大)会议。研究部署脱贫攻坚、环保督查问题整改等工作。

【昭阳区召开渔洞水库保护区移民搬迁现场会】 6月3日,昭阳区召开渔洞水库保护区移民搬迁现场会,安排部署渔洞水库水资源保护工作。

【王忠、江先奎一行实地调研靖安新区选址工作】 6月4日,市委副书记王忠,市委常委、区委书记江先奎一行到昭阳区靖安镇实地调研靖安片区易地扶贫搬迁安置点选址规划工作。

【国家工业和信息化部总经济师王新哲到昭阳区调研】 6月9~10日,国家工业和信息化部总经济师王新哲一行到昭阳区调研产融合作工作。

【广东省东西部扶贫协作调研督导团到昭阳区督导调研】 6月13日,广东省东西部扶贫协作调研督导团到昭阳区调研督导东西部扶贫协作相关工作。

【昭阳区在昆交会上成功签约50亿元】 6月15日,昭阳区在第5届南博会暨第25届昆交会上成功签约50亿元投资协议。

【南博会驻华媒体代表团到昭阳区参观采访】 6月16~18日,南博会驻华媒体代表团来到昭阳区参观采访。

【和段琪到昭阳区调研】 6月20日,省人大常委会常务副主任和段琪一行到昭阳区调研重点项目建设和易地扶贫搬迁安置点建设等工作。

【亮风台公司到昭阳区调研】 6月21日,亮风台创始人兼CEO廖春元博士一行到昭阳工业园区调研。

【杨亚林到昭阳区调研扶贫搬迁工作】 6月23日,市委书记杨亚林到昭阳区靖安镇调研易地扶贫搬迁等工作。

【昭阳区举办国际禁毒日暨全国禁毒示范城市创建宣传活动】 6月26日,昭阳区举办第31个国际禁毒日暨全国禁毒示范城市创建宣传活动。

7月

【陶毅主持召开第二季度经济运行分析会】 7月2日,区委副书记、区长陶毅主持召开昭阳区2018年第二季度经济运行分析会议,副区长陶思茂出席会议。

【江先奎调研城市重大项目建设推进情况】 7月4日,江先奎到昭通中心城市文化体育产业新区、敦煌路、靖安新区等地调研重大项目建设推进情况。

【郭大进到昭阳区检查中国马铃薯大会筹备工作】 7月5日,江先奎陪同市委副书记、市长郭大进检查2018年中国马铃薯大会筹备工作现场,到昭通中心城市文化体育产业新区查看会议中心展馆及会场布置、酒店建设运营情况,到昭通机场查看大会氛围营造情况,到元宝山体育场查看昭通群众文艺展演晚会筹备情况。

【2018年中国马铃薯大会在昭阳区开幕】 7月8日,2018年中国马铃薯大会在昭阳区召开,农业农村部党组成员、副部长屈冬玉,副省长陈舜,市委书记杨亚林等领导开展2018年中国马铃薯大会领导巡展并到昭阳区靖安镇调研昭阳区靖安滇粤现代农业产业示范园区规划,到昭阳区永丰镇荒冲村调研荒冲现代苹果产业扶贫示范园,到鲁甸县云南理世(实业)集团调研云南理世(实业)集团薯片加工,到云南农垦昭通农投公司调研马铃薯科技育种中心。

【昭通市易地扶贫搬迁誓师大会在昭阳区召开】 7月10日,江先奎出席昭通市易地扶贫搬迁誓师大会。区领导陶毅、何枢、陈瑾、费忠平、李大捷、万玉炎参加。

【杨亚林到昭阳区调研】 7月12日,江先奎陪同市委书记杨亚林到昭阳区永丰镇海边村甄家湾湾调研垃圾处理厂选址,到苏家院镇双河村调研两年生带分枝脱毒大苗生产基地及采穗圃,到守望乡甘河村调研市农投公司高标准现代苹果示范园,到太平街道永乐村调研一年生苹果苗木基地。陶毅、陶思茂、费忠平参加。

【昭阳区召开第二季度扶贫工作队长座谈会】 7月17日,区委副书记、区驻村工作总队长梁晓阳出席昭阳区2018年第二季度扶贫工作队长(驻村第一书记)座谈会议暨半年工作总结会议。李大捷、万玉炎出席。

【杨亚林到昭阳区调研】 7月20日,江先奎陪同市委书记杨亚林到昭阳区盘河镇垃圾处理厂选址点调研垃圾处理厂和垃圾焚烧发电项目选址情况,到太平街道调研城乡人居环境提升规划点选点布局情况,到省耕公园调研省耕公园片区开发工作情况,到民兵应急分队、乌蒙水乡、凤凰山森林公园调研项目推进情况。刘兴发、何枢参加。

【滇池杂志记者到昭阳区采访】 7月22日,《滇池·大美昆滇》杂志记者团到昭阳区旧圃镇采访。

【省易地扶贫搬迁攻坚战指挥部调研组到昭阳区调研】 7月26日,区委副书记、区长陶毅陪同省易地扶贫搬迁攻坚战指挥部调研组到昭阳区北闸红路、幸福馨居、永丰、锦绣朝阳等安置点调研相关工作。费忠平、万玉炎参加。

8月

【昭阳区靖安安置区召开第二次会议】 8月2日,昭阳区靖安安置区指挥部召开第二次会议,安排部署靖安安置区规划建设等工作。市委副书记、宣传部部长王忠主持会议并作讲话,市委常委、区委书记江先奎,区委副书记、区长陶毅等领导参加会议。

【区政府召开五届第17次常务会议】 8月3日,区政府召开五届第17次常务会议,专题研究迎接国务院大督查等工作,提出相关要求。

【昭阳区组织火把节系列活动】 8月5日,昭阳区在旧圃镇彝族六祖广场、城区乌蒙古镇等地组织一年一度彝族火把节系列活动。

【昭阳区与融创中国开展项目商讨及签约活动】 8月7日,昭阳区人民政府与融创中国关于"昭通市大山包极限运动小镇(凤凰片区)""昭阳区永丰镇田园风光综合体""昭阳区省耕湖滨影视小镇"项目签约仪式举办。此次签约标志着昭通中心城市产城一体化发展正式拉开序幕。

【昭阳区召开安全生产工作会议】 8月15日,昭阳区召开2018年第三季度安全生产工作会议。区委副书记、区长陶毅参加会议,并提出工作要求。

【昭阳区妇女第四次代表大会开幕】 8月16日,昭阳区妇女第四次代表大会开幕,来自全区各条工作战线172名优秀妇女工作者参加开幕式。

【广东省东莞市肖亚非一行到昭阳区调研】 8月21~23日,东莞市委副书记、市长肖亚非一行到昭阳工业园区、昭通市职教中心、幸福馨居易地搬迁安置点、洒渔镇巡龙村苹果园调研扶贫协作工作。

【昭阳区召开苹果展销筹备会议】 8月24日,昭阳区召开苹果展销会筹备会议,安排部署相关工作,确保把展销会办成高规格高水平的盛会。

【昭阳区组织东西部劳务协作专场招聘会】 8月25日,昭阳区人民政府、东莞市人力资源局、昭阳区人社局共同主办昭阳区2018年"东西部劳务协作"暨高校毕业、就业困难人员就业专场招聘会。

【昭阳区驻村工作队三讲三评片区交流会召开】 8月28日,昭阳区驻村工作队"三讲三评"片区交流会在盘河镇召开。

【昭阳区召开全国第四次经济普查领导小组会议】 8月30日,昭阳区召开全国第四次经济普查领导小组工作会议,安排部署相关工作。

【昭阳区召开双随机一公开抽查监管工作推进会】 8月30日,昭阳区召开2018年"双随机、一公开"跨部门联合抽查监管工作推进会,安排部署相关工作。

9月

【昭阳区召开2018年征兵工作会议】 9月1日,昭阳区召开2018年征兵工作定兵会,审议《昭阳区2018年年度夏秋征兵定兵提议案》。

【昭阳区融媒体中心正式挂牌运行】 9月3日上午,昭通市首家县级融媒体中心——昭阳区融媒体中心正式挂牌运行。

【昭通市禁毒工作现场观摩会在昭阳区举行】 9月6日,昭通市禁毒工作现场观摩会在昭阳区凤凰街道办事处举行。

【省综治中心示范点建设检查验收组到昭阳区检查验收】 9月10日,省综治中心示范点建设检查验收组对昭阳区凤凰街道办事处综治中心标准化建设项目进行检查验收。

【昭阳区召开教育发展大会】 9月10日,昭阳区召开2018年教育发展大会,总结成绩、表彰先进,部署昭阳教育振兴三年行动计划任务。

【昭阳区召开综合交通项目工作推进会】 9月14日,昭阳区召开综合交通重点项目暨四好农村路建设工作推进会议。

【昭阳区首个大型棚改安置点举办首批交房入住仪式】 9月15日,昭阳区首个大型棚改安置点——彩云小区举办首批交房入住仪式。

【黄为华一行到昭阳区督导检查】 9月18日,省委政法委副书记、省禁毒委副主任黄为华率省委政法委督导组督导检查昭阳区禁毒工作及禁毒示范城市创建工作。

【袁国华一行到昭阳区督导】 9月20日,省工信委副主任袁国书率省政府第二督查组到昭阳区督导检查第四次全国经济普查工作。

【昭阳区首届中秋传统文化节举办】 9月23日,昭阳区首届中秋传统文化节在望海公园举办。

【2018年昭通苹果展销会在昭阳区开幕】 9月26日,由中共昭阳区委、昭阳区人民政府主办的2018年昭通苹果展销会在昭通国际会议会展中心开幕。

【云南省首条郊野绿道正式投入运营使用】 9月29日,云南省首条郊野绿道——昭璞绿道正式投入运营使用。

【江先奎、陶毅一行调研易地扶贫搬迁工作】 9月30日,市委常委、区委书记江先奎,区委副书记、区长陶毅率区直有关部门负责人深入靖安安置区、北闸红路安置区实地调研易地扶贫搬迁工作。

10月

【杨亚林到昭阳区调研易地扶贫搬迁工作】 10月7日,江先奎陪同市委书记杨亚林到昭阳区靖安安置区、北闸红路等地调研易地扶贫搬迁安置点规划建设工作。陶毅、周祥、费忠平参加。

【昭阳区与省能投集团、建投集团座谈】 10月8日,区委副书记、区长陶毅主持召开区人民政府与省能投集团、省建投集团座谈会议。

【江先奎主持召开昭阳区脱贫攻坚工作推进会议】 10月13日,江先奎主持召开昭阳区脱贫攻坚工作推进会议,并作重要讲话。陶毅、周祥、陈瑾、陶思茂、费忠平、李大捷、沈洋、李文明、耿礼俊、万玉炎、赵玮辛出席。

【和段琪到昭阳区调研】 10月15日,江先奎陪同省人大常委会常务副主任和段琪等领导到昭阳区盘河镇新店村调研农危改、特色产业发展情况,到盘河镇卫生院调研建档立卡贫困户就医保障情况,到北闸镇调研红路村易地扶贫搬迁安置点建设情况。第二天,到昭阳区永丰镇新民村调研昭通·昭阳海升现代苹果产业扶贫示范园产业发展带动建档立卡贫困户脱贫致富增收、永丰示范小学建设、新民村"两不愁三保障"脱贫攻坚工作等情况。区长陶毅参加。

【江先奎调研重点项目推进工作】 10月20日,江先奎到昭阳区龙泉街道官坝社区调研道路规划工作,到旧圃镇调研苹果产业发展工作,到洒渔镇余家大冲走访贫困群众、调研脱贫攻坚工作,到青岗岭乡乐德古村赵家垭口调研脱贫攻坚工作,到靖安安置区、北闸红路安置点调研易地扶贫搬迁工作,到省耕公园调研重大项目推进情况。

【宋志平到昭阳区调研】 10月22日,中国建材集团董事长、党委书记宋志平一行到昭阳区守望乡调研脱贫攻坚工作,到昭阳区一中调研教育扶贫工作。李大捷参加。

【朱家伟到昭阳区调研】 10月31日,昭通市委常委、市委组织部部长朱家伟到昭阳区太平、洒渔、永丰等地调研基层党建工作。

11月

【昭阳区召开脱贫攻坚工作作风监督检查领导小组会议】 11月2日,区纪委脱贫攻坚工作作风监督检查领导小组召开会议,安排部署脱贫攻坚工作作风监督检查工作。

【陶毅召开非洲猪瘟防疫工作会议】 11月2日,区委副书记、区长陶毅主持召开昭阳区非洲猪瘟防控工作会议,安排部署相关工作。

【昭阳区召开2018年年度淘汰燃煤锅炉工作会议】 11月5日,昭阳区召开2018年年度淘汰燃煤锅炉工作推进会,安排部署相关工作。

【昭阳区召开退役军人及其他优抚对象悬挂光荣牌工作会】 11月6日,昭阳区召开退役军人和其他优抚对象信息采集暨为烈属、军属和退役军人等家庭悬挂光荣牌工作会,安排部署相关工作。

【云南省扶持村级集体经济发展试点工作推进会在昭阳区召开】 11月6日,全省扶持村级集体经济发展试点工作推进会在昭阳区召开。

【昭阳区五届人大常委会召开第十三次会议】 11月7日,区五届人大常委会召开第十三次会议,听取并投票表决通过《昭阳区人民政府关于全区殡葬改革工作开展情况报告》《关于昭阳区2017年地方财政决算草案情况的报告》《昭阳区国民经济和社会发展第十三个五年规划纲要中期执行情况的报告》等16项报告。

【江先奎主持召开专题办公会会议】 11月8日,市委常委、区委书记江先奎主持召开区委、区政府专题办公会议,研究部署中央环保督察"回头看"反馈问题整改、中小学幼儿园C级危房拆除改造、城区学校布局建设等工作。

【云南省慢性病综合防控示范区工作复评组到昭阳区开展工作】 11月9日,省复评组对昭阳区省级慢性病综合防控示范区工作进行复评审。

【昭阳区召开省级生态文明区创建启动会议】 11月10日,昭阳区召开2018年省级生态文明区创建启动暨业务培训会议,安排部署相关工作。

【昭阳区召开县域生态华景质量检测评价与考核会议】 11月10日,昭阳区召开2018年年度县域生态环境质量监测评价与考核会议,安排部署相关工作。

【省人大常委会挂包人员到昭阳区开展挂包工作】 11月13日,省人大常委会干部职工到昭阳区青岗岭乡沈家沟村开展挂钩扶贫工作。

【广东省东莞市调研组到昭阳区调研】 11月14日,广东省东莞市调研组到昭通调研东西部扶贫协作专项资金使用情况。

【江先奎主持召开易地扶贫搬迁工作推进会】 11月14日,市委常委、区委书记江先奎主持召开昭阳区易地扶贫搬迁工作推进会。

【昭阳区召开产业扶贫工作培训会】 11月17日,昭阳区召开产业扶贫工作培训会,针对产业扶贫动态管理系统进行技术培训。

【昭通市委政法委调研组到昭阳区调研】 11月19日,市委政法委调研组到昭阳区调研政法系统领导班子和干部队伍建设工作。

【昭阳区召开义务教育发展基本均衡迎国检筹备会议】 11月20日,昭阳区召开义务教育发展基本均衡迎国检筹备会议,安排部署相关工作。

【国家发改委地区司副司长杨椠一行到昭阳区调研】 11月19~20日,国家发改委地区司副司长杨椠一行到昭阳区调研易地扶贫搬迁工作,高度肯定昭阳区取得的成绩。

【罗朝峰到昭阳区调研】 11月21日,市委常委、市委政法委书记罗朝峰,市委常委、昭阳区委书记江先奎等领导前往望海公园,检查指导昭通市社会主义核心价值观暨法治主题公园建设。

【省人大常委会挂包人员到昭阳区开展"挂包帮、转走访"工作】 11月21日,省人大常委会农业工作委员会干部职工到青岗岭乡白沙村开展挂钩扶贫工作。

【昭阳区召开昭通中心城市学校项目建设工作推进会】 11月23日,昭阳区召开昭通中心城市学校项目建设工作推进会,安排部署相关工作。

【昭通市政协视察组到昭阳区视察】 11月23日,市政协视察组到昭阳区视察河长制推行及落实情况,对昭阳区河道治理和保护相关工作提出意见和建议。

【市区两级义务植树活动在昭阳区举行】 11月24日,市委、市政府及区委、区政府以"绿化一方群山,共筑美丽家园"为主题,在凤凰山开展2018年冬季义务植树活动,号召全民参与。

【昭通市人大调研组到昭阳区调研】 11月26日,市人大调研组到昭阳区调研《昭通市城市管理条例》贯彻落实情况。

【江先奎主持召开区委五届第48次常委会】 11月26日,区委五届第48次常委(扩大)会议暨昭阳区扶贫开发领导小组第四次会议召开。会议研究部署扶贫攻坚、义务教育发展基本均衡迎国检等工作。

【昭通市发展壮大村级集体经济工作现场推进会在昭阳区召开】 11月27日,全市发展壮大村级集体经济工作现场推进会在昭阳区召开。

【陶毅主持召开区政府专题会议】 11月29日,区委副书记、区长陶毅主持召开专题会议,安排部署昭阳区义务教育基本均衡发展迎国检工作。

【昭阳区召开2018年年度党风廉政建设责任制检查考核动员会】 11月30日,昭阳区召开2018年年度党风廉政建设责任制检查考核动员会。

12月

【杨亚林到昭阳区调研】 12月2日,市委书记杨亚林到靖安新区建设工地调研,查看工程建设进度。

【陈真永到昭阳区调研】 12月3日,市委常委、常务副市长陈真永率市政府调研组到昭阳区调研安全生产工作。

【国家义务教育发展基本均衡督导检查组到昭阳区开展督导检查工作】 12月3～5日,国家义务教育发展基本均衡督导检查组第二组昭阳区开展督导检查。

【昭阳区举行第五个全国宪法日宣传活动】 12月4日,昭阳区在望海公园举行第五个全国宪法日宣传活动。

【昭阳区召开项目谋划储备专题会】 12月5日,昭阳区召开项目谋划储备专题会,贯彻市政府项目专题会议精神,建立区级三级项目储备体系。

【昭阳区召开消防安全重点单位今冬明春火灾防控动员部署会】 12月6日,昭阳区召开消防安全重点单位今冬明春火灾防控动员部署会,安排部署今冬明春火灾防控工作。

【李彪到昭阳区督导】 12月7日,副市长、市公安局局长李彪率市政府督导组到昭阳区督导土地例行督察整改工作。

【昭阳区召开今冬明春森林防火工作会议】 12月8日,昭阳区召开今冬明春森林防火工作会议,安排部署相关工作。

【昭阳区召开冬春农田水利基本建设暨河长制工作会议】 12月8日,昭阳区召开2018年冬春农田水利基本建设暨河长制工作会议,安排部署相关工作。

【杨亚林到昭阳区调研】 12月9日,市委书记杨亚林在昭阳区调研异地搬迁、产业发展、城乡建设等工作。

【和段琪、韩梅、孙富文一行到昭阳区调研】 12月13日,省人大常委会常务副主任和段琪,省人大常委会秘书长韩梅,省政府投资项目评审中心主任、省易地扶贫搬迁攻坚战指挥部执行副指挥长孙富文一行到昭阳区调研易地扶贫搬迁、产业发展等工作。

【昭阳区召开扶贫开发领导小组第五次会议】 12月14日,市委常委、区委书记江先奎主持召开昭阳区扶贫开发领导小组第五次会议,专题研究部署扶贫开发工作成效考核的迎检工作。

【昭阳区召开今冬明春安全生产工作会议】 12月14日,昭阳区召开今冬明春安全生产工作会议。区委副书记、区长陶毅出席会议并作要求。

【昭阳区举办乡村两级电子商务服务站站长集中培训班】 12月14～16日,昭阳区举办乡村两级电子商务服务站站长集中培训班,培训56名站长。

【杨亚林率队到昭阳区检查考核党风廉政建设工作】 12月21日,市委书记杨亚林率市委第一考核组到昭阳区检查考核党风廉政建设工作。

【罗朝峰到昭阳区调研】 12月21日,市委常委、市委政法委书记、市委宣传部部长罗朝峰一行到昭阳区调研宣传思想文化工作。

【中共昭阳区委理论学习中心组举行第八次集中学习活动】 12月24日,区委理论学习中心组举行2018年第八次集中学习活动。市委常委、区委书记江先奎主持学习活动。

【昭通市政府督导组到昭阳区督查】 12月25日,市政府督查专员陈伟率督查组到昭阳区,督查边箐水库建设进度、质量、安全等。

【江先奎主持召开区委五届第52次常委会】 12月26日,市委常委、区委书记江先奎主持召开区委五届第52次常委(扩大)会议。研究部署经济运行暨财政收支、易地扶贫搬迁、中央环保督察"回头看"反馈问题整改等工作。

【昭阳区建档立卡贫困户就业集中培训第一期组织开展参观】 12月27日,昭阳区2019年建档立卡贫困户就业集中培训第一期进入实地参观培训阶段,来自北闸、炎山、田坝和大山包4个乡镇200名易地扶贫搬迁建档立卡贫困户参加培训。

【昭阳区组织第四次全国经济普查综合业务培训】 12月29日,昭阳区组织第四次全国经济普查综合业务培训,培训400余人综合业务。

概况

昭阳区

【地理位置】 位于云南省东北端,面积2 167平方千米。东与贵州省威宁县接界,南与鲁甸县接界,西与四川省金阳县隔金沙江相望,北与大关县和彝良县接界。南北最大距离61千米,东西最大距离43千米。距云南省会昆明市330千米。中共昭通市委、市政府驻境内,是昭通市政治、经济、文化、信息中心。

【建置沿革】 西汉建元六年(公元前135年)置朱提县,宋为乌蒙部,元为乌蒙路,明设乌蒙军民府。清雍正九年(1731年)改设昭通府,置恩安县。民国2年(1913年)改称昭通县。1950年3月24日成立昭通县人民政府。1981年11月划出昭通县部分辖区成立昭通市,1983年9月9日撤销昭通县建制,其辖区并入昭通市。2001年国务院批准撤销县级昭通市、成立县级昭阳区。2001年6月昭阳区人民政府成立。

【自然环境】 区境地处云贵高原西北部,地势西高东低,为滇中凹部的东北端,有较完整的高原地貌。两大山系横亘境内,东为乌蒙山脉西延伸尾端,山势磅礴,高峰林立;西为横断山脉凉山山系分支东伸边缘,山高坡陡,海拔悬殊;大山包乡独石包包海拔3364米,为境内最高点,大寨子乡茅坡海拔494米,是全区最低处。两山系之间为昭通坝子、洒渔坝子、靖安坝子,均是粮食主产区。利济河流经昭通坝子汇入洒渔河,洒渔河流经洒渔、靖安坝子后出境;金沙江流经境内23千米。全区坝区占33.6%,山区占64.3%,江边河谷地带占2.1%。昭通坝子海拔约1950米,地势平坦,丘坝相间,为典型的高原湖积盆地,昭通城坐落在坝子中间。境内地处暖带,为北纬高原大陆季风气候。冬季气温较低,夏季气候凉爽,干湿两季分明。全年无霜期220天左右,2018年,昭阳区年平均气温12.6℃,年降水量739.6毫米,年日照时数1 716.7小时。

【资源特产】 昭阳区矿产较为丰富,主要有煤、石灰石、铁、水晶、铅锌、铜、石膏等矿种,计有矿床29处。以燃料矿产——煤为主,尤其是褐煤储量巨大,具有广阔的开发前景。农特产品主要有苹果、梨、葡萄、核桃,水果豌豆、莲藕、辣椒、花椒,烤烟、玛卡,乌金猪、火腿、牛干巴,昭通酱、绿豆糕等。旅游资源丰富,主要有大山包鸡公山大峡谷、清官亭公园、大龙洞公园、凤凰山望海楼公园、葡萄井彝族文化公园、龙卢祠堂、乌蒙古镇、省耕塘等。市区投入资金准备把大山包鸡公山大峡谷打造成为国家5A级景区;省耕塘定位为国学文化公园,大力投资打造为昭阳区的城市次中心,集居住、休闲、文化、商贸为一体。

【行政区划】 2018年,昭阳区辖龙泉、太平、凤凰3个城区办事处和永丰、北闸、旧圃、盘河、靖安、洒渔、乐居、苏家院、大山包、炎山10个镇,布嘎回族乡、守望回族乡、小龙洞回族彝族乡、青岗岭回族彝族乡、苏甲、大寨子、田坝7个乡,184个村、2 822个村(居)民小组。

【人口与民族】 2018年年末,全区总人口283 795户944 066人,比上年年末增加17 315人。其中女性456 902人,城镇人口342 582人,少数民族人口178 990人。少数民族人口中,回族125 417人,彝族27 823人,苗族9 545人。年内出生15 784人,人口出生率19.83‰;死亡2 828人,人口死亡率3.29‰。人口自然增长率16.54‰。

【经济社会概况】 综合:初步核算,2018年,全区生产总值(GDP)完成2 732 644万元,比上年增长8.0%,如图1所示。按产业划分,第一产业增加值291 370万元,增长6.4%;第二产业增加值1 366 032万元,增长9.2%;第三产业增加值1 075 242万元,增长6.8%。三次产业结构由上年的11.1:49.3:39.6调整为10.66:49.99:39.35。全区人均GDP达32 143元,比上年增长6.38%。非公有制经济增加值1 051 790万元,占全区生产总值比重为38.5%,比上年提高0.6个百分点。

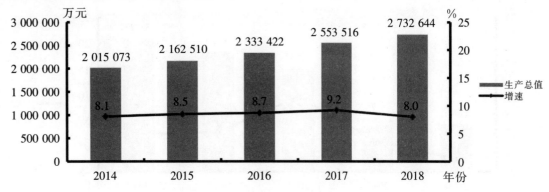

图1 2014~2018年昭阳区生产总值及增长情况

全年,财政总收入完成259 120万元,比上年增长14.9%。其中,地方公共财政预算收入完成130 930万元,比上年增长15.0%。昭阳区地方公共财政预算支出完成624 143万元,比上年增长8.4%。

居民消费价格总指数累计比上年上涨2.4%,如图2和表1所示。其中,食品烟酒类价格上涨0.7%,居住类价格上涨6.1%。商品零售价格累计比上年上涨1.4%。农业生产资料价格累计比上年下跌3.3%。

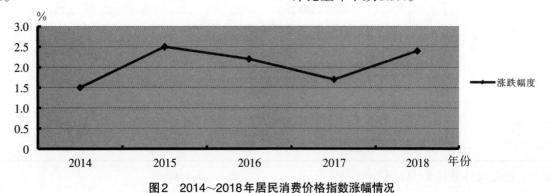

图2 2014~2018年居民消费价格指数涨幅情况

表1 2018年昭阳区居民消费价格涨跌幅度

单位:%

指标名称	同月比	累计比
居民消费价格指数	1.7	2.4
食品烟酒	0.7	0.7
衣着	−0.9	−0.6
居住	5.6	6.1
生活用品及服务	−0.1	−0.4
医疗保健	0.7	4.0
交通和通信	0.8	4.3
教育文化和娱乐	1.8	0.4

农业：全年，粮食种植面积5.17万公顷，比上年减少530.6公顷；蔬菜种植面积1.12万公顷，比上年增加36.87公顷；烤烟播种面积5 082.6公顷，比上年减少469.73公顷；糖料作物播种面积47.73公顷，比上年减少26.8公顷；油料作物播种面积82.53公顷，比上年减少30.93公顷。

全年，粮食产量319 205吨，比上年增加7 023吨，增产2.25%，如图3和表2所示。其中，夏收粮食产量4 492.05吨，比上年增加1 146.1吨，增产34.26%；秋收粮食产量314 712.95吨，比上年增加5 876.85吨，增产1.9%。

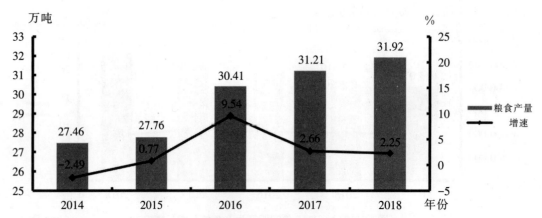

图3　2014~2018年昭阳区粮食产量及增长情况

表2　2018年昭阳区主要农产品产量及其增长幅度

单位：吨，%

产品名称	产品产量	比上年增加
粮食	319 205	2.25
油料	87	-26.19
甘蔗	3 426	-26.04
烤烟	11 123	-5.77
水果	341 435	9.79
肉类	36 252	-6.81
猪牛羊肉	34 943.2	-7.07
水产品	6 207	5.27

全年，完成农林牧渔业总产值440 007万元，比上年增长6.3%。其中，农业产值292 016万元，增长7.15%；林业产值2 134万元，增长16.25%；牧业产值132 109万元，增长4.58%；渔业产值9 096万元，增长6.61%；农林牧渔服务业产值4 652万元，增长0.65%。

年末，常用耕地面积55 788公顷，比上年减少129公顷。其中，水田3 719公顷，与上年减少71公顷；旱地52 069公顷，比上年减少58公顷；人均耕地0.059公顷，比上年减少0.001公顷。

全区水库67座，水利设施（工程）供水量15 419万立方米，有效灌溉面积25 380公顷，比上年下降4.94%。

全区农业机械总动力34 522.8万千瓦，比上年下降19.78%，其中：柴油发动机动力17 261.4万千瓦；汽油机发动机动力3 107.1万千瓦；电动机动力14 154.3万千瓦。在拖拉机及配套机械中，拖拉机3 174台6 923万千瓦。在种植业机械中，微耕机13 178台（套）6 589万千瓦。在农产品初加工机械中，农产品初加工机械5 186台4 986.3万千瓦。畜牧养殖机械22 438台（套）2 468.2万千瓦。

工业和建筑业：全年，全部工业完成增加值787 438万元，比上年增长9.0%，如图4所示。其中,规模以上工业完成增加值778 569万元,比上年增长9.2%;规模以下工业增加值8 869万元,比上年增长4.0%。2018年昭阳区工业主要产品产量及其增幅见表3。

全年,规模以上工业企业实现销售产值1 535 122万元,比上年增长29.53%;实现主营业务收入1 484 642万元,比上年增长28.09%;实现利税总额638 959万元,比上年增长5.04%,其中利润总额128 765万元,比上年增长12.47%。

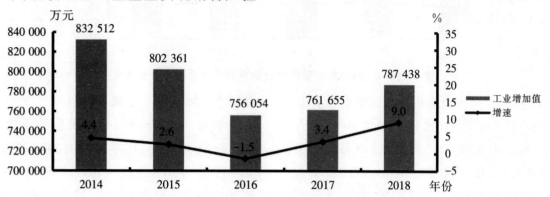

图4　2014~2018年昭阳区工业增加值及增长情况

表3　2018年昭阳区工业主要产品产量及其增幅

指标名称	计量单位	产品产量	比上年(+,-)%
自来水	万吨	1 929	17.5
卷烟	箱	561 374	-2.0
原煤	万吨	1 096.8	2.6
发电量	万千瓦时	169 882	1.5
水泥	万吨	270.3	11.4
中成药	吨	1 093.6	4.2
砖	万块	39 675	40.1
白酒	千升	19 535	6.3

全年,全社会建筑业完成增加值578 594万元,比上年增长9.5%。全区具有资质等级的总承包和专业承包建筑业企业完成总产值648 520万元,比上年增长12.5%。实现利润总额11 451万元,比上年增长4.15%。建筑企业房屋施工面积280.61万平方米,下降3.4%。全员劳动生产率556 335元/人,比上年提高37.83%。

规模固定资产投资:全区,规模以上固定资产投资完成2 046 676万元,比上年增长9.4%。其中,第一产业投资4 700万元,下降65.5%;第二产业投资(剔除电力投资)228 840万元,增长5.4%;第三产业投资1 813 136万元,增长10.5%。全年房地产投资565 750万元,比上年增长23.1%。商品房销售面积106.61万平方米(含团购),比上年增长22.5%。商品房销售额525 525万元,比上年增长59.8%。

国内贸易及旅游:全区,社会消费品零售总额实现1 095 259万元,比上年增长11.00%,如图5所示。按地域划分,城镇实现消费品零售额963 232万元,增长10.9%;乡村实现消费品零售额132 027万元,增长12.0%。按行业划分,商品零售额937 925万元,增长10.8%;餐饮收入157 334万元,增长12.5%。

全年,共接待海内外游客465.97万人次,比上年增长5.88%。实现旅游收入42.28亿元,比上年增长26.78%。

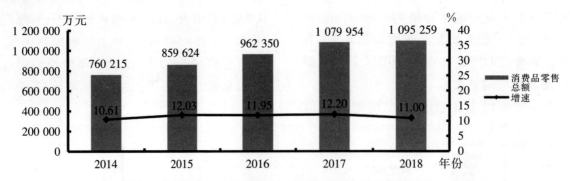

图5 2014～2018年昭阳区社会消费品零售总额及增长情况

金融：年末，全区金融机构人民币各项存款余额达5 721 841万元，比年初增加304 291万元，增长5.62%（见表4）。其中，住户存款余额2 347 574万元，比年初增加242 345万元，增长11.51%；非金融企业存款1 311 159万元，比年初增加152 575万元，增长13.17%；广义政府存款2 059 576万元，比年初减少85 293万元，下降3.98%；非银行业金融机构存款3 278万元，比年初减少5 360万元，下降62.06%。

年末，全区金融机构人民币各项贷款余额达2 864 686万元，比年初增加230 929万元，增长8.77%。其中，住户贷款余额1 034 574万元，比年初增加130 964万元，增长14.49%；非金融企业及机关团体贷款余额1 830 112万元，比年初增加99 965万元，增长5.78%。

表4 2018年昭阳区金融机构人民币存贷款余额及其增幅

单位：万元

指标名称	年末数	比年初(+,-)%
一、各项存款余额	5 721 841	5.62
1.住户存款	2 347 574	11.51
2.非金融企业存款	1 311 159	13.17
3.广义政府存款	2 059 576	-3.98
4.非银行业金融机构存款	3 278	-62.06
二、各项贷款余额	2 864 686	8.77
1.住户贷款	1 034 574	14.49
2.非金融企业及机关团体贷款	1 830 112	5.78

教育、文化和卫生：辖区内有普通高等学校1所，在校学生14 990人，比上年增长15.02%。各类中等职业教育在校学生13 607人，比上年减少4.03%，其中中等专业学校在校学生11 926人，比上年减少3.33%；职业中学在校学生1 681人，比上年减少8.69%。普通中学在校学生67 700人，比上年增长0.84%，其中高中在校学生27 162人，比上年增长0.13%；初中在校学生40 538人，比上年增长1.33%。小学在校学生83 649人，比上年增长1.65%。在园幼儿29 693人，比上年增长11.02%。小学学龄儿童净入学率99.84%，比上年提高0.13个百分点；毛入学率达104.41%，比上年提高2.59个百分点。初中学龄人口净入学率90.01%，比上年降低4.82个百分点；初中学龄人口毛入学率达101.86%，比上年提高2.75个百分点。2014～2018年昭阳区中小学在校学生情况如图6所示。

辖区各类学校专任教师10 099人，比上年增长0.94%。其中，普通高等学校专任教师627人，增长12.97%；中等专业学校专任教师543人，增长2.07%；职业中学专任教师118人，增长1.72%；普通中学专任教师4 162人，增长1.71%，其中初中专任教师2 587人，增长2.09%；小学专任教师4 649人，减少1.3%。

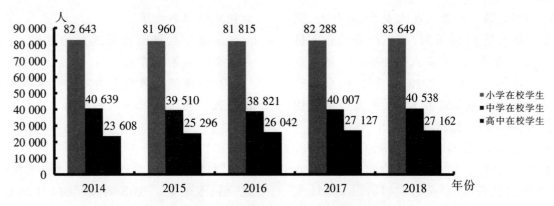

图6 2014~2018年昭阳区中小学在校学生情况

辖区内有专业艺术表演团体2个,文化馆2个,公共图书馆2个,藏书量达37.96万册。全区广播、电视人口覆盖率均在99%以上;有线电视入户率30.71%,比上年降低1.88个百分点。

年末,全区有卫生机构240个,比上年增长0.42%。卫生机构拥有床位6 537张,比上年增长15.17%。其中,医院床位4 912张,卫生院床位1 625张,分别比上年增长15.77%、13.4%。专业卫生技术人员7 356人,比上年增长9.58%,其中执业医师及执业助理医师3 562人,比上年增长8.7%。卫生防疫人员238人,比上年增长3.48%。传染病发病率486.63/10万,甲乙类法定报告传染病发病率228.82/10万;农村卫生厕所普及率64.5%。全区基本医疗保险参保78.11万人,参合率95%以上。

资源、生态和安全生产:年末,城市人均公园绿地面积12.76平方米;建城区绿化覆盖率32.5%,绿地率26.52%。城市生活垃圾定时清运定点处理,生活垃圾无害化处理率达46.58%,污水处理率91.19%。全区森林面积8.27万公顷,森林覆盖率38.17%。

全区,发生各类安全生产事故4起,死亡4人、受伤2人、直接经济损失100.05万元。与上年相比,事故起数、死亡人数持平,受伤人数上升50%,直接经济损失下降49.73%。其中,道路交通领域发生安全生产事故3起,死亡3人、受伤2人、经济损失2万元,与上年相比,事故起数、死亡人数、受伤人数分别上升50%,直接经济损失持平;建设施工领域发生事故1起死亡1人、直接经济损失98.05万元,与上年相比,事故起数和死亡人数持平、经济损失上升98.88%;非煤矿山未发生安全生产事故,与上年相比,事故起数、死亡人数、经济损失均下降100%;煤矿、消防、危险化学品、烟花爆竹、特种设备、商贸企业等行业均未发生安全生产事故,与上年相比,四项指标持平。

人口、就业、人民生活和社会保障:全区总人口944 066人,比上年年末增加17 315人。常住人口855 100人,在常住人口中,城镇人口425 754人,乡村人口429 346人,城市化率49.79%,见表5。

表5 2018年昭阳区人口基本情况

单位:人

指标名称	户籍人口		常住人口	
	总数	比重(%)	总数	比重(%)
年末人口总数	944 066	100.00	855 100	100.00
城镇人口	342 582	36.29	425 754	49.79
乡村人口	601 484	63.71	429 346	50.21

2018年,农村常住居民人均可支配收入10 520元,比上年增长9.5%;城镇常住居民人均可支配收入31 870元,比上年增长8.3%。

全年,累计新增就业5 212人。累计输出农村富余劳动力25.6万人(次)。年末全区从业人员57.29万人,比上年年末增加2.63万人,增长

4.81%。其中,第一产业从业人员23.36万人,第二产业从业人员12.59万人,第三产业从业人员21.34万人。城镇登记失业人数1 365人,城镇登记失业率控制在3.4%。2018年,辖区内全部非私营单位从业人数7.62万人,从业人员年平均货币工资84 714元,提高20.55%。

全年,全区参加养老保险的职工99 361人,比上年增长6.15%;参加医疗保险的职工79 398人,比上年增长6.16%。全区农村居民45 651人享受农村低保,比上年减少28.88%;城镇居民2 549人享受城市低保,比上年减少90.33%。

注释:

①本公报数据为2018年年报数据(除规模以上固定资产投资指标),各项指标及数据解释权在区统计局和国家统计局昭通调查队。

②生产总值、各项增加值的绝对值按现价计算,增长速度按可比价计算,且为年报数据。

③规模以上工业企业是指全部国有及年主营业务收入2 000万元以上的非国有独立核算工业企业;限额以上批发零售企业是指年销售额2 000万元及以上批发企业和年销售额500万元及以上零售企业。

④户籍人口指标中的城镇人口、乡村人口为公安数据。常住人口中的城镇人口、乡村人口按城镇化率推算。

⑤部分数据因四舍五入的原因,存在着与分项合计不等的情况。

⑥城镇常住居民人均可支配收入和农村常住居民人均可支配收入的增长速度以当年价格计算。

【气候概要】 2018年昭阳区天气气候概况:光、温、水配置。2018年(截至12月31日20时,下同)昭阳区平均气温12.6℃,略高;年降水量740.5毫米,偏多;年日照时数1 575.9小时,略少。具体情况见表6。

冬季1月28日至2月6日,全区出现强降温天气过程,低温雨雪冰冻天气持续时间长,影响范围广,给人民群众生产生活造成不利影响。春季大风和气象干旱明显;夏季强对流天气多发频发,汛期全区气温大部偏高,降水偏多,局地风雹及区域性暴雨洪涝灾害突出;秋季9月下旬至10月中旬出现阴雨寡照天气,明显影响高海拔区域玉米收晒进度,导致部分区域粮食霉烂,同时不利于秋耕秋种工作开展。2018年,气象条件对昭阳区农业生产影响利弊兼有,农业气候适宜度综合评定为中等。

表6 2018年昭阳区气温、降水量和日照时数统计表

台站	气温(℃)	气温距平(℃)	降水(毫米)	降水距平(%)	日照(小时)	日照距平(%)
昭阳	12.6	+0.8	740.5	+10	1 575.9	-11

冬季(2017年12月至2018年2月):平均气温3.7℃,比历年同期偏高0.3℃,属偏高年型;降水量6.5毫米,比历年同期偏少67%,属特少年型;日照时数367.1小时,比历年同期偏少35%,属偏少年型。季内,气温:2017年12月平均气温3.5℃,与历年同期相比偏低0.2℃,属正常年型;2018年1月平均气温3.4℃,与历年同期相比偏高1.0℃,属偏高年型;2月平均气温4.5℃,与历年同期相比偏低0.3℃,属正常年型。降水:2017年12月降水量1.6毫米,比历年同期偏少67%,属特少年型;2018年1月总降水量3.1毫米,比历年同期偏少63%,属特少年型,月内降水上旬偏多,中、下旬特少;2月总降水量1.8毫米,比历年同期偏少79%,属特少年型,月内上旬受强冷空气影响,全区出现降水天气过程,但降水量较少,中旬、下旬天气晴朗,仍无有效降水,气象干旱明显。日照:2017年12月,日照时数86.6小时,比历年同期偏少35%,属偏少年型;2018年1月,日照时数145.9小时,比历年同期偏高5%,属正常年型,月内日照上、下旬正常略多,中旬正常略少;2月日照时数134.6小时,比历年同期偏低11%,属正常略少年型。

春季(3~5月):平均气温14.6℃,比历年同期偏高1.9℃,属偏高年型;降水量78.4毫米,比历年同期偏少32%,属偏少年型;日照时数577.6小时,比历年同期偏多2%,属正常年型。季内,气温:3月平均气温11.3℃,与历年同期相比偏高2.7℃,属特高年型,居历史同期第2位;4月平均

气温15.1℃，比历年同期偏高2.3℃，属特高年型，居历史同期第6位；5月平均气温17.8℃，比历年同期偏高1.9℃，属偏高年型，居历史同期第3位。降水：3月总降水量15.5毫米，比历年同期偏少5%，属正常年型；4月总降水量7.6毫米，比历年同期偏少75%，属特少年型，居历史同期第7位；5月总降水量56.2毫米，比历年同期偏少22%，属偏少年型。日照：3月总日照时数138.5小时，比历年同期偏少29%，属偏少年型；4月总日照时数194.0小时，比历年同期偏少3%，属正常年型；5月总日照时数180.7小时，比历年同期偏多1%，属正常年型。

夏季（6～8月）：平均气温19.9℃，比历年同期偏高0.9℃，属偏高年型；降水量493.7毫米，比历年同期偏多21%，属偏少年型；日照时数375.0小时，比历年同期偏少19%，属正常年型。季内，气温：6月平均气温18.5℃，比历年同期偏高0.9℃，属正常年型；7月平均气温21.6℃，比历年同期偏高1.9℃，属偏高年型，居历史同期第2位；8月平均气温19.8℃，比历年同期偏高0.6℃，属正常略高年型。降水：6月总降水量102.1毫米，比历年同期偏少14%，属正常略少年型；7月总降水量201.7毫米，比历年同期偏多32%，属偏多年型，居历史同期第10位；8月总降水量189.9毫米，比历年同期偏多73%，属特多年型，居历史同期第10位。日照：6月总日照时数106.0小时，比历年同期偏少19%，属正常略少年型；7月总日照时数131.8小时，比历年同期偏少19%，属正常略少年型；8月总日照时数145.4小时，比历年同期偏少15%，属正常略少年型。

秋季（9～11月）：平均气温11.7℃，比历年同期偏低0.3℃，属正常年型；降水量152.9毫米，比历年同期偏少7%，属正常略少年型；日照时数306.0小时，比历年同期偏少14%，属偏少年型。季内，气温：9月平均气温17.0℃，比历年同期偏高0.6℃，属正常略高年型；10月平均气温10.8℃，比历年同期偏低1.3℃，属偏低年型；11月平均气温7.5℃，比历年同期偏低0.6℃，属正常略低年型。降水：9月总降水量101.2毫米，比历年同期偏多27%，属偏多年型；10月总降水量50.3毫米，比历年同期偏少13%，属正常略少年型；11月总降水量1.4毫米，比历年同期偏少91%，属特少年型，居历史同期第5位。日照：9月总日照时数60.5小时，比历年同期偏少55%，属正常特少年型；10月总日照时数63.9小时，比历年同期偏少40%，属偏少年型；11月总日照时数182.5小时，比历年同期偏多41%，属偏多年型。

初冬（2018年12月）：平均气温3.5℃，与历年同期相比偏低0.2℃，属正常年型；降水量10.7毫米，比历年同期偏多123%，属特多年型，居历史同期第8位；日照时数142.8小时，比历年同期偏多8%，属正常年型。

主要气候事件概述。2018年1月28至2月7日，全区出现强降温天气过程，低温雨雪冰冻天气持续时间长，影响范围广，给人民群众生产生活造成不利影响。2月中下旬气温偏高，降水特少，土壤相对湿度较小，全区域出现干旱。

3月上旬昭阳区平均气温异常偏高，降水特少，土壤墒情差，干旱持续加重；中下旬有明显降水过程，旱情有所缓解。4月降水量仍然偏少，气象干旱依旧持续，全区仍维持重旱。

7～8月强对流天气发生较频繁，午后雷电活动明显，局部区域短时强降水、大风、冰雹等灾害突出，地质灾害气象风险等级较高，给交通和工农业生产造成一定影响。夏季多单点性暴雨天气，洪涝灾害较为突出。2018年8月10日17时10分左右，全区出现强降雨天气，由于雨势较猛，加之近段时间辖区受持续性降雨天气影响，致使辖区凤凰办事处遭受洪涝灾害。

9月下旬至10月中旬前期，全区持续低温阴雨寡照天气，气温偏低、降水偏多，明显影响高海拔区域玉米收晒进度，导致部分区域粮食霉烂；同时不利于秋耕秋种工作开展。

2019年气候趋势预测：预计2019年全区年平均气温大部区域偏高，偏高0.5～1.0℃，降水量偏少10%～20%。温度和降水两要素的匹配对农业生产有一定影响，属温度条件较好、降水稍偏欠的气候年景。冬春季气温大部分正常，冷暖变化幅度大，有阶段性低温雨雪冰冻天气出现，冬春干旱较常年偏重，2月下旬至4月上旬高海拔区域可能出现倒春寒天气。全市雨季开始期正常稍偏晚，于5月中旬至6月上旬陆续开始，初夏干旱较常年偏轻。主汛期气温偏高，降水正常至略偏多，无大范围抽穗扬花期低温冷害天气出现。秋季气温大部略偏高，降水量偏少，局部区域可能出现5～7天秋季连阴雨，雨季结束期接近常年，于10月上旬至中旬结束。

1～4月气温正常，降水偏少10%～20%，冬春季冷暖变化幅度大,1月阶段性低温天气明显,2月下旬至4月上旬有可能出现轻度倒春寒天气。春冬干旱较常年偏重。

5月全区气温正常;降水正常;预计全区雨季开始期正常稍偏晚,于5月中旬至6月上旬陆续开始,初夏干旱较常年偏轻。

主汛期6~8月气温偏高,气温距平为0.5~1.0℃;降水量正常至偏多,降水距平为0%~20%;单点性大雨、暴雨、冰雹、雷暴等强对流天气接近常年;洪涝灾害较常年偏轻。

秋季9~11月气温略偏高,降水量偏少,秋季连阴雨风险低于2018年,局部区域仍可能出现5~7天秋季连阴雨,雨季结束期接近常年,于10月上旬至中旬相继结束。

凤凰街道办事处

【地理位置】 凤凰街道办事处位于昭通城区南部,东连太平街道办事处、守望乡,西接旧圃镇,北临龙泉街道办事处,南靠永丰镇,驻地双院子社区(凤霞路470号),海拔1910米,面积32.11平方千米。

【历史沿革】 2006年1月25日,由原南城街道办事处、西城街道办事处、凤凰镇,蒙泉乡龙山寨、黑泥地、学庄、母鹿、荷花5个村民委员会,守望乡甘河村民委员会大院子自然村1、2、3村民小组,马贵闸村民委员会凤凰山脚自然村8、9村民小组,太平乡水塘坝村民委员会碑天自然村1、2村民小组,合并设凤凰街道办事处。

【自然环境】 凤凰街道办事处属坝区,地势北、东高,南、西低,最高海拔凤凰山2139米,最低海拔凤凰社区南1900米。北部为城区,城区以东西向云兴街、陡街、西街为界,管辖南部街道,界北部为龙泉街道办事处。东部多属山地,有大小凤凰山、元宝山、金家坡。南部、西部为农业区,土壤为黄壤、黄棕壤、黑泥土,适合种植蔬菜、经济林木果、三大粮食作物等,有常用耕地824公顷,林地192.8公顷(含退耕还林37.6公顷)。年均气温11.5~12℃,无霜期187~250天,年平均降水700毫米,年日照时数1 897小时。

利济河、中沟河从北向南流经境内西部,汇入昭鲁河。自然气候冬春干旱,夏秋湿润。

辖区内驻有省、市、区单位及企业2 815家,个体户15 600家,市人大、市政协、昭阳区行政办公中心(区委、区人大、区政府、区政协)、区纪委、区检察院、区法院、区公安局、昭通烟厂等多家市、区单位驻境内。

【人文地理】 辖区内历史悠久,人文荟萃,有新旧"昭阳八景"之称的"恩波蜃影"——望海楼、"宝山环翠"——圆宝山、"凤岭飞霞"——凤凰山,总面积26.33公顷的"望海文化水体公园",龙山寨古镇,史学界称之为"滇中瑰宝"的汉孟孝琚碑和"乐土安邦"晋霍承嗣墓壁画以及荷花范氏古墓群,清"钦赐国子监学正"魏定一撰书杨氏墓志铭。古迹和新辟景观有张希鲁故居、李松甫故居、龙绳祖故居(俗称"龙二公馆")、名扬史学界的国学大师姜亮夫故居,文庙、陕西庙、凤阁庙、福禄宫、毛货街清真古寺、东大寺、下虹桥清真寺、孙氏宗祠、姜氏宗祠,凤凰山烈士陵园,圆宝山体育场、体育馆等建筑。

【行政区划】 2018年,辖西街、昭阳、海楼路、团结、凤霞、迎丰、文渊街、南菜园、画苑、昭阳、南顺城、昭苑、南温泉、凤凰、双院子、龙山寨、母鹿、黑泥地、联盟、和平、荷花、学庄、石头塘、龙韵雅苑、永安25个社区居民委员会,266个居民小组。

【人口与民族】 2018年年末,辖区户籍人口133 690人,流动人口约12.1万人,辖区内居住有回、苗、彝、白、壮等10余个少数民族。

【经济概况】 2018年,农村经济总收入30 535.48万元。其中,农业收入6 327.28万元,牧业收入5 150.368万元;农村经济纯收入44 371.41万元,农民人均纯收入10 062元。农村用电量1 462.3万千瓦时。

【工作概况】 基层党组织概述:凤凰街道党工委下属社区党委2个,9个党总支(含1个非公经济党总支),68个社区党支部(含22个非公企业党支部、1个机关单位党支部、1个事业单位党支部、1个老年党支部、1个青年人才党支部）。有党员1 959人（其中，女性715人，少数民族180人），预备党员41人。2018年，25个"新时代讲习所"开展讲习，"万名党员进党校"培训105期，培训党员1 688人。支部规范化建设区级验收达标31个，撤销及合并党组织13个。4家社区成立"大党委"，创新社区楼宇党建、爱心银行、错时服务、预约服务、四点半学校等服务模式，龙韵雅苑、双院子、石头塘、文渊、西街等社区多次代表区委迎接市委和省委考核检查。江西南昌、水富市以及昭通监狱、市国税局、昭阳区工业园区、区公安局等单位到辖区观摩学习。全办"云岭先锋"APP实名登录率75%，党建综合服务平台使用率排名居全区第二位。

脱贫攻坚工作：办事处共有建档立卡户1 232户5 048人，截至2018年年底，已脱贫1 103户4 599人，未脱贫户129户449人。区委派驻21名扶贫工作队员到辖区7个贫困社区驻村扶贫。培训脱贫户家务及环境卫生知识。危房改造，消除老旧危房；102名贫困学生享受"雨露计划"资助，每人3 000元，合计补助资金30.6万元；减免贫困人口基本医疗、大病和养老保险参保费用；培训就业技能21期3 520人，转移55名贫困对象到广东中山就业。调整产业结构，流转土地发展葡萄庄园。完成社会扶贫网APP注册工作。

征地拆迁安置工作：按照市委昭通中心城市"一城三区、若干小镇、产城融合、城乡一体"的总体布局，完成市二院项目、乌蒙水乡、民兵应急分队片区征地拆迁，启动凤凰温泉旅游小镇片区拆迁。全年征地65.8公顷，拆迁1 407户，拆迁建筑面积18万平方米。完成荷花和平、双院子棚户区改造安置点建设，兑付南温泉社区477个承包人口货币化安置资金1.7亿元，推动母鹿荷花试点安置。

人居环境提升：落实中央环保督察"回头看"专项整改要求，清理生活垃圾5 000余吨、建筑固废物58 000吨，处置医疗废物；南城、蒙泉、凤凰派出所和交警凤凰一、二中队及社区共同治理"黄标车"，淘汰522辆；禁限养殖清理关闭8户规模养殖户；完成全国第二次污染源普查；推行"河长制"，设立街道河长7名，社区河长19名在河道沿线公示，街道河长巡河127次，社区河长巡河936次，与14条河渠沿线居民签订《责任书》235份，发放告知书260份，调查排污口132个；以龙山寨片区风貌改造为试点，整治村容村貌，按照青瓦、白墙、格子窗风格，启动847户风貌改造，拆除重建378户，截至年底，风貌改造正在施工629户，拆除重建正在施工336户，已投资8 000余万元。实施"厕所革命"和村庄美化，25个社区建立居规民约，实行社区环境卫生收费管理制度，以黑泥地社区为例，2018年全年收取卫生保洁费11.18万元，聘请贫困劳动力为社区保洁员，解决贫困劳动力就业问题。启动老城区文渊片区排危工程，已拆迁文渊、永安、南顺城3个社区51户危房，待规划设计完成后，启动建设。

信访工作：按照"三到位一处理"原则，落实信访包保责任制，实行"一岗双责"，每月9号、19号、29号分别为分管领导、行政主任、党工委书记接待日，定期接待来访群众，研究解决办法。2018年，接待上访群众163批968人次，办理信访案件89条，化解信访积案8起，打击缠访闹访1起。落实24小时值班和零报告制度。每月召开1次信访联席会，分析信访积案包保落实及化解情况，明确下一阶段信访维稳工作。

司法调解工作：全年排查调处各类纠纷106件，调解成功102件，涉及当事人278人，协议涉及金额189.7万元，调解率100%，成功率96%，实行矛盾纠纷调处"以奖代补"制度，兑现调解成功"以奖代补"。

案件概述：2018年，刑事案件立案1 579件，破案420件，破案率26.6%；受理行政治安案件1 707件，查处691件，查处率40.5%。

禁毒工作：2018年，禁毒工作中投入经费300余万元，配齐禁毒专干2名、专职人员25名，推进"五位一体"管理模式，社区戒毒180人，社区康复216人，强戒146人，戒断三年未复吸121人，已解除74人，管控率95.11%。查处辖区非法种植罂粟苗地块16块，约0.08公顷，铲除罂粟苗12 560株。破获毒品案件44件、打击47人。摘掉被上级挂牌督办帽子，打造禁毒工作省级示范点，9月6日，全市禁毒工作现场观摩会在

办事处举行。接受社区矫正对象284名,到期解矫216人,在册社区矫正人员68人。

法治宣传:全年向居民宣传相关法律、法规和政策35场次,出宣传栏24期,宣传面达9万余人,在辖区学校开展法治班会15课时、集中上法治课4次、发放法治宣传资料3 200余份,受教育学生2 600余人。

民族团结进步示范社区创建:凤凰辖区内宗教活动场所较多,少数民族集聚。年内创建文渊、永安2个省级民族团结进步示范社区,促进各民族团结奋斗。

安全生产工作:2018年,办事处与相关单位签订《安全生产责任状》,每月定期召开安全生产专题会议。全年,由安监站牵头,定期组织辖区派出所、市场监督管理所、卫生服务中心、交警中队、中心校及综合执法凤凰大队等部门,分时间、分行业安全生产大检查辖区内特种行业、危险化学品、废旧物回收、烟花爆竹和校园周边等,共查处1起非法储存销售烟花爆竹行为,查收烟花爆竹等100余件。防汛排查辖区内低洼地带、危房等存在问题;动态监测地质灾害隐患点;排查古旧城片区老旧危房居民用火用电安全隐患;做好护林防火工作;整治校车、农村道路客运班线车辆和面包车超速、超员、拖拉机和摩托车违法载人、酒后驾驶等违法行为;定期开展安全生产检查,排查治理隐患单位22家,发出《安全整改意见通知书》18份,提出整改意见40条,督促单位完成整改,年内辖区未发生1起重特大安全事故。

扫黑除恶工作:办事处成立"扫黑除恶"工作领导小组,利用宣传标语、横幅、微信群等宣传,营造氛围。重点摸排打击威胁政治安全、把持基层政权、利用家族宗族势力横行乡里、煽动群众闹事、强揽工程、欺行霸市、操作经营"黄赌毒"、非法高利放贷、插手民间纠纷、跨国跨境等10种黑恶势力,设置举报箱,公开举报电话,全年收到涉黑涉恶线索10条,转由相关部门查处。

经济普查工作:组织辖区经济普查,完成第四次全国经济普查工作。

养老、医疗保险:完成2018年养老保险、医疗保险续保任务,养老保险参保25 283人,参保率97.7%,医疗保险参保73 641人。

劳动保障:2018年,录入城乡劳动力资源信息25 298人。专项整治拖欠农民工工资问题,受理并成功调解拖欠工资纠纷5件。

劳动力就业:辖区内有乡村劳动力23 671人,其中男性12 613人,女性11 058人。城镇下岗职工10 013人基本实现转移就业。

城乡低保专项整治:2018年,停发1 682人农村最低生活保障,新增民政兜底对象266人,停发4 729人城市最低生活保障,追缴违规享受资金约26万元。

殡改工作:干部带头签订《殡葬改革目标责任书》,全年火化302具遗体。

残联工作:年内,发放残疾人生活补贴1 120人,护理补贴612人,办理残疾证68人。

其他民政工作:发放城乡临时救助资金50万元,办理退役士兵信息登记3 428人,开展敬老节慰问,发放1 866人高龄补贴。

教育事业:2018年,辖区内有昭通市一中、昭通市实验中学、昭阳区一中、凤池中学、凤凰中学、昭阳区三小、昭阳区五小、昭通市幼儿园等18所公办学校,昭阳区仁德中学、昭通华宇特色学校、昭阳区画苑幼儿园、昭阳区爱心幼儿园、昭通根基幼儿园等53所民办学校。公办学校教师2 166人,在校学生数35 607人;民办学校教师1 055人,在校学生数15 315人。辖区凤凰中学、双院子小学等学校各项办学指标在全区名列前茅,通过2018年年度义务教育均衡发展国家级验收。

文化事业:开放社区农家书屋、电子阅览室,发展文艺队、老年合唱团等,打造全国一级文化站。

卫计工作:辖区内有昭通市第二人民医院、昭通市中医院、昭通市妇幼保健院、昭阳区中医院等公立或民办医疗场所,医护人员2 190人。年内,没有发生流行性传染性疾病,慢性病综合防控工作通过上级验收,控制艾滋病蔓延,防治结核病等传染性疾病。全面落实二孩政策,做好孕前优生健康检查,完成区政府下达人口和计生工作目标任务,创建昭阳区流动人口健康促进示范学校(荷花二小)1所,鑫泰盛建材城流动人口计生协会,计生家庭意外伤害保险参保10.7万元。

基层综合服务管理中心建设：在辖区25个社区建立并完善基层综合服务管理平台，实现一站式服务，解决服务群众"最后一公里"问题。

种植业：全年粮食总产量11 912吨，粮食种植面积859公顷，其中旱作538公顷、水稻225.07公顷。

畜牧业：2018年，全办生猪存栏4 826头，牛存栏105头，家禽存栏4 050只。出栏肥猪13 955头，出栏菜牛31头，出栏家禽14 986只。禽蛋产量7.1吨，牛奶产量123.9吨。

招商引资：2018年，新城控股集团到辖区内开发"吾悦广场"；云南建投在辖区内修建荷花和平、双院子、南温泉棚改安置房及乌蒙水乡水体公园。其余省内外少数企业也在辖区内兴办企业。

【表彰】 办事处，获昭通市计生协会授予"先进集体荣誉"称号。

石头塘社区，获区政府授予"计划生育工作先进集体"。

聂汝峰，获云南省第三次全国农业普查领导小组授予"第三次全国农业普查先进个人"称号。

李金龙，获昭阳区政府授予"计生协工作先进个人"称号。

肖忠敏，获昭通市环境保护、昭通市妇女联合会授予"最美绿色家庭"称号。

潘怀飞、李应良、刘存刚、徐家德，获昭阳区委授予"2017年年度优秀居民小组长"称号。

陈礼学，获昭阳区委授予"优秀明星党组织书记"称号。

李学军，获昭通日报社授予"2017年年度优秀通讯员"称号。

昭阳区龙泉街道办事处

【地理位置】 位于昭阳城区西北部，办事处驻昭阳区枫园路33号。总面积28.77平方千米。东与太平街道办事处相连，西、南与凤凰街道办事处毗邻，西北与旧圃、北闸交界。是昭通市政治中心，是昭阳区出滇入川北大门。

【历史沿革】 2006年1月，昭阳区乡镇、办事处撤并，由原北城办事处，原东城办事处东菜园、东正、建设北街、德育4个社区，原西城办事处珠泉、爱民2个社区，原蒙泉乡官坝村、白坡村和长利村，以及北闸镇集中村重组，于2006年1月25日挂牌成立龙泉街道办事处。

【自然环境】 整个辖区处于利济河东西两侧和北部土梁上西部缓坡面，地势东高西低。最高海拔得马寨北侧山头1995米，最低海拔三孔桥1917米。东部、南部为城区，西部、北部为农村。城区范围多为老旧城，基础设施落后，街道狭窄，交通不便，菜市场、农贸市场、修理市场等都为自发形成。城区范围建筑多为老式建筑，城中村特别突出；珠泉路、爱民路、青年路北段、北顺城街、环城西路、环城北路、环城东路、龙泉路、建设街、珠海大道北延线、国学路西延线等街道为主要交通、运输道。西部、北部为农业区，土壤为水稻土、黄壤，呈酸性。生产玉米、马铃薯、水稻，经济作物以苹果、梨、蔬菜为主。

辖区内驻有中央、省、市、区单位109家，中共昭通市委、市人民政府、云南省交通运输集团公司昭通分公司、云南省电信昭通分公司、昭通电力实业有限公司、云南省昭通供电局、昭通市国税局、市检察分院、市建设局、昭通宾馆、昭通供排水公司、昭通市气象局、武警支队、昭通军分区、北方医院、龙泉社区卫生服务中心、昭通学院附中、区三中、区一小、区二小、区四小、昭通市幼苗幼儿园、昭阳区幼儿园等单位坐落境内；辖区内有龙家公馆、卢家公馆、姜亮夫故居、怀远街玉皇阁古玩市场、辕门广场、箭道广场、抚镇门广场、史建于清嘉庆十四年清官亭公园、市级文物保护单位清末巨商李耀庭家祠、广东庙及迟家公馆等旅游景点。有国有企业、个体工商户及私营企业3 600余家。

【行政区划】 2018年，辖珠泉、爱民、东正、东菜园、德育、建设北街、北正、公园、崇义、环城北路、下排、龙泉、巩固、官坝、白坡、长利、集中、枫园、春晖19个社区居委会。

【人口与民族】 2018年年末，总人口99 076人，其中男50 128人，女48 948人。农业户8 548户，农业人口34 167人。汉族23 935户91 616人、回族1 195户4 820人、彝族265户993人、苗族98户282人、白族64户161人、壮族32户78人、布依族8户25人、满族28户78人、哈尼族190户775人、纳西族8户24人、傈僳族13户54人、藏族27户113人、瑶族18户25人、佤族8户32人。

【经济概况】 2018年，实现城镇常住居民人均可支配收入35 046元，同比增长8%，实现农村常住居民人均可支配收入10 012元，同比增长10%，实现农村经济总收入2.90亿元，同比增长11%。

【工作概况】 脱贫攻坚项目库建设：2018年，精准绘制村级施工图、街道路线图。2018年至2020年脱贫攻坚项目库建设，三年计划总投资3 044万元。其中，产业发展投资152.59万元、劳动力转移培训投资88.04万元、交通扶贫工程投资876.18万元、教育扶贫工程投资158.68万元、健康扶贫工程投资372.14万元、兜底保障工程投资622.54万元、饮水安全巩固提升投资18万元、脱贫巩固及乡村振兴投资756.8万元。

"扶贫行动"：2018年，帮扶119户建档立卡贫困户新植苹果12.41公顷11 166株。农村危房改造50户，竣工入住，入住率100%；辖区建档立卡贫困家庭义务教育阶段479人，100%入学；家庭医生签约服务建档立卡户，资助4 266名贫困户参加基本医疗保险和大病保险，累计免交2年医疗保险费170.64万元；实施乡村公共服务岗位37人，每人每月补贴500元；农村最低生活保障390户469人，残疾人"两项补贴"建档立卡114名，建档立卡户686人免交养老保险，合计68 600元；投资20万元，补齐村集体经济短板，4个贫困村均达到2万元以上集体经济收入。落实安全饮水、通电、通路、通广播信号等一系列措施，夯实脱贫基础。

脱贫攻坚纪律保障：全面排查脱贫攻坚违纪、违规行为。成立农危改工作领导组，全程监管农危改工作，农危改修缮加固任务50户、资金1 149 688元，验收后全部拨付到位。查处各种违纪、违法和失职失责行为，严明监督执纪问责措施，为脱贫攻坚战保驾护航。

党建促各项工作：实施"乌蒙扶贫先锋行动""领头雁"培养工程。开展"万名党员进党校"、新时代讲习所、"云岭先锋"夜校等活动。建设电商销售平台，壮大村集体经济，带动192户768名建档立卡贫困户致富，实现集体经济年收入5万元以上目标。推动城市发展和乡村振兴。依托街道"大工委"和社区"大党委"，整合驻区单位、社区民警、网格长、商户力量，建立卫生保洁、治安巡逻、文艺宣传、公益帮扶、义查义诊等志愿者服务队，共同服务城市管理。

重点项目用地：截至11月16日，共拆除377户、房屋面积174 513.11平方米，其中合法建筑拆迁297户73 258.92平方米，拆除违法建筑254户101 254.19平方米，保障省耕公园片区、乌蒙古镇片区等重点项目用地。

棚户区改造：累计改造107.25公顷，拆迁面积654 059平方米。完成货币安置297 299.68平方米，实物安置356 800平方米；安置总套数6 541套，其中货币补偿2 973套，新建回迁安置房3 568套。

田园综合体建设：2018年，启动房屋风貌改造49户，年内计划再启动300户。

人居环境提升整治：累计投入5 000余人次，出动各类机械及车辆500车次，清理城乡生产生活垃圾堆放点113处、垃圾800余吨，沟渠清淤11处、清淤24吨，清理河道垃圾25.5吨，清理公路路域垃圾224吨，清运固体废弃物87 147吨，收集归并93 000吨。清理无场地空壳养殖场、养殖专业合作社10户，关停6户畜禽养殖场。重点以利济河、北干渠、大沙沟为主，出动清河人员112人次，投工投劳214个，清淤河道2 500米、淤泥10吨，清除白色垃圾15余吨，打捞掩埋死畜20余头，安装智能化厕所5个，增设垃圾箱20余个。治理建筑工地扬尘，"黄标车"淘汰307辆，完成98.40%，剩余5辆在治理中。

安全生产：全年组织各种检查10余次、排查大型安全生产隐患2次，发放宣传资料3 000余份，张贴各种通知100余份，展出宣传展板60块次，制作大型标语10条，清理整治经营祭祀用品店42家，收缴非法烟花爆竹100余件，现场整改安全隐患35处，下达《隐患整改通知》35份；检查电梯使用单位39家，压力容器（锅炉）2家；签订《"三合一"场所隐患排查通知》4 000余份。

社会治安：截至11月，辖区在册吸毒人员562人。其中，强戒120人、社戒76人、社康165人、戒断三年142人、死亡49人、刑事在押10人、脱管22人，社戒社康吸毒人员管三年管控率在90%以上。

信访调解工作：2018年，区级领导到龙泉接访7次，9人次；街道领导接访95次，542人次；答复信访系统来信来访件47件，督查督办信访件8件，答复网上信访11件，签订《信访息诉停访协议》2件，排查调处各类纠纷361件，化解信访纠纷11件，参与调解纠纷79件，法律援助9件，人民调解以奖代补152件，口头纠纷63件。

教育事业：2018年，辖区有中学1所、教师138人、学生2 533人；小学9所、教师531人、学生9 310人。

卫生事业：2018年，有医院3所，医务人员207人，医务用房5幢24 687平方米，新建1所村卫生室，面积210平方米。

【表彰】 柯群，在2018年城乡住户一体化调查工作中，获国家统计局昭通调查队表彰授予"优秀记账员"称号。

徐秀芳，在云南省第三次全国农业普查工作中，获云南省第三次全国农业普查领导小组授予"省级先进个人"称号。

昭阳区太平街道办事处

【地理位置】 昭阳区太平街道办事处地处昭阳区东部，东与小龙洞乡接界，南与凤凰街道办事处相连，西与龙泉办事处接壤，北与北闸镇相邻。辖区总面积63.38平方千米，90%以上区域属坝区。

【历史沿革】 昭阳区太平街道办事处成立于2006年1月25日，由原太平乡黄竹林、太平、永乐、水平、水塘坝、桃源6个村，原东城办事处环东路社区、富强村，以及北闸镇石渣河村、箐门村划入1、2、3、4、5、6、7村民小组、红路村委会划入2、4、14、15村民小组，小龙洞乡龙汛村划入15、16、17、18、19、21、22、23村民小组，共计12个村（社区）125个居民小组组建而成。2013年，新成立金江社区属溪洛渡水电站建设搬迁移民区。截至2018年年底，太平街道办事处下辖11个社区居委会。

【自然环境】 地处坝区，多属旱地。最高海拔2133米，最低海拔1914米，年均气温约13.5℃，年降水量740毫米，年日照时数1 900~2 000小时，无霜期220天。土壤以黄壤、水稻土为主，呈微酸性。辖区内花果山汉墓群记载着昭通悠久的历史。地下蕴藏着丰富的褐煤、无烟煤等矿产资源。尚待开发老干闸水库水质含硫、铁等多种矿物质，具有天然医疗保健作用。境内有省耕塘、箐门、红日一二级等多个小型水库。渔洞北干渠经桃源、太平、水塘坝3个社区。

辖区有昭通民航站、昭通火车站、昭通学院、昭通市第一人民医院等60余家企事业单位。

【行政区划】 2018年，辖太平、水塘坝、桃源、永乐、黄竹林、水平、环东路、富强、石渣河、平安、金江11个社区居民委员会，148个居民小组。

【人口与民族】 2018年年末，辖区总人口82 014人，居住着汉、回、彝、苗、白、傣等民族。

【经济概况】 2018年，办事处农村经济总收入61 607.281 3万元，较上年增长9.9%，农牧业收入9 348万元（其中农业收入8 437.19万元）、运输业收入9 817万元、建筑业收入11 193.6万元、其他行业收入4 990.351 3万元。农民人均纯收入10 818元，较上年增长12.6%。

【工作概况】 机关建设：全年，建立和完善党委、行政议事规则、信访工作、学习、考勤、信息报送等一系列工作制度，党委、行政班子成员带头执行制度。纪委、党政办不定期检查、通报、督促、整改全办干部职工考勤、值班、工作进度等情况，全年通报40余次。

党建工作：全年，制定《太平街道社区考核积分制管理办法》，发展入党积极分子42名，党员25名，预备党员转正5名。搭建一站式服务平台，推行"服务清单"，向群众"亮出"服务承诺事项。

责任体系建设：年初，与辖区各相关单位签订《党建工作目标责任制》《党风廉政建设责任制》《党建工作计划》《维稳信访工作目标责任制》《烤烟生产收购工作目标责任制》《安全生产工作目标责任制》等一系列目标责任制。做到年初有安排，年中有督促检查，年底有考核奖惩。

征地拆迁：2018年，完成棚户区改造、文体公园、土地例行整改项目、市妇幼保健院、红星美凯龙、碧桂园、敦煌大道、永善路提升改造、区一中分校、明泉物流、2号安置点、国际商贸城二期、河道治理、省耕塘片区、扶贫物流园区等拆迁1 086户，拆除面积67万平方米；征地169.2公顷，其中：已兑款78.8公顷，未兑款90.4公顷。

安置工作：2018年，完成24号安置点，富强社区12个居民小组住房分配；启动17组安置，4-1、5-1安置点住房安置正在建设中，3、4号安置建设全面展开；年内，正在拟定富强、桃源、太平社区安置方案。

"两违"整治：全年24小时监管，实行"日巡查、周整治、月考核"，杜绝增量。整治由"日日搞突击，天天讲整治"，转化为部门常规管理工作。"两违"办共出动车辆3 275余辆（次）、人员21 925人（次），下发《城建监察限期改正违法行为通知书》142份，依法强制拆除违章建筑142户，面积48 472平方米，处罚违章建筑运输车辆16辆。

规范城市建设秩序：建立完善各项规章制度，全面管理辖区内公共卫生区域。整治广告审批和小广告，与辖区内各商店签订《"门面三包"责任制》《承诺书》；取缔非法经营行为，管理建筑工地，落实"三池一设备"、渣土运输、施工安全；综合整治火车站周边环境，完善市政设施，处罚乱停乱放违章运营、无序拉客等，火车站秩序良好。

政法综合治理维稳工作：街道党工委、办事处打击辖区内各种违法犯罪活动，开展"扫黑除恶"专项治理行动。全年接警2 312起，立刑事案852件，同比下降2.56%，受理行政案件688件，同比上升15.4%。抓获刑事作案人员71名，逮捕53人，刑事拘留71人，破案119起。调解医患纠纷25起。管理出租房、流动人口，开展"一标三室"建设，安装212个4G无线监控视频和469个探头。推进"鹰眼一号""冬春扫毒""清零""网络扫毒百日行动"，共破获禁毒案件17件，缴获海洛因4 542.5克、冰毒317.5克，刑事打击18人，抓获吸毒人员130人。

司法调解工作：2018年，调处各类纠纷167件，调解率100%，成功率97.5%。联合社区调解2件，防止民事纠纷转化为刑事案件2件，防止群众性上访3件。变上访为下访，各社区围绕"平安创建"，排查化解矛盾纠纷，开展技防、人防，群防群治等工作。社区矫正和刑释人员帮教现有在册人员65人。年内，没有一起疑难纠纷上升为"热点""难点"问题。

人居环境整治：2018年，推进G85沿线涉及黄竹林、石渣河、平安社区风貌改造。实施卫生清理、人畜饮水、村庄道路硬化、垃圾集中堆放等工程，自来水供水系统覆盖11个社区，覆盖率90%以上；维修整治河道、沟道、乡村道路。

农业产业：2018年，完成9个社区66个居民小组土地确权外业工作，新植苹果12.95公顷。种植烤烟165.67公顷，完成区政府下达收购任务。

巡察整改环境综合整治：按照中央环保督察整改工作要求，办事处成立环境综合整治工作领导小组，下设办公室，配备办公设备。各社区制定《社区工作方案》，建立和完善居规民约，层层落实责任。水管站、学校、妇联、市场管理、综合执法等与社区形成联动。整治"黄标车"，将在册108辆黄标车任务分解到各社区，与社区签订《责任书》，建立"一车一档"，责任到人。取缔关闭辖区8家养殖大户。全面整改黄竹林、平安、水塘坝等社区存在的问题。

脱贫攻坚：全年，落实城镇和农村低保、养老保险、"新农合"、城镇医疗保险等工作，实现各项保障措施全覆盖，制定《脱贫攻坚三年行动计划和实施方案》，绘制脱贫攻坚乡级路线图、村级施工图。现各类项目经相关职能部门批复，部分项目已启动实施。

教育事业：辖区有本科院校1所，教师588人，学生16 914人；昭通职教中心，教师537人，学生10 698人；中学7所，教师925人，学生15 038人；完小12所，教师550人，学生10 863人。

卫计工作：2018年，辖区有医院1所，卫生院1所，卫生服务站10个，医务人员2 249人。仁安大型民营医院，现有医护人员283人，床位300个，占地面积3.46公顷。年内，辖区出生930人，死亡162人，计划外多孩104例，计划生育率84.62%。完成免费孕前优生健康检查415例。

殡葬改革：全年，遗体火化77具。

社会保障：核对农村低保数据，停发处理731户780人，办理残疾人护理补贴597人，发放残疾人生活补助612人。按时发放低保、孤儿、优抚对象、残疾人、高龄补助、临时救助等。重新认定城乡低保，符合城乡低保2 011户3 587人。

昭阳区北闸镇

【地理位置】 北闸镇地处昭阳区东北部，距昭通城9 000米，海拔1998米。辖区面积131.75平方千米。东接太平办事处，南接龙泉办事处，西与靖安镇、青岗岭乡毗连，北与盘河镇接壤。镇政府位于东经103°45′51.10″，北纬27°25′17.68″。

【历史沿革】 镇驻北闸街。街旁有一水闸，以方位命名北闸，新中国成立后扩建为水库。1950~1966年，属蒙泉区管辖。1966年，从蒙泉划出建立北闸公社。1984年，更名北闸区。1988年定名北闸镇。2006年1月乡镇撤并，划出石渣河、集中两个村和红路村（2、14、15）4个组、箐门村1~7组。

【自然环境】 北闸镇地处昭通坝子北部边缘，地势北高南低。南部坝区海拔1932米，北部山区最高海拔2996米。坝区年平均气温12.1℃，降水量830毫米，山区为1 100毫米。年日照时数1 950~2 000小时，无霜期218天。土壤有黄壤、黄棕壤、棕壤、水稻土、紫色土，呈酸性。主产玉米、马铃薯。东北部山区有丰富的无烟煤矿藏。有林业用地4 733.3公顷；森林覆盖率18.67%。辖区有北闸、杨家坟等水库，在建水库有边箐水库。

北闸镇区位优势独特，镇驻地北闸街为昭通坝子北部商品集散地。毗邻昭阳工业园区，境内交通便利，内昆铁路、"213"国道、新老昭彝公路以及在规划和建设中的北三环、渝昆高铁、昭麻高速、宜昭高速公路穿境而过，素有"昭阳北大门"之称。

境内有省级自然保护点大龙洞公园，市级文物保护点过山洞古人类居住遗址。有三艾魔芋公司、大龙洞旅游开发、渝昭煤矿、盛丰煤矿、新厂煤矿、华新水泥厂、得云水泥厂、荣兴油脂有限公司、众益食品厂、福禄矿业公司、得云建材集团水泥厂、福安艺术陵园、国际玩具厂、波鸿公司等企业。

【行政区划】 2018年，辖新田、海坝、塘房、岩脚、海子、箐门6个行政村和白坡塘、北闸、红路、邓子4个社区，58个自然村，137个村（居）民小组。

【人口与民族】 2018年，总人口56 567人，总户数14 744户，男性29 853人，女性26 714人。其中，农业人口9 448户、32 834人，非农业人口5 296户、23 733人；汉族人口14 165户、53 666人，少数民族人口579户、1 813人（彝族290户、685人，回族289户、1 128人）。人口自然增长率控制在8‰以内。

【经济概况】 2018年，全镇国民生产总值11.5亿元，同比增长10%。农民人均纯收入9 244元，同比增长12.6%。外出务工人员8 235人。耕地总面积2 109公顷，农作物种植面积6 741.5公顷，其中粮食种植面积5 018公顷，总产量3 023.56吨，比上年减少1%，种植玉米2 286.67公顷，马铃薯1 960公顷、豆类206.67公顷。人均占有粮食53.45千克，比上年减少0.2%；种植烤烟13.33公顷，比上年减少50%，产量30.96吨，比上年减少49%；蔬菜产量12 047吨，水果产量24 297.9吨。畜牧业产值1.07亿元，林地面积

4 733.3公顷、林业产值1亿元,渔业产值0.02亿元,全年农田有效灌溉面积700.3公顷。

【工作概况】 第四次经济普查:采用张贴标语、电视宣传等形式在辖区内宣传此项工作,业务培训、实际指导普查人员。普查工作7月份开始,普查单位300家,个体户720家。同时,统计测算9个村1个社区农作物播种量。根据农业经济播种格局,专题统计农作物播种面积。

畜牧业:2018年,建立健全畜禽疫病监测网络,定专人督促13家养殖大户防疫注射。2018年8月,中国辽宁发生非洲猪瘟疫情,10月19日昭通市镇雄县发生非洲猪瘟疫情,排查辖区内生猪、野猪饲养共2 518户,生猪存栏8 638头,经排查,辖区无非洲猪瘟疑是病例。向生猪饲养场、屠户发放《非洲猪瘟明白纸》《告知书》各500份,发放彩色非洲猪瘟宣传挂图1 500份,张贴非洲猪瘟宣传挂图150份。

护林防火:镇政府成立以镇长为指挥长,分管副镇长、武装部长为副指挥长,相关部门抽调20人组成应急防火分队;年初,分别与村(社区)、学校、相关企事业单位及护林员签订《森林防火责任状》108份;并在森林防火戒严期间,新增永久性标语8条,发放《户主通知书》2 000余份,省长防火令60余份,市长防火令50余份。

苹果产业:2018年,招聘8名苹果辅导员参与全镇苹果科学种植和管理,培训果农苹果生产2期,指导果农整形修剪红富士苹果416.67公顷,疏花疏果900.67公顷,新植果园17.67公顷,苹果套袋350.10万个。

教育事业:年前制定《北闸镇2018年"雨露计划"职业教育实施方案》,达到"教育培训一人,就业创业一人,脱贫致富一户"目标。年度内,北闸中学中考有12人考入昭通市第一中学,普通高中录取200余人,高考二本上线78人,比2017年多66人,高考上线率94.6%。采取"三对一"(学校老师、村干部、工作队员结对劝返辍学人员)方式劝返辍学人员复学。

文化事业:在岩脚村修建文化活动广场,管理海坝村文化活动广场。2018年10月17日,全镇组织纪念改革开放40周年暨老年协会文艺比赛活动,11月21日,组织纪念改革开放40周年书画、摄影展。

人口和计划生育工作:本年完成医学监护6次,监护率均在99%以上;第1次医学监护应监护对象1 399人,已监护1 386人;第2次医学监护应监护对象1 487人,已监护1 474人;第3次医学监护应监护对象1 596人,已监护1 580人。发放叶酸1 109人,发放率95.3%。孕前优生健康检查361对,占下达比例56%。

新农合:截至2018年11月7日,全镇参合50 834人,新参保462人,续保15 275余人,续费率60.45%,其中建档立卡户参保15 725人(除异地参保和购买职工医保外),参保率100%。

城乡居民养老保险:宣传城乡居民养老保险政策,其中板报宣传10期、标语宣传5期、简报简讯10期,现场宣传10次,各村小组召开村民会议10次,生存认证60岁以上老人5 902人。

殡葬改革工作:成立殡葬改革工作领导小组,制定《北闸镇殡葬改革工作方案》,建立各挂钩村领导、成员分片包干联系制度。利用宣传标语、广播等各种方式,宣传殡葬改革政策,统计辖区内1 300余座坟墓、生居碑、土坟等,取缔非法棺木制作作坊3家,取缔打碑立墓作坊126家,绿化坟墓3 000余座。

安全生产:制定《安全生产各项工作制度》,与各村(社区)、辖区内各企业及烟花爆竹经营户签订《安全生产责任书》15余份。排查非煤矿山、烟花爆竹等行业,综合开展易燃易爆物品隐患专项整治行动、"六月安全月"宣传活动。全年辖区内没有发生一起重特大安全事故。

信访工作:2018年,预防2起群体性事件,个访10余起。直接处理各类信访案件38件(次)。其中,群体性上访2件,已解决2件;个访36件,已解决处理或化解35件,正在办理1件。

扫黑除恶工作:2018年,成立"扫黑除恶"工作领导组,制定《扫黑除恶实施方案》,召开专题会8次,各村(社区)及时召开推进会。宣传扫黑除恶工作,永久性墙体标语15条、横幅30余条,在镇派出所和北闸镇机关门口设置扫黑除恶举报箱,向辖区群众发放《致昭阳人民群众的一封信》和《致昭阳区人民群众关于开展扫黑除恶专项斗争的一封信》5万余份,发动群众,鼓励群众检举揭发，增强社会各界同黑恶势力犯罪作斗争的信心和决心。

脱贫攻坚：2018年，全镇召开专题研究扶贫攻坚工作不少于35次，其中召开脱贫攻坚工作联席会9次。制定《关于进一步加强脱贫攻坚工作的通知》《北闸镇驻村工作队管理办法》和《北闸镇驻村工作队管理制度》。年内，全镇有建档立卡贫困户（包括已脱贫）3 868户15 646人，其中未脱贫2 630户10 670人，已脱贫1 238户4 976人；4个深度贫困村：塘房村、海子村、箐门村、岩脚村。2018年，全镇计划脱贫建档立卡贫困户1 881户8 036人，塘房村计划出列。在9个村1个社区培训建档立卡户，培训内容为电工、电焊工、养殖种植等，技能培训585人，引导性培训160人，现场培训428人。

人居环境提升：全年，清理生活垃圾临时堆放点536处，垃圾量1 573吨，各村小面积建筑垃圾173处，垃圾量11 735吨；清理利济河淤泥及垃圾300余吨，在河道周边安置垃圾箱及垃圾桶，组建各村（社区）河段保洁队日常保洁利济河，安装河道沿线监控设备；清理村组公路38条，卫生整治52个自然村。全镇通村公路硬化率100%，里程约43.2千米。硬化通组公路100千米以上，硬化率80%左右；通电率100%，1户1表改造率80%左右，宽带覆盖率60%以上；集中供水率85%以上。房屋建设按照青砖白墙灰线条、坡屋顶两头翘、8级抗震能力、人畜分离、厨卫入户要求，统一规划风貌、审核及审批，设计方案通用图，实现外观特色化、内部功能现代化、房前屋后绿化和人畜分离、厨卫入户。风貌改造红路村、海坝村、塘房村重点道路沿线，提升全镇综合风貌。

职教园区二期建设工程：职教园区二期征地拆迁工作重点在北闸镇，涉及辖区邓子村4、5、6、7、8组5个村民小组，需征地67.33公顷左右，拆除房屋及附属设施300余处，地拆迁完成房屋拆迁139户，还有200余户未完成。

红路变电站工程：区委、区政府解决中心城市供电问题，在辖区红路村13组昭麻高速入口（昭通北）修建变电站，需征地0.67公顷，拆除房屋及附属设施5处，完成征地0.43公顷，拆除房屋及附属设施2处。

易地搬迁工程：该项目涉及辖区红路村、邓子村。2018年，易地搬迁征地拆迁征地53.33公顷左右，拆迁房屋28户，拆除苹果树23 688棵、花椒树10 430棵、核桃树40棵，迁坟137座。

宜昭高速公路昭阳段建设：根据区政府《关于开展在建高速公路征地拆迁问题督办的通知》要求，召开全镇宜昭高速公路昭阳段建设工作专题会议，该项目涉及辖区北闸社区、红路村、塘房村、海坝村、岩脚村4个村1个社区，应征地58.6公顷，拆迁房屋135户，搬迁坟墓286座。截至年底，完成征地56.59公顷，拆迁房屋14户，拆迁面积6 622.71平方米，迁坟145座。

其他项目建设：西绕城高速建设工程涉及辖区海坝村、新田村、白坡塘村3个村；物流园区工程涉及红路村1、3社，已开展工作。

昭阳区大山包镇

【**地理位置**】 大山包镇位于昭阳区西部56千米，东与鲁甸县新街乡接壤，南与鲁甸县水磨镇相连，西与鲁甸县梭山镇及田坝乡相邻，北与大寨子乡相接，全镇国土面积192平方千米。

【**历史沿革**】 1949年，属炎山乡管辖，1958年改为大山包公社，1961年改为大山包区，1966年改为大山包公社，1984年改为大山包区，1988年成立大山包乡，2012年撤乡设镇，成立大山包镇。

【**行政区划**】 2018年，大山包镇辖合兴村、大山包村、车路村、马路村、老林村5个村民委员会，89个自然村，110个村民小组。

【**自然环境**】 地处五莲峰东部分支，属高寒山区。土壤为黄棕壤、海垡土（灰包土），呈酸性。全镇草山总面积8 666.67公顷，其中人工草场7 133.33公顷。地势西南高，东北低，境内大小山丘起伏，最高海拔3364米，位于合兴村课车梁子，最低海拔2500米，位于老林村小海子，平均海拔约3100米。年平均气温5.7~6.2℃，全年无霜期80~125天，属典型高寒冷冻气候。

【人口与民族】 2018年,全镇总人口4 549户,18 891人,其中彝族176户402人,主要分布在老林村小河边,苗族218户696人,主要分布在大山包村小河边、车路村交子沟、蒋家屋基和老林村那布等几个自然村落。

【经济概况】 2018年,大山包镇5个村均成立农业专业合作社发展马铃薯种薯产业,带动1 357户农户发展。农民人均纯收入3 752元。全年公共财政总收入7 918.97万元,总支出10 102.48万元。其中,公共财政预算拨款收入1 130.23万元,公共财政预算拨款支出1 203.56万元;公共财政预算外拨款收入6 788.74万元,公共财政预算外拨款支出8 898.91万元。准确及时发放惠农资金511万元。湿地生态效益补偿项目投资1 500万元,产业发展投资2 113.86万元。

【工作概况】 脱贫攻坚概述:2018年,大山包镇有建档立卡贫困户2 137户9 424人,已脱贫662户2 630人,未脱贫户1 439户6 618人,返贫户36户176人,其中少数民族建档立卡户236户(其中苗族118户494人,彝族118户547人),已脱贫38户152人(其中苗族30户112人,彝族8户40人)。易地搬迁规模内建档立卡户742户3 315人,规模外建档立卡户817户3 842人,随迁户942户3 781人,合计2 501户10 938人。完成省扶贫办比对,反馈住建、车辆、残联、工商、低保、教育等信息核实,维护更新扶贫国办系统信息。

脱贫攻坚产业发展:2018年,成立镇级马铃薯合作联社及5个村级马铃薯产业合作社,设立党支部,形成"支部+联合社+合作社+贫困户+生态项目"合作模式。5个合作社带动建档立卡贫困户1 510户6 761人原种扩繁种植马铃薯377.2公顷,购入4台农机,花费96.02万元,化肥、种子和农药,投入48.3万元。

脱贫攻坚易地搬迁:2018年,全镇搬迁742户3 315人,搬迁群众安置在永丰安置区。入户引导和动员,摸底调查搬迁意愿,组织农户实地观摩搬迁地点,签订《搬迁意向性协议》,开展搬迁户苹果产业小额信贷工作。

教育事业:大山包镇有学校6所(小学5所、初中1所),教师142名(在岗129名),其中少数民族教师16名,学生2 287名(小学1 404名,初中883名),少数民族学生183名。大山包镇中学280人参加中考,上线93人。69人报读扶贫学校,149人报读中职学校。

文化事业:开放"农家书屋",业务培训文艺骨干,组建四筒鼓队3支,苗族文艺队和广场舞队各1支,为贫困户免费安装卫星直播村村通610套,开展文化进村活动,丰富群众精神文化生活。

卫计工作:2018年,辖区内卫生院1所,医务人员25名,村卫生室5所,医务人员18名。全镇18 169人参加城乡新型医疗保险,非建档立卡户筹资157.45万元,参合率98%。卫生院门(急)诊28 982人次,门(急)诊医疗费108.3万元;住院2 003人次,住院医疗费150.2万元;村卫生室门(急)诊1 100人次,门(急)诊医疗费0.4万元。计划生育率82%,二孩政策服务落实率90%,综合节育率83%以上。

劳动力转移就业:技能培训和就业援助,到各村召开劳动力输出动员大会2场225人次,动态管理人力资源,录入11 270人;统计外出务工人员共计5 246人,其中建档立卡户外出务工1 516人。

养老保险:2018年,养老保险建档立卡贫困人员5 336人,养老保险应缴费8 735人,已缴费2 350人,续保率26.9%,缴费23.5万元。

民政救济:发放救济救灾大米33 325千克,棉被280床,大衣300件,食用油100桶。临时救助金59 600元。帮助因学、因病、因灾等群体解决困难,保障困难群众基本生活。

城乡低保工作:核实清理省救助系统中出现疑点数据,按程序报停有车又领取养老保险、机关养老保险人群。整治城乡低保,优先受理民政兜底卡户,按低保准入程序兜底,按户施保、应兜尽兜,村、组、镇、区四级审核把关申请对象,低保数量由清理前农村低保2 229人变为清理后拟享受人员1 610人,减量低保619人,将原低保户符合特供12人拟纳入特供,社会兜底符合低保兜底的按程序申报审批全户纳入低保,符合特供的按程序申报审批纳入特供,助力脱贫攻坚。

种植业：种薯扩繁市级示范基地建设666.67公顷、核心区200公顷，农作物总播种面积3 153.33公顷，其中种植马铃薯1 733.33公顷、燕麦640公顷、苦荞733.33公顷、玉米46.67公顷。

林业、湿地、草地：年内，处理1起占用林地、1起滥伐林木案件，黑颈鹤由上年1 422只增加到1 623只，效果明显。

畜牧业：2018年，生猪存栏8 483头，牛存栏4 353头，羊存栏12 442只，家禽类存栏15 603羽，疫病防控牲畜、畜种改良、无害化处理病死牲畜、防御非洲猪瘟等。

水务工作：做好防汛、河长制、渔洞水库径流区保洁、污水治理、水资源保护等工作。村民安全饮用水实现全覆盖，水源污染得到有效遏制，水资源环境根本好转。

保护生态环境：实施退耕还林674.33公顷，退耕还湿798.88公顷，改良草地4 333.33公顷，新植草场533.33公顷。推进河长制，治理河流，落实各项河库管理措施，河库水质基本达到水环境功能区划要求。基本消除沿河违章建筑、乱堆垃圾、河内违法设障现象。垃圾中转站、污水处理厂正在筹备建设中，排查整治垃圾临时堆放点16个，其中生活垃圾临时堆放点6个，已清理2 066.4吨，现有存量16 002.92吨；建筑垃圾、生产物料堆放点10个，清理1 788吨。

人居环境整治：2018年，全镇5个行政村均建立《土地规划建设专管员制度》《环境卫生保洁制度》《人居环境提升村规民约》和《生活垃圾治理收费制度》。配备专业设备，聘请专人负责。与各村签订《目标责任书》。查处各类违法建设3处、排放污水3起，铲除面积900余平方米；清理乱张贴100余处、乱堆放65处，清理卫生死角30余处；取缔集镇主街道沿线流动摊位30余处；拆除破损横幅16条、招牌3处和简易棚7处；查处占用公共绿化用地1起，教育乱堆乱放群众15人。

殡葬改革：制定《大山包镇殡葬改革宣传方案》，镇、村、组干部带头签订《殡葬改革承诺书》，书写殡葬改革宣传标语30余条，发放殡改文件汇编68本，宣传图册256张，发放殡改宣传日历900余张，摸底排查坟墓4 211座，建立殡葬改革监督长效机制。

综合治理维稳工作：2018年，刑事案件立案5起，破案5起，打击犯罪嫌疑人6人，行政案件立案9起，结案8起，行政拘留9人，强制戒毒3人，社区戒毒2人。发放法律宣传资料800份，接受社区矫正人员27人，累积解除矫正人员22人，2018年在册矫正人员5人。受理纠纷调解19件，调解成功率100%，履行率100%。打击种毒、制毒、售毒、吸毒等违法行为，破获禁毒案件2起，刑事打击2人，缴获毒品海洛因4 103.25克。发生5起吸食毒品案件，结案5起，强制戒毒3人，社区戒毒2人。整治宾馆、旅社，发放卫计用具，做好艾滋病传染防治工作。

安全生产工作：2018年，辖区内未发生一起责任性安全事故。取缔1个私人无证加油站点，处理简易案件12件，发出《安全生产责令改正书》13份，收缴罚没款1 200元，交通纠违686起，整治交通安全隐患1条，处理道路交通事故24起，办理一般程序案件18件，保障全镇安全稳定。

昭阳区旧圃镇

【**地理位置**】 旧圃镇位于昭阳城西，镇政府距城西约7 000米，全镇国土面积87.6平方千米，东与龙泉、凤凰办事处相连，南与永丰交界，西与洒渔、乐居相邻，北与北闸、青岗岭乡接壤。

【**历史沿革**】 2006年1月25日，新的旧圃镇挂牌成立，标志着原土城乡和原旧圃镇整体合并。

【**行政区划**】 全镇辖旧圃社区、沙坝社区、三棵树社区、土城社区4个社区和后海、锦屏、红泥闸、大村、三善堂5个行政村，共有157个村民小组。

【**自然环境**】 全镇地势东高西低，东边多为旱地，西边多为水田。北有九龙山，西有锦屏山，昭鲁河自东向西北流经境内西边入洒渔河；牛洒公路、渔洞南北干渠穿镇而过，各行政村通乡村公路，最高海拔九龙山2351米，最低海拔葡萄井1911米，褐煤资源丰富；主产玉米、水稻、马铃薯;特色产业有樱桃、大缸酸菜、苹果等名特优水果,物产丰富,有历史悠久的九龙山,独特神奇的彝族文化资源,风景名胜点"昭阳八景"——"珠泉涌碧"之称的葡萄井。

【人口与民族】 2018年年末,总户数25 953户,总人口78 869人,总人口中男41 386人,女37 483人;彝族558户2 162人,回族61户212人,其他少数民族131人。

【经济概况】 2018年,全镇经济总收入6.06亿元,比2017年5.36亿元增长13.3%;粮食总产量4.23万吨,比2017年4.03万吨增长5%;农民人均纯收入9 777元,比2017年8 809元增长11%。

【工作概况】 农业工作:2018年,全镇种植苹果2 533.33公顷,实现经济收入2.93亿元;种植水果豌豆800公顷,实现经济收入6 000余万元;种植樱桃133.33公顷,实现经济收入1 920余万元。

水利工作:2018年,完成水利投资392.5万元,农田水利基本建设3件,清淤除障68条120千米,修复锦屏支渠40米,修复堰塘2个,防洪期间,安全检查水库沟渠和水利设施。

民政工作:2018年,共发放优抚、参战人员、临时救助、老乡干部、城乡特困供养人员、农村低保、城市低保、高龄和孤儿等各类民生资金1 510万元;推进殡葬改革,全年发放《殡葬改革公告》230份,火化尸体96具。

城乡居民养老保险:2018年,生存认证辖区内7 715名待遇领取人员,养老保险新参保495人,续保28 938人,续保率97.1%以上,死亡注销324人养老保险。

卫生事业:2018年,辖区有1个卫生院,卫生院有在职医生23名,村级卫生所9个,医护人员26名。城乡医疗保险筹资任务66 529人,其中贫困户4 133人,特供人员135人;筹资金额1 385.5万元,参合率99%。

教育事业:辖区有职中1所,中学1所,小学9所,在校学生1.42万名。

脱贫攻坚概述:全镇277名扶贫干部开展摸底调查,绘制村级施工图、乡级路线图、镇级项目库,计划三年投资2.6亿元,实施11大项26类60个项目。2018年,累计投入扶贫资金0.39亿元;实施十大扶贫行动,大村、锦屏、后海3个村131户494人脱贫出列。

脱贫攻坚工作成果:聚焦"四类对象",农村危房改造125户"四类对象",其中建档立卡贫困户51户;改良666.67公顷苹果低产果园,新植苹果120公顷;向59户村集体经济贫困户提供就业岗位,向广东深圳方向输送贫困劳动力157人,技能培训后,转移贫困劳动力150人;"雨露计划"资助贫困学生42人,贫困群众100%参加城乡居民基本医疗保险和大病保险;政策兜底覆盖建档立卡贫困户531户747人;生态护林员惠及贫困群众50人,建设村级活动场所5个,村民小组活动场所20个;实现贫困村供电、广播电视、网络全覆盖。

都香高速公路昭阳段建设:都香高速公路昭阳段暨西绕城高速公路建设涉及旧圃辖区16.3千米,需征地拆迁135.47公顷。年内,完成征地任务,确保项目启动施工和实现2020年年底通车的目标。

房屋风貌提升改造工作:根据《中共昭阳区委办公室昭阳区人民政府办公室关于提升城乡人居环境行动示范村庄改造实施方案》,镇党委、政府多次组织召开会议研究布置,邀请上级领导实地踏勘选址和论证。完房屋风貌改造土城村五甲自然村300户,通过镇级验收。2019年还将在土城和三棵树社区实施800户风貌提升改造工作、在三善堂村实施500户美丽乡村建设。

人居环境提升工作:整治旧圃中心集镇、三善堂集镇、大村集镇、8村1社区村委会所在地、易地搬迁安置点、通江路、沙坝—红泥闸—三棵树—土城、旧圃社区—锦屏—三善堂—大村主要道路环境卫生;销号整改辖区黑臭水体,源头治理、管控垃圾;以村(社区)为单位建立长效巡河机制,定期清理河道垃圾,制作河长制公示牌,河段明确到人,定期检查。2018年,清理生活垃圾618吨,配合上级部门治理三善堂存量垃圾,完成土地增减挂钩第一阶段51个地块、13.54公顷和复垦任务,淘汰"黄标车"77辆。

"两违"整治工作：2018年，查出违章建筑73宗，责令整改73户，累计拆除违法建筑43户、拆除面积6 964.6平方米，辖区内杜绝新的"两违"现象发生。

增减挂钩复垦项目：项目第一批次涉及大村村19个村民小组、51个地块、13.54公顷、15立方米水窖1个，沟渠152米。自2018年10月8日启动以来，完成51个地块，11月上旬在全区第一家通过市级土地增减挂钩工作验收。正在实施第二批2019年8个村（社区）132个地块、34.48公顷土地增减挂钩工作。

社区矫正人员管理：2018年，全镇共接收社区矫正人员12人，累计解除现有社区矫正人员9人，按照区司法局《社区矫正信息化建设管理暂行规定（试行）》，纳入GPS定位，38人签订相关协议，按"一人一档"建立健全矫正人员档案，监督管理矫正人员，无一人脱管、漏管现象。

社会治安及扫黑除恶斗争：2018年，两个派出所共立刑事案件172件，破案45件，查处治安案件108件，逮捕34人，刑事拘留40人，移送起诉36人，抓获网上在逃人员7人；破毒品案3件，两个派出所共铲除毒品原植物2 536株，查处种植原植物毒品案件4起，刑事打击2人，治安管理处罚9人。抓获零星贩毒人员2人，打击2人，将扫黑除恶专项斗争工作纳入镇纪委执纪监督工作内容，开展"严打"斗争，促进平安旧圃建设。

安全生产工作：2018年，班子成员按照"谁挂钩谁包保"的原则包保辖区内安全生产。整治辖区煤矿、非煤矿山、道路交通、烟花爆竹、改木料厂、石料加工厂、危化品企业、非法加油点、无证私营企业、学校食堂和幼儿园接送车等。重点监测地质灾害易发区域，根据专家鉴定，辖区后海村、旧圃社区、锦屏村、三善堂村、大村村、红泥闸村等是地质灾害易发区域，明确专人实时监测辖区8个地质监测点，8村1社区同时明确地质灾害监测联络员，构建地质灾害预警工作快速反应体系。

昭阳区靖安镇

【地理位置】 位于昭阳区、大关、永善"三县区"结合部，昭阳区城区东北28千米，"213"国道、麻昭高速公路过境，国土面积176.08平方千米。

【历史沿革】 原名小堡子，为古代驻兵地。民国初为北三区，后因匪患频繁，1931年取"绥靖安宁"之意，改为靖安，1936年为通汇镇，1952年为靖安区，1966年为前进公社，1984年为靖安区，1988年定为靖安乡，2012年9月撤乡设镇成立靖安镇。

【自然环境】 境内山高坡陡，最高海拔3198.04米，位于大坪子雷达站，最低海拔1870米，位于百顺代家海子；属高寒冷湿气候类型，年均气温11℃，年降水量780毫米，无霜期220天。实有耕地5 400公顷，人均0.12公顷；草场106.67公顷，林业用地6 333.33公顷，森林覆盖率36%。主要农作物为玉米、马铃薯、荞麦等。

【行政区划】 2018年，辖小堡子、洪家营、龙潭、大坪子、碧海、碧凹、大耆老、五星、百顺、松杉、长寨11个行政村，130个自然村，215个村民小组。

【人口与民族】 2018年年末，全镇有12 407户46 274人，居住着汉、回、彝、苗、蒙古和柯尔克孜6个民族，其中农业人口40 733人，非农人口5 514人；总人口中，男性24 658人，女性21 589人。汉族38 285人、回族4 676人、彝族2 323人、苗族884人、蒙古族92人、柯尔克孜族14人。人口自然增长率控制在5.05‰。

【经济概况】 全年实现经济总收入5.22亿元，同比增长15.1%；农民人均可支配收入6 750元，同比增长14.4%；农民外出务工收入2.91亿元。人口自然增长率控制在5.2‰以内。

【工作概况】 基础设施建设：2018年，争取扶贫、交通部门资金3 320万元，硬化龙潭、大耆老、碧海、松杉、小堡子、洪家营等村村组道路54.53千米，基本实现全镇所有自然村通硬化路目标；争取扶贫和水利部门资金468万元，新建和提升改造长寨、龙潭、五星、碧凹、百顺、大坪子等村人畜饮水工程；争取上级资金888万元，完成长寨村兴隆沟示范点道路、广场、厕所、供排水、绿化等项目建设；争取区委组织部资金378万元，新建洪家营村民活动场所1个和小堡子、洪家营、长寨、碧凹、大坪子、龙潭、百顺、五星、碧海9个村15所村民小组活动场所；争取壮大村集体资金255万元，实现11个村都有集体经济收入；争取区文体局和彩票公益金90万元，建成百顺、松杉2个文体广场。

脱贫攻坚概述：2018年，靖安镇开展"村村清、户户清"和"大遍访、大调研"行动，绘制村级施工图、镇级路线图，制定镇、村脱贫攻坚十大行动计划，全镇在农危改、教育、医疗等"两不愁、三保障"方面投入扶贫资金近亿元。年内实现小堡子、碧凹、长寨3个村脱贫出列，1 079户5 096人脱贫的目标。

脱贫攻坚危房改造：全年，投资2 670万元，解决长寨兴隆沟429户住房问题；投资3 091.2万元，启动"四类对象"农村危房改造1 472户，基本解决"四类对象"住有所居的问题。

其他帮扶：2018年，建档立卡贫困户100%参加养老保险。动态调整低保，符合条件建档立卡户和特殊困难群体应保尽保。争取公益性岗位238个，助力238户建档立卡群众脱贫。争取生态护林员指标88个，安排88户建档立卡户成员担任护林员。组织技能培训、引导性培训及现场培训10余期，累计培训1 890人（其中建档立卡户1 146人），累计转移农村劳动力14 544人次（其中建档立卡户外出务工4 935人次）。

教育扶贫：全镇中小学贫困生2 043人纳入资助对象，166人享受"雨露计划"补助；争取教育部门支持，改造辖区校舍，消除学校危房，提升中学、各村完小硬、软件，劝返中小学辍学学生77人。

健康扶贫：争取行业部门资金81万元，新建松杉、龙潭、洪家营村卫生室3所，改造大坪子村卫生室1所；落实医疗政策，确保全镇建档立卡户100%参加医疗保险和大病保险，大病救助率在95%以上。

种植产业扶贫：2018年，种植马铃薯203.53公顷，大春马铃薯种薯扩繁333.33公顷，投资248万元新建松杉马铃薯储藏室1个；采用良种良法，"党支部+公司（合作社）+贫困户"发展模式，扶持建档立卡贫困户种植马铃薯236.73公顷，兑付补助资金355.1万元，受益贫困户1 019户4 455人。种植羊肚菌5.33公顷，年产值达160万元，助推50户198人脱贫；引进龙头公司，种植中药材70公顷，助力269户建档立卡群众稳定脱贫；启动长寨村李家坝子86.67公顷蔬菜示范基地建设，引进海升公司种植甜脆胡萝卜，带动长寨村200余户群众增收。借助退耕还林项目，发展花椒、毛叶山桐子、板栗等经济林，在大耆老、碧海、五星等村种植花椒近933.33公顷，在长寨村新植板栗66.67公顷，在碧凹村种植毛叶山桐子333.33公顷。

畜牧产业扶贫：全镇2018年生猪存栏10 135头、出栏37 920头，大牲畜存栏6 849头、出栏2 282头，羊存栏5 026只、出栏5 676只，家禽存栏21 432羽、出栏27 121羽，畜牧业总产值7 152.6万元。在非洲猪瘟疫情发生期间，排查和宣传，签订责任书划片包干，设立4个临时检查站，发放明白卡2 000份、告知书2 500份，悬挂宣传图850份，疫情没有传入辖区。采取"党支部+公司+贫困户"的发展模式，发展黄牛养殖1 104头，争取扶持资金519.6万元，受益贫困户1 104户4 640人。

易地扶贫搬迁点建设：靖安易地扶贫搬迁安置点占地175.13公顷，主要承接跨县安置大关、永善、彝良、盐津、镇雄和昭阳区易地搬迁10 197户43 991人安置重任。镇党委、镇政府围绕市委、市政府"一城三区、若干小镇、产城融合、城乡一体"发展思路，"山水田园城市"总体目标，历经4个月，175.13公顷建设用地已征地结束并交付使用。

人居环境提升：全年完成大坪子、大耆老、五星苗寨、长寨村兴隆沟、小堡子村集镇等人居环境整治示范村创建，5月份以来，开展为期1个月的环境大整治行动，组织镇村组干部及党员群众近30余次、1 000余人参与整治活动，清理卫生死角100余处，转运处理生活垃圾7 000余吨，清理处置固体垃圾6 500吨，取缔非法打碑立墓点2处；整治集镇，实行定点督岗，错时巡查制，悬挂宣传牌12处，劝导教育违章占道停车500余次，整治违章占道经营70余处，下发各类整改通知60余份；聘请保洁员和定时清洗街道。

启动"黄标车"治理工作,报废"黄标车"38辆,完成目标任务。

"两违"整治:全年,摸排违章建筑、违法用地情况,全天候巡查、监管和叫停违章建筑和违法用地,查处"两违"75次,参与查处379人次,发放通知书19份,拆除违章建筑1 000余平方米。

安全生产:定期巡查地质灾害隐患点,检查煤矿安全,排查隐患并督促整改非法小煤窑、非法砂石料厂、食品、药品,完善烟花爆竹等特殊行业准入管理制度,严格烟花爆竹经营审批。在全镇中小学通过主题班会、讲座、观看视频、发放宣传资料等形式,组织开展校园安全、防溺水、反对校园欺凌、道路交通安全等专题教育活动40余场次,发放防溺水宣传册、校园安全倡议书等3 000余份。

综治维稳:全年,信访案件网上办理51件176人,本级接待群众来信来访37次,接待人数800余人次,成功办结信访案件88件,化解信访积案2件;创建"平安细胞工程",开展"平安家庭""好媳妇""好婆婆"创建评比工作;管控26名社区矫正人员和227名社康社戒人员;受理调解各类矛盾纠纷案件63件,成功调解63件,调解率100%,全年未发生重大事件和群体性事件。

民政工作:2018年,城乡居民养老保险参保25 509人,城乡居民医保参保人42 341人;建档立卡户产业贷款197户521.5万元,发放小额信贷6户24万元;办理就业失业证110余本,特慢性病114例,续办25例,新生儿参保210例;重新审核评定农村低保1 683户3 408人;救助临时困难人员200余人次,发放救助资金30余万元。

教育事业:全镇有中学1所,小学12所,教师298人,学生5 940人,全年资助6名学生入学。

卫计工作:辖区有中心卫生院1个,村级卫生室10个,医护人员86人。全年清理排查医疗服务点,打击非法行医;开展妇女"两癌筛查"健康检查和"禁毒防艾知识"及"自强、诚信、感恩"主题宣讲,落实计生优惠政策,免费孕前优生健康检查,控制孕产妇死亡率,组织"先心病儿童"患者义诊,保护妇女儿童健康。

民族宗教工作:2018年,在春节、斋月等重大节日,慰问宗教活动场所和信教群众,发放慰问金8 000余元,发放宗教人士每月600元生活补助,年终兑现每人每月400元考核奖励。

其他工作:结合"自强、诚信、感恩"教育,镇妇联组织培训班4期,培训158人;完成全镇征兵、经济普查、土地确权等任务。

【表彰】 李文韬,获昭阳区委授予"优秀党委书记"称号。

昭阳区乐居镇

【地理位置】 位于昭阳区城西18千米,东经103°29′45.09″~103°37′03.58″,北纬27°19′32.56″~27°23′36.87″,国土面积84.57平方千米。镇政府驻上街子自然村,海拔1915米。东与旧圃镇相连,南与苏家院镇交界,西与鲁甸县龙树镇接壤,北同洒渔镇、苏甲镇毗邻。

【历史沿革】 清朝初期称"乐者寨"。清道光时取"安乐居住"之意称乐居,镇故名。1950年1月属洒渔区;1959年,由洒渔区划出,建立上洒渔公社,辖8个管理区;1962年10月,易名乐居区,辖10个小公社;1966年,更名为乐居公社,"文化大革命"期间曾易名东方红公社;1978年,复名乐居公社;1984年,定名乐居区;1988年,划出上街等5个行政村,组建乐居乡;2012年9月,经云南省人民政府批准,设立乐居镇。

【自然环境】 全镇大部分处于洒渔河谷平坝,地势南高北低,洒渔河流经北部边缘,多箐沟丘堡,属二半山区。最高海拔沈家沟北侧2529米,最低海拔马龙村1891米。年平均气温11℃,年降水量750~1 100毫米,无霜期220余天。2010年,通过云南省生态乡镇创建,获云南省第五批"生态乡镇"称号。

【行政区划】 2018年,乐居镇辖上街、乐居、中河、仁和、新河5个村民委员会,19个自然村,101个村民小组。

【人口与民族】 2018年年末,全镇总人口34 954人,其中农业人口29 030人,主要以汉族为主,杂居着回、苗、彝民族。

【经济概况】 2018年年末,全镇经济总收入39 202.7万元,同比增长14.5%,农民人均纯收入达9 120元,同比增长16.5%。

【工作概况】 粮食生产:2018年,全镇种植水稻200公顷、玉米466.67公顷、马铃薯433.33公顷(冬早马铃薯200公顷)。2018年粮食测产:水稻平均每公顷产量8 270.25千克,玉米平均每公顷产量1.2万千克,建档立卡贫困户马铃薯平均每公顷产量2.74万千克,冬早马铃薯亩平均每公顷产量2.44万千克。

苹果产业:全镇苹果种植达2 240公顷,其中投产果园1 346.67公顷。2018年,新植114.53公顷,低产果园提质增效改造666.67公顷,举办果农管理培训班6期,受训达1 200余人次,苹果总产量7 000余万千克。

畜牧产业:防控非洲猪瘟,全覆盖发放告知书,市场监管所、畜牧站、安监站联合执法,设点堵卡禁止运输生猪产品。动物防疫检疫100%,全镇未发生重大疫情。

特色农业:全年,完成农村土地确权工作,流转土地206.67余公顷,主要用于种植苹果、葡萄、玫瑰等特色产业。组建合作联社,规模种植特色农产品,带领群众致富增收。

劳动力转移培训:全镇累计组织各类培训30余期,受训人数达2 000余人。区外转移劳动力7 000余人,人均年收入2.4万元,区内务工人员1 500余人,人均年收入7 500元,实现务工收入1.79亿元。

精准脱贫概述:围绕"111户469人脱贫"总体目标,2018年计划脱贫贫困人口达到考核标准,完成全年扶贫目标任务。

产业扶持:在坝区4个村发展苹果产业,在新河村发展马铃薯产业,全镇9个农民专业合作社(其中养殖业4个、种植业5个)分村分区域将所有建档立卡户纳入合作社会员,实现全覆盖。

就业扶贫:培训所有建档立卡贫困户家庭中有劳动能力成员的劳动技能,提供公益性岗位使47户47人脱贫。

健康扶贫:家庭医生签约5 612户18 185人(其中建档立卡贫困户1 741户7 250人,一般农户3 869户10 953人),贫困户签约率、服务率100%,建档立卡户门诊就诊,100%减免一般诊疗费,全免住院就诊起付线150元,报销比例95%。

教育扶贫:建档立卡贫困户除享受教育普惠政策外,学龄前教育享受补助每年300元/人,普通高中一等助学金每年2 500元/人,二等助学金每年1 500元/人,职业教育、大学、研究生阶段出具建档立卡贫困户证明在校享受奖学金及免息生源地助学贷款等政策扶持。

社会保障兜底扶贫:全镇低保总数2 753人,建档立卡贫困户989人(其中残疾人187人)纳入低保。将79户81人(非卡户27户28人)纳入社会保障兜底,全镇建档立卡贫困户中符合条件的3 522人由政府代缴社会养老保险,每年100元/人。

项目建设扶贫:新河村实施扩大村集体经济项目、上街村壮大村集体经济项目;在新河村中营、上街村马龙村建设村组活动场所,在新河村、乐居村建设村级活动场所,在乐居村建设村级文化活动场所,实施新河村脱贫饮水安全巩固提升工程。

易地扶贫搬迁扶贫:2018年,全镇易地扶贫搬迁37户171人,实施易地搬迁苹果产业专项扶贫项目。

其他扶贫:改造农村危房290户,修缮加固124户,拆除重建166户;在集镇、上街村6组建设2个卫生厕所;在新河村马铃薯产业连片种植29.67公顷,硬化道路40余千米。

生态建设:印发《乐居镇农村环境综合整治工作实施方案》,全年累计清运240余吨垃圾,发放《责令停止国土资源违法行为通知书》15份,巡查砂石料厂14次,打击私挖乱采玛瑙石17次,拆除违章建筑45户,共计4 175.84平方米;拆除大石头安置点旧房122户,完成土地"增减挂钩"项目第一批次14个地块,14.28公顷,第二批次97个地块,40余公顷,正在开展中;实行"河长制",镇级河长巡查129次,村级河长巡查186次,每月开展一次"清河行动",全年清理河道污染物15吨。

卫计工作:2018年,有卫生院1所,医护人员33人,在职在编19人,合同人员14人,病床30余床,医疗设施设备齐备;村卫生室5所,医护人员22人,病床24床。年接诊人数达45 000余人次。完善公共卫生服务体系,完成防疫免疫、妇幼保健、食品卫生、爱国卫生、艾滋病防治任务。开展流动人口基本公共卫生计生服务均等化工作,落实《计划生育目标管理责任制》。"新农合"参保率98%,"新农保"参保率100%。

教育事业:全镇有二级完全中学1所,小学6所(除上街村外,每个行政村设完小1所),公办幼儿园1所,民办幼儿园6所(其中2所有证)。高中在校学生2 700人,义务教育阶段初中学生1 530人,小学在校生2 669人。学前教育阶段有129名幼儿。全镇共有在编在岗教职员工364人。

文化事业:年内,开展"传中华美德,行孝敬老""展巾帼风采,助脱贫攻坚"主题活动,举行广场舞比赛,弘扬中华民族传统美德。

安全生产:每月定期召开安全生产工作会议,在重大节假日期间,组织交警、派出所、市场监管所、安监站、企业办等部门联合大检查辖区重点区域、重点行业安全,并对存在问题单位提出整改要求或责令整顿。不定期巡查辖区内安全生产责任单位,消除安全隐患。

综治维稳:创建"平安乐居",铲除毒品原植物禁种,化解信访积案,实施"七五"普法,执行《信访条例》,解决部分上访户遗留问题;打击黑恶势力,开展司法行政调解,排查、解决民间纠纷和疑难问题。

【表彰】 宗雁,获云南省农业农村厅授予"2017年云南省农业技术推广奖'一等奖'"。

普顺良,在昭通日报社组织的"我与改革开放40年"征文大赛中获"三等奖"。

谢斌,在昭通市公民无偿献血领导组办公室组织的"最美献血故事"评选活动中,获"优秀奖"。

昭阳区盘河镇

【地理位置】 位于昭阳区城北28千米,面积153.9平方千米。镇以盘河命名,镇政府驻坛罐窑自然村,海拔1860米,东与彝良县洛泽河镇接壤,北与大关县玉碗镇毗邻,西面和南面分别与靖安、青岗岭和北闸镇相连。

【历史沿革】 1950年为蒙泉区辖,1959年3月由蒙泉区划出,组建为三寨人民公社,辖9个大队。"文化大革命"时易名为红河公社,1978年为盘河公社,1984年改为盘河区,1988年定名为盘河乡,2012年9月撤销盘河乡设立盘河镇。

【自然环境】 境内山脊绵延,峡谷幽深;东、西为高山峻岭,盘河由南向北横穿境内注入大关河,住户多沿盘河两岸山麓分布,最高海拔杉木梁子3198米,最低海拔罗汉林1470米。气候冬春寒冷,夏秋阴湿多雾,年均气温约为11~13℃,年降水量966毫米,无霜期200~211天。土壤为黄壤、黄棕壤、棕壤、紫色土、水稻土,呈酸性。耕地面积1 866.67公顷、林地8 466.67公顷、宜牧荒山3 000公顷;植被覆盖64%、森林覆盖率26.5%,分别居昭阳区第一和第二。镇境内有储量丰富煤、铁、铜、铅锌、页岩等矿产;有全省纯度极高优良猪种——乌金猪;有国家一级保护植物——红豆沙,还有天麻、半夏和刺脑苞、龙爪菜等名贵中药和绿色食品。离镇政府驻地不到2千米地方,仍有南丝绸古路"五尺道"痕迹。一年一度的苗族五月花山节暨传统体育运动会享誉镇内外,备受各级各部门广泛关注和一致好评。

【行政区划】 2018年年末,盘河镇辖新华、新店、油榨房、放马坝、大花树、头寨、三寨、五寨、冷家坪9个行政村,71个自然村,148个村民小组。

【人口与民族】 2018年年末,全镇总户数8 195户,27 556人,主要居住着汉、苗、彝等民族,其中少数民族人口4 000余人,约占总人口的14.5%,是昭阳区主要苗族聚居地。

【经济概况】 2018年年末,全镇经济总收入10 708.26万元,农村居民人均纯收入3 886元;粮食总产量1 521.87万千克,人均有粮552千克,外出务工人员10 130人。

【工作概况】 扶贫工作:统筹全镇80余名干部职工和区级驻村工作队员28人到全镇9个

行政村148个村民小组开展"大调研、大遍访"和"村村清、户户清"活动。为贫困村和2 260户8 979人贫困户制定脱贫出列措施,年内,除新华村外,其他8个行政村年集体经济收益均为2万元,其他贫困村脱贫出列"9条标准"均已达标。动态管理建档立卡户,2018年已脱贫226户854人。建档立卡户帮扶人员190余人为2 260户贫困户注册"社会扶贫网",注册率95%以上,收到社会扶贫捐赠资金2 127元,受益群众为三寨村孤儿祖维琴。GPS定位2 260户贫困户,完成云南省建档立卡APP手机系统录入,"四类"对象建房31户,其中修缮加固4户,全部竣工,重建27户,竣工率100%,易地搬迁8户52人。

种植业:2018年,投资38.6万元种植马铃薯原种扩繁25.73公顷,扶持建档立卡户258户1 014人;投资20万元在五寨村建设高产高效玉米样板33.33公顷,涉及农户412户(其中建档立卡户29户),农业局提供样板地化肥20吨,地膜2.5吨。

易地搬迁苹果产业扶贫:2018年,易地搬迁贫困户8户52人,开展小额信贷扶贫,每户可贷款5万元,将产业资金入股北闸镇万亩苹果示范园发展苹果产业,实施产业项目分红,解决易地搬迁农户无经济收入来源问题。

劳动力转移扶贫:全镇有外出务工5 678户10 130人(其中建档立卡户1 871户3 091人),年均创收近2.3亿元;开展建卡户"订单式培训,菜单式服务",通过钢筋工、砌筑工等特色技能培训100余班次,培训建档立卡户2 066户,实现有劳动力贫困户至少1人掌握一门实用技术。

畜牧业:全年生猪存栏14 468头,出栏17 629头;牛存栏2 183头,出栏1 426头;羊存栏5 362头,出栏9 473只;家禽存笼13 257羽,出笼15 324羽;牛冻精改良991头,马匹改良236匹,猪改良1 253窝,仅黄牛冻改一项就为农民增收200余万元。大排查"非洲猪瘟"2次,14 068头次,发放张贴告知书1 600余份、宣传挂图800余份;抽采2户3头饲喂泔水生猪,实施日报告制,全年辖区无"非洲猪瘟"疫情发生。

生态建设:组织党员、村组干部、村民在全镇范围内开展环境卫生大整治专项行动70余次,清运集镇垃圾31吨。新配备垃圾钩背车6辆,垃圾钩背箱32个。实行"河长制",设置镇、村两级河长31个,区级河长巡河4次,镇级河长巡河123次,村级河长巡河90余次,清理河道白色垃圾、生活垃圾16吨。退耕还林1 133.33余公顷,其中,新店村退耕还林种植方竹186.67余公顷,大花村种植方竹26.67余公顷。头寨村土地复垦2.2公顷,完成进度位居全区第一。投资75万元新建五寨陈家湾2号桥,已竣工投入使用。总投资300万元新建三寨村犀牛背大桥,2019年投入使用;新建蚂放公路(蚂蟥沟—放马坝)、头冷公路(头寨—冷家坪)道路防护栏4千米。辖区内所有建设用地实行报批制,保护土地资源合理开发利用。

城乡低保:开展"低保专项整治"行动,新识别认定农村低保1 176户2 387人,城市低保21户28人,完成系统录入。为低保户、困难户发放大米2.5万千克,发放各类保障资金22万元。

残联工作:全年新增办证残疾人32人,办理残疾人"两项补贴"28人,发放辅具(轮椅、拐杖)7套,培训残疾人实用技术130人。

群团工作:开展"妇女儿童"关心关爱行动,表彰"文明家庭"9户、"最美家庭"9户。协调社会团体为在校学生发放校服320套、防寒服176套,为贫困妇女发放爱心衣物15吨,培训妇女儿童10余次,建立盘河镇院坝青少年活动之家、妇女之家,购置300套书籍。

教育事业:2018年,有中学1所,在校学生823人,在职教师54人,师生比1∶15.24;完小3所,单小8所,在校学生数1 957人,在职教师137人,师生比1∶19.1。启动建设大花小学、新店解化小学、新华公安小学,配齐教学设备、完善师资力量。全面实施建档立卡户子女"雨露计划"扶贫项目,惠及学生150余人。

卫生事业:2018年,辖区有卫生院1所,村级卫生室9所,医护人员60人,床位数58张。

"宜昭高速"公路征地拆迁:"宜昭高速"公路建设项目,辖区征收土地约79.33公顷,已完善手续并交付施工方使用,兑付征地补偿款3 000余万元,征收房屋140间,兑付房屋拆迁补偿款3 500余万元,征收期间,化解群众矛盾纠纷210余起。

信访工作：全年接待受理群众来访38件，涉及土地确权纠纷18件、其他20件，按期办结率100%。

普法工作：邀请昭阳区百信律师事务所梁云松律师到盘河中学为6个班400余名学生上法治课；利用赶集天发放各类宣传单4 000余份，悬挂宣传标语4条，现场解答咨询30余人次。

"扫黑除恶"专项斗争：全年共发放宣传册300余份，张贴宣传海报70余份，悬挂宣传标语4条。2018年，收到问题线索2条，经调查，其中1起为土地民事纠纷，另外1起为高速公路建设纠纷，均不属"黑恶"势力。

"扫黄打非"专项工作：定期不定期检查市场10余次，例行检查辖区娱乐场所、集市、网吧等场所，严查不健康读物、光碟等，通过市级"扫黄打非"专项检查。

社会治安：2018年，共接警243次，办理刑事案件19起，起诉7起，刑事拘捕6人。治安案件立案32起，破案27起，拘留22人。破获吸毒案件1起，强制戒毒4人，社康戒毒2人。全镇辖区无盗抢案件、道路交通安全事故发生。

"安全生产"大整治：全年共召开安全生产工作会9次，大排查安全生产2次，发放整改通知60余条，关闭煤矿和砂石料厂各1个，全年辖区无安全事故发生。

【年内要事】 1月21日，区委常委、区委组织部长、区工业园区党工委书记周祥带领区粮食局、区安监局、区工业园区管委会主要领导到盘河镇开展春节走访慰问活动。

2月26日，副区长、昭阳工业园区管委会主任叶建平带领云南顺华智能科技有限公司负责人一行到盘河镇三寨村和新华村开展捐资助学活动。

8月28日，昭阳区驻村工作队"三讲三评"工作片区交流会在盘河镇新店村召开。区委常委、区纪委书记、区监察委主任陈瑾，区委常委、副区长李大捷莅临现场会。

10月14日，盘河镇新店村五马海自然村建立第一所村级"院坝妇女儿童之家"。

10月18日，区委常委、组织部长耿礼俊一行到盘河镇指导支部规范化建设等工作。

11月17日上午，市委组织部牟汉副部长一行到盘河镇指导基层党建工作。

【表彰】 梅志辉，获昭阳区政府授予"计划生育协会先进个人"称号。

王开富、麻望江、杨明武，获昭阳区委授予"脱贫攻坚先进村民小组长"。

昭阳区苏家院镇

【地理位置】 苏家院镇位于昭阳区西部，镇政府距市区17千米，驻地为苏家院村。东西以南北走向两山脉为屏，南以高低起伏山岳为枕，东与永丰镇、旧圃镇相连，北和乐居镇毗邻，西南同鲁甸县龙树镇、茨院镇、小寨镇接壤。

【历史沿革】 1988年从乐居乡划苏家院乡，2012年9月撤销苏家院乡设立苏家院镇。

【自然环境】 全镇国土面积109.39平方千米，国土"二调"耕地面积4 533.33公顷。地貌复杂，山区占全镇总面积40.2%，为典型卡斯特地形，土质多为黄色砂土、黏土，紫色砂性土、黏性土。地势南高北低，东、南、西三面环山，多为丘陵、陡坡、山地，西南、西北山势蜿蜒起伏，中部地势平坦，多为良田。最高海拔（阿鲁伯梁子）2704米，最低海拔1910米。地处暖温带，为北纬高原大陆季风气候，冬季气温较低，夏季气候凉爽，干湿两季分明，年平均气温11.7℃，全年无霜期230天，年平均日照时数1 902小时，大于或等于10℃的活动积温3 217℃，年平均降水量756毫米。

【行政区划】 2018年，辖苏家院、坪子、双河、迤那、顺山5个行政村，27个自然村，126个村民小组。

【人口与民族】 2018年，全镇总人口14 193户44 940人。其中，城镇人口7 212人，乡村人口37 728人；男性23 540人，占比52.38%，女性21 400人，占比47.62%；汉族43 370人、彝族1 255人、苗族165人、哈尼族32人、回族27人、布依族21人、其他民族70人。

【经济概况】 2018年,全镇农村经济总收入3.46亿元,同比增长11%,其中农林牧业收入2.63亿元,同比增长11%,二、三产业收入0.86亿元,同比增长12%;农民人均纯收入增长10%,达9 638元;全镇财政总收入1 534.31万元,同比增长15%,一般预算支出完成1 524.10万元,同比增长29%。

【工作概况】 脱贫攻坚:2018年年底,整户清退96户342人,贫困人口清退2人,家庭成员补录28人,自然增加61人,自然减少57人,新识别66户178人,返贫4户16人。全镇识别建档立卡户2 803户11 056人,已脱贫2 387户9 517人,未脱贫416户1 539人。年度实现贫困人口78户307人脱贫。

编制脱贫攻坚"作战图":由驻村工作队牵头,镇挂钩干部、村干部协作村级、乡级分别编制施工图、路线图,报区级审核。汇总5个村级施工图和规划乡级短板,全镇乡级路线图规划需要投入项目资金33 999.51万元,其中2018年计划投资7 209.76万元,2019年20 409.93万元,2020年6 379.82万元。

易地扶贫搬迁安置:2018年,完成建档立卡户72户245人易地扶贫搬迁安置宣传动员、意愿调查、签订协议等前期准备工作,完成92户农村危房改造任务。

产业扶贫:2018年,在G356沿线连片新植苹果56公顷、覆盖贫困户80户。建设高标准现代苹果示范基地1个177.07公顷(其中计划在2018年种植43.73公顷,2019年种植66.67公顷、2020年种植66.67公顷),助推苏家院镇贫困群众1 365户5 392人脱贫;顺山村13户43人通过入股合作社和入股易迁公司获得分红,实现脱贫致富。

省级人居环境试点工作:2018年,全镇以孔家营省级生态人居环境综合整治提升示范项目为试点,召开18次群众大会,10次邀请村民代表参加创建工作专题会,村民自发拆除孔家营自然村200余户闲置、老旧房屋,签订《承诺书》;通过土地"同增同减"在自然村中心调出0.67公顷土地计划用于修建文化活动广场和道路;计划建设一条年接待游客10万人以上,双河村陈家营自然村—迤那村孔家营自然村道路。以苹果为主题,改造民宿、基础设施建设、打造文化名片、观光农业基地建设农旅结合旅游观光带。全年,126个村民小组修建垃圾池,配备垃圾箱,全民签订《村规民约》。实行垃圾收费制度,人均每年收取12元垃圾清运费,全面开展人居环境综合整治。

乡村振兴:争取项目资金5 000万元,在5个村续建、新建农村公路88千米,辖区公路里程310千米,覆盖全镇5个村,直接受益群众4.3万余人;运行领导包片、部门、村组包段到路工作机制,选聘61个护路员,负责落实道路管养责任制,建立月督查、周巡查工作机制。串户路按"门前三包"划段包干;整合项目资金210万元,绿化凤苏、柳白、迤顺、顺官、苏迤等公路25千米,种植树苗11 000株,绿化率10.2%。

苹果产业:2018年,全镇以现有23个苹果种植基地为引领,辐射带动养殖产业,打造种养一体"健康生态循环现代农业",建成以苹果为主题的生态田园综合体。全年,引进海升、汉朔、东达、绿健、喜浪、天瑞、远智、合盛、庆丰等龙头企业23家,发展培育种植专业合作社86个,创建"绿色生态、标准规范"苹果示范基地23个。种植规模达2 266.67公顷,已投产1 000公顷,年产量3.8万吨,产值1.82亿元;从业人员1万余人,涉及5个行政村,可实现人均增收5 000元以上。引进矮化密植、土壤调酸、病虫防控、隔行间伐、高光效树型改造等良种良法,种植嘎啦、华硕、红露、红将军、首富1号、富士2001、长富2号、烟富3号、烟富8号等早、中、晚熟苹果品牌;引入5家物流公司,建成大型冷库50余个;苹果远销西南诸省,并与国内25万千克级苹果采购商达成合作,拓展国内外市场,苹果产业高效循环链条初步完备。

粮食生产:全年粮食播种面积5 526.67公顷以上,产量3.74万吨;推广示范水稻"滇优34号""滇优35号""云粳37号""云粳31号""稻香2号",马铃薯"会2号""威芋3号",玉米"中金368""会单4号"等新品种;成立水稻样板工作领导小组,技术培训和指导种植户。

农业科技推广:推广苹果、水稻、马铃薯、生猪养殖等各项农业科技,创建水稻样板33.33公顷,发放水稻复混肥22 500千克,籽种补助40 000元;推广水稻、玉米、马铃薯品种7个,亩产增收达7%以上;推广科学测土配方施肥,发放配方施肥建议卡5 000份,覆盖率达90%等。

畜牧业:2018年,全镇畜牧业生产总值占农业生产总值41.3%。防疫注射猪口蹄疫5.2万头次,牛0.7万头,羊0.7万只,猪防疫反应42头死亡14头,牛防疫反应7头,羊防疫反应12只。家畜防疫禽流感7.1万羽。采取宣传、排查、疫情监测、监管、产地检疫、备案、群防群控等综合防控措施,防控非洲猪瘟,常规防疫重大动物疫病,注射猪13 443余头,牛1 560头,羊1 970余只,鸡瘟及禽流感防疫禽24 700余羽,辖区没有非洲猪瘟疫情发生。

教育事业:2018年,全镇有中学1所,小学6所,公办幼儿园6所,民办幼儿园4所。教职工379人,其中中学105人,小学189人,幼儿园85人;在校学生7 448人,其中中学1 840人,小学3 447人,学前班462人,幼儿园1 699人。义务教育均衡发展通过区级验收、市级复核、国家验收,适龄儿童入学率99.83%。

卫计工作:2018年,全镇有镇级卫生院1个,占地面积5 500平方米,业务用房3 300平方米,在职人员25人,在岗24人,聘用合同人员和临时工17人,主治医师2人,执业医师3人,助理医师7人,医生4人,主管护师2人,护师5人,护士10人,工人2人;5个村级卫生室和2个增设点,村医22人,开设中医科、针灸推拿科、检验科、内科、外科、妇产科、儿科等。年内,成立家庭医生团队7个,家庭医生21人,辖区内居民签约19 268人,建档立卡户签约率100%;完成44 636人的医疗保险费筹资,完成率99%,办理慢性病业务申报1 461人次,办理医疗保险报销业务7 000余人次;完成计划生育奖励扶助、城乡基本医疗保险补助、独生子女保健费发放、孕前优生健康检查等工作。

文化事业:先后建成图书阅览室,完成"文化信息共享"和"农家书屋"工程建设,开展昭通市首届"体彩杯"小学生校园足球文化节、镇第三届插秧比赛和苹果文化节等重大活动,组织维护"村村通、户户通"3 000余户,安装户户通28户。

民政工作:2018年,发放各类救助金15.5万元,定补资金90万元。发放大米2.25万千克、棉大衣200件、棉被200床;清理整治低保,清理后全镇享受农村低保人员877户1 815人;足额发放伤残军人11人,定抚人员5人,定补人员4人,带病退伍回乡人员7人优抚优待资金;按每月人均1 074元标准发放10名农村孤儿抚养金,按每月人均享受665元发放特困供养对象77户90人特困供养金57.8万元,完成21户困难群众安全住房帮建工作;完成城乡养老保险续交工作,缴费率95%;推进殡葬改革,完成火化任务60具。

综治维稳:2018年,排查受理调解各类民事纠纷181件,利用"六二六""一二·四"等宣传日,开展大型法治宣传教育活动,张贴标语6条,发放《扫黑除恶》宣传资料等4 000余份,受教育人数达5 000人以上;矫正、安置、教育24名在册社区服刑人员;提供法律咨询80余人次;办理出生登记700余人、补录遗漏人口65余人、死亡注销120人、身份证3 784份、主项变更受理126项;全年破案24件,刑事打击19人,追逃6人,破获零星贩毒2件;行政拘留36人,强制戒毒19人,社区戒毒3人,纳入社区康复管理23人,查获赌博案件2起,行政拘留12人,铲除毒品原植物1 700余株,安装行车卫士200台。

安全生产:执行《村(社区)协管员、信息员管理办法》和协调机制,签订《食品、药品安全责任书》,建立重要节假日抽查与日常检查相结合的长效监督机制,全年没有发生重大食品药品安全事故。与各村、各站所和相关部门签订《安全生产责任书》,完善《苏家院镇安全生产监督管理责任实施细则》《苏家院镇安全生产大检查工作实施方案》《苏家院镇安全生产工作应急预案》等各项具体方案。通过悬挂宣传横幅、宣传单,共计发放宣传单2 000余份,其中道路交通宣传单1 000余份,食品安全宣传单500余份,其他安全生产宣传单500余份;拆除违法建设13家、拆除面积320平方米,通过三级巡查,将65起违法占地案件消除在萌芽状态。

昭阳区洒渔镇

【**地理位置**】 位于昭通城西北,距市区15千米,东接靖安镇、旧圃镇、青岗岭镇,南接乐居镇,西接苏甲镇,北接永善茂林。

【历史沿革】 民国时于此设第五区，辖8乡1镇。1950年8月建立洒渔区，辖16乡。1959年2月其南部划出，其余建立洒渔公社，辖11个管理区。1962年10月改为洒渔区，辖12个小公社，1966年为洒渔公社，"文化大革命"期间曾易名战斗公社，1978年复名洒渔公社，1984年定为洒渔区，1988年改为洒渔乡，2012年撤乡建镇更名为洒渔镇。镇以洒渔河得名，镇政府驻三台村江川自然村（又名下街子）。

【自然环境】 全镇行政区域222平方千米，地势北高南低，最高海拔先锋云2618米，最低海拔水碾1876米，平均海拔1910米，年平均气温11℃，无霜期180～240天，年平均降水量729.7毫米，年日照时数1889小时，土壤为黄壤、黄棕壤和玄武岩棕壤。全镇有耕地8933.33公顷，其中苹果种植面积6933.33公顷，占耕地面积75.37%；林业用地7333.33公顷，森林覆盖率31%。

洒渔镇有直接连接昭通城到洒渔镇三级公路——牛洒公路，穿境而过昭苏公路、洒茂公路，镇村公路四通八达，东进十多千米就到昭通城，南可上乐居、苏家院、西凉山、鲁甸县；西可达苏甲、永善，北可抵青岗岭、靖安。

洒渔具有悠久历史，厚重文化，淳朴民风，浓郁民族特色。旌表节孝坊、营盘古墓、小湾子姚人洞、李蓝起义领袖李永和、清代进士等无不向世人昭示洒渔悠久和厚重文化；在洒渔河周围山麓，发现新石器时期石斧以及大型远古土坑墓葬群，它标志着在遥远古代，这里已有人类活动。特别是汉代石室墓、砖室墓、崖墓，出土文物极为丰富。全国仅有的"建畲朱提银""南夷长史"铜印，东汉"建初八年朱提造作"双鱼铜洗，都是在洒渔出土。

【旅游资源】 洒渔古镇大约建于秦汉时期，曾经有过的青石板路、天灯坝坝、抹角房子、长柳飞燕、青瓦木屋、石桥流水，虽年久失修，所幸大部分尚存。

万亩果园是洒渔镇又一特色。洒渔河全长18.7千米，由南向北穿境而过。潺潺微澜的流水，伴着岸旁生生不息的烟柳，真是醉入碧水柳絮中，构成美不胜收的"洒渔烟柳"景观，为"昭阳八景"之一。洒渔烟柳，坝平田多，在洒渔河几十里河堤上生活的彝汉先民，为护堤保埂，广植杨柳。久而久之，沿河两岸便长成排排绿柳。因而其年代久远，数目最多，保存最完整，最具魅力，具有得天独厚的条件。阳光透过白云喷薄而来，岸上柳絮飘飘、河水波光潋滟，大有"烟霞染水观鱼跃，柳絮惜阴听蝉鸣"的感觉。

渔洞名樱旅游度假区位于辖区联合村，现已是集观光、度假休闲、餐饮住宿、健身康养、民俗文化和生态农庄为一体的综合性旅游度假区，2018年，渔洞名樱度假区通过土地流转、合作社合作、公司统筹经营等方式，加大了旅游基础设施的投入建设，智慧景区和AAA级景区创建工作基本完成，接待服务能力得到全面提升，年接待游客达到70余万人次，成为乡村生态旅游的一个亮点。

【行政区划】 2018年，洒渔镇辖三台、大桥、新立、新海、白鹤、居乐、弓河、巡龙、联合9个村民委员会，131个自然村，231个村民小组。

【人口与民族】 2018年年末，全镇有乡村户数18055户，总人口63652人，其中常住人口62406人，流动人口6671人，人口自然增长率8.7‰，以汉族为主，约占94%，辖区内住着汉、彝、苗、壮等少数民族。

【经济概况】 2018年，全镇经济总收入8.4亿元，比上年增长4%，年人均可支配收入8591元，比上年增长6%。年末，全镇苹果种植面积达6933.33公顷，年总产量预计突破30万吨，年产值超过10亿元，占全镇农业总产值90%以上。全年实现粮食产量1.23万吨，外出务工农民工4109余人。

【工作概况】 道路交通基础设施建设：全镇有列入养护道路52.15千米，其中镇道34.82千米，村道17.33千米。未列养道路65条，262.9千米，涉及9个村。各村填补砂石路面零星坑塘10余千米，新修村级道路12余千米，清理零星塌方道路200余方，清理道路边沟15千米，投入资金16余万元。检查清理涵洞67个，桥梁5座，清理在公路两侧乱堆乱放堆积物农户70余家。制止在公路红线内准备建房农户13家。争取交通部门项目,硬化5个建制村公路60余千米,已投入使用;维护靖安—洒渔公路,改善沿途4个行政村群众交通出行困难问题;争取财政"一事一议"奖补资金1 100万元分别在弓河、巡龙、三台、联合、居乐等村硬化村内户外道路22.5千米;争取"一事一议"美丽乡村建设资金205万元,硬化道路4千米;争取移民后扶资金1 486.9万元分别在6个村硬化道路14.08千米;争取扶贫整村推进资金450万元在新立、新海、居乐、弓河、白鹤、联合等村实施产业发展和道路建设。

中心集镇规划建设和管理:洒渔中心集镇升级改造工作自2014年6月启动建设以来,完成房屋改造、新建1 338户。其中,房屋升级改造1 013户,拆除重建或新建325户。多方整合补助资金3 400万元,撬动社会资金(群众投入)4.3亿元。争取国土、房管部门支持,办理土地使用证686宗,房屋产权证686宗;协调农业银行对中心集镇参建农户提供金融贷款支持,获得农业银行贷款4 000万元。

中央农村综合性改革试点试验概述:2017年,洒渔镇入选全国农村综合性改革示范试点(以下简称综改),中央财政连续三年累计拨付5 420万元专项资金,用于支持洒渔镇全国农村综合性改革示范试点建设。

综改高原特色苹果产业:综改试点试验大桥村高原特色苹果产业冷链、仓储、物流中心建设,具体为建设气调库预冷间、贮存间建设,总投资1 020万,已建设完成。

综改农村综合服务场所建设:新建17个村民小组活动场所,建设内容包括:活动场所广场及配套附属设施,每个活动场所补助综改资金10万元,总投资170万元,项目已完成。

综改乡村文明好榜样评选:乡村文明好榜样评选项目,在4个村示范开展"好媳妇、好婆婆、文明家庭、致富带头人"等文明好榜样评选活动,总投资10万元,项目已完成。

综改培训项目:在全镇范围内开展新型苹果技术培训,实现全镇6 733.33公顷果园达到新型苹果技术种植标准。总投资30万元,已完成。联合村农民培训基地建设和创新创业技术培训,新建农民工创业园1个,电商创新创业实训基地1个,培训2 000人次(其中建档立卡户40户120人次),培训内容涉及新型种养殖,电子商务及农业实用技术等收入。投资40万元,已完成。

综改农村人居环境提升:联合村道路改扩建1条,长3 000米宽5.5米,厚0.2米,购置压缩式垃圾车、垃圾箱、垃圾桶,安装太阳能路灯,投入综改资金300万元,已完成。新建垃圾中转站1个并配备相关设备,投入综改资金50万,项目建设完成并通过验收。

综改农村电子商务服务平台建设:投入综改资金30万元,完成农村电子商务服务平台建设。

综改农村综合治理:完善巡龙绿荫塘公共服务体系建设:包含文化场所400平方米、广场4 400平方米,道路建设长2 400米,宽5.5米,建成雨污管网工程4 800米、绿化面积4 000平方米,路灯92盏。项目投资110万元,广场道路及绿化亮化工程建设已基本完成。联合村余家大冲(外公鸡冲)农村综合治理新建活动场所及配套设施,投资30万元,项目已完成。

脱贫攻坚产业发展:全镇9个村全部成立村集体公司,按照"党支部+企业+合作社+贫困户(托管代养)"模式,成立种植、养殖专业合作社,将贫困户全部纳入合作社,形成规模化种植、养殖,解决广种薄收问题。新植苹果84.73公顷,改造低产果园4 333.33公顷,覆盖贫困户2 821户11 701人;种植马铃薯69.67公顷,覆盖贫困户360户1 882人;养殖生猪510头,覆盖贫困户51户226人;种植党参11.93公顷,覆盖贫困户179户813人。

脱贫攻坚住房改造:通过开展农村危房改造,易地扶贫搬迁,移民避险解困、水资源保护搬迁安置等项目解决安全稳固住房问题。完成农村危房改造406户,易地扶贫搬迁195户,渔洞水库水资源保护搬迁168户674人。

脱贫攻坚培训工作:培训实用技能,提高农民生产技能。2018年,评选"乡村文明好榜样"1 000人,开展苹果种植技术、电子商务、科学养殖等培训8 000余人次,转移富余劳动力10 000余人。

脱贫攻坚民生保障：确保建档立卡贫困户（以下简称卡户）100%参加医疗保险和大病保险；建档立卡贫困学生100%接受义务教育，符合条件99人卡户生每生每年补助3 000元，普通高中140人卡户生每生每年补助3 000元，大专及以上卡户生88人每生每年补助5 000元；完成退耕还林486.67公顷，聘用卡户群众18名为天保工程护林员，每年人均补助8 000元；落实生态扶贫、政策兜底，实现建档立卡贫困群众981户1 833人脱贫。

基层党建引领脱贫：整合各类资源，围绕组织建设互促、党员干部互帮、优势资源共享、科学发展共赢4个重点任务，借助"万企帮万村"平台，"一村一策"定规划，"一户一法"定措施，建立"不脱贫不脱钩"帮扶机制，构筑党委主导，干部、群众、社会广泛参与的扶贫新格局。

"8·3"地震灾后恢复重建："8·3"地震后，镇政府投入恢复重建工作。2018年，修复加固任务4 300户，恢复重建任务114户。其中，恢复重建集中安置100户，分散自建14户，已竣工投入使用。

农村"七改三清"环境整治：2018年，制定《农村环境综合整治村规民约和集镇卫生秩序管理办法》，运行垃圾清运有偿服务机制，按照每户每月3～5元收取卫生费，存入村级代理服务中心专账，实行专款专用；组建"华华保洁有限公司"，配设清扫保洁员，在村级活动场所周边、公路沿线、人口密集区分别建成21个垃圾集中收集池、配备垃圾压缩清运车20余辆，投放垃圾箱500余个，统一收集，定时清运；整合部门资金修建垃圾热溶解处理站1座；引入社会资金30万元在苹果物流园区修建公共厕所等配套设施。

渔洞水库水资源保护：2018年，完成居乐村渔洞水库保护区群众搬迁168户，搬迁采取临时过渡集中安置方式进行，房屋主体工程已建设完成。

苹果产业：全镇苹果种植面积6 933.33公顷，年总产量预计突破30万吨，年产值超过10亿元，占全镇农业总产值90%左右。全年推广老果园提质增效改造、高光效树形、苹果套袋及反光膜使用技术；聘用苹果指导员118名，负责全镇中低产果园改造、新技术指导和推广，老果园提质增效改造4 333.33公顷，反光膜累计转移使用面积4 000公顷，苹果套袋技术得到认可。上报苹果冷库项目6座，容量均为75吨；至此，全镇冷库数量达42座，储量约3 500吨。成立农民专业合作社23个，苹果产销协会1个，现有社员共3 100余户，占全镇果农18.9%，比上年高出3.9%。

畜牧业：2018年年末，全镇生猪存栏33 088头，能繁母猪1 736头，牛存栏3 037头，能繁母牛1 987头，羊存栏8 267头，鸡存栏34 616只，规模养殖场（户）16户。其中，生猪规模养殖场12户，肉牛规模养殖场2户，肉羊规模养殖场1户，肉鸡规模养殖场1户。新海村成立白茅草地福茂养殖合作社，成功流转荒山荒坡126公顷，指导人工种植黑麦草72.67公顷。福茂养殖合作社318头肉山羊，5只优质种公羊，从未发生染疫死亡，带动周边农户138户饲养549只山羊，初步形成以养殖合作社为龙头，辐射带动周边养殖专业村。新立富民养牛场饲养改良肉牛23头，大桥朱丹养牛场饲养25头西门塔尔改良肉牛，未发生疫病。

惠农政策落实：全年发放贴息贷款、增资补贴、耕地地力补贴，草原补贴、公益林补贴、农机购置补贴等550余万元。涉及9个行政村，补贴面积4 666.67公顷，共4 193 700元；发放草原补贴11 600公顷545 630元，公益林补贴4 717.27公顷707 590元，农机购置补贴90台，补贴金额82 800元。

涉农工作：全年流转土地400公顷，超额完成任务。在新立扶持发展肉猪养殖510头，种植党参等药材约66.67公顷，在新海村、新立村扶持建档立卡户原种种植66.67公顷。

教育事业：洒渔镇有学校13所，其中完全小学10所，教学点1所，幼儿园1所，中学1所。中学在校生2 262人，初中阶段毛入学率99.6%，小学在校生5 295人。全乡有初中教师142人，小学教师270人，初中教师学历合格率99.87%，小学教师学历合格率90.9%。校园占地面积99 136.08平方米，校舍建筑面积54 039.49平方米。有公办幼儿园1所，民办幼儿园10所，在园幼儿1 426人。争取薄改项目设备全部到位并投入使用。争取教育专项3 000万元,修建8栋教学综合楼、7栋学生食堂、2栋幼儿园综合楼。中心校投资700万元,中学投资250万元,用于校园文化、绿化、场地硬化、新建围墙、大门、厕所等建设。新立、嘿嘞小学代表昭阳区迎国检,通过义务教育均衡发展验收。

卫计工作:全镇有镇级卫生院1所,医护人员54人,病床80张,村级卫生室10所,全部为标准化卫生室。城乡居民基本医保定点医疗机构11个,城乡居民基本医保参保率99.9%。全年门诊减免近19万人次,减免金额400余万余元;住院减免3 600余人次,减免金额200余万元。2018年,确定巡龙村为精品人口文化大院示范点,创建新海村、新立村、白鹤村为新农村新家庭试点。有育龄妇女13 656人,其中已婚育龄妇女9 905人;常住人口出生823人,常住人口计划内出生650人,常住人口计划外出生173人(计划外多孩123人);二孩及以上落实长效避孕措施274例。符合政策生育率79%,出生率13.29‰,自然增长率8.7‰,综合节育率79.35%,避孕及时率65.1%,三次医学监护面均达100%以上,出生人口性别比105∶100。各种奖励扶助政策、利益导向机制及奖励经费落实率达100%,足额并及时发放宣传员工资报酬。

城乡居民最低生活保障:2018年,调查、审核、调整全镇低保对象,全镇有特困人员160人、孤儿10人,农村低保户3 533户4 946人。城市低保通过专项治理后有12户19人。

临时救助工作:全镇共有168户618人得到临时求助,发放临时求助金8.6万元;有贫困户390户,1 656人得到救助,发放救济粮1.35万千克。

优抚工作:全镇有老复员军人11人,带病回乡军人15人,伤残军人9人,军烈属5人,残属2人,参战老兵168人。全年按季打卡发放伤残军人和老复员军人优抚金,优抚对象补助金50余万元。80岁以上老年人1 358人补助,发放老乡干部、村干部48人补贴。

安全生产:2018年,重点监管、食品安全、校园安全及辖区3家砂石料厂、2个加油站、烟花爆竹经营企业、网套厂、纸箱厂等企业和个体户,实现安全生产工作常态化。排查森林火灾隐患,督促护林员上山巡查,严防死守确保林区稳定。

综治维稳:2018年,全镇全年调处化解矛盾纠纷156件,接大小信访案件98件(其中重大来访案件5件,邻里纠纷和无理上访解决12件,信息化上访25条,回复25条)。重点节庆及要事活动期间,稳控信访人员。化解渔洞水库参建民工、扶贫贫困户建房上访等5件信访案件。

昭阳区永丰镇

【地理位置】 永丰镇位于昭阳城区南郊7千米,国土面积91.4平方千米,耕地面积2 213.33公顷,其中水田740公顷、旱地1 426.67公顷、林地1 100公顷。

【历史沿革】 1950年属昭通县第六区,1952年属凤霞区,1959年2月从凤霞区划出9个乡组建凤霞人民公社,1966年改名永丰公社,1984年定名永丰区,1988年划出布嘎等5个乡,其余组建永丰镇。

【自然环境】 永丰镇以坝区为主,最高海拔小闸村陈家梁子2227米,最低海拔三甲1906米;年平均气温13~14℃,无霜期225天,年平均降水量760毫米,土壤为黄壤、黄棕壤,水稻土,呈酸性。

全镇有新民、三甲2个集贸市场,有国家级文物保护单位龙家祠堂(龙云家祠,位于绿荫社区簸箕湾)和省级文物保护单位卢家祠堂(卢汉家祠,位于绿荫社区绿荫塘),人文历史资源丰富,文化积淀厚重。

地理位置优越,境内交通网络发达,国道213线、国道356线、昭鲁快捷通道、麻昭高速公路、都香高速公路和西绕城高速公路穿境而过,区位优势明显,民风淳朴,集贸市场发达。辖区内大小水库7个,水质清澈,生态环境优美。经济来源主要依靠粮食、林果、蔬菜及劳务输出等支柱产业,是典型的以农业为主的乡镇,成功打造昭通·昭阳现代苹果产业扶贫示范园。

【行政区划】 2018年,辖5个行政村和2个社区居委会,109个村(居民)民小组。

【人口与民族】 居住着汉、回、彝、苗、白、壮、纳西7个民族,是一个典型多民族杂居乡镇。2018年年末,全镇总人口有农户12 577户48 393人,其中建档立卡贫困群众2 469户8 587人,即已脱贫2 370户8 257人,未脱贫99户330人。

【经济概况】 2018年,全镇生产总值实现4.82亿元,人均可支配收入达10 230元。

【工作概况】 党务工作:镇党委下设海边、小闸、新民、青坪、绿荫、元龙、三甲7个党总支,79个党支部,有党员938名。

脱贫攻坚:一是入户摸底核实全镇建档立卡户,收集贫困户信息,填写分户表,形成镇村"一盘棋、一本账",做到村村清、户户清;二是从镇村干部中抽调业务素质高、能力强的人员组成"村级施工图、乡级路线图"扶贫小分队,完成村级施工图和乡级路线图编制工作;三是按照最新目录重新收集整理归档全镇建档立卡贫困户户档资料和7个村(社区)村级档案资料。增派力量再核查、整理、规范档案资料相薄弱村档案;四是永丰镇计划2018年年底4个贫困村脱贫出列,4个村涉及未脱贫户74户214人脱贫退出。年内,围绕贫困村出列,贫困人口退出标准,明确帮扶责任人,制定贫困户帮扶计划,明确发展目标和脱贫路径,做到扶贫帮到点上、扶到根上。

人居环境整治:围绕治水、治土、增绿目标,镇党委、政府开展环境综合治理行动,门店实行"门前三包",要求门店经营业主要包卫生、包秩序、包绿化,市场形成网格化管理,彻底改变集镇脏、乱、差、灰、堵突出现象,达到市场整齐划一、规范有序;3月以来,全镇先后通过开展党费日、"五一""国庆"等活动组织党员干部、学生、群众综合整治环境卫生5 000余人次,租用大型机械50余台。聘用河道保洁员和购买保洁船只常态化保洁昭鲁大河永丰段,聘用建档立卡户为道路保洁员和森林护林员,常态化管理辖区道路森林,提升人居环境。

农业发展:2018年,在元龙村创建省部级绿色高产高效水稻核心样板66.67公顷;新植苹果236.04公顷,标准化改造提升苹果老果园717.69公顷;玉米套种马铃薯1 333.33公顷,推广地膜玉米1 200公顷,单株定向栽种玉米1 200公顷,完成粮食播种面积4 066.67公顷,粮食产量达2.67万吨。

劳动力转移:2018年,开展劳动力转移就业及培训,劳动力培训1 409人次(其中建档立卡劳动力333人),劳动力转移就业2 022人,其中到广东东莞、中山169人(建档立卡贫困劳动力16人)。

卫生事业:2018年,医疗保险参保率95%以上,建档立卡户参保率100%,办理特慢病审批100余人。

民政帮扶:辖区年内有老复员、伤残、烈属等重点优抚对象30人,发放优抚金58.44万元,减免重点优抚对象城镇医疗保险,发放重点优抚解困资金25万元,向2016年至2017年30名入伍士兵亲属发放抚恤金25.24万元;发放2017年6名在校入伍大学生奖励金7.8万元,发放6名在部队立功受奖现役军人军队绩效奖励工资9 200元。

惠农政策落实:发放各项惠农资金1 019.41万元,其中农业机械推广258台套补贴资金65.59万元、受益农户229户,耕地地力保护补贴资金317.52万元;抗震安居补助资金636.30万元。

社会维稳:2018年,全镇共接待群众来信来访85批(次)、178人(次),其中集体访9批(次)、115人(次),个访66批(次)、73人(次)。排查调处各类矛盾纠纷192件,涉案人数505人。

安全生产:按照安全生产"党政同责、一岗双责、齐抓共管"要求,排查整治各类隐患,长效监管,全镇在道路交通、非煤矿山、烟花爆竹、食品药品、森林防火等安全领域未发生较大安全事故,安全生产形势好转。

土地流转:完成新民荒冲"海升万亩苹果产业示范园"土地流转,养殖基地土地流转6.67公顷,气调库征地8.67余公顷,打造永丰苹果产业扶贫示范园,2018年年底,已建成2 000公顷。

集镇市场搬迁：搬迁永丰集镇市场，缓解213国道长期拥堵现象，同时为集镇二期安置群众拓宽就业渠道，增加收入。

其他重点工程：永丰易地搬迁安置点征地20.67公顷，永丰垃圾发电厂征地15.33公顷，都香高速公路征地87.33公顷、拆迁9户，启动西绕城高速征地拆迁工作。

【表彰】 任继彦，获云南省人民政府授予"2018年年度云南省见义勇为英雄"称号、获昭阳区委追授为"优秀共产党员"荣誉称号、获昭阳区政府授予"2018年年度昭阳区见义勇为先进个人"称号。

马冰清、桂媛，在云南省第三次全国农业普查工作中成绩突出，获"省级先进个人"称号。

张钰雯，获昭阳区政府授予"2018年年度计划生育协会先进个人"称号。

昭阳区炎山镇

【地理位置】 炎山镇位于昭阳区西凉山片区，距离城区113千米，面积78.1平方千米，镇政府驻地炎山村，海拔1892米，东与大山包接壤，西与四川金阳相连，北与永善接界，南与巧家毗邻。

【自然环境】 地处凉山山系五莲峰分支，西北为金沙江河谷地带。地势东高西低，境内重峦叠嶂，沟谷纵横。最高海拔2946米，最低海拔580米。立体气候突出。江边河谷地带候炎热；二半山区温和；高二半山区气温较低。镇驻地年均气温13.6℃，年降水量700毫米，年日照时数2 100～2 150小时，无霜期230天。土壤为黄棕壤、棕壤、呈酸性；江边河谷有燥红土，呈碱性；有耕地1 059.6公顷，适宜种植花椒、马铃薯、玉米、香蕉、甘蔗等农作物和经济林果。天然林3 215.07公顷，森林覆盖率6.24%。有铅锌矿和少量无烟煤矿藏。

【行政区划】 2018年，全镇辖8个村、50个自然村、180个村民小组。

【人口与民族】 2018年，居住有汉、彝、仲、苗等4个民族，有人口6 878户24 041人。

【经济概况】 2018年，全镇经济总收入12 755.4万元，较2017年增长15.7%；农民人均纯收入5 278元，较2017年增长14.8%。

【工作概况】 **党建工作**：全年，在基层组织标准化建设中，开展自查，梳理存在问题31条，建立整改清单、明确整改时限，实行销号制管理。开展"万名干部进党校""两学一做"等学习教育活动。

编制情况：炎山镇现有行政事业编制73人，实际缺编20人，本地干部逐渐老化，人少事多。

脱贫攻坚贫困人口情况：2018年，炎山镇有建档立卡贫困户2 978户12 427人，其中已脱贫246户1 048人，未脱贫2 732户11 379人，贫困发生率51.7%，属典型深度贫困山区乡镇。

产业扶贫：全年，推行"党支部+合作社+贫困户"模式，全镇2018~2020年计划扶持贫困户花椒提质增效101.79公顷，覆盖贫困户618户；发展马铃薯121.86公顷，覆盖贫困户1 052户；种植香蕉3.53公顷，覆盖贫困户53户；种植甘蔗10.27公顷，覆盖贫困户89户；按照公司+党支部+合作社+贫困户（托管代养）养殖模式，扶持1 232户贫困户养殖肉猪10 667头，实行入股分红。

易地扶贫搬迁：2018年，初步确定易地扶贫搬迁贫困户1 445户5 982人，搬迁率占现有贫困人口52.57%，其中2018年，实施150户626人；2019年，计划实施1 201户4 967人。

劳动力转移培训：全镇计划实施劳动力技能培训2 178人，其中2018年，培训1 457人；2019年，培训721人。

农村危房改造：2018年，实施危房改造809户。其中2016年，拆除重建375户；2017年，修缮加固81户；2018年，正在修缮加固295户；2019年，计划实施修缮加固58户。

健康扶贫：2018年，资助贫困人口12 427人参加基本医疗保险和大病保险；家庭医生签约服务12 427人；重病兜底保障12 427人，对建档立卡贫困人口通过基本医保、大病医保、医疗救助报销后，住院治疗费用实际补偿比例达不到90%的，和个人年度医疗费用超过当地农村居民人均可支配收入的部分，除省财政按照建档立卡贫困人口年人均60元标准给予补助基础上，由区级财政统筹资金兜底保障。

教育扶贫：2018年，资助建档立卡贫困学生1 497人，其中学前教育147人、高中阶段886人、职业教育110人、普通高等教育及以上6人、雨露计划348人。

社会保障兜底：2018年，整户识别、整户施保67户177人兜底保障脱贫对象；贫困户707户1 720人按照农村低保A类标准265元/(人·月)、B类215元/(人·月)、C类200元/(人·月)标准进行保障；救助供养特困人员18人；落实残疾人补贴348人，残疾人"两项补贴"仅在政策覆盖范围内一级残疾人每人每月享受护理补贴70元，二级残疾人每人每月享受护理补贴40元、生活补贴50元；落实无人抚养儿童、社会散居孤儿7人，每人每月补助1 074元；资助7 490人参加养老保险，按照100元/(人·年)标准为建档立卡贫困人员代缴城乡养老保险。

其他扶贫措施：推进水、电、路、网、活动场所和教育、卫生、文化等公共服务体系建设；引导民营企业、个体企业参与社会扶贫行动。推广"中国社会扶贫网"及其手机APP应用；以信贷扶贫促进产业扶贫，由区级财政贴息，争取向建档立卡贫困户提供小额扶贫贷款，助推贫困群众脱贫。

社会治安综合治理：层层签订《责任状》，逐级细化分解任务，开展禁毒、反邪、冬防等工作，排查与化解矛盾纠纷。全年大排查安全生产20余次，监管监察企业、学校、渡口等，消除一批安全隐患，年内未发生任何安全生产事故。开门接访和带案下访，解决群众诉求，建立镇村两级调解机制，主动化解社会矛盾，营造发展环境。

基础设施建设：启动总投资约190万，建设炎山村下木坪饮水官网，投资160万新建道路8千米，计划投资1 332万元，硬化镇前33.3千米道路建设，目前完成炎山村10千米、中寨村2千米，其余待上级批复后组织实施。

农医农保工作：截至2018年年底，24 041人需要参加农村医疗保险，正在开展收缴工作，确保100%参保缴费；有14 623人参加城乡居民养老保险。

村民小组活动场所建设：整合资金222万，投入建设中寨、松乐、大沟、炎山、庙湾、屋角、大沱、小田村村民小组等场所13个。

昭阳区大寨子乡

【**地理位置**】 大寨子乡位于昭阳区西北部，地处两省三县接合部，国土面积78平方千米，距昭通城区79千米，东与永善县码口乡和鲁甸县新街乡相连，南与大山包乡接壤，西与炎山乡毗邻，北至金沙江与四川省金阳县隔江相望。东西最大横距30千米，南北最大纵距40千米。

【**历史沿革**】 1950年属第七区；1952年属炎山区管辖；1959年2月从炎山区划出，成立铁池人民公社；1962年10月改为大寨区；1966年改名大寨子公社；1984年定名为大寨子区；1988年改为大寨子乡。

【**自然环境**】 全乡地处山区，地势东高西低，低纬度，高海拔，地形地貌错综复杂，境内最高海拔3068米，最低海拔600米（全区最低海拔），相对高差2468米。土壤为黄棕壤、棕壤、水稻土，呈酸性；江边河谷为燥红土，呈碱性。受地理位置和地形地貌影响，气候复杂多变，灾害性天气种类繁多而发生频繁，为高原立体气候类型。二半山年均气温约11℃，年降水量1 000毫米，无霜期200~210天。乡政府西南2 600米处有溶洞，洞中有钟乳石千姿百态；车德村石笋、熊湾溶洞、金江峡谷风光、观江台，新林村尖山草原风光无限。境内自然风光优美、景观奇特、旅游资源丰富，是旅游观光、避暑休闲、感受大自然的绝佳地方。

【**行政区划**】 全乡辖新林、雨霁、大寨、窝凼、锅厂、铁池、卜鲁期、车德8个村民委员会，48个自然村，107个村民小组。

【人口与民族】 2018年,大寨子乡乡村人口4 308户15 956人,其中劳动力7 634人,外出务工4 870人。居住有汉、彝、苗等民族。

【经济概况】 全乡现有耕地1 021.07公顷,水田33.47公顷,林地面积2 606.73公顷,森林覆盖率40%,其余为草山、荒山、荒坡地。植被以针叶林、阔叶林、灌木林为主。2018年年末,全乡粮食总产量7 967吨,农民人均有粮486千克。农村经济总收入4 743万元,人均纯收入4 026元。全乡农牧业收入中,畜牧业实现总产值1 389万元,林业实现总产值637万元,农业实现总产值1 384万元。乡内有青椒、核桃、板栗等经济作物,青椒种植面积340.07公顷,有较好的开发价值,核桃805.4公顷,板栗33.33公顷,特色粮食作物有荞麦。

【工作概况】 **高产样板创建工作**:全乡推广种植杂交玉米800公顷、马铃薯766.67公顷(其中创建地膜马铃薯市、区核心样板13.33公顷;推广马铃薯优质品种"威芋5号""宣薯2号",马铃薯微型种薯246.67公顷);在雨霏尖山推广黑苦荞连片种植40公顷;调运发放地膜10吨、马铃薯专用复混肥9吨、苦荞专用有机肥24吨、马铃薯种薯10吨、黑苦荞种薯6吨。

畜牧业:2018年,全乡大牲畜存栏5 074头,其中牛存栏3 386头、生猪3 386头(含能繁母猪325头)、羊4 133只(含绵羊196只);家禽存栏18 872只。出栏肉猪19 466头、肉牛104头、肉羊6 503只,家禽出笼17 359只。

技术培训:2018年,乡农业综合服务中心围绕全乡花椒提质增效组织培训林农1 000人次。培训1 207名贫困党员群众实用技能。邀请市委党校教师和农、林、牧等方面专家,组成"流动课堂",开展"送党课下村""送种养殖业技术下村"活动,开办"农民夜校",为贫困党员、群众教育培训搭建平台。

脱贫攻坚概述:大寨子乡现有建档立卡户1 564户6 416人。全乡围绕贫困乡出列11项标准,贫困村退出10项标准,贫困户脱贫6项标准,实施以道路建设为主的基础设施建设,确保6个贫困村达到脱贫退出标准。逐村制定脱贫攻坚施工图,为1 564户贫困户制定脱贫计划。

贫困户住房建设:2018年,大寨子乡督促贫困户住房门窗安装、墙体抿糊等,动员贫困户及时搬迁入住新建住房。

脱贫攻坚扶贫措施:动员742户3 037人全部加入专业合作社,种植马铃薯原种120.47公顷。动员贫困人员到广东务工,增加收入。保持生态护林员、天保工程护林员110人,做好生态扶贫工作。落实社会保障兜底7户18人,健康扶贫30项措施,教育扶贫雨露计划,办理61名中职、8名高职学生申报雨露计划手续。探索"公司+党支部+农户"集体经济发展模式,每个村至少发展1个村级集体经济项目,每个村投资30万元与农投公司入股,确保各村每年2万元的集体经济净收入。

"大调研、大遍访"工作:乡党委、政府成立8个工作组,各村挂钩领导任工作组组长,主要领导带头到脱贫攻坚一线,遍访各村60%村民小组,20%以上贫困户(含已脱贫户和未脱贫户各1/2),实现辖区内100%遍访村民小组、100%遍访贫困户。

规划脱贫攻坚项目资金:规划全乡脱贫攻坚项目资金26 301.37万元,其中易地扶贫搬迁14 312.26万元、农村危房改造759.2万元、产业扶贫1 527.26万元、转移就业257.9万元、交通扶贫3 444.72万元、教育扶贫工程737.5万元、健康扶贫工程559.67万元、生态扶贫工程237.6万元、兜底保障工程1 225.85万元、饮水安全巩固提升及贫困村振兴309万元、脱贫巩固及乡村振兴2 930.4万元。

卫生事业:2018年,有医院1所,医务人员18人,病床20张,医务用房3幢4 200平方米。全乡新农合参保人数达到14 250人,比例增至98.65%。年内,开展家庭医生签约活动、爱国卫生运动、传染病防治等工作,保障群众医疗卫生。

文化体育事业:2018年,新建篮球场1个,市、区文体演出队共送戏下乡15场次,举办各类文化和体育活动,丰富群众业余生活。

教育事业:2018年年末,全乡有中学1所,小学完小9所,单小1所。中学有教师36人,学生在校人数610人,初中入学率97%;小学有教师72人,学生在校人数1 097人。7~15岁农村儿童入学率99%。

民政工作：2018年，清理低保，至11月止，核定农村低保户2 244人，城市低保户3人特困户107人，发放247名80岁以上老人高龄补助14.82万元，区民政局下拨临时补助6.94万元，用于救助95户临时困难人群。

综治维稳：全年，开展危化品安全、食品药品安全和交通船舶安全检查、森林防火零预警演练、排查安全生产事故等。建立健全乡、村、组三级信访网络，滚动摸排矛盾纠纷，实行重大矛盾纠纷领导包案、督办责任制，开展整治"村霸"扫黑除恶行动，整治"庸、懒、滑、贪"四类村干部和"不作为、慢作为、乱作为"现象，全乡无越级上访、恶性刑事案件发生。

党建工作：2018年，乡党委下设8个党总支、32个党支部，党员405名，预备党员6名，入党积极分子12名。按照发展党员5个阶段25个步骤，完成11名预备党员转正，纳新6名党员任务。优化不足3人党支部，确保每个支部党员有10人以上，新成立"大寨子乡青年人才党支部"。全年，与各支部签订《党建目标管理责任书》，明确党委副书记、组织委员和2名专职组织干事负责党建工作，每季度召开1次党建工作会议，每半年考核党建目标完成情况1次，19个"新时代讲习所"挂牌，各讲习所实现常态化运行，学习各级党委政府相关文件精神20余次，推进"两学一做""万名党员进党校""基层党建巩固年""支部规范年"建设。在"七一"及春节期间，慰问贫困党员，全乡9个站点综合服务平台运行正常。

活动场所建设：全乡共建成10个村民小组活动场所，制定《村级组织活动场所管理办理制度》，推动村级一站式办公，按照"八有设施"全部投入使用。

基础设施建设：整合安居工程、农村危房改造、地质灾害点搬迁等项目，帮助1 918户群众住上安全住房；投入286万元，维修加固铁池大沟17.4千米，解决866.67公顷耕地灌溉用水问题；投入资金169万元，实施农村饮水安全工程，引安装管7.2千米，改善2 322户8 716人安全饮水问题；累计投入3 800万元，以G356线建设为契机，硬化大寨子—锅厂连接炎山镇、卜鲁期村—青龙湾连接永善县码口乡、车德村—沿金沙江公路接四川凉山州、雨霁村—大山包镇、大寨村—雷家营，共59.96千米道路。

城镇建设：2018年，铺设集镇供水管网500米，投资24万余元，新建绿化带400平方米，栽植各类绿化植株20 000余株，投资18万元，安装高清摄像头13个，新建占地面积3 660平方米的停车场，即将投入使用；投资35万元，新建占地面积4 620平方米的垃圾填埋场1座；投资8万元，新建垃圾焚烧池8个，垃圾收集房8个。

昭阳区苏甲乡

【**地理位置**】 苏甲乡位于昭阳区城西北部距城46千米，辖区面积212.98平方千米，乡政府驻苏甲村苏甲街，集山区和高二半山区为一体，境内山脉纵横，山峦起伏、箐沟交错，洒渔河流经境内南部，冷水河流经内东北部，地势西高东低，云南省滇字一号工程昭通渔洞水库80%以上面积在苏甲乡境内，被苏甲、新店、瓜寨、梨园、布初、渔坝等村包围。

【**人文地理**】 四筒鼓，是伴随丧葬而存在的舞蹈，形态较为原始。舞蹈时，舞者身挎自制的直桶形木鼓，合以锣、铙、镲等响器，顶腰大奖赛胯，扣胸梗脖，显得粗犷朴拙，极有韵味。舞蹈本身以套路为结构单元，以模拟动物形态和游戏为内容，套路动作多达80余个，如"喜鹊登枝""犀牛望月""老牛擦背""黄龙三转弯""猫拿耗子"等，非常丰富，跳起来腾挪跳跃、队形极富变化，是苏甲乡地地道道的地方舞蹈。

【**资源环境**】 辖区森林覆盖率46.6%以上，有着森林资源优势，以核桃、板栗为主的经济林果是全乡群众增收的主要支柱产业，在乡境内藏有铁、铜、硫等多种丰富矿物质，具有山水之乡美称。

渔洞水库已立法保护，水库建成改变苏甲乡原来气候状况，使苏甲乡冬暖夏凉。气候使全乡境内形成两条差别较大的风景线，一是以渔洞水库周边自然美景，为景观生态旅游点，具有气候凉爽，可以发展规模养殖等优势，产出各色各样农特产品。二是以桂花、布兴、车噜、井底高寒冷凉气候为显著特色的山区特色，以自然草山为风景线,重点发展牛羊基地、苦荞基地让游客可以体会到"天苍苍,野茫茫,风吹草低见牛羊"的草原风光,让游客可以吃生态肉食品,生态荞、麦、食品,住天然草棚,享受大自然的恩赐,成为众人梦寐以求的好地方。

【特色产业】 苏甲乡素有"烟熏火腿之乡"美称,由于气候等资源特殊,群众养殖,加工并腌制、烟熏火腿,有质优、肉鲜、味美等特点,深受广大消费者喜欢,是群众增收来源之一。有"核桃、板栗之乡"美称,苏甲乡是昭阳区林业大乡之一,核桃、板栗较适合在苏甲乡种植,是乡党委、政府作为产业发展的首要项目,具有优质、果大、味香等显著特点,是深受群众喜爱的特色产品之一。

【行政区划】 2018年,乡政府下辖12个行政村,162个村(居民)民小组。

【人口与民族】 2018年,全乡总人口30 562人,其中男性16 857人,女性13 705人;汉族28 518人,少数民族人口2 044人。少数民族人口中,彝族1 242人、苗族723人、哈尼族16人、白族13人、其他民族50人。

【经济概况】 2018年,全乡经济总收入1.435亿元,年均增长5.2%,农民人均纯收入达4 508元,年均增速5.9%。

【工作概况】 *脱贫攻坚*:2018年,制定《苏甲乡2018年扶贫对象动态管理工作方案》,确保4个归零。编制村级施工图、乡级路线图、脱贫攻坚三年行动计划。遍访全乡建档立卡户2 700户11 634人,做好档案管理工作。巩固苏甲村温家沟易地扶贫搬迁20户85人,拆除旧房,搬迁入住新房。调查2019年苏甲乡222户1 006人易地搬迁群众意愿,签订《易地搬迁协议》《脱贫就业协议》《旧房拆除协议》。完成2018年"四类"重点对象农村危房改造区级任务116户,其中拆除重建88户。

种植产业:打造马铃薯和苦荞样板各33.33公顷,全乡种植马铃薯2 133.33余公顷,其中建档立卡贫困户产业扶持种植马铃薯20.13公顷,每亩补助1 000元,种植玉米1 666.67余公顷、荞麦333.33余公顷。在瓜寨、水井、新店子村新植苹果树71.4公顷,车噜村退耕还林新植核桃59.93公顷,布初村实施核桃提质增效33.33公顷。流转土地,主要用于种植刺老包、绿化树、核桃、中药材等,发展特色产业。

基础设施建设:2018年,硬化通行政村道路68千米,覆盖12个村;提升改造洒苏公路,通过验收;争取苏甲—G356二级路修建项目立项建设7 900米,开辟苏甲第三条与外界联系道路;完成86千米村民小组道路硬化招投标。在脱贫攻坚"乡级线路图和村级施工图"项目库中,新申报19个村民小组活动场所项目建设。年内,正在建设瓜寨、苏甲2个村级活动场所。争取易地搬迁建设点在苏甲温家沟集镇实施,完成建房和道路硬化。改造提升苏甲主街,种植绿化树和安装路灯,呈现新貌。

渔洞水库保护:按照西南环保督查中心和市、区党委政府要求,年内搬离渔洞水库一级保护区百米核心内剩余42户,拆除旧房134户。累计完成核心区364户搬迁任务,退耕还草200公顷。

农村环境整治:建立健全村规民约和收费制度,设立垃圾收集点12个,新建公共厕所5个和垃圾房6个。全乡12个村开展农村环境整治工作,表彰激励6个开展较好的行政村、6个村民小组和24户卫生户。工作人员远赴贵州、河南、广西、湖南等省学习,整治"黄标车"报废车辆,治理完毕。

城乡低保工作:2018年,专项整治低保,重新申请、认定所有低保户,剔除不符合对象。全乡低保对象1 637户3 408人,全年发放低保资金3 200余万元。

救济救助:2018年,发放临时救助金13万元,困难物资大米6万余千克,棉被600余床;上报年满60岁符合享受补助的退役士兵办理退役补助;采集优抚对象信息,动态调整特供人员,现有特供人员119户130人,全年发放资金103万余元。

残联工作：2018年，动态更新残疾人信息，全乡持证残疾人556人，办理残疾人"两项补贴"，符合享受生活补贴人员147人，发放补贴资金8万余元，符合享受护理补贴人员90人，发放补贴资金5万余元。发放残疾人辅具给25人，培训给残疾人家庭实用技术。

教育事业：2018年，落实"两免一补"政策和义务教育阶段农村学生营养改善计划，发放雨露计划资金43人，每人每年补助3 000元，共12.9万元；重建布初村人行小学校舍473万，启动200万元东西部扶贫项目建设井底村学生宿舍，投入40万元建设鱼坝小学教学楼，争取用295万元建设示范小学学生宿舍，争取用530万建设中心幼儿园；在教师节乡政府给予3万元表彰优秀教师、师德标兵、优秀校长；建立"控辍保学"双线目标责任工作机制，建档立卡贫困家庭学生100%接受义务教育。为每名农村贫困人口分类建立居民健康档案，推进家庭医生签约服务，将农村贫困人口（家庭）作为重点对象签约，签约率100%，落实"一站式"结算。

扫黑除恶：2018年，召开乡村两级扫黑除恶专项斗争会议20余次，制作"扫黑除恶"固定宣传标语5条，悬挂横幅宣传标语10幅，张贴《致昭阳区人民群众关于开展扫黑除恶专项斗争的一封信》13张，通过短信、微信方式发送扫黑除恶信息2 000余条，开展大型扫黑除恶宣传活动2次，发放宣传资料3 000余份。

社会治安：2018年，侦破治安案件28起，刑事案件4起。出动执法干警42人次，出动执法车辆12车次，多次排查辖区12个村，铲除毒品原植物10 000余株，刑事处罚种植毒品原植物3人，行政处罚种植毒品原植物4人，批评教育10人。排查废弃仓库6处，未发现有制毒贩毒窝点。

信访工作：定期排查矛盾纠纷隐患，采集退役军人及其他优抚对象信息。全年，接待上访群众320人次，群众来信来访16件，解决16件；遏制群体性事件2件，1件是渔洞水库核心区100米搬迁群访，另1件是参战老兵（涉军群体）群访。

安全生产：在辖区内宣传道路交通安全、专题讲座和集中培训交通安全劝导员，路检路查，排查辖区道路交通安全隐患；查处非法销售烟花爆竹；监测排查11个地质灾害监测点，组织地质灾害演练，临时搬迁井底村15、16组范家沟及布兴村4组小营沟地质灾害滑坡点群众59户235人，避让至昭阳区幸福馨居，落实值班制度，节假日巡山，从源头上堵断火灾发生。

【**表彰**】 陈家富，获昭阳区委、区政府授予"2018年年度脱贫攻坚先进党组织书记"称号。

祖守亮、陈明国、陈昌友、季清显、钟兴发，获昭阳区委、区政府授予的"2018年年度脱贫攻坚先进村民小组长"称号。

昭阳区田坝乡

【**地理位置**】 位于城区西北131千米，面积53.4平方千米。乡政府驻田坝村田坝自然村，海拔1720米，乡以辖田坝村命名。东与大山包乡相连，南和鲁甸县梭山乡接界，西同巧家县红山乡隔牛栏江、

同四川省金阳县隔金沙江相望，北跟炎山乡毗邻。

【**历史沿革**】 1988年12月，由原炎山区划出6个小村组建为田坝乡。

【**自然环境**】 地处凉山山系五莲峰分支，为金沙江河谷地带，牛栏江汇入金沙江入口东部。地势东高西低，山大坡陡崖多。最高海拔鹿石2837米，最低海拔清水湾601米，立体气候突出，有"一山分四季，十里不同天"之说，水屯、田坝、酒房为河谷山区，气候炎热。年均气温15℃，年降水量720毫米，无霜期220~240天，冬春干旱突出。年日照时数1 900~2 000小时，日照百分率50%，积温4 000℃，年平均风日30天，春季南北风25天，占80%，自然灾害频繁，低温干旱、洪涝、冰雹、风灾有轻重之分。矿产资源有煤、铅、锌等。植物品种丰富，野生动物有岩羊、獐子、兔子，禽类有野鸡、猫头鹰、啄木鸟等，水资源紧缺。土壤高山处为黄壤、黄棕壤、棕壤、水稻土，呈酸性，江边河谷处为燥红土，呈碱性。主产玉米、马铃薯、水稻。林业用地2 908公

顷,林地410公顷,森林覆盖率62.13%。跳墩河水库南干渠和二坪—水屯水渠,灌溉面积400公顷。经济林木有李子、核桃、梨、桃子、花椒等。

自来水受益村6个,通电话村6个,通汽车村6个。西大沟—田坝乡集镇公路溪田公路连接昭炎路。

【行政区划】 2018年,管辖水屯、田坝、凉山、木厂、酒房、二坪6个村民委员会,36个自然村、110个村民小组。

【人口与民族】 2018年年末,田坝乡共3 822户14 904人,其中苗族66户223人(水屯9户34人,酒房55户185人,凉山2户4人),彝族23户83人(水屯2户16人,酒房20户66人,凉山1户1人)。人口密度279人/平方千米。

【经济概况】 全乡农业经济总收入5 227万元,比上年增长12%,农业增加值实现增长8%目标;常住农民人均可支配收入4 958元,比上年增长11.8%。乡村劳动力资源数7 556人。

【工作概况】 农用化肥使用情况:2018年,全乡农用化肥施用量311.7吨,其中氮肥216.6吨、磷肥26.9吨、钾肥22.3吨、复合肥45.9吨。农药使用量461千克,农用塑料薄膜使用量8.6吨。

畜牧业:2018年,累计防疫猪1.36万余头次、牛2 850余头次、羊3 800余只次、家禽18 050余只次。全乡生猪存栏7 600余头,出栏7 267头;家禽存栏9 724只,出栏8 959只。发展养殖规模达500头以上养猪场1个;林下养殖1户,养殖土鸡500只以上;10头以上养牛户2户,100只以上养羊户8户。

农业技术培训:2018年,培训农业技术29场次,参训人员达4 420人次。其中核桃高枝换头和田间管理培训4场次330人次,花椒夏季修剪和土肥水管理及病虫害防治16场次2 196人次,马铃薯高产栽培技术培训6场次284人次,其他培训3场次1 610人次。

特色产业发展:2018年,投资160万元,在酒房、田坝、水屯、二坪村提质改造花椒800公顷,涉及1 734户7 322人,其中精准扶持362户1 561人,共65.73公顷;投资59.16万元,建核心示范区6个,分别是酒房小铁池1个6.67公顷、田坝村田坝小组1个6.67公顷、水屯村上下店1个6.67公顷、二坪村四方石1个6.67公顷、干沟1个6.67公顷及二道坪1个4公顷;总投资230.15万元,高产栽培200公顷,其中核心示范区33.33公顷,涉及建卡户733户3 273人,共153.43公顷,在6个村扶持423户1 868人养猪。

脱贫攻坚概述:截至2018年年底,全乡有建档立卡户2 114户9 132人。其中,已脱贫503户2 211人(2014年已脱贫23户90人,2015年已脱贫8户34人,2018年已脱贫472户2 087人),未脱贫1 611户6 921人。

易迁工作:2018年,全乡计划搬迁932户4 051人,已搬迁272户1 201人。配套实施小额贷款扶持1 360万元,实施人均6 000元产业扶持720.6万元。

基础设施建设工作:2018年,投资1 100万元,硬化道路23千米,新修公路10条26千米。投资3 000余万元,新建引水隧道1个、干渠3千米。投资233.64万元,新建安全饮水,解决二坪、凉山264户1 172人饮水困难。投资6 000余万元,修建村卫生室6个、活动场所17个、公厕2个、灯光球场1个。安全住房建设312户,已兑付补助资金457.75万元。

人居环境整治:2018年2月启动"百村示范、万村整治"工作。全年,美化、亮化所有道路,清除所有白色垃圾和建筑垃圾,清理沟、塘、院、坝垃圾,清理房前屋后,各村在建卡户中聘用公益性岗位人员各10名,负责打扫村社道路,改善农村人居环境。集镇建冲水厕所2个,安排专项资金40万元,聘请专人打扫集镇卫生,年内卫生保洁开支20余万元。推行乡、村两级河长制,防治和保护金沙江、牛栏江水域,严守"三条红线",严格水域岸线水生态空间管控,形成环境整治长效机制。

教育事业:2018年,全乡有中学1所、小学完小3所、单小3所。中学在校生467人,在岗教师31人;小学在校生1 088人,在岗教师63人。国家保障每学期义务教育阶段经费,小学600元、初中800元,补贴家庭经济困难寄宿生,生均每年小学1 000元、初中1 250元;初中免学杂费、教科书每人每年平均980元，小学每人每年平均690元。全乡中小学入学率100%，辍学率控制在1%以内。

新农合工作：2018年，全乡参合人数13 606人，参合率97.01%，基本实现全覆盖。

养老保险工作：新型农村社会养老保险参保总人数达9 817人，其中60岁以上1 527人，新参保198人，全乡续保7 887人，续保率97.30%。建档立卡贫困户5 912人，100%参保。

医疗保障：全乡贫困人口"23类29种"大病有66户66人，实行"一户一档"管理，达到100%救治。"45、48种"大病有112户112人，糖尿病患者52人，高血压患者201人。家庭医生签约老年人698人，孕产妇20人，0~6岁儿童997人，精神病患者61人，残疾人78人。

信用社工作：2018年年末，田坝农村信用社田坝分理处网点各项存款余额93 795 922元，较年初新增7 737 847元；年末贷款余额8 573 313元，2018年度，发放小额农户贷款196户，金额7 578 000元。

文化事业：实施"农家书屋+电商"惠民工程，巩固酒房村、水屯村、二坪村农家书屋创建成果，每个农家书屋藏书1 600册以上，为农村搭建传播先进文化、实用科技平台。全年，撰写通讯、信息报道13篇，各类方案26篇，总结33篇。宣讲党的十九大精神13次，举办"自强、诚信、感恩"主题金秋文艺晚会1次，各类"自强、诚信、感恩"主题培训和宣讲活动9次。

调解工作：2018年，调解各类矛盾纠纷54件，调解率100%、调解成功率98%，形成书面材料34件，录入系统28件，涉及当事人140人，协议涉及金额17.87万元，重大矛盾纠纷调解成功3件。核实移民后期扶持对象，保证移民稳定，全年未发生重大治安事件和群体性事件。

社会治安：开展禁毒防艾、打击邪教宣传活动，铲除辖区内毒苗。破获涉毒案件1起，逮捕1人，强戒5人，社区矫正4人，社区康复2人。把扫黑除恶专项斗争与"七五"普法相结合，开展"法律进乡村、进村组"活动，引导群众揭发、检举"村霸"、宗族恶势力、"保护伞"等黑恶势力违法犯罪线索。排查黑恶势力，及时发现黑恶势力犯罪案件线索，化解矛盾纠纷，维护全乡和谐稳定。

安全生产：完善群体性事件预警机制和应急处置机制，重点排查、整治、监管校园及周边环境、道路交通、消防、森林防火、防汛抗旱、地质灾害防御、食品药品、生产等领域安全隐患。累计悬挂交通安全标语8条，组织交通安全宣传活动13场次，张贴交通安全宣传画册70余张，发放宣传单5 000余份，悬挂消防安全标语5条，开展消防安全宣传活动8场次，张贴安全宣传画册50余张，发放宣传单3 000余份。

昭阳区布嘎回族乡

【**地理位置**】 布嘎乡位于城东区南15.5千米，国土面积97.24平方千米。平均海拔1970米，北与守望乡接界，东与贵州省威宁县中水镇接界，西南和鲁甸县桃源乡连接，西北同永丰镇毗邻，东南与贵州省玉龙乡接壤。受2004年"8·10"地震影响，布嘎乡由原来乡政府驻地——布嘎村第15村民小组重新选址建于布嘎村12组卡辛公路沿线。

【**历史沿革**】 1988年，从原永丰区划出布嘎、迎水、新街、白石、花鹿坪5个村委会组建布嘎乡。

【**行政区划**】 2018年，辖布嘎、新街、白石、迎水、花鹿坪5个村民委员会，66个自然村，78个村民小组。

【**自然环境**】 地处一般山区，地势南高北低，北部地势平缓，中部多为缓坡和丘陵地形，东南部山峦起伏，沟谷交错。境内有一山带呈南北走向横穿全境，最高海拔安家口子东南侧山顶2500米，最低海拔后海子1960米。年均气温约11℃，年降水量约750毫米，无霜期220天。土壤为黄壤、黄棕壤、水稻土，呈酸性。主产烤烟、玉米、水稻、马铃薯。有林地2 010公顷，森林覆盖率24.33%，全乡耕地4 297.07公顷。地下褐煤蕴藏丰富，辖区内有保山坪、石水井、岩脚、永丰水库上游部分等水库，及保山坪水库—守望乡景风水库的高沟土水渠。有夏家海子、白石街子、新街街子3个集贸市。

国道213线，渝昆高速（G85国家高速）经过新街、迎水2个行政村，都香高速公路由东向西穿花鹿坪村而过，昭通机场连接线止于布嘎村赵家小冲；昭通新机场（花鹿坪机场）选址于布嘎乡布嘎村、花鹿坪村。截至2018年年底，全村全部通乡村公路。

【人口与民族】 2018年年末，全乡总人口35 973人，总户数10 459户。总人口中男18 588人，女17 385人。年内出生652人，死亡355人，出生率19.55‰。汉族3 401户11 733人，回族6 949户23 826人，苗族76户290人，彝族25户98人，其他少数民族8户26人。回族占全乡总人口66.23%；

【经济概况】 2018年，实现经济收入3.2亿元，农民人均年收入8 772元，经济总收入增长10%以上，农民人均纯收入递增8%以上。烤烟产值1.3亿元，畜牧业产值0.46亿元，粮食作物实现产值7 595万元。

【工作概况】 宗教概况：布嘎回族乡是典型少数民族乡，全乡有清真寺33所，观音寺1所，其中，布嘎大寺为昭阳区百年古寺之一。

烤烟生产：2018年，抓烤烟品种纯度，铲除散育苗。打击烤烟收购中堵称、霸称，夹带财物贿赂工作人员等扰乱秩序行为。全乡烤烟合同面积2 341.8公顷，实现烤烟收购481.41万千克，均价26.94元/千克，上等烟比例达58.62%。

苹果产业：2018年，全乡流转土地1 000公顷，交付昭通海升公司用于建设高标准苹果产业示范园。

粮食作物生产：2018年，全乡种植水稻30.87公顷，产量463 000千克，玉米1 070.4公顷，产量852.4万千克，马铃薯1 301.87公顷，产量2 682万千克。

畜牧业：全乡有8家肉牛养殖场，肉牛存栏300头，年出栏780头，实现产值780万元；生猪养殖场1个，存栏150头，年出栏50头，实现产值10万元。截至2018年年底，全乡有2家大型蛋鸡养殖场——昭通华曦生态牧业有限公司和昭阳区绿众养殖农民专业合作社。华曦公司现有蛋鸡12万羽，年实现产值1 800万元，绿众有蛋鸡14万羽，年实现产值2 016万元。全乡大牲畜存栏5 415头，年出栏13 420头。

教育事业：2018年，小学义务教育阶段在校生3 182人，学前班402人，中学在校生1 290人，实有在册教师176名。

年内，小学毕业质量监测，农村学校（坝区）排名第二名，全区排名14名，平均分为322.31分。中考学生462人，农村学校（坝区）排名第二名，全区排名15名，平均分308分。高中上线215人，高中上线率46.5%。义务教育均衡发展十项指标小学全部达标、中学除生均建筑面积不达标外，其余9项达标。6月通过省级验收。

卫生事业：2018年，有乡卫生院1个，在职在编医务工作人员18名，其中取得执业医师资格证7人，助理医师5人，护士2人。医院招聘20名有专业知识人员充实到全乡医疗队伍中。乡卫生院基本能抢救和对症治疗危急病症。村卫生室4个，建立新型农村合作医疗定点医疗机构村级4个，乡级1个。

脱贫攻坚概述：截至2018年年底，布嘎乡有建档立卡户2 156户8 485人，其中2017年以前脱贫2 025户8 004人，2019年，计划脱贫131户481人。区烟办、区利用外资办、区邮储银行、区工科局（挂2个村）、区教育局共7家市、区级部门挂钩帮扶辖区5个行政村。

脱贫攻坚工作：2018年以来，累计召开脱贫攻坚协调会、推进会10余次。编制《昭阳区布嘎回族乡2018～2020年脱贫攻坚路线图》。信息调整和补录卡数据。整户清退不精准对象71户267人，补录家庭成员8人，回退2017年脱贫户30户123人；采集、录入自然增加90人，自然减少76人，新识别1户4人。以"党建+扶贫"模式，成立种、养殖合作社10个，乡级合作联社1个，实现5个行政村集体经济全覆盖，年收益7%以上。

农村人居环境提升：召开环境整治动员部署大会、工作推进会、群众代表大会和群众大会共计80余场，利用墙体广告、布标横幅等方式宣传，发放宣传资料6 000余份。累计组织乡、村、学校和企事业单位干部职工2 000余人次，动员群众8 000余人次，重点整治生活垃圾、建筑垃圾、坑塘沟渠河道垃圾、公路路域环境、村庄环境卫生秩序、村容村貌和集镇秩序、违章建筑和违法用地。清除零散生活垃圾堆放点约80个、清运生活垃圾600余平方千米，清除建筑垃圾200余平方千米，清运薄膜、塑料袋等白色垃圾50余平方千米，河道沟渠清淤35千米，清理垃圾40吨，督促100余户新建房屋后，原土坯房约350平方千米，全部还田或复垦处理，清扫国道、乡村主干道累计80余千米，清除垃圾60余平方千米，治理乱摆乱放160余起，治理柴堆、草堆、粪堆200余处约180平方千米。

"两违"管控：落实《耕地及基本农田保护责任制》，巡查监管，重点目标建立档案，跟踪管理。发现并责令停止违法用地10起，强行拆除违章建筑3处，治理乱停乱放100余起。

安全生产：2018年，乡多部门联动组成安全生产工作综合执法组，多次开展安全生产排查、检查执法行动。签订《布嘎回族乡2018年安全生产责任书》24份，发放《安全告示》200余份，张贴13份，制定《安全生产相关实施方案》。全年查处车辆200余辆，暂扣11辆，宣传教育200余人。排查全乡32所寺庙、6所学校、2所幼儿园、华曦生态农庄、奥尼尔庄园和2个烟草收购站，并要求加装消防设施。护林防火，每月25日定期召开护林员工作会议。增写永久性防火标语5条，发放《户主通知书》1 000余份，减少森林火灾。

综治维稳工作：2018年，发生刑事案件50件，破获刑事案件22件，打击处理犯罪嫌疑人20人，受理行政案件67起，治安拘留非吸毒人员19人，破获零星贩毒案件3件，破获运输毒品案3起，查获吸毒人员59人，强制戒毒28人，社区戒毒15人，社区康复22人。

社会保障：2018年，累计审批小额担保贷款申请8人次，上报8人次，现场引导性培训2 286人，劳动力转移5 786人，公益性岗位安置6人，上报乡村公共服务岗位53人。全乡新农合参保32 310人，参保率95.8%，其中建档立卡户8 819人，建档立卡户参合率100%。有165个新生儿参保，享受免缴政策165人。办理特殊病慢性病卡登记上报，审核特慢病申报材料62人次。全乡养老参保缴费9 619人，建档立卡续保、新参保均达100%，生存认证2 605人。

民政事业：2018年，慰问困难群众及民办代课教师186人，发放慰问金3.72万元；发放临时救助资金12.5万元、重点优抚对象资金243 344.8元、义务兵家属优待金8.74万元，发放救灾粮食7万千克。重新识别认定新增2 457个农村低保对象，并把新增享受农村低保人员录入系统。年内，布嘎乡享受高龄老人生活补助待遇对象377人，其中新增70人。人均每年每人补助600元。

昭阳区青岗岭回族彝族乡

【地理概况】 青岗岭回族彝族乡位于昭阳区北部，距昭通中心城市23千米，全乡国土面积112.5平方千米，东与盘河镇毗邻，南与北闸镇交界，西和洒渔镇接壤，北同靖安镇相连。洒渔河和GZ40昭麻二级公路、G85渝昆高速从境内由南至北经过。

【历史沿革】 1988年8月，从原靖安区划出6个行政村，加原洒渔区划出乐德古行政村组建青岗岭回族彝族乡。

【自然环境】 全乡气候冷凉，最高海拔3050米，位于新桥村火石地自然村，最低海拔1850米，位于大营村黑石凹自然村，地势东西高，中部低，年平均气温11℃，无霜期220天，年降水量800毫米。全乡有耕地1 543.87公顷，人均占有耕地0.05公顷左右，高稳产地640公顷，中低产地866.67公顷，耕地大部分是15°以上坡耕地，灌溉条件较差。土壤主要以红壤和棕壤为主，土层厚度为20～35厘米，pH值在6～7。全乡森林覆盖率40.1%，林地面积3 733.33公顷，主要分布在乐德古、白沙、新桥和金瓜4个村。

【行政区划】 全乡辖青岗岭、大营、沈家沟、乐德古、金瓜、新桥、白沙7个行政村，120个村民小组，69个自然村。

【人口与民族】 2018年年末，全乡总人口30 537人，总户数8 842户。其中回族1 378户

6 746人，彝族682户2 415人，苗族34户160人，哈尼族1户3人，少数民族占全乡总人口30.53%。

【经济概况】 2018年，实现生产总值3.91亿元，同比增长11%，粮食产量达1 514.25万千克，同比增长4%，人均有粮食496千克；农村常住居民人均可支配收入7 427元，同比增长17%。

【工作概况】 **脱贫攻坚概述**：全年，标注脱贫户1 701户7 292人，贫困发生率从2017年27.7%下降至2018年3.71%，下降24个百分点，3个贫困村实现稳步脱贫出列。未脱贫建档立卡贫困户286户1 133人，其中新桥村未脱贫建档立卡户28户104人，金瓜村未脱贫建档立卡户156户641人，2个行政村仍为深度贫困村，计划于2018年全面脱贫出列。

脱贫攻坚农村危房改造：签订《危房改造目标责任书》，投入中央专项资金836.3万元，改造危房570户，其中拆除重建485户，加固85户，房屋主体工程基本完工。

产业扶贫：整合2018年脱贫退出畜牧业到户产业资金311.5万元、2018年脱贫出列蔬菜产业到户资金395.7万元入股到昭阳区易地扶贫搬迁产业投资有限公司，贫困户每年按该公司收益的6%分红；前期投入资金617.2万元，建设乐德古养牛场、赵家垭口养猪场及杜家梁子安置点猪圈，投资311.5万元，养殖生猪860头，覆盖贫困户86户259人，养殖黄牛538头，覆盖贫困户538户2 271人。

教育扶贫：通过"雨露计划"向全乡191位建档立卡贫困户学生发放教育扶贫资金57万元，通过东西部协作，向去往广东读书的24位学生发放补助7.2万元。

就业扶贫：全年，组织劳动力素质提升培训，2 864人参加培训，其中建档立卡户2 057人，劳动力累计转移就业12 105人。

种植业：2018年，全乡完成粮食播种面积7 546.67公顷，其中玉米3 573.33公顷、马铃薯3 266.67公顷、旱荞子133.33公顷、秋荞233.33公顷、豆类333.33公顷、燕麦6.67公顷。依托靖安新区建设以及水电铝、多晶硅等项目发展，在青岗岭村水营片区利用12天时间流转土地近133.33公顷，打造胡萝卜、冷凉蔬菜种植基地。

畜牧业：全年平均免疫密度维持在85%以上。牛存栏5 637头，出栏2 928头，羊存栏5 610只，出栏3 813只，生猪存栏12 787头，出栏14 320头，家禽存栏18 320羽，出栏21 079羽。实现肉类总产2 844吨，畜牧业产值达7 303万元。

林业产业：2018年，实现退耕还林166.67公顷，种植雪松106.67公顷、华山松60公顷，发放退耕还林补助62.5万元、国家级公益林补助27.58万元、省级公益林补助3.95万元。完成各项造林任务449.67公顷。发放《户主防火通知书》，张贴防火令，签订《护林防火责任书》，完成全乡3 866.67公顷森林防火任务，全年未发生一起火灾事故。

特色经济林果：2018年，新植20公顷苹果，年末，樱桃种植166.67公顷，苹果种植113.33公顷。

基础设施建设：争取资金148万元，实施财政"一事一议"项目2个，硬化新桥、乐德古村道路2 300米；投资100万元，修建金瓜村1组～4组入户道路混凝土路面1 200米；争取资金4 230万元，启动自然村道路硬化项目77.3千米。投资693万元，新建大营村、乐德古村、新桥村和青岗岭村饮水工程3个，已完工。完成黑石罗水库征地拆迁，发放征地补偿款1 598.1万元。

人居环境整治：落实河长制，定期巡查辖区内20条河流河域，全年所有监测断面水质全部达标，集中式饮水水源地水质稳定达标。充实农村环境综合整治办公室和综合执法中队，开展综合执法100余次，整治违规停放车辆600余辆，说服教育乱摆乱放摊贩业主1 200余人次；投资60万元，升级改造青岗岭客运站。帮助赵家垭口148户群众完成房屋建设，赵家垭口入村主干道和文化广场建成并投入使用，沟渠治理竣工。

教育事业：重建中小学，全乡仅乐德古苗圃希望小学新教学楼等相关设施处于在建阶段，其余9所小学均完成新校园在建工程且新教学楼投入使用，新桥小学、白沙小学、沈家沟小学寄宿制办学成果初显。乡政府安排5万元，在第34个教师节表彰大会暨教育扶贫工作大会上表彰先进集体和个人。2018年，辍学学生126名，其中68名为建档立卡辍学学生。截至2018年年底，劝返辍学学生80人（其中卡户54人），送教上门11人（其中卡户9人），远程教育38人（其中卡户17人），向辖区6名辍学学生监护人发放《行政处罚决定书》。

文化事业：2018年，组织"百场演出下百乡""千场演出进千村"等大型文艺活动13场次；乡文化站组织人员参加由昭阳区、委政府举办的"唱响新时代、舞动昭阳情"第七届广场舞大赛活动，荣获全区"三等奖"；在7个行政村以小品、歌舞、魔术、精准扶贫有奖问答形式，开展大型文艺演出9场，观看群众达2 600余人次；投资5万余元，组织"世界读书日""五四"青年节、彝族火把节、"七一"建党节系列文体比赛活动。打击非法组织虚假宣传药物治疗经营商1家，下达关停非法经营无证歌厅3家，查处不健康各项民间演出6次、扫黄打非4次，查处学校周边台球室、黑网吧、茶室等6次，检查合法网吧12次，批评教育未成年上网3人。

卫计工作：2018年，全年城乡居民医疗保险缴费26 601人，参保率99.3%，有48 258人次享受农村合作医疗报账330.87万元，配齐配强7个村级卫生室医生及医疗设备。完成国家免费孕前优生健康检查220对，完成率100%，医学监护率98%，一孩放环9例，人口自然增长率8.6‰。

民政工作：2018年，全乡落实五保待遇115人，兑现资金76.87万元；专项治理城乡低保，低保对象2 654人，兑现农村低保金692.54万元；发放优抚对象125人，75万元；召开复退伍军人座谈会16场次；发放大米4.22万千克，临时救济款11.89万元，全乡领取保健补助的80岁以上老年人309人。办理一、二级重度残疾护理补贴159人、10.26万元，发放残疾人生活补贴357人、21.42万元。城乡居民养老保险，参保人数18 517人，续保率97%。

安全生产工作：全年，组织巡查非煤矿山企业（含砂石料厂）33余次，下达《整改通知书》1份，查出安全隐患1条，整改率100%，监测19个地质灾害监测点。查处超速、超员、拖拉机、低速载货车违法载人等行为，累计出动警力530余人次，查处各类车辆180辆次，联合辖区交警中队查处交通违法行为60余起，纠正违法行为60余起，行政拘留5人，罚款扣分处理5人。排查处理各中小学、集镇广场、农村自办筵席等公共聚集场所以及水电铝厂、加油站消防安全、食品安全等，年内，未发生任何重大安全事故。

政法综治维稳：开展乡、村、组三级联动接访活动，全年，排查出矛盾纠纷200件，调处成功190件，涉及当事人462人，协议涉及金额90余万元，成功率95%以上。派出所办理刑事案件41件，刑事拘留20人，治安案件56件，治安拘留60人，零星贩毒案件3件，种植罂粟案件2件，铲除罂粟8 000余株，打击涉毒人员3人，强制戒毒10人，社区戒毒5人，调解矛盾纠纷60余起。

民族宗教工作：推进宗教活动场所"四进"活动，组织清真寺阿訇、管理组成员交流学习，规范辖区内经文班开班教学；召开年度民族宗教座谈会，在开斋节、春节走访慰问宗教人士，发放慰问金2.5万元。

自身建设：修订《青岗岭乡机关干部管理办法》和《村委责任目标考核办法》，办结人大代表提案。落实"放管服"，推进党风廉政建设和反腐败斗争，全年，乡纪委立案2件，办结1件，处理违纪党员干部1名。

【表彰】 马涛，获昭阳区委授予"优秀党务工作者"称号。

马进东、虎湘，获昭阳区委授予"优秀共产党员"称号。

何兴焕，被昭阳区委授予"脱贫攻坚先进党组织书记"称号。

刘朝喜、廖成贵、李传金、李才勇、赵庆显，被昭阳区委表彰为"脱贫攻坚先进村民小组长"。

虎湘，获云南省第三次全国农业普查领导小组授予"中国农业普查省级先进个人"称号。

昭阳区守望回族乡

【地理位置】 守望乡位于城区东南9.6千米，面积72.4平方千米。东与小龙洞乡相连，南和贵州省威宁县中水乡接界，西同布嘎乡、永丰镇接壤，北跟凤凰办事处、太平办事处毗邻。

【历史沿革】 1950年8月至1958年属博禄区辖。1959年分而建立守望人民公社，时辖4个管理区。1962年又属博禄区辖，1966年再划出为守望公社,在此期间,遇"文化大革命"曾易名为红卫公社,至1978年复名守望公社,1984年春定名为守望区,1988年为守望回族乡。2006年春划出甘河村1、2、3组(大院村)马贵闸村8、9组归属凤凰办事处辖。

【自然资源】 地处坝区,乡政府驻水井湾自然村,海拔1930米,原因水井湾下方有数百亩水田和洼地,长年积水,又因水井湾自然村多年前随处挖井皆可得清洁井水且水质清凉,故名"水井湾"亦"水旺"也,后因"水旺"与"守望"谐音,故名"守望",亦取"守护盼望"之意。由于回族占全乡人口71.3%,于1988年申报为"守望回族乡"。昭威公路穿腹而过,地形东高西低,最高海拔大碑山2192米,最低海拔马贵闸柴煤山1918米。年平均气温11℃,年降水量750毫米,无霜期220天,土壤为黄壤、水稻土,酸性。主产玉米、水稻、洋芋,经济作物以烤烟为主,经济林木有苹果、核桃、樱桃、花椒、守望红梨。有丰富褐煤、无烟煤。有跃进、裕丰、景风、马贵闸及卡子大沟等水利工程。林业用地450公顷,林地350公顷,以白杨、苹果、黄梨、松柏为主。

旅游资源丰富,有市级景点——景风水库1个。市、区文物保护单位2个——八仙营清真寺和宋家山清真寺,其中八仙营清真寺在2013年由中共昭阳区委确定为中共党史教育基地;有着朱家山林区,待开发大碑山林地保护区。

交通发达,昭威公路以南北走向横穿守望乡,守望大道直达市级景点景风水库,且已通公交车。全乡基本实现村村通电、通路、通电话,实现卡子、甘河、葫芦坪与水井湾社区通村柏油路(水泥路),渝昆高速(昭通段)经守望乡马贵闸、水井湾、甘河、刘家海子村通过,G356线大山包一级公路南起卡子村烟堆山,经卡子村、八仙村、甘河村、马贵闸村通过,已于2017年9月底正式通车。现在建都香高速公路(贵州都匀—云南香格里拉),途径辖区卡子村。有3路公交车途径守望乡集镇,分别是5路(昭阳区住建局—卡子袁家包包)、8路(昭阳区住建局—布嘎集镇)、15路(守望集镇—小龙洞乡中营村)。

守望是"云南省黄牛养殖基地"之一,也是昭阳区黄牛冻精改良推广和胚胎移植技术推广的发源地,年改良配种头数居全区首位,这里回族同胞有着丰富的"黄牛短期育肥技术"和经商理念,在守望集镇每场有120余头黄牛在这里贸易,守望乡党委、政府正筹备着建立全区最大的活畜交易市场,有规模化黄牛养殖场2个。牛干巴更是守望独具特色食品之一。

【行政区划】 2018年,辖水井湾、甘河、刘家海子、马贵闸4个社区居民委员会、卡子、八仙、葫芦坪3个村民委员会,51个自然村,96个村民小组。

【人口与民族】 2018年年末,总户数12 656户,总人口46 851人,有劳动力23 402人。

【经济概况】 2018年,全年生产总值42 602万元,农民人均纯收入达7 850元。畜牧业产值3 200万元。有劳动力27 789人,耕地3 395公顷,其中水田145公顷。

【工作概况】 *种植产业*:2018年,全乡粮食播种面积3 100.53公顷,其中大春粮豆2 460.53公顷(玉米1 205.53公顷、水稻146.67公顷、马铃薯511公顷、大春粮豆597.33公顷)。种植小春306.67公顷、晚秋粮豆333.33公顷、蔬菜1 333.33公顷、秋绿肥1 306.67余公顷。全乡有核桃666.67余公顷、苹果378.94公顷、红梨33.07公顷。全年粮食总产15 252吨,苹果总产3 147吨。

畜牧业:2018年,牛存栏7 540头,出栏6 649头,肉产量871吨;生猪存栏8 550头、出栏10 195头,肉产量889吨;山羊绵羊存栏共4 286只、出栏3 389只,肉产量128.8吨;家禽存栏72 839只、出栏75 029只,肉产量128.8吨。黄牛改良配种916头。

脱贫退出情况:2018年,全乡完成2 171户8 353人脱贫退出,实现八仙营、葫芦坪、刘家海子3个深度贫困村整村脱贫出列。

苹果产业帮扶:在G85、G356沿线新植苹果153.64公顷,其中建档立卡贫困户158户种植21.23公顷。

烤烟产业帮扶:2018年,种植烤烟1 346.67公顷(其中建档立卡户556户种植485.6公顷),

收购烟叶2 915吨,实现产值8 000万元,综合均价27.66元/千克,助推343户建档立卡贫困户脱贫。

畜牧养殖产业帮扶:推行"龙头企业+党支部+合作社+贫困户(托管代养)"模式。全乡5个村实施肉牛养殖项目,共养殖肉牛759头(集中646头,散养113户)。每户建档立卡贫困户分红500元,助推759户建档立卡贫困户脱贫。

特色产业帮扶:在卡子村种植樱桃22公顷,在甘河村种植马铃薯3.6公顷,涉及建档立卡贫困户21户,在水井湾社区种植中草药7.33公顷,覆盖贫困户44户。

劳动力转移就业扶贫:2018年,培训劳动力1 052人,劳动力转移就业4 709人。助推2018年计划脱贫户1 183户3 093人稳定脱贫。

社会保障兜底帮扶:完成全乡2017年3 578户13 373人建档立卡贫困人口养老保险代缴以及医疗保险费政府代缴工作;特困供养建档立卡贫困户15人。低保覆盖建档立卡贫困户649户1 178人,享受A类低保95户207人,享受B类低保175户335人,享受C类低保379户636人,确定建档立卡贫困户中符合兜底保障贫困户66户176人。

其他扶贫行动:完成226户扶贫小额贴息贷款,放贷787.56万元,为226户未脱贫户脱贫奠定基础。中国建材集团捐赠守望乡200万元扶贫资金,在卡子村种植樱桃22公顷,为804名外出务工建档立卡贫困户提供80.4万元外出务工交通补助,前期规划卡子村二塘自然村广场建设。

住房安全保障:2018年,重点聚焦"4类对象",农村危房改造144户,其中修缮加固68户,拆除重建76户,补助资金共计302.4万元。

健康帮扶:乡政府按照180元/(人·年)标准为全乡3 578户13 373人建档立卡贫困人口,代缴2018年医疗保险,实现家庭医生签约服务全覆盖。免费救治符合手术条件建档立卡贫困户白内障患者9人。建设卡子村、葫芦坪村、刘家海子村卫生室。全乡2018年计划脱贫2 171户8 353人全部实现医疗有保障。

教育帮扶:2018年,全乡初中辍学率控制在1.6%以内,小学辍学率控制在0.5%以内。因学致贫272户,向辖区建档立卡贫困户就读中职、中专95名贫困学生每人补助资金3 000元。

道路硬化项目建设:2018年,配合交通、财政、移民等部门实施通村公路建设,合计硬化20余千米。

安全饮水项目:投资99万元完成葫芦坪村山背后人畜饮水工程建设,覆盖用水困难群众230户910人,启动刘家海子村饮水安全提升项目建设。

公共活动场所建设:2018年,整合帮扶单位捐赠资金以及扶贫资金277.94万元,建成17个村民小组活动场所。

村级集体经济发展:2018年,脱贫出列4个村每村入股20万元资金投到守望乡用水户协会,年底分红2万元;水井湾社区通过集镇建设房屋后出租方式,并由乡政府划转资产到水井湾社区。

人居环境提升:守望乡制定村规民约、水费收缴、保洁费收取制度,筹集资金104.5万元,新购垃圾车2辆,钩背式垃圾箱118个,确保全乡96个村民小组每个村民小组至少有1个垃圾箱,81名乡村公益性岗位全覆盖保洁集镇、入村主干道、河道、沟、塘、坝、渠。累计动员乡村组及党员群众8 000余人次,出动机械500余车次,清理各类垃圾450余吨,发放《环境卫生综合整治通知书》6 000份,优先启动G356线、渝昆高速、昭威公路沿线以及集镇环境卫生整治工作。实行河长制,设置乡级河长责任制公示牌16块,乡级河长巡河237次,村级河长巡河408次。落实专项经费85万元。机械台班42次,车辆126次,人员2 370人。清除垃圾940吨。

"两违"管控:2018年,共拆除违章建筑28户,拆除面积2 265平方米(包括拆除彩钢瓦350平方米)。协助区综合执法局"两违"大队制止守望乡境内私挖滥采褐煤、高岭土、违章倒渣土等违法行为,共暂扣大型机械38台,没收工具23把。

都香高速公路建设:2018年,完成都香高速公路涉及辖区卡子村26.04公顷土地征用,发放土地征用补偿款17 444 343.9元。

基础设施建设:整合各类资金新建硬化水泥道路近27千米;投资367万元,完成甘河村灌溉排洪沟3 000米工程建设;完成葫芦坪村鹿柴冲自然村、葫芦坪村山背后自然村饮水安全入户工程;投资269.54万元启动建设2018年饮水安全巩固提升工程,可以解决4个村23个村民小组2 906户10 884人(其中建档立卡贫困户644户2 377人)饮水困难问题。

教育事业:2018年年底,守望乡现有初级中学1所,学校占地面积23 991平方米,教师93人,在校学生1 027人,校舍面积8 360平方米,配备实验室及远程教育设备。小学有完小6所(示范小学、甘河小学、八仙小学、卡子小学、通华小学、刘家海子小学),教师204人,在校学生3 268人。中学、小学辍学率分别低于1.6%和0.5%。各完小配备实验室、远程教育设备,各完小及中学配备图书、教学仪器、音、体、美教学用具及体育设施。

卫生事业:2018年,有医院1所,卫生室6所,医护人员71人,床位数58张。城乡居民医疗保险筹资46 178人,其中全额缴费人员32 543人,全额资助人数13 635人,筹集资金5 857 740元。新建卡子村、葫芦坪村、刘家海子村3个村级卫生室。

城乡居民社会养老保险:2018年,城乡居民社会养老保险应参保人26 450人,其中16～59周岁21 217人,60周岁以上5 233人,建档立卡户9 445人,非建档立卡户缴费139.75万元,建档立卡户由政府代缴82.71万元,养老金发放率100%,停发养老待遇死亡人员养老金,停发率100%。

落实惠农政策:2018年,发放中央农业支持保护补贴资金305.54万元,发放中央财政农机购置补贴80万元,兑付农危改补助款1 206.76万元、脱贫建房补助款510万元、产业及中草药扶贫资金402万元。

优抚工作:2018年,发放56名参战人员生活补助403 200元、18名优抚定期人员资金216 324元、122名60岁农村籍退伍军人补贴167 580元、2016～2017年入伍义务兵家属优待金共8户8人资金67 200元。

救济工作:2018年,下拨大米1.5万千克,被子100床,大衣100件,食用油20桶,用于贫困救助。发放城市低保51户71人298 200元、农村低保2 513户2 935人6 239 640元、特困供养67户68人376 560元。补助孤儿和无人抚养儿童10户15人188 892元。城乡医疗救助10户10人,救助金20 154元。精减退职1人、发放金额1 295元。上级下拨临时救助金5万,已发放63户,金额50 000元。发放587人80岁高龄补助金额352 200元。

其他工作:完成第四次全国经济普查清查阶段工作,第二次全国污染源普查工作,启动昭通市回族敬老院建设,治理95辆"黄标车",淘汰率100%;9个土地增减挂钩复垦项目工作,复垦土地35.27公顷。

社会治安:2018年,派出所共受理各类案件70件,破案24件,打击28人,追逃4人,其中破获案件中,破盗窃13件、故意伤害2件、掩饰犯罪所得收益案5件。

司法调解:2018年,接访群众150余次,450余人,接待群体上访18次,900余人;司法所、法律服务所组织普法宣传5场,发放"七五"普法宣传材料10 000余份,受理各类矛盾纠纷19件,调解处理18件;回访当事人30余人次;解答法律咨询50余人次。累计接收社区服刑人员161人,累计解除社区服刑人员119人,现有在册社区服刑人员42人。

禁毒工作:推进"8·31"工程,"一档一册"管控在册692名吸毒人员,跟踪问效,定期尿检,管控率95.2%。2018年,收戒吸毒人员62名,其中强制隔离戒毒48人,社区戒毒14人;铲除罂粟3 280棵,缴获毒品2 016.25克,办理毒品案件11件,起诉11人。

扫黑除恶专项斗争:全面动员部署,辖区张贴宣传册,下到田间地头宣传,开放广播,发挥微信、QQ等媒介宣传作用,摸排线索7条,开展治乱斗争。

【表彰】 马空、虎恩山、李章灯,获云南省第三次全国农业普查领导小组授予"云南省第三次全国农业普查工作'省级先进个人'"称号。

昭阳区小龙洞回族彝族乡

【地理位置】 位于昭阳城区东部10.3千米,面积123.35平方千米。乡政府驻小龙洞社区,故名。海拔2060米。东接贵州省威宁彝族回族苗族自治县,西同太平街道办事处毗邻,南和守望回族乡相连,北与北闸镇接壤,与昭通市彝良县隔山相望。距离昭通火车站和昭阳北部新区仅6 900米,区位优势明显。

【历史沿革】 1950年前为昭通县第二区;1950年8月改为博禄区,辖14个乡;1959年7月为桃源人民公社,辖5个管理区;1962年复名博禄区,辖13个小公社;1966年为博禄公社,辖11个大队,"文化大革命"期间易名东进公社;1978年复名博禄公社;1984年为博禄区;1988年划出永乐、黄竹林、水平3个行政村后,其余组建小龙洞回族彝族乡;2006年划出龙汛村委会第15、16、17、18、19、21、22、23八个村民小组并入太平街道办事处平安社区。2012年5月8日,小龙洞村更名为小龙洞社区,2018年12月27日,龙汛村更名为龙汛社区。

【自然环境】 地处一般山区,地势复杂,东部为山区,山大坡陡,沟谷纵横,山岭南北走向。西部为一般山区和坝区,地形平坦。最高海拔宁边村凉风台3152米,最低海拔中营村陈家院子1990米。年均气温约11℃,年降水量约780毫米,无霜期220天,年日照时数1 900~2 000小时,立体气候突出。土壤为黄壤、黄棕壤、水稻土,呈酸性。主产玉米、马铃薯、苹果、烤烟。地下无烟煤蕴藏量大,为昭阳区无烟煤基地。多地下泉水,辖区内有段家石桥水库及水库至太平、守望高沟土水渠两条。有林业用地3 100公顷,林地2 665公顷,森林覆盖率17.5%。果园1 310公顷,其中苹果园1 216.7公顷、梨园40公顷。

公路主干道大龙洞—小龙洞公路、杨家街口—倒马坎公路、昭通火车站—小龙洞公路、刘家海子—女姑公路、守望乡—小龙洞乡集镇公路,全乡公路总里程85千米。内昆铁路横贯龙汛、小龙洞、小米3个村(社区),共计12.5千米。

【行政区划】 2018年,管辖龙汛、宁边、小墒包、小米、中营村民委员会和小龙洞社区共6个村(社区),34个自然村,113个村民小组。

【人口与民族】 2018年年末,全乡总人口11 020户38 998人,其中农业人口9 168户32 296人。居住着回、汉、彝、苗4种民族,其中少数民族8 980户31 779人,占总人口81.49%。少数民族中回族9 752户28 884人,占总人口75.1%;彝族612户1 920人,占总人口4.96%,苗族182户581人,占总人口1.5%。

【经济概况】 2018年,全乡农业生产总值2.88亿元,增长16.8%;农民人均纯收入8 050元,增长14.4%。粮食播种面积5 293.33公顷,总产量1.93万吨,增长4%;烤烟产值3 724万元,苹果产值增至4 200万元。

【工作概况】 脱贫攻坚概述:2018年年底,实现小龙洞社区、中营村2个贫困村出列,全乡1 844户7 317人贫困人口脱贫,通过"省检"。

产业扶贫:通过"支部+公司+基地+农户"等产业扶贫模式,发展苹果、马铃薯和畜牧养殖等产业,覆盖和带动2 833户11 082人建档立卡贫困户脱贫。

农村危房改造:完成2017年339户农危改扫尾工作和2018年979户改造加固、拆除重建,为1 318户贫困群众解决住房困难。

易地搬迁扶贫:2018年,实施易地搬迁43户177人,按6 000元/人产业扶持发展资金打入昭阳区易迁公司入股分红,待北闸红路安置点建成后即可搬迁入住。

农村劳动力技能培训:2018年,农村劳动力技能培训875户1 051人次,新增农村劳动力转移就业2 963户3 602人,实现务工收入1.08亿元。

社保兜底扶贫:全乡建档立卡贫困户100%参加城乡居民养老保险,785人纳入农村低保,16名特困供养人员通过政策性兜底脱贫。

健康扶贫：建档立卡贫困户100%参加城乡居民基本医疗保险和大病保险，落实各项健康扶贫政策措施，"先诊疗后付费""一站式"即时结报。

教育扶贫：2018年，落实"雨露计划"214人，每生每年补助3 000元；资助大专及以上建档立卡贫困生149人，每生每年补助5 000元。

资产收益扶贫：开展土地确权登记颁证，土地流转，26.67余公顷，规划蔬菜基地。资源变资产、资金变股金、农民变股东"三变"改革，探索新型主体经营模式带动贫困户脱贫。

生态扶贫：2018年，聘请建档立卡贫困户富余劳动力天保工程护林员4名、生态护林员8名，每人每年补助8 000元。

其他扶贫：建立乡级电子商务服务站1个，村级服务站3个；发放小额信贷176户392.9万元，贴息资金8.12万元；建设13个村民小组活动场所，2个村级文化活动场所建设正在推进，6个村（社区）集体经济培育初见成效，水、电、路、讯等基础设施建设基本实现全覆盖。

粮食生产：全年粮食播种5 293.33公顷，产量达到1.93万吨，增长4%。扶持建档立卡贫困户种植马铃薯205公顷，分别在小墰包、宁边村建设马铃薯种薯扩繁样板基地共200公顷。

烤烟生产：实现100%漂浮移苗和一乡一品良种化种植，完成烤烟种植合同680公顷，烟叶收购140.9万千克，产值达3 737万元。

苹果产业：聘请20名苹果辅导员，累计完成苹果老果园标准化改造666.67公顷，新植标准果园221.33公顷，苹果种植面积增至1 600公顷，产量达到3.2万吨，产业效益超过1.52亿元，组织参加2018年昭通苹果展销会。

核桃产业：辖区核桃种植面积扩展到1 533.33公顷，将成为又一新兴产业。

畜牧业：全乡现有规模养殖场6个、共有养牛大户28户、养羊大户126户、养鸡大户9户、养鱼场1个，畜牧业产值突破5 800万元。

基础设施建设：争取国家少数民族发展基金100万元，实施大梨园民族特色村项目建设，硬化串户道路3 000米；整合移民局资金及其他部门资金320余万元，硬化大梨园—小河、白沙垭口—黑泥巴地、刺花树—撒家梁子、大瓦房—铁路边、小水井、后冲子和段家石桥7条村组道路共5 340米。投资260余万元，建设杨马公路生命防护工程；投资180余万元，大修养护小公路；协调区级部门帮助中营村后冲子路基开挖4 000米生产用路，并投资近50万元硬化该村进村道路；投资610余万元实施2017年、2018年2个脱贫饮水巩固提升项目建设，预计2019年3月可全部完工；投资230万元，新建和修缮13个村民小组党员活动场所；投资60万元，建成宁边村居家养老活动中心1处、百县万村广场1处，小墰包村公所卫生厕所1处；投资32.6万元，实施中营村石漠化治理人工造林项目1个。

人居环境整治：投资45万余元，清淤除障大花树引洪沟和中营村堤河等河流，卫生整治段家石桥水库等饮用水源；落实"河长制"，治理农村"脏、乱、差"，探索建立长效管理机制，各村（社区）建立健全村容村貌环境卫生管理、村规民约等规章制度，集镇实行"门前三包"。各村（社区）分设10名公益性岗位，聘请专人常态化保洁重点区域、重要路段。推进"黄标车、老旧车"淘汰工作。说服劝导250余次，报废注销"黄标车"53辆。推进龙汛村"焦家寨"和"闸鲁寨"示范小镇建设，风貌改造111户，拆除重建72户。

集镇监管：与沿街商户签订《门前三包责任书》。采取向社会购买服务方式，年投入22万元，配套垃圾清运车1辆，发动8名保洁人员，全天候保洁全长3千米约3.5万平方米集镇；整治占道经营、以街为市，车辆乱停乱放行为，全年共治理占道经营1 000余次、查处车辆乱停2 000余次、专项整治渣土车40余次。

"两违"整治：全年累计开展"两违"巡查400余次，出动巡查人员3 000余人次，拆除违章违法建筑3户，拆除面积1 700平方米，协助区"两违"执法大队拆除违章建筑3 000平方米。

煤矿和非煤矿安全生产：打击私挖滥采，定期巡查检查辖区7家煤矿，监督检查80余次，提出整改要求46条，敦促整改安全隐患546条，教育矿工及煤矿领导100余人次，发放宣传资料5 000余份。经整顿7家煤矿后，综合验收组准许复工复建3家，正常生产1家，停工3家，煤矿企业无安全生产事故发生。查处非煤矿企业安全生产和违法用地,全面排查86次,治理纠正违规违章行为120次,责令整改安全隐患174条,责令企业停产整顿8户,整改率100%。查处非煤矿山无证非法开采9处,发放《责令停止国土资源违法行为通知书》23份,扣留挖机6台次,罚没收入4.5万元;查处违法用地27宗,发放《责令停止违法行为通知书》27份。

护林防火工作:全年,发放《森林防火户主通知书》2 000余份,在林区制作标语100余条,巡查检查13次,发放《非法占用林地通知书》36份。

交通安全管理:2018年,出动警车260台次、人员1 000余人次,查处违章车辆135辆次,查处无证驾驶及违规接送学生营运车辆11起,罚没收入3.04万元,全年未发生重大交通安全事故。

其他领域安全:细化监管措施,狠抓危险化学品、烟花爆竹、民爆炸材、消防、食品安全、校园安全、农机监管、生产建设等领域安全,均未发生重大安全事故。

社会治安工作:2018年,刑事案件立案34件,破案27件;受理各类治安案件52件,查处52件;抓获各类违法犯罪人员96人,其中刑事打击26人,行政拘留70人;收缴赃资1.61万元,查处涉暴案件2件,罚款36万余元;清理整顿各类户口信息1 432条。

"扫黑除恶"专项斗争:通过标语、专栏、微信、LED屏等方式和发放宣传册等形式,营造扫黑除恶专项斗争环境。发放宣传资料1 200余份,张贴公告、通告113张,悬挂标语60余条,书写固定标语12条。摸底排查涉黑涉恶线索,建立台账,开展"扫黑除恶"专项斗争。

禁毒防艾工作:2018年,破获零星贩毒案件8起,查处吸毒人员41人,收缴毒品原植物563株。宣传禁毒防艾3次,悬挂宣传标语50余条,发放宣传资料1 000余份。

调解工作:2018年,调处矛盾纠纷306件,签订《息访协议》1起,办结来信来访24件,接待个人上访150余人次,接待群访700余人次。全国、省、市"两会"和重大活动期间没有发生非访和重大群访。

民族宗教工作:推进民族团结示范村创建,管理教职人员,指导各宗教活动场所加强自身建设,预防和抵御邪教势力渗透。

城乡低保救助工作:2018年,全乡有农村低保3 771户4 396人,城市低保130户174人,整治动态调整低保,重新识别认定农村低保2 242户4 043人,城市低保41户55人,全年,发放各类救济救灾、低保五保等资金1 228.45万元、救灾粮食2.1万余千克。

殡葬改革:专项整治非法治丧场所、偷葬乱葬行为、打碑立墓作坊、丧葬用品商铺,发放《殡改通知书》及宣传资料1 840份,取缔打碑场所2家,火化尸体5具。

城乡居民养老保险:2018年,全乡养老保险参保21 734人,参保率100%,续费17 504人,续费率97.17%,其中建档立卡户参保7 603人,参保率100%;完成城乡居民社会养老保险档案标准化建设,整理相关表册34 716份,归档348盒;办理生存认证2 970人,认证率100%,发放养老待遇3 094人,发放率100%,3 672户4 420人享受农村居民最低生活保障,城镇低保92户144人,办理一次性丧葬补助注销手续732人,录入昭通市劳动力信息系统19 690人,其中建档立卡户7 605人。

劳动保障:更新劳动力系统信息3 553人,为60人提供乡村公共服务岗位,办理就业创业登记证70份,劳动力转移就业11 280人次,新增转移农村劳动力3 602人次,其中建档立卡户1 516人次,就业培训1 051人次,其中建档立卡户人员培训820人次。调解农民工劳动纠纷17起,帮助农民工追讨工资10次共计100余万元。

卫生事业:2018年,辖区有乡级卫生院1所,医护人员45人,病床数79张,村级卫生室6个,有医务人员30名。年内,投资150万元,改造小龙洞乡卫生院,投资25万元新建小龙洞社区卫生室。全乡发放社保卡13 772张,办理新生儿参保208人、特殊慢性病74人,新农合参合35 167人,参合率99%,全年为15 840人次减免费用280万余元。

人口和计划生育:2018年,完成160对夫妻的孕前优生健康检查对,医学监护3次,监护面99%,处理各类人口信息系统错误信息6 234条。完成计划生育家庭意外伤害保险45 000元,占下达任务的150%,人口自然增长率6.84‰。

教育事业：2018年，全乡有中学1所，完小7所，单小2所，教师264人（小学教师184人，中学教师80人），在校学生4 990人，其中中学在校学生1 602人，小学在校学生3 388人。实施"改薄"计划，投资100余万元，完善中营小学、宁边小学、新闻小学校舍加固、校园绿化、配套设施完善、校园文化建设和教学设施添置；落实"两免一补"4 990人次，学前教育资助1 318人次，大中专职业学校实施"雨露计划"资助258人次；控辍保学，全乡中学共劝返学生119人，其中远程教育76人、劝返复学43人、小学劝返学生2人，其中远程教育1人，送教上门1人。12月4日通过"国检"（国家"义务教育发展基本均衡县"验收）。

文化事业：2018年，全乡有农业专业合作经济组织22个，成员1 280户；文化广播电视服务中心1个，从业人员5人。

【**表彰**】 陈祥洲，获昭阳区政府授予"安全生产先进个人"称号。

马鹏飞、马丽江、王朝荣、马利平、张俊、锁才元、锁配应、廖旺卿、马关勇，获昭阳区政府授予"烤烟生产先进个人"称号。

马丽江、虎良坤、马军团，获昭阳区委授予"优秀共产党员"称号。

马维，获昭阳区委、区政府授予"信访工作先进个人"称号。

杨朝生，获昭阳区政府授予"计划生育先进个人"称号。

李徐艳，获云南省第三次全国农业普查领导小组授予"云南省第三次全国农业普查省级先进个人"称号。

政 治

中共昭阳区委员会

【周本贞到昭阳区调研】 1月13日，江先奎、陶毅、施华松陪同云南省委第三巡视组组长周本贞、副组长年志武到省耕公园、北闸万亩苹果示范基地、水电铝、青岗岭乡、洒渔镇余家大冲、永丰镇等地调研重大项目推进、苹果马铃薯产业发展、易地扶贫搬迁等工作。

【区委五届第31次常委（扩大）会议】 1月14日，江先奎主持召开区委五届第31次常委（扩大）会议，研究部署保障困难群众冬季生产生活、信访维稳及社会治安重点整治、区委全会筹备、区"两会"筹备、2017年年度专题民主生活会筹备、干部人事等工作；陶毅、施华松、李昆、何枢、周祥、陈瑾、费忠平、陶思茂、李大捷、沈洋、李文明、黎勇出席。

【区委理论学习中心组学习】 1月16日，江先奎主持召开区委理论学习中心组2018年第一次集中学习。

【区委常委班子2017年年度民主生活会】 1月19日，江先奎主持召开中共昭阳区委常委班子2017年年度民主生活会，昭通市委书记杨亚林参会指导。陶毅、施华松、李昆、虞进、刘兴发、何枢、周祥、陈瑾、费忠平、陶思茂、李大捷、沈洋、李文明、黎勇出席。

【区委五届第32次常委（扩大）会议】 1月23日，江先奎主持召开区委五届第32次常委（扩大）会议，听取党（工）委（党组）工作汇报，审议区"三会"工作报告和区委委员递补方案。

【区委五届三次全体（扩大）会议】 1月25日，中共昭阳区委五届三次全体（扩大）会议第一次全体会议召开，施华松主持会议，江先奎代表区委常委会作工作报告，并就《中共昭阳区委关于深入学习贯彻党的十九大精神坚决打赢脱贫攻坚战推动昭阳转型升级跨越发展的决定（讨论稿）》《中共昭阳区委关于深入学习贯彻党的十九大精神加强作风建设锻造昭阳铁军的决定（讨论稿）》作说明。

【杨亚林到昭阳区调研】 2月4日，江先奎陪同昭通市委书记杨亚林到昭通客运枢纽站、源成水果批发市场、区交警一大队、青岗岭乡罗德古村赵家垭口、洒渔镇联合村余家大冲等地，调研春节期间市场物资供应、春运等情况，看望慰问困难群众代表、困难老党员、基层一线扶贫干部和交警。

【区委五届第33次常委（扩大）会议】 2月8日，江先奎主持召开区委五届第33次常委（扩大）会议，研究部署扫黑除恶专项斗争、信访积案化解和社会治安重点整治等工作。

【区委五届第34次常委（扩大）会议】 2月23日，江先奎主持召开区委五届第34次常委（扩大）会议，专题开展乡镇、街道和区直党（工）委书记抓基层党建工作述职评议考核工作。

【区委、区政府工作汇报会议】 3月1日，江先奎主持召开区委、区政府工作汇报会议，研究部署乌蒙水乡、市二院新院(昭阳区第二人民医院)、省耕公园项目建设及黏土砖窑等工作;陶毅、施华松、刘兴发、何枢、费忠平、陶思茂出席。

【工作汇报会议】 3月2日,江先奎主持召开区委、区政府工作汇报会议,研究部署敦煌路项目建设、凤凰小镇项目建设、砂石料关闭整合、G356线(新街至金阳段)项目建设、土地出让、财政部门预算等工作;陶毅、施华松、刘兴发、何枢、费忠平、陶思茂出席。

【李小三到昭阳区调研】 3月4日,云南省委常委、省委组织部部长李小三到昭阳区靖安镇西魁种植专业合作社调研产业脱贫情况并走访困难党员,到北闸镇苹果小镇、太平街道幸福馨居小区、文化体育产业新区及省耕公园等地调研苹果产业建设、易地扶贫搬迁、城市建设等工作。3月5日,到昭阳工业园区滇粤产业园调研华坚集团、云南顺华智能科技有限公司及劳务输出等情况。

【区委五届第35次常委会议】 3月5日,江先奎主持召开区委五届第35次常委会议,研究部署"两违"整治相关工作。

【区委五届第36次常委(扩大)会议】 3月7日,江先奎主持召开区委五届第36次常委(扩大)会议,研究部署2017年年度全区党风廉政建设责任制检查考核区委第三轮巡察及区纪委五届三次全会,2018年组织民宗统战、意识形态暨宣传思想文化、工青妇改革等工作。

【脱贫攻坚领导小组第一次会议】 3月22日,江先奎主持召开昭阳区2018年脱贫攻坚领导小组第一次会议,传达学习习近平总书记在打好精准脱贫攻坚战座谈会上的讲话,研究部署2018年脱贫攻坚行动计划、资金管理、脱贫退出项目实施、评比达标表彰奖励、项目管理等工作;陶毅、施华松、刘兴发、何枢、周祥、陈瑾、费忠平、陶思茂、李大捷、沈洋、李文明、黎勇出席。

【区委五届第37次常委(扩大)会议】 4月8日,江先奎主持召开区委五届第37次常委(扩大)会议,研究部署环境保护、2018年一季度经济运行等工作。

【区委五届第38次常委(扩大)会议】 4月10日,江先奎主持召开区委五届第38次常委(扩大)会议,研究部署城市规划建设管理经营、国家土地例行督察和领导干部经济责任与自然资源资产管理责任离任审计反馈问题整改、市城投公司市场化改革等工作。

【陈旭东到昭阳区考察】 4月23日,江先奎陪同中山市委书记、市人大常委会主任陈旭东,昭通市委书记杨亚林到昭阳区滇粤产业园月中桂食品有限公司考察调研月中桂食品有限公司与中山咀香园食品有限公司合作生产月饼情况,到顺华智能有限公司展厅考察调研产业合作情况和滇粤产业园建设发展情况。

【区委五届第39次常委(扩大)会议】 5月7日,江先奎主持召开区委五届第39次常委(扩大)会议,研究部署省委第三巡视组机动巡视昭阳区反馈情况整改、2018年年度党风廉政建设目标责任书及烟草产业目标责任制调整等工作。

【李秀领到昭阳区调研】 5月11日,江先奎陪同云南省委副书记李秀领到青岗岭乡水电铝项目、靖安新区、昭阳工业园区华坚鞋业、省耕公园等地,调研70万吨电解铝项目、易地扶贫搬迁、东西部扶贫协作项目、城市重大项目等工作推进情况。

【区委五届第40次常委(扩大)会议】 6月1日,江先奎主持召开区委五届第40次常委(扩大)会议,研究部署脱贫攻坚、环保督察整改等工作。

【区委常委班子巡视整改专题民主生活会】 6月2日,江先奎主持召开中共昭阳区委常委班子巡视整改专题民主生活会,并作个人对照检查；陶毅、周祥、梁晓阳、刘兴发、何枢、陈瑾、费忠平、陶思茂、李大捷、沈洋、李文明、黎勇、万玉炎出席。

【区委、区政府专题办公会议】 6月15日，江先奎主持召开区委、区政府专题办公会议，研究部署环保督察整改、巡视反馈问题整改、脱贫攻坚等工作；陶毅、周祥、刘兴发、何枢、陈瑾、费忠平、沈洋、黎勇出席。

【区委五届第41次常委(扩大)会议】 6月16日，江先奎主持召开区委五届第41次常委(扩大)会议，研究部署省委第三巡视组机动巡视反馈意见整改、中央环境保护督察组反馈意见整改、调整村组干部生活补贴标准和村(社区)干部考核绩效补贴及追授任继彦同志为"优秀共产党员"、干部人事、干部违纪处理等工作。

【区委五届第42次常委会议】 7月3日，江先奎主持召开区委五届第42次常委会议，研究部署生态环境部网站曝光昭通市环保督察整改问题调查、干部违纪处理等工作。

【区委五届第43次常委(扩大)会议】 7月10日，江先奎主持召开区委五届第43次常委(扩大)会议，研究部署脱贫攻坚、2018年上半年经济运行分析、国家土地例行督察挂账问题整改、干部人事等工作。

【区委五届第44次常委(扩大)会议】 7月31日，江先奎主持召开区委五届第44次常委(扩大)会议，研究部署巡察、城市规划建设管理经营等工作。

【区委、区政府专题办公会议】 8月16日，江先奎主持召开区委、区政府专题办公会议，传达学习市委常委(扩大)会议暨全市2018年上半年工作汇报会议精神和市政府国务院大督查迎检工作调度会议精神，研究部署经济运行、"一城三区、若干小镇、产城融合、城乡一体"、昭通中心城市、产业建设、人居环境提升三个三年行动计划、易地扶贫搬迁等工作；陶毅、周祥、梁晓阳、刘兴发、何枢、陈瑾、陶思茂、费忠平、李大捷、李文明、赵玮辛出席。

【区委、区政府专题办公会议】 9月4日，江先奎主持召开区委、区政府专题办公会议，研究部署昭阳区提升城乡人居环境实施方案及相关政策、中心城市规划建设三年行动计划、农业产业发展三年行动计划、"两河"治理、脱贫攻坚指挥体系及资金分配等工作；陶毅、周祥、刘兴发、何枢、陈瑾、陶思茂、费忠平、李大捷、沈洋、李文明、万玉炎、赵玮辛出席。

【和段琪到昭阳区调研】 10月15日，江先奎陪同云南省人大常委会常务副主任和段琪到盘河镇新店村调研农危改、特色产业发展情况，到盘河镇卫生院调研建档立卡贫困户就医保障情况，到北闸镇调研红路村易地扶贫搬迁安置点建设情况。16日，和段琪到永丰镇新民村调研昭通·昭阳海升现代苹果产业扶贫示范园产业发展带动建档立卡贫困户脱贫致富增收、永丰示范小学建设、新民村"两不愁三保障"脱贫攻坚工作等情况。

【区委五届第45次常委(扩大)会议】 10月29日，江先奎主持召开区委五届第45次常委(扩大)会议，研究部署脱贫攻坚相关工作。

【区委五届第46次常委会议】 10月29日，江先奎主持召开区委五届第46次常委会议，传达学习全国、全省、全市组织工作会议精神，研究部署党和国家机构改革、议军、组织、2017年个人有关事项报告与抽查结果不一致领导干部处理、《昭阳区干部正向激励和容错纠错办法(试行)》、有关人员违纪问题处分等工作。

【区委五届第47次常委会议】 11月2日，江先奎主持召开区委五届第47次常委会议，研究部署脱贫攻坚专项巡视迎检工作。

【区委、区政府专题办公会议】 11月8日，江先奎主持召开区委、区政府专题办公会议，研究部署中央环保督察"回头看"反馈问题整改，中小学幼儿园C级危房拆除改造,城区学校布局建设及教育振兴三年行动计划,国家土地例行督察挂账问题整改等工作;陶毅、周祥、刘兴发、陈瑾、陶思茂、费忠平出席。

【区委五届第48次常委(扩大)会议】 11月26日,江先奎主持召开区委五届第48次常委(扩大)会议暨昭阳区扶贫开发领导小组第四次会议,研究部署脱贫攻坚相关工作。

【区委五届第49次常委会议】 11月28日,江先奎主持召开区委五届第49次常委会议,研究部署机构改革相关工作。

【区委五届第50次常委会议】 11月28日,江先奎主持召开区委五届第50次常委会议,研究部署昭阳区退役军人事务局组建相关事宜。

【昭阳区脱贫攻坚工作座谈暨联席会议】 12月5日,江先奎在昆明参加由云南省人大秘书长韩梅主持召开的昭阳区脱贫攻坚工作座谈暨联席会议,并汇报昭阳区脱贫攻坚工作情况;周祥、梁晓阳、李大捷参加。

【区委五届第51次常委(扩大)会议】 12月7日,江先奎主持召开区委五届第51次常委(扩大)会议,研究部署干部人事、行政区划调整、"一网两单"、有关人员违纪问题处分、领导班子及成员集中考核等工作。

【和段琪到昭阳区调研】 12月13日,江先奎陪同云南省人大常委会常务副主任和段琪到昭阳区靖安安置区、红路安置区等地调研易地扶贫搬迁项目建设情况,到永丰海升苹果基地调研苹果产业发展情况;陶毅、周祥、费忠平参加。

【李小三到昭阳区调研】 12月18日,江先奎陪同云南省委常委、省委组织部部长李小三,昭通市委书记杨亚林到昭阳区靖安、永丰等地调研易地扶贫搬迁、产业发展、党建助推脱贫等工作;周祥参加。

【区委五届第52次常委(扩大)会议】 12月26日,江先奎主持召开区委五届第52次常委(扩大)会议,研究部署经济运行暨财政收支(含扶贫资金使用)、劳务输出、易地扶贫搬迁、中央环保督察"回头看"反馈问题整改、国家土地例行督察挂账问题整改等工作。

昭阳区人大常委会

【五届人民代表大会常务委员会第七次会议】 昭阳区第五届人民代表大会常务委员会第七次会议1月17~18日举行,出席会议的有区人大常委会主任罗正国,副主任陈瑛、迟焕彩、马洪斌、董睿武,常委会委员。列席会议有区人民政府常务副区长何枢,区人民法院院长罗朝碧,区人民检察院代理检察长王建雄,参加2017年工作评议区人大常委会任命"一府两院"主任、局长、副院长、副检察长,2017年向区人大常委会作出专项工作承诺的区直部门主要领导,区人大常委会各委(室)副主任。会议由罗正国主持。会议议程:一、人事事项;二、听取和审议《昭阳区人民政府关于办理区五届人大一次会议代表议案、建议、批评和意见情况的报告》;三、评议区人大常委会任命的"一府两院"主任、局长、副院长、副检察长工作;四、听取区政府办、区卫计局、区人社局、区水务局、区民宗局、区环保局、区规划分局、区人民检察院贯彻实施区五届人民代表大会第一次会议相关决议、决定的专项工作承诺完成情况报告并测评;五、审议区五届人大二次会议相关材料。

【昭阳区第五届人民代表大会第二次会议】 昭阳区第五届人民代表大会第二次会议于2月1~5日召开。会议听取和审议区人民政府工作报告、区人大常委会工作报告、区人民法院工作报告、区人民检察院工作报告,审查和批准财政预算和执行情况报告、国民经济发展计划和执行情况报告。会议选举陈瑾为昭阳区监察委员会主任;选举王建雄为昭阳区人民检察院检察长(选出的检察长依法报昭通市人民检察院检察长提请昭通市人大常委会批准)。

【五届人民代表大会常务委员会第八次会议】 昭阳区第五届人民代表大会常务委员会第八次会议2月7日举行,出席会议有区人大常委会主任罗正国,副主任迟焕彩、马洪斌、董睿武,常委会委员。列席会议的有区人民政府副区长龚黎,区监察委员会主任陈瑾,区人民法院院长罗朝碧,区委组织部副部长罗天滑,区人民检察院副检察长张洪兵,区人大常委会各委(室)副主任。会议由罗正国主持。会议主要讨论人事问题。

【五届人民代表大会常务委员会第九次会议】 昭阳区第五届人民代表大会常务委员会第九次会议4月28日举行,出席会议的有区人大常委会副主任陈瑛、迟焕彩、马洪斌、董睿武,常委会委员。列席会议的有区人民政府副区长邹云坤、柯大林,区人民法院院长罗朝碧,区政府办主任李林森,区人社局局长杨斌,区卫计局局长曹玉树,区林业局局长陈顺才,区统计局局长杨兴华,区民宗局局长马光孝,区农业局局长马玉平,区环保局局长孟世胜,区扶贫办副主任朱凤鹃,区人大常委会各委(室)副主任。会议由陈瑛主持。会议议程:一、听取区人民政府关于产业扶贫工作情况的报告;二、听取区人民政府关于中央第七环境保护督查组反馈问题整改工作的情况报告;三、听取区政府办、区人社局、区卫计局、区林业局、区统计局、区民宗局贯彻区五届人民代表大会第二次会议相关决议、决定的专项工作承诺报告;四、审议《昭阳区人大常委会2018年工作计划要点(草案)》;五、听取区人大常委会法工委关于配合省人大常委会到昭阳区开展《云南省昭通大山包黑颈鹤国家级自然保护区条例》立法调研的情况报告;六、听取区人大常委会法工委关于配合市委调研组调研昭阳区产业扶贫工作的情况报告(书面);七、审议《昭阳区人大常委会关于确认〈关于对蒋德龙暂时停止执行昭阳区第五届人民代表大会代表职务的决定〉的决定(草案)》。

【五届人民代表大会常务委员会第十次会议】 昭阳区第五届人民代表大会常务委员会第十次会议5月20日举行,出席会议的有区人大常委会主任罗正国,副主任陈瑛、迟焕彩、马洪斌、董睿武,常委会委员。列席会议有区人民政府常务副区长何枢,区人民检察院检察长王建雄,区委组织部副部长罗天滑,区人大常委会各委(室)副主任。会议由罗正国主持。会议主要讨论人事问题。

【五届人民代表大会常务委员会第十一次会议】 昭阳区第五届人民代表大会常务委员会第十一次会议7月13日举行,出席会议的有区人大常委会主任罗正国,副主任陈瑛、迟焕彩、马洪斌、董睿武,常委会委员。列席会议有区人民政府副区长刘凤慧,区人民法院院长罗朝碧,区委组织部副部长罗天滑,区监察委副主任岳建伦,区人民检察院副检察长马坚,区政府教育督导室副主任刘建荣,区教育局党组书记、副局长杨兴玺,区审计局局长曾家正,永丰镇人大主席团主席朱荣明,乐居镇人大主席团主席邓朝阳,区人大代表黄训奎、朱萍莲,区人大常委会各委(室)副主任。会议由罗正国主持。会议议程:一、人事事项;二、听取和审议《昭阳区人民政府关于2016年年度区级财政预算执行和其他财政收支审计查出问题整改情况的报告》;三、听取和审议区人大常委会《关于检查昭阳区义务教育均衡发展工作的报告》;四、听取区人大常委会关于中央第七环境保护督察组反馈问题整改落实情况的视察报告(书面);五、听取区人大常委会关于提升人居环境暨推进河长制工作情况的视察报告(书面);六、通报《昭阳区人大代表活动阵地建设实施方案》(书面);七、通报《开展"双联系活动"有关事项》(书面)。

【五届人民代表大会常务委员会第十二次会议】 昭阳区第五届人民代表大会常务委员会第十二次会议8月31日举行,出席会议的有区人大常委会主任罗正国,副主任陈瑛、迟焕彩、马洪斌、董睿武,常委会委员。列席会议有区人民政府常务副区长何枢,副区长王文生、柯大林,区监察委主任陈瑾,区人民检察院检察长王建雄,区委组织部副部长罗天滑,区政府办主任李林森,区财政局局长杨斌、副局长王焜,区发改局局长邓光涛、副局长沈雪景,区人社局局长王春清,区文体局局长李战,区审计局局长曾家正,区统计局局长杨兴华,区工科局局长马兵,区公安分局副局长戴剑,守望乡人大主席团主席马开文,靖安镇人大主席团主席林吉春,区人大代表马美英、刘仕现,区人大常委会各委(室)副主任。会议由罗正国主持。会议议程:一、人事事项;二、听取和审议区人民政府2018年上半年国民经济和社会发展计划执行情况的报告;三、听取和审议区人民政府2018年1~6月地方财政预算执行情况报告;四、听取和审查区人民政府2018年区本级财政专项预算调整方案(草案)的报告;五、听取和审议关于全区扫黑除恶专项斗争工作情况报告;六、听取和审议《关于区人民政府贯彻执行〈中华人民共和国社会保险法〉的检查情况报告》;七、听取和审议《关于对区人民政府贯彻执行〈中华人民共和国公共文化服务保障法〉进行执法检查情况的报告》;八、听取区人民政府关于昭阳区行政事业单位及政府经管资产管理情况的报告;九、听取关于配合市人大常委会检查《中华人民共和国土地管理法》实施情况的报告(书面);十、听取关于配合市人大常委会开展《宗教事务条例》贯彻落实情况执法检查的报告(书面);十一、听取《昭阳区人民政府对〈昭阳区人大常委会关于昭阳区人民政府2016年年度区级财政预算执行和其他财政收支审计查出问题整改情况的报告的审议意见〉的研究处理情况报告》(书面);十二、听取《昭阳区人民政府对〈昭阳区人大常委会关于关于检查昭阳区义务教育均衡发展工作报告的审议意见〉的研究处理情况报告》(书面)。

【五届人民代表大会常务委员会第十三次会议】 昭阳区第五届人民代表大会常务委员会第十三次会议11月7日举行,出席会议的有区人大常委会主任罗正国,副主任陈瑛、迟焕彩、马洪斌,常委会委员。列席会议有区人民政府副区长马贤武,区监察委副主任岳建伦,区人民法院副院长王晋东,区人民检察院副检察长张洪兵,区政府办主任李林森,区财政局局长杨斌,区发改局局长邓光涛、副局长沈雪景,区审计局局长曾家正、副局长邱其萍,区环保局局长孟世胜,区安监局局长霍闻,区住建局书记李新文,房管局杨应武,区民政局副局长史翔,区农业局副局长郭世龙,区综合执法局副局长廖家清,苏家院镇人大主席团主席杨太云,盘河镇人大主席团主席胡声坤,区人大代表姜贵武,区人大常委会各委(室)副主任。会议由罗正国主持。会议议程:一、人事事项;二、听取和审议区人民政府关于全区殡葬改革工作开展情况报告;三、审查批准区人民政府2017年地方财政决算情况的报告;四、听取和审议区人民政府关于昭阳区2017年年度本级财政预算执行和其他财政收支情况的审计工作报告;五、审查批准区人民政府关于昭阳区2018年1~10月地方财政预算执行情况及调整本年年度预算方案的报告;六、听取和审议昭阳区国民经济和社会发展第十三个五年规划纲要中期执行情况的报告;七、听取和审议区人民政府关于办理区五届人大二次会议代表议案、建议、批评和意见情况的报告;八、听取区人大常委会关于昭阳区苹果产业发展情况的调研报告(书面);九、听取区人大常委会关于昭阳区农村环境综合整治中建成投入使用的垃圾热解项目使用、管理、运行成本工作情况的调研报告(书面);十、听取区人大常委会关于对小区物业管理工作进行调研的情况报告(书面);十一、听取区人大常委会关于昭阳区安全生产工作重点领域专项调研报告(书面);十二、听取区人民政府对《昭阳区人大常委会关于昭阳区人民政府贯彻落实〈中华人民共和国社会保险法〉的执法检查情况报告的审议意见》的研究处理情况报告(书面);十三、听取区人民政府对《昭阳区人大常委会关于昭阳区人民政府2018年上半年国民经济计划执行情况报告的审议意见》的研究处理情况报告(书面);十四、听取区人民政府对《昭阳区人大常委会关于昭阳区人民政府2018年1~6月地方财政预算执行情况报告的审议意见》的研究处理情况报告(书面);十五、听取区人民政府对《昭阳区人大常委会关于区人民政府关于扫黑除恶专项工作情况报告的审议意见》的研究处理情况报告(书面);十六、听取区人民政府对《昭阳区人大常委会关于区人民政府贯彻落实〈中华人民共和国公共文化服务保障法〉的执法检查情况报告的审议意见》的研究处理情况报告(书面)。

昭阳区人民政府

【市考核组到昭阳区考核】 1月3~4日,昭通市考核组到昭阳区考核2017年年度安全生产目标责任落实工作。

【"万企帮万村"签约仪式】 1月8日,区工商联组织4家民营企业,到乐居镇开展精准扶贫"万企帮万村"结对帮扶活动,举行帮扶签约仪式。

【绿色生猪循环农业项目合作协议】 1月9日,区委副书记、区长陶毅代表昭阳区政府与四川齐全农牧集团签订绿色生猪循环农业项目合作协议。

【政府工作报告意见征求座谈会】 1月11日,昭阳区召开2018年政府工作报告意见征求座谈会,征求《2018年政府工作报告》意见、建议。

【第二次全国污染源普查工作动员大会】 1月15日,昭阳区召开第二次全国污染源普查工作动员大会。

【第五届区人民政府第十一次常务会议】 1月16日,区委副书记、区长陶毅主持召开第五届区人民政府第十一次常务会议,讨论和研究《2018年昭阳区人民政府工作报告》等11个议题。

【政府专题会议】 1月18日,区政府召开专题会议,研究《昭阳区民办学前教育机构清理整顿工作实施方案》及相关事宜。

【棚户区改造专题办公会议】 1月26日,昭阳区棚户区改造指挥部召开专题办公会议,听取棚户区改造进展情况、配套设施建设、存在问题等汇报,安排部署相关工作。

【昭阳区监察委员会成立】 2月5日,昭阳区监察委员会正式挂牌成立。市委常委、区委书记江先奎,区委副书记、区长陶毅为昭阳区监察委员会揭牌。

【区政府召开五届二次全体(扩大)会议暨廉政建设工作会】 2月7日,区政府召开五届二次全体(扩大)会议暨廉政建设工作会,安排部署政府工作各项目标任务和政府系统党风廉政建设工作。

【郭大进慰问群众】 2月14日,昭通市委副书记、市长郭大进一行到洒渔镇思源馨居看望慰问易地扶贫搬迁群众。

【就业助脱贫招聘会】 2月28日,由昭通市人社局主办,昭阳工业园区及区人社局、区异地办等部门承办的就业助脱贫招聘会在"幸福馨居"小区举办。

【养老金资格认证】 3月1日,昭阳区正式启动2018年企业离退休人员领取养老金资格认证工作。

【刘凤慧调研】 3月9日,副区长、区财政局局长刘凤慧率区综改办相关负责人到洒渔、永丰2个镇,调研农村综合性改革试点试验项目推进情况。

【区政府第12次常务会议】 3月16日,区委副书记、区长陶毅主持召开区政府第12次常务会议,专题研究招商引资、国有资产监督管理等相关工作。

【残疾人扶贫工作会议】 3月16日,昭阳区召开残疾人扶贫工作会议,安排部署2018年残疾人扶贫工作,提出相关要求。

【李玛琳到昭阳区调研】 3月20日,云南省副省长李玛琳到永丰镇三甲村,调研基层文化体育建设工作。

【东西部劳务协作洽谈会】 3月23日,昭阳区召开东西部劳务协作洽谈会,安排部署劳动力转移相关工作。

【区政府第13次常务会议】 3月28日,区委副书记、区长陶毅主持召开区政府第13次常务会议,研究义务教育均衡发展、2018年第一季度经济运行等工作。

【"自强、诚信、感恩"专题讲座】 4月3日,百余名省市区记者和作家到洒渔镇联合村余家大冲易地扶贫安置点思源馨居,举办"自强、诚信、感恩"专题讲座。

【殡葬改革宣传】 4月4日,区政府主办"平安清明、文明祭扫、绿色殡葬"殡葬改革宣传活动在北闸镇举行。

【陶毅调研黑臭水体治理】 4月14日,区委副书记、区长陶毅到利济河、窑湾河等地,实地调研昭阳区黑臭水体治理销号工作。

【农村危房改造工作会】 4月18日,昭阳区召开农村危房改造工作会,研究全区危房改造解冻和审批工作。

【河长制工作推进会】 4月24日,昭阳区召开2018年河长制工作推进会,部署进一步抓好河长制工作。

【平安创建工作推进会议】 4月25日,昭阳区召开平安创建工作推进会议,对2018年平安创建工作进行再动员、再部署。

【昭璞绿道开通】 4月29日,昭璞绿道开通仪式暨全民健身户外赛在昭鲁驿站及昭璞绿道举行,来自全国各地200余名骑行爱好者参加60千米山地自行车个人赛。

【人工防雹民兵培训会】 5月2日,昭阳区召开2018年人工防雹民兵培训会。

【建档立卡户到昭阳工业园区就业】 5月7日,在区委、区政府安排部署下,来自北闸、守望、小龙洞和田坝4个乡镇150名建档立卡群众进入昭阳工业园区就业。

【宜昭高速公路昭阳段建设工作推进会】 5月12日,昭通市政府督查组在昭阳区召开宜昭高速公路昭阳段建设工作推进会,安排部署相关工作。

【提升城乡人居环境工作新闻发布会】 5月17日,区委、区政府召开提升城乡人居环境工作新闻发布会,发布工作开展情况和取得成效,回答省、市、区媒体记者关心关注问题。

【黄标车治理淘汰工作推进会】 5月21日,昭阳区召开黄标车治理淘汰工作推进会,安排部署相关工作。

【渔洞水库保护区移民搬迁现场会】 6月3日,昭阳区召开渔洞水库保护区移民搬迁现场会,安排部署渔洞水库水资源保护工作。

【"安全生产月"启动仪式】 6月12日,昭通市2018年"安全生产月"启动仪式暨地震应急演练活动在昭阳区举行。

【中央环保督察"回头看"反馈问题整改工作动员大会】 6月19日,昭阳区召开中央环保督察"回头看"反馈问题整改工作动员大会。部署中央第六环境保护督察组"回头看"反馈问题整改工作。

【脱贫攻坚项目库规划方案编制培训会】 8月2日,昭阳区召开脱贫攻坚项目库规划方案编制培训会,业务培训相关工作。

【靖安安置区分指挥部召开第二次会议】 8月2日,昭阳区靖安安置区分指挥部召开第二次会议,安排部署靖安安置区规划建设等工作。昭通市委副书记、宣传部部长王忠主持会议并作讲话,市委常委、区委书记江先奎,区委副书记、区长陶毅参加会议。

【项目签约】 8月7日,昭阳区人民政府与融创中国"昭通市大山包极限运动小镇(凤凰片区)"项目、"昭阳区永丰镇田园风光综合体"项目、"昭阳区省耕湖滨影视小镇"项目签约仪式举办。

【区行政审批服务"两集中、两到位"试点改革工作会议】 8月9日,区委副书记、区长陶毅主持召开昭阳区行政审批服务"两集中、两到位"试点改革工作会议,安排部署相关工作。

【昭阳区融媒体中心成立】 9月3日,昭通市首家县级融媒体中心——昭阳区融媒体中心正式挂牌成立。

【综治中心标准化建设项目验收】 9月10日,云南省综治中心示范点建设检查验收组对凤凰街道办事处综治中心标准化建设项目进行检查验收。

【彩云小区举办交房入住仪式】 9月15日,昭阳区首个大型棚改安置点——彩云小区举办首批交房入住仪式。

【昭通苹果展销会开幕】 9月26日,由中共昭阳区委、昭阳区人民政府主办的2018昭通苹果展销会在昭通国际会议会展中心开幕。

【城镇住房保障家庭租赁补贴摇号】 9月28日,昭阳区对2018年城镇住房保障家庭租赁补贴进行电脑公开摇号,摇号结果在昭阳信息网、微昭阳等信息平台和三城办事处张贴公示。

【打击传销动员大会】 9月30日,昭阳区召开2018年打击传销、创建无传销社区(村)动员大会暨第一次联席会议,安排部署相关工作。

【非洲猪瘟防控工作会议】 11月2日,区委副书记、区长陶毅主持召开昭阳区非洲猪瘟防控工作会议,安排部署相关工作。

【淘汰燃煤锅炉工作推进会】 11月5日,昭阳区召开2018年年度淘汰燃煤锅炉工作推进会,安排部署相关工作。

【退役军人信息采集工作会】 11月6日,昭阳区召开退役军人和其他优抚对象信息采集暨为烈属、军属和退役军人等家庭悬挂光荣牌工作会,安排部署相关工作。

【省级生态文明区创建启动暨业务培训会议】 11月10日,昭阳区召开2018年省级生态文明区创建启动暨业务培训会议,安排部署相关工作。

【冬季义务植树活动】 11月24日,昭通市委、市政府及区委、区政府以"绿化一方群山,共筑美丽家园"为主题,在凤凰山开展2018年冬季义务植树活动,并号召全民参与。

【市发展壮大村级集体经济工作现场推进会】 11月27日,昭通市发展壮大村级集体经济工作现场推进会在昭阳区召开。

【杨亚林到昭阳区调研】 12月2日,昭通市委书记杨亚林到靖安新区建设工地调研,查看工程建设进度。

【国家义务教育发展基本均衡督导检查组到昭检查】 12月3~5日,国家义务教育发展基本均衡督导检查组第二组昭阳区开展督导检查。

【消防安全动员部署会】 12月6日,昭阳区召开消防安全重点单位今冬明春火灾防控动员部署会;12月8日,召开今冬明春森林防火工作会议,安排部署今冬明春火灾防控工作。

【安全生产工作会议】 12月14日,昭阳区召开今冬明春安全生产工作会议。区委副书记、区长陶毅出席会议并讲话。

【乡村两级电子商务服务站站长集中培训】 12月14~16日,昭阳区举办乡村两级电子商务服务站站长集中培训班,培训56名站长。

【建档立卡贫困户就业集中培训】 12月27日,昭阳区2019年建档立卡贫困户就业集中培训第一期进入实地参观培训阶段,来自北闸、炎山、田坝和大山包4个乡镇200名易地扶贫搬迁建档立卡贫困户参加培训。

【第四次全国经济普查综合业务培训】 12月29日,昭阳区开展第四次全国经济普查综合业务培训,培训400余人综合业务。

昭阳区政协

【概况】 2018年,昭阳区政协机关内部设置8委2室,分别是提案委员会、经济建设委员会、民族宗教委员会、教科文卫体委员会、文史资料委员会、人口资源环境委员会、港澳台侨联络委员会、委员联络工作委员会和办公室、研究室。

【专题研究】 2018年,区政协召开5次常委会,33次党组会议,研究政协重要事务和重大问题。组织全区政协委员开展"学宪法、学章程、学习习近平总书记关于加强和改进人民政协工作的重要思想,做懂政协、会协商、善议政的合格委员"培训,推动委员培训全覆盖,提高委员履职能力。

【脱贫攻坚建言献策】 2018年,区政协组织政协委员中的各领域专家,视察调研易地扶贫搬迁、职业教育、康养旅游、合作社发展、乡村振兴、中草药以及苹果、马铃薯、葡萄等产业发展,提出建议35条。召开专题协商座谈会议,专题协商脱贫攻坚有关问题,形成《强化职业教育,解决劳务输出短板》《全区易地扶贫搬迁工作的调研及建议》《关于提升昭通苹果质量,打造昭通苹果品牌的几点思考》《关于马铃薯产业发展的几点建议》《利用区位优势,发展昭阳康养旅游》等8篇调研报告。

【脱贫攻坚】 2018年,区政协协调文化扶贫资金15万元、产业扶贫资金200万元、科技扶贫资金205万元、基础设施项目扶贫资金694万元。与妇联、工商联等共同开展"万企帮万村""巾帼脱贫行动",引导非公经济界别委员先后为帮扶贫困村捐赠各类物资折合人民币100余万元。

【协商议政】 2018年,区委审定下发年度协商工作计划和工作要点,完善专题协商、对口协商、界别协商、提案办理协商机制。召开城市建设、脱贫攻坚、生态建设等专题协商会议,提出意见建议28条。组织开展以提升人居环境、易地扶贫搬迁、污染源防治情况、改善营商环境等为主题的系列调研,为区委、区政府决策提供参考。对苹果、马铃薯产业和畜牧养殖产业,组织开展多层次协商。调研水电铝项目。同时,非公经济人士和各民主党派人士开展"万企帮万村"活动,组织企业家中的政协委员,参与构建"机关支部+企业支部+基地+合作社+农户"产业发展模式。

【界别活动】 2018年,区政协组织委员开展10余次界别活动,选择河长制、美丽乡村建设以及提升城乡人居环境等热点问题进行视察调研,提出建议13条。组织政协委员视察全区上半年安全生产工作,界别监督全区"营商环境,办事最多跑一次"落实情况。

【对外联谊】 2018年,区政协配合、参与全国及省、市政协来昭视察、调研脱贫攻坚、生态文明建设、全市融入成渝经济圈等课题16个;接待中山市、东莞市、宜宾市、玉溪市、水富市、广西都安县、贵州威宁县党政或以政协牵头调研组和考察团15批次;参加省、市助推脱贫攻坚、推进党建工作等专题会议13次;组织委员到绥江县考察"一事一议""农村门前三包"等。

【文史资料收集】 2018年,区政协编撰《昭通城记》文史资料,同党史研究室联合编纂《昭阳区党史人物和革命遗址通览》简明读本。

【党建意识形态】 全年,制定印发《中共政协昭阳区委员会党组"三重一大"制度》《昭阳区政协机关锻造乌蒙铁军管理制度》《关于整治机关党建"灯下黑"实施方案》《昭阳区政协2018年意识形态工作方案》以及《昭阳区政协2018年"诵读经典·书香政协"读书活动方案》等28个文件。完成支部规范化建设达标创建工作。开辟知情议政新平台,将"互联网+"运用到政协工作中,同区新闻中心合作,搭载"鹤乡圣果"平台,创新开展"互联网+党建、互联网+好声音、互联网+连心桥"系列工作,开辟专栏,拓展新时代政协党建和履职工作新载体、新抓手,传播好声音,凝聚正能量。

昭阳区纪委、区监察委

【党风廉政建设】 2018年,区纪委细化明确党风廉政建设和反腐败工作目标任务,同20个乡镇、街道和69个区直部门签订《2018年年度党风廉政建设目标责任制书》,推动"两个责任"落实。组织部分区直单位和乡镇、街道党政主要负责同志向区纪委五届三次全会集中述责述廉,接受纪委委员、人大代表、政协委员民主评议。组织开展上年年度党风廉政建设责任制落实情况检查考核,通报考核结果,约谈考核基本合格单位1个、不合格单位2个。

【区委巡察工作】 2018年,昭阳区新设5个区委固定巡察组,调整补充组建100人巡察工作人才库,启动区委第三轮、第四轮专项巡察,巡察单位40个,发现各类问题341条,发现干部问题线索17件,已反馈整改,移交办理。同时,对照省委第三巡视组机动巡视昭阳区反馈三大方面、10个类别、28个具体问题,制定整改方案,督促完成问题整改。其中移交60件(5件重件)问题线索,办结51件、正在办理4件,处理党员干部21人,给予党内警告处分3人、党内严重警告处分9人、留党察看处分1人、开除党籍处分6人、政务撤职处分2人。查处省委巡视移交昭阳区永丰镇"两违"整治工作中镇、村干部严重违纪违法问题典型案件,处理干部18人,其中通报诫勉问责7人,党内警告处分1人,党内严重警告处分4人,党内严重警告、免职处分1人,开除党籍处分1人,开除党籍、撤职处分2人,开除党籍、公职、移送司法机关1人,责令辞职1人,收缴违纪违法资金27万元。

【违纪案件查办】 2018年,群众诉求"五级联动"监督平台受理群众诉求4 096个,办结4 095个,办结率99.98%,脱贫攻坚"五级联动"监督平台受理群众诉求3 036个,办结3 012个,办结率99.2%;受理信访举报422件,其中业务范围外举报117件、业务范围内检举控告305件;处置问题线索146件,立案66件(成案率达45%,高出全国7个百分点),结案60件,处理干部100人,给予党内警告处分43人,党内严重警告处分31人,留党察看处分3人,留党察看、政务撤职处分2人,留党察看、政务降级处分1人,开除党籍处分8人,开除党籍、政务撤职处分1人,开除党籍、公职处分1人,政务警告处分6人、记过处分3人、降级处分1人。依法留置2人,移送司法机关4人,收缴各类违纪违法资金209.8万元。查处昭通市纪委转办昭阳区65名财政供养人员违规享受农危改补助问题,1个责任单位和32名责任人受到责任追究;完成国家环保部移交的79个问题;配合昭通市纪委查处国家土地督察成都局督察反馈昭阳区旧圃镇沙坝村违法占地建设钢材机械市场问题,区级管辖5名责任人分别受到党内警告处分。

【作风建设】 2018年,开展各类监督检查22次,逐人逐事约谈60人次,其中约谈乡镇、街道主要领导27人次、驻村工作队及单位相关责任人33人次。批评教育72人,处理3人。问责单位6个,问责干部73人,其中通报33人,诫勉34人,通报、诫勉6人。因违反中央"八项规定"精神,处理干部6人,其中警告处分2人、严重警告处分3人、留党察看、撤职处分1人。

【宣传教育】 2018年6月,对照省委第三巡视组巡视昭阳区反馈意见,全区各级党组织召开巡视整改专题民主生活会。对重大人事任免、大额资金使用、重大项目建设及物资采购等"三重一大"事项苗头性、倾向性问题,早发现、早提醒、早处置,阻断轻微问题向严重问题、违纪问题向违法问题转化。利用"三会一课""新时代讲习所""主题党日"等活动载体,开展党性教育,全区539个"新时代讲习所"开展讲习7 460次,覆盖党员2.3万人;举办各类培训班224期,集中培训党员3.8万名。在辖区主干道、机关、社区打造廉政文化示范点20个,拟发纪检宣传信息270条,市级刊载219条、省级以上刊载39条。

【纪检监察体制改革】 2018年2月,昭阳区向区一级党和国家机关全覆盖派驻纪检组20个,调整内设机构15个,增设区直纪工委1个,调配纪检监察干部46名;区监察委员会组建挂牌。

【纪检监察干部队伍建建设】 全年,组织全体干部职工业务培训,累计举办讲座6期、理论中心组学习8次、测试3次,选派6人次到中纪委监察学院和省纪委参加学习培训,抽调21名干部到市纪委协助办案,抽调乡镇纪检干部53人次到区纪委以案代训。约谈纪检干部家属违规享受低保2批12人次,处置涉及纪检监察干部问题线索1件,诫勉问责1人。

【表彰】 昭阳区纪委获云南省纪委授予"全省纪检监察系统先进集体"称号。

岳建伦,获云南省纪委授予"全省纪委嘉奖先进个人"称号。

林光秀,获云南省纪委办公厅授予"全省纪检监察信息工作先进个人"称号。

昭阳区委组织部

【党的政治建设】 2018年,区委组织部将政治建设与理论中心组学习、讲习所、讲党课、干部教育培训等融合,使各级党组织和党员干部在政治立场、政治方向、政治原则、政治道路上同党中央保持高度一致。

【省委第三巡视组反馈意见整改落实】 2018年,昭阳区成立领导组,召开专题民主生活会,细化整改措施,落实整改责任,对照省委第三巡视组反馈的党的领导、党的建设、全面从严治党的具体问题,进行整改及销号。

【党内政治生活】 2018年,区委组织部牵头制定《中共昭阳区委关于严肃党内政治生活制度的意见(试行)》《中共昭阳区委常委班子领导干部谈心谈话制度》,严肃各级领导班子民主生活会和党支部组织生活会,执行"三会一课"等党内生活制度,落实党员领导干部以普通党员身份参加所在支部组织生活会要求。全区各党委(党组)召开2017年年度民主生活会和巡视整改专题民主生活会,全区1 308个党支部23 391名党员参加2017年年度专题组织生活会及民主评议党员,评出优秀党员6 682名、合格党员15 316名、基本合格党员166名;党委(党组)书记讲党课87人次、班子成员讲党课547人次,党委(党组)书记以普通党员身份参加支部学习146人次,领导班子成员以普通党员身份参加支部学习1 374人次。

【党支部达标创建】 2018年,区委组织部制定《昭阳区党支部规范化建设达标创建工作方案》《昭阳区党支部规范化建设达标创建推进工作方案》,召开达标创建推进会、现场会2次,全区1 489个党组织开展规范化建设,组织12名党建督导员组成4个督导组,区委组织部派出3个党支部规范化建设督导组督导全区达标创建情况,其中1 061个党组织创建工作已结束。

【党建引领脱贫攻坚】 2018年,全区建立乡镇青年人才党支部20个,组织184个村(社区)支书、主任参加市级以上培训,在108个村(社区)成立集体经济运营公司,建立"党支部+龙头企业"4个、"党支部+易迁点"1个、"党支部+合作社"31个、"党支部+新兴组织"122个,财政扶持资金4 388万元实施集体经济项目115个,扶持壮大薄弱村15个、消除空壳村117个,154个村(社区)实现有集体经济、年收益达600余万元,带动2 601户8 873名建档立卡群众增收。11月6日,全省扶持村级集体经济发展试点工作推进会在昭阳区召开,省直有关部门领导,各州(市)党委组织部、财政局领导,2017年、2018年全省扶持村级集体经济试点县分管领导共计110人参加现场观摩及会议。

【发展党员】 2018年,发展党员330名,其中高知群体党员4名,35岁以下优秀农民党员147名,大专及以上文化程度党员106名。

【软弱涣散基层党组织整顿】 2018年,区委组织部对全区1 524个党组织进行排查和分类定级,确定127个软弱涣散党组织,其中25个软弱涣散村(社区)党组织由20名区(处)级领导定点联系,已有17个软弱涣散党组织整顿取得实效。约谈1名党组书记,对执行党支部规范化建设不力2名党委书记、1名组织委员、13名村(社区)党组织书记进行提醒谈话,调整撤换不胜任、不合格、不尽职村(社区)党组织书记7人。调研123个村、61个社区村班子履职能力和后备干部工作。

【村级活动场所建设】 2018年,昭阳区投资2 300万元建设村级活动场所23个,投资5 156万元建设村民小组活动场所303个。同时,建立20个乡镇(街道)246份新建、14份改扩建、145份已建村民小组活动场所电子台账,实现电子台账录入全覆盖。

【干部培养】 2018年,区委组织部开展3批次全区范围领导班子分析研判,信息采集全区2 500余名公务员(其中科级干部1 100余名),开展党委(党组)推优工作,完成3批214人次干部调整,从脱贫攻坚一线提拔科级领导干部25名,从区直单位选派7名缺乏乡镇基层工作经验干部到乡镇挂任政法副书记,到一线培养和实践锻炼。

【干部监督管理】 2018年,区委组织部不定时到各乡镇督促检查《昭阳区治理乡镇领导干部走读的暂行规定》执行情况,抽查2017年填报《领导干部个人有关事项报告》159人,批评教育、约谈、通报处理21名存在漏报、瞒报干部;按规定收集2018年填报《领导干部个人有关事项报告》1 340人,抽查核实128人;清理整治公务员(含参公管理人员)违规经商办企业,涉及的15人已经全部整改;对8名正科级主要领导干部(乡镇6名、区直2名)进行任中经济责任及自然资源资产管理责任审计。

【纪检监察体制改革】 2018年,区委组织部选拔16名科级干部到纪委内设机构、7名干部到5个区委巡察组、20名干部到17个派驻纪检组,完成监察委主任选举、组织考察、班子任命等工作。

【群团组织换届】 2018年,区委组织部参与组织和指导,完成共青团、妇联、科协、文联群团组织换届工作。

【大学生村官】 2018年,全区42名大学生村官,其中6名实现有序流动,1名聘期满2届且考核合格招录为事业人员。

【干部教育培训】 2018年,全区539个"新时代讲习所",开展讲习3 700余次,15万余名党员和群众接受学习教育;分级开展"万名党员进党校"培训,区级培训7期1 300余人次,乡级培训69期5 300余人次,专题培训8期1 500余人次;采取集中轮训、"流动党校""网络党校"等方式培训党员干部200余期9 500余人次。

【扶贫干部培训】 2018年,区委组织部以精准扶贫政策落实、建档立卡及产业扶贫等举办专题培训班9期3 600余人次。

【人才服务】 2014年,区委组织部引才育才工作重心在专业技术人才和企业经营管理人才上,建成院士专家工作站3个、省级专家基层科研工作站1个、博士工作站1个。

【东西部扶贫协作】 2018年,昭阳区派出2位年轻干部到广东省东莞市石碣镇挂职锻炼。广东东莞、中山两市派出挂职干部3批4人到昭阳区工作,选派5位医生、4位教师到昭阳区开展支医和支教,由东莞、中山市委组织部副部长带队组织高层次专家团,先后3次到昭阳区考察指导党建工作、招商引资、经济合作、滇粤产业园建设等工作。

【人才工作体制机制创新】 2018年,推荐4名教育、农业、卫生系统的骨干参加省级研修,做好20位市委联系专家和高层次人才挂钩联系,配合2个云南省专家服务团对昭阳马铃薯产业发展、大山包景区旅游规划进行指导,推荐5名昭阳籍市外优秀人才纳入昭通市外优秀人才库,3位优秀人才入选市委联系专家。

【驻村工作队员管理】 2018年,昭阳区成立由区委副书记任组长,区委常委、组织部长任常务副组长,区驻村扶贫工作队总队长、副总队长和相关领导为副组长的驻村扶贫工作领导小组。全区20个乡镇、街道党(工)委相应成立以党(工)委书记担任组长的驻村扶贫工作协调小组,在驻村扶贫工作领导小组统筹协调下,各项规章制度得到落实,工作经费保障,驻村管理规范。

【脱贫攻坚】 建立健全《昭阳区"挂包帮""转走访"工作督查通报制度》《昭阳区驻村工作考核办法》等制度,每季度至少召开1次第一书记(工作队长)会议、每月召开领导小组会议、每周召开总队长工作例会,与区纪委、区委督查室等联合到村组开展现场督查或视频抽查等。年内,区委组织部挤出办公经费7 000余元,看望慰问因公受伤、生病住院驻村队员13人;分别约谈4家派出单位分管领导和2名驻村队员,集体约谈17家派出单位分管领导、22名驻村队员,召回驻村队员1人。向145个贫困村派驻145支472名驻村队员,划拨驻村第一书记(工作队长)工作经费145万元,落实队员工作经费200余万元,有5个以上深度贫困村乡镇选派任命工作队长并挂职党委副书记,组织农技部门开展苹果、核桃、花椒、养殖等技术培训,组织卫计部门开展义诊、健康知识宣传活动,组织综合部门开展技能培训、捐资助学、文体活动等。

【选树先进典型】 根据全区城市建设发展中先进事迹、典型人物,党建中重点工作、亮点特色,拍摄制作《特殊岗位》《学庄社区"水乡梦"的故事》《用爱撑起一片蓝天》3部精品党建片,编印驻村工作队简报13期、剪影4期,组织4支工作队在昭通市"乌蒙之声"讲扶贫故事4期,开展"三讲三评"活动,145支驻村工作队、2 000余名村组干部、34 000余名建档立卡贫困户参与了"三讲三评"活动。

【考核工作】 2018年,区委组织部拟定2017年年度和2018年年度乡镇、街道、部门综合考评3个实施办法,拟定上报《昭阳区脱贫攻坚工作评比达标表彰奖励方案》,制定下发《昭阳区脱贫攻坚考核办法》《昭阳区2017年区直部门挂钩帮扶工作成效考核评分表》《昭阳区2017年乡镇扶贫开发工作成效考核评分表》《昭阳区2017年街道扶贫开发工作成效考核评分表》《昭阳区2017年行业扶贫部门工作成效考核评分表》四套考核评价标准和《脱贫攻坚抽查督查方案》,按照月抽查、季度督查、年终考核的方式进行考核。

昭阳区委宣传部

【学习习近平新时代中国特色社会主义思想】 2018年,区委宣传部组建区习近平新时代中国特色社会主义思想宣讲团,到基层开展理论宣传宣讲,把思想和行动统一到党的十九大精神上来,为全面推进昭阳赶超跨越发展而努力奋斗,为全区各项事业发展提供精神动力和思想保证。

【党委(党组)理论学习中心组学习】 2018年,昭阳区印发《区委理论学习中心组2018年学习选题计划》《2018年全区在职干部理论学习安排意见》,结合"两学一做"学习教育和"不忘初心、牢记使命"主题教育,开展学习。

【理论成果】 2018年,区委宣传部与区社科联、区委党史研究室、昆明报业集团组织编辑《昭阳区庆祝改革开放40周年理论成果汇编》《昭阳区学习贯彻习近平中国特色社会主义思想和党的十九大理论成果汇编》《作家看昭阳》《守望八仙营红色印迹》和《纪念改革开放40同年"苹果之城"》《新闻观察》《文明花苑》《匠心情系昭阳美食助农增收》8本书,增强理论成果的运用。

【主题宣传】 2018年,区委宣传部围绕昭通市委、市政府关于昭通中心城市"半城苹果满城香"果城定位和区委、区政府阶段性中心工作,组织开展"作家记者看昭阳""作家记者走进昭通苹果园""全国公益摄影家走进昭阳""昭璞绿道开通暨越野赛""一部手机游云南"、国际马铃薯大会、《滇池·大美昆滇》杂志《苹果之城》专刊专题采访""秘境百马奔跑昭阳苹果之城土豆留香"、2018昭通苹果展销会等主题宣传活动,让记者、作家走进昭通苹果基地、苹果分拣线、马铃薯基地、城市"两河"、省耕公园等地,宣传昭通中心城市建设、产业发展、黑臭水体治理、环保督查回头看等相关工作。

【成就宣传】 2018年,区委宣传部策划、开设《回眸2017》《作家看昭阳》《昭阳论坛》《记者观察》《温暖昭阳》《秋韵昭通苹果之城》《壮阔东方潮奋进新时代》《回眸2018》等栏目,提供多角度新闻信息服务。围绕全区脱贫攻坚工作,组织"单车记者走基层"大型宣传采访活动走进旧圃镇、苏家院镇、大山包镇、布嘎乡、守望乡、永丰镇等脱贫攻坚一线,宣传党的精准脱贫政策。

【主题宣传营销活动】 2018年,区委宣传部组织开展"我们帮你卖苹果""我们帮你卖洋芋""我们帮你卖葡萄"等主题宣传营销活动,既宣传推介昭阳农特产品,又促进农民增收致富。

【区委、区政府中心工作宣传】 2018年,区委宣传部围绕区委、区政府中心工作和重点工作做好系列专题片制作,制作《昭阳家暖》《乡村振兴昭阳红》《苹果之城》《省耕神韵》《半城苹果满城香》《即将崛起的山水新城》《脱贫摘帽走进新时代》《春风化雨浇开文明花》《遍洒阳光满地花》《一部手机游云南》和《央视发现之旅系列宣传片》等80余部专题片,全方位、多角度展示昭阳区各项事业发展情况。

【新闻发布会】 2018年,区委宣传部举行昭通苹果展销会、昭阳区提升城乡人居环境工作、2018利剑行动3场新闻发布会。

【意识形态工作纳入年度工作要点】 2018年,区委宣传部将意识形态工作纳入年度工作要点,与中心工作同安排、同部署、同推进,按照"456"即"四种责任""五个一"工作法、"六个纳入"工作机制开展工作。

【昭阳区融媒体中心建设】 2018年,区委宣传部整合区委外宣办、区新闻中心各类资源,初步形成"1个中心、2个协会、3个品牌活动、12个媒体平台"的"12312"宣传格局。

【扶志扶智带动发展】 2018年,区委宣传部以"自强、诚信、感恩"主题实践活动为重点,把培育和践行社会主义核心价值观、文明城市创建和脱贫攻坚工作结合起来,筑牢社会主义核心价值体系,深化群众精神文明创建活动,传递正能量,为昭阳脱贫攻坚主战场各项工作的开展营造良好氛围。

【"扶贫扶志扶智"活动】 2018年,区委宣传部帮助镇村打造"大阳窝"洋芋、"鹤送"苹果、"芳乡秋城"苹果、"响水樱桃谷"樱桃、"甜咪嘻"葡萄等农产品品牌。按照"一镇一业、一村一品"的发展思路,指导各乡镇因地制宜,因村因户施策,根据坝区、二半山区、高寒山区不同地理区位、交通、产业等特点,发展苹果、马铃薯、核桃、花椒、甘蔗、香蕉、劳动力技能培训和输出、乡村旅游业等特色产业。

【精神文明建设】 2018年,区委宣传部开展先进典型选树和宣传活动,开展文明讲堂建设,累计开展620余场,参学人员23 600余人次,发放各类文明宣传手册7 000余册。组织开展志愿服务2.3万余人次。在青少年中开展诵读经典,弘扬传统美德和民族优秀文化等活动,从小培育学生良好道德品质。结合春节、清明节等传统节日,开展"网上祭英烈"等活动,为倡导"厚养薄葬"提供实践载体。

【文化产业】 2018年,区委宣传部以"文化百千万惠民演出"为重点,统筹全区文艺工作力量,创作一批融思想性、艺术性和观赏性为一体的艺术作品,实施乡村文化能人培养工程,制定《2018年昭阳区培育纳规文化企业行动方案》,完成第二批百县万村综合文化服务中心7个示范点建设,完成全区文化产业法人单位核查认定。昭通白虎山花卉盆景主题庄园2017年获省级文化创意与相关产业融合发展示范基地称号,2018年省级考核为合格。

【宣传思想干部队伍建设】 2018年,成立昭阳区新闻工作者协会和昭阳区新媒体协会,通过"昭阳新闻讲坛""昭阳新闻宣传大讲堂"和"单车记者走基层"主题采访活动,不定期组织全区宣传思想文化系统学习中央、省、市重要会议和讲话精神,提高宣传思想文化干部队伍整体工作水平和实力。

【表彰】 王雅婷,获云南省委宣传部授予"2017年年度舆情信息工作'优秀个人'"。

昭阳区委统战部

【夯实大统战工作】 2018年,区委根据人员变动调整充实全区统一战线工作领导小组成员,将统战工作纳入区委重要议事日程和年度工作要点,常委会专题研究部署全区统一战线工作;纳入区委中心组学习计划和宣传计划并组织实施;纳入乡镇(街道)党工委考核内容。

【统战领域意识形态工作】 2018年,区委统战部利用统战联席会、座谈会、专题培训会等组织统战对象学习中央、省、市、区相关文件会议精神。5月12日,组织民族宗教界人士学习贯彻党的十九大精神暨新修订《宗教事务条例》;6月20~24日,组织非公经济代表人士到井冈山开展理想信念教育活动;10月1日,在昭阳宋家山清真寺经文学校举行国旗国歌、宪法法律、社会主义核心价值观和中华传统优秀文化"四进"宗教场所活动。

【理论信息】 2018年,区委统战部重视调查研究,编写理论信息,为党委当好参谋。全年,理论信息被省委统战部采用20篇,市委统战部采用41篇。

【民族团结示范点建设】 2018年,昭阳区先后开展靖安镇五星苗寨,小龙洞乡宁边村偏坡苗寨、小米村寒坡岭,永丰镇海边村甄家湾湾、元龙村陈家营,旧圃镇彝族六祖文化广场、三善塘村小寨子民族特色村寨等民族团结进步示范点建设,以点带面,形成全区各民族共同繁荣发展格局。

【"一网两单"制度】 2018年,全省宗教工作网格化管理、问题交办清单、责任落实清单"一网两单"制度实施,区委统战部结合辖区宗教工作,研究划定网格,初步形成主体在区、延伸到乡、落实到村、规范到点工作格局。网格划定后,制定相应制度、方案、实施细则,明确相关职能职责。

【矛盾纠纷排查】 2018年,区委统战部抽调人员开展民族宗教领域大检查、大排查,化解矛盾纠纷,引导宗教与社会主义社会相适应,维护全区民族团结、宗教和顺、社会和谐稳定。

昭阳区委政研室

【农村土地流转】 2018年,全区流转土地1 000.07公顷,其中流转10年以上866.73公顷;流转经营性质种植990.87公顷,养殖92公顷。

【重大改革事项】 2018年,区改革办围绕中央全面深化改革战略部署、对应《昭通市2018年重大改革事项》和区委、区政府2018年年度重大部署,结合昭阳区各项重大改革事项推进实际,提出昭阳区重大改革事项共十大类26项。主要内容包括总体思路、重点改革任务和工作要求三大方面。

【深化改革】 2018年,区改革办研究撰写《昭阳区2018年重大改革事项征求意见稿》《昭阳区委办关于印发区委全面深化改革领导小组专项小组成员名单的通知(初稿)》《关于深改领导小组会议昭阳重大事项有关问题的汇报初稿》《中共昭阳区委全面深化改革领导小组会议议事规则（试行）》《中共昭阳区委全面深化改革领导小组调研制度（试行）》《昭阳区全面深化改革工作规范管理实施办法（试行）》《昭阳区全面深化改革工作信息报送制度（试行）》《昭阳区全面深化改革工作督查通报制度（试行）》《昭阳区全面深化改革工作考核评价实施办法（试行）》《2018年昭阳区委全面深化改革领导小组第三次专题会议会议方案》《云南改革开放40年昭通卷相关资料》和《昭阳区全面深化改革工作问题整改措施清单》等制度、办法。

【脱贫攻坚】 2018年，区政研室组织全体干部到挂钩村，摸清帮扶村基本情况、发展优势、特色产业以及存在的问题和不足，开展工作。拨出6 000元用于乡村环境整治购买垃圾处理设施，下拨工作经费10 000元给锦屏村。

昭阳区委编办

【机构编制管理】 2018年，区委机构编制办公室（以下简称区编办）控制全区机构编制总量，控制公务员和事业单位人员招录规模，在人员调动过程中执行《机关事业单位人员编制卡》制度。规范化管理机构，将"西城一小"更名为"西城小学"，"乐居镇第一中学"更名为"乐居镇中学"。

【规范机构编制实名制管理】 2018年，共计办理行政调动84人，行政退休56人，行政录用22人，事业招录96人，事业退休127人，事业调动133人。

【党政机关部门办企业清理整治】 2018年，根据省、市清理整治党政机关部门办企业工作相关要求，全面清理昭阳区党政机关部门所办（所属）各类企业。

【纪检监察体制改革】 2018年，根据中央、省委和市委关于深化国家监察体制改革统一部署，拟定《昭阳区涉改相关机构和人员编制划转方案》《中共昭阳纪律检查委员会昭阳区监察委员会主要职责、机构设置和人员编制初步方案》，初步拟定区纪委向区一级党和国家机关全覆盖派驻纪检机构领导职数及编制、区委巡察办、区委固定巡察组领导职数及编制。

【事业单位登记管理】 2018年，区编办为全区299家有效登记事业单位法人办理年度报告及公示，公示率100%。

【权责清单动态管理】 2018年，区编办开展两次清理工作，共取消行政职权事项共59项，增加行政职权事项共26项，调整行政职权事项共67项。10月，再次开展职权清理工作，共取消行政职权事项45项，调整行政职权事项6项，增加行政职权事项26项。

【公布政府部门行政许可事项目录】 2018年，区编办将26个部门234项行政许可事项以目录形式印发，包括规范区级政府部门行政许可事项。

【公布昭阳区事项清单】 2018年，区编办公布昭阳区立等可取事项清单、政府部门内部审批事项清单，梳理完成"最多跑一次"等事项清单。梳理出立等可取事项52项，公布昭阳区政府部门内部审批事项共34项。8月，共梳理出"网上办"事项185项、"直接受理"事项342项、"马上办"事项287项、"最多跑一次"事项373项、"就近办"事项109项、"全城通办"事项56项。

【行政审批标准化建设】 2018年，区编办开展新一轮《业务手册》《办事指南》编制工作，要求各部门按照全省统一标准对事项名称、类型、设定依据、办理时限、办理流程、批准条件、申请材料、申请表单、收费标准等要素进行再规范，精简行政审批环节和流程。指导和检查入驻政务服务大厅事项《业务手册》《办事指南》执行情况，督促整改发现问题。

【"减证便民"专项行动】 2018年6月，印发《昭阳区人民政府关于贯彻落实云南省人民政府取消保留证明材料清单决定的通知》，要求对已取消的证明材料立即停止实施，除法律法规规定外，一律不得新增证明材料。同时，要求各乡（镇）、街道办事处、区直各部门结合部门职责职能，梳理本部门取消的证明材料清单，并在窗口、办公场所和群众集中、经常出现的地方进行张贴公示。

【"双随机、一公开"监管】 2018年，印发《昭阳区人民政府行政审批制度改革领导小组办公室关于进一步深入开展"双随机一公开"监管工作的通知》，对梳理和动态管理随机抽查事项及定期开展"双随机一公开"监督检查工作提出具体措施和要求。同时，实践"双随机一公开"新型监管方式，印发《昭阳区人民政府全面推行"双随机一公开"跨部门联合抽查监管的意见》，推进全区"双随机、一公开"跨部门联合抽查监管工作进程。

【脱贫攻坚】 支持挂钩扶贫村扶贫资金1万元。主要领导多次带领干部职工下村调研，完成315户农户1 210人精准摸底调查和信息录入工作；开展"村村清、户户清"大遍访工作及"自强、诚信、感恩"主题实践活动。

昭阳区直属工委

【概述】 2018年，昭阳区直属工委辖党组织148个，其中机关党委2个，机关党总支部13个，机关党支部70个，事业单位党支部36个，国有企业党支部3个，离退休党支部24个。有党员2 316名，女党员759名，占党员总数32.77%。35岁以下党员384名，占党员总数16.58%；60岁以上党员457名，占党员总数19.73%。少数民族党员307名，占党员总数13.26%。大专以上党员1 761名，占党员总数76.04%。

【党的基层组织从严治党】 2018年，区直属工委履行区直机关基层党建工作主体责任，分级建立党组织书记抓党建责任清单、问题清单、整改清单，层层签订机关党建工作目标责任书，将日常督促检查成为常态。5月23日，直工委召开党建工作会，与各党（总）支部签订《党建目标责任书》56份，全年全面督查4轮机关党建工作。

【基层组织阵地建设】 2018年，区直工委按照"有活动场所、有设施设备、有标志标识、有书报专栏、有管理制度、有人员保障"标准，要求基层党组织结合自身实际，组建"党员活动室"，并使党建相关制度规章全部上墙。

【基层党组织制度建设】 2018年，区直属工委督促各基层党组织落实"五项制度"、民主评议党员、组织生活会、党内公开等党内组织生活制度；修订完善党建相关工作规则，对党务工作规范作出规定，将党建工作责任细化，明确党建责任追究情形和方式方法。

【党员发展】 2018年，区直属工委新吸收预备党员34名（其中公务员12人，事业人员20人，企业职员2人；20~30岁16人，31~40岁14人，41~48岁4人；女6人，男28人，4名少数民族），转正党员22名。

【党员教育培训】 2018年，区直属工委开展4期"万名党员进党校"，内容涉及党的十九大精神、基层党组织党建业务培训、党员发展专题培训、"互联网+党建"、机关党建信息平台业务培训、党支部规范化建设等。基层党组织每月开展"新时代讲习所"讲习、两学一做等学习教育活动。全年为基层党组织征订并发放《云岭先锋》925份、《致富天地》76份。

【党内关爱互助】 2018年，区直属工委结合春节等重大节日，走访慰问贫困党员、老党员100余人，发放慰问金32 200元。

【优化基层党组织设置】 2018年，区直属工委审批撤销31个党组织，其中5个党总支部、26个党支部；新建29个党组织，其中2个机关党委，2个党总支部、25个党支部。

【基层党组织换届】 2018年，区直属工委完成24个基层党组织换届工作，审批补选党支部书记1名，支委委员10名；改选党支部书记7名，支委委员30名。

【党组织分类定级】 2018年年初,区直属工委通过组织自评、上级评定相结合方式,所属分类定级154个党组织,其中先进54个,占35.06%,一般91个,占59.09%,后进9个,占5.85%。建立健全基层党组织工作规程,发挥基层党组织政治核心、战斗堡垒和全体党员先锋模范作用,推动科学发展,不断整改提高,实现晋位升级。

【整治软弱涣散党组织】 2018年,有9个党(总)支部被定为软弱涣散党组织。区直属工委成立"软弱涣散"基层党组织整改提高工作领导小组,以支部为单位,针对存在的问题,制定整改方案,开展整改工作。对班子不健全、党务工作不规范等问题,结合换届选举,配齐配强支委班子,开展业务培训,改进工作作风,提升基层党建工作水平。

【整治机关党建"灯下黑"】 2018年,区直属工委专项治理"灯下黑"问题,解决机关党的领导弱化、党的建设缺失、全面从严治党不力问题;解决党工委管党治党失之于宽、失之于松、失之于软问题;解决机关基层党组织党内政治生活不经常开展、不认真、不严肃,"三会一课"等基本组织生活制度不规范、不落实、不到位,党员领导干部履行"一岗双责"不到位,参加"双重"组织生活不主动、不自觉的问题;解决机关党建在组织设置、班子建设、组织生活、党员教育管理、基础保障等方面存在突出问题。

【党支部规范化达标创建】 2018年,区直属工委围绕"一年典型引领作示范、两年全面规范强基础、三年巩固深化见成效"思路,抓两头带中间,实现党支部建设质量普遍提升。对标对表,查缺补漏,及时整改,实现整体达标。按照便于党员参加活动、党支部发挥作用要求,强化党组织动态管理,优化和规范组织设置,规范党员发展,党员经常性教育培训,审慎处置不合格党员,完善党员失联机制,统筹安排党费收缴、"三会一课""积分评定"等活动,完善民主管理、党务公开、联系服务群众等制度,规范基础党务台账。对于党工委考核验收不达标党组织,工委对问题及时指导并督促整改,整改符合达标条件后再次申报,实现2018年申报党组织全体达标、完成考核验收。

【"公推直选"制度】 2018年,区直属工委在基层领导班子换届"公推直选"制度基础上,向支委增补、调整中扩大"公推直选"工作面,使一批能力强、有责任心、受广大基层党员信任的干部进入支委班子。

【党员干部管理】 2018年,区直属工委制定工作方案,加强党风、政风和作风建设,发挥基层组织的监督管理作用,及时处理违纪违法党员干部。报请区纪委给予纪律处分党员3人,其中1人受到党内严重警告处分,1人受到留党察看两年处分,1人受到留党察看一年处分。

【脱贫攻坚】 单位按50%比例选派优秀干部到洒渔镇弓河村驻村,驻村队员连续3年评为优秀。

【表彰】 杨春柳,获中共昭阳区委授予"优秀共产党员"称号。

昭阳区信访局

【概况】 2018年,昭阳区信访局接待到区委、区政府来访群众366批次3 218人次,同比,批次下降52.28%、人次下降24.14%。越级到京上访85批次102人次,同比,批次上升2.41%,人次下降2.86%。越级到昆上访153批次252人次,同比,批次上升10.07%,人次上升3.07%。越级到市上访117批次1 022人次,同比,批次下降59.37%,人次下降70.65%。到京非接待场所有关人员71批85人次,同比,批次下降2.73%,人次下降26.72%。

【信访办理】 2018年,化解信访积案9件,办结14件;受理网上信访567件,全部办结;收到各类来信446件(其中办理完成422件,正在办理中21件,待审省级核件3件);收到各类复查案件69件,(其中受理复查完成件19件、不予受理46件,审核中4件);收到各类督办件389件

(其中国家级59件,省级27件,市级193件,区级自立110件)均已全部办结。全区各级领导干部共接待群众820批次8 484人次。

【信访联席会议制度】 2018年,通过信访联席会各成员单位和乡镇、街道之间综合协调、配合联动,形成资源整合、解决信访突出问题。调整成员单位和专项工作小组设置,明确各自职责任务。

【领导干部接访下访】 2018年,制定印发《昭阳区领导干部开展接访下访工作方案》和《昭阳区区乡村三级领导干部视频联动接访工作方案》,通过领导干部直接与群众对接、交流,提高信访工作实效性。

【矛盾纠纷排查】 2018年,昭阳区完善矛盾纠纷预警机制,将矛盾纠纷排查化解工作从事后处理转移到事前预防,做到发现得早、化解得了、控制得住、处理得好。发挥村(社区)、调解员作用。推行网格化管理模式,完善信访和人民调解、司法调解联动工作体系。

【信访矛盾化解】 2018年,昭阳区通过积案化解、信访矛盾化解攻坚、越(非)访治理、基础业务提升、信访秩序整治等五个方面开展全区信访工作,同时通过系统督查、实地督查、联合多部门督查推动问题解决。

【队伍建设】 2018年,在全区范围内开展信访业务培训,提高全区信访干部业务办理水平。督察、培训重点乡镇、街道和区直相关部门信访业务,解决信访件办理不规范问题。

昭阳区政务服务管理局

【概况】 2018年,区政务服务中心入驻窗口有环保、住建、卫生、民政和公安等18个部门,设立国土、人劳、地税、农机、交警等8个分中心。在"中心"设立综合窗口,与未进驻"中心"部门进行衔接,实现政务服务事项集中办理和统一管理。

【政务服务】 2018年,共受理行政许可审批事项7 997件,办结7 997件,办结率100%。受理便民服务事项70 267件,办结70 267件,办结率100%。乡、村(社区)两级共受理公共服务事项9 362件,现场办结6 840件。

【公共资源交易】 2018年,完成交易项目140个。其中,建设工程完成项目81个,预算金额74 504.56万元,中标金额72 849.45万元,节约资金1 655.12万元;政府采购项目58个,预算金额18 425.68万元,中标金额18 003.31万元,节约资金422.37万元;国有土地出让完成项目1个,出让底价84.32万元,成交金额87.44万元,增资3.12万元。

【中介超市】 昭阳区投资审批中介超市2018年共发布公告30个,选取结束34个,签约项目50个,履约结束41个,项目总成交金额400.92万元,节约资金129.55万元,资金平均节约率23.3%,按时履约率60%。

【投资项目审批】 2018年,受理项目340个,事项677个,办结621件,并联项目86个,联动项目34个,代办项目1个,邮寄业务1个,办结率100%,项目投资总概算773.49亿元,其中审批类160个,概算556.14亿元,备案类180个,概算217.35亿元。

【行政审批网上服务大厅】 2018年1～12月办件统计:区公安分局48件、区民政局办结2 828件、区财政7件、区人社局办结70件、区国土分局1件、区环保局60件、区农业局4件、区林业局27件、区卫计局1 327件、区市场监管局办结3 981件、区综合执法局52件、区规划分局2件、区税务局125 184件。政务动态发布共175条:区编办1条、区教育局1条、区民宗局1条、区人社局22条、区国土分局3条、区水务局4条、区文体局1条、区环保局53条、区住建局2条、区交运局6条、区卫计局18条、区旅游局1条、区公安分局16条、区财政局26条、区税务局5条、区市场监管局5条、区粮食局1条、区档案局2条、区政务局7条。咨询件统计19条:区林业局1条、区教育局1条、区扶贫办1条、区公安分局2条、区发改局1条、区财政局3条、区人社局3条、区住建局2条、区交运局1条、区旅游局1条、区市场监管局1条、区综合执法局2条。服务评价:区人社局3条,区市场监管局1条(差评)。异常办件:区发改局1件、区教育局1件、区财政局2件、区住建局1件、区环保局2件。

昭阳区公共资源交易中心

【概况】 2018年,完成交易项目140个。其中建设工程项目81个,预算金额74 504.56万元,中标金额72 849.45万元,节约资金1 655.12万元;政府采购项目58个,预算金额18 425.68万元,中标金额18 003.31万元,节约资金422.37万元;国有土地出让项目1个,出让底价84.32万元,成交金额87.44万元,增资3.12万元。

【招投标公开透明阳光化】 区公共资源交易中心公开办事制度、办事程序、办事结果,实行每一个招投标项目从招标信息发布到中标结果都在云南省公共资源交易信息平台和云南省政府采购网等指定的媒体公示,做到"过程阳光、细节阳光、全程阳光",防止违法违纪行为发生。

【公共资源交易全程电子化运行】 区公共资源交易中心遵循"网上全公开、网下无交易"电子化平台建设原则,实行从项目进场到出具交易证明全流程电子化,实现"建起来、连起来、用起来"目标。2018年,完成建设工程类140个电子化项目,其中3个为半电子化交易项目,1个为非电子化交易项目,136个全电子化项目,全电子化比例达到97%。

【公共资源交易场所硬件投入】 区政府先后投入资金96万元,购置电子化平台建设必备开评标管理硬件终端、电脑、密函打印机等设备。昭阳区已具备2间电子开标厅和3间电子评标室。同时,建设占地1.8公顷、计划投资1.16亿元、规划"昭通市民之家"建设面积33 700平方米。按照规划设计,在区政务服务管理局使用的8 000平方米中专门安排1 500平方米用于公共资源交易场所,设置电子开标厅2间、电子评标室3间、远程异地评标室2间、公共资源交易前台受理区、专家抽取室、询标室和隔夜评标专家休息室等功能区,按照标准化建设要求,预计投入资金200万元配备相应设施设备。

【表彰】 区公共资源交易中心在2018年9月的"全省公共资源交易电子化平建设总结暨工作推进会"上,被云南省公共资源交易管理局表彰为云南省公共资源交易电子化建设先进单位。

昭阳区工商联

【昭阳区工商联三届二次执委会议】 2018年3月29日,召开昭阳区工商联三届二次执委会议。区委常委、副区长李大捷,区委统战部部长、副区长马贤武,区政协副主席、区工商联主席苏贤瑜等出席会议。苏贤瑜代表昭阳区工商联三届一次执委会作工作报告。通报昭阳区光彩事业促进会三届一次理事会筹备情况,表决通过《昭阳区工商联会员管理办法(草案)》《昭阳区工商联会费管理办法(草案)》《昭阳区工商联会费监事会成员建议名单(草案)》和《昭阳区工商联三届一次执委工作报告(草案)》。

【举办民企沙龙】 6月15日,区工商联、区统计局联合组织举办以"政策宣传,资源共享"为主题的民企沙龙。沙龙以辖区内批发业、零售业、住宿业、餐饮业和农业100多家非公企业为主,活动以"学习政策、争取扶持,加强交往、增进友谊,团结互助、合作共赢"为主要内容。

【"万企帮万村"】 1月8日,区工商联携4家民营企业到乐居镇签订《"万企帮万村"帮扶协议》;1月18日,昭阳区工商联携6家民营企业到小龙洞镇并签订《"万企帮万村"帮扶协议》;1月19日,昭阳区工商联携10家民营企业到布嘎乡签订《"万企帮万村"帮扶协议》。民营企业将在消化部分剩余贫困劳动力、技术培训、捐资助学、免费法律咨询援助等方面展开帮扶。

【区光彩事业促进会第三届一次理事会议】
2018年3月29日,召开昭阳区光彩事业促进会第三届一次理事会议,会议选举产生三届常务理事、会长、副会长和秘书长。表决通过《昭阳区光彩事业促进会第二届理事会工作报告决议(草案)》《昭阳区光彩事业促进会捐赠资金使用情况报告》。

【知识竞赛】 1月26日,区工商联组织民营企业开展"听党话,跟党走,民企十九大"知识竞赛。知识竞赛题目来自十九大报告,设置必答、抢答、风险抢答等环节。昭阳区民营企业组成9支代表队参赛,企业代表共150余人观看比赛。10月16日,区工商联举办昭阳区民企"不忘创业初心接力改革伟业"宪法知识竞赛活动,全区9支民营企业代表队参加竞赛。

【红色教育】 6月20~25日,昭阳区工商联以"传承红色基因、坚定理想信念"为主题,组织50名民营企业人员到江西井冈山红色教育培训基地参加培训。

【慰问困难老党员】 2018年7月3日,在"七一"建党节,区工商联携昭通市湖南商会、昭通市祺祥农业公司、昭通绿健果蔬商贸公司相关负责人,到苏家院镇双河村看望慰问老党员。

【敬老活动】 2018年10月20日,区工商联组织部分民营企业负责人到康泰老年公寓开展敬老活动。月中桂糕点厂为康泰老年公寓老人们送去重阳蛋糕,无名小吃、凤鸣凰朝、福建商会、昭通粮贸有限公司等民营企业为老人们送去重阳节礼物和文艺节目。

【"贷免扶补"】 区工商联2018年开展"贷免扶补"工作,期间,分别组织2期168余人参加"贷免扶补"创业培训会。4月以来,受理申请380户,分五批分别推荐至银行359户,审核通过280户,银行发放贷款数280户,共发放贷款金额2 636万元。其中妇女109户发放贷款1 031万元、大学生8户70万元、残疾人3户30万元、去产能人员1户10万元、返乡创业农民工3户30万元、复员转业退役军人6户56万元、农转城人员12户114万元(其中建档立卡户1户10万元)。少数民族28户258万元,回族24户220万元,其他少数民族4户38万元。其他失业人员246户2 316万元。带动800余人就业。

【"转移就业百日行动"】 2月8日,区工商联组织企业参加昭通市昭阳区"转移就业百日行动"暨2018年"春风行动"招聘会。区工商联组织46家企业提供700余个招聘岗位,吸引近3 000余名求职者到招聘会现场应聘、咨询。

【爱心捐赠】 2018年5月30日,昭阳区光彩事业促进会协福建商会捐赠昭阳区幸福馨居小区"七彩课堂"40套爱心课桌椅。8月8日,木久服饰创业大学生孙丽莎向苏甲乡困难群众和学生捐赠价值10万余元的衣物。

【关爱留守儿童】 2018年6月1日,区人大常委会副主任董睿武,区政协副主席、工商联主席苏贤瑜,爱心企业家以及昭通远大实业集团、云南珠光照明工程有限公司等10余家企业负责人慰问迎水村、白石村的43名留守儿童,为他们送上新书包、玩具、文具等节日礼物。

【捐资助学】 2018年8月14日,昭阳区工商联、昭阳区光彩事业促进会组织3家爱心企业资助成绩优异、就学困难的3名学生(盘河镇五寨村、陈贤贵家3孩:长女就读于吉林长春大学、次女就读于云南民族大学、其子被昭通市第一中学录取),每个企业每年资助9 000元(每名学生每年3 000元)共3年。8月23日,区政协副主席、区工商联主席苏贤瑜携光彩事业促进会和昭通西苑、袁记锁业、优视策划、瀑布山泉、渝博肛肠医院5家爱心企业负责人到苏家院镇开展捐资助学活动,资助年度内苏家院镇考上一本、二本建档立卡家庭的孩子。

【表彰】 2018年9月18~19日,云南省工商业联合会(总商会)十二届四次常委会议在腾冲召开。会上,昭阳区工商联获云南省"五好"(领导班子好、会员发展好、商会建设好、作用发挥好、工作保障好)县级工商联称号。

12月24日,云南省工商业联合会发布《关于表扬2018年民营企业调查点工作先进单位和示范企业通报》,昭阳区工商联获"县区级工商联工作先进单位"称号。

昭阳区总工会

【组织建设】 2018年12月,全区有基层工会222个,涵盖单位621家,建会率99%;有职工32 240人,会员31 683人,入会率98%,其中农民工会员25 126人,女会员13 809人。

【财务经审】 2018年,区总工会审计17个乡镇、20个区直部门、3个办事处共计40家基层工会经费收支情况。收入合计6 729 817.17元(其中拨缴经费收入3 361 713.29元、上级补助收入1 045 180元、行政补助收入2 220 998.10元、其他收入101 925.78元),支出合计6 027 200.73元(其中行政支出2 513 316.88元、维权支出888 294.75元、职工活动支出576 307.95元、业务支出1 274 889.15元),合计结余702 616.44元。

【女职工委员会建设】 2018年,全区有女职工工会组织222个,职工32 240人,其中女会员13 809人;建立女职工委员会149个,设立女工委员72个。

【技能培训】 2018年,区总工会以家政、种植、养殖等行业一线职工(农民工)为培训重点,与培训机构联合到基层、企业开展技术技能培训,提升职工(农民工)技术技能,全年培训7 089名一线职工(农民工),其中农民工引导性培训6 694人,农村建档立卡户366人,城镇困难职工家庭成员取证培训29人。

【文体活动】 "三八"节期间,区总工会联合其他部门在毛主席广场开展以"让爱回家"为主题的"三八"维权月广场宣传活动。以弘扬践行社会主义核心价值观为主题,以"中国梦·劳动美"为主题,践行社会主义核心价值观,歌颂改革开放40周年伟大成就,举办一系列职工文体活动;举办以"苹果之城·世界鹤乡"庆祝改革开放四十周年·展示劳动者风采为主题的职工摄影大赛;举办昭阳区2018年"中国梦劳动美"五一合唱比赛暨昭阳区庆祝改革开放40周年合唱汇演,全区31家单位组成13个代表队,900余名职工参加;举办昭阳区2018第七届职工篮球运动会、昭阳区首届职工排球比赛,近550名职工参加;开展和谐家庭建设系列活动,在全区启动寻找"好母亲""好父亲"活动;在全区掀起"读一本好书"征文活动;以职工书屋、健康体检、技能培训、法律宣传等为载体,开展"送文化、送健康、送技能、送法律"进乡镇、进企业、进社区"四送"系列活动;组织全区会员职工《工会法》《云南省职工劳动权益保障条例》《云南省工会劳动法律监督条例》《云南省企业企业集体协商条例》法律知识竞赛。

【技能竞赛】 2018年,区总工会与区卫计局联合举办家庭医生岗位练兵和知识竞赛以及卫生应急专项技能竞赛活动;联合区教育局举办2018年高中音乐、体育与健康、美术教师教学技能大赛;组织全区农民工技术能手到苏家院开展苹果苗嫁接技术技能竞赛;8月举办"当好主人翁,建功新时代"劳动竞赛活动。

【企业集体协商】 2018年,全区建立企业集体协商机制709家,到期续签集体协商企业35家、区域性企业集体协议3份,涵盖企业9家,行业性企业集体协议2份,涵盖企业26家,续签行业企业1家,新增1家昭通高原苹果行业。年内,区总工会配合相关部门开展春风行动大型招聘会、劳动争议仲裁等活动,维护职工合法权益。全年帮助推荐就业430余人,发放宣传资料4 500余份,受理法律咨询150余人次,参与劳动争议仲裁1人次。并在2018年组织一线职工28人外出疗养、休养。

【帮扶济困】 2018年,区总工会"全覆盖、无遗漏"入户调查工会帮扶工作管理系统内建档立卡困难职工627户。摸排工会帮扶工作管理系统外困难职工家庭,对于帮扶系统外符合标准的困难职工家庭建档立卡。2018年,在档403户,帮扶资金32.24万元,6户为本级全额帮扶。职工服务中心综合服务平台在"中秋""国庆"期间帮扶救助401人,资金100.6万元;健康免费自测小屋共接待职工200余人次,组织爱心医生到基层面对面提供服务2次,受助职工300余人次。2018年,"金秋助学"项目为全国困难劳模子女和在档困难职工子女是2018年新录取大学生及在校生的30人,发放助学金124 000元。

【医疗互助】 第十四期职工医疗互助参互职工25 114人,收取互助金304.83万元,补助参互职工4 548人次,发放补助金352.86余万元。免费为110名在档困难女职工做健康体检。

共青团昭阳区委

【中国共产主义青年团昭阳区第四次代表大会】 7月25~27日,召开中国共产主义青年团昭阳区第四次代表大会。会议选举产生共青团昭阳区委第四届委员会委员及领导班子:选举书记1名,副书记2名,常委7名,委员33名。

【团干部队伍建设】 2018年,团区委打造"专兼挂"相结合干部队伍,选举昭阳农村商业银行永丰支行行长为挂职副书记。选举区教育局分管团组织和少先队工作副书记和昭通学院数学与统计学院团委书记担任兼职副书记。

【"互联网+团建"行动】 2018年,团区委运用新媒体做好新形势下引导青年工作,使用和管理微信公众号、微博、"1+100"系统、"智慧团建""青年之家"云平台、青年之声。

【院坝青少年之家挂牌】 1月15日,团区委洒渔镇弓河村"院坝青少年之家"牌成立。

【普通话水平测试提高班】 7月18~24日,团区委举办普通话水平提高班,培训学生45名。

【"五四"青年节系列活动】 团区委以"凝聚青年力量,共创美好昭阳"为主题举行"五四"系列活动,通过"放飞青春梦、拥抱新时代"主题风筝节活动、"五四"文化艺术节、"五四新团员宣誓大会暨经典诗词唱诵"比赛、"五四青年节中华经典古诗词朗诵"活动等,让全区广大青年坚定理想信念,勇做时代弄潮儿。

【大学生资助活动】 团区委通过"香港苗圃行动""耕耘奋斗奖学金""爱心圆梦"等项目,共资助昭阳区38名贫困学子,资助总额17.95万元。

【关爱农村贫困留守儿童】 2018年,团区委联合多家部门和企业,争取香港苗圃送爱暖冬行动项目,向高寒山区13所村级小学共捐赠棉衣2 981套,价值44万余元,到大山包镇老林小学、大山包镇马路小学、大山包镇车路小学、大山包镇示范小学、大山包镇大山包小学、田坝乡水屯小学、炎山镇大沟小学、盘河镇冷家坪小学、盘河镇放马坝小学、青岗岭乡童遵银苗圃希望小学、靖安镇百顺小学、苏甲乡鱼坝村品诚苗圃希望小学、大寨子乡锅厂小学等地开展关爱保护农村留守儿童的系列志立扶贫活动,送去衣服、书包、图书等爱心物品和"微心愿"礼物。

【青少年法治教育】 2018年,团区委开展法治班主任进班级活动,为全区中学每班配备1名法治班主任,选聘来自政法系统和昭通学院熟悉法律知识的249名同志担任全区第三批法制班主任,覆盖全区30所中学842个初(高)中班级,组织842场法治教育,在全区班级开展6万人次思想道德及法治教育。"法治班主任进班级"工作开展以来,昭阳区未成年人违法犯罪呈逐年下降趋势,2017年较2016年下降9.6%,2018年抓获未成年人19人,与2017同比少71人,下降78.89%。

【禁毒防艾】 2018年,团区委组织志愿者参与"六二六"国际禁毒日宣传,累计发放宣传资料30 000余份,开展禁毒、防艾知识普及、宣传教育等活动,提高青少年对毒品危害的认识、远离艾滋病。

【务工精英"上门传经送宝"活动】 2月6日,市、团区委组织部分优秀外出务工青年到幸福馨居开展经验分享交流会，为搬入幸福馨居准备外出务工建档立卡群众"传经送宝"。

【"梦在远方，路在脚下——我们一起去务工"出征仪式】 3月4日，由团省委、昭通市委、市政府联合组织开展"梦在远方，路在脚下——我们一起去务工"，昭通市外出务工青年集体出征仪式在昭阳区望海公园举行。团区委组织全区乡镇、办事处务工青年500余名参加，帮助青年实现就业，达到"培训一批、创业一批、带动一批、就业一批、脱贫一批"的目标。

【"扶贫扶智"宣讲活动】 8月25日，区关工委和"五老宣讲团"成员到洒渔镇弓河村嘿嘞自然村"院坝青少年之家"开展昭阳区关工委"五老"宣讲团"志愿服务·志立扶贫"宣讲报告会暨关爱困境青少年志愿服务活动。"五老宣讲团"为孩子们做题为"感谢党恩，自力更生，摆脱贫困"专题报告，引导贫困儿童从小树立自力更生的思想观念。

【百名青年创业行动】 2018年，团区委对创业青年在贷免扶补、创业担保贷款上重点倾斜，帮助青年解决创业启动阶段资金困难问题。全年，发放"贷免扶补"贷款170笔，金额1 601万元，扶持青年创业170人；发放创业担保贷款60笔，金额600万，带动青年创业60人。

【千名青年培训行动】 2018年，团区委组织开展"两后生"技能培训，与人社、教育等部门协作，依托职教学校等机构，组织各类岗位技能培训。了解企业用工信息和技能需求，有针对性地组织短期培训或岗前培训。依托院坝青少年之家、昭通市科技情报研究所职业培训站等平台，在旧圃镇、洒渔镇、北闸镇组织多期劳动力素质提升培训，围绕农村实用技术，组织在家农村青年参加培训，累计培训1 000余人次。

【万名青年就业行动】 2018年，团区委与人社、工信、工商联等部门协调，共同组织青年参加就业招聘会，通过"转移就业百日行动"暨2018年春风行动招聘会等招聘会，对接3 000余个岗位，为青年就业搭建平台。与企业、中介机构联系，利用团属微信公众号等媒体，对接来自广东、浙江、上海等地区30余家劳务用工单位多个岗位信息，将企业用工信息传递给青年，实现青年与企业之间有效对接。与本市企业、东西协作对口城市企业和发达地区企业对接，了解企业用工需求，动员青年外出务工就业。

昭阳区妇联

【昭阳区第四次妇女代表大会】 8月16日，召开昭阳区第四次妇女代表大会，180名妇女代表出席会议。大会选举昭阳区妇联新一届领导班子，执委委员39名，常委委员15名，主席1名，常务副主席1名，专职副主席2名，兼职副主席6名。

【巾帼志愿者服务】 2018年，区妇联在20个乡镇(办事处)、184个村(社区)组建巾帼志愿者服务队。12月组织70余名志愿者召开巾帼志愿服务座谈会，邀请安然公益负责人对巾帼服务的组建、激活内生动力等内容作培训。

【"三八"节活动】 2018年"三八"节，区妇联表彰2017年年度10户"文明家庭"、20户"最美家庭"、20名"好媳妇"、20名"优秀妇联工作者"、9名"农村致富女能手"，命名5个巾帼脱贫示范基地。开展家庭教育讲座、新时代女性综合素质提升培训、禁毒防艾知识培训、女性知识大讲堂、"三八"维权月广场宣传活动、庆"三八"回"娘家"妇女干部座谈会、"送法进家"、环境卫生综合整治等系列活动。为12名"全国三八红旗手""省级三八红旗手"送去每人500元的慰问金。为幸福馨居扶贫安置点老百姓发放价值42 500元的大米、食用油。为扶贫挂钩点黑泥地小学学生发放价值9 300元的"爱心包"47个。

【"六一"儿童节活动】 2018年，"六一"期间，区妇联主办"同在一片蓝天下，手心相牵助成长"庆"六一"活动，100余名儿童和家长，其中还有来自幸福馨居和乡镇的30余名留守儿童，巾帼志愿者参加活动。区妇联、区人大、月中桂、巾帼志愿者到儿童福利院开展慰问活动，送去价值7 000元的文具、纸尿裤、蛋糕等。

【"贷免扶补"工作】 2018年8月，区妇联完成市妇联下达目标任务数100户，放贷资金936万元。

【关爱"两癌"妇女】 2018年，为28名农村贫困妇女发放"两癌"治疗补助，共114 950元。截至9月，超额完成2018年"两癌"检查任务，其中宫颈癌检查13 844例，乳腺癌检查12 376例，完成率138%。确诊宫颈癌2人，乳腺癌11人，其中6名患者做了手术。

【妇女创业就业培训】 2018年，举办月嫂培训2期，178名贫困妇女参与培训并通过理论和实操考试，依托巾帼家政示范基地免费培训走上工作岗位90余名妇女（其中5名属建档立卡户贫困妇女）。对100名"贷免扶补"创业者开展"以诚为本以信立业"培训。在幸福馨居扶贫异地搬迁点开展各类技能培训、家庭教育等50余期。

【区、乡镇（村）妇联主席、专职副主席履职培训】 区妇联在5月、7月、10月召开组织建设改革创新工作推进会，20个乡镇街道办事处分管妇女儿童工作领导、妇联主席、专职副主席、村（社区）妇联主席，共330余人参训。

【各类培训】 2018年，区妇联联合龙泉卫生服务中心到20个乡镇街道办事处开展"巾帼共建美丽家园""禁毒防艾""自强、诚信、感恩"培训50余期，做到培训全覆盖，3 810余人参与培训和检测，辐射带动受益10 000余人。现场培训403名贫困人口脱贫，得到能力素质提升。

【"婚姻家庭知识"培训】 2018年，区妇联与市妇联、区民政局联合举办"婚姻家庭知识"培训和咨询服务，开展培训2期，培训妇女100余人，化解婚姻家庭纠纷10起。

【信访维权】 截至11月20日，接待来信来访来电46件，其中家暴类21件，离婚7件，家庭纠纷4件，土地纠纷6件，经济纠纷5件，遗弃1件。其他2件，结案率100%。

【宣传教育】 区妇联以"国际志愿者日"、科技卫生"三下乡"、集中示范服务活动、"三八"维权月和"世界红十字日"、助残日、环保日、"六二六""十二六""一二·一"国际禁毒日等为契机，向群众发放《中华人民共和国反对家庭暴力法》等宣传资料、图册、购物袋共2万余份，计生用品5 000余支。受理群众法律咨询近200人次。

【儿童之家建设】 2018年，区妇联争取市妇联资金10万元，在石头塘社区和扶贫搬迁点幸福馨居创建市级示范儿童之家。200余名巾帼志愿者筹集资金建立"幸福馨居爱心超市"，超市内资金、物资或相关服务由区妇联联系多个部门、爱心企业、社会爱心人士等捐赠赞助。超市实行积分管理模式，群众通过参加志愿服务等积累爱心积分，凭积分到"爱心超市"换领物品或服务。在幸福馨居建立家长学校，全区村（社区）创建儿童之家68个。8月，与团区委合作开展全区乡镇（村）院坝儿童之家建设推进会，盘河、洒渔、青岗岭、太平街道办事处等村（社区）创建了院坝儿童之家。

【巾帼脱贫示范基地建设】 昭阳区申报全国巾帼脱贫示范基地（昭通市高山农业有限公司）全国妇联已批复认定，该基地获得5万元补助经费。基地每年培训500名以上农村妇女，每年带动10户建档立卡贫困户脱贫致富。昭阳区创建巾帼脱贫示范基地10个，其中全国2个，省级3个，市级5个。各基地现已吸纳"建档立卡"贫困户800余户，带动5 000余名妇女增收。

【暑期留守儿童安全】 2018年，区妇联调研暑期留守儿童基本动向情况，采取摸底、询问走访、调查表方式进行调查，即：农村留守儿童自身情况（包括年龄、学习成绩、生活情况、安全问题）、主要表现及家庭情况，当地政府是如何采取措施解决问题等方面。截至2018年8月3日，在暑期里，农村留守儿童6 170人。其中留守儿童前往外地看望务工父母儿童：幼儿园及以下210人、小学557人、初中291人；留守参加学校或儿童之家等组织活动儿童：幼儿园及以下105人、小学83人、初中80人，普通在家留守儿童4 844人。

【党建工作】 2018年，区妇联组织学习《党的十九大精神提纲》4次、上党课4次、理论中心组学习11次、重温入党誓词3次、主题党日活动11次，完成支部规范化建设目标。

【宣传培训】 2018年，区妇女儿童工作委员会利用"春运""三八"节、"六一"节等节日，围绕《两个规划》目标任务，向群众开展普法宣传。开展男女平等基本国策进机关、进党校培训。全年，发布各类活动信息简报183期。

【《两个规划》实施】 2018年，区政府及妇儿工委成员单位对《两个规划》督导评估中存在的农村生活垃圾无害化处理、育龄妇女健康教育覆盖率，农村公办幼儿园少、领导班子中配备女干部少、婴儿母乳喂养率、农村集中供水普及率、农村卫生厕所普及率、学前三年女童毛入园率、女性平均受教育年限、以社区为单位的养老服务覆盖率、法制课时、教材、师资落实率，中小学法制副校长（辅导员）配备率，中小学法律知晓率等问题，采取措施，促进妇女儿童重点难点指标落实。建立成员单位例会制度。每年召开1次妇儿工委全委会议和联络员会议，交流情况，研究探讨两个规划实施过程中重点难点问题及解决问题对策。由区妇儿工委办协调，统计局牵头，成立统计监测组和专家评估组，监测评估范围涉及影响妇女儿童发展各个领域。区监测评估领导小组要求各成员单位明确1名专人负责数据、材料等相关资料收集和汇总，形成比较完善的统计监测网络。

【妇女儿童健康水平提高】 2018年，区、乡、村三级卫生保健网络健全，全区100%乡镇和行政村（社区）配齐妇幼专干和妇幼保健员。开展婚前、孕前等检查工作，婚检率86.39%，孕产妇产前医学检查率99.21%。孕产妇死亡率、新生儿和5岁以下儿童死亡率控制在指标之内。婴儿死亡率6.4‰，孕产妇住院分娩率99.87%，儿童常规免疫接种率在99.5%以上，传染病发病率得到控制。

【妇女儿童受教育水平提升】 2018年，全区小学学龄儿童净入学率99.55%，初中阶段毛入学率97.34%，九年义务教育巩固率达86.8%，妇女接受职业教育和职业培训比例、女性参加职业技能培训人数增加。

【妇女参政议政能力增强】 2018年，区委、区政府、人大、政协和乡镇领导班子中妇女干部配备增加，妇女干部占干部总数的21.5%；在村级换届选举中，动员和组织妇女依法参与民主选举，村（居）民委员会成员中至少有1名女性；区人大代表中，女代表占37.9%；区政协委员中，女委员占34.6%；乡镇人大代表中，女代表占35.3%。

【妇女儿童社会保障】 2018年，全区女性参加各类保险人数均逐步提高：基本养老保险女职工0.87万人、失业保险女职工0.64万人、基本医疗救助女职工1.8万人、城镇居民医疗保险女性35万人、工伤生育保险女职工1.06万人、城乡居民社会养老保险女性21.24万人。

【妇女儿童权益保障】 2018年，昭阳区由区委政法委牵头，建立公安、检察、法院、司法、妇联多个部门参与维权联席会议制度，定期召开联席会议；开通12338维权热线，在各乡镇派出所设立110反家暴投诉点26个；区民政局在救助站设立反家暴庇护点。

【表彰】 区妇联，获昭通市社会治安综合治理委员会授予"行业平安创建先进单位"称号。

昭阳区被昭通市评为实施《两个规划》示范县；赵声跃，获云南省红十字会救灾中心授予"蒲公英奖章证书"。

法 治

昭阳区政法委

【社会维稳】 2018年,昭阳区完成"两会"、南博会、博鳌亚洲论坛、中国马铃薯大会、昭通苹果大会等重要节点维稳工作,未发生一件影响稳定重大案件事件。对退役老兵、20世纪90年代末统招未分配的大中专毕业生、泛亚投资人等涉稳重点群体,成立工作专班,制定工作方案,按照"属地管理、分级负责"和"谁主管、谁负责"原则,落实责任到具体部门和责任人,稳控重点群体人员。执行《重大事项社会稳定风险评估制度》,督促责任主体增强风险意识,落实风险评估,完善应急预案,降低稳定风险。搜集涉稳信息,对可能影响社会稳定苗头性、倾向性问题,制定防范措施,向责任单位发出预警或督办通知。全年搜集涉稳信息300余条,下发预警通知51份,成功处置昭通第一、二人民医院疫苗等事件10余起,防止重点群体、重点人员外出参与聚集或越级到昆进京上访50余起。

【信访工作】 2018年,全区化解信访积案9件,办结14件;19名责任人分别受到提醒谈话、通报批评等处理。省委巡视组和市委巡查组交办386件信访件,按照"属地管理、分级负责""谁主管、谁负责"原则,统一登记、分类交办、归档管理,全部办结,办结率100%。全年,昭阳区到京非接待场所有关人员64批次78人次,到京越级上访73批次90人次,到省越级上访133批次215人次,到市上访100批次948人次,区级上访305批次2 325人次。共行政拘留违法上访人67人,刑事拘留2人。

【扫黑除恶专项斗争】 2月8日,区委召开常委会专题研究全区扫黑除恶专项斗争。2月9日,召开全区动员大会。制定下发《昭阳区扫黑除恶工作方案》,成立领导小组,安排专项工作经费100万元。2018年,召开打赢扫黑专题会议和联席会议12次,排查各类线索78条,成功打掉涉恶团伙4个,抓获犯罪嫌疑人39人,刑事拘留38人,取保候审5人,逮捕21人,移送起诉37人,破各类案件18起。

【打击刑事犯罪】 2018年,全区公安机关立各类刑事案件4 653起,同比下降8.84%。破案1 331起,同比下降4.86%;破案率28.61%,同比上升1.2%。查处治安案件2 426起,同比下降37.73%;查处违法人员3 259人,同比上升47.47%。

【禁毒整治】 开展"冬春扫毒""打零收戒""禁种铲毒"等专项整治行动,创新"2+3+4+5+6"工作方法,抓好社区戒毒和社区康复工作。全区禁毒整治工作得到国家禁毒委、公安部肯定,并向全国推广。2018年,共破各类毒品案件161起,抓获犯罪嫌疑人183人,缴获毒品121.91千克,查获吸毒人员1 031人,同比分别上升21.05%、32.61%、121.31%和30.8%,强戒775人,社康社戒人员动态管控率提升至90%以上。

【交通消防】 2018年,查处各类交通违法行为218 829起,发生交通事故12 490起,死亡38人;发生火灾87起。全年未发生一起重特大交通事故和消防安全事故。

【调解工作】 2018年，调解矛盾纠纷2 369件，调解成功2 301件，调解成功率97.1%。

【基层综治建设】 2018年，全区建成乡级综治中心17个、村级综治中心109个，增加综治中心专职和兼职工作力量196人。凤凰街道综治中心通过省级示范点验收。

【平安创建】 在成功创建省级平安城市基础上，加大平安医院、平安校园、平安小区等17个行业平安工程创建工作，全区行业平安工程创建覆盖率95%、达标率90%。重点整治社会治安、缉枪治爆、公交反扒，开展"排隐患、强整治、防风险"等专项行动，严打暴力、侵财等关系群众切身利益的违法犯罪。

【司法工作】 区检察院依法审查批准逮捕461件706人，提起公诉504件733人。发送《流程监控通知书》12份、《公开法律文书》167份，组织案件评查193件。监督公安机关应当立案而不立案19件19人，发出《纠正违法通知书》26份，纠正漏捕27人，决定不起诉21件31人。区法院收到各类诉讼案件8 301件，审结6 125件，受理执行案件1 808件，执结案件1 505件，对拒不履行生效法律文书的被执行人司法拘留177人次，移送公安机关侦办拒执罪2件，冻结存款2 459.92万元，执行到位标的额26 725.35万元。

【法治宣传活动】 在国家安全日、禁毒日、邪教专项整治等活动中开展法治宣传，全年组织各种活动60余场次，发放宣传资料10万余份，张贴和悬挂宣传标语200余条。

【政法队伍建设】 专项整治政法队伍纪律作风，成立领导小组，制定下发《专项整治活动方案》。7月17日，召开昭阳区政法队伍纪律作风专项整治活动动员大会，启动专项整治活动。通过召开群众座谈会、回访案件当事人、走访服务对象、开设监督平台、设立举报箱、书面征求意见等形式广泛征求意见建议。各政法部门党委（党组）和全体政法干部剖析查找存在问题，形成班子和个人对照检查材料，如实报告本人、配偶和共同生活子女固定资产情况和投资经商办企业情况。制定《督查工作方案》，邀请人大代表、政协委员、纪检干部、律师等22人组成3个督查组，全面督查各政法部门及其派出机构，通过走访和回访管理服务对象、开展个别谈话、抽查案卷卷宗等方式，查找各部门在队伍管理方面存在的问题，通报责任部门加以整改，促进政法队伍纪律作风改善。

【表彰】 李方耀，获昭阳区委、区政府授予"2017年年度政法综治维稳及平安建设工作先进个人"称号。

昭阳区检察院

【打击刑事犯罪】 批准逮捕各类犯罪嫌疑人523件802人，同比件数减少3%、人数增加3.4%。向法院提起公诉614件902人，同比件数减少7.1%、人数上升0.4%。其中，故意杀人、绑架、强奸等暴力犯罪嫌疑人25人，"两抢一盗"犯罪嫌疑人269人，涉枪涉爆犯罪嫌疑人18人，毒品犯罪嫌疑人127人。

【"扫黑除恶"专项斗争】 制定《昭阳区检察院扫黑除恶专项斗争工作方案》，成立专项斗争工作领导组，排查线索，加大宣传，打防结合、标本兼治，推动源头治理。依法批准逮捕黑社会性质组织犯罪案件2件19人，涉恶犯罪案件2件9人，纠正漏捕9人，移送起诉1件15人。提前介入涉黑、涉恶案件1件。向云南省人民检察院刑事执行检察局移送涉黑、涉恶犯罪线索1条，向昭阳区扫黑除恶办移送涉恶线索3条。

【社会管理综合治理】 批准逮捕破坏社会主义市场经济秩序犯罪嫌疑人38人，起诉25人；批准逮捕非法吸收公众存款、集资诈骗犯罪嫌疑人3人，起诉2人。开展送法进机关、进乡村、进社区、进学校、进企业活动20余场，发放各类宣传资料10 000余份，参与"预防青少年犯罪""预防校园欺凌"等专项治理，开展"擦亮未检品牌"为主题的检察开放日活动，到昭通一中、昭阳区一中、北闸中学、永丰镇簸箕湾小学、大山包中小学等学校开展法治讲座。

【接待来访工作】 检察长接待来访人员20人，批办来访案件1件。建设12309检察服务中心，推动健全完善第三方参与化解涉检矛盾纠纷制度，建立律师工作站和值班制度，律师参与化解和代理涉法涉诉信访案件工作。

【控告申诉工作】 受理控告申诉和举报159件，受理民事行政监督案件45件，办理刑事赔偿案件2件，立案1件，决定给予赔偿1件，办理上级院交办案件9件。

【司法救助工作】 办理司法救助案件21件，发放救助金13.5余万元。

【落实宽严相济刑事政策】 对主观恶性较小，犯罪情节轻微的初犯、偶犯、过失犯和未成年人、老年人犯罪案件，依法决定不批准逮捕91件178人；对犯罪情节轻微案件，依法决定不起诉21件84人。完善轻微刑事犯罪案件快速办理机制，对犯罪嫌疑人真诚悔罪、赔礼道歉并积极赔偿损失、取得被害人谅解的案件，由被告人依法向法院提出从宽处罚的检察建议。

【查处职务犯罪】 受理昭阳区监察委移送审查起诉职务犯罪案件3件3人。其中，决定逮捕职务犯罪嫌疑人1人，提起公诉5人。在办案中发现公职人员违纪违法并向监察委移送问题线索7条。

【刑事立案监督】 监督侦查机关立案26件、撤案9件（包括监督行政执法机关移送侦查机关立案情况）。

【侦查活动监督】 提前介入重大疑难复杂案件3件次，依法监督纠正漏捕30人、漏诉7人，监督纠正侦查活动违法情形36件次。推动完善重大、疑难案件侦查机关听取检察机关意见和建议工作机制，探索在昭通市公安局昭阳分局南城派出所设立"派驻检察官办公室"，提前介入重大疑难复杂案件7件次；监督派出所撤案10件，其中1件已撤案，9件正在处理中。

【刑事审判活动监督】 共发出《纠正违法通知书》6份；对确有错误刑事判决，提出抗诉5件18人，均得到昭通市人民检察院支持。

【刑事执行检察监督】 开展"维护在押人员合法权益"专项活动，办理羁押必要性审查案件79件，建议变更强制措施42件，其中37件被采纳；办理刑事执行违法违规案件49件，办理监外执行违法案件90件；监督收监执行罪犯2名。

【民事行政检察监督】 办理各类民事行政检察监督案件85件。其中，办理民事生效判决监督案件2件，提出抗诉意见1件，得到昭通市检察院采纳；办理支持起诉案件43件。召开听证会3次，追讨农民工工资40余万元；办理监督民事执行案件22件，向法院发出检察建议20份；办理行政执法监督案件18件，向相关单位发出检察建议18份。

【未成年人检察监督】 依法批准逮捕未成年犯罪嫌疑人36件67人，提起公诉29件73人。对未成年人刑事案件开展社会调查72人、帮助教育回访20人50次。依法不批捕未成年犯罪嫌疑人9人、不起诉16人，其中附条件不起诉11人。参与社会治安综合整治，发出检察建议5份，均被采纳。成立"小披毡"未检工作室。与民政、教育、共青团、妇联等部门协作配合，推动建立未成年被害人综合保护机制。

【接受人大、政协和人民群众监督】 全年，邀请省市区人大代表、政协委员、特约检察员、人民监督员来院监督、指导工作15次，参加案件庭审观摩活动2次，参加检察开放日活动1次，向社会公开重要案件信息60条。

【创新检察工作】 推进司法体制改革。完善配套政策措施，落实司法责任制，管理检察官、检察辅助人员、司法行政人员"三类人员"，落实入额院领导办理重大疑难复杂案件，建立检察官办案组和独任检察官两种办案组织，执行检察官权力清单，完善内部监督制约机制。实施检察机关提起公益诉讼制度。维护国家利益和社会公共利益,立办公益诉讼案件118件。其中,办理环境污染领域、饮用水源地保护区污染行政公益诉讼3件,食品药品安全类行政公益诉讼115件;向行政机关发出诉前检察建议114份。推进案件管理机制改革。全程、动态监督和管理案件流程,向办案部门发出提示函20份,发送流程监控通知书14份,质量评查案件252件,运用检察机关案件信息公开网发布重要案件信息26条,公开法律文书294份,发布程序性信息966条。

【队伍建设】 开展"新时代讲习所""基层党建巩固年""支部规范年""不忘初心、牢记使命"主题教育和"两学一做"学习教育。教育引导全体干警树立纪律和规矩意识,守住为人、做事基本准则和底线,遵纪守法,按规矩办事。多次组织干警学习培训,培养业务尖子和办案能手;结合司法实践,组织80余人次参加实用性岗位练兵活动,推进队伍正规化、专业化、职业化建设。

【检察文化建设】 2018年,区院在各级报刊、网络媒体共发稿102篇。

【脱贫攻坚】 区检察院挂包帮扶点——永丰镇小闸村、元龙村、海边社区和绿荫社区,派出8名干警驻村帮扶,为小闸村、元龙村配齐电脑、打印机等办公设备,划拨扶贫工作经费4万元,开展驻村帮扶和"挂包帮""转走访"工作,为元龙村和海边村协调争取136万元苹果产业配套建设项目。院领导多次带队进村入户实地开展走访、慰问和检查督导工作。

【保密教育培训】 1月18日,区检察院召开保密教育培训会,邀请昭阳区保密局工作人员来院授课,对全院干警进行保密教育培训。

【春节前安全大检查】 2月8日,区院驻看守所检察室干警在分管副检察长鄢显浩和昭通市公安局昭阳分局分管领导副政委洪昌云带领下,到昭阳区看守所开展安全防范大检查。

【罗朝峰到区检察院调研指导检察工作】 3月15日,昭通市政法委书记罗朝峰到昭阳区检察院,调研司法体制改革等工作。罗朝峰先后视察昭阳区检察院案件管理部、刑检办案工作区、检察文化长廊等办公办案场所。

【区检察干警王崇康救跳水轻生女】 3月17日上午6时,区检察院干警王崇康在望海公园救起一名跳水轻生女。

【朱春莉到区院督导调研司法责任制工作】 3月19日下午,省检察院研究室主任朱春莉、案管办主任吴志力一行在市院研究室主任吴道文陪同下,到区检察院督导调研司法责任制改革工作。

【余伟军到区检院调研工作】 3月28日,云南省综治办调研员余伟军、云南省关工委郭蕾、昭通市关工委常务副主任皮永宏一行莅临区检察院,调研未成年人司法项目工作,区院分管副检察长鄢显浩及相关干警陪同调研。

【宋兵到昭阳区院调研】 3月29日,市检察院党组副书记、副检察长宋兵带领市院刑事执行检察局副局长梁平一行到区检察院调研。

【组织干警义务献血】 4月10日,区人民检察院组织开展"无偿献血"活动,共有10余名党员干警报名,其中6名同志献血2 000毫升。

【王建雄上专题党课】 4月13上午,区检察院党组书记、检察长王建雄为全体干警上一堂专题为"加强作风建设,锻造昭阳检察铁军队伍"的党课。

【区检察院举办"检察开放日"活动】 5月31日,区检察院在昭阳区永丰镇簸箕湾小学举办"擦亮未检品牌"主题检察开放日活动,部分人大代表、政协委员、区政法委、区教育局、团区委等多家单位代表应邀参加。

【王建雄督导脱贫攻坚工作】 7月5日,昭阳区检察院党组书记、检察长王建雄到区院挂钩永丰镇小闸村、元龙村、海边村和绿荫村4个扶贫点,督导检查"户户清行动"落实情况,党组成员、副检察长张洪兵陪同参加检查。

【区委纪律作风专项整治督查组到区院督查指导工作】 8月1日,区委政法委马培忠副书记率区委督查第一小组一行4人,督查区检察院队伍纪律作风专项整治工作情况。院党组书记、检察长王建雄,党组成员、副检察长张洪兵等班子成员参加情况汇报会。

【罗正国等到区检察院调研指导工作】 8月14日,区检察院特邀请区人大常委会主任罗正国、副主任董睿武及各委室主任到区检察院调研指导工作,区检察院在家党组成员及部分干警参加座谈。

【谭理等到区院调研指导工作】 8月15日下午,省院司法警察总队政委谭理、综合科科长刘洪福一行,在市院政治部主任彭震、支队政委辛天云等人陪同下,到区院调研指导司法警察工作,并召开调研座谈会。会议由区院党组书记检察长王建雄主持,副检察长张洪兵及公诉部、侦查监督部、控告申诉、民事行政检察部、案件管理部、政治部等部门负责人参加调研座谈会。

【鲍德珠等到区检察院调研工作】 8月27日,云南省关工委常务副主任鲍德珠、办公室副主任周媛媛、昭通市关工委常务副主任皮永宏、副主任林登榜、昭通市委办副主任顾英毅、昭阳区委常委、政法委书记李文明等领导一行到区检察院,调研昭阳区未成年人司法项目工作,区院分管副检察长鄢显浩陪同调研。

【吴林局长到区看守所开展巡视巡查工作】 9月10~12日,昭通市人民检察院刑事执行检察局局长吴林,在昭阳区检察院副检察长鄢显浩、刑事执行检察部干警、昭阳区看守所所长邓福泉陪同下,到昭阳区看守所开展为期3天的巡视巡查工作。

【举办"走进12309·检察为民新体验"活动】 11月20日上午,区检察院举办"走进12309·检察为民新体验"及关注公益诉讼和脱贫攻坚工作为主题的系列活动。活动邀请市、区人大代表及市、区政协委员共10人到场,参观、听汇报、座谈、建言献策。

【袁晓渝到区院督导调研扫黑除恶工作】 12月6日上午,昭通市检察院党组书记、检察长袁晓渝在市检察院副检察长王永群、侦监处处长罗婧及公诉处处长杨智陪同下到昭阳区检察院督导调研扫黑除恶专项斗争工作。

【江洪到区院考核扫黑除恶专项工作】 12月26日,区政法委副书记江洪等考核组一行到区院考核扫黑除恶工作,党组书记、检察长王建雄参加会议。

【表彰】 马金泽,获云南省人民检察院授予"全省未检业务标兵"称号。

吴立新,获昭通市人民检察院授予"三等奖"。

罗芳,获昭阳区委、区政府授予"信访工作先进个人"称号。

魏业萍,获昭阳区委、区政府授予"文学艺术奖美术类"奖。

昭阳区法院

【受案情况】 2018年,共受理各类案件9 139件,审、执结8 144件,结案率89%,审限内结案100%,同比收结案数增长16.5%和17%。全年收案数较2017年增加1 483件,结案数增加1 408件。

【刑事审判】 收案732件1 075人,审结668件963人,结案率91%,同比收结案分别下降7.3%和7.8%。审结故意杀人、故意伤害、"两抢一盗"、绑架、强奸等犯罪案件274件,判处罪犯394人。审结涉毒案件116件,判处罪犯118人。审结危险驾驶犯罪案件31件,判处罪犯31人。审结贪污、贿赂、渎职等职务犯罪案件7件,判处罪犯17人。对182名具有从宽情节的初犯、偶犯、从犯、未成年犯等依法判处缓刑。为32名未成年被告人指定辩护律师。

【民商事审判】 收案5 659件,结案4 945件,结案率87.3%,同比收结案分别上升13.6%和7%。调解及撤诉案件2 683件,调撤率54%;对于调解不成的案件及时依法作出裁判。审结婚姻家庭、相邻纠纷、交通事故损害赔偿及劳动就业、社会保险、教育、医疗等涉民生案件2 718件。审结民间借贷案件539件,结案标的8 000余万元。审结农民工讨薪案件151件,结案标的近150万元。巡回审理案件395件。

【行政审判】 收案226件,结案205件,结案率90%,收案同比上升15.8%,结案持平;审查行政非诉执行案件89件,裁定准予执行78件。

【执行工作】 全年共收执行案件2 522件,执结案件2 326件,执结率92%,收结案同比分别上升40%和50%,执行到位标的2.7亿元。利用网络查控系统财产查询7 000余次,查封、冻结、扣划财产案件294件,冻结存款3 010.85万元,查封房产42套、车辆186台。司法拘留179人次,罚款6人,共22.1万元,移送公安机关侦办拒执罪2件。公布失信被执行人405人次,限制高消费1 505人,在电视台发布敦促履行义务公告播出1 000余次,在公共场所张贴公告600余份。4月,区院邀请10家新闻媒体及40余家执行协作单位召开执行新闻发布会,集中兑现执行案款720万元。元旦、春节期间,执结涉民生案件183件,执行到位金额1 765万元;向27名困难当事人发放司法救助金29.8万元。办结执行信访案件27件,案件办结率100%。

【司法服务】 建立律师安检"绿色通道",开通"12368"司法服务热线,处理来电2 451件,直接回复率94%。免收建档立卡贫困户诉讼费,全年共减、缓、免交诉讼费180余万元。搭建审判流程、庭审活动、裁判文书、执行信息四大公开平台,全年裁判文书上网3 584份。及时公开审执信息,通过新闻发布会、宪法宣传日及"法院开放日"等活动,邀请人大代表、政协委员、基层调解员和人民陪审员等旁听案件审理、监督案件执行、参与案件评查。全年共处理群众来信143件,接待来访群众1 103人次,其中院领导接待176次469人。102名陪审员共参审案件4 007件,陪审率65%。

【"法律六进"宣传活动】 2018年,区院新选派12名法官干警受聘为昭阳区法治班主任,在中小学开展法治讲座,听课学生超3 000人。选择"三养"案件、涉毒案件等就地开庭巡回审判。全年开展普法宣传13次,发放宣传资料3 600余份,庭审同步录音录像13件,庭审直播5次,召开新闻发布会1次,在省、市、区级各类宣传媒介上发表宣传稿件60篇次。

【党建工作】 全年召开院党组中心组学习会11次,院领导讲党课9次,以支部为单位开展党建理论专题学习960余人次。落实"三会一课"、民主评议党员等制度,开展规范化党支部创建、纪律作风专项整顿。落实党建责任,"抓党建带队建促审判",实行机关党建述职考核评议制度。推进庭长办案常态化,庭长全年办结各类案件3 284件,占全院42%。

【队伍建设】 组织观看《永远在路上》《巡视利剑》《绝不姑息》等警示教育片及廉政党课学习5次。落实"一案一承诺书"制度,业内业外监督法官。分批次组织干警参加省高院和市中院的专项业务培训200余人次。撰写各类论文8篇,案例分析16篇。

【脱贫攻坚】 区院抽调10名干警驻村参与全区脱贫攻坚工作。院领导先后10余次率队到村核实贫困户信息,开展动态调整和助学帮扶等工作,与村两委专题座谈6次,召开会议8次,走访慰问老党员、困难群众20余户,走访顺山、坪子、苏家院村群众826户1 578人。

【表彰】 乐居法庭,获昭通市中院授予"集体三等功"、荣获云南省高院授予"全省优秀人民法庭"。

民事精审团队,获昭通市中级人民法院授予"先进基层党组织"称号。

妇委会,获昭通市妇联授予"巾帼建功先进集体"称号。

潘荔,获昭通市中级人民法院授予"个人三等功"称号。

罗钺荣,获昭阳区政府授予"2017年年度烟草专卖执法先进个人"称号。

保家鹏,获昭通市中级人民法院授予"优秀党务工作者"称号。

赵声礼、蒋忠国,获昭通市中级人民法院授予"优秀共产党员"称号。

张鸣侦,获昭通市中级人民法院授予"昭通市法院系统精品案例"奖,获昭通市司法局、市普法办授予"'我与宪法'有奖征文《司考路上,宪法同行》获三等奖"。

陈显栋、杨传花、罗天华、王刚、祁克彬、李荣、王国娟、王应五、陈浩,获省高院"2018年天平荣誉奖章(法院工作二十年)"。

昭阳区法制局

【执法培训】 完成政府常务会《云南省重大行政决策程序规定》《中华人民共和国宪法(修正案)》和《地方领导干部安全生产责任制规定》2次学法任务;专题培训区政府领导、各单位主要领导100余人法治政府建设。先后派出5人参加依法行政专题培训。启用云南省行政执法证件管理系统和行政执法人员网上考试系统,指导全区各执法单位完善系统信息、执法人员信息录入和审核工作。

【法制审核工作】 制定《昭阳区人民政府重大行政决策程序规定》和《昭阳区人民政府重大行政决策事项清单》以及《昭阳区人民政府重大行政决策公众参与制度》《昭阳区人民政府重大行政决策专家论证制度》《昭阳区人民政府重大行政决策风险评估制度》等7项配套制度,公众参与、专家论证、风险评估、合法性审查和集体讨论决定五项制度是对重大行政决策五大法定程序的细化,责任追究制度是对《云南省重大行政决策终身责任追究办法(试行)》加以细化、补充和完善。同时,跟踪、调查与评价重大行政决策实施情况,起草《重大行政决策实施后评估制度》。2018年,为区政府及相关单位提供法律咨询120余件次,其中出具《法律意见书》62份;召开各类听证会2场次,内容涉及违法石材加工及高速公路建设方面。

【规范性文件管理】 参与制定《昭阳区农村宅基地审批暂行办法》《昭通中心城市国有土地上房屋征收与补偿暂行办法》规范性文件。审查规范性文件2份和各类文件50余份。2010年5月1日至2017年12月31日,组织全区规范性文件专项清理工作,共清理64 568份文件,区法制局承担区政府及区政府办8 171份文件清理工作。全区共清理出保留规范性文件3份,废止6份,失效7份。全面清理全区相关单位对规章和规范性文件等设定各类证明事项,按时完成清理工作,并上报市法制办。

【行政复议工作】 2018年,收到行政复议申请9件。受理6件,其中办结2件(均维持原行政行为)、在办理中4件、不予受理1件、转相关单位处理2件;作为被复议机关和第三人收到行政复议答复通知书8件,其中收到市人民政府复议办公室7件,省人民政府行政复议办公室1件。

【应诉工作】 2018年,区法制局指导、办理区政府为被告的涉法涉诉事务43件,其中36件还未开庭。一审已开庭8件,裁定驳回起诉2件,原告撤诉2件,败诉4件。

昭阳区公安局

【情报信息工作】 2018年,分局排查化解各类矛盾纠纷300余起,成功处置10起可能影响全区乃至全市稳定的重大突发事件。

【信访工作】 共接收来信来访1 620件次,接待来访1 140人次,参与处置进京访46件次,赴昆解信访事项90件,刑事打击处理2人,行政处罚42人。

【接处警工作】 共接报警情137 350起,其中有效警情31 132起。4月1日,在全警情录入工作中,接报录入各类警情98 152条,其中有效警情20 507条、无效警情77 645条,同比有效警情上升16.32%。在指挥大厅制作上墙周警情分析柱状图,利用周例会,在全局各科所队长层面通报每周警情,分析发案规律特点,调整巡防区域重点,提出打防对策和意见。

【危险物品安全管理】 严格枪支弹药、爆炸物品等危险物品安全管理,严防枪支弹药、危爆物品被盗、丢失。侦办涉枪涉爆刑事案件9件,刑事拘留13人,起诉8人,查处涉爆行政案件4件,处罚涉爆单位3家,罚款33万元;查处涉烟花爆竹行政案件16件,行政拘留2人;查处非法持有管制刀具治安案件1件,行政拘留1人;收缴各类违法枪支21支,子弹5发,其他弹丸121发,炸药1 000余千克,雷管1 305发,手榴弹4枚,烟花爆竹2 000余件,管制刀具169把,其他器具300余件;销毁烟花爆竹、过期炸药、雷管6次。

【行业管理】 检查内部单位690家,涉危单位56家545次,排查可疑场所41处,整改隐患31家36条;督促新安装旅店业系统526家;管理控制物流寄递、印章、典当、废旧收购、开锁等特种行业。

【查处治安案件】 1~12月,共查处治安案件4 609起,同比上升10.37%;查处违法人员3 796名,同比上升55.04%。摧毁一公交车扒窃团伙,抓获犯罪嫌疑人24人。行业场所治安管理常态化,防止行业场所涉黄涉赌治安问题出现反弹;集中整治农村地区流动摆赌问题,成功打掉在昭阳永丰、小龙洞等乡镇9个流动摆赌违法犯罪团伙。

【社区警务工作】 打造永丰派出所三甲、蒙泉派出所、凤凰派出所海楼路、南城派出所双院子、太平派出所省耕山水等7个具有代表性示范警务室,探索以警务室为据点的农村地区群防群治、城区规模化开放性小区治安管理、大型城市综合体治安管理、平安校园平安小区创建等警务工作新模式。

【应急演练】 分局联合相关单位开展消防、交通、地震、反恐等突发事件应急演练219场次,落实保安人员培训2次1 290人次。

【打击刑事犯罪】 全区公安机关立各类刑事案件5 475起(其中年前案件859起),同比下降11.36%;破案1 750起(其中年前案件237起),同比下降0.57%;破案率31.96%,同比上升3.47个百分点。逮捕805人,同比上升1.13%;起诉1 102人,同比上升12.45%。同比,实现"四降四升":刑事总立案数、抢劫、抢夺、盗窃立案数下降;综合破案率、诈骗破案数、犯罪嫌疑人批捕数、起诉数上升。其中"四降":刑事总立案5 475起,同比少立案702起,下降11.36%;抢劫立案63起,同比少立案79起,下降55.63%;抢夺立案30起,同比少立案45起,下降60%;盗窃立案3 468起,同比少立案1 318起,下降27.54%。其中"四升":综合破案率31.96%,同比上升3.47%;诈骗破案588起,同比多破案250起,上升73.96%;犯罪嫌疑人逮捕805人,同比增加9人,上升1.13%;犯罪嫌疑人起诉1 102人,同比增加122人,上升12.45%。成功打掉6个犯罪团伙,捣毁收、改、销赃窝点11个,追回被盗电动车、摩托车89辆。"两抢"案件立案93起,破案50起,同比少立案124起,"两抢"零发案天数222天,同比增加93天。

【禁毒整治】 抓获吸毒人员1 031名,同比上升30.8%,其中强戒775人;破获各类毒品案件174起,抓获犯罪嫌疑人201人,缴获毒品130.18千克,查获吸毒人员1 031人,同比分别上升13.73%、26.42%、132.29%和30.8%,社康社戒人员动态管控率提升至90%以上。

【交通消防安全管理】 全区公安机关查处各类交通违法行为218 829起,发生交通事故15 308起,致死53人,受伤3 900人,同比交通事故数、受伤数分别上升13.97%、7.32%,致死数下降8.62%,未发生群死群伤重特大交通事故。发生火灾事故99起,未发生重特大火灾事故。

【规范行政管理审批】 共审批户口11 957条（其中网上迁移10 977条、补录遗漏人口158条、删除重复户口528条、恢复户口294条）；办理户籍业务办理准予迁入证明999人次，解答群众咨询12 763余人次，临时身份证办证8 062人，审核办证信息88 067条。办理边境管理通行证76本；自助便民服务超市投入使用，通过自助身份证申领办证636人，取证548人；受理公民因私出（国）境申请17 405份，其中普通护照10 735份、港澳通行证双程证5 213份、单程证3份、大陆证1 774份、港澳签注申请257份、台湾签注申请54份，受理出（国）境申请同比上升约36%，登记管理临时入境境外人员789人，同比上升6%；累计采集"一标三实"基础信息160余万条，居全市第一。

【执法规范化建设】 按照"三统一"模式，强化民警程序和证据意识，防止案件久拖不决、超期羁押等刑事执法问题发生。针对重特大疑难复杂案件，法制大队民警提前介入，从案件定性、证据收集、依法处理等方面提出指导意见。与检察机关建立健全会商机制，交流研讨办理案件过程中遇见的疑难案例和棘手问题，堵塞执法漏洞。5月11日，在南城派出所成立昭阳区首个派驻检察官办公室。查找办案民警在案件侦办中存在问题及过错，制作下发《执法过错问责决定书》9份，增强办案民警责任意识，杜绝执法过错发生。举办优秀卷宗、典型示范派出所等评选活动。1~10月，考评刑事案件22件，行政案件49件，严格考核奖惩，做到奖优罚劣、失职追责。法制大队在每周例会上，围绕基层一线执法实战需求和执法办案风险点，讲解剖析相关新法新规、典型案例；警务实战教官每周组织讲评一个现场执法典型警务实战案例；法制大队针对命案类、伤害类、盗抢骗类、毒品类等案件进行点对点规范执法指引。

【防控排查廉政风险】 分局共梳理查找机构风险点76个，制定防控措施73条；梳理个人岗位廉政风险465个，查找风险点422个，制定防控措施445条，制定相关工作制度22个。

【辅警管理】 分局有辅警701名，年内，制定出台《昭通市公安局昭阳分局辅警管理规定》《昭通市公安局昭阳分局辅警工资制度》等，制度化、规范化警务辅助人员管理。

【脱贫攻坚】 分局先后组织275名干部职工到洒渔镇大桥、联合、新立、新海等4个村小组入户走访，核实致贫原因、帮扶措施等。年初，协调筹资2万元，购买棉被、大米等物资，到扶贫点开展爱心扶贫送温暖活动。3月8日，分局妇委会组织局机关各部门女民警代表20余人到洒渔镇新海村看望该村贫困留守儿童，为他们送去大米、爱心书包、文具盒、笔、篮球等生活用品和文体用品。整理完成2015~2018年行业部门扶贫档案资料，其中2015年1盒22件、2016年2盒57件、2017年7盒92件、2018年4盒。

【"放管服"改革工作】 按照《云南省公安机关服务群众提升效能22条措施》要求，由管理转向服务，由"被动等待"转向"主动上门"，流程由繁琐转向便利，创新"1234"工作模式：一个制度，即周例会工作制度；二个通道，即应急通道和绿色通道；三个轮流，即"管理员轮流当""岗位轮流干""党课轮流上"制度；四个服务，即普通话服务、礼仪性服务、咨询台服务、微信群服务。分流办证群众1 614人，办理证照3 178份，为5名残疾人和46名急事急办提供服务，为到香港参赛和公司组织到境外旅游等多家团体300余人提供预约办证服务。

【民警职业素质培训】 落实《公安机关人民警察训练条令》，完善入警训练、晋升训练和发展训练教学计划，推进民警职业素质建设，组织民警参加省、市公安系统组织各类培训10余期，参训民警150余人次。1 200名辅警分8期在昭通警校集中轮训，提高辅警业务素质。

【外宣工作】 制定《昭通市公安局昭阳分局新闻宣传管理规定》《昭通市公安局昭阳分局新闻发言人制度》等管理规定，在《昭阳警方》微信、微博等新媒体平台发布稿件1 000余条，总阅读量10 000余万次；在各类报刊发稿件90余条，在电视台、电台宣传80余次。

【公安文化建设】 分局组织参加省、市公安系统各类作品征集活动和评比活动。分局文联主席杨云彪获得云南省第八届警察文学一等奖,获得"云岭警星"荣誉称号;开展系列警营文体活动,以文化育警。

【优待民警】 分局为因公牺牲、因公致残民警、职工发放补助金及子女助学金70人次,总计55 730元;组织1 000余名民警干部、职工和离退休民警到市中医院进行健康体检;解决50余名民警职工子女入学问题。组织离休干部参观学习、节庆联欢、春夏郊游、老年运动会等活动;协调帮助申办关爱民警救助金和医疗互助金,走访看望慰问10人次。

【表彰】 杨永泉,获云南省公安厅授予"二等功"。

陈绍凯,获云南省公安厅政治部授予"优秀农村道路交通安全管理民警"称号。

李关林,获云南省公安厅政治部授予"优秀消防安全监督民警"称号。

游宇,获云南省公安厅政治部授予"'禁毒打零'优秀民警"称号。

张静、柯昌锐、龚福泽,获昭通市公安局授予"个人三等功"。

王兴开、刘厚其,获昭通市公安局授予"公安消防工作先进个人"称号。

艾大然、邓尚勇,获昭通市公安局授予"先进个人"称号。

蒋斌,获昭通市公安局授予"优秀基层所领导个人三等功"。

彭成国,获昭通市公安局授予"优秀破案能手个人三等功"。

廖吉祥,获昭通市公安局授予"信息化建设应用标兵个人三等功"。

蔡发磊,获昭通市公安局授予"警务训练标兵个人三等功"。

娄中治、张子云、姚茂,获昭通市公安局授予"个人三等功"。

戴剑、陈洪斌、马应耿、陈洪,获昭通市公安局授予"三等功"。

阮豪荣,获昭通市公安局授予"嘉奖"。

代宁,获昭通市公安局授予"第三届最美警察个人三等功"。

昭阳区公安交警一大队

【政治学习】 一大队党支部多次召开会议,下发《交警一大队学习宣传贯彻党的十九大精神〈工作方案〉》和实施意见,成立由大队长任组长学习领导小组,学习培训,专题辅导讲习,大、中领导以及民警、党员撰写学习心得体会136篇。大队主要领导撰写学习党的十九大精神理论文章,并上报区委宣传部。

【党风廉政建设】 一大队党支部有6个党小组,有48名党员,正式党员46名、预备党员2名,其中民警党员43名、职工党员1名、协警党员4名。7月,完善以大队长任党支部书记、教导员任副书记的新一届支部领导班子。先后制定《党组织任期目标》《基层党组织晋位升级和软弱涣散基层党组织整顿措施》《三会一课制度》《交警一大队"两学一做"实施方案》《党员固定活动日制度》《党员和群众结对联系制度》等。落实"三会一课""两学一做"制度。每季度召开1次党支部党员大会和开展1次讲党课活动;每月定期召开1次支委会,督促各党小组每月召开1次党小组会,严格党员会议考勤。全体党员参加学习并写学习笔记。全年,大队党支部组织活动4次、党员服务活动2次、主题党日活动50次。建立民警、协警纪律作风月分析研判制度,队伍未出现违法违纪事件。大队对民警、协警警示提醒谈话2次,劝退不适应交通管理工作协警18人,隐患排查和约谈工作2次;交心谈心对象413人次。11月20日晚,开展第二期队伍纪律警示教育培训,支委委员及150余名警员参加培训会。

【"两线"执法管理】 严格"两线"(斑马线、停车线)管理,一大队完善交通标志标牌,合理设置人行横道信号灯配,发挥视频监控、取证等设备效率,查处机动车"不礼让斑马线"、越线停车、闯红灯等违法行为,教育、劝导、制止行人闯红灯、在车行线等候、翻越隔离护栏、"中国式过马路"以及电动自行车逆向行驶、驶入机动车道、违反交通信号灯、越线停车、在人行横道线骑行、违反规定载人（物）、未悬挂号牌、非法拼改装、停车候客、非法营运等违法行为。

【整治工程运输车交通违法行为】 采取定点设卡、巡查整治、视频抓拍等方式，整治建筑工地、市政工程施工、渣土运输企业周边道路和建筑材料运输车辆出行集中路段、重点区域；对建筑施工车、渣土车、水泥罐车等车辆，从严查处违规入城、违反信号、非法改装、故意污损或遮挡号牌、放大号牌不清晰、不按规定悬挂安装号牌、不在机动车道内行驶等违法行为，规范工程运输车辆通行秩序。

【校园周边交通秩序及校车管控】 一大队辖区有大中专院校、中小学校、幼儿园70余所。针对辖区各所学校及校园周边道路通行特点，采取"建、把、育、控、查"常态化机制，即为70余所学校校车建立档案，审查校车驾驶人资格，督促学校经常性安全教育校车驾驶人，在上、下学时段提高见警率、管事率，设置校车检查点，完善校园周边交通标志标线、信号灯、隔离设施，织密校园周边交通安全网。

【宣传交通安全工作】 1月6日，一大队古城中队组织队员与辖区运输企业、学校，签订《2018年道路交通安全责任书》。与云南人民广播电台、云南电台交通之声、《云南法制报》、云南公安电子政务网、昭通人民广播电台、《昭通日报》等单位合作宣传交通安全。做到电台有声、电视有像、报纸有消息、网上有信息。大队组建机关党员文明交通宣传员、劝导员、志愿者队伍，在城区堵点、乱点处，在文明交通示范岗、示范路协助交警劝导机动车礼让斑马线，宣传、教育、劝导、制止不文明交通行为。1~10月，发稿72篇，进单位、企业、学校、上交通安全课32节，发放宣传画册18 000本，联系市、区电视台、电台随警报道24次，播放公益广告和交通安全提示42条，通过微博、微信公众号发布提示信息819条，教育36 000余人次。5月17日，昭通市交警支队在昭阳区毛主席广场开展组织"畅行中国，交警同行"五月交通安全宣传月活动，交警一、二大队共20余名民警参加此次活动，共发放宣传资料3 000余份。

【交通安保】 7月，昭通召开中国马铃薯大会，来自国外国内嘉宾2 228人。一大队确保交通安全保卫"三个不发生"：没有一个代表团嘉宾因交通保障不到位而延误行程；没有因发生长时间大范围交通拥堵而影响市民出行；没有发生交通事故。年内，大队执行交通保障任务104天，保障对象125个，共650次。

【脱贫攻坚】 一大队脱贫攻坚工作挂钩乐居镇乐居村、新河村，委派大队办公室领导任组长的5人工作组，投入办公经费10万元，驻村扶贫。

【行业业态调查】 3月5日，一大队组织人员，配合区工科局、区市场监督局，到26家汽车销售行业摸底调查行业业态，了解企业营业情况。

【"黄标车"淘汰治理工作】 一大队先后召开大、中队领导参加的5次专题会议，分析研究淘汰治理困难和问题，确保大队辖区内947辆"黄标车"在规定时限内办结手续，实现淘汰。

【查处交通违法情况】 1月1日至10月24日，一大队开展专项整治行动115次，现场查处交通违法184 875起，同比下降7.35%；处罚非机动车违法45 160起，同比上升27.2%；处罚无证驾驶871起，同比下降18.52%；处罚饮酒驾驶564起，同比上升30.86%；处罚查处涉牌违法97起，同比持平；行政拘留144人，同比下降10.56%；一次性记12分处理750次，同比下降0.53%（其中，记满12分后被注销驾驶证14起，同比持平；被降级77起，同比下降1.28%）。

【事故预防】 通报辖区"两客一危"重点运输企业及有校车幼儿园车辆违法情况，联合运政、安监等相关部门，不定期到辖区重点企业现场检查，倒逼企业落实主体责任。要求路面管理各中队排查各自辖区道路安全隐患，现场督促，及时整改隐患，中队不能整改的及时上报大队，由大队汇总后经分管领导审定上报区政府，并建议政府责成相关部门，采取有效措施清除隐患。1~10月，大队排查重点运输企业12次；下发《隐患整改通知书》30份、《告知书》30份；拟定辖区交通安全集中隐患报告2份，上报区人民政府及职能部门。

【规范事故处理程序】 规范接处警工作，有警必接、出警迅速，做好"三报告"工作：民警、队员到达现场第一时间报告指挥中心；把现场了解到的事故情况报告指挥中心，现场处置完毕，撤除现场；事故处理方式及时报告指挥中心。严格案件如实立案、统计、录入工作。杜绝弄虚作假、漏报、虚报、瞒报、篡改统计数据、不如实统计上报行为，严格规范事故处理流程，制作便民服务卡，执行当事人回话制度，实行预约服务，屯警路口街面，下沉事故处理人员到中队执勤一线，做到快速接处警、快速解决轻微财产损失交通事故，严防因交通事故带来交通拥堵。

【事故处理情况】 1~10月，一大队辖区内共接道路交通事故报警6 977起，同比上升7.55%。事故造成28人死亡，同比上升27.27%；1 128人受伤，同比上升22.60%；直接经济损失943.28万元，同比上升24.32%。完成微信自助处理轻微交通事故财产损失2 100起。先后侦破"4·10""4·20""6·11""9·15""9·24"重大交通肇事逃逸案件。

【其他服务管理工作】 1~10月，一大队车管分所办理五小车辆登记4 142辆，同比下降39%；办理摩托车驾驶证业务6 607个，同比上升60%。将昭阳城区电瓶车纳入使用电瓶车信息有据可查管理模式。1~10月，注册登记电动自行车12 109辆，完善上年余留电动自行车注册登记资料10 000余份；建立健全注册登记电动自行车信息档案数万份。

【酒驾治理】 2017年12月至2018年1月20日，一大队到三城办事处各个社区开展酒驾治理宣传活动。出动警力340人次，整治夜查酒驾17次，查获涉酒驾驶82起。

2月26日，一大队事故中队中队长蒋中伟、秩序中队罗凌，会同住建局、交通运输局、综合执法局等相关人员，到凤凰、龙泉、太平三城办事处对2017年"今冬明春"道路交通安全管理工作及昭阳区农村酒驾治理专项行动进行督导检查。

5月9日晚，一大队69人与参训学员84人混编成4个工作小组，在城区开展夜查行动。当晚检查各类车辆1 000余辆，查处纠正各类交通违法行为60起，其中查处涉嫌饮酒驾驶7起、无证驾驶6起。

【王方荣到一大队调研指导工作】 1月22日，云南省公安厅交警总队总队长王方荣一行在昭通市公安局副局长张鑫汉、市交警支队支队长杨朝邦陪同下，到昭阳交警一大队检查指导"两会"暨春运期间交通安全保卫工作。

【安全文明行车主题教育会】 1月23日，一大队组织辖区"两客一危"道路运输企业负责人、安全管理负责人、驾驶员开展以"讲文明、戒陋习、保平安"为主题的安全文明行车专题教育活动。

【联合组到三城办事处检查工作】 1月25日，一大队会同住建局、交通运输局、综合执法局，到龙泉、太平、凤凰三城办事处实地检查"今冬明春"道路交通安全管理、农村酒驾治理专项行动工作。

【杨亚林慰问一线执勤警员】 2月4日，市委书记杨亚林在市委常委、区委书记江先奎，市委常委、市委秘书长尹朝禹，区委副书记、区人民政府区长陶毅，市公安局副局长、区人民政府副区长、区公安分局局长王文生等市区领导陪同下到昭阳区看望慰问正在执行市区"两会"安保暨"冬防春运"交通保障任务的执勤交警。

【市领导慰问一线执勤警员】 2月7日下午，昭通市委副书记、市人民政府市长郭大进，市政协主席成联远，市委常委、区委书记江先奎，市人民政府副市长李春林，区人民政府区长陶毅，市公安局副局长、区人民政府副区长、区公安分局局长王文生及交警支队相关领导一行到昭阳区公安分局交警一大队龙韵雅苑岗亭慰问"冬防春运"工作期间一线执勤民警和交通辅警。

【一大队支委领导慰问离退休老干部】 2月9日上午,一大队支委委员、指挥中心主任陈家林,支委委员、事故中队中队长蒋中伟等领导一行代表大队班子看望慰问大队离退休老干部。

【夏仁华慰问一线执勤警员】 2月11日,昭通市总工会党组织成员、副主席夏仁华,副调研员陈丽霞,帮扶医助办主任黄晓燕等一行,在市公安局交警支队副政委、工会主席彭浦陪同下,到昭阳交警一大队凤凰一中队凤霞岗亭,看望慰问在"冬防春运"工作中的一线民警、协警。

【全国"两会"安保维稳夜查行动】 3月1日晚20~23时,凤凰二中队联合昭阳区特警、蒙泉派出所在迎宾大道集中统一开展全国"两会"安保维稳夜查工作,确保实现"五个不发生"和"五不"目标。本次整治凤凰二中队共出动警力20人、警车2辆、警用摩托2辆,查验车辆400余辆,查获涉嫌酒后驾驶1起、涉嫌无证驾驶2起、超员2起,查获管制刀具1把、非法持有枪支1起、其他交通简易违法行为8起,采取强制措施扣车3辆、扣证3本。

【其他夜查行动】 2月9日晚间,一大队联合巡特警大队在海楼路、昭通大道、二环东路设卡检查过往车辆,查处酒驾、涉牌涉证、超员等各类交通违法行为。

6月8~10日,凤凰二中队在海楼路凤禧祥瑞大饭店对面路段联合蒙泉派出所开展周末夜查整治工作。二中队出动警力30人,派出所出动警力20人,出动警车5辆次、警用摩托6辆次,查获饮酒后驾驶机动车2起,简易处罚10起。

8月12日晚,凤凰一中队在二环西路开展周末集中夜查统一行动,整治酒驾、醉驾、毒驾"三驾"违法行为。出动警力21人次、警车2辆次,检查车辆220余辆次,其中微型车30辆;查获并录入涉嫌酒后驾驶14起、无证驾驶5起,查获高噪音车辆1辆、微型车超员2起、其他违法行为10起,扣车17辆,扣证25本。

9月29日晚,凤凰一二中队分别在二环西路与团结路交叉口、二环南路与凤霞路交叉路口设置查验点,太平中队在昭通大道进站路口设置查验点。出动警力100余人,查验过往车辆1 000余辆,其中微型车200余辆;查获饮酒后驾驶机动车8起,录入8起;查获无证驾驶4起,录入4起;查获报废摩托车上路行驶1起;查获未悬挂机动车号牌1起,录入1起;查获其他违法行为12起,采取强制措施扣留车辆14辆。

【重点企业安全警示教育】 3月2日上午,一大队召集辖区公交公司、云南亚泰有限公司、长风公司、智诚旅游公司等重点运输企业安全管理负责人在大队三楼会议室召开重点企业安全警示教育会。

【警务通查缉布控功能运用培训会】 3月7日下午,指挥中心主任陈家林在大队三楼会议室召开警务通查缉布控功能运用培训会,各路面中队警长参加培训。

【违法查缉行动】 3月26日晚,昭阳区交警一大队出动警力5人前往大关县天星镇参与大关县交警大队重点违法查缉行动,严查严处"两客一危"、大货车、七座以上面包车等重点车辆以及"三超一疲劳"、非法改装、涉牌涉证、酒后驾驶等交通违法行为。共出动警力50余人,检查车辆320余辆,查获交通违法19起,其中无证驾驶违法6起、行政拘留6人,查获其他道路交通违法行为25起。

【重点车辆违法行为专项整治】 2月25日至3月,凤凰一中队针对微型车交通违法行为开展专项统一行动。凤凰一中队出动警力59人次、警车2辆次,查验并登记微型车700余起,签订《交通安全责任书及承诺书》700余份。

【执法大直播活动】 4月20日和4月23日下午,一大队分别在金融中心、珠泉路三孔桥红绿灯路段开展第一、二期执法大直播活动。本次直播分别围绕"创新路口管理模式提高路口通行效率""宁停三分不抢一秒"为主题,通过大队官方微博,在"一直播"平台网络直播,内容为查处机动车不礼让斑马线、逆行、机动车和非机动车行车打电话、闯红灯等交通违法行为。12月5日，凤凰一中队在环东路与学生路交叉路口设点，再次开展"机动车不礼让斑马线整治行动"主题现场大直播活动。

【省公安检查组到永安货运公司检查工作】4月24日下午，全省道路交通安全交叉检查组组长王保国一行4人到昭通检查运输企业安全。一大队大队长魏勇带领凤凰二中队中队长高应生、秩序中队中队长郑勇陪同检查组到大队辖区检查永安货运有限公司，并与企业座谈。

【企业"黄标车"治理淘汰工作约谈会】4月26日上午，一大队约谈昭通市机动车驾驶员职业技术学校、昭通市吉安机动车驾驶培训学校、昭通通驰运输有限责任公司、昭通长风成品油运输有限责任公司、云南亚泰金福实业有限公司5家企业负责人。

【盗窃摩托车、电瓶车违法犯罪专项整治】4月29日晚，一大队联合蒙泉派出所在远大广场进出城卡口开展专项整治打击盗窃摩托车、电瓶车违法犯罪行动。凤凰二中队共出动警力10人、警车1辆、警用摩托1辆，查验车辆200余辆，查获涉嫌酒后驾驶1起、涉嫌普通二轮摩托车无证驾驶1起、普通二轮摩托车不戴头盔2起、普通二轮摩托车逾期未落户1起、二轮三轮电动车未落户2起、不按规定走非机动车带1起、其他交通简易违法5起，采取强制措施扣车2辆、扣证2本。5月初，出动警力16人次，警车1辆次、警用摩托1辆，查验车辆200余辆，查获普通二轮摩托车不戴头盔3起、闯红灯12起、超员3起、违反规定载物1起。

【督查指导城乡人居环境整治工作】5月16日，副区长、区财政局局长刘凤慧率区检察院检察长王建雄、区市场监管局党委书记钟顺敏、交警一大队大队长魏勇、二大队教导员雷庆安等相关职能部门领导到乐居镇督察指导城乡人居环境整治工作。5月23日，26名党员到昭阳区乐居乡政府参与环境卫生整治工作。

【检查"两客一危"运输企业道路交安管理】5月14~18日，一大队联合运政等相关职能部门到辖区云南亚泰、昭通长丰以及昭通市公共交通有限公司等7家重点运输企业，开展"汛期"道路交通安全检查工作。

【"爱心护考交警同行"】6月7日上午11时，一大队在昭通市实验中学门前设立"2018爱心护考交警同行"直播点，就交警护考、便民服务举措、现场执勤执法情况进行实时直播。同日，一大队支委委员、法宣中队中队长雷成到凤凰一、二中队督导检查2018年高考保通、保畅工作和"夏季交通秩序集中整治行动"工作落实情况。6月7~8日，路面一线警员全员上路，完成2018年高考保通任务。出动警力600余人次、警车60辆，为3名考生及时送达丢失准考证，将1名走错考场考生及时送到考场。

【运输货运企业安全生产应急演练】6月12日下午14时30分，由昭通市道路运输管理局、昭通市公安局交警支队组织昭通市道路运输行业协会主办的2018年全市道路运输货运企业安全生产应急演练在昭通交通服务产业园区开展。

【农贸市场周边道路交通秩序整顿】6月15日，一大队联合综合执法大队到凤霞路农贸市场、学庄农贸市场周边，整治清理农贸市场周边机动车不按规定停车、乱停乱放、长期停放且无人认领的"僵尸车"，开具10余张违停告知单，拖移1辆达到报废标准的"僵尸车"。

【虎良斌一行到一大队检查指导工作】7月1日上午，市公安局交警支队政委虎良斌一行5人到一大队检查指导"中国马铃薯"大会交通安保工作，大队支委及相关人员参加会议，会议由一大队大队长魏勇主持。

【反恐、防恐演练】8月31日下午14时，由昭阳区住房和城乡建设管理局主办，区物业管理协会承办，阳区城投物业公司、区房地产管理局、区公安消防大队、区交警一大队、区园林绿化管理局、区反恐办、区巡特警大队协办2018年年度重点单位、重点部位反恐、防恐演练在昭阳区望海公园广场进行。各参加单位领导出席并观摩演练。区物业公司、园林局、燃气和供排水公司等多个部门参与演练。

【区委督查组到一大队检查指导工作】 9月19日，区人大常委会法工委主任、区委纪律作风教育整顿督查组第二检查组组长崔敏一行7人到一大队检查指导纪律作风教育整顿工作。

【绥江交警大队到一大队开展交叉检查】 10月19日，绥江交警大队教导员吕有才带领交叉检查组一行4人到昭阳交警一大队开展道路交通安全管理交叉检查工作。

【"防微治摩""百日攻坚"专项整治】 一大队在海楼路、昭通大道、二环路等重点路段集中开展严重交通违法整治统一行动，推进"防微治摩""百日攻坚"清零行动整治工作常态化。出动警力100余人次、警车6辆次、警用摩托8辆，检查车辆300余辆次，其中微型车40辆，呼气酒精检测筛查7人，查获并录入涉嫌饮酒驾驶7起、无证驾驶1起，查处脱检车辆1起、其他违法行为2起，采取强制措施扣车9辆，扣留驾驶证8本。9月，一大队共签收有效预警1 152条，成功拦截639辆，现场处罚603辆，拦截核实悬挂无号牌信息车36辆。年内信息化运用战果周通报中，昭阳交警一大队被公安部交管局通报表扬2次、省交警总队通报表扬5次。

【"12·2"全国交通安全宣传日活动】 12月2日，在毛主席广场举行"12·2"全国交通安全宣传日活动暨昭通首届"叮功杯"百日交通零违法挑战赛启动仪式。昭通市委宣传部、市公安局、市广电中心、市精神文明建设协会、交通警察支队等领导出席仪式，各个驾校代表队、交通志愿者代表队、参加"叮功杯"挑战大赛的各组代表队、小学生代表队、一大队20余名队员等1 000人参加启动仪式。

【"百日攻坚"专项行动】 12月11日，太平中队到辖区检查云南远泰物流有限公司、昭阳区飞龙托运部刚灿物流中心、攀楚物流、路顺托运部等物流公司安全。

【全区夜查大直播】 12月24日晚21时，在辖区金鹰大道、远大广场、建设北路、石庄路口、珠泉路老收费站等7个重点路段设置卡点，严查车辆乱停乱放、不遵守交通信号和标志标线、超员超速、涉牌涉证、酒驾等交通违法行为，向驾驶员发放交通安全宣传资料。共出动警力200余人、警车14辆，共检查过往车辆1 240余辆，其中微型车360辆，查获酒驾20起、无证驾驶12起、涉牌涉证1起、超员1起、其他违法16起，采取强制措施扣留车辆33辆，扣留驾驶证21本。

昭阳区公安交警二大队

【道路交通事故情况】 2018年，全队受理各类交通事故4 678起，死亡43人、伤1 590人，直接经济损失881.55万元（其中死亡事故41起，死亡43人、伤36人，直接经济损失13.31万元；伤人事故1 096起，伤1 554人，直接经济损失252.46万元；财产损失事故3 541起，直接经济损失615.78万元）。同比，事故增加1 074起，上升31%；死亡人数减少21人，下降32.8%；受伤人数增加365人，上升29.8%；直接经济损失减少138.4万元，下降13.6%。四项指数二升二降。4 678起事故案件中，已结案件4 664起，结案率99.7%。

【专项整治】 2018年，二大队开展各类专项整治工作35项223次，查处各类交通违法行为33 954件，现场纠违30 312起，其中无证驾驶1 030起、饮酒驾车80起、醉酒驾驶2起、拘留192人。

【督促客货运企业履行安全主体责任】 二大队与客货运企业签订《安全责任合同》5份，与驾驶人签订《安全驾驶责任书》442份；每月到企业督促落实主体责任，将存在交通违法未处理车辆处罚后清零；一、二大队参与联合检查4次，总计25天，检查客货运企业52家，春运期间检查企业6次、春节期间6次、"两会"期间4次、清明期间4次、"五一"期间4次。

【道路隐患排查治理】 2018年，全队排查道路隐患点段286个，明确112个道路交通安全隐患点段请市、区两级政府挂牌督办，并按时完成治理。年内辖区未发生较大道路交通事故。

【宣传教育工作】 全年开展专项宣传15次，进客运站、学校开展宣传教育61次，召开座谈、讲座54场次，发放宣传资料62000份，摆放展板280块次，张贴挂图1150份，悬挂宣传标语27条，发布路况信息306条，各类媒体宣传信息565条，《畅行昭通》4期、交通安全执法大直播21次。

【勤务警务工作】 完成交通警卫78次，确保中央、省、市领导到昭阳区调研、考察、督导、检查工作以及重点节日期间各重要时段辖区道路安全、畅通。

【落实"放管服"措施】 二大队实行"一窗式"服务，推进延时、错时服务和"流动车管所"上门服务，办理摩托车驾驶证补换证290余人，摩托车年检1789余辆；建成启用乐居车管便民服务点，将车管服务向乡镇延伸，为周边群众办理摩托车落户38辆、摩托车检297辆、档案更正2辆。

【推进事故快处快赔】 通过微信自助处理和"交管12123"手机APP完成处理财产损失类道路交通事故1195件。

【前端案件办理】 全年大队办案中心接收前端案件706件，办结案件540件，结案率76.48%。

【扶贫工作】 坚持"自强、感恩、诚信"主题实践活动与挂包帮扶相结合，开展第三季度帮扶工作"三讲三评"；参与仁和村村级施工图建设工作，确保脱贫政策到户到人；落实"大调研、大遍访"工作，更新贫困户档案和动态调整；协助完成低保调查和材料采集工作。将交通安全宣传贯穿于帮扶工作中，向贫困户宣传法制，注重贫困户扶志、扶智工作。

【治理农村酒驾行动】 二大队制定《农村地区酒驾治理工作方案》，采取不定时、不定点查缉管控。2017年12月10日至2018年1月5日，向乡镇党委政府汇报工作18次；到乡镇开展大动员15次、大培训13次、大承诺13次，日常查缉20余次，集中查缉12次；查获饮酒驾驶33件、醉酒3件、无证33件；进行大宣传29次，发放粘贴"三保证"海报18950份。至4月27日，印发酒驾宣传资料10000份，发送《聚会宴请三保证》25000份。通过"昭阳微交警"微信公众号推送酒驾宣传教育信息21条、微博23条、今天头条7条、腾讯新闻3条，曝光3起。共开展酒驾专项行动15次，查获饮酒驾车42起、醉驾7起，教育人数100人次。

【蒋斌到重点路段检查督导工作】 1月10日，大队长蒋斌带领大队秩序中队中队长樊俊毅分别到昭彝、昭麻二级公路、昭大线检查督导抗冰保通及冬防春运交通安全工作。

【虎良斌到二大队督导考核验收】 1月11~15日，市局交警支队虎良斌政委一行到区交警二大队督导检查和考核验收2017年道路交通安全工作以及"双百隐患"治理、"30个重点执勤执法站建设"工作。

【省总队督察组到二大队督导检查工作】 1月15日，省交警总队事故对策处副处长李鑫一行在市局交警支队副支队长陈文松陪同下，到二大队辖区督导检查道路交通安全管理工作。

【农村交安管理信息系统推广运用培训】 1月23日，区道路交通安全委员会在二大队召开昭阳区农村道路交通安全管理信息系统推广应用培训会，辖区20个乡镇、办事处及21家区交通安全委员会成员单位50余人参加培训会。

【王方荣到二大队调研检查道路交通管理工作】 1月23日,省公安厅交警总队总队长王方荣带领事故处、秩序处领导一行在昭通市公安局副局长张鑫汉、市局交警支队支队长杨朝邦、昭阳分局副局长代竹陪同下,到二大队辖区实地调研、检查易发较大事故道路安全。

【春运启动日宣传活动】 2月1日,二大队开展"平安春运交警同行"。春运启动日,大队共出动警力63人次,组织宣传活动6场次,摆放展板48块,发放宣传资料3 000余份,张贴挂图100余份,提示驾驶员500余人。

【督导检查春运道路交通管理】 2月3日,二大队大队长蒋斌带领教导员雷庆安、指挥中心姚智及相关人员,督导检查大队片区6个中队、3个执法检查服务站春运交通安全管理工作。

【总队春运督查组到二大队督查春运安保工作】 2月8日,省交警总队政治处主任郑滇一行到二大队督导检查春运道路交通安全保卫工作,慰问大队伤病警员。

【夜查集中整治行动】 2月9日晚,二大队联合辖区派出所集中整治夜间道路交通违法行为,并邀请市、区电视台记者随警督战。共出动警力50人次,出动警车10辆次,查处饮酒驾驶6起、无证驾驶3起、脱保脱检1起、超高8起、超员1起、简易违法16起、擅自改装6起、号牌不清晰2起。7月13~15日,出动警力74人次、警车15辆次,查获酒驾2起、醉驾0起、无证驾驶9起、超员1起、其他各类交通违法行为50余起。8月31日晚,出动警力32人、警车3辆,查验车辆800余辆,查处交通违法行为20起、酒驾5起、准驾车型不符1起、无证驾驶2起、其他违法行为12起。

【何枢到西凉山督查交通、调研工作】 2月11日,昭阳区常务副区长何枢带领区交运局、安监局、交警二大队大队长相关领导,先后到大寨子乡、炎山小田、炎山镇、大山包镇实地督查农村道路交通安全劝导站及管理工作情况,并在炎山镇政府召开昭阳区"西凉山"片区安全生产督查工作会议。3月13日上午,何枢带领区交通局、运管局、国土局、大山包一级公路(G356)建设指挥部、交警二大队等相关领导,专题调研大山包一级公路(G356)交通安全隐患及设施增设情况。

【慰问一线执勤人员】 2月11日,昭通市总工会常务副主席夏仁华、副调研陈丽霞、市总帮扶医助班主任黄晓燕一行,在昭通市公安局交警支队副政委、工会主席彭浦陪同下,到二大队昭鲁快捷通道中队慰问一线执勤人员。2月12日,交警支队杨朝邦支队长到二大队辖区检查指导农村道路交通安全管理工作,关心慰问一线民警、协警。

【春运交通安全宣传】 二大队组织开展"平安春运、交警同行"宣传教育活动。出动警力543人次,组织宣传活动18场次,摆放展板414块,印制宣传资料35 000份,发放宣传资料30 000余份,张贴挂图1 000余份,提示驾驶员50 000余人。播送昭通新闻2条、昭阳新闻2条;通过微信、微博、今日头条发布工作及安全提示信息16条,发送路况信息96条,发布"两公布一提示"2篇。

【春运交通安保工作】 春运期间,二大队出动警力4 312人次、警车1 211辆次,查处各类交通违法行为5 123起,发放春运交通安全宣传材料7 000余份,播报宣传标语50条,发送提示短消息和双微信息100余条。

【祭扫活动】 4月2日,二大队40余名民警、辅警在烈士陵园烈士纪念碑举行缅怀仪式。

【志愿者无偿献血活动】 4月9~11日,二大队24名志愿者代表参加献血,总量约6 200毫升。

【省总队交叉检查组到二大队督导检查工作】 4月23~24日,省总队交叉检查组临沧支队调研员王保国带领秩序大队长王潮文一行3人到二大队督导检查道路交通安全管理。

【陈文松调研互联网农村交安管理工作】
5月3日,市交警支队副支队长陈文松带领相关工作人员,到昭阳区乐居、洒渔、苏家院3个镇现场调研互联网农村道路交通安全管理信息系统应用及推广工作,并在乐居镇政府召开现场报告会。

【杨劲松到凌子口执法站检查指导工作】
5月14日,省交警总队秩序处副处长杨劲松在市交警支队长杨朝邦、交警二大队大队长蒋斌陪同下,到二大队凌子口执勤执法站检查指导工作。

【参与环境整治】 5月16日,二大队党支部书记、大队长蒋斌带领大队部分党员及相关工作人员20余人,到大队挂钩扶贫点乐居镇仁和村开展环境整治宣传活动,进村入户参与环境整治工作。

【"关爱生命、平安出行"交通安全月活动】
5月17日,二大队联合一大队、水昭高速交警大队在毛主席广场开展"关爱生命、平安出行"交通安全月活动。共出动警力3人,摆放展板12块,发放宣传资料2 000余份,答复现场群众业务咨询100余人次。

【打击盗抢摩托车电瓶车违法犯罪行动】
自4月25日以来一个月,二大队开展专项整治行动13次(其中夜查行动5次),赶集天勤务39场次,路检路查306次,盘查摩托车2 757辆、电瓶车1 532辆,车管、事故审核摩托车、电瓶车234辆。

【"黄标车"治理淘汰工作】 5月23~24日,二大队4个组,到辖区17个乡镇进行业务指导"黄标车"治理淘汰工作。

【警营开放日活动】 5月29日下午,二大队邀请长凤成品油运输有限公司20余名驾驶人走进大队参加警营开放活动。通过"一直播"平台全程直播活动开展情况。

【安全警示教育】 6月5日上午,二大队组织辖区昭交集团昭通分公司存在多次交通违法驾驶人、企业安全管理负责人40余人,到昭通市交警支队"道路交通安全警示教育中心"接受交通安全警示教育。

【"安全生产月"应急处突演练】 6月12日,二大队在守望乡甘河村参加"昭通市2018年道路运输货运企业安全生产应急演练"活动;6月22日,在昭通客运枢纽站参加"2018年安全生产应急演练";6月29日,在凌子口隧道组织开展"隧道突发事件应急演练"。6月为安全生产月,共出动警力39人次,参与3场应急演练。

【陈文松检查指导"南博会"期间道路交管工作】 6月14日,第五届中国—南亚博览会与第二十五届昆明进出口商品交易会在昆明开幕。市交警支队副支队长陈文松一行到二大队检查指导"南博会"期间辖区道路交通安全管理工作。

【交通安全警卫工作】 6月14~15日,中共中央政治局委员、国务院扶贫开发领导小组组长胡春华到云南昭通调研脱贫攻坚工作。二大队完成辖区道路警卫安保工作。

【2018年"火把节"交通保卫工作】 8月5日,彝族"火把节"在"绿荫荷花景区"和"彝族六组文化广场"举行,二大队出动警力60人次,警车12辆次,发布路况信息6条、宣传提示语6条,做好交通安保工作。

【省交警总队调研摩托车管理】 8月10日,省交警总队摩托车管理与执法调研组副处长张林等一行4人,在支队副支队长马绍统带领下,到二大队开展摩托车管理与执法调研工作。

【"秘境百马"活动交通安全保卫工作】
8月15日,"七彩云南·秘境百马"第八十九站赛事在昭阳区举行。二大队出动警力102人次,出动警车21辆次,完成"秘境百马"道路交通安全保卫工作。

【检查"两客一危"企业汛期安全工作】 9月5日,会同区道路运输管理分局、一大队等单位,到昭阳区"两客一危"重点企业检查汛期道路运输交通安全情况。

【省交警总队督查组到昭阳区督导道路交通安全】 9月13日、14日,省交通总队督查组事故处副处长李鑫等一行,在市交警支队副支队长马绍统陪同下,到昭阳区永丰镇、靖安镇和青岗岭乡委政府、派出所和交警中队督导道路交通安全管理工作,慰问执勤民警。

【国庆前夕夜查行动】 9月27日、28日晚,二大队联合辖区派出所开展国庆节前道路交通违法行为"夜查"行动。出动警力80余人,设置查缉点4处,查获无证驾驶4起、酒驾2起、超员2起、其他违法行为18起。与重点车辆签订安全责任书和安全承诺书各36份,发放宣传资料3 000余份。

【排查昭麻二级公路交通安全隐患】 9月28日下午,二大队、公路分局、路政大队和安监局4个部门联合排查昭麻二级公路K30+500M(新桥)苏油石化加油站及周边安全隐患。

【国庆节期间道路交通安保工作】 10月2日中午,云南省交警总队秩序处杨宏云副处长一行到大队督导检查国庆节期间道路交通安全管理工作。国庆期间,出动警力1 863人次、警车465辆,查验车辆9 870辆,查处各类交通违法行为752起,组织开展交通安全大直播1次,开展专项宣传3场,双微发布主题宣传情况5次,发放国庆交通安全宣传材料5 000余份,张贴挂图100余份,发布路况信息14条。

【"畅行中国交警同行"主题宣传活动】 国庆期间,开展交通安全大直播1次、专项宣传3场次,通过微信公众号、微博发布主题宣传5次,发放宣传单5 000余份,张贴挂图100余份,发布路况信息14条。

【"百日攻坚"专项宣传教育活动】 针对"百日攻坚"专项行动,二大队开设专栏2个,发布信息4期;新媒体发布工作动态信息40条、路况信息81条;悬挂横幅7条,进企业13家26次、校园11场次、村社17场次、家庭200余家;曝光严重交通违法行为3条,开展大直播2期,发放宣传资料7 000余份。

【"百日攻坚"专项行动】 9月30日,二大队在辖区开展"百日攻坚"专项行动。至10月10日,查处机动车违法825起,其中查获涉嫌酒驾人员12人、准架不符2起、无证驾驶2起、遮挡号牌1起、微型面包车超员1起。拘留2人,扣证25本,扣车35辆。12月18日,云南省交警总队副总队长赵云岗一行在昭通市交警支队法制大队大队长黄长麟陪同下,检查"百日攻坚""百日安全行动"及"今冬明春"道路交通事故预防工作。

【交叉检查工作】 10月12日,永善交警大队大队长代世才一行5人到二大队开展道路交通安全管理交叉检查工作。

【企业安全生产大检查工作】 11月12~16日,二大队联合区安监、运管和交警一大队3个部门,检查昭阳区13家重点客货运输企业安全生产工作。

【蒋斌检查指导今冬明春道路交通安全管理工作】 11月28日,大队长蒋斌率特勤、宣传2个部门负责人,到昭大一级公路守望、苏家院、酒房各中队检查指导工作。12月7日,蒋斌率事故、大山包负责人,到西凉山片区督导检查整治严重交通违法行为"百日攻坚"专项行动和冬季道路交通事故预防工作。

【"爱国敬业"主题党日活动】 12月18日,二大队党支部组织全体党员到鲁甸县龙头山镇参观"鲁甸地震纪念馆",开展"爱国敬业"主题党日活动。

【西南片区道路交通安全大整治】 12月20日,昭阳区交警二大队联合毗邻大关、高管、四川、贵州交警共同开展西南联合整治行动第三次联合整治行动日活动。在昭阳区凌子口执法检查站、云南四川交界处通阳大桥和云南贵州交界处烟堆山设置三个战场,开展整治行动。

【表彰】 范应刚、阳先靖,获昭阳区安全生产委员会授予"昭阳区2018年年度安全生产工作先进个人"称号。

昭阳区消防大队

【火灾概述】 2018年,全区共发生火灾92起,其中登记类火灾12起,造成直接经济损失49.61万元,无人员伤亡,接警174次,出动327车1590人。

【隐患排查整治】 开展全区消防安全重点单位消防安全标准化达标创建活动。排查摸底辖区114家消防安全重点单位。综合整治电动自行车,大队制定《专项整治工作方案》,检查、整治辖区小区住户。共检查社会单位3721家,发现火灾隐患或违法行为10477处,督促整改火灾隐患或违法行为10465处,下发《责令改正通知书》3643份,临时查封10家,责令"三停"11家,罚款34.1万元。

【消防建设】 重点单位、社区(行政村)微型消防站全面建成,完成全区114个重点单位、61个社区、17个行政村微型消防站建设工作,实现网格末端消防全覆盖。

【勤务工作】 加强值班备勤,落实训练计划,开展器材装备大检查,确保车辆和器材装备适用。开展中队专业化、实战化练兵,结合辖区灾害事故特点演练,提升灭火和应急救援能力。

【消防宣传教育培训】 利用"1·10""3·15""11·9"等活动开展宣传;与市、区主流媒体合作,宣传消防公益,普及防火灭火常识和应急疏散知识;组织社会消防安全培训,把消防安全知识纳入社会单位员工岗前培训,培训全市114家消防安全重点单位消防安全管理人、责任人,56家设有消防控制室的工作人员消防知识,集中约谈全区乡镇(街道)消防工作负责人、网格长。

【表彰】 昭阳区消防大队,获云南省消防总队授予"先进基层大队"称号;荣获昭通市消防支队授予"乌蒙消防铁军建设先进中队"称号,1人荣获三等功,4人获嘉奖。

昭阳区司法局

【法治宣传教育】 2018年,区司法局在"三八"维权宣传、"防灾减灾"、控辍保学、国家安全日、"六二六""十二六"禁毒日、"一二·四"宪法宣传日、扫黑除恶、邪教专项整治等主题宣传日,组织各种宣传活动80余场次,发放宪法知识手提袋7000余个,发放反家庭暴力、禁毒防艾、扫黑除恶、农民工维权、人民调解、法律援助、打击非法传销、防灾减灾手册等宣传资料10万余份,张贴和悬挂宣传标语200条,现场解答咨询6000余人次,现场受教育群众和青少年6万人次。

【"七五"普法规划】 2018年,区司法局参与在区一中举行的"昭阳区第三批法治班主任进班级启动仪式",选聘政法系统和昭通学院295名志愿者担任全区第三批法治班主任。司法局10名法治班主任及百信法律服务所主任到昭阳区高级职业中学开展法治讲座;参与区委政法委组织的以"昭阳政法向您汇报"为主题的集中宣传活动,分别在望海公园、毛主席广场、省耕文化公园3个点宣传法治;参与"昭阳区2018年东西部劳务协作暨高校毕业、就业困难人员现场招聘会"法治宣传活动,发放"七五"普法法律援助篇、劳动保障篇、禁毒篇、国家安全教育篇、未成年人保护篇、"12340"安全感满意度调查宣传册、昭阳平安建设、农民工维权法治知识等法治宣传资料1.5万余份,解答法律咨询800余人次。

【法治进乡村活动】 2~3月，区司法局相关科室干警与昭通乌蒙律师事务所律师先后在洒渔镇、旧圃镇、苏甲乡苏甲村开展"三下乡"活动，发放宪法、党的十九大精神、法律援助、禁毒防艾、社区矫正、未成年人保护法、农民工维权、交通安全等法治宣传资料8 000余份，发放宣传手提袋2 000余个，解答法律咨询800余人次。

【调解工作】 全区建立行业纠纷调解委员会15个。1~10月，全区基层矛盾纠纷累计受理和调解案件2 369件，调解率100%，调解成功案件2 301件，成功率97%以上，防止因民间纠纷引起自杀案件1件1人，防止民转刑案件4件27人，防止群体性上访案件19件1 415人，防止群体性械斗案件1件500人。

【基层法律服务】 开展"万人进千村帮万户"法律服务助推脱贫攻坚专项行动。全区选拔推荐50名律师、300名人民调解员、60名基层法律服务工作者和司法所工作人员参与行动，采用"1+1+1+N+N+A"基本模式建立微信群，即"一村一群"，每群"1名法治村主任（律师法律顾问）+1名基层法律服务工作者（法律顾问）+1名宣传联络员+N名人民调解员+N名驻村工作队员+所有建档立卡贫困户"。在贫领域提供法律帮助、化解法律风险、提出法律意见、解决法律难题，为贫困地区和贫困群众提供精准普惠便捷的法律服务。

【远程探视服务工作】 自2015年4月，云南省远程探视帮教系统使用以来，共接待140余家在监服刑人员家属探视，探视家属人数400余人。

【社区矫正工作】 完成社区矫正中心"九室"建设，即报到登记室、宣告室、刑罚执行室、教育培训室、指挥控制室、心理矫治室、档案室、检察警联室（两室）、远程探视室。各室设施完善，配备警用器械，各项制度标准上墙。规范"入解宣告"、社区矫正调查评估、法律文书、人员交付接收、请销假、依法办理警告、提请治安管理处罚、提请撤销缓刑假释、收监执行等刑法执行；规范社区矫正档案管理，统一文书格式建档，局机关建立社区矫正人员执行档案，司法所建立社区矫正人员工作档案，"一人一档"；制定矫正方案、志愿者协议书、监护人协议书、公益劳动记录、计分考核、谈话记录、电话记录、每季度一小结等方面资料，形成一套完整、规范基础性台账；走访矫正人员，矫正人员每月汇报一次思想。管理流动社区矫正人员，执行请销假制度，落实审批责任，消除管控盲区。全区累计接收社区矫正人员2 100人，解除社区矫正1 566人，在教人员534人（其中管制6人、缓刑489人、假释12人、暂予监外执行27人），集中法治教育培训534人。收到刑释人员通知书3 218份，帮教3 218人，安置3 147人，帮教率100%，安置率98%。

【律师公证工作】 1~11月，昭阳区司法局区属律师事务所办理案件1 085件，其中民事案件826件、刑事案件186件、行政案件73件；签订法律顾问119家；昭阳区恒信公证处办理国内公证1 735件、涉外公证638件，共2 373件。

【法律援助】 1~11月，受理法律援助案件429件。其中，刑事209件，民事220件；公安机关指定89件，检察院通知审查起诉61件，法院41件，个人申请238件。提供咨询195人次，来电350人次，代写法律文书20件。

【法律服务】 1~11月，受理电话咨询50余件，解答当事人法律咨询、矛盾纠纷50余起，服务中心共接待各类法律咨询49件，其中受理21件、转（交）办理11件、及时解答17件。

【信息宣传】 1~11月，区局发文107份，报送信息简报223期、调研文章6篇，其中信息简报被国家级媒体采用1篇、省级10篇、市级146篇、区级50余篇。

昭阳区综合执法局

【机构】 昭阳区城市管理综合执法局内设局党委办、行政办、财务科、法规科、市政科、人事科、督察室、外宣办和应急处突大队、"两违"巡察大队、河道管理大队、太平执法大队、龙泉执法大队、凤凰执法大队14个部门,下辖区城市监察大队、区环境卫生监督管理所、区城市公共客运管理所3个直属事业单位。有正式职工203人,其中行政人员22人、事业人员181人、合同制协勤人员800人。

【市容秩序治理】 签订《门前三包责任书》2万份,累计取缔纠正流动摊点、占道经营行为20.19万次;依法拆除破损严重和存在较大安全隐患户外广告、门头招牌478块,清除覆盖"牛皮癣"非法小广告9.07万处,查处违规发放小广告近1万次,收缴广告传单10万余份;管理停车秩序,设置路内停车泊位2 314个,查处纠正乱停乱放行为3.39万台次,其中现场处罚6 631台次、拖移车辆1 657台次、教育驶离2.56万台次,查处占道揽客、慢行侯客车辆230台次;规范烧烤夜市,排查饭店、小吃、烧烤门店1 518户,责令安装油烟净化设备1 047户、煤改电528户,"疏堵结合"引摊入市700余个。

【城市环境卫生】 清理乱堆乱放卫生死角3 000余处,清运垃圾1万余吨,做到"治理一处、干净一处";采取设点路查和机动巡察等方式,查处未按规定密封覆盖渣土车辆10 746台次;清运通江路临时垃圾中转站,转运垃圾10.4万吨,清运守望卡子垃圾处理场和华新水泥厂水泥窑及城区生活垃圾2.89万吨;推进环卫作业市场化改革,通过政府购买服务公开招聘道路清扫保洁企业,检查考核保洁公司作业质量,考核扣罚三家保洁公司作业不达标29.59万元。推动"厕所革命",鼓励社会厕所对外开放。启动2018~2019年城区97座无害化公共厕所建设工作;规划设计太平、凤凰、龙泉辖区3个环卫综合场地。

【环保督查整改】 完成三善堂存量垃圾堆体地形图测绘、岩土工程勘察、水文地质工程勘察和工程物探等工作,确定存量垃圾治理工艺和渗沥液处置方案,推进可研评审、立项批复、渗沥液处置设施采购和EPC整改项目招标工作;封堵城区河道排污口140个,清理河道生活垃圾、白色垃圾、建筑垃圾、漂浮物约7 600吨;24小时动态监管城区76个在建项目,责令施工单位更换破损围挡8 400米,硬化施工进出场道路15.9千米,新建高压车轮清洗设施10套,采用密目网覆盖土、沙石方10.56万平方米。

【城乡"两违"整治】 "两违"执法大队扩编为10个中队196人,覆盖主城3个街道办事处和17个乡镇违法用地、违章建筑巡查管控。下发《限期责令整改通知书》591份、《行政(当场)处罚决定书》520份。全区拆除房屋145.27万平方米,其中三城街道完成2 063户104.32万平方米、执法局"两违"执法大队完成1 419户37.33万平方米;配合乡镇拆除面积3.61万平方米。配合乡镇街道做好土地复垦和农村社区人居环境提升改造,守望乡、苏家院镇土地复垦完成回填22.8万立方米。

【小区物业管理】 排查住宅小区104个,组织住建、规划和街道社区协调解决遗留问题80件,拆除小区违建500平方米。

【城市公共客运】 组织从业人员安全培训2次,查处出租车违法违规行为539起,查处公交车违法违规行为402起;审批发放《网络预约出租汽车经营许可证》2份,查处违规网约车106辆;查扣"非公告三(四)轮车"510辆次。

【行政执法】 全年完成行政处罚案件5 355件,其中简易程序案件5 049件、一般程序案件306件。下达《责令改正通知书》4 539份、《行政(当场)处罚决定书》3 133份。全区840名城管执法(协勤)人员换发全国统一制式服装,119名正式执法人员通过执法证资格考试,实现持证上岗执法。

【"放管服"工作】 10项行政审批(许可)事项进驻昭阳区政务服务中心,公开审批依据、内容、材料、权限、程序、期限,自觉接受群众监督。

【执法队伍建设】 结合"强基础、转作风、树形象"专项行动,启动为期3年的城管执法队伍作风纪律整治工作。辞退违纪违规协勤人员

9人,劝退10人。举办法治培训8期,印发行政执法手册868份、《昭通市城市管理条例》920份、宣传册16 000余份。

【扫黑除恶专项斗争】 制定《执法局扫黑除恶专项斗争工作方案》,成立扫黑除恶专项斗争工作领导小组和专门办公室,利用宣传标语、横幅、微信群等媒介加大社会宣传,在城区大、小型LED显示屏滚动播放、宣传扫黑除恶专项斗争内容。利用"执法局"微信公众平台等新闻媒体及时宣传报道扫黑除恶专项斗争工作情况。开展扫黑除恶法治宣传教育活动部署会议4次、宣传活动20余次,张贴悬挂横幅18条,发放宣传资料160余份,接受咨询260余人次;张贴公交车车身宣传40张、站台宣传栏100处、街边路牌灯箱300处;累计在公交车出租车LED电子显示屏滚动宣传扫黑除恶宣传语300余天。政审排查城管执法系统执法人员、协勤人员,通过协调区公安分局、辖区派出所全面排查全体人员有无犯罪记录、吸毒史等,未发现本单位干部职工有涉黑涉恶和充当黑恶势力保护伞问题。

【投诉及议案办理】 全区城管执法部门受理各类投诉、举报案件共769件;区执法局承办人大建议政协提案53件,满意率100%。

【挂钩扶贫】 局主要领导到挂钩村讲专题党课2次,组织全体包保职工入户走访5次,帮助守望卡子村、苏甲梨园村、渔坝村解决工作经费7万元。

【党建和党风廉政建设】 全年召开党建专题会议4次,党建季度组织交叉检查4次,"万名党员进党校"3批500余人次。组织局党委理论中心学习10次,完成巡视整改民主生活会、上半年班子民主生活会、纪律作风整治活动专题民主生活会等,印发《区城市管理综合执法局2018年党风廉政建设实施意见》,签订《党风廉政建设责任书》,召开党风廉政专题会4次、集体廉政谈话2次,组织参观警示教育基地,观看反腐倡廉专题片。

军事

昭阳区人民武装部

【开展"开训动员周"活动】 1月2~8日，区人武部与军分区同步开展"开训动员周"活动，组织"去年怎么看、今年怎么办"群众性大讨论。

【征兵工作】 1月15日，开展2018年年度兵役登记和征兵宣传工作。4月18日，在辖区6所高中、中专学校宣传征兵。7月2~4日，组织区征兵办公室人员参加昭通市征兵业务骨干培训。9月1日，确定"双合格"应征青年为昭阳区2018年预定兵对象，在预定兵对象中确定预备人员。9月2~12日，完成训练昭阳区2018年预定新兵役前教育。9月17日，组织昭阳区2018年新兵入伍出征仪式。

【民兵整改】 1月16日、1月22日，2次召开民兵调整改革任务部署会，区政府主要领导以及乡（镇）、街道办事处、昭通学院和18个委、办、局参加。1月23日，召开民兵改革整组会议。4月19日，召开阶段性总结会议，参会人员有市公安局副书记、副局长、区委常委、区人民政府副区长、区公安分局局长王文生参会并作出指示。11月5日，召开昭阳区民兵调整改革检查验收任务部署会。各乡（镇）、街道办事处、昭通学院和18个委、办、局参加。11月9日，区人武部部首长带队，逐一检查督导各单位民兵调整改革检查迎检情况。12月19日，接受省军区考核组对年终军事训练、民兵调整改革检查考评和军事训练检查综合考核。

【访贫慰问活动】 2月2日，区人武部联合区红十字到青岗岭白沙村慰问30户贫困户。

【春运安保执勤】 2月18~22日，昭阳区应急民兵分队每天派出30名民兵队员参与昭通火车站春运安保执勤。

【扑灭树林山火】 2月27日，昭阳区永丰镇和守望乡交接处发生山林火灾，区人武部部长带领应急民兵分队25名民兵协助地方参加树林山火扑救，扑灭山火13.33公顷。

【地震救援及处置培训】 3月13~15日，区人武部参加分区地震救援及处置培训。

【植树活动】 4月1日，组织20名民兵与分区机关参加昭通市高原特色产业志愿者服务活动，帮助昭阳区北闸镇邓子村种植苹果苗400余株。4月27日，组织民兵应急分队20名民兵参加辖区北闸镇邓子村高原特色产业志愿种树活动，种植苹果树90棵。

【祭奠革命烈士活动】 4月5日，区人武部组织应急民兵分队20名民兵到烈士陵园参加祭奠革命烈士活动。

【执勤活动】 5月7日，区人武部组织20名民兵到鲁甸茨院乡昭通警察学校执勤。6月12~30日，每天派遣64名民兵到市委及市纪委执勤。7月1~2日，每天派遣20名民兵到市纪委执勤。7月3~9日，每天派遣24名民兵到市委执勤。

【业务培训】 5月18日，区人武部组织召开昭阳区国防动员潜力统计调查任务部署会暨业务培训。

【集训活动】 5月20~26日，组织区专武干部42人在昭阳区民兵训练基地参加昭通市专武干部集训。6月4日~8日，参加军分区组织的干部集中训练。

【基干民兵轮训】 5月21日，昭阳区2018年年度基干民兵轮训开训，第一批组织昭通学院50人（特殊民兵）在昭阳区民兵训练基地轮训备勤。6月3~27日，第二批组织昭阳区2018年年度基干民兵95人（应急和防空民兵）在民兵训练基地轮训备勤。7月2~27日，第三批组织昭阳区2018年年度基干民兵95人（应急和防空民兵）在民兵训练基地轮训备勤。10月22至11月15日，第四批组织昭阳区2018年年度次基干民兵140人（应急和防空民兵）在民兵训练基地轮训。11月1日，组织本部干部和第四批基干民兵进行轻武器实弹射击训练。

【撤销常驻民兵应急分队】 6月30日，正式撤销原组建的昭阳区应急民兵分队。常态备勤任务由基干民兵应急队伍担任，原常驻民兵应急分队保障经费转为基干民兵轮训备勤经费。

【军训活动】 7月2~22日，完成2700名学生军训任务，其中昭通学院1600人、昭通卫生职业学院1100人；8月20~30日，完成2400名学生军训任务，其中昭通市高级职业中学1900人、昭通市体校500人。

【杨春光到基层指导工作】 7月13日，省军区司令员杨春光带领战备拉动检查工作组到昭阳区民兵训练基地检查基干民兵轮训备勤情况，拉动检查昭阳区基干民兵应急连。

昭阳区人民防空办公室

【党建工作】 新换届组建党支部选举产生新支部书记、组织委员、宣传委员各1名。落实"五项制度""三会一课"制度、"党员积分制管理""党费日""党员政治生日""主题党日"活动，支部定于每月25日举办一次支部党员大会，组织讲"党课"及学习。

【依法行政】 单位常年聘请法律顾问。在行政审批中，严把工程审批，报件齐备的在政务服务窗口一站式审批，不能审批的由业主写请示报区政府研究审批。若遇特殊问题由法律顾问把关，做到依法行政。

【落实"放管服"改革措施】 8月25日，区人防办把六项审批权全部授权给审批窗口，配备窗口审批人员，启用审批专用章。窗口做到"接件—审批—发放"，审批结果全程一站式办结，完成统一行政审批事项办事指南和编制业务工作手册。

【主动服务人防工程】 在人民防空工程报审过程中，人防办核对"结建"工程项目等相关资料，严把工程建设审批关，适时跟踪问效。严格易地建设费收缴办事程序、收费标准，严把审批关、政策关，做到人防工程应建必建、人防易地建设费应收尽收。年内，审批城市规划区内新建项目19个，审批修建防空地下室4个，应建防空地下室6万平方米，征收人防易地建设费5200万元。

【宣传教育工作】 根据市人防办要求，2018年支出10万余元开展人民防空宣传工作。9月18日，在主席广场举办防空警报试鸣活动，新闻中心现场报道当日在主席广场宣传情况，发放防空防灾知识宣传手册1万余份。会同区教育局向全区中小学宣传教育人防知识。

【脱贫攻坚】 区人防办多次到苏甲乡桂花村走访挂钩贫困户,落实"村村清、户户清"专项行动。2018年,了解采集贫困户信息、劳动力资源、控辍保学、农村低保、村集体经济等方面情况。春节慰问桂花村贫困党员农户40户,每户500元。拨给桂花村帮扶资金40万元左右。

【党风廉政建设工作】 年度内,区人防办到新华书店购买《中华人民共和国监察法》《中国共产党纪律处分条例》各12本,干部职工人手一套。组织学习《中国共产党廉洁自律准则》《中国共产党纪律处分条例》及《党风廉政建设和反腐倡廉工作制度》,落实《中共中央、国务院关于党政机关厉行节约制止奢侈浪费行为的若干规定》提出的"八项规定",贯彻落实《昭通市禁止党员领导干部大操大办婚丧嫁娶等事宜的暂行规定》。

经 济

昭阳区发展和改革局

【园区规划概况】 2006年，昭阳工业园区被云南省确定为首批30个省级重点工业园区之一，规划区域布局在昭通中心城市北部，园区总体规划面积由"一园，三片区"组成（最新修编），规划总面积52.21平方千米。其中，箐门片区位于火车站西南侧，面积8.59平方千米，主要以生物制药、农特产品加工、商贸物流、轻工产业及电子信息产业为主；海坝片区位于北闸镇海坝村，面积6.87平方千米，主要以水泥新型建筑建材和钢材市场为主；白沙片区位于青岗岭乡白沙村，面积36.75平方千米，主要以水电铝及配套下游新型载能产业为主。

【园区经济运行情况】 2018年，纳入园区管理75户企业实现工业总产值132.29亿元，同比增长15.71%；实现工业增加值63.7亿元，同比增长11.26%；主营业务收入实现132.22亿元，同比增长13.71%；实现税收收入48.86亿元。完成固定资产投资30.07亿元，实现就业10 508人。

【园区企业情况】 2018年，纳入园区管理75户企业。其中，规模以上企业22户，新增入园企业5户，新增规模以上企业2户。产值超亿元企业9户：昭通烟厂、云南侨通、华新水泥、得云建材、高桥电站、昭通供电局、永孜堂制药、昭通海鑫铝业、绿色建投混凝土。产值超10亿元企业3户：云南建投绿色混领土公司、昭通供电局、昭通海鑫铝业。产值超50亿元企业1户：昭通烟厂。

【非公党建】 园区围绕区委"基层党建推进年"部署，选强配齐园区工会、妇群等群众团组织队伍，完成园区工会换届工作；筹措资金2万余元，完成万和支部、月中桂支部、张蝴棉支部、机关支部达标创建工作，下派6名党员干部为"第一书记"，指导非公党建工作。截至2018年，园区党工委直接管辖9个党支部，有党员115人，完成党员统计全覆盖，形成"抓党建、带团建、促工建、促妇建、促经济"工作机制。

【制度建设与执行】 修改完善《昭阳工业园区工作规则》《园区标准厂房管理办法》等一系列规章制度，按相关组织程序和议事规则研究部署各项重点工作。坚持问题导向，结合区委巡查工作相关要求和问题清单，按时、按质、按量推进整改工作；管理园区标准厂房，增强招商引资活力，淘汰旧产能，扶持新产业，提升经济效益；理顺昭阳工投公司人员管理机制及园区机关食堂管理，推行制度"管人、管事"，规范运行管理。

【招商引资】 2018年，园区签订招商引资协议7个，资金43.12亿元。其中，昭通立时技术有限公司手机周边配件和数码产品生产项目、鸿宝科技股份有限公司智慧照明生产项目、湖北欢聚堂生物科技有限公司昭通优质农特产品出口加工项目、云南滇秋实业有限公司苹果酒生产项目和昭通巨潆鞋业有限公司皮鞋生产项目等5个招商项目都实现当年签约当年入驻。围绕70万吨水电铝项目一期建成投产，园区配套相关产业招商，中天科技、西南铝业、四川美裕铝业等知名铝企走进昭通洽谈投资合作。

【提升服务质量】 园区按照"一个项目,一名领导,一个服务团队,一套服务方案"工作思路,明确重点项目挂钩领导,为企业提供"零距离、无缝隙、保姆式、一条龙"服务。以企业集聚双创园区企业服务中心为依托,整合资金,提升改造党群活动服务中心,把党建与服务企业结合起来。设立腾飞培训学校,免费为园区企业提供各项服务,打造"十分钟工作圈"(步行十分钟可到达服务中心);园区与区人社局、区人力资源办以及各乡镇协调,在园区服务中心设立劳动力就业服务办公室,采取部门联动、现场办公方式,发挥园区企业带动性,协调入园企业提供就业岗位,推动贫困人口转移就业;围绕70万吨水电铝、扶贫产业园等重点产业项目建设,工地建立服务办公点,实行一线工作法。2018年,实现工业总产值132.29亿元。

【脱贫攻坚成】 围绕"产业发展助推脱贫攻坚"主线,把招商入驻与为贫困人口提供就业岗位结合起来,协调入园企业提供一定比例就业岗位,帮助贫困人口转移就业。随着70万吨水电铝项目、华坚鞋业和乔治白服饰等劳动密集型企业入驻园区,年新增劳动就业岗位2 000余个。引进东莞市立时电子有限公司,拟在园区与区易地办共同组建电子科技公司,投资3 000万元合作投资经营手机周边配件和数码产品生产,该项目建成投产后,将为易地扶贫搬迁贫困群众提供就业岗位500~800个。年内,双方已签订合作协议,前期相关工作正在开展。昭阳区实行"以奖代补",制定劳动力工资合理增长机制,在扶贫产业园区务工建档立卡贫困户,政府给予6个月稳岗补贴,每三个月发放一次(共两次,3 000元),每次补贴1 500元。

【理顺投资开发经营有限公司管理体制】 昭阳工业投资开发经营有限公司于2009年经区政府批准成立,作为全区工业经济发展重要融资平台,为园区发展和基础设施建设提供保障。园区争取区委、区政府支持,依托原昭阳工投公司,重新注册成立"昭阳产业发展投资有限公司",与原公司实行两块牌子、一套班子,由新公司作为承贷主体向银行融资推进园区相关项目建设。公司根据区政府第17次常务会议精神,加强制度建设和人员管理,所有人员全部调回公司工作,严格考勤,实行绩效考核制度。

【环保督查整改】 根据国家环保部成都土地督察局和国家环保部对昭通市土地和环保督查相关要求,向市、区两级提交问题清单。园区主动做好各项督查整改工作。在土地方面,园区范围内闲置待认定宗地数43宗、低效利用土地3宗。督促园区国土分局,清理园区范围内土地,上报整改情况,筹措资金,约谈用地企业,推进整改工作。环保督查方面,园区建设污水处理站,于2018年5月28日整体验收,在线监测联网设备安装完毕,正按照验收标准完善整改,相关设备已投入使用。双创园区建设占地约0.1公顷危险废弃物暂存库,按照项目建设相关程序和标准,2018年5月建成并通过验收,正式投入使用。

【园区总体规划修编工作】 根据2018年国家发改委、国土资源部、住建部、环保部等六部委公告目录,园区总体规划存在最大问题是绝大部分规划区超出城市总体规划范围。园区落实区委相关会议精神,协调区国土分局、区发改局、规划局、林业局、水务局、安监局等部门,推动园区总体规划修编工作,整理完善相关资料,并通过市级评审,已由市工信委上报省工信委。

昭阳区发改局

【国民经济和社会发展计划编制】 2018年,编制《关于昭阳区2017年国民经济和社会发展计划执行情况与2018年国民经济和社会发展计划草案的报告》,经区五届人大二次会议第一次全体会议审议通过,执行人大相关决议,抓好落实整改工作,确保全区经济社会健康平稳发展。

【政策保障】 代区政府草拟《昭阳区人民政府关于促进全区经济持续平稳健康发展的意见》《昭阳区人民政府关于昭阳区降低实体经济企业成本实施方案》《昭阳区2018年促进投资稳定增长的实施意见》《昭阳区人民政府关于加强

昭阳区2018年经济目标预期管理工作的通知》等系列文件。

【经济运行情况评估分析】 分析经济运行情况，评估稳增长政策措施执行情况。全区生产总值完成273.26亿元，增长8%。其中，第一产业增加值29.14亿元，增长6.4%；第二产业增加值136.6亿元，增长9.2%；第三产业增加值107.52亿元，增长6.8%。规模以上固定资产投资204.67亿元，增长9.38%。社会消费品零售总额109.53亿元，增长11%。地方一般公共预算收入13.09亿元，增长15%；地方一般公共预算支出62.35亿元，增长8.3%。城镇常住居民人均可支配收入31 870元，增长8.3%；农村常住居民人均可支配收入10 520元，增长9.5%。城镇登记失业率控制在3.4%以内。居民消费价格总水平涨幅2.4%。人口自然增长率控制在9.3‰。单位生产总值能耗下降率控制在上级下达指标内。

【固定资产项目投资和储备】 全年，实施在建项目148个，其中列入省"四个一百"重点项目、市级重点项目26个，全年完成投资104.89亿元，占全区投资总额51.25%。建立乡镇、行业、区级三级项目库体系，谋划储备区级项目620个（2019～2023年），总投资2 603.52亿元。

【固定资产投资重点项目建设】 2018年，区内文化体育产业新区会议会展中心、省耕山水一期、万亩苹果示范园、棚改彩云小区、龙泰家园等一批重点项目竣工；建设棚户区改造7个安置点、贫困村基础设施、碧桂园、昭通学院附中、石垭口煤矿等项目；启动昭通吾悦广场、中梁壹号院、新城市购物中心、紫光小区三期、乌蒙水乡公园、G356线新街至通阳大桥等项目建设；推进昭通苹果田园小镇、凤凰温泉小镇等项目前期工作。

【筹集固定资产投资项目建设资金】 全年争取新增债券资金4.42亿元、置换债券资金4.38亿元、中央预算内投资3.09亿元、省预算内投资0.2亿元。

【易地搬迁】 2016年，易地扶贫搬迁中存在"超标面积整改、资金清算兑付、拆除旧房滞后、基础设施推进缓慢、档案资料不规范、群众工作不到位"等问题，已整改。完成年度搬迁任务（建档立卡1 727户7 096人，同步搬迁519户1 852人），使用"易迁资金"项目已全部竣工，搬迁群众入住率100%，其中623户2 577人入住工业园区保障房"幸福馨居"。按照"进城、入镇、进厂、上楼"和"商住分离、住在高楼，功能分区、特色发展"要求，推进2018年规模内（1 676户7 181人）建档立卡及2019年新增规模（建档立卡户4 779户20 141人）易地扶贫搬迁安置点建设，已搬迁入住幸福馨居80户360人；新增搬迁洒渔中心集镇安置点（集中安置80户364人）主体工程已完工，启动永丰、红路、靖安安置区建设。会同区纪委、区委组织部督查易地扶贫搬迁工作，确保按质按量按时完成任务。

【物价监管】 执行国家、省和市相关文件规定，围绕事关经济社会发展重点和群众关心热点、难点问题，规范价格秩序，保持价格总水平基本稳定。

【生态环境保护】 落实环保监管"党政同责、一岗双责"，办结中央环保督察"回头看"及省环保督察交办信访件，推进节能减排，开展"黄标车治理"等专项工作，争取长江经济带绿色发展专项中央资金2 000万元用于城市黑臭水体整治。

【其他工作】 协调机场迁建、铁路建设、管道燃气、电力等重大建设项目。接受第五次国务院大督查、放管服、营商环境等专项督查，协调配合区直相关部门专项调研稳增长、固定资产投资及重大项目建设、长江经济带经济社会发展、产业建设、"十三五"规划纲要中期实施情况等。统筹开展中小水电站安全生产、全区党政机关公务用车制度改革、信用体系建设、保障农民工工资、信访维稳等各项工作。

【脱贫攻坚】 区发改局与挂钩车德村对接，结对帮扶职工30人，结对农户212户762人。

与乡、村两级干部一同研究车德村产业发展思路,配合村党支部、村委会动态管理贫困村、贫困人口;帮助制定《帮扶村发展规划和贫困户脱贫计划》;协调开展技能培训和劳务输出;增派人员整理档案资料。车德村易地扶贫搬迁建档63户签订《2019年搬迁协议》;整治环境,建立长效机制;动态调整低保,年内处于初审公示阶段。

【党建及党风廉政建设工作】 贯彻落实党建、党风廉政建设"一岗双责",党组书记与各分管领导签订《党建及党风廉政建设责任书》,各分管领导与分管科室签。落实中央"八项规定",专项整治"四风""不作为、慢作为、乱作为""打击黑恶势力保护伞""在社会兼职"等问题,从源头上防范公车私用、婚丧喜庆大操大办、为企业办事不履行职责、滥发津补贴、挪用专项资金、私设"小金库"、办公用房面积超标等问题。召开民主生活会,为区纪委派驻发改局纪检组落实办公地点及办公设备。开展"两学一做""新时代讲习所""十九大专题"等学习教育活动。2018年10月,完成机关支部换届,启动机关党建规范化达标创建工作。

昭阳区粮食局

【粮油质量安全监督检查】 依照《食品安全法》《粮食流通管理条例》以及省、市不同时期粮食流通监督检查要求,区粮食局在不同时间节点,多次监督检查昭通粮油物流中心、泰诺物流中心部分粮油经营大户、昭阳区粮油储备购销公司、昭通军粮供应站及辖区内其他粮油经营户粮食质量安全。2018年,检查16余次,出动人员120人次,出动车辆26车次,检查粮食573万千克,未发现粮油质量安全问题。

【粮食收购资格年审】 年内,区粮食局年检辖区内办理粮食收购资格许可企业,总体规范,符合有关要求,没有违规现象。

【粮食流通统计专项检查】 按照国家粮食流通统计制度,建立《昭阳区粮食局粮食流通统计工作相关制度》,专项检查涉粮企业粮食经营台账、统计报表报送、统计数据质量、执行国家粮食流通统计制度等情况。2018年,检查16次,检查企业180家,出动人员105人次。

【粮油监管专项行动】 根据《昭通市粮食局关于印发学生粮油安全排查工作方案的通知》部署,区粮食局2018年6月12~19日,每天出动5人次,专项大排查辖区农村义务教育阶段学生营养餐粮油供应商及各中小学学校学生粮油安全,检查学校17所,情况良好。开展打击粮食走私专项行动,2018年10月19~22日,排查辖区内粮油经营者购粮渠道是否正规,是否具有合法粮食采购合同、运输凭证和粮食质检报告,经查,未发现走私违法行为。

【粮食流通常规工作】 2018年,区粮食局监测监管平价粮油销售、粮油应急网点及粮油价格,调查粮油供需平衡,粮食流通统计收集汇总、工业及产品年报上报,提供网上行政审批服务等。

【军粮供应监管工作】 2018年,军粮供应,按照"服务优质、供应及时、坚持标准、确保质量、保障有力、操作规范"总体要求,执行军粮供应政策,确保部队吃上达标粮、安全粮、放心粮;严格按照操作程序做好军供保密工作,专机专用、严禁上网,确保军用购粮卡设备状态良好、安全运行。全年没有发生泄密、生产等安全事故。

【粮油宣传】 2018年,组织开展食品安全宣传周、质量月及全国爱粮节粮宣传周、世界粮食日活动,发放宣传资料5 000余份,向市民宣传爱粮节粮、食品安全、安全储粮等科普知识,指导市民辨别安全粮油质量,提高市民粮油质量安全知识。

【国有粮食企业管理】 坚持每月进行一次安全生产检查工作,年内尚未出现安全生产事故;督促区粮油储备购销公司做好各级储备粮轮换、库存、质量安全、储粮药剂等管理工作;根据市场需求,指导区粮油储备购销公司入市收购和向外采购粮油,掌握粮源,保障粮油有效供给、市场基本稳定。

【粮食库存检查】 根据《昭通市发改委、粮食局、财政局、中国农业发展银行昭通市分行关于2018年全市粮食库存检查工作的通知》要求,组织检查各粮点、门市库存粮食。没有发现严重虫粮、高水分粮、霉变粮现象;储存安全,质量指标合格,品质宜存,账实相符,完成库存清查任务。

【落实粮食行政首长负责制】 履行粮食行政首长负责制,与发改、财政、农业、农发行、市监等部门联系,完善粮食信息共享机制,稳定发展粮食生产,保持粮食产需平衡,维护粮食流通市场秩序,全方位、多层次保障昭阳区粮食安全。

【党建、党风廉政建设】 组织开展"两学一做"学习教育,推进党支部达标创建工作,逐层签订《党建工作责任书》《党风廉政建设责任书》,修改完善《昭阳区粮食局关于完善机关工作职责和加强内部管理的规定》,落实岗位职责,强化机关内部纪律、作风建设,贯彻执行党务公开、民主议事、"三重一大""末位表态"制度;利用"党建+"模式,协调职能与相关工作多边推进。

【脱贫攻坚】 区粮食局加强对派驻队员管理、经费保障,开展"挂包帮、转走访"工作,按时按质完成各项工作任务。2018年,挂包干部共计入村工作33天138人次,拨给新华村扶贫经费27 750元(含基础设施建设、物资折算、工作经费)。多措并举促使新华村如期实现脱贫出列,确保区扶贫工作稳步推进。

【信访维稳】 年内,对上访人员反映问题,本着"尊重历史、正视客观"原则,及时与其交心谈心,全力做好劝访工作。年内,区粮食局没有出现任何上访事件。

【粮食系统综合安全】 按照"谁主管、谁负责"原则,贯彻落实"预防为主、单位负责、突出重点、保障安全"内部治安保卫工作方针,监管内部治安综合防范、现金管理、加工车间安全生产、储粮药剂管理、仓储管理等。层层落实安全责任制,全系统未发生任何安全责任事故。

【其他工作】 修改完善《昭阳区粮食局关于完善机关工作职责和加强内部管理的规定》,落实岗位职责,健全机关内部管理相关制度,公开政务信息,完成档案、人事等管理工作。按照森林防火成员单位目标管理责任要求,履行职责,做好森林防火责任分解工作。

昭阳区工科局

【主要指标概述】 2018年,全区实现工业总产值206.81亿元,同比增长9%。其中,规模以上工业产值155.44亿元,增长9.2%;规模以下工业产值51.37亿元,增长4%。规模以上工业增加值77.86亿元,同比增长9.2%。完成市级下达全区工业企业升规纳规5户的目标任务。

【工业建设项目】 2018年,推进全区20个工业建设项目,其中重点项目——水电铝项目一期工程完工投产。工业项目全年实现固定资产投资22.83亿元,其中非电工业投资22.47亿元,完成市政府下达目标任务。

【社会消费品零售总额】 2018年,社会消费品零售总额完成109.53亿元,增长11%。分行业看全区限额以上企业:批发业销售额170.94亿元,增长12.75%;零售业销售额117.31亿元,增长12.05%;住宿业营业额4.29亿元,增长10.6%;餐饮业营业额17.2亿元,增长16.9%。完成出口6 463万元,占目标任务4 500万元143.62%。完成市级下达全区商贸企业升限16户的目标任务。

【安全生产】 落实监管部门主体责任。实行"划行分类、分片监管、责任到人"工作机制,层层签订《安全生产责任书》。制定重点时段

《安全生产工作检查方案》，督促全区煤矿等工贸企业做好"春节""两会""国庆"等节假日期间安全生产工作。工贸企业安全生产平稳运行，未发生生产安全事故。

【煤矿复产复建工作】 狠抓煤矿复产、复建、验收、汛期、应急演练等重点环节工作。制定《煤矿复产复建工作方案》《煤矿"雨季三防"工作方案》，抓好煤矿复产、复建、验收环节，开展汛期安全检查，在石垭口煤矿组织煤矿井下水灾事故应急演练。严把审核关，全区批准1个煤矿恢复生产、4个煤矿恢复建设；汛期检查19个煤矿企业，下达执法文书19份。打击煤矿非法违规组织生产、建设行为，夜查煤矿3次，对1个煤矿进行行政处罚3万元；在"打非治违"百日行动中专项整治瓦斯水害防治等工作。检查煤矿3个4矿（次），对2个煤矿进行行政处罚11万元。开展煤炭行业"1+6"大检查大督查专项行动，排查隐患29条，下达执法文书18份；会同昭通煤监分局开展煤矿"1+6"专项行动即煤矿防治水专项行动1次，检查煤矿1个，行政处罚56.2万元。组织第三方专家排查全区恢复生产建设5个煤矿，排查隐患143条，督促煤矿按照"五定"要求整改隐患；2018年，共检查煤矿企业278矿（次），下达执法文书82份，排查隐患692条，督促整改隐患685条，整改率98%。行政处罚6矿（次），累计处罚81.7万元。检查其他工贸企业69次，下达执法文书69份，排查隐患452条，督促隐患整改452条，整改率100%。

【煤矿等工贸企业长效机制建设】 系统分析研判全区煤矿存在的主要安全风险、薄弱环节和突出问题，列出安全风险和问题清单，拟定《昭阳区煤矿安全生产风险分析研判报告》，督促煤矿等工贸企业建立长效机制，严格落实隐患排查治理报告制度。

【煤炭行业去产能工作】 昭阳区2018年开展煤炭行业去产能工作总体部署，帮助企业算清前景账、安全账、经济账，引导企业转产转型，妥善处置2个煤矿存在拖欠农民工工资、工伤等遗留问题。关闭盛丰煤矿、新桥煤矿、后海褐煤厂。2018年，全区煤炭行业共去产能33万吨。

【煤矿转型升级工作】 年内，全区有16个煤矿企业完成产能置换，并取得产能置换方案审核确认意见和项目核准批复、初步设计批复；除5个煤矿企业外，其余煤矿企业均取得安全设施设计批复。

【工贸企业稳增长政策宣传】 组织宣传《云南省人民政府关于促进经济持续健康较快发展22条措施的意见》《昭通市人民政府关于促进全市经济持续平稳健康发展的意见》《昭阳区人民政府关于促进经济持续平稳发展的意见》等文件精神。

【工贸经济运行调度和服务工作】 根据区五届二次人代会确定目标任务，到企业了解生产经营情况，帮助侨通、云铝海鑫、永孜堂、昭阳工业园区管委会争取工业信息化发展专项资金900万元。

【微型企业培育工作】 2018年，牵头组织相关部门开展微型企业贷款会审，全区有27户微型企业申请贷款并通过会审，年内已发放贷款17户，贷款金额530万元。开展微型企业贷款贴息工作，69户微型企业获得贴息26.6万元。

【工业企业节能减排和落后产能淘汰工作】 开展企业节能统计与检查，统计分析规模以上重点能耗企业能源消耗情况；实地核查水泥行业能源利用情况，调查统计全区高效节能产品市场占比情况。开展昭阳区2018年利用综合标准依法依规推动落后产能退出工作。

【成品油市场专项整治】 暗访重点乡（镇）办事处大型停车场、集贸物流市场、建筑工地非法流动加油车，配合相关部门查处取缔；在流通领域开展"双随机、一公开"成品油质量联合执法检查工作；配合环保部门改造加油站油气回收和地下油罐防渗。

【盐务执法工作】 专项整治辖区盐业市场，检查学校、超市、企业等场所，共查处违规销售食盐案件28起，依法没收、扣押、收缴不合规食盐12.1吨。

【肉食品市场监测】 按照市、区非洲猪瘟防控工作部署,做好肉食品市场监测、应急储备工作。

【脱贫攻坚宽带网络和电子商务建设】 截至2018年年底,全区通信基础设施建设完成投资22 592万元,新建改造通信基站612个、基站铁塔257个,新建改造光纤2 342千米,新建改造端口77 216个;有网络宽带用户159 929户、移动用户841 500户;网络宽带行政村覆盖率100%、自然村45%,移动通信网络行政村覆盖率100%、自然村76%;电信业务总量同比增长122.89%。电信公司、移动公司实施"全光网、光宽带"工程,2017年3月,全区所有行政村和贫困村村委会、学校和卫生院实现网络宽带全覆盖。

【电商扶贫】 推进实施国家级电子商务进农村综合示范项目实施,项目投资1 750万元。成立以区长任组长电子商务进农村综合示范工作领导小组,建立领导小组联席会议制度,下设办公室在区工科局,形成财政、审计、纪检、第三方机构多部门联动项目监管机制,区委、区政府制定出台实施意见、方案、办法,围绕"打通和拓展到乡进村的农产品供应链"目标,推进区乡村三级农村公共服务体系、物流配送体系、农产品供应链体系、农产品上行体系、农产品营销体系建设。围绕"迅速培养昭阳区电商人才队伍"开展电商普及培训、专业培训、线下培训、线上培训、东西协作培训、贫困村贫困人口培训、电商服务站长集中培训、电商创业就业培训。建成电子商务公共服务中心1个(市区共建)、物流配送分拣中心1个(市区共建)、乡(镇)级电子商务服务站点20个、村级电子商务服务点92个。累计电商培训8 498人次,其中贫困人口1 668人次。初步建成昭阳区"特色产品公共资源库""网货供应共享仓",产品库产品317款,其中支持一键代发产品86款。帮助创业者和企业开设线上店铺26家,与20家贫困户签订《农产品采购协议》,采购苹果3.43万千克,共13.13万元。在天猫、京东、淘集集、本来生活、有赞微商城、点筹网APP平台开设线上店铺并开展电商销售,总销售额172.3万元。2018年,全区电子商务网络交易额达172 726万元,同比增长37.04%,其中网络零售额实现59 170万元,同比增长97.01%。

【科技创新】 2018年,争取上级科技项目资金812.8万元,引导企业加大研发(R&D)经费投入,实施一批技术含量高、创新能力强、示范带动效果好的科技项目。强化科技项目检查、全覆盖绩效评价。培育高新技术企业认定3家、入库5家;7家企业被云南省科技厅认定为科技型中小企业,10家入库2018年国家科技型中小企业,5家获市级技术创新中心认定;4个省级院士专家工作站、5个市级院士专家工作站立项建设;创业创新大赛1家企业获奖。推荐"三区"科技人才28名,31名科技人员申报2018年科技特派员。全区专利申请240件、专利授权98件,6家企业列为第二批省知识产权优势企业培育对象。组织科技三下乡活动,发放各种科普宣传材料3 500余份,现场科技咨询60余人次。

【环保整治】 配合环保、市场监管等部门淘汰2018年建成区34台燃煤锅炉;完成区政府下达给全局25辆"黄标车"淘汰任务;办理环保信访转办件;完成中央环境保护督察组"回头看"交办案件整改工作。

【其他工作】 以黏土砖关闭取缔后引发原业主上访、煤炭行业去产能工作及关闭煤矿遗留问题信访突出问题为重点,落实包保工作责任,抓好稳控工作;落实重点时段"零报告",办理信访信息系统来访案件。落实保密责任、开展日常自查自检工作。做好改制企业后续服务工作;落实党建和党风廉政建设主体责任。办理人大建议和政协提案。管理、维护全区电子政务平台,保障无线电考试和监管执法、管理服务和技术支持全区视频会议。

【表彰】 马兵,获昭阳区人大授予"先进个人"称号。

邹玫、毕敬刚,获昭阳区委授予"优秀共产党员"称号。

昭阳区财政局

【财政收入情况】 2018年,全区地方公共财政预算收入完成130 930万元,同比增收17 090万元,增长15%。其中,税收收入完成105 681万元,同比增收16 620万元,增长18.7%;非税收入完成25 249万元,同比增收470万元,增长1.9%。地方政府性基金预算收入完成327 835万元,同比增收219 958万元,增长203.9%。

【财政支出情况】 全年地方公共财政预算支出623 460万元,同比增支47 919万元,增长8.3%。其中八项支出405 100万元,同比减支2 366万元,下降0.01%。地方政府性基金预算支出293 795万元,同比增支162 725万元,增长124.2%。

【拓宽资金来源】 2018年,全区争取置换债券资金4.38亿元,主要用于2013～2017年棚户区改造项目存量债务置换。争取新增债券资金4.42亿元,主要用于土地储备和易地扶贫搬迁项目。

【巩固农业基础地位】 2018年,发放惠农补贴资金9 489.47万元,惠及农户168 416户次;支持扶贫,整合统筹涉农资金49 060万元;盘活使用财政扶贫专项资金4 539.82万元,全部用在脱贫攻坚项目上。

【小额担保贷款】 2018年,小额担保贷款目标任务405户,截至12月30日,发放贷款405户4 050万元,带动就业人数1 215人;贷免扶补全年目标任务699户,截至12月30日,发放贷款699户6 499万元,带动就业人数2 097人。

【教育文化保障】 2018年,教育事业支出161 405.44万元,主要用于资助家庭经济困难学生、维修改造贫困地区校舍、补助艰苦地区教师生活津贴等。全年文化体育与传媒支出2 247.82万元,主要用于建设公共文化服务体系、送戏下乡、行政村农民体育健身工程等。

【扶持企业健康发展】 贯彻落实稳增长各项措施,参与部门组织企业申报2018年年度专项转移资金。2018年,拨付财政扶持企业补助资金6 511.49万元,缓解企业周转资金部分困难,增强企业发展能力。

【农村综合改革】 检查验收2017年"一事一议"财政奖补项目21个,拨付建设资金994万元;计划投资2017年年度农村综合性改革试点试验项目5 560万元;争取2018年"一事一议"财政奖补资金1 145万元;农村综合性改革试点试验项目总投资2 250万元,通过区级评审,正组织实施建设。

【社会保障体系建设】 2018年,城乡养老保险、职工医疗保险、城乡居民医疗保险、失业保险、工伤保险、生育保险等八项主要社会保险基金收入15.18亿元,其中保险保费收入8.29亿元;各项社会保险支出13.75亿元,其中社会保险待遇支出10.31亿元。

【其他经济建设资金保障】 2018年,落实各项经济建设资金:城镇保障性安居工程建设资金38 085.85万元、生态建设资金7 853万元、交通建设项目资金9 059万元、中央扶贫资金6 355万元(主要用于易地搬迁及以工代赈项目)、昭通中心城市黑臭水体治理示范项目资金2亿元、兑付上级下达石油价格补贴资金4 089万元。

【债务和隐性债务化解】 制定《昭阳区2018年债务化解方案》,建立健全政府性债务风险防范机制,做好政府债务和隐性债务化解,自觉防范和化解风险。

【国有企业财务会计决算及国资统计】 完成2017年年度行政事业单位政府资产编报工作;每月按时完成区属国有企业快报收集及上报。2018年,昭阳区监管企业资产总额402 525万元,负债总额314 793万元,所有者权益87 732万元,资产负债率78.2%,实现收入10 089万元,净利润728万元,有从业人员82人。

【政府采购】 2018年,全区政府采购预算金额23 226万元,采购金额22 710万元,节约资金516万元,资金节约率2.22%。

【"三公经费"支出】 落实中央"八项规定",公务接待费、因公出国(境)费用、公务用车购置运行维护费等"三公经费"均实现零增长;会议费、培训费控制良好,未突破上年实际支出数。2018年,全区"三公"经费支出1 730.16万元,同比下降12.27%。

【监督财政支出】 完善财政部门惩治和预防腐败体系,履行监督职能,监督检查全区乡镇财政所、昭阳区交警一大队在财务管理、会计核算以及财政资金使用等情况以及昭阳区相关部门和乡镇关于差旅费、会议费、到基层交纳伙食费和住宿费等、预决算公开动态等落实情况。

【预决算公开动态监督】 牵头全区一级核算单位,业务培训预决算公开操作平台,在公开过程中督促各业务科室联系相关业务部门将预决算信息公开面和及时率作为监督重点,跟踪督促一级预决算部门推进此项工作,确保昭阳区预决算公开在规定时限之内全部完成。

【扶贫项目管理】 健全完善资金拨付程序,及时拨付各种专项资金。完善财政支农资金使用监督检查和项目验收制度,跟踪问效支农资金使用情况,规范支农资金项目申报制度,严格把关项目申报材料,提高项目申报单位和实施单位项目真实性、合法性;完善惠农资金公示制度,确立专人负责制,落实公示主体,实行定点公示,指定乡镇、村、组专人负责,在各乡镇和村委会公示栏、信用社分支机构张贴补贴发放情况;完善财政支农资金管理办法,监督检查,确保资金专款专用,提高财政支农资金使用效益。

【廉政文化建设】 局党组把党风廉政建设与行政、业务工作一起部署、一起落实、一起检查、一起考核、一起总结。落实党风廉政建设"一岗双责",局长与分管领导、分管领导与各科室负责人分别签订《党风廉政责任书》。制定《廉政风险防控工作方案》,印发《党风廉政建设工作研判制度》。组织学习《中共中央国务院关于实行党风廉政建设的规定》《云南省关于落实党风廉政建设主体责任的规定》,增强财政干部廉洁意识、纪律意识和风险意识,筑牢廉洁干事防线,树立财政干部廉洁、务实良好形象。

【其他工作】 贯彻落实精神文明建设、创卫、综治维稳等工作,按照区委、区政府、区文明办、区创卫办、区政法委总体部署,创建精神文明、整治环境卫生、防制病媒生物等,参与扫黑除恶、安全生产、禁毒防艾等综治维稳行动,落实部门职能职责,保障各专项工作经费。

【表彰】 杨斌,获云南省委、省政府授予"云南省'人民满意的公务员'"称号。

昭阳区国土资源局

【耕地保护政策】 贯彻《中共云南省委云南省人民政府关于加强耕地保护和改进占补平衡的实施意见》和《中共昭通市委、昭通市人民政府关于加强耕地保护和改进占补平衡的实施意见》,区政府与20个乡(镇)、办事处签订《耕地保护目标责任书(2016~2020年)》,落实永久基本农田特殊保护措施,依法批准占用永久基本农田,按照"数量不减、质量不降、布局稳定"要求补划。检查2016~2020年省以下各级政府耕地保护责任目标期中工作完成情况。

【城市(镇)周边永久基本农田划定】 召开专题办公会议分析研究全区耕地数量、质量现状。拟定《昭阳区城市(镇)周边永久基本农田划定工作方案》并征求农业部门及相关科室意见后,印发到各乡(镇)、办事处执行。保护耕地数量、质量、生态"三位一体"。落实各级土地利用总体规划,下达永久基本农田保护目标任务,落实坝区永久基本农田划定比例,全区共划定永久基本农田57 857.63公顷,超出上级下达指标17.63公顷,上级下达指标要求至2020年永久基本农田保持在57 840公顷(其中,城市(镇)周边划定永久基本农田3 049.63公顷,占城市周边耕地总面积5 048.09公顷60.41%;坝区划定永久基本农田20 920.84公顷,占坝区耕地面积80.1%)。

【耕地占补平衡工作】 落实占一补一、占优补优、占水田补水田耕地占补平衡制度,按期兑现补充耕地承诺。年内,共上报用地总面积244.52公顷(农用地153.74公顷,耕地138.37公顷),通过购买市局或省厅耕地占补平衡指标138.37公顷,完成占补平衡任务。建设用地项目审批按照《中共中央、国务院关于加强耕地保护和改进占补平衡的意见》等相关要求执行,严守耕地红线,做到耕地占补平衡数量质量双到位。

【国土综合整治】 开展北闸镇海子村土地整治(补充耕地)、盘河等2个镇新华等2个村土地整治(补充耕地)、小龙洞乡小米村大路坪子土地整治(补充耕地)、小龙洞乡小米村石竹箐土地整治(补充耕地)4个项目建设,预算总投资4 946.08元,建设规模1 117.86公顷,开发面积711.83公顷,整理面积406.03公顷,预计新增耕地面积653.71公顷。4个项目建设情况:年末,第一个建设结束,正向市局报请竣工验收;第二、三、四个工程建设基本结束,正进行施工审计并向市局报请竣工验收。

【重点项目和民生项目用地保障】 采取增减挂钩、调整规划等多种措施保障"乡村振兴战略"、易地扶贫搬迁、"绿色食品牌"和特色小镇等重点建设项目和民生项目用地需求。对"四个一百""五网建设"项目,执行重点建设项目用地告知制度和报告制度,每月按照要求向昭通市国土资源局报送重点建设项目情况统计表,发放用地报批告知书,告知用地单位完善相关用地手续,落实差别化用地保障措施,提高用地报批效率。根据《云南省国土资源厅云南省农业厅关于印发〈云南省设施农用地实施管理细则(试行)的通知〉》等要求,对设施农用地实行备案管理,由国土资源主管部门和农业主管部门备案,国土资源管理部门负责统一编号。

【土地储备管理】 按照自然资源部和省自然资源厅相关文件,开展土地储备专项债券申报工作,申报2018年土地储备专项债券项目,债券金额4亿元,9月19日成功发行,资金到位;2019年,计划申报土地储备专项债券项目金额10亿元,9月28日将债券申报材料上报区财政局、市财政局、市国土资源局。按时按规填报土地储备监测监管系统。

【降低工业用地成本】 2018年,出让工业用地60.96公顷,减免工业用地坝区耕地质量补偿费24 384.39万元,工业用地出让价格较往年相比明显下降。

【提升人居环境】 配套完善南片区商业业态,结合乌蒙水体公园建设,需在昭储18~11号地块配套建设购物商业中心,为保证购物商业中心"统一性、整体性及运营联动性",该项目需自持经营,不得分割销售,并且自持不低于9 000平方米,同比增长100%。

【控制住宅用地供应】 根据昭阳区土地市场实际情况,控制住宅用地供应规模、布局和节奏,将住房用地年度供应计划落实到具体地块,明确上市时间,定期分批推出,稳定、均衡供应住宅用地。采取措施,灵活确定地块面积、组合不同用途和面积地块搭配供应,如省耕塘片区昭储17-26-A、17-26-B、17-26-C三宗地块整体出让、统一规划、统一开发。综合运用多种供地方式,完善招拍挂手段,减少流标流拍,避免异常高价地,稳定市场预期。

【保障性住房、棚户区改造用地】 2018年,供应辖区双院子、荷花和平、龙泉7号、龙泉官坝、龙泉巩固、桃源、省耕塘安置点用地共计21.88公顷,保障性住房用地、棚户区改造用地全部供应到位。

【农业转移人口和其他常住人口在城镇落户用地】 落实国土资源稳增长配套政策,保障农业转移人口和其他常住人口在城镇落户用地需求。通过全国土地日、法制宣传日等渠道,开展人地挂钩政策宣传、培训指导,总结上报年度人地挂钩政策实施情况。

【国土资源规划管控】 执行土地利用总体规划,实施土地整治规划,按要求开展村级土地利用规划试点,完成第三轮矿产资源规划审批。

【土地利用总体规划】 按省、市相关要求完成规划调整完善成果编制、上报、备案,执行土地利用总体规划和土地利用年度计划,强化土地利用总体规划、土地用途管制作用,执行土地利用年度计划和土地利用相关专项规划。

【土地用途管制】 执行土地用途管制,按权限做好建设用地初审和预审工作,预审昭通机场迁建、润昭引水工程、昭通中心城市昭阳西环高速公路、昭通中心城市昭阳西环线道路建设项目、雅中—江西±800千伏高压直流输电工程建设项目用地。

【重点项目预审现场踏勘】 参加省厅组织的昭通机场、西环高速公路、渝昆高速服务站等重点项目预审现场踏勘。

【土地整治规划】 完成区级土地整治规划批复及备案。

【村级土地利用规划试点】 按照省国土资源厅、市国土资源局相关政策文件,选择在洒渔镇三台村、永丰镇小闸村开展村庄土地利用规划编制试点工作,编制完成《昭阳区洒渔镇三台村土地利用规划》《昭阳区永丰镇小闸村土地利用规划》成果,5月20日将成果报省厅规划处审查。开展靖安安置区、永丰镇土地利用总体规划、小龙洞乡土地利用总体规划调规踏勘论证、方案编制、听证、评审、报批等工作,保障全区重点建设项目用地。

【第三轮矿产资源规划审批】 昭阳区完成昭阳区第三轮矿产资源规划(2016~2020年)待审稿编制,征求相关部门意见,完成规划数据对接,待生态红线矢量数据套合后,正式进入评审环节。

【建设用地总量控制】 昭阳区制定《深入开展批而未供和闲置土地处置攻坚行动实施方案》,摸底调查批而未供土地、批而未征土地、征而未供土地、已用地未办理供地手续等情况,制定《批而未征、批而未供土地的处置措施》。向省自然资源厅上报《云南省国土资源厅关于昭阳区2011年年度保障性住房建设项目用地的批复》,批准范围内10.22公顷国有建设用地批文失效。

【城镇低效用地再开发】 昭阳区推进城镇低效用地再开发,严格落实单位GDP建设用地使用面积下降目标,下降率达到年度下降目标参考值以上。

【建设用地供后开发利用监管】 建立联合监管制度,完善建设项目用地挂牌施工、动态巡查和复核验收等制度,形成共同推动批而未供和闲置土地处置攻坚合力,构建土地节约集约利用长效工作机制。应用信息化技术提高监管效率和质量,动态巡查批而未供和闲置土地,及时发现、及时预警、及时处置。土地市场动态监测与监管系统动态巡查率99.88%。处置批而未供土地353.33公顷,达到20%以上。核实认定历年疑似闲置土地,处置闲置土地14宗,处置率50%以上。

【矿产资源审批】 2018年,全局各类审批矿业权符合省、州(市)矿产资源规划相关规定,投放矿业权符合国家和省级产业准入条件,按时完成矿产资源开发利用年度统计数据上报。

【矿山地质环境恢复治理及土地复垦】 依法督促土地复垦义务人落实土地复垦费用,按复垦工作计划实施土地复垦工程。昭阳区现有66处矿山,按照《国土资源部办公厅关于做好矿山地质环境保护与土地复垦方案编报有关工作的通知》要求，合并编制《矿山地质环境保护与土地复垦方案》，编制比例100%。以点带面推进和谐矿区建设，以构建和谐矿区为中心，以建设绿色矿区为重点，管理矿产资源，复垦绿化，保护生态环境。

【矿产资源管理】 建立并执行矿业权计划出让和市场配置制度，矿业权出让方式符合国家和省级规定。按照《关于调整一批行政许可事项的决定》《关于调整矿业权审批登记权限的通知》文件，承接并开展省自然资源厅委托下放矿业权审批登记业务。

【煤矿、非煤矿山转型升级和化解过剩产能】 按照工作职责及批准工作方案推进矿山转型升级和化解过剩产能工作。根据省安委办、省自然资源厅要求，专项整治煤矿、非煤矿山安全生产，上报专项整治工作情况、信息。

【联勘联审矿业权】 建立矿业权审批联勘联审和矿山生态环境综合评估制度。履行联勘联审部门职责，本年年度完成辖区内矿山总数5%以上矿山生态环境综合评估工作，规范联勘联审和综合评估、审查意见。

【矿产资源勘查开发监管和服务】 落实矿产资源领域安全生产责任，推进全区各类保护区矿业权分类退出工作。专项清理排查矿产资源领域安全生产、保护区矿业权。

【矿业权出让收益征收和矿产资源储量评审备案】 按规定及时、足额征收矿业权出让收益，及时预存矿业权出让收益。采用公开方式选择储量评审机构和矿业权评估机构。

【城乡建设用地增减挂钩项目】 根据2017年年底昭通市上报《拟开展增减挂钩支持脱贫攻坚项目情况统计表》，昭阳区2018年报批任务规模598公顷，全区编制上报13个项目实施方案，总规模538.13公顷，已批复增减挂钩项目实施规模448.73公顷，达到75%。全区需解决完善用地手续安置点15个，总面积273.6公顷。其中，发改清单确定14个，面积133.6公顷。2018年，开工建设12个，面积37公顷，完善用地手续10个，面积34.73公顷，未完善用地手续2个，面积2.27公顷；7月1日后，开工建设2个，面积96.6公顷，已通过审批22.87公顷，未通过审批73.73公顷。

4个安置点76公顷未通过审批，未审批2个增减挂钩项目纳入建新区上报审批，年内仍在编制实施方案；年内，新增靖安安置点，面积140公顷，其中基本农田115.4公顷，通过调规及编制基本农田补划方案上报审批，踏勘论证经过专家审核，有5个安置点216公顷未通过审批，正在组织报件资料上报审批，确保在12月底前达到100%。全区2017年下半年及2018年1~9月商住用地需使用19.07公顷增减挂钩节余指标，年内建新方案（面积19.47公顷）已编制完成，涉及4个乡镇规划评估已上报市国土局审批，节余指标预售申请上报省厅审批，确保在年底前达到25%（含）以上。

【旧房拆除和土地复垦】 增减挂钩项目实施方案批准后，必须在3个月内组织启动旧房拆除和土地复垦，在1年内完成并通过验收。全区批复11个项目全部启动旧房拆除和土地复垦工作，在2018年1月5日批复3个项目，规模139.8公顷；6月29日批复8个项目，规模308.93公顷。1月5日批复的3个项目，通过初验59.07公顷，完成42%。

【不动产登记存量数据整合】 全区不动产登记存量数据薄弱，分3个标段招标整合，正在采取单件整合和批量整合方式开展全区数据整合建库工作。现3个标段完成存量档案扫描59 584件，存量数据整合39 143件。

【解决不动产历史遗留问题】 根据《关于全面推进不动产登记便民利民工作的通知》，分类压缩不动产登记办理时限问题整改，将一般登记业务办理时限压缩至10个工作日内（如需公告，则公告期除外），注销登记、抵押登记业务办理时间压缩至3个工作日内；开展农村不动登记以及未公证继承、受遗赠涉及不动产登记等较为复杂登记情形仍按照30个工作日办结；不动产查封登记、异议登记根据情况即时办理。对于分散登记时期因相关管理环节不完善、不规范导致历史遗留问题，主动与规划、住建等部门会商研究，提请市政府出台解决不动产登记历史遗留问题政策措施。昭阳区有多个老旧小区，原土地使用证或土地权属来源材料记载用途与房屋实际用途不一致，按房地一体登记要求，缺少土地规划用途变更审批手续，导致住户在申请不动产首次、转移登记时，缺少合法登记要件，登记不能受理，权利人合法权益得不到保障。经过权籍调查，向区政府汇报，与区规划局对接，解决13个老旧小区登记办证难问题。

【提升不动产登记信息质量】 优化登记流程和数据共享。根据不同登记类型特点，分类梳理业务办理流程，列出全流程所有环节，明确各环节涉及部门需要提供材料及质量要求，简化环节，细化阶段性目标，为优化营商环境、方便企业群众办事创造条件；2017年成功接入国土部信息平台，实现不动产信息实时上报，国家、省、市、县四级数据实时互通共享，平台建设分别实现"两个第一"。区不动产登记中心与市税务局窗口"一窗式"受理，实行"资料两窗口内部流转""一站式服务"；不动产抵押登记3个工作日内办结；窗口实现即发号即叫号即受理。银行未在区不动产登记大厅设置抵押登记受理点或开放抵押登记端口。

【房屋、林权登记资料移交管理】 移交房屋资料，市国土局移交36 144件，区国土分局不动产登记局移交7 893件至区国土分局不动产登记中心档案科进行分类归档存放；房管部门登记档案移交57 102件。先后制定《昭阳区不动产登记信息安全保密管理制度》《不动产登记档案查询管理制度》等一系列规章制度，明确各岗位办事程序和工作职责，防范登记风险，增强保密意识，保障信息安全。昭阳区不具备自助查询功能登记大厅。

【农村宅基地和集体建设用地确权登记工作】 2013年2月，启动昭阳区集体土地使用权确权登记工作，完成永丰镇、乐居镇、北闸镇、凤凰街道办事处、龙泉街道办事处全部宅基地测量、权属调查、签字确认、公示、公示后修改等工作。宗地测量70 133宗，等待省国土资源厅组织验收。

【地质灾害防治】 编制年度《地质灾害防治方案》，出台《地质灾害应急预案》，按照防治方案和应急预案开展地质灾害防治工作。按时足额落实地质灾害防治自筹资金，完成地质灾害防治工作年度任务。

【地质灾害防治工程项目管理】 截至2018年年度考核时，全局完成2017年年底前储备3个大型地质灾害治理工程项目前期工作，完成2016年年度底前储备大型以上地质灾害治理工程项目施工，执行地质灾害质量项目管理有关制度，未出现违法、违规、违纪等现象。

【规范征地程序】 系统学习国土资源、特别是征地拆迁方面法律、法规，详细了解和掌握土地征用"两公告、一登记"等工作流程；在太平办事处、龙泉办事处、北闸镇、靖安镇征地27个地块，面积378.67公顷，完善"两公告、一登记"程序。严格、主动规范执行"告知、确认、听证"及"两公告、一登记"规定。

【执行征地补偿政策】 根据上级政府制定《征地拆迁安置补偿政策和征地实施方案》，配合乡镇、办事处及时召开群众大会，向被征地群众宣传土地征用方面法律法规和政策。执行《云南省征地统一年产值标准和征地片区综合地价补偿标准》（2014年修订）及国家和省级征地相关政策文件，切实保障被征地农民合法权益。

【征地信息公开】 执行征地补偿标准，通过云南省征地信息公开查询系统，实现省域范围征地信息统一对外发布网络平台，公开征地信息，规范公开内容。

【国土资源综合统计分析】 年度内完成国土资源综合统计分析，按时按要求上报季度综合统计数据。

【科技创新应用】 组织学习《云南省国土资源"十三五"科技创新发展规划》,开展国土资源科普活动。

【省级国土空间基础信息平台建设】 配合做好政务审批系统、国土空间基础信息平台、数据资源体系数据标准与规范建设、数据建库及大数据清洗加工及网络信息安全建设,工作中未出现重大网络信息安全事故。

【土地变更调查】 开展第三次全国土地调查,完成调查任务60%以上。外业核实2017年年度土地变更遥感监测下438个监测图斑土地变更调查,核实、分类土地变更,说明土地实际使用地类等情况,举证佐证材料,通过国土资源部验收,并下发使用。6月19~22日,到昆明参加第三次全国土地调查培训,9月6日参加第三次全国国土调查视频培训会或全国国土资源工作推进视频会议;区政府下发《昭阳人民政府关于开展昭阳区第三次全国土地调查的通知》及昭阳区国土资源分局《关于组建昭阳区第三次全国国土调查领导小组办公室的通知》,待省市招标完成后,正式开展全区第三次全国国土调查工作。

【国土资源领域相关改革工作】 做好经济体制改革、生态文明体制改革和农村综合改革等涉及国土资源领域相关改革工作。按时完成大理市农村土地征收、集体经营性建设用地入市、宅基地制度改革等三项改革试点,推进全民所有自然资源资产有偿使用、矿产资源权益金制度、昆明市国有建设用地二级市场试点等自然资源管理制度改革。

【农村宅基地调研】 探索宅基地所有权、资格权、使用权"三权分置",按要求开展宅基地"三权分置"专题调研,按时提交调研报告。

【集体土地使用权确权发证】 2012年7月,昭阳区启动全区集体土地使用权确权发证工作。所有权于2013年通过省国土资源厅验收,全区完成10 619宗。昭阳区集体土地使用权确权登记工作于2013年2月正式启动。完成永丰镇、乐居镇、北闸镇、凤凰街道办事处、龙泉街道办事处全部宅基地测量、权属调查、签字确认、公示、公示后修改等工作。完成宗地测量70 133宗。现正等待省国土资源厅组织验收。

【"六个一"便民行动】 开展"六个一"便民行动,下放行政审批权。根据2018年5月16日国务院推进政务服务企业群众办事"最多跑一次"会议精神,制定《昭通市国土资源局昭阳区分局行政审批"两集中、两到位"试点改革工作方案》,梳理5类行政审批31项,根据区政务服务管理局审批成熟条件已入驻办理2项,仍在局办理29项,编制办事指南和业务手册,明确责任部门和时限要求,简化审批程序,规范审批流程,提高审批效率。下发《云南省国土资源厅关于清理规范下放行政审批事项的通知》,上报清理情况报告,根据本级行政审批权限和条件,承接好下放行政审批权。

【"双随机、一公开"监管】 分局成立全面推行"双随机、一公开"跨部门联合抽查监管工作领导组,设办公室负责具体工作,制定方案实施。执行全国统一市场准入负面清单制度,编制完成"两库一单",完成本年年度随机抽查任务,向社会公开抽查结果。

【矿业权人勘查开采信息公示】 组织本区矿业权人填报并公示矿业权勘查开采信息、实地核查异常目录管理工作。

【规范性文件管理工作】 成立昭通市国土资源局昭阳区分局规范性文件清理工作领导小组,经排查,属昭通市国土资源局派出机构,没有制定规范性文件的权限,2010年5月1日至2017年12月31日没有制发过规范性文件。

【规范行政审批】 全局制定《昭通市国土资源局昭阳区分局重大行政决策程序措施办法》,规范决策行为,保证决策效率。在《云南省政务服务管理平台》(前台为云南省政务服务网上大厅)录入行政许可20件、行政征收2件、行政确定2件、行政处罚84件、其他行政权力1件、公共服务1件、内部审批1件,群众可通过云南省政务服务网上大厅了解涉及全局审批事项、办理需要提供材料、审批流程、办理时限、监督咨询方式等,可通过平台预约办理,制作完成行政许可事项《业务手册》《办事指南》,并报送至昭阳区"放管服"改革领导小组。开展行政执法案卷评查,完善、提高执法能力及卷宗整理归档水平,所进行的行政复议听证或行政诉讼案件皆维持原处罚决定,未有被裁定撤销行政处罚决定案件。

【信息公开】 分局副局长分管信息公开工作,设办公室在政策法规科,指定专人负责信息公开日常工作,定期或不定期向单位主要领导汇报。推进"五公开",建立政府文件公开属性审查制度,及时公开发布政府文件、重要政策解读。健全内部管理制度,办理程序规范、答复文书规范、档案文书管理规范,没有出现未依法公开(答复)的情况。办理信息公开13件。全区自然资源主管部门政府网站迁移到区政府网站。

【综治维稳工作】 2018年,累计接待来信来访650余人次。多次劝返集体群访的联盟7组、巩固2组、黏土砖厂清理整顿业主和个访吕某某、王某某兄妹、虎某某、万某某、李某某、张某某等老信访户,未因接访受访回复不当等问题造成到昆明、北京非正常上访现象等。包案化解市局下达的15宗积案,正在推进中。回复处理完毕30余宗网上访事项和省厅微信留言200余宗。现网上信访新增2宗,正在办理中,牵头或配合参与区政府信访复查7宗,草拟回复意见书报区政府。全年未因本区国土资源管理领域处置不力导致发生越级上访。落实领导干部保密工作责任制,导班子将保密工作责任制情况列入年度个人述职报告内容,计算机及网络保密自检自查落实到位并形成纸质台账,涉密文件管理规范,清退、销毁工作规范到位,全年未发生重大失泄密事件。

【履行行政复议、普法】 办理行政复议和法律诉讼案件7宗,按照《行政诉讼法》及最高人民法院司法解释行政机关负责人出庭应诉;按照《云南省国土资源厅关于进一步加强行政执法案卷评查工作方案》开展案件评查工作;按照《云南省人民检察院云南省国土资源厅关于加强协作推进行政公益诉讼促进法治国土建设的实施意见》要求与检察机关建立协作机制;制定《"谁执法谁普法"方案(通知、意见等)》部署普法工作,全年普法4场次8 000余人次。

【查处土地矿产违法违规行为】 年度内,执法监督检查土地矿产、卫片工作、自然保护区和国家公园涉矿内违法违规行为,土地矿产、卫片工作中立案率100%。区内无自然保护区和国家公园内涉矿违法违规行为。

【执法监察综合监管平台运用】 昭阳区未完成监管平台投标工作,辖区内无纳入年度土地卫片执法监督检查省级约谈,年度卫片检查查处到位率100%。

【意识形态工作】 印发《中共昭通市国土资源局昭阳区分局党组关于成立意识形态工作领导小组的通知》,制定《中共昭通市国土资源局昭阳区分局党组关于落实意识形态工作责任制方案》和《昭通市国土资源局昭阳区分局党组关于意识形态工作责任制实施细则》。全年,局党组召开2次专题会议,与班子成员签订《2018年意识形态工作目标责任书》,建立季度分析及年度党内通报意识形态领域情况制度。召开3次会议研究网络安全和信息化工作,明确1名专职网信工作人员,制定《网络安全和信息化工作实施方案》和《网络安全和信息化工作保密制度》等相关制度。党组每季度开展1次专题讨论,举办1次专题辅导讲座,党组中心组集中学习10次。开展"新时代讲习所"讲习活动和"两学一做""不忘初心、牢记使命"主题教育、"跨越发展、争创一流,比学赶超、奋勇争先"专题教育以及"传家训、立家规、扬家风"活动。配合新闻媒体宣传本单位重大活动,执行党务政务信息公开制度。

【党风廉政建设】 2018年,局与各乡镇、办事处国土所和机关各科室、大队、中心签订《昭通市国土资源局昭阳区分局2018年年度党风廉政建设责任书》和中层干部《2018年党风廉政建设工作责任书（个人）》，划定各科室党风廉政建设责任，年初分解党风廉政建设和反腐败工作任务。先后召开6次专题会议研究党风廉政建设和反腐败工作，建立国土资源系统反腐败协调组织，定期约谈局机关领导班子成员以及各科室、中心、大队负责人和各乡镇、办事处国土所负责人等中层干部，做好廉政风险防控工作。2018年11月，党纪处理原守望国土所所长季兴林同志在任职期间所犯错误。组织参加廉政专题教育、先进典型和警示教育2次，全局干部职工学习大会30余次。

【选任轮岗】 全区20个乡镇国土所所长选任轮岗，共选任轮岗干部19人，调局里6人，原职4人，平调4人，新任9人，其中综合执法大队调入2名。

【信访工作】 2018年，累计接待来信来访220余人次，梳理分办网络上访事项，及时调查处理信访、转办案件，办结率100%。

昭阳区环保局

【环境约束性指标完成情况】 昭通市环境保护局下达昭阳区环境约束性指标：城市空气质量优良天数比例97.5%，细颗粒物（PM2.5）年平均浓度35（微克/立方米），化学需氧量和氨氮排放总量控制在4 355吨、603吨以内；二氧化硫和氮氧化物排放总量控制在6 733吨、2 910吨以内。2018年，全区城市空气质有效优良天数比例达到99.41%，达到环境空气质量标准二级标准限值要求。同期相比，空气优良天数比例、PM2.5、PM10三个考核指标均明显提升。

【重点项目污染减排】 全区省级重点减排项目：华新水泥（昭通）有限公司、昭通得云建材有限责任公司确保环保设施正常运行，脱硝系统投运率80%以上，综合脱硝效率不低于55%，完善中控和在线监测系统；昭通大山地毯有限公司、云通润包装有限公司拆除2吨/小时燃煤锅炉1台；昭通市供排水公司污水处理厂设施正常运行，负荷率和浓度不得低于上年年度国家认定结果；昭阳工业园区工业集聚区污水集中处理设施按"水十条"工作要求完成建设并确保设施正常运行；昭阳区秃尾河水系、东门小河、利济河黑臭水体整治工程按"水十条"工作要求完成整治。2018年7月12日，国家生态环境部下发《关于通报黑臭水体整治专项督查有关情况的函》，确认昭通市利济河已消除黑臭，未发现新增黑臭，水体。昭通市供排水公司污水处理厂2018年完成化学需氧量减排量3 049吨、氨氮302.93吨。

【大气污染防治整改概述】 全区制定《昭阳区2018年大气污染防治整改工作方案》，全面落实大气污染防治整改工作任务。

【燃煤锅炉淘汰】 根据省大气污染防治专项小组于2018年7月约谈后督察情况通报，昭通市城市建成区内每小时10蒸吨及以下燃煤锅炉未全部淘汰。2018年10月26日，昭通市政府召开城市建成区内每小时10蒸吨及以下燃煤锅炉淘汰工作会议，落实省"打赢蓝天保卫三年行动"实施方案。全区成立工作领导小组，印发《昭阳区燃煤锅炉淘汰攻坚实施方案》。11月5日，召开燃煤锅炉淘汰工作会，由环保、市场监管局牵头，抽调工科、综合执法、三城办事处等部门人员组成工作组，再次排查，全区城市建成区共有24户企业34台燃煤锅炉，11月23日完成淘汰任务。

【油气回收治理工作】 2018年7月16日，昭阳区环保局印发《昭阳区环保局关于加快推进油气回收治理和地下油罐防渗改造工作的通知》，联合区安监局、区工科局、区市场监管局、区国土分局召开油气回收治理工作推进会，要求10月30前完成回收治理工作。经排查，全区有加油站67座，完成油气回收治理49座加油站，正在改造11座，还有6座未改造。

【第二次全国污染源普查工作】 拟定《关于做好第二次全国污染源普查的通知》《昭阳区

第二次全国污染源普查实施方案》《昭阳区污染源普查领导小组办公室关于印发第二次全国污染源普查清查工作方案的通知》等相关文件，2018年4月，完成名录库增补和清查建库。清查国家数据库反馈的1 564家工业企业和产业活动单位、287家畜禽养殖，确定入户普查任务对象400余家，集中式污染治理设施12个，市政入河排污口17个，生活源锅炉清查建库10台。截至2018年11月14日，完成全部入户调查任务448家。

【危险废物规范化管理】 印发《昭阳区2018年危险废物规范化管理工作方案》，落实网上申报制度，根据企业变化更新全区危险废物省级重点监管企业名单，要求管理区内涉及危险废物产生、经营单位制定并上报年度危险废物管理计划，建立危险废物管理台账，按时申报、转移。申报登记危险废物企业50家。2018年9月，专项检查全区涉及危险废物企业，跟踪督查整改情况，常态化管理危险废物。

【建设项目环境影响评价制度概述】 2018年，区级审批建设项目62件，其中环境影响报告书5件、环境影响报告表57件、环境影响登记表备案319个；转报市环保局审批意见11份。

【建设项目环境影响评价制度落实】 执行《建设项目环境影响登记表备案管理办法》。在政府信息网站（昭阳区环保局）、昭阳区行政审批网上服务大厅公布《实行建设项目环境影响登记表网上备案的公告》，公示备案网址及相关法律、法规。在政务大厅窗口现场指导环境影响登记表网上备案事项。实现全省环评审批信息系统实时报送。编制《环境影响评价管理系统环评及验收网上申报系统操作指南》发送给企业。推进审批制度改革，优化审批流程，建设项目环评报告书、报告表审批时限分别由法定60、30个工作日压缩到10、10个工作日。推行建设项目受理、审批、环境影响评价报告（全本）信息公开。受理项目公开59个，拟作出审批意见公开59个。

【落实排污许可证制度】 结合企业环评、竣工验收、排污申报和监督监测数据，科学分析各企业各污染因子排污总量情况，核算企业排污总量。截至2018年11月15日，共核发放排污许可证33家。

【环境执法】 日常监察和不定期现场检查辖区内各污染源，执行环境保护法律法规情况，联合其他部门开展"生态环保领域，跨部门双随机"抽查。督促各污染源单位建立污染治理设施运行台账，确保设施正常运行。2018年，发现环境违法行为103起，立案查处33家，下发《处罚决定书》30份，正在查处3家，其中适用"四个配套办法"1家，合计罚款380.7万元，涉及医疗机构、水泥、危险废物收储、加油站、食品加工等多个行业。

【信访工作】 2018年，接待信访案件198件。其中，"12369"热线50件，"12369"环保信访系统96件，省、市转办36件，区纪委转办4件，区信访办转办4件，来访4件，新闻媒体曝光4件。案件均已办理，结案率100%。

【"非煤矿山整合"环境执法检查】 昭阳区环保局成立工作小组，检查全区非煤矿山整合后环保手续办理及环保设施建设企业48家，召集48家业主召开专题会议3次，要求其在整合过程中，办理环境影响评价报批手续，落实各项污染治理设施。

【核辐射安全监管】 全面排查华新水泥（昭通）有限公司、昭通市第一人民医院、昭通市中医医院3家核技术利用单位及26家辐射装置使用单位，28家办理辐射安全许可证、放射源备案，要求整改和完善辐射安全与防护设施运行及维护、管理制度。

【饮用水水源地环境安全专项检查】 专项检查渔洞水库饮用水源地、大龙洞饮用水源地环境安全，水源保护区内无工业污染源，水源保护区标识、界桩、界碑、隔离栏等保护设施相对健全。完成渔洞水库饮用水源地库以及保护区内居民搬迁工作,清理铲除一级保护区内种植的农作物。

【中央环境保护督察"回头看"工作】 2018年6月11日,中央第六环境保护督察组到昭通开展环境保护督察"回头看"工作,共转交全区信访举报件80件,已办结80件,区整改办10月15~20日验收80件信访举报件办理情况,截至2018年年底,整改完成65件,并通过区级验收,市级已组织验收。现场督察发现问题整改7项,正整改1项。

【环境监测能力建设】 按照《检验检测机构资质评审准则》,2018年2月,区环保局获得云南省质量技术监督局颁发《资质认定计量认证证书》,能够监测水52项、空气和废气7项、噪声5项。

【中心城市黑臭水体整改销号工作】 昭阳区辖区内,被国家相关部门认定黑臭水体为利济河、东门小河及秃尾河。根据昭阳区黑臭水体实际情况制定监测方案,开展每月2次34个监测点主要9项监测因子监测工作。

【水、气、声环境常规监测】 2018年,完成水、气、声环境常规监测:监测饮用水源地渔洞水库、大龙洞水质12次,出具监测报告12份;监测地表水洒渔河靖安桥、北闸水库、永丰水库、利济河母鹿社区、秃尾河凤凰闸断面水质12次,出具监测报告12份;监测三善塘周边地下水、守望垃圾填埋场地下水6次,出具检测报告6份。第一、二季度监测昭苑小区、市环保局、畜牧站、卷烟厂、一环城西路5个功能区的噪声,昼夜监测昭阳建成区109个点的噪声;完成1~12月降尘、硫酸盐化速率、降水监测工作12次。

【污染源监测】 完成国控、省控废气华新水泥(昭通)有限公司、昭通得云建材有限责任公司4个季度监督性监测工作,形成检测报告;监督性监测国控废水企业昭通市供排水公司污水处理厂16次。

【县域生态环境质量监测评价与考核】 根据《云南省县域生态环境质量监测评价与考核办法》《2017年云南省县域生态监测工作方案》要求,完成昭阳区县域生态环境质量监测评价与考核工作。

【大龙洞集中式饮用水源地环境治理】 "昭通市昭阳区北闸镇大龙洞集中式饮用水源地环境治理"项目投入资金250万元,主要用于对大龙洞饮用水源地生活垃圾、生活污水收集与处理。项目已于2017年12月11日通过验收,全部移交给北闸镇,设施正常运行、使用。

【南方优质苹果生产基地土壤修复示范项目】 "昭通市昭阳区南方优质苹果生产基地土壤修复示范项目"投入资金1 563万元,用于昭阳区乐居镇33.33公顷、苏家院镇66.67公顷南方优质苹果产业基地,采用"原位钝化+农艺调控"措施修复。项目已完成,采样修复后的土壤,经检测达到标准,已验收。

【农村环境连片整治整区推进试点项目】 "昭阳区农村环境连片整治整区推进试点项目"拟计划总投资2 800万元,主要在洒渔、靖安、苏家院、盘河新建农村垃圾热解站4座,总处理规模40吨/天,包括15吨/天垃圾热解站1座、10吨/天垃圾热解站2座、5吨/天垃圾热解站1座以及垃圾收集、清运工具,在靖安新建50立方米/天太阳能微动力污水处理设施1座以及污水收集管网。现苏家院、洒渔标段已全部完工,正在开展通电工作。靖安、盘河段因征地等原因,导致建设工作滞后,现完成土建,正在安装设备。

【渔洞水库饮用水水源地保护区(昭阳片区)环境综合治理工程】 "昭通市渔洞水库饮用水水源地保护区(昭阳片区)环境综合治理工程"总投资1 700万元,主要在苏甲、乐居、洒渔3个镇建设太阳能微动力一体化污水处理站17座,其中处理规模15立方米/天9座、30立方米/天5座、40立方米/天2座、150立方米/天1座以及污水收集管网等。已全部完工,通过初步验收。

【渔洞水库径流区渔坝村土壤污染防治示范工程】 "昭通市渔洞水库径流区渔坝村土壤

污染防治示范工程"总投资1 990万元，主要用于防治苏甲乡渔坝村41.67公顷土壤污染。项目现因土地等问题而处于停工中。

【传统村落环境综合整治工程】 "昭阳区洒渔镇巡龙村传统村落环境综合整治工程"总投资150万元，主要建设"厌氧+人工湿地组合工艺"污水处理系统1套（处理规模150立方米/天）、污水收集管网、5座垃圾收集房和垃圾收集清运工具。完成工程量60%，建成污水收集管网、垃圾收集清运设施，正在建设生活污水处理设施。

【生态区、生态乡镇建设】 2015～2018年，全市92个村被命名为昭通市生态文明村，昭阳区乐居镇、苏家院镇、青岗岭乡和苏甲乡在其中，余下13个乡镇按照2016年编制《生态建设建设规划、技术报告》等文本，申报为省级生态文明乡镇。年内，10个乡镇通过审核审查，省政府命名第十一批生态文明乡镇名单于2018年7月在省环保厅网站公示。余下靖安镇、旧圃镇、田坝乡按照省厅专家所提意见，实行整改。2018年，区局再次准备昭阳区创建生态乡镇所需材料，继续申报。编制《昭通市昭阳生态区建设规划》，该规划于2017年12月通过云南省环保厅专家技术审查、区人大常委会审议。年内，昭阳区基本达到创建省级生态文明区条件。

【脱贫攻坚档案管理】 区环保局脱贫攻坚挂钩小田村。2018年1月，驻村工作队组织小田村"三委"人员整理、收集、归档该村档案、建档立卡户档案。2月，初步完成档案管理工作。3月，按"一户一档"建立小田村电子档案。

【脱贫攻坚摸底调查】 2018年3月，驻村工作队组织全覆盖、全方位摸底调查小田村常住人口，主要信息采集、整理、归档常住人口家庭成员信息、住房、教育、医疗、务工、社会保障等方面，3月底初步完成工作。

【脱贫攻坚易地搬迁】 2018年3月，驻村工作队向小田村建档立卡户宣传易地搬迁政策，与自愿接受易地搬迁建档立卡户签署相应搬迁协议。11月，完成审核上报工作。

【贫困户信息动态管理】 2018年中旬至年底，通过1个月入户走访贫困户，动态调整小田村439户建档立卡贫困户信息，包括贫困户识别与退出，家庭成员就医、就学、务工等基本情况及家庭成员自然增减情况。完成小田村439户建档立卡贫困户手机APP定位工作。

【其他帮扶】 制定上报《小田村三年行动计划实施方案》。制定《小田村村级施工图》，拟定"两不愁、三保障"措施，推进易地扶贫搬迁、基础设施建设，提升基本公共服务水平，提高贫困农户增收能力和生活质量。向小田村送爱心互动，赠送学生校服、书包88套，解决松乐村水冲厕所问题。

【环保宣教工作】 2018年，编印发放各类环保知识手册、环保法律法规选编等3万余册，使环境宣传教育向农村、学校、居民小区延伸。开展多个主题活动，推进"十个一"活动。"六五"世界环境日宣传教育活动期间，配合市局在昭阳区清官亭广场举行世界环境日宣传教育活动。现场宣传新修订《环境保护法》《水污染防治法》等法律法规，发放宣传资料等1.7万余份。

【其他工作】 2018年，区环保局全体职工参加区司法局组织法律法规知识考试以及由省、市、区组织的各项培训。

健全体制机制，接受人大和社会各界的监督，通过网络、报纸、公示栏等途径主动公开政务、财务、建设项目审批、排污费征收法规宣传等信息200余条。办理人大建议、政协提案共1件，协办6件，邀请人大代表、政协委员召开面商会，回复办理结果。执行"一岗双责"，开展党建、党风廉政建设，支持区委、市委、省委巡视巡察工作，完成党支部规范化建设达标创建工作。

昭阳区住建局

【城市建设概述】 2018年，昭阳区建成区面积43.05平方千米，城镇化率46.84%；建成区绿化覆盖率31.67%，绿地率26.37%。

【保障性住房建设】 2018年，保障性安居工程通过中央补助资金审查；开展2017年年度棚户区改造项目一期、二期社会稳定风险评估工作，取得备案批复；开展2017年年度保障性安居工程项目审计整改工作；配合、协调完成2017年年度棚户区改造项目一期融资工作；报送11个乡镇公租房投资评审资料；完成三小南校区周边道路招投标工作，已施工；启动"纬八路"排水截污顶管工程；启动2013年保障性住房周边绿化工程招投标工作。

【保障性住房管理】 2018年，收取租金3 156.41万元并上缴国库，分配祥和佳园小区10 270户住房，审核、发放2018年租赁补贴5 753户。

【棚户区改造】 2013～2017年棚户区改造项目，计划征地545.39公顷，征地资金5.78亿元，完成征地294.91公顷，使用征地资金3.17亿元；计划拆迁3万户，拆迁资金49.3亿元，完成拆迁24 898户，使用资金39.86亿元；棚户区改造（一期）3个片区9个安置点，共14 078套安置房。截至2018年年底，彩云小区、龙泰家园等7个安置点竣工验收；年内3 892套（户）货币化安置涉及资金15.7亿元，三城办事处实际支付1 987户，支付金额5.07亿元；棚改配套市政道路建设12条，累计全长17 136米，面积58.22万平方米，建安投资7.8亿元，完成投资2.3亿元。

【农村危房改造】 2018年，市级下达全区农村危房改造指标任务6 034户，到位各级补助8 852.72万元全部下拨各乡镇，工程启动。

【人居环境提升概述】 提升人居环境示范点，截至2018年11月15日，全区8个风貌点改造共启动施工1 457户，占计划改造37.6%。

【洒渔镇集镇供水项目】 2018年9月17日，洒渔镇集镇供水项目完成移交工作。

【集镇污水处理项目】 永丰镇集镇污水处理项目于2017年12月4日移交给永丰镇政府管理使用；乐居镇新建污水处理厂，由于供电问题，处于试运行阶段，水质达到排放标准后移交并投入使用。

【垃圾收运设施项目】 乐居镇、北闸镇、旧圃镇、永丰镇垃圾收运设施于2018年6月26日完成验收移交手续，苏家院镇垃圾收运设施于2018年7月25日完成验收移交手续。

永丰镇、旧圃镇垃圾无害化处理场于2018年9月7日完成验收并移交。现正委托第三方环评公司编制环保验收资料。

【中心城市生活垃圾处理项目】 昭通中心城市生活垃圾焚烧发电及填埋场于8月底，经对几个拟选址地点比选，最终确定选址在永丰镇海边村。年末，完成征地、用地边界确认、边界围墙基础开挖、界内土地清表工作；土地实际与拐点有偏差，完成测绘工作，测绘资料报国土局；环评招标及合同签订，正在编制环评报告；设计合同，正在编制方案设计及施工图初步设计。

【炎山镇生活垃圾热解处理场】 炎山镇生活垃圾热解处理场占地面积4 000平方米，日处理生活垃圾量60吨/天，估算投资2 100万元。

【水冲式公共厕所建设】 昭阳区11个乡镇新建23个水冲式公共厕所，面积2 280平方米，概算总投资380万元，已拨80%。

【房地产业管理】 2018年，房地产累计完成投资56.58亿元，同比增长23.11%。办理房地产开发《商品房预售许可证》29个，预售面积865 238.55平方米（其中区局初审市局发证6个，预售面积293 439.46平方米；区局发证23个，预售面积571 799.09平方米）。完成存量房交易2 364户，面积254 182.7平方米，完成房地产新开发商品房小区1 534户，房产转让登记面积166 882.4平方米，新建商品房销售金额75 250.8万元；完成房地产抵押登记2 196件，建筑面积333 803.7平方米，房地产评估价值796 925.6万元，贷款金额548 908.1万元，2.43亿元住宅专项维修资金缴存至指定银行专户；妥善处理网上信访事件80件。

【房地产市场日常监管】 日常监管房地产市场，整治中介市场、物业管理，完成城市国有土地上房屋征收管理和住房货币化补贴等工作。

【建筑业管理】 2018年，办理招投标备案59件、施工许可86件；安全巡查建筑市场及质量210次，下发各类整改通知书208份，案件移交6件；调处农民工工资35起，办理初设批复31个；配合相关部门完成建设工程建设项目设计概算评审20项。

【市政道路维护】 2018年，清掏城市排水管网248 344余米以及排污井、雨水栅123个，新建雨污井1个；更换各类窨井盖782块、破损青石板4 621.5平方米和花池、路面花岗石板1 932.21平方米；维修路沿石2 501米、花池38个、不锈钢雨水栅37.62平方米；修补路面沥青混凝土3 724.37平方米；焊接桥板伸缩链22米。

【城市园林绿化】 推进省耕公园收尾及生态之心建设，监管文体公园、枫园片区、两河景观绿化建设，完成望海公园社会主义核心价值观暨法治文化主题公园建设。完成城区1 241 835.48平方米13 437棵常绿树和落叶行道树修枝整形；修剪政协委员提案指出的青年路、珠泉路等接近高压线的行道树。

完成园林苗木询价、多项方案审查和绿化验收工作。

【城市照明】 管护维修城市区域内路灯照明设施2 800余盏，及时维修更换相关设施，亮灯率95%以上。

【城市给排水设施运营】 2018年，完成供水量2 100万吨，售水量1 820万吨，实现产值8 000万元，上缴税收680万元，实现利润800万元；预计污水处理量2 661.12万立方，削减化学需氧量（COD）3 754.32吨、氨氮413.28吨。

【黑臭水体整治】 通过综合治理，利济河于2018年7月12日由国家生态环境部办公厅下发《关于通报黑臭水体整治专项督查有关情况的函》，确认利济河已消除黑臭，未发现新增黑臭水体。截至2018年10月，利济河水质监测指标达到《城市黑臭水体整治工作指南》销号要求。2018年12月，全面启动利济河销号工作；秃尾河、东门小河年底完成工程治理；黑臭水体整治示范城市申报于2018年10月申报成功。

【地下综合管廊建设】 昭阳区地下综合管廊采用PPP方式建设，完成PPP合同谈判（第二次谈判），签署备忘录。经区政府"三重一大"会议批准，同意区住建局与中冶天工集团有限公司签署《PPP合作协议》《PPP合同》。

【文体公园项目建设】 年内，C、D地块处于竣工验收前期整改阶段。C地块后勤服务中心建筑面积6.7万平方米，处于后续完善阶段。D地块会议会展中心总建筑面积10万平方米，处于完善修补、处理缺陷阶段。

【乌蒙水乡公园建设】 乌蒙水乡建设项目将建成一个含19.2公顷水体，10.67余公顷绿化和铺装的开放式公园，预计投资3.8亿元。2018年，土建部分完成70%，计划2019年1月1日全部完成土建工程，正在制订绿化方案。

昭阳区交通局

【党建工作】 2018年，区交通局贯彻落实《关于进一步激励广大干部新时代新担当新作为的意见》和中央"八项规定"及其实施细则，执行"六项纪律"，开展"两学一做"学习教育活动，整治"不作为、慢作为、乱作为"，完成支部规范化达标创建工作。

【市级重点项目协调工作】 区交通局协调、协助相关单位完成轨道交通、渝昆高铁、六威昭城际铁路、都香高速、宜昭高速、昭通机场迁建等项目相关工作。

【国省道改造项目】 G356鲁甸县新街—昭阳区通阳大桥79.92千米进行改造，计划总投资100 927万元，2018年10月20日启动项目建设，完成投资33 876万元。

【重点道路项目】 昭通新机场连接线（龙山寨—赵家小冲公路），计划总投资77 886万元，已验收。

【贫困村基础设施建设项目】 第一批项目于2017年12月启动建设，里程267千米，总投资1.58亿元，已完工；第二批项目设计里程235.55千米，预算总投资1.33亿元，已启动建设；第三批项目251千米里程正在开展前期招标准备工作。

【脱贫攻坚自然村道路建设】 田坝乡木厂村—大竹林公路、炎山镇中寨村委会—熊家海子公路及炎山镇庙湾村望江咀—木坪至竹林公路共计12.7千米，投资778万元，项目分两个标段，2018年8月进场施工。年内，田坝乡木厂村—大竹林公路、炎山镇中寨村委会—熊家海子公路已完工，炎山镇庙湾村望江咀—木坪至竹林公路正在进行路基及路面基层施工。

【脱贫攻坚道路提升改造项目】 脱贫攻坚贫困村道路提升改造项目涉及炎山、大寨子、旧圃、青岗岭、洒渔、苏甲5个乡镇5条道路，里程合计40千米，统筹整合资金2 060万元。年内，炎山、洒渔2个乡完工，其余项目正在施工中。

【危桥改造项目】 白坡利济河桥和朱家营小桥总投资435万元。年内，朱家营小桥完工，白坡利济河桥完成投资80万元。中河小桥完成施工图设计，报市交运局地方处评审批复后施工。

【安全生命防护工程项目】 2018年，安全生命防护工程（第一批）计划实施9条134.95千米道路，计划资金945万元，已完工；未通客车建制村安全生命防护工程11条83.64千米，计划资金586万元，已完工。

【昭通中心客运枢纽站项目】 昭通中心客运枢纽站项目计划总投资46 393万元，累计完成投资37 525万元，占计划总投资80.89%。

【乡镇客运站提级改造工程】 2018年，乡镇客运站——青岗岭客运站提级改造工程项目投资60万元，已完工。

【区内乡镇通高等级公路项目】 2018年，昭阳区乡镇通高等级公路项目涉及8个乡镇，2个乡镇启动设计：一是鲁甸坪地营—苏甲公路，路线起于鲁甸县新街镇坪地营，接G356线，止于昭阳区苏甲乡张家梁子，全长7 384米（其中主线长6 429米、新农村连接线长955米），项目已立项和初设，批复概算投资14 269.4万元（其中建安投资11 416.78万元），正设计施工图；二是雨霏—大寨子公路，起于昭阳区大寨子乡雨霏村，接G356线，止于大寨子乡集镇，路线全长6 422米，已立项和初设，批复概算投资12 868.73万元（其中建安投资10 616.85万元），正设计施工图。

【列养农村公路概述】 全区列养农村公路1 561.69千米，其中国道140.6千米、地方管省道159.6千米、县道560.94千米、乡道671.83千米、村道28.73千米。区交通局地方段直接负责管理养护及路政管理工作国道、地方管省道和县道共861.14千米，监督、指导各乡（镇）公路管理所养护管理乡、村道。

【农村公路安全管理】 2018年，安装警示标志标牌66块、桥头限速限载标志标牌40块、钢筋护栏40米，更换损坏广角镜10面、警示桩10个、减速带若干，清理路面落石、垃圾、侧沟及桥涵淤塞物，消除道路交通安全隐患。

【农村公路预防性养护】 乐居—渔洞水库道路、昭大线、钻玉线、昭倒线、牛洒线等部分路段出现坑塘、裂纹,交通局地方段使用热油冷补修复,修补坑塘、裂纹共计13 230平方米。

【农村公路绿化】 2018年,全局地方段绿化管辖路段:老昭大线种植垂柳3 800棵;荷花—红石岩公路种植垂柳2 400棵;昭通—苏甲公路种植垂柳3 610棵;小永线种植垂柳5 000棵;守望—小龙洞公路种植垂柳1 000棵;盘河镇所属公路种植4 500棵。

【路域环境整治】 全局地方段出动装载机台班61班次、大型挖掘机台班3班次、小型挖掘机台班43班次、小货车台班100班次、拖拉机台班121班次、人力1 640人次。整治管辖道路30余条,清理生活垃圾180余吨、建筑废料300余吨;协调群众清理占道堆积物50余处;清理排水沟1 190余米;清理杂草40余吨。

【交通安全生产工作】 2018年,全局抓好水、陆建设工地安全生产管理,制定、落实管理人员和管理制度,工程施工中按工序施工,确保施工机械、驾驶人员符合相关规定。开展"安全生产大检查"和"1+7"专项整治行动,联合区运管分局督查运输企业安全生产主体责任落实,定期或不定期大检查施工现场、车站、辖区水域等重点位置安全,落实安全生产责任制。

【"四好农村路"建设】 推进全区"四好农村路"建设,改善农村公路通行条件,优化农村公路路网结构,提高农村客运、物流水平,推动全区农村公路规范有序、便捷高效、安全畅通、持续健康发展;养护管理农村公路,以苏家院镇、盘河镇为试点,推行农村公路管养路长制,健全组织机构,实行乡镇领导包片、村组包段到路工作机制,形成层层抓公路绿化养护工作格局。

【行政审批服务】 抓好简政放权"放管服"工作;理顺关系、分清职责;优化服务;事中事后监管。区交通运输局入驻政务大厅事项共16项,其中基建投资审批4项、路政便民服务12项,因海事暂无通航水域,所以审批事项暂无审批权限,已说明情况上报。自入驻窗口以来,投资审批类按时办结33个项目,其中施工图设计审批18个、竣工验收项目5个、施工许类可10个。

【农民工维权】 依法保障农民工工资报酬权益,建立健全防拖治欠各项长效机制,提前介入,及早部署,确保农民工工资能及时、足额支付。

昭阳区农业局

【机构设置】 2018年,昭通区农业局机关行政编制18名,其中局长1名(正科级)、副局长5名(副科级)。12个科室下辖站所15个,共有行政人员17人、事业人员239人。

【农业总体概述】 2018年,全区农业增加值增长5.8%,达29.62亿元,总产值59.2亿元,增长7%。其中,种植业34.68亿元,同比增长6.5%;养殖业24.52亿元,同比增长9.86%以上。农村常住居民人均可支配收入10 569元,较上年增加961元,增长10%。粮食总产量34.6万吨,增长1.02%。

【粮食生产概述】 2018年,粮食播种面积64 666.67公顷(玉米减2 000公顷),产量34.6万吨,其中大春3 340公顷、大春作物58 140公顷、小春粮食作物4 666.67公顷、晚秋作物526.67公顷、冬早马铃薯1 333.33公顷。

【大春粮食生产】 种植大春粮食作物58 140公顷,其中玉米21 346.67公顷、薯类29 253.33公顷(马铃薯28 586.67公顷,红薯666.67公顷)、水稻3 533.33公顷、荞麦2 673.33公顷、豆类1 333.33公顷。产量32.84万吨,减少1.68%。

【小春粮食生产】 种植小春粮食作物4 666.67公顷,产量1.08万吨。其中,蚕豆666.67公顷,产量0.12万吨;杂粮豆2 666.67公顷,产量0.48万吨;马铃薯1 333.33公顷,产量0.48万吨。

【晚秋作物】 种植晚秋作物526.67公顷,产量0.1万吨;冬马铃薯种植1 333.33公顷,产量0.47万吨。

【绿色高产创建】 年内完成粮食绿色高产高效样板建设18片12 020公顷。其中，玉米2片1 346.67公顷，马铃薯13片8 666.67公顷，水稻2片1 333.33公顷，荞麦1片673.33公顷。

【科技措施】 一、玉米，其中良种推广21 346.67公顷、地膜玉米21 333.33公顷、单株定向密植20 000公顷；二、水稻，其中良种推广3 533.33公顷、水稻规范化条栽3 533.33公顷、精量播种1 340公顷、水稻旱育稀植2 673.33公顷；三、马铃薯，良种推广31 253.33公顷（二级以内脱毒良种推广9 346.67公顷），脱毒种薯标准化繁育示范1 133.33公顷，二级脱毒种薯整村推进试点333.33公顷，晚疫病统防统治千亩示范样板2片，地膜马铃薯8 866.67公顷；四、主要粮食作物新品种更换9 900公顷，其中玉米8 533.33公顷、水稻1 366.67公顷。测土配方施肥47 333.33公顷。

【粮食作物间套种技术推广】 全年完成47 420公顷。其中，马铃薯间玉米21 340公顷，玉米套红薯666.67公顷，玉米间豆类3 666.67公顷，玉米套蔬菜1 333.33公顷，果间粮食3 346.67公顷，玉米套秋荞666.67公顷，玉米套秋豆666.67公顷，玉米套秋蔬菜16 066.67公顷。

【粮食技术创新试验示范区情况】 千亩极量创新试验区3个。其中，玉米1个，马铃薯2个；"早春马铃薯+青饲玉米或特色经作"两季净种模式千亩示范样板3片；稻田综合种养示范区13.33公顷。

【马铃薯产业助推脱贫攻坚】 一、扶持建档立卡贫困人口原种扩繁1 504.03公顷。覆盖全区14个乡镇69个村民委员会9 499户建档立卡贫困户。其中北闸镇61.6公顷、靖安镇242.27公顷、大山包镇377.2公顷、小龙洞乡205公顷、青岗岭乡81.4公顷、苏家院镇46.04公顷、乐居镇40.39公顷、洒渔镇69.67公顷、苏甲乡20.13公顷、盘河镇25.73公顷、炎山镇50.17公顷、大寨子乡120.47公顷、田坝乡153.43公顷、守望乡3.6公顷。二、建成市级马铃薯种薯扩繁基地3 333.33公顷、核心基地933.3公顷。分布：靖安镇1 333.33公顷、核心基地333.33公顷；北闸镇666.67公顷、核心基地200公顷；大山包镇666.67公顷、核心基地200公顷；小龙洞乡666.67公顷、核心基地200公顷。市级种薯基地核心区建设覆盖4个乡镇8个村1 225户4 483个建档立卡贫困人口，贫困人口种植面积达262.6公顷。三、建成靖安、青岗岭片区万亩冬早马铃薯基地核心区566.67公顷。冬早马铃薯基地建设覆盖青岗岭乡7个村1 221户建档立卡贫困户种植冬早马铃薯88.33公顷，靖安镇4个村735户建档立卡贫困户种植冬早马铃薯58.87公顷。

【惠农政策落实】 2018年，通过"一折通"发放中央农业生产发展资金—耕地地力保护农业生产支持补贴5 991万元，补贴面积66 666.67公顷。

【苹果产业概述】 2018年，苹果种植由2017年22 000公顷，增长到27 333.33公顷，增长3 333.33公顷，增长率15.2%。投产果园18 666.67公顷，技术普及率90%以上。年内，实现优质果率80%以上，总产量比2017年48.6万吨，增5.4万吨，达54万吨，增长率11.1%；总产值比2017年28.7亿元增6.3亿元，达35亿元，增长率21.95%。

【苹果基地建设】 抓好昭龙绿色产业发展示范带现代苹果产业建设，通过行政推动、扶持拉动、示范带动，按照高起点规划、高标准建设、高技术支撑、高效益运行思路，扩张产业规模。

【低产苹果园提质改造增效】 按照"产业化发展、基地化扩张、标准化生产、园区化示范、内涵化提升、科技化支撑、品牌化推进"思路，高标准改造11 333.33公顷低产苹果园（其中核心区6 000公顷、示范区5 333.33公顷），改造树形，通过大改形、强拉枝、强疏果、套果袋、巧施肥、无公害等苹果标准化管理，70%以上老果园达到树形规范标准，改造后平均每亩产增2 500千克，增加产值5 000元，11 333.33公顷果园增收8.5亿元，技术普及率达90%以上。

【苹果品牌认证】 保护昭通苹果品牌，推进昭通苹果"三品一标"认证，控制生产到消费终端质量，管控"昭通苹果"原产地标志证明商标和企业商标"双商标"，监管果品流通领域，创建和保护"昭通苹果"品牌。"昭通苹果"于2010年获得国家农业部地理标志登记保护，获"2016中国最有影响力的十大苹果区域公用品牌"、2017年"中国百强农产品区域公用品牌"殊荣；昭通绿健果蔬商贸有限公司"满园鲜"昭通苹果，获"第十四届中国国际农产品交易会参展农产品金奖""第十五届中国国际农产品交易会参展农产品金奖"。

【苹果品名标识】 组织设计"昭通苹果"果品包装纸箱，统一使用"昭通苹果"品名标识、文字说明、包装版面，推荐给企业、协会、合作社和个体经营户使用。统一包装标识、包装规范、产地名称和质量标准。规范产销市场，提升品牌价值，扩大市场占有份额，把"昭通苹果"打造成国内外有影响力知名品牌。

【苹果展销会】 2018年9月26~30日成功举办昭通苹果展销会，宣传昭通苹果，树立"昭通苹果"品牌形象，扩大昭通苹果知名度。

【苹果物联网大数据联合应用】 开展苹果物联网大数据联合应用6 666.67公顷，其中洒渔镇2 200公顷、乐居镇1 000公顷、苏家院镇666.67公顷、永丰镇1 000公顷、旧圃镇1 333.33公顷、北闸镇466.67公顷。

【苹果范园建设】 2018年，建立1 333.33公顷高苹果标准化示范样板，起到示范引领带动作用。

【畜牧产业概述】 全年大小牲畜存栏50万头（匹、只），包括大牲畜存栏8万头，其中存栏牛6.1万头、生猪32万头、山绵羊10万只；大小牲畜出栏84.4万头（匹、只），其中出栏肥猪70万头、肉牛4.6万头、菜羊9.8万只。出笼家禽175万羽。肉奶蛋总产量实现8.15万吨，畜牧业总产值24.52亿元，水产养殖0.22公顷，渔业产量5 800吨。

【动物疫病防控】 在全区20个乡（镇）、办事处、156个行政村（社区）推广"集中免疫，整村推进"和生猪重大动物疫病"321"免疫新技术，推广面100%。全年免疫注射：牲畜口蹄疫116.22万头只（其中猪82.22万头，应免密度101.42%；牛13.06万头，应免密度102.9%；羊20.94万只，应免密度102.76%）；高致病性禽流感168.11万羽，应免密度103.44%；小反刍兽疫14.56万只，应免密度达100%；鸡新城疫126.32万羽，免疫密度96.52%；高致病性猪蓝耳病19.63万头，免疫密度24.2%；猪瘟13.26万头，免疫密度39.68%；犬狂犬病2.46万只；牛炭疽1.23万头，牛气肿疽0.86万头；羊气肿疽4.13万只，山羊传染性胸膜肺炎3.38万只；猪肺疫10.9万头，猪副伤寒9.46万头；鸡传染性法氏囊病53.42万羽，鸡痘59.9万羽，鸡传染性支气管炎83.86万羽。

【动物检疫工作】 全年完成、大中家畜产地检疫90 956头（匹、只），其中生猪70 520头、牛6 981头、羊10 890只、其他马属动物2 565匹，共检出病畜153头（匹、只），作隔离治疗或无害化处理，完成禽类检疫49.66万羽，检出病禽467羽。屠宰检疫：全年完成定点屠宰检疫生猪94 017头，检出不合格猪肉451头，产品计31 570千克，作无害化处理，记录及检疫人员下达《无害化处理通知书》及图片等痕迹资料。出省境检疫：全年出省境检疫90份，其中猪101头、牛1 236头、禽5.92万羽，动物产品516.52吨（主要是猪头冻产品）。活畜经乡镇官方兽医临床检查健康，免疫在保护期内，按要求佩戴动物标识，官方兽医出具动物产地检疫合格证明，畜主持产地检疫合格证明在昭阳区动物卫生监督所检疫申报点出省检疫（动物A）换证。

【非洲猪瘟防控工作】 指导设立非洲猪瘟疫临时检查站（点），监测入场屠宰生猪，排查非洲猪瘟疫情，年末，昭阳区未感染非洲猪瘟。

【畜牧科技推广】 2018年，全区有改良配种站网点349个，其中站5个、点28个、户316个。2018年引进优良种公猪96头，培育仔猪4.62万窝。完成改良配种83 260窝，其中人工授精71 420窝。饲养10头母猪农户134户，年饲养

100头以上母猪3户;出栏5头以上肥猪农户1 461户,年出栏10头以上肥猪422户,年出栏100头以上154户,年出栏300头以上121户。从河南省鼎元种牛育种有限公司采购细管冷冻精液20 000支,完成冻精配种母牛16 437头,使用牛冻精19 427剂;新登记配种母牛耳标16 000头;补助配种母牛农户冻精费9.71万元。制作肉牛良种补贴冻精改良配种册100册,规范牛良种补贴配种登记。全区有存栏肉牛50～150头及以上养殖场(大户)47家,其中存栏100～150头7家,50～99头41家,151头以上3家。

【蔬菜产业概述】 2018年,全区蔬菜播种面积26 666.67公顷,总产量80万吨以上,产值6亿元,同比增长7.1%。

【蔬菜生产情况】 2018年,全区种植水果豌豆、葱、蒜、甘蓝、莴笋等冬早蔬菜3 000公顷,其中水果豌豆连片种植1 666.67公顷,每亩产值3 000元以上。种植白菜、甘蓝、辣椒、瓜类、番茄等春夏蔬菜7 333.33公顷、晚秋蔬菜1 633.33公顷。

【蔬菜基地建设】 以昭通明晖农产品有限公司为依托,建立昭阳区现代农业蔬菜示范基地,集中育苗,大棚蔬菜示范10公顷,露地蔬菜示范33.33公顷取得较好产业示范作用,建立标准化示范样板,示范基地内种植品种有水果萝卜、甘蓝、大白菜、黄瓜、番茄、西葫芦、辣椒等,是全区水肥一体化示范点、无公害蔬菜示范基地、学生营养餐优质蔬菜供应基地。昭通昌宏信达农贸有限公司在靖安镇洪家营村建立现代农业蔬菜示范基地17.33公顷,其中芦笋6.67公顷、辣椒2公顷、白菜2公顷、甘蓝2公顷、玉米0.67公顷、西红柿1.33公顷、土豆1.33公顷;在北闸镇北坡塘村建现代农业蔬菜示范基地2公顷。

【冬季蔬菜】 每年10月中下旬至11月中旬,在旧圃镇,永丰镇、苏家院镇冬闲地引导农民种植冬季水果豌豆,技术培训,特别是技术培训建档立卡贫困户,举办秋冬水果豌豆示范样板种植。2018年春,种植面积达1 666.67余公顷,平均每公顷11.25吨,每公顷收入4.5万元。

【莲藕特色产业】 全区引进外来企业,鼓励本地莲藕专业合作社通过土地流转种植莲藕333.33公顷,示范带动全区发展"观光、休闲、旅游"产业。

【蔬菜价格监测体系建设】 昭阳区属于农业厅确定为云南省"农业部蔬菜生产信息监测基点县"之一,负责监测全区蔬菜生产情况。全年,完成蔬菜信息价格监测旬度及季度信息45条。

【蔬菜产业园助推脱贫攻坚】 规划在靖安片区、黄竹林片区创建滇粤产业示范园,发展蔬菜种植核心区602.07公顷,带动商品蔬菜种植1 333.33公顷,助推脱贫攻坚。2018年年末,陕西海升集团签订胡萝卜种植66.67公顷、草莓种植66.67公顷;重庆吉之汇农产品有限公司签订266.67公顷蔬菜种植意向;四川西充百科公司签订有机蔬菜种植66.67公顷。

【天麻种植】 2018年,昭通市天麻特产局安排昭阳区建立133.33公顷天麻标准化示范基地,配套营造533.33公顷菌材林。完成市、区级标准化示范基地133.33公顷种植面积。其中,完成有性繁殖20公顷,无性繁殖113.33公顷,标准化示范基地市级90公顷、区级43.33公顷,配套建设菌材林533.33公顷,推广"两菌"40万袋。2018年新种植133.33公顷,2017年留存33.33公顷,预计产量400吨,预计产值4 000万元,与2017年新种植33.33公顷相比,增长25%。

【中药材种植】 主要采取"公司+基地+专业合作社+农户"生产经营方法,全年种植面积333.33公顷,主要品种有黄精、半夏、牡丹、党参、当归、桔梗、金铁锁、白芨。2018年全区中药种植实现总产量360吨,总产值1 460万元;加工产值1.2亿元,产值同比增加15.1%。

【花卉种植】 昭阳区野生高山杜鹃(木耳花)有2 000公顷,主要分布在青岗岭、小龙洞等乡(镇)。全年花卉栽培150.67公顷,较2017年有所增加,主要以种植大户为主,其中加工产值130万元、种植产值600万元、花卉旅游产值7 000万元,总产值达7 730元,产值同比增加10.4%。

【庄园、园区经济】 种植业:在马铃薯主产乡(村)积极规范和建设引导成立"党支部+合作社+农户"合作组织108个,推动专业合作组织实现"五有""六统一"规范运行,实现马铃薯主产乡(镇)农民专业合作组织全覆盖。

苹果产业:推进苹果示范园区(庄园)建设和家庭农场建设,围绕"一区两带多园"苹果产业发展规划建设,新建北闸镇国家级现代农业苹果产业园666.67公顷、永丰昭通超越现代农业苹果示范园666.67公顷,拥有苹果专业合作社101个,基本做到良种良法和组织化、"党支部+合作社+农户"全覆盖。

畜牧业:先后与国投中鲁集团和四川齐全集团签订10万头生猪养殖协议以及百万头无抗生猪养殖协议。

蔬果产业:推进昭阳区龙卢故里·万亩荷苑现代庄园、秋甸蓝莓现代农业庄园等8个庄园和高原特色农业产业示范园、明晖蔬菜2个示范园建设。

中草药及其他:立项建设洒渔中药材产业园、名樱樱花产业园、昭阳区鑫兴中草药3个产业园。

【"三品一标"认证及农残检测】 完成8个无公害农产品和4个绿色食品"三品一标"认证工作,占任务数120%;抽检茄果类、豆类、瓜类、白菜类、根茎菜类、甘蓝类、绿叶菜类和其他果蔬类等八大类70余个品种2 562个果蔬样品,合格2 546个,合格率99.4%,超标16个,超标率0.6%,所有检测数据上报处理。

【禁养区划定整治工作】 2018年5月,昭阳区完成禁养区划定工作,已划定畜禽养殖禁养区27个354.44平方千米,关闭或搬迁禁养区内34个养殖场户。

【土地流转与土地确权登记颁证】 2018年,全区累计流转土地8 833.33公顷,主要以转包、出租为主,以转让、互换、入股及其他形式,提升土地使用价值。推进农村土地承包经营权确权登记颁证工作,确权地块98.76万块,确权耕地8.18万公顷,实际确权农户数17.93万户,占应确权农户数100%;颁发农村土地承包经营权证书17.93万本,占应颁发农户数100%。

【农业服务工作】 2018年,兑现中央农机购置补贴资金431.34万元,直接受益农户达1 324户;全区农机化作业10.31万公顷;发布植保信息14期,完成统防统治1.05万公顷;完成流行病学调查与监测,实施疫病监测预警工作;防止危险性病虫传入传出;完善"云农12316平台"建设,在146个行政村建立146个益农信息社服务点;开展"三农通"手机短信服务,发布对象达13万余人,发布益农信息740条。

【挂包扶贫】 2017年10月至2018年3月,昭阳区农业局派出223人挂钩帮扶小龙洞6个村(社区)2 249户贫困户,其中有22名驻村工作队员(由5名队员分别担任小墒包村、龙讯村、小米村、中营村、宁边村驻村工作队长兼第一书记)。2018年3月后,派出223人挂包帮扶小龙洞5个村(社区)和凤凰街道办事处(荷花社区);派出219人挂包小龙洞乡,挂钩贫困户2 208户,其中驻村工作队员18人(由5名队员分别担任小墒包村、龙讯村、小米村、中营村、宁边村驻村工作队长兼第一书记),派出4人到凤凰办事处驻村,担任扶贫队员。

【产业扶贫】 新植苹果:2018年小龙洞乡新植苹果221.33公顷,投入资金330万元,覆盖农户1 205户4 151人,其中贫困户227户924人。苹果老果园标准化改造:小龙洞乡老果园改造666.67公顷,投入资金59万元,覆盖农户1 357户4 478人,其中贫困户224户739人。马铃薯种植：扶持1 264户3 792人，贫困户种植马铃薯205公顷，补助资金共计307.5万元。肉牛养殖：扶持233户贫困户、881人贫困人口，养殖肉牛233头，投入补助资金共计116.5万元。

【项目扶贫】 项目扶贫涉及马铃薯、蔬菜等12个项目，完成2018~2020年项目库建设，投入扶持资金共计47 053.24万元，扶持贫困户29 944户118 395人，其中2018年需投入扶持资金5 340.43万元；2019年需投入资金24 433.77万元；2020年需投入资金17 279.05万元。

【重点项目建设】 粮食作物高产创建。完成粮食绿色高产高效样板建设18片12 020公顷。其中，玉米2片1 346.67公顷，马铃薯13片8 666.67公顷，水稻2片1 333.33公顷，荞麦1片673.33公顷。高标准农田建设项目。2018年，市级下达昭阳区高标准农田建设任务2 207.67公顷，计划投资6 609.44万元。通过区国土分局、水利局、农发办、烟办、农投公司等部门争取，年内整合资金10 435.25万元，建设高标准农田2 416.98公顷。

【农村能源沼气池建设】 2018年，完成市发改委、市农业局下达2017年年度2个大型沼气工程建设任务。

【党建、党风廉政建设】 全年贯彻执行中央、省、市、区委的各项决策部署，开展"两学一做"学习教育，党组落实主体责任，领导班子成员履行"一岗双责"，与下局属各部门签订《党建和党风廉政建设目标责任书》，完成"党支部规范化建设达标创建工作"工作，加强党建和党风廉政建设工作。

【文明单位创建】 全年按照"指导思想好、志愿服务好、道德风尚好、文化体育好、公共环境好、示范作用好"六个好创评标准，持续保持区级文明单位光荣称号，争创市级文明单位。

【安全生产工作】 昭阳区农业局与和区政府签订《安全生产目标责任书》，并与局属13个站所签《安全生产目标责任书》13份，完成安全生产工作目标任务，2018年内无安全生产事故发生。

【信访和维稳工作】 与区政府签订《综治维稳目标责任书》，并与局属13个站所签订《综治维稳目标责任书》，完成禁毒防艾反恐防范工作。年内，单位职工上访现象，群众集体到单位上访发生2起，主要涉及土地确权、村级"拖拉机站老职工"低保取消问题，已处理。齐备保密硬件设施，调整保密领导机构，完成年度保密目标任务。

【表彰】 李平松，获云南省农业厅"云南省农业科技推广奖二等奖"。

昭阳区水务局

【农田水利基本建设概述】 2018年，区水务局着力抓好农村饮水安全工程、小农水重点县建设、昭鲁大型灌区（昭阳片区）等农田水利基本建设工程，提高水利工程抗灾减灾能力，为全区粮食增产、农业增效、农民增收提供支撑。

【防汛抗旱】 2018年，全局严格值班值守，检查汛前和汛期，完善各类预案，建立预报和预警机制；落实各项度汛措施，科学调度，技术指导和服务防汛减灾。在防汛期间，各位带班领导督促检查相关部门值班到岗情况，保持信息畅通，确保值班人员24小时在岗；各分管领导带领分管部门职工做好分管领域安全检查，责令相关部门整改排查出来的全隐患；巡查检查城市河道、辖区内主要河道、水库、山洪沟、在建工程等领域，做到检查到位，发现问题督促整改到位，检查痕迹资料齐备完善。

【贫困村脱贫饮水工程】 昭阳区2018年年度农村脱贫饮水安全巩固提升工程涉及10个乡镇、办事处和37个社区、行政村以及390个村民小组，受益137 992人（其中建档立卡贫困户9 555户36 329人），建设工程39件，实施方案批准项目建设总投资3 610.43万元。截至10月底，资金到位2 496.16万元，已拨付到项目乡镇。项目实施乡镇完成招投标，11月初启动建设。拟定《2019年农村脱贫饮水安全覆盖规划方案》。

【重点水源工程建设】 边箐水库工程于2016年3月动工，截至2018年12月底，累计完成投资18 000余万元。2018年4月，填筑大坝，12月底完成大坝主体工程建设。

【润昭引水工程】 润昭引水工程按上级要求，重新分3个项目申报建设，2018年4月16～17日，省烟草公司组织专家审查《润昭引水工程方案》，已上报国家烟草总公司审查，其他相关专题报告已批复。

【中央财政小型农田水利重点县建设】 2018年，中央财政小型农田水利重点县建设涉及昭阳区永丰镇，项目区规划面积826.67公顷（小闸片区606.67公顷，海边片区106.67公顷），项目总投资2 200万元。该项目2018年8月13日进场施工，2018年年底基本完成项目主体工程建设。

【中小河流治理工程】 昭鲁河锦屏段河道治理全长4 680米，总投资2 397.73万元，2017年2月23日启动建设，2018年3月5日竣工，3月20日，初验昭阳区昭鲁河锦屏段河道治理工程4个分部工程，全部合格；洒渔河冷水河段河道治理全长7 830米，总投资2 752.76万元。2017年2月变更原设计方案，参照鲁甸"8·3"洒渔河河堤震损应急抢险工程衬砌断面进行治理。2017年12月30日工程开工建设，2018年11月初主体工程完工，工程处于全面收尾阶段。

【农田水利建设项目】 2018年，实施高效节水灌溉项目2片。昭通市昭阳区国家级万亩苹果示范园高效节水灌溉工程（北闸高效节水灌溉项目），项目实施后可改善灌溉面积297.91公顷，年新增节水能力34.3万立方米，年新增产值171.59万元。该项目由昭阳区农业投资发展有限公司具体负责实施，已完工。昭阳区洒渔镇高效节水灌溉工程，项目实施后可新增灌溉面积233公顷，年增加苹果产量69.9万千克，增收52.43万元。该项目2018年6月动工，11月初完成总工程量60%，2018年年底，完成项目主体工程建设。

【落实"河长制"】 2018年，编制利济河、秃尾河（窑湾河、锈水河、东门小河）和永丰水库《"一河一策"方案》；启动"一河一档"台账建设，完成河库渠数据信息收集整理录入；基本完成"河长制"大数据平台建设；开展"河长清河行动"，全区20个乡（镇）、街道全面清洁治理中心城区两河水系、昭鲁大河、永丰水库等河库，投入整治资金58.15万元，整治面积178 700平方米，清理河道170.6千米，清除河道垃圾187.4吨；截至2018年年底，区、乡、村三级河长累计巡河4 853人次（其中区级河长巡河110人次、乡级河长巡河1 377人次、村级河长巡河3 366人次）。

【水政水资源管理工作】 围绕第二十六届"世界水日"宣传主题"借自然之力，护绿水青山"、第三十一届"中国水周"宣传主题"实施国家节水行动，建设节水型社会"，全年宣传《水法》《防洪法》《水土保持法》《河道安全管理条例》等水法律法规；查处水事违法案件，遏制人为造成水土流失违法案件发生；规范水行政执法人员执法行为，做到"亮证执法，亮证收费""有法可依、有法必依、执法必严、违法必究"。全年征收水资源费482.44万元，水土保持设施补偿费84.46万元。

【其他工作】 配合农开办烟草等部门做好农业综合开发、烟水配套工程等项目水利相关工作。

昭阳区旅游局

【概述】 全年，昭阳区接待海内外游客465.97万人次，同比增长5.88%；实现旅游收入42.28亿元，同比增长26.78%。

【"一部手机游云南"】 昭阳板块成功上线"游云南"APP。自2017年8月16日以来,全区成立"一部手机游云南"工作领导小组,下发《"一部手机游云南"工作方案》,开展城市名片、景区名片、导游导览、旅游投诉、旅游厕所、行业企业诚信评价、旅游产品六大板块信息采集、资料编撰、影像拍摄、讲解录制等上报工作。创建昭通市博物馆和龙氏家祠3A景区,商品零售经营户诚信评价和上线推荐以及精品线路上线等工作。2018年10月1日,"游云南"APP昭阳板块正式上线运营。

【宣传促销工作】 发放《秋城昭阳》旅游宣传册和昭阳区手绘旅游地图10 000余份,在昭阳微信公众号发布旅游信息63期,宣传昭阳旅游资源。举办樱花节、"中国旅游日"、荷花文化节等重大节庆活动;配合区文体局组织"七彩云南·秘境百马"第八十八站赛事活动;与旅投公司共同举办首届大山包全民绿道休闲骑行赛。组织旅游企业参加南博会、浙江旅游商品博览会、广东旅游产业博览会、上海国际旅游交易会,推介昭阳旅游资源和高原特色产业。市区两级旅游、文体部门合作组织"活力粤港澳、悠然中山行"粤港澳大湾区旅游推介宣传活动。

【整治旅游市场秩序】 2018年,检查旅游市场6次,其中联合区级相关职能部门检查3次,排查出安全隐患20余条,基本督促整改完毕。检查、复查,督促各旅行社制定《安全生产应急预案》,提高企业负责人以及员工安全意识,规范工作纪律,杜绝一切安全隐患,规范全区旅游市场秩序。

【旅游服务质量提高】 结合全区开展整顿机关作风,优化经济发展环境活动,公开向社会征集对区旅游局工作建议和意见,针对性地制定整改措施,建立健全相关工作制度。6月,组织由辖区旅行社、星级宾馆、景区(点)等旅游企业负责人和安全管理人员参加培训会议,促使行业服务质量和水平提升。

昭阳区安监局

【全区安全生产总体运行概述】 2018年,全区发生各类安全生产事故4起,死亡4人,受伤2人,直接经济损失100.05万元;与2017年相比,事故起数和死亡人数持平,受伤人数上升50%,直接经济损失下降50%。煤矿、危险化学品、特种设备、商贸企业等行业未发生伤亡事故。

【安全生产目标责任制考核】 成立7个考核组,完成全区20个乡(镇)、办事处和31个部门2018年年度《安全生产目标责任制》考核工作。接受省、市考核组对全区安全生产工作考核。

【安全生产其他工作】 2018年,撰写各类安全生产综合性重要文件、领导讲话等材料170余篇,拟定《安全生产责任书》67份,层层分解落实安全生产工作目标任务。筹备召开全区安全生产工作会议2次、安委会全会4次以及全国、全省和全市安全生产工作视频会议6次。

【安全生产大检查和专项督查】 2018年,适时开展综合督查工作,在春节、春运、汛期和"两会"期间,专项督查学校、非煤矿山、危险化学品、易燃易爆物品、特种设备、人员密集场所等重点行业领域,督促整改存在重大隐患问题行业,开展"1+6"专项整治,整改完成省综合督查组查出12条安全隐患,并上报。指导、督促、建立安全生产大检查长效机制和隐患排查治理等工作。

【应急管理】 年内,修订1个综合应急预案、2个专项应急预案,指导辖区内企业制定应急预案97个;辖区内各企业举行中小型应急演练157家次,参演人数753人,演练投入6.5万元;专项执法检查应急管理工作,抽查企业86家次,下达《执法文书》99份。

【安全生产宣传】 印发《昭阳区2018年安全生产月活动方案》并参与组织实施，牵头筹备"昭通市2018年安全生产月启动仪式暨应急演练"活动，市、区相关领导，市、区安委会成员单位负责人及部分企业代表和昭通职业技术学校全体师生共2 000余人参加活动；围绕"生命至上、安全发展"活动主题，组织参加昭通市六月安全生产宣传月咨询活动。活动中设置安全生产法律法规咨询、烟花爆竹安全宣传、天然气安全宣传三个区级展台，发放涉及非煤矿山、危险化学品、烟花爆竹、居民安全、紧急避险措施等各类安全生产宣传资料10万余份，提供现场安全生产各类咨询200余人次。组织参加《职业病防治法》宣传周活动和5月12日防震减灾宣传活动，普及安全生产法律法规和紧急避险、应急处置等安全知识，营造公共安全社会氛围。

【安全生产学习】 印发《昭阳区安全生产委员会办公室关于组织开展对〈云南省安全生产条例〉的学习通知》，组织区安委会成员单位学习安全生产法律、法规。健全安全生产责任体系，执行《条例》规定，对照《条例》梳理、调整、修改、完善已发布规范性文件；贯彻落实《地方党政领导干部安全生产责任制规定》电视电话会议精神。印发《昭阳区安监局学习宣传贯彻党的十九大精神工作方案》《昭阳区安监局2018年学习教育计划》等文件，全年集中培训全局干部职工安全生产法律法规及执法业务6次，组织局机关业务骨干外出参加省、市各类安全监管业务培训18人次，组织全区各乡（镇）、街道办事处安监站、区安监局全体干部职工安全生产法律法规及业务培训2次，提升安监系统安全监管专业素质和监管执法水平。

【行业培训】 3月9日，组织全区非煤矿山、危险化学品和烟花爆竹企业主要负责人和安全管理人员集中开展安全教育学习，强化企业安全生产责任意识。

【直管行业企业培训和考试】 督查直管行业企业安全教育培训工作和考试，摸清企业"三项岗位"人员持证底数。按照教考分离、分级管理和属地监管原则，负责昭阳区辖区内培训、考试抽查、检查和监考工作。完成理论监考9场、特种作业人员实作监考5场，参考人员近400人次。

【职业健康安全】 明确分管领导和工作人员2人，负责本局主管行业职业危害防治工作。联合区卫生、工会、人社等部门宣传《职业病防治法》。在职业病防治宣传周活动中，发放宣传资料8 000余份，在全区581辆出租车LED显示屏、283辆公交车车内显示屏和客运站显示屏上宣传。在全区安监站站长培训班上再次学习《职业病防治法》等法律法规知识。完成重点行业企业作业场所职业病危害申报和备案工作，作业场所职业病危害备案企业154户，年末38户企业正在填报，已注册未填报企业15户，待备案企业1户。

【非煤矿山安全】 春节期间，督促各非煤矿山企业履行安全责任，做好企业节前停业整顿、值班备勤和安全保卫等工作。不定期抽查和巡查监管，令行禁止。按照"谁分管、谁验收、谁签字、谁负责"原则，落实《企业复产验收责任制》，确保企业节后生产开局好、起步稳。

【非煤矿山专项整治】 结合"打非治违"和专项整治工作，定期和不定期到非煤矿山企业开展全员、全过程、全方位、全覆盖隐患大排查，截至11月10日，共检查非煤矿山企业56家次，排查隐患296条，立即整改35条，限期整改261条，下达《执法文书》77份、现场检查记录40份，下达《责令整改指令书》37份，追缴罚款15万元。各类安全隐患实行分级管理、跟踪督办、整改销号。

【安全生产领域矛盾纠纷排查】 通过"平安（非煤）矿山"创建，完善综合治理责任体系，健全综合治理机构和工作制度，调处化解矛盾纠纷，在全局推行"一线工作法"，做到隐患在一线排查、问题在一线解决、矛盾在一线化解，创造和谐矿区，打造平安企业。

【矿山防汛工作】 在汛期来临之前,要求非煤矿山企业做好防汛应急救援预案,抓好汛期日常管理工作,做到人员、经费、措施、责任落实到位,及时将气象预警信息通过微信群或电话通知各非煤矿山企业,预防事故发生。

【危险化学品和烟花爆竹安全整治】 督促指导73户危险化学品企业和2户烟花爆竹批发经营企业学习、宣传、贯彻新修订的《云南省安全生产条例》《化工和危险化学品生产经营单位重大生产安全事故隐患判定标准(试行)》。检查危险化学品烟花爆竹生产经营单位328家次,查出一般事故隐患822条,填写现场检查记录276份,下达《责令限期整改指令书》29份,下达《整改复查意见书》25份。

【烟花爆竹"打非治违"专项整治】 拟定印发《昭阳区烟花爆竹打非治违长效整治实施方案》《昭阳区人民政府关于严厉打击烟花爆竹非法违法行为的通告》。联合区公安、综合执法等部门,在城区烟花爆竹非法经营重点区域和部分重点乡(镇)开展为期两周"打非治违"专项行动。共收缴烟花爆竹非法产品1600余件,办理行政处罚案件2起,罚款0.4万元,收缴非法产品采取分类分批燃放和湿式填埋方式集中销毁。

【烟花爆竹零售经营店(点)清理整治】 吸取玉溪市通海县"2·15"烟花爆竹燃爆事故教训,组织清理整治辖区内烟花爆竹批发企业和零售店(点)。共排查检查烟花爆竹零售经营点(店)186家次(其中选址与布局、建筑物不符合要求54家),排查出一般事故隐患200余项,填写现场检查记录64份,下达《告知书》38份,暂扣零售许可证38套,办理一般程序案件1起、简易程序案件1起,罚款0.4万元。

【汛期安全生产大检查】 组织相关企业全覆盖开展自查自纠,重点抽查检查危险化学品生产经营单位43户,排查出一般事故隐患158项,要求立即整改135项,责令限期整改23项,下达现场检查记录43份,下达《责令限期整改指令书》2份。

【危险化学品安全风险管控】 制定印发《昭阳区进一步做好危险化学品安全风险和信息录入工作方案》,牵头组织区直17家相关部门开展危险化学品安全风险摸排和信息录入工作,摸清全区危险化学品安全风险分布情况,指导全区160余户危险化学品企事业单位完成信息录入工作,编制安全风险分布"一图一表",控制危险化学品安全风险。

【扶贫攻坚】 全局派出1名副局长(任驻村第一书记)和2名队员,全脱产到挂钩村开展扶贫攻坚工作,为其购买意外伤害险,足额安排驻村扶贫工作队经费1.5万元,拨付2.5万元填补冷家坪村活动室建设资金缺口及更新办公设备。镇党委、政府提出创建"感恩超市"活动,全局协调爱心企业争取3万元"感恩超市"启动资金;协调相关部门投入80万元,修复和增设900余米道路安防设施;投入300余万元,在冷家坪村连片种植红豆杉及冷杉200公顷。

【表彰】 2018年,昭阳区安全生产工作在市政府考核中,获"优秀奖"。

耿礼鹏,在昭阳区委宣传部、昭阳区社会科学界联合会组织的"昭阳区纪念改革开放40周年理论成果征文活动"中,其文章入编《昭阳区纪念改革开放40周年理论成果汇编》一书。

耿礼鹏,在云南省总工会举办的"我为安全生产献一策"有奖征文活动中,其作品《关于昭阳区推进安全生产大检查长效机制的几点建议》获"二等奖"。

昭阳区审计局

【机构沿革】 昭阳区审计局成立于1984年4月,成立时核定人员编制20名,实有干部职工11人,内设办公室、工交审计科、商粮审计科和行政事业审计科;1993年5月,昭阳区(原县级昭通市)审计局增设综合科。1993年,昭阳区(原县级昭通市)审计局共有人员编制30人,实有干部职工28人,下设办公室、工交审计科、商粮审计科、行政事业审计科、综合科。1994年8月,工交审计科和商粮审计科合并,设置企业审计科;

1996年,按照"三定"方案规范,区编办下达审计局编制26名,设置办公室、综合科、财政金融审计科、企业审计科、行政事业审计科、基建审计科。2001年,随着地改市、市改区,原县级昭通市审计局改为昭通市昭阳区审计局。下达行政编制20名,工勤人员1名,老干部管理人员1名。设办公室、财政金融审计科、行政事业审计科、固定资产投资审计科、农业与资源环保审计科、经济责任审计科。2011年,行政编制增加到22名,其中,工勤人员1名,设局长1名(正科级),副局长3名(副科级),机关内设办公室、财政金融审计科、行政事业审计科、农业与资源环保审计科、固定资产投资审计科、经济责任审计科6个科(室)为股所级。2012年,增设昭阳区投资审计中心和昭阳区审计计算机技术中心,分别下达事业人员编制3名。2016年,根据区编办批复昭阳区投资审计中心和昭阳区审计计算机技术中心各增加事业编制2名,增加后两个事业中心编制分别为5名。2018年,有人员编制32名,其中,行政21名,工勤人员1名,事业编制10名。设局长1名(正科级),副局长3名(副科级),经责办主任1名(副科级)。实有干部职工27人,其中,行政21人,事业6人,下设办公室、法规科、财政金融审计科、行政事业审计科、农业与资源环保审计科、固定资产投资审计科、经济责任审计科、投资审计中心、计算机技术中心等9个业务科(室)和中心(股所级)。

【党建、党风廉政建设】 全年,局党组专题研究机关党建、党风廉政建设2次,召开推进会2次、党组理论中心组学习8次、"新时代讲习所"开展讲习15次、党员领导干部讲党课13次、召开民主生活会2次、主题党日活动12次、廉政教育3次、主要领导及分管领导分别开展廉政谈话2轮100余人次、支部委员会会议12次、党员大会4次、党员积分评定4次、召开支部组织生活会1次、集中收取党费12次、党员集中庆祝"政治生日"7次、组织党员志愿服务3次、书写学习读书笔记27本。

【审计工作成效】 2018年,昭阳区审计局审计扶贫攻坚、财政预算执行、民生资金、生态资源、环保等领域。跟踪审计重大政策措施、重点专项资金和群众关心重点领域。坚持应审尽审、凡审必严。全年完成审计项目33项(其中,预算执行审计7项,财政决算审计4项,专项资金审计6项,行政事业审计12项,投资审计4项),占计划数24项133.3%。审计查出问题金额51 691万元(其中,违规金额241.93万元,管理不规范金额51 449万元),审计处理处罚金额234.68万元(其中:应上缴财政193.68万元,应调账处理41万元),审计移送处理事项2项,提出审计建议59条,被审单位采纳建议42条。

【意识形态工作】 区审计局抓学习型党组织建设、内外环境建设、社会主义核心价值体系宣传普及、能力提升等。将意识形态工作纳入局党组重要议事日程,把握党组对局机关意识形态工作主导权,推动意识形态工作主体责任落细落实。

【精神文明建设】 全年开展"四城同创"卫生清扫活动1场次,学雷锋党员志愿服务活动2次;参加"审计大讲堂"活动7场次。"三八"节期间,围绕"彰显巾帼魅力、亮丽文明审计"主题,组织女性健康保健知识讲座、"吟中华美文、诵民族经典"及插花技术讲座系列活动。"五一"节期间,参与全市审计系统职工篮球、乒乓球运动会。清明节期间开展"缅怀先烈,不忘初心"活动。

【脱贫攻坚】 区审计局挂钩帮扶青岗岭乡新桥村及太平办事处水塘坝社区。全年召开3次会议专题研究部署,抽调3名业务骨干组成扶贫驻村队员,坚持因村选人组队、完善相关制度、关心爱护驻村干部,局党组每月听取驻村第一书记工作情况汇报。开展精准识别、精准退出、劳务输出、就业培训、控辍保学、贫困户动态管理等工作。帮助新桥村协调争取村组道路建设项目,投资98万元,为新桥村争取公益性岗位1个折资1.68万元,直接拨付新桥村工作经费18.5万元。帮助水塘坝社区争取村级活动场所建设项目,投资100万元,帮助水塘坝社区解决修路债务2万元,直接拨付水塘坝社区工作经费13.5万元。单位给予驻村干部补助,每年按规定为驻村干部办理人身意外伤害保险,安排1次健康体检。

昭阳区市场监管局

【业务工作概述】 2018年,区市场监督管理局调整人员结构,召开年度业务工作会,拟定年度工作计划,签订各部门《工作目标责任书》,分解落实具体工作任务。针对工商业务、食品药品监督管理、质量技术监督、环保、党建、党风廉政建设、扶贫攻坚等各项工作,分别召开专题会议,成立工作领导组,制定工作实施方案,签订各项《工作目标责任书》,跟踪督查,推进各项工作。

【党风廉政建设】 区市场监管局年初召开党风廉政建设工作会议,层层签订《党风廉政建设目标责任书》,拟定实施方案,落实"一岗双责"、班子中心理论组学习、领导干部报告个人有关事项、考勤、请销假、人事等制度;召开警示教育大会、廉政谈话,组织学习贯彻党的十九大精神加强作风建设锻造昭阳市场监管铁军大讨论活动;年初成立节假日纪律作风建设督查组,日常督查和专项检查结合,全年检查全局38个部门,清理"吃空饷",落实"中央八项规定",未发现违规违纪现象;处理群众来信来访、投诉举报,年内,受理调查有关党风廉政方面信访举报投诉1件,将调查处理情况汇报并反馈办理结果;全面梳理区委第八巡察组巡察反馈意见,整改落实。

【党建、党支部概述】 2018年,全局有党员145名,其中在职党员121名,离退休党员24名。党委下设16个支部,选强配齐16名党支部书记,建设党员活动场所,每个支部按党员人数核定2 000~5 000元党建工作经费。截至2018年年底,已投入党建工作经费21余万元。

【党建工作开展】 2018年年初制定《党支部规范化建设实施方案》,完成16个支部规范化建设达标创建工作。全年,分级评定各支部,评定出5个先进支部、10个中间支部、1个后进支部。宣传党的十九大精神和习近平新时代中国特色社会主义思想,推进党支部日常工作,开展"两学一做""不忘初心、牢记使命"主题教育活动。全年,"新时代讲习所"讲习12期、党委中心理论组集中学习8次、培训党务工作者2次、开展"万名党员进党校"活动。9月,组织100余名党员到威信扎西学院参加"强化理想信念教育"培训、重要节日走访慰问老党员、通报表扬优秀党员、全局党委班子成员到基层支部上党课16次、支部书记上党课40余次、足额缴纳党费、为30余名党员过"政治生日"、累计开展"主题党日"活动144次;召开2017年年度党委班子民主生活会和巡视整改专题民主生活会、2017年年度和2018上半年支部组织生活会。

【市场主体发展】 全局围绕优化营商环境,落实商事制度改革,实施"证照分离、多证合一",推进"互联网+政务"服务,实施简易注销改革。截至2018年,全区各类市场主体总量34 587户,其中企业6 808户、个体26 731户、农民专业合作社1 048户;办结内资企业新登记注册2 106户,农民专业合作社新登记注册226户;企业变更登记1 062户,备案262户,办结企业食品经营许可各类申请159件,新办企业《食品经营许可证》147件,注销《食品经营许可证》12件,变更《食品经营许可证》33件;受理食品生产许可申请13件。自2016年10月1日启动"三证合一""五证合一"后,年内已实现40证合一。

【服务市场主体】 推进注册登记"便利化""最多跑一次"改革,简化登记流程,畅通服务渠道。对市场主体住所(经营场所)登记实行申报承诺制;推进登记全程电子化改革,落实"两集中、两到位",通过"网上申报、网上受理、网上审核",发放电子营业执照,实现注册登记无纸化。年内,签发电子营业执照6 808份,办理全程电子登记289户;实行企业简易注销登记改革,办理简易注销412户;八家部门联合办公,联勘联审企业42家,快速办理营业执照。

【落实"双告知"制度】 全局梳理工商登记前置审批事项目录和后置审批事项目录等行政审批事项,归结成册,严把登记准入关,经营项目属于后置审批,一律按照"先照后证"登记制度,规范核定经营范围,根据经营项目及时告知经营者需要办理相关许可证件;同时,制定承诺书,对从事涉及后置许可项目经营企业,除现场及时告知申请人需要申请审批经营项目和对应审批部门外,要求申请人在办理注册登记时,由法定代表人或负责人做出承诺,每周通过政务平台向相关单位推送并告知,在区局设立及变更经营范围市场主体由相关单位根据职责进行认领,确保"双告知"工作落实到位。

【"双随机、一公开"】 2018年,区市场监管局牵头,拟定《市场监管领域跨部门"双随机、一公开"监管工作方案、细则和工作计划》,完成市场监管领域跨部门"双随机、一公开"联合抽查任务。

【市场主体年报公示】 利用电台、电视台及短信平台,发布年报公示公告,组织执法人员在"3·15"现场面对面验照代报服务。昭阳区企业年报公示率97.18%,农民专业合作社年报公示率95.97%,完成上级下达任务。

【企业信用体系建设】 推进企业"经营异常名录""严重违法失信企业名单"管理和应用,完善企业法人、法定代表人、负责人任职限制失信惩戒机制,形成"一处违法,处处受限"局面。年内,将295户市场主体列入经营异常名录,移出异常名录281户。

【企业、农民专业合作社清理整顿】 2018年,全局本着"规范发展一批、引导注销一批、整改吊销一批"原则,清理整顿企业、农民专业合作社,吊销企业148户,吊销农民专业合作社28户。

【"贷免扶补"工作】 2018年,"贷免扶补"任务数30户,全部完成并上报相关部门审批,年内放款24户,放款金额240万元。

【食品安全概述】 区市场监管局牵头拟定《2018年年度食品安全目标责任书》,将食品药品安全工作纳入全区经济社会发展目标管理考评体系,实行食品安全"一票否决制"。农业、教育、卫生等职能部门开展各项食品安全监督检查,形成全区食品安全"一盘棋"。全年,未出现食品安全问题。

【重大活动食品安全督查】 制定《餐饮服务食品安全保障工作方案》,与各供餐单位签订《餐饮服务食品安全承诺书》;检查各供餐单位食品安全状况,当场指正存在问题,责令限期整改;逐一审查活动期间菜谱,修订和调整容易引发食源性疾病菜品;到供餐单位驻点,重点检查食品原料证票、原料购进、加工流程、餐具清洗消毒、食品留样等;实时监控供餐单位食品加工人员身体健康状况。2018年,保障市、区两代会、省委省政府主要领导到昭调研、马铃薯大会、昭通苹果展销会、缅甸华文教师培训班暨海外华裔青少年"中国寻根之旅"昭通夏令营等30余次重大活动食品安全,出动保障人员260余人次,确保各项重大活动食品安全。

【食品安全专项整治】 2018年,在春、秋季专项检查学校食堂食品、校园及周边食品安全,保障中高考及成人高考期间食品安全;专项整治食品生产加工小作坊、食品摊贩、过桥米线、茶叶、旅游市场食品、食用植物油塑化剂、白酒小作坊和散装白酒质量、流通环节农村食品、保健食品欺诈和虚假宣传等;创建慢性病防控示范区,保障食品安全监管开展。

【"非洲猪瘟"疫情防控食品安全】 全年,全覆盖、无死角检查辖区餐饮服务单位使用猪肉及其猪肉制品等食材来源,执行索证索票制度;督促餐饮服务单位处置餐厨废弃物,建立健全餐厨废弃物处理备案台账,签订《禁止将餐厨废弃物提供或出售给生猪养殖户的食品安全承诺书》;禁止餐厨废弃物流向生猪养殖户,防止"非洲猪瘟"病毒通过餐厨剩余物向生猪传播;管理流通环节猪肉及其制品,排查辖区源成集贸市场等35个集贸市场,449个猪肉销售摊点,执行猪肉及肉制品市场准入管理制度,与经营者签订《食品安全责任书》,确保上市销售猪肉及肉制品质量安全。全面检查猪肉加工小作坊、冷库、城乡接合部等薄弱区域;配合乡(镇)办事处暂时关闭活猪交易市场9个;向公众科普非洲猪瘟知识。年内,出动执法人员1 276人次,执法车辆254辆次,检查食品生产加工厂(含食品加工小作坊、卤肉制品加工作坊等)275家、食品销售经营户437家、餐饮服务单位2 987家(含学校食堂426家)、集贸市场(含农贸市场、农产品批发市场)128家次、冷库2个,发放《非洲猪瘟防控告知书》3 000份,签订《非洲猪瘟防控食品安全承诺书》2 426份,培训食品从业人员189人,暂未发现疫情线索。

【食品监督抽样与检测】 一是完成区食药监局国抽任务147个批次,省抽任务116个批次。其他县局国抽任务21个批次,省抽任务8个批次,共计292个批次,抽检食品品种覆盖32类食品和食品添加剂。其中风险监测5例不合格,合格率98%;二是完成农产品进试验室检测240批次,合格率100%;进行农残快检240批次,合格率100%,覆盖率95%以上;三是抽检低价瓶装白酒12个批次,餐饮、流通、小作坊生产环节52个批次,食用植物油塑化剂、蜂蜜产品4个批次,抽样均合格。

【宣传工作】 在法制宣传日、"3·15""3·31"等宣传日,宣传新颁布《食品安全法》及食品安全知识,接受咨询3 000余人次,发放宣传资料8 000余份;组织食品安全管理人员、质控人员、从业人员、学校食堂工作人员等进行培训20余次;与新闻媒体协调,及时报道各类重大专项整治活动,扩大社会认知度。

【药品安全监管保障】 将药品安全纳入公共安全体系、党政领导班子实绩考核,保障经费投入;培训全区乡(镇)及以上医疗机构和所有民营医院四项监测人员和分管药械业务副院长药械知识110人,培训新办、变更企业56家相关人员78人;培训基层监管人员理论1次和1次3天现场检查指导培训。推进云南东骏药业有限公司在昭阳区设置"农村便民药柜",基本筹集完毕;培训"农村便民药(店)柜"100家人员药品法律法规知识,拟开办"农村便民药(店)柜"的苏甲、青岗岭、守望、炎山4个乡镇纳入药品安全示范乡镇建设,已筹建完毕。

【药品信息公开和质量管理认证】 推进行政许可、行政处罚信息公开,公开率100%。辖区新办药品经营企业21家,变更53家,注销3家,认证21家;新办医疗器械经营企业43家,变更2家,注销1家。审核21家药品零售企业资料、现场指导、认证检查、督促整改检查、网上公示,全部通过药品经营质量管理规范认证。

【药品监管】 2018年,以生物制品、冷链药械、特殊管理药品、血液制品、含麻复方制剂、大型医疗设备等为重点品种开展监督检查。药械经营、使用单位检查覆盖率100%,以家为单位建立药械监管档案;督促医疗机构建立健全药械质量管理体系,监督管理医疗机构使用中药配方颗粒。辖区医疗机构和学校医务室检查覆盖率100%。

【其他医疗监管】 监督检查麻醉药品、一类药品、二类药品等特殊药品及防艾药械产品。监测药品、化妆品、医疗器械,在全区所有乡镇及以上公立医院、所有民营医院设立四项监测员,区、乡医疗事件报告覆盖率达到100%。

【疫苗安全风险防控】 根据《疫苗流通和预防接种管理条例》《疫苗储存和运输管理规范(2017年版)》要求,拉网式大排查和专项整治辖区所有疾病预防机构、疫苗接种单位200余家,针对存在问题,及时和主管部门卫生、计生局沟通协调。

【"四项监测"工作】 2018年,共抽样医疗器械14批次,抽样药品65批次,药品不合格4批次,整体不合格率6%,立案查处不合格药械100%;宣传药械5次,发放宣传资料6 500余份,接受咨询人数3 700余人;各类专项整治6次,出动执法人员650余人(次)。检查药械经营企业及医疗机构390余家,立案查处药械案件7起,罚没款5万余元。其中医疗器械案件2起,中药饮片案件5起,结案3起,2起正在调查中。上报药品不良反应485例,超额完成12例,其中轻的249例,超额完成107例,严重79例,超额完成31例;上报可疑医疗器械事件132例,超额完成21例;上报药物滥用203例,超额完成53例;上报化妆品53例,超额完成5例,超额完成下达"四项监测"任务。

【保健食品、化妆品监管】 2018年,抽查辖区内55家保健食品经营企业,均已取得行政许可,共出动执法人员500余人(次),检查保健食品经营企业100余家(次),化妆品经营企业400余家(次);抽检保健食品3个批(次)和化妆品5个批(次)涉及烫发染发、防晒祛斑等,打击美容美发机构违法违规经营使用化妆品行为,整顿和规范经营使用秩序,排查化妆品市场安全隐患,检查化妆品经营企业124家,检查中发现5家经营不规范企业,提出限期整改意见;培训辖区内保健食品化妆品单位200余家、从业人员200余人,发放宣传画册10 000余份。

【特种设备安全监管】 2018年,开展"两节"安全检查、打非治违百日行动、气瓶安全专项治理检查、电梯安全专项治理工作、"安全生产月"、中国马铃薯大会专项检查、汛期特种设备专项整治等;检查全区19家旅游观光车、大型游乐设施设备164台,现场提出责令整改存在安全隐患的单位,整改完毕14家,结案罚款4万元,立案查处2家限期未整改单位。截至2018年年底,全区有特种设备3 253台,注册登记特种设备使用152家,新增515台,特种设备安装告知130家,共493台;压力管道2条,共13 648.3米。报废注销特种设备12家,共24台,报停8家,共40台。

【品牌战略实施】 2018年,昭阳区3家企业申报"省级质量走廊示范单位",1家企业申报云南名牌;6月5日,检查昭阳区参展南博会企业云南中骏生物科技有限公司;组织以"加强市场监管、建设质量强国"为主题质量月活动,60余家单位及21家企业参加,提供咨询2 000余人次,发放宣传资料3 000余份。

【计量监管】 开展"5·20"世界计量日活动。监督检查超市(大润发超市、月中桂销售门店、苏家院超市)电子秤和超市米、面、油、面粉、调料等定量包装商品以及部分乡镇(苏家院)加油站加油机等,在大型超市张贴宣传标语;抽查医用计量器具。联合昭通市质监局抽查辖区内部分乡镇卫生服务中心医用计量器具,抽查20个乡镇,重点检查在用医疗计量器具是否登记造册、是否建立计量器具设备档案和履历证明并专人管理、是否建立相关管理制度等。

【认证认可工作】 开展混凝土搅拌运输车强制性产品认证监督管理工作。2018年,联合市质监局检查昭通市湘通混凝土有限公司使用混凝土搅拌运输车32辆,所使用车型均通过认证,未发现存在问题;整治"认证乱象"。结合"双随机、一公开"和"黄标车治理淘汰"工作,专项检查辖区内4家机动车检测站,宣传黄标车、老旧车治理淘汰工作。

【商标广告监管】 2018年,检查与金融相关广告发布者5家,存在金融风险3家公司,由区金融办书面上报市金融办。收缴违法金融广告500余份;立案查处互联网发布违法医疗广告9家医疗机构,罚没金额66 710元;行政约谈4家广告违法企业。全年受理广告投诉5件,处理完毕。宣传知识产权,走访商标持有企业,在各所及机关注册窗口设立21个商标品牌服务窗口提供指导服务,利用办理个体、企业营业执照之时,向其宣传商标注册、品牌保护;在"3·15"消费者权益日、"4·26"知识产权日发放宣传资料或到企业走访宣传。截至2018年年底,昭阳区已注册基础商标2 426件、地理标志商标4件。新增注册商标568件,指导申请注册商标22件,超额完成市局下达指导申请数。全年办理商标侵权案件5件,罚没金额4.2万元。没收五粮液瓶装白酒3瓶、假冒"爱玛"牌电动车4台、假冒"昆电工"牌各式电线104卷、假冒"CAT"滤清器775个、侵犯"KOMATSU"注册商标发动机油27桶、侵犯"HITACHI"注册商标纯正液压油14桶。

【各类市场监督检查】 2018年,检查农资经营户388户次,农资市场81个次,取缔无照农资经营户3户，发现涉嫌销售假冒产品行为1起；整治城区、景区、公路沿线及休息区、车站码头、旅游村寨、农家乐等游客和旅游商品销售集中区。打击虚假宣传、以假充真、以次充好、短斤少两、合同侵权等行为。监管网络交易，检查旅游景点18个次、宾馆64个、餐饮店51家，出动执法人员174人次。结合"四城同创""平安市场""诚信市场""农村文明集市"创建，整治集贸市场。打击非法买卖、运输海龟及其制品，专项检查非法驯养繁殖、经营利用海龟及其制品，整治非法生产和销售"伪基站"违法行为。

【动产抵押登记和拍卖监管工作】 2018年，办理抵押登记23起，融资金额20 854.5万元，拍卖成交金额273 179.23万元。

【成品油市场专项治理工作】 2018年，检查成品油经营户75户，受理消费投诉2起，抽检加油站15个，抽检成品油44批次，查处成品油案件2起，处罚1.5万元，查缴成品油1.18吨，出动执法人员101人。

【殡葬改革工作】 清理整顿丧葬用品市场，依法打击无照经营、擅自制造、销售丧葬用品行为；监管经营性公墓和殡仪服务单位，打击虚假宣传行为；依法查处非法炒卖、传销墓地和骨灰存放格位等违法行为；宣传引导和监督管理机关在职干部职工和离退休干部。

【行政执法】 配合公安分局端掉7个涉嫌传销窝点，遣散涉传人员200余人次，打击驱散组织老年人搞虚假、夸大宣传销售保健品、医疗器械等5起，接上级转办举报投诉30余件。配合省、市工商局抽检辖区流通环节中婴幼儿服装、建筑材料（钢筋）、成品油等，抽取婴幼儿服装40个批次，检测结果17个批次不合格，抽取钢筋6个批次，检测结果2个批次不合格，抽取汽油2个、柴油2个，全部合格。查获没收侵权商品云南白药牙膏200余支、国泰味精和莎麦鸡精160件、云南大西洋焊条199件、重庆江小白酒34件、近似河南中沃实业有限公司荣能体力能量饮料195件。截至2018年年底，全局办理一般程序案件229件，罚款112.094 76万元，没收款2.326万元。完成对本部门行政许可18项、行政处罚1 102项、行政强制43项、行政检查64项、行政确认3项、行政奖励10项、行政裁决1项、其他行政职权14项共8类行政职权进行清理、录入等相关工作。

【普法工作】 贯彻执行国务院《全面推进依法行政实施纲要》《中华人民共和国行政处罚法》《云南省行政处罚程序规范》等法律、法规、规章，组织"法宣在线"网上学法及考试。与区检察院衔接行政执法与刑事司法工作。全年上报普法信息29条，党委中心组学法4次，组织498余人参加普法培训，组织参加法治讲座10次，组织"法律六进"28次，制作宣传展板54块，印发宣传资料57 261余份，提供法律咨询8 884次，发布普法微信36条，视频2个。

【环保工作】 落实中央环保督察组反馈问题整改清单，控制辖区内企业、个体经营户使用高污染燃料锅炉、炉窑、炉灶等燃烧设施，重点整治使用原煤锅炉。全面检查辖区3家机动车检验机构，参与黑臭水体整治，监管禁养、限养区域、火车站及周边环境。2018年年初，开展13天摸底调查，核实全区20蒸吨/小时以下燃煤锅炉共74台。验收已拆除燃煤锅炉18个户主21台锅炉，24家34台锅炉在11月23日前淘汰完毕。

【消保维权工作】 宣传和执行新的《消费者权益保护法法》和《侵害消费者行为处罚办法》。组织"3·15"国际消费者权益日、"12331—助力健康中国梦食药安全伴你行""品质消费教育乡村"暨"送法律、送知识、送服务三下乡""农村消费教育""诚信经营放心消费"活动。开展2018寻找"消费者最喜爱的农产品"消费扶贫等系列活动，开展大型咨询活动11场次、组织各类会议6场次、播放公益宣传广告20条、组织12315开放活动，设立"进超市""进学校""进企业""进农村"等5个分会场，经营者参与活动数量500人次、消费者参与活动数量4 000人次，制作展板21块、发放各类宣传资料20 000册。开展业务培训和岗位练兵等活动，选拔8名选手参加，1名同志获市级"消费维权能手"荣誉，并参加全省工商和市场监管"消费维权能手"竞赛，获取省级"十大消费维权能手"荣誉。全年受理消费投诉740件,办结729件,终止调解3件,不予受理5件。为消费者挽回经济损失318万余元。辖区旅游景区、旅行社(公司)、二星级酒店设立消费维权服务站共12个,受理并办结"一部手机游云南"投诉4件。

【脱贫攻坚】 区市场监管局挂钩帮扶乐居镇中河村、仁和村、新河村以及上街村脱贫,研判4个村村情、致贫原因及制约发展原因等,帮助村制定《三年脱贫规划》;为下派驻村工作队员拨付工作经费;设立农村便民药柜,验收80家。2018年,中河村建档立卡贫困户671户,其中189户加入养殖专业合作社,63户加入种植专业合作社;仁和村建档立卡贫困户206户,其中23户加入养殖专业合作社,82户加入种植专业合作社;新河村建档立卡贫困户227户,185户加入种植专业合作社;上街村建档立卡贫困户59户,43户加入种植专业合作社。参与乐居镇控辍保学工作,劝导辍学学生返校31名,返校率80%以上,各村没有一个建档立卡户学生辍学。

【表彰】 吴卓静、李保辉、崔凤鸣,获昭通市工商行政管理局授予"昭通市工商和市场监管系统2018年消费维权岗位练兵活动先进个人"称号。

吴卓静,获云南省工商行政管理局授予"云南省十大消费维权能手"称号。

钟顺敏,获昭阳区人大常委会授予"2018年年度履职先进工作者"称号。

钟顺敏,获昭阳区委、区政府授予"昭阳区2018年年度脱贫攻坚先进党委书记"称号。

崔凤鸣,在中国电子商会组织的"2018~2019华夏银行杯全民普及《消费者权益保护法》答题赢大奖"活动中,获全国亚军。

昭阳区林业局

【脱贫攻坚】 昭阳区林业局抽调13人驻苏甲乡布初、新店子、车噜、瓜寨、水井等5个村扶贫,其中任第一书记(含队长)5人,全局职工132人挂包贫困户579户;落实生态护林员275名,从2018年10月,新增生态护林员562名,累计落实公益性岗位837个,工资标准按8 000元/(人·年)。兑现2017年年度退耕还林农户补助2 000公顷1 500万元,其中兑现建档立卡户173户641人,95.53公顷,补偿资金71.65万元。通过惠农"一折通"兑现到户公益林生态补偿54 026.67公顷810.4万元,其中建档立卡贫困户17 469户74 317人,18 713.33公顷,补偿资金280.7万元。现场培训1 500名建档立卡贫困人员,其中田坝乡1 154人、守望乡346人,发放修剪工具1 500套、《青花椒丰产栽培管理年历》和《青花椒丰产栽培工作安排》4 000余份。

【天保工程】 完成天保管护73 786.67公顷,其中国有林8 593.33公顷,集体林65 193.33公顷,计19个实施单位,统一管护,管护人员462名,管护劳务费369.6万元,管护责任制落实率100%,完成率100%;投入天保公益林建设资金100万元,在布嘎乡种植侧柏133.33公顷;规划设计2018年年度森林抚育1 333.33公顷。

【石漠化综合治理】 在小龙洞乡小米村完成2017年年度(跨年度实施)石漠化治理项目人工造林386公顷,占任务100%;在乐居镇仁和村、上街村、苏家院镇迤那村、顺山村、苏家院村、青岗岭乡白沙村完成2018年年度石漠化治理项目人工造林340公顷,占任务100%。

【退耕还林】 完成2017年年度(跨年度实施)退耕还林任务,造林及补植补造2 000公顷,通过区级检查验收,兑现资金2 700万元(种苗补助1 200万元,第一次农户补助1 500万元)。完成2014年年度1 333.33公顷、2016年年度146.67公顷区级检查验收工作。规划设计2018年年度4 666.67公顷退耕还林任务,完成4 666.67公顷造林任务,2019年春季,完成2018年退耕造林任务,兑付造林种苗补助及第一次农户补助。

【路域环境绿化】 在G356一级公路、G85高速公路及国道213线等重要交通道路沿线的青岗岭乡青岗岭村、新桥村、太平办事处平安社区、石渣河社区、凤凰办事处凤凰社区、双院子社区、北闸镇岩脚村、塘房村、永丰镇元龙村陡坡耕地和宜林荒山荒地采用雪松大树绿化路域环境257.33公顷。

【林业产业】 在炎山镇、田坝乡提质增效花椒1 333.33公顷,其中田坝乡800公顷,炎山镇533.33公顷。培训青花椒提质增效改造技术、技能3 056人,其中炎山镇1 823人,田坝乡1 233人。在苏甲乡布初村、田坝乡水屯村进行核桃大树高接换优扩繁改良26.67公顷。

【林木种苗管理】 2018年,调运检验各类林木种苗2 300余万株。其中核桃苗15万株、华山松袋苗250万株、西南桦苗180万株、冷杉苗20万株、红豆杉苗35万株、柳杉100万株、侧柏15万株、雪松23万株、楤木70万株、花椒、苹果、桃、李等各类经济林苗木1 600万余株。新办《林木种子生产经营许可证》18个,到期换证39个;办证程序公开化、标准化,网上申办,网上审批,申办资料审查合格3天内发证。

【资源林政管理】 2018年,签发《林木采伐许可证》288份,采伐林木4 549.84立方米;签发《木材运输证》143份,运输木材1 785.59立方米;受理办结征、占用林地5起,全区林地面积73.13公顷,其中临时使用林地面积26.59公顷,永久使用46.54公顷;开展昭阳区2018年森林资源年度出数、森林资源督查等工作,完成2017年林地年度变更工作;结合政府非煤矿山转型升级工作,召开区政府保留46家非煤矿山协调会2次,协助办理征占林地手续;配合区环保局和相关乡镇,查处大寨子乡滇川能源有限公司违法使用林地,并移交区检察院;完成青岗岭乡水电铝项目、靖安医疗废弃物处理项目,查处守望乡毁林开荒,并责令其完善使用林地手续。

【林业有害生物生物防治】 排查全区34 000公顷松科植物春秋两季松材线虫,检疫调查使用松科植物木质包装材料50家单位。与彝良县、赫章县、威宁县开展跨区域森林病虫害联防联治工作,签订《重大林业有害生物联防联治协议书》,加强在森检执法、林业产品调运等方面合作深度和监管力度。发放《昭通市林业有害生物防控宣传手册》640册;办理《森林植物检疫证》252份,完成木材检疫1 577.51立方米、苗木2 267.37万株。2018年,全区有害生物成灾率控制在1.78‰,无公害防治率100%,测报准确率98.5%,种苗产地检疫率100%,完成上级下达的防控指标。

【森林防火控制】 2018年,全区发生森林火灾1起,过火面积12.57公顷,森林火灾受害率0.19‰,远低于1‰。该森林火灾在当日扑灭。全年增设防火临时检查站50个200人,收缴入山火源5 000余个;查处火盘300余起,不定期安全巡查森林防火3 000余次,排查森林防火隐患3 160次,其中森林公安处理违规用火96次,收缴入山火源2 500余个;成立扑火应急队25支750余人,义务扑火队147支2 740人。

【森林防火责任落实】 召开全区森林防火专题工作会议,全面部署2018年森林防火工作,签订《森林防火责任书》48份;各成员单位、职能部门及乡镇、办事处组织召开各级森林防火工作会议100余场次,全区签订各项《森林防火目标管理责任状》14 678份。

【森林防火宣传】 全年发放户主通知书4万份、防火宣传卡片4万张、《森林防火》宣传语音文件4个、五彩旗1 300套,通过移动、联通、电信发送手机短信蓝色预警信息10 000余条。森林防火知识培训50次5 000余人,在重点林区和路段设置各种宣传标语1 500余条。

【野生动植物保护】 防控野生动物疫源疫病,全年没有发生野生动物疫情;全局成立非洲猪瘟防控工作领导机构,排查在区林业局办理饲养野猪许可证场所,完善台账和跟踪监管;配合保险公司开展2017年年度野生动物肇事案件赔偿工作及2018年野生动物肇事上报工作;调查全区193株古树及17个古树群,完善全国古树名木管理系统。

【生态安全和林区稳定】 区森林公安局适时开展"春雷行动""打击象牙等珍贵濒危野生动物制品非法贸易专项行动""飓风一号行动"

"自然保护区和湿地专项执法"等行动,突击整治火车站周边野生动植物制品市场,全面清查花鸟市场以及新搬迁富强社区花鸟市场等非法出售野生动物及其制品行为,打击违法占用林地、毁林开荒和采挖、贩卖野生动植物行为。查处国家级、省级疑似违法图斑614个;逐一排查辖区村庄,铲除毒品原植物200余株。在"五一二防震减灾日""六二六禁毒日"、三下乡等开展多种形式宣传活动,遏制涉林违法犯罪活动。全年受理各类森林案件292起,查处289起。其中刑事案件10起,查处7起,取保候审5人,林业行政案件277起,治安案件5起。

【放管服改革】 组建行政审批服务科,指定2人负责行政审批工作管理,入驻昭阳区行政审批办事大厅,方便群众办事;清理林业行政职权,按照"合法、合理"原则,由原来4类22项清理为4类19项,取消3项,入驻5项。压缩现有审批事项承诺时间,精简规范,简化办事流程,缩短审批时限。

【国有林场改革】 按照《昭阳区国有林场改革实施方案》,完成昭阳区国有林场二类资源调查报告、森林经营方案、中长期发展规划编制工作,通过区级评审。昭阳区国有林场改革通过省级评估验收。

【表彰】 訾昌相,获昭阳区委授予"2017年年度优秀共产党员"称号。

大山包黑颈鹤保护区管理局

【环境保护政策】 2018年9月,昭阳区发布《关于进一步加强大山包黑颈鹤国家级自然保护区管理的通告》:严禁任何单位和个人擅自进入大山包黑颈鹤国家级自然保护区;严禁外来车辆擅自进入大山包保护区;严禁一切非法载客、拉客过境行为,违者将严厉处罚。需过境人员必须在鲁甸新街酒房驿站接受过境检查,办理换乘手续,统一乘坐换乘车有序过境;过境人员在保护区内必须严格遵守《云南省昭通大山包黑颈鹤国家级自然保护区条例》《云南省湿地保护条例》等相关规定。擅自进入或违反规定者处以100元以上5 000元以下罚款;触犯刑律的,移交司法机关处理。

【政策执行情况】 通告发布以来,劝返停留车辆6 210余辆,过境大山包人员累计9 820人次,劝返车辆14 602辆,查处非法拉客载客车辆21辆。跳墩湖摊位全部搬入临时设施,规范管理马帮,清理保护区内白色垃圾。

【功能区划调整】 2017年8月,启动大山包自然保护区规划修编调整工作,将大山包镇政府所在地人口相对集中、人为活动干扰频繁、保护价值较低集镇建成区、通往昭阳区出行公路调出保护区,调出保护区面积480平方千米,其中缓冲区56平方千米、实验区424平方千米。调整后保护区规划面积由原来192平方千米增加至199.1平方千米。2018年1月,《保护区规划修编方案》经省评审委员会评审通过;2018年2月,按省级评审委员会提出意见和建议修改完善申报材料及相关附件,将所有资料报送国家林业局保护司中心;2018年3月,调规评审会在国家林业局召开,专家评审大山包自然保护区范围和功能区调整,评审会上35位专家意见统一,34票通过评审。现国家林业局正将相关申报材料报送自然资源部,等待评审。

【黑颈鹤越冬期巡护监测】 2017年12月4日,大山包保护区监测到越冬黑颈鹤1 422只。管理局组建69人综合执法队伍,于2017年11月5日至2018年4月6日合计153天越冬期间,劝导游客、车辆禁止进入保护区,制止破坏湿地和干扰黑颈鹤正常活动等行为。

【黑颈鹤疫源疫病监测防控】 成立大山包保护区野生动物疫源疫病监测防控工作领导组,制定《监测防控工作方案》《"高致病性禽流感监测防控"应急预案》,建立监测信息"零报告"制度,明确监测人员、监测方式和工作制度,宣传野生动物疫源疫病监测防控知识,劝导村民隔离畜禽,防止交叉感染,全年无疫病疫情。

【林业行政执法】 按照《"绿盾2018"自然保护区监督检查专项行动的通知》，截至2018年11月，办理辖区林业行政案件66件，查处65件。其中：刑事案件1件，起诉到人民检察院；行政案件65件，查处64件；处罚人数67人，收缴各类罚款174 820元。

【环境保护宣传教育】 组织开展2018年"世界湿地日""爱鸟周""世界野生动植物日"等宣传活动，开展科普宣传活动40余场，悬挂宣传横幅19条，制作展出宣传展板9块，发放宣传资料5 000余份，向公众普及鸟类识别、鸟类救助、湿地功能、湿地保护等方面的知识以及野生动植物和湿地保护相关法律法规。清洗、修复大山包保护区核心区及昭大线宣传、警示碑牌，新建标牌33块，粉刷标语10条；在大山包国际重要湿地网站发布信息44条，先后有68份稿件被中央电视台、中央人民广播电台、云南人民广播电台、云南电视台、昭通电视台、昭通人民广播电台、《中国绿色时报》《云南日报》《春城晚报》《云南林业》等媒体采用刊播。

【湿地生态科研监测】 与云南大学彭明春教授一行，在保护区调查鸟类2次、植被1次；配合云南师范大学王平教授采集土样2次；调查大海子一次性补偿区域样地，建立样方90余个。

【环保督查整改】 按照环保督查整改和自然保护区卫星遥感监测实地核查相关要求，拟定《核查整改工作方案》，开展核查整改工作。清运保护区垃圾2 066.4吨。宣传动员易地搬迁工作，完成小额扶贫贷款173户865万元、产业补助资金1 600余万元。

【湿地项目工程】 完成2017年大山包国际重要湿地保护与恢复项目扫尾工程，总投资3 000万元；启动2018年大山包国际重要湿地保护与恢复项目工程，完成投资150万元；对黑颈鹤栖息地最为集中大海子湿地采取一次性湿地补偿，截至2018年年底，完成湿地丈量22.33公顷，涉及2个村民小组63户398人，共需投入资金696.80万元，公示后兑付；将黑颈鹤集中分布大海子、岩洞坪子、小海坝、水倒流、勒力寨5个夜宿地周边农耕地作为食物源基地建设（每年90万元，4年投入资金360万元），涉及2 137户，截至2018年年底，完成250公顷农耕土地丈量，公示后兑现。

【脱贫攻坚】 成立以副局长任组长，各科室负责人为成员大山包保护区管护局精准扶贫工作领导小组，选派5名同志组建驻村扶贫工作队，局机关29名干部职工与大山包村356户贫困户建立结对帮扶，完善结对帮扶档案，按照精准扶贫建档立卡要求开展工作。

昭阳区统计局

【常规统计】 常规统计有13个专业，主要以月报、季报、年报形式向上级报送，全面完成2017年报和2018年定期报表、2017农业普查工作。根据核算数据修订2018年年度生产总值，核算2018年年度GDP。完成8 536家单位在国家基本单位名录库里录入、变更、注销、审核、改错等工作。完成13个专业统计调查工作，按照国家统计调查制度，分别统计上报月报、季报、年报。通过评估，肯定调查单位核查工作。

【经济工作】 围绕2018年经济社会发展主要预期目标生产总值增长8.6%以上，经初步核算，2018年全区生产总值273.26亿元，同比增长8.0%，其中，第一产业增加值29.14亿元，增长6.4%；第二产业增加值136.6亿元，增长9.2%；第三产业增加值107.52亿元，增长6.8%。规模以上固定资产投资完成额204.67亿元，同比增长9.38%。社会消费品零售总额109.53亿元，同比增长11%。工业总产值206.81亿元，同比增长9.0%，其中，规模以上工业产值155.44亿元，增长9.2%；规模以下工业产值51.37亿元，增长4%。规模以上工业增加值77.86亿元，同比增长9.2%。地方公共财政预算收入13.09亿元，同比增长15%。地方公共财政预算支出62.41亿元，同比增长8.4%，其中，财政八项支出45.41亿元，同比增长25.81%。12月末，全区金融机构人民币存贷款余额858.61亿元，同比增长6.66%，其中,存款572.18亿元,增长5.62%;贷款286.43亿元,增长8.75%。

【经济普查清查工作】 全区核查底册12 864家,新增单位735家,正常填表率77.26%;正常填报上报10 506家法人和产业活动单位,其中法人单位8 953家,产业活动单位1 553家,个体经营户34 764户,个体经营户填表率140.42%。第三次全国经济普查法人和产业活动单位5 798户,个体户18 233户,其中个体户有证8 934户,无证9 299户。比上次经济普查增加4 717家单位,增长81.36%,个体经营户增加16 531家,增长90.67%,符合昭阳区经济发展现状。

【发布2017年统计公报】 撰写《2017年国民经济和社会发展统计公报》,如期发布。内容包括工业、农业、商业、规模以上固定资产投资、建筑、人口、文化教育等区情。

【统计服务】 撰写经济运行分析材料,报送区委、区政府,为领导决策提供参考。定期印制2018年《昭阳统计》各月度小册子,报送区四套班子和相关部门,全面反映全区每月经济运行情况。通过网络服务、现场服务、电话服务等方式,依法开展数据咨询服务,向社会各界分享统计数据和信息。

【人口变动抽样调查】 国务院决定2018年开展全国人口变动抽样调查,区统计局做好前期准备工作。牵头组建机构,保障人员到位、经费落实以及PDA的清理检测、抽样框整理编制、调查小区划分和地图绘制、调查软件安装、区级业务培训等工作。完成入户调查登记,基本掌握2018年以来全区人口在数量、素质、结构、分布以及居住等方面发展变化,为制定全区国民经济和社会发展规划提供科学准确统计信息。汇总《2018年人口调查村、居委会(社区)基本情况表》,2018年11月1日前,全区户籍人口947 949人,常住人口871 455人;出生12 644人,出生率14.51‰,死亡3 857人,死亡率4.43‰,人口自然增长率10.08‰,接近区情。摸底和正式入户登记国家抽中3个样本调查小区235户、常住人口862人,完成调查工作。

【脱贫攻坚】 全年帮助挂钩的苏甲乡小松树村注册"中国社会扶贫网",累计注册贫困户253户,占100%,发布物品需求信息5条、资金需求信息3条,对接成功1条,成功率33.02%,捐赠资金7 000余元。投入扶贫工作经费11.3万元,划拨到挂钩苏甲乡小松树村,为扶贫工作队员购买保险,配合昭通调查队抽样、调查、核实、认定、测算2018年预脱贫户收入。开展"脱贫攻坚大调研、大遍访""村村清、户户清"等行动,"带着问题下去、带着满意回来",集中整改脱贫攻坚突出问题。全局领导干部大调研大遍访行政村1个、全村登记840户3 240人,其中建档立卡户253户1 017人。

【统计执法宣传】 区统计局召开规模以上工业、限额以上商贸流通企业统计法治宣传暨业务培训会,宣传学习《宪法》《统计法》《行政处罚法》《统计法实施条例》等法律法规;邀请昭阳工业园区、区财政局、区发改局、区工科局、区住建局、区市场监管局、区农业局相关领导及工作人员,全区规模以上工业和限额以上流通企业法人、会计、统计人员共500余人参加宣传培训。邀请专家专题授课,宣传统计法制和统计规范。2018年,执法检查单位"一套表",到8家管理服务对象企业执法检查,查询统计台账,指导企业建立健全统计台账,筑牢数据质量源头基础。未发现企业统计违法现象。

【统计改革】 推进统计改革,实施"局队业务,同城合并"。2018年,驻昭单位昭阳调查队撤并到昭通市调查队,地方调查职责职能转入昭阳区统计局负责,涉及全区规模以下工业企业100余家,乡镇办事处调查小区30余个,7个专业业务全部划转,涉及商贸流通服务企业和个体工商户2万余户。组织开展相关各专业调查工作,安排各科室专业人员学习业务,派遣相关专业人员到市调查队顶岗学习,部署调查工作,做好衔接,保障队伍不散、业务不乱。

【业态调查】 2018年2月,根据区市场监管局反馈,按行业分类核查辖区2017年注册登记企业和个体经营户590余家,其中企业446家,个体户140余家,为"升归升限"工作奠定基础。

2018年,完成规模以上企业"升归"5家、限额以上批发零售"升限"14家、"入库纳统"2家、大个体"纳统"13家、重点服务业6家,超额完成全年既定任务,逐步优化在库企业发展潜力。

【表彰】 李怀勇、李保队、殷亮、刘艳琼、訾先友、王开友、苟井玉、刘平洪、周玲、杨玉美、撒婷、何兴琼、刘红琳、范荣华、马娥、陶冠兰,获云南省第三次全国农业普查领导小组办公室授予"云南省第三次全国农业普查先进个人"称号。

李怀勇,获昭阳区委授予"2017年年度优秀共产党员"称号。

国家统计局昭阳调查队

【机构合并】 根据《国家统计局关于印发市级调查队与驻地县级国家调查队整合方案的通知》、云南调查总队印发《云南地区同城国家市县级调查队整合实施方案》、国家统计局云南调查总队文件,2018年9月11日,撤销国家统计局昭阳调查队,其调查业务、人员、固定资产等正式并入昭通市调查队。

【上半年重点工作和重要指标】 2018年,一季度昭阳区城镇常住居民人均可支配收入6 777元,增幅8.9%;农村常住居民人均可支配收入2 559元,增幅9.5%。二季度城镇常住居民人均可支配收入增幅8%,收入13 980元;全年农村常住居民人均可支配收入增幅5%,收入达到5 720元。1~5月昭阳区居民消费价格指数累计上涨2.3%,5月同比上涨2.5%。

【城乡住户一体化及农民工监测】 2018年,二季度昭阳区开始试运行电子记账,经过多次摸底走访调查后,有2个调查点、15户记账户参与电子记账工作。

【产粮大县粮食产量监测】 昭阳区是全国产粮大县之一。昭阳调查队到调查点现场指导更换辅助调查员,要求各点记录各个环节数据,如实反映全区玉米、水稻、马铃薯亩产水平,为今后制定粮食生产相关政策提供可靠依据。

【脱贫攻坚】 昭阳调查队脱贫攻坚挂钩在旧圃镇后海村,全年帮扶贫困户170余户,完成年年度脱贫攻坚任务。

【生猪调出大县畜牧业监测】 昭阳区是全国生猪调出大县之一,肩负着10小区生猪散养户、23个中小型规模养殖户、2个万头生猪养殖场、9个中小型家禽规模户及1个大型家禽养殖场监测工作。昭阳区调查队员多次到养殖场、规模户及调查小区调研生猪生产,撰写调查分析报告提供上级调查队参阅。

【居民生活消费价格调查】 组织昭阳区居民生活消费价格调查(CPI),按照国家调查方案,培训采价员熟练使用采价器,如实采价规格品、上报、汇总,客观反映昭阳区消费价格水平。

【劳动力监测】 在11个国家住户网点开展劳动力监测工作,实行月报制度,长期监测城乡居民生活、生产和就业状况。

【其他工作】 规模以下服务业、批零住餐小微企业调查业务转交昭阳区统计局负责;完成农产品中间消耗及产品生产者价格、时间利用调查。

昭阳区供销社

【整改巡视反馈问题】 省委第三巡视组机动巡视反馈意见和省扶贫开发领导小组关于昭通市2017年党委和政府扶贫开发工作成效考核存在问题通报,其中涉及由区供销社参与或负责整改问题,区供销社已整改并报送整改情况。

【党建、党风廉政建设、意识形态工作】 签订《党建责任书》《党风廉政建设责任书》,开展"两学一做"学习教育活动,支部规范化建设达标创建,组织党委理论学习中心集中学习,营造宣传氛围,宣传报道农民专业合作社,释放正能量,完成党报党刊征订任务等。

【职工服务工作】 昭阳区14家基层供销社未进行企业改制,没有经营活动,无力承担职工养老保险集体应缴部分。全区14家基层社所欠职工养老费集体部分已还清,2010年以后集体部分由区财政解决。2018年年度集体欠缴养老资金120万元,正在办理中。做好154名基层供销社职工个人养老保险费代收和近400名供销系统职工参加工会互助医疗代办工作。

【维稳工作】 昭阳区基层供销社因财产处置、产权明确、房屋安全等因素,形成多群体长时间上访案件。乐居、旧圃、靖安、洒渔、北闸等供销社人员上访不断。区供销社协调、调处纠纷、化解矛盾,保证职工和谐稳定。

【全年工作目标】 与市供销社签订《2018年主要工作任务考核责任书》,全年完成国内销售13.7亿元以上。其中,农产品销售7.1亿元,消费品销售4.2亿元,农业生产资料销售2.4亿元;实现食用菌产值9 600余万元。全区有农民专业合作社1 072户、联合社17户,改造提升全区农民专业合作社、发展联合社、创建示范社、综合服务社等。

【项目建设】 2018年,项目库建设。善人堂药业公司、安吉合作社、华宝生物科技公司、元源合作社、龙霖公司5个单位建设项目进入储备库,5个储备项目在昭阳新闻网上公示。协调相关部门,主动向区政府报告,完成2018年食用菌产业发展25万元项目建设。

【合作社概述】 2018年10月,全区农民专业合作社发展到1 072户,覆盖全区154个行政村(涉农社区),入社成员54 670户19.9万人,入社率27.6%,其中入社贫困建档立卡户2.8万户11.36万人。现有合作社中运行好的181个,需加强规范管理549个,需清理整顿342个。

【党支部主导合作社】 采取"党支部+合作社"发展模式,通过提升改造原有合作社、村两委成员领办创办和在合作社中建立党组织三种发展方式,保证每个行政村有1个以上运行良好能够覆盖本村产业合作社,实现合作社对行政区域和产业全覆盖。昭阳区有苹果种植专业合作社90个、马铃薯种植专业合作社108个、天麻种植专业合作社22个、花椒种植专业合作社16个、生猪养殖专业合作社125个、肉牛养殖专业合作社114个、其他种植类合作社416个、其他养殖类合作社175个、流通农机具类合作社9个。全区实现农业产业主产区建立合作社,产业扶贫建档立卡贫困户加入合作社目标。

【合作社辐射带动作用】 建立合作社与村级党组织、与产业龙头企业、与入社成员利益"三联结"机制。全区145个贫困村组建农民合作社,各乡镇办事处成立至少1个农民合作社联合社,在具备条件的合作社和联合社中成立党支部,实现每个贫困户至少与1个以上新型农业经营主体建立经营合作关系。规范合作章程制度、财务管理、利益分配、档案管理。实行统一良种优仔、技术标准、生产管理、产品营销、生产保险"五统一"标准。

【合作社提质增效】 2018年4月,专项清理整顿区内农民专业合作社。普查分类、清理整顿2017年12月31日前设立的894家农民专业合作社,正在规范发展549户,需注销和吊销342户,已引导注销128户、整改吊销28户,其中2018年注销56户、吊销28户。

【政策扶持】 开展财务核算、政策咨询、供求信息、业务指导、培训等工作,代理记账26户合作社。培育国家、省、市级农民专业合作社。区政府下发《关于促进农民专业合作社规范发展的实施意见》,给予农民专业合作社八个方面扶持,即财政支持、税费优惠、金融保险、用地用电、登记注册、项目倾斜、示范带动、品牌打造八个方面。区政府下发《昭阳区2018年脱贫攻坚行动计划》,奖励农民专业合作社。对吸纳带动50户以上卡户、当年稳定脱贫农业经营主体(含农民专业合作社)给予适当产业发展扶持资金。鼓励贫困村以土地股份方式入合作社,引导贫困户土地入股发展苹果、马铃薯产业,对土地集中连片超过66.67公顷、入股贫困户超过100户农业经营主体(含农民专业合作社),给予适当产业发展扶持资金。

【合作社职能发挥】 全区促进合作社发挥六个作用:组织群众入社、组织社员务工、开展技术培训、提供优惠生产资料、组织社员生产销售、协助收购贫困社员农产品。2018年,9个乡镇办事处27个村(社区)入股27个合作社868万元发展村集体资金。在"三变"(资源变资产、资金变股金、农民变股东)改革中,贫困群众在合作社学技术、获信息,通过入股分红、务工收入等方式,将土地和产业发展资金入股合作社获得收益。入股苹果产业发展股金,三年后享受苹果产值按比例分成。

烟草专卖局昭阳区分公司

【历史沿革】 云南省昭阳区烟草专卖局、昭通市烟草公司昭阳区分公司成立于1984年1月,2007年取消县级公司法人资格。2018年,区局(分公司)机关设综合办公室、财务管理科、烟叶管理科(现代烟草农业基础设施建设办公室)、专卖管理科(法规办)、安全保卫科、纪检监察审计科、卷烟市场部;设布嘎、守望、小龙洞、北闸、永丰、迎水、苏家院7个烟叶工作站;设北闸、永丰、凤凰3个卷烟片区中心和1个卷烟中转站;设永丰、凤凰、乐居3个片区专卖管理所(稽查中队)。年末在册在岗职工351人。

【烟叶收购】 2018年,收购烟叶20.4万担,上等烟比例61.36%,均价27.08元/千克,比上年提高0.14元/千克;实现产值2.76亿元,烟农户均收入41 129元,比上年增加3 833元。

【专卖管理】 年内办理涉烟案件297起,其中一般行政案件269起,大要案15起(含网络案件1起),无证经营13起。刑事拘留28人、逮捕25人、判刑4人。查获非法流通真品卷烟152.37万支、价值79.1万元;查获假冒卷烟622.28万支、价值464.6万元;查获无证运输烟叶57 510千克、价值281.05万元;查获制假窝点生产机械:激光打码机1台(套)、仿YJ14卷接机1台(套)、仿3000型小包油封机2台、仿3000型铝纸包装机1台;上缴国库罚没款65.63万元。

【烟叶生产管理】 围绕"市场、质量、绿色、生态、安全"工作方针,取得"一个成效显著""四个新突破",即稳定核心烟区,优布局成效显著。核心烟区签订种植合同4 316.2公顷,占全区种植面积4 913.33公顷87.84%;合同监管取得新突破;推行绿色生产方式取得新突破;优良品种推广和高抗PVY病毒病品种示范取得新突破;服务烟农取得新突破。

【"惠农e贷"服务】 以"烟叶+烟农贷"为平台,助力脱贫攻坚、振兴乡村。与中国农业银行昭通分行协同,开展"惠农e贷"(烟农贷)业务,贷款金额2 000余万元,破解烟农"融资难、融资贵"问题;完成市级示范样板293.33公顷,区级示范样板666.67公顷移栽;建设电代替煤烤房8台套;通过52天工作,完成收购任务。

【卷烟营销管理】 围绕"市场、结构、规范、服务"工作重点,拥有有效零售户2 509户(与2018年年初2 451户相比净增加了58户),所有客户均实现电子结算,结算率100%,电子结算金额占比100%。组建零售客户自律互助小组64个,覆盖零售客户2 564户,选取小组长64名、副组长37名;联系银行办理157户临时增加信用额度客户,解决卷烟客户2 310万元资金问题(其中工商银行1 480万元,信用社830万元);暂时停止供货处理违规经营零售客户81户;与贵州中烟携手对200户零售户开展以"开启富贵之路,赚钱才是硬道理"为主题零售客户培训会议;举办"中支阿诗玛、中支和谐新品推介""红塔山、燃起来"宣传促销活动;成立昭阳区旅游终端领导组,开拓多元化市场,打造旅游终端7户。

【卷烟销售】 2018年,销售卷烟35 468.66箱,销售进度101.34%,同比增加338.22箱,增幅0.96%;实现单箱销售收入29 112元,同比增加

1 152元,增幅4.12%;实现销售收入10.33亿元,同比增加5 032.28万元,增幅5.12%。

【综合管理】 全年推进精益管理,公开办事事项157项,民主管理369项;会议费开支1.16万元;车辆运行费用开支61.04万元,执行率81.93%;打假经费48.67万元,执行率60.85%;专卖管理经费13.4万元,执行率39.41%。

【党建、党风廉政建设工作】 开展"两学一做"学习教育活动,召开党委中心组学习会议4次、专题研究党建和党风廉政建设工作会3次,党委书记讲授党课2次、班子成员到挂钩支部和所在支部讲授党课10次,开展反腐倡廉专题教育、观看教育影片4次223人次;组织优秀党务工作者和优秀共产党员到重庆渣滓洞开展"追寻红色足迹,弘扬革命精神"红色党性教育;落实新"五项制度",打造机关及基层支部5个党员活动室,设立"新时代讲习所"5个,党委、支部规范化达标创建通过市直工委检查验收。配合市局(公司)完成第一轮第一批巡察进驻昭阳区局检查工作。

【脱贫攻坚】 探索"党建+扶贫""烟草+特色产业"道路,除17名驻村人员外,分公司挂钩帮扶人员290人。2018年,捐赠资金25万元,分别用于修建党员活动室、硬化进村道路、购置经济果木、建设村文化广场、看望慰问6个村120户贫困户等,确保昭阳烟草脱贫攻坚工作做出成效。

【表彰】 周虹,获云南省总工会授予"云南省五一巾帼标兵"称号。

昭阳区烟办

【烟叶规模】 区公司、乡、站在年前分别召开2018年烟叶工作会议,烟站落实网格化管理,与烟农签订《严控规模承认书》7 275份。全区共召开宣传培训会317场次33 419人次。

【合同管理】 把合同管理贯穿于烟叶生产收购始终,实行合同动态管理。全区烟叶种植收购计划分解落实在8个乡镇、31个村、245个社。合同预签6 744户4 913.33公顷、户均7 286.67公顷。

【优化烟叶布局】 全区确定"做强布嘎,做亮守望,做大小龙洞,做精永丰、太平、苏家院四个烟区"发展思路,调整产业结构,结合全市昭、鲁坝区66 666.67公顷苹果基地示范园建设,调减永丰333.33公顷,北闸、小龙洞调减333.33公顷。将烟叶种植向种植条件好的布嘎、守望、小龙洞乡镇转移,3个乡镇种烟面积占全区面积由上年79.63%提高到88.23%,千亩村面积占54.8%,万担乡占37.5%。

【纯化品种】 成立由分管副区长为组长的清除非规划烤烟品种种植领导组,重点整治布嘎乡烤烟品种,印制200份通告和5 000份《告烟农书》,在重点公共场所张贴,将《告烟农书》送到烟农手中,做到每户一份、发放一户签字一户、不漏一户;落实《烟叶责任到》;市、区烟草商业系统共抽派10名同志与区烟办一道分成2个组分片挂钩到现场督办;以工业需求为主导,纯品种,主要种植品种有"云烟85""云烟116""NC102"。

【烤烟春耕备耕】 全区七个育苗工场2月6日分三段式,按照"4∶4∶2"育苗,为小苗膜下移栽提供足量适龄壮苗;供应复合肥4 207.4吨、硫酸钾863吨、硝酸钾589.6吨、商品有机肥2 888吨(2018年是商品有机肥大面积使用第一年,占合同种植面积50%);菌肥60吨,占合同种植面积40%;地膜589.6吨。

【烤烟移栽工作】 以烟草公司为主导制定《技术实施方案》。以片区网格化服务管理为基点,落实2018年烟叶标准化生产。全区市级样板293.33公顷、区级样板666.67公顷,各站以示范样板引领辐射带动大面,倒推播种时间,实行梯度育苗,完成4 466.67公顷膜下小苗移栽。各站按1 265株折算为0.07公顷合同面积进行移栽,片区管理员对自己所辖区域边栽边清塘点株，在对应垄膜上标注清点信息。市级示范样板移栽在7天内结束，区级示范样板在10天内结束。4月6~15日完成移栽23.7%，4月16~25日完成66.6%，4月26日至5月4日完成9.7%，5月4日移栽全部结束。

【可视化平台管理】 全区烟叶网格管理员87人，覆盖4 913.33公顷烟地，运用烟田可视化大数据监管平台，片区合同责任绑定员逐户逐块核实辖区烟农合同种植面积及移栽规格。截至6月8日，预签合同4 913.33公顷、实测面积5 389.8公顷、种植面积4 801.27公顷，实测面积占预签合同面积109.69%，实测面积占种植面积112.26%。

【绿色生态烟叶种植】 2018年，全区烟用农家肥推广3 200公顷，占合同面积65.1%，其中样板施用农家肥100%；有机肥追施2 000公顷，占合同面积40.7%，其中样板施用有机肥100%。飞控防治1 000公顷，占合同面积20.35%，其中样板飞控防治率100%、黄蓝板覆盖率100%。清除和回收烟株残体、残膜。

【烟叶收购】 2018年，收购烟叶20.4万担。8月22日开秤，10月12日结束，历时52天全面完成烤烟收购任务，产值2.762亿元，收购均价27.08元/千克，全年实现烤烟财税收入6 000余万元；烟农户均现金收入41 129元。累计上等烟比例达61.36%，中等烟比例占33.63%，下等烟比例占5%。同比，上等烟比例略有下降，降幅为1.68个百分点，收购均价每千克增加0.14元；烟农户均收入增加4 042元。

昭阳区城管委

【城市规划】 编制《文体公园、省耕塘和乌蒙古镇等核心区域规划控制编制》初步方案、《省耕塘公园及周边市政设施建设规划》《凤凰山温泉旅游度假小镇策划方案》等工作；完成北闸镇红路村易地扶贫安置点规划方案设计、框定太平办事处黄竹林田园综合体范围、永丰镇新民易地扶贫安置点选址；推进新一轮城市总体规划修编工作，编制评审《昭通市概念性规划》《昭通中心城市绿地系统专项规划》《昭通中心城市海绵城市专项规划》正报省厅评审，G356等交通沿线20个特色村庄等系列专规编制完成10个，规划县域乡村体系，目前，正规划红路、火车站、黄竹林片区人居环境提升改造项目；根据《云南省县(市)域乡村建设规划编制导则与审查要点》，完成《昭阳区域乡村建设规划》后期成果编制，已通车G356线村庄风貌整治规划初步见成果，待审查审批；选址布局45个人居环境提升整治试点，启动19个自然村村庄规划编制。

【城市建设概述】 截至2018年，昭阳区建成区面积43.05平方千米，城镇化率46.84%，建成区绿化覆盖率31.67%，绿地率26.37%。

【棚改工作】 棚户区改造(一期)3个片区9个安置点，共14 078套安置房。年内，彩云小区、龙泰家园等7个安置点竣工验收；计划征地545.38公顷，征地资金5.78亿元，完成征地294.91公顷，使用征地资金3.17亿元；计划拆迁3万户330万平方米，拆迁资金49.30亿元，完成拆迁24 898户，使用资金39.86亿元。截至2018年10月31日，3 892套(户)货币化安置涉及资金15.70亿元；14条棚改配套市政道路，完成建设12条，累计全长17 136米，面积58.22万平方米，建安投资7.8亿元，完成投资2.3亿元。

【征地拆迁安置工作】 截至2018年8月，完成征地148.53公顷，拆迁87万平方米(其中，太平办事处征地74.67公顷，拆迁61.5万平方米；龙泉办事处征地35.33公顷，拆迁9.6万平方米；凤凰办事处征地38.53公顷，拆迁16.6万平方米)；三城办事处6个以土地换安置、统规统建试点安置，启动规划设计。

【重大项目建设工作】 省耕公园基本完工(其中11条规划市政道路完成3条)；区二院完成投资约3.69亿元；文化体育产业新区完成投资20.26亿元(会议会展中心、后勤服务中心、独立车库基本完成。2018年年底，C、D地块处于竣工验收前期整改阶段，C地块后勤服务中心建筑面积6.7万平方米，处于后续完善阶段；D地块会议会展中心总建筑面积10万平方米，处于完善修补、处理缺陷阶段）；乌蒙水乡公园建设项目将建成一个含19.2公顷水体、10.67余公顷绿化和铺装开放式公园，预计投资3.8亿元，年内，土建部分完成70%，计划于2019年1月1日全部完成土建工程，正在制订绿化方案；区一中分校完成施工图设计及发改立项工作；古城改造完成项目规划设计及专家评审工作；凤凰温泉小镇、苹果小镇完成概念性规划编制工作；地下综合管廊（一期）完成PPP项目资格预审工作，东门小河、中沟河截污及修复工程完成投资1.38亿元。

【市政设施建设】 采购移动式公厕65座，完成75座公厕建设，3个垃圾中转站，9个停车场，7个标准化农贸市场选址工作；2 380个监控摄像头项目立项备案、编制招标控制价、前置审计工作。

【城市管理体制改革工作】 深化城市管理体制改革，相对集中行使规划监察、土地执法、城市建设、市场监管、河道管理、公共交通、"两违"管控、殡葬管理、环境保护等综合行政执法权，优化职能配置，下移执法重心，强化基层基础，初步解决城市管理"九龙治水"问题。

【卫生秩序管理】 围绕打造"滇东北最清洁城市"目标，结合"四治三改一拆两增"任务，突出"卫生""秩序"和"环保"三大要务，推动城市管理网格化、精细化、规范化，城市卫生秩序管理从重要街道、主要节点向背街背巷纵深推进。制度化、规范化、常态化城市综合管理机制初步成型。2018年，签订《"门前三包"责任书》2 000份，取缔流动摊点、纠正占道经营行为20.19万次，合理设置中心城区路内停车泊位2 314个，其中1 428个收费车位，1~11月累计收费196.23万元；查处纠正乱停乱放行为3.39万台次，其中现场处罚6 631台次，拖移车辆1 657台次，教育驶离2.56万台次；查处违规发放小广告近1万次，收缴广告传单10万余份，沿河增设勾臂箱70个、果皮箱160个、垃圾桶120个。

【违建整治工作】 2018年，三城街道办事处累计拆违2 063户104.32万平方米，两违执法大队拆除419户37.33万平方米。

【投融资工作】 城投公司实现营业收入1.55亿元，净利润总额1 280万元，缴税1 368万元。

【土地收储运营工作】 2018年，全区收储国有建设土地29宗，面积151.4公顷，成功处置25宗，面积152.87公顷，成交出让价款33.503 1亿元。

【中央环保督察工作】 2018年6月11日，中央第六环境保护督察组到昭通开展环境保护督察"回头看"工作，转交全区信访举报件80件，办结80件，区整改办10月15~20日验收80件信访举报件办理情况，截至2018年年底，整改65件通过区级验收，下步将申请市级验收销号。现场督察发现问题整改4项（通江路旧圃镇三棵树段随意倾倒固体废物、得云建材有限责任公司防护区范围拆迁安置、黄竹林社区填埋垃圾、畜禽养殖禁限养区相关问题），正在整改4项（农村生活垃圾处置、旧圃镇三善堂垃圾填埋场、大山包保护区生态环境保护、"黄标车"淘汰治理工作问题）。

【城乡人居环境提升规划】 全区完成17个乡镇151个美丽宜居乡村建设点规划设计。计划到2019年，基本建立以区域乡村建设规划为依据和指导乡（镇）和村庄两级村镇规划编制体系，编制《城镇周边修建性详细规划》《行政村村委会所在地、主要交通干线沿线和沿边地区重要村庄实用性建设规划》（到2020年），实现乡（镇）村庄规划管控基本覆盖。

【农村生活垃圾治理】 全年大整治城乡环境，采取"村收集镇转运区处理""组收集村（镇）转运镇（片区）处理""源头减量、就近就地处理"等多种模式，建立村庄保洁和垃圾清运收费制度，设立村庄保洁公益岗位，治理农村垃圾，计划到2020年，村庄生活垃圾基本实现全收集全处理。

【农村生活污水治理】 推行河长制，根据农村不同区位条件、村庄人口聚集程度、污水产生规模，采用污染治理与资源利用相结合、工程措施与生态措施相结合、集中与分散相结合建设模式和处理工艺,推动城镇污水管网向周边村庄延伸覆盖,计划到2020年,乡(镇)镇区生活污水处理设施基本实现全覆盖,"旅游特色型""美丽宜居型"村庄及饮用水水源地周边村庄生活污水处理设施基本实现全覆盖。

【农村厕所革命】 在乡(镇)和行政村村委会所在地公厕建设全覆盖基础上,逐步消除旱厕,改造建设水冲式厕所,计划到2020年,改造建设61 500座以上无害化卫生户厕,实现农村卫生户厕覆盖率50%以上。

【提升村容村貌】 管理农村道路交通安全,绿化、美化农村公路两侧,治理垃圾,推进深度贫困地区通村(组)、入户道路建设,实现"畅安舒美"通行环境;巩固提升农村饮水安全,改造升级农村电网,完善村庄公共照明设施,建设农村地区通信设施,整治村庄公共空间、庭院环境和各类架空管线,消除私搭乱建、乱堆乱放,推动卫生村庄创建工作,建立完善长效管护机制。

昭阳区税务局

【征管体制改革】 一是学习传达中央、国务院关于国税地税征管体制改革精神。二是提请区政府成立征管体制改革专项组,召开昭阳区国税地税征管体制改革工作座谈会。三是成立改革工作领导小组、8个具体工作运转协调组,党委(组)召开专题会议研究部署各项改革任务。成立党员突击队,为改革保驾护航。按照规定时间节点完成机构挂牌、"三定"落实,代区政府起草《全区社会保险费和非税收入征管职责划转实施意见》,按时开征电影事业发展专项基金等11项非税收入,新接收城乡居民养老保险和医疗保险平稳征收工作。

【税费收入】 2018年,昭阳区税务局征收各项税费收入314 088万元,同比增收43 346万元,增长16.01%。其中税收收入202 319万元,同比增收9 178万元,增长4.75%;教育费附加2 153万元,同比减收122万元,下降5.36%;地方教育附加1 434万元,同比减收82万元,下降5.41%;社会保险费等其他规费收入10 016万元,同比增收34 382万元,增长46.69%;文化事业建设费收入271万元,税务部门罚没收入98万元。

【税费征管】 推行税源分级、分类、分层管理模式,以"行业+规模"为依据,组建5个过渡期税源管理团队。在昭通市税务系统先行先试开展征管数据治理,明确"数据采集、修改录入、专项审核、问题反馈、查漏补缺"闭环总体思路进行数据治理,累计核实修改登记类问题数据9万余条,初步实现"清存量、控增量"目标。

【税收风险管理】 全年完成应对风险任务1 170户/次,应对率100%。结合巡视巡察整改要求,严格欠税管理,全面核实欠税人基本情况,分类造册、一户一档、分户施策、大力清缴,基本实现"消化欠税存量、压缩欠税规模"同步推进。截至2018年年底,仅房地产企业欠税追缴入库2 700余万元。完成2017年年度6 428户应汇算纳税户企业所得税汇缴任务,汇算面100%。着眼于税收征管保障全覆盖目标,同公安、国土、房管、市场监管等部门协作,明确交换范围、制定管理规范、技术处理、数据应用等内容,建立信息共享机制,构建综合治税大格局。联合人社部门开展首轮社保费征管数据清洗,累计比对清洗各费种数据近3万余条。

【税收优惠】 全年减免税收10 758万元,助推产业转型升级。办理出口退税164.45万元,同比增长78.3%,助力辖区企业"走出去"。深化商事制度改革,推行"多证合一"登记制度,全年新增确认单位纳税人2 427户。

【依法治税】 清理税收规范性文件,重新公告税收规范性文件1份,修改并公告税收规范性文件1份。加大税收执法责任追究,2018年,确认执法过错行为8个,追究责任过错8人次。聘任公职律师,参与法律咨询和法律服务工作。调研税收经济,突出政策研究参谋助手作用,助力供给侧结构性改革和"稳增长"政策措施落实。

【税制改革】 落实三项深化增值税改革措施，全年减税近8 800余万元，惠及纳税人约84 725户。个人所得税改革。一是辅导培训。全年组织近7 000余户扣缴义务人或纳税人集中辅导18场，政策培训5名税务人员6场，实现辅导培训范围全覆盖；二是税收宣传。通过网站、电视、户外电子显示屏等进行宣传，多渠道转发各类个税改革政策，构建全方位、立体化宣传格局；三是资源整合。依托个税改革集中办公资源，做好专人值守、热点解答、应急处置等事项，成立党员突击队，辅助扣缴义务人自然人税收管理系统客户端安装7 000余户。

【纳税服务】 对外发布发票类、申报类等五大类143个办税事项"最多跑一次"清单，梳理清单事项办理流程，实现办税流程"最简"、次数"最少"和时间"最短"。在办税大厅设立"最多跑一次纳税投诉及代办窗口"，基本实现"业务代办"和"一次办结"，优化税收营商环境。在办税大厅提供免费复印、饮用水供应、设置母婴休息专区，办税服务更加人性化。以"问需求、查短板、促发展"为主题，召开民营企业座谈会，21名纳税人参会，收集问题6个，现场解决5个，限时解决1个。走访调研辖区内民营企业，现场宣讲税费政策，帮助解决涉税问题。全年联合信用评价纳税人9 396户，47户纳税人获得税银合作信用贷款3 553.9万元，帮助缓解其融资难问题。

【干部管理】 全年累计举办各类培训班12期，培训干部2 602人次，组织全局干部职工参加健康体检，举办职工趣味运动会；通过走访慰问、重阳节座谈、健康检查、集体学习、待遇落实和阵地建设等方式，做好离退休干部管理服务工作。

【党建】 全年，召开税务机构改革专题民主生活会，昭阳区税务局获批（改设）设立党委，选举产生国家税务总局昭通市昭阳区税务局机关党委第一届委员会和纪律检查委员会，设立8个党支部，选举产生各支部委员。落实"三会一课"、党员政治生日、党费日、主题党日、实行党员积分制管理，开展"不忘初心、牢记使命"主题教育，推进"两学一做"学习教育常态化制度化，"新时代讲习所"讲习10次，举办"万名党员进党校"培训8期、培训党员188人次，党委班子成员上党课9次。

【脱贫攻坚】 2018年，选派19名干部驻村参与扶贫，全局干部职工挂钩贫困1 861户、贫困人口7 956人。

【内部管理】 健全重大财务事项决策机制，出台区局《财务报销管理办法》。清理银行账户、往来款项及货币资金。完成资产清查，为资产整体移交做准备。设置考核指标，提高绩效考评和结果运用公信力和认可度。将绩效指标纳入督查督办范围，把重点督查督办事项制定为绩效指标，让绩效考核、督查整改落实成常态。落实综治维稳责任制，建设视频监控系统和增强安保力量，强化重点部位和关键场所人防、物防、技防措施。成立扫黑除恶专项斗争工作领导小组，召开党委会专题研究扫黑除恶工作，部门协作，线索摸牌，构建纵合横通工作机制。开展禁毒工作，实现"税务无毒品，员工不吸毒"目标，日常监控网络涉税舆情。排查日常安全、处理信访件、管理特殊人群及排查化解矛盾纠纷等，为"平安税务"保驾护航。聚焦监督执纪主业，开展廉政谈话250人次，促进作风转变。

昭阳区招商局

【目标任务概述】 全区新签约项目13个，协议引资635.7亿元，全年实现市外到位资金166.73亿元，同比增长17.83%；其中省外到位资金116.63亿元，同比增长11.4%；重点产业到位资金81.16亿元，完成市级下达目标任务40亿元202.9%；收集整理、包装上报拟推介项目28个，完成目标任务20个140%。

【项目引进】 在第5届中国—南亚博览会暨第25届中国昆明进出口商品交易会、2018年高原特色农业招商引资推介会及2018昭通苹果展销会上新签约新城控股集团城市商业综合体项目、苹果小镇建设项目、昭通健康城综合体建设项目、昭阳区3 333.33公顷现代苹果种植示范园建设项目等一批大、好项目，其中融创中国为中国五百强企业第179名，中梁集团为中国五百强企业第332名，新城控股为中国五百强企业第223名，实现"招大引强"新突破。

【组织领导】 落实国家、省、市出台各项招商引资优惠政策，把招商引资工作尤其是产业招商工作作为"一把手"工程来抓，成立以区委书记为组长、区长为常务副组长招商引资工作领导组，上下联动，形成合力推进招商工作。对重点产业项目，区委、区政府主要领导亲自对接、亲自洽谈、亲自推动，形成"洽谈一批，签约一批，开工一批，投产一批"良好格局。

【规范招商工作】 2018年，全区围绕八大重点产业，28个新包装项目，规范招商引资工作，建立健全重大产业招商引资项目预审机制、签约和交办机制、领导联系推进机制、联席会议制度、督查和问责机制等五项机制，实现全区招商工作"一盘棋"，避免盲目招商、盲目承诺、盲目签约。出台《昭阳区招商引资工作考核办法》《昭阳区对市驻外招商联络处引进项目落户昭阳奖励办法》，明确产业招商目标、任务和责任。

【要素优化保障】 优化要素保障，降低企业生产成本，增强产业招商吸引力，筹措资金，升级改造园区标准厂房、企业食堂、用电设施等，优化标准厂房用电供给方式，降低企业用电成本。

【服务工作】 按照"一个项目，一名领导，一个服务团队，一套服务方案"工作思路，草拟《昭阳区招商引资重点项目责任落实暨任务分解的通知》，明确重点项目挂钩领导，为企业提供"零距离、无缝隙、保姆式、一条龙"服务。

【实施"走出去、请进来"】 2018年，区委、区政府主要领导亲自率队到省外招商引资达6次以上，先后到成都、重庆、上海、南充等地开展招商交流活动；改善全区投资软硬环境，凸显招商优势，全年，到昭阳区考察、了解、洽谈项目客商180余家。

【大项目带动格局】 着力打好绿色能源、绿色食品、健康生活目地"三张牌"，成功引进海升农业、新城控股、融创中国、中梁集团等优质企业落户昭阳。2018年年底，70万吨水电铝项目已正式投产，开展其下游配套产业招商工作，规划建设工业园区"一园三区"。随着70万吨水电铝项目点火投产以及一批大项目投资建设，全区城市品位不断提升、城市功能配套日趋完善、现代农业产业示范带动明显、工业结构逐步改善，筑牢工业发展新支撑效果正在显现。

文 化

昭阳区教育局

【概况】 2018年,昭阳区有各类学校306所,其中幼儿园72所(公办8所,民办64所)、小学199所(含小学教学点43所)、九年一贯制学校3所、十二年一贯制学校1所、初级中学22所、完全中学7所、体育运动学校1所和特殊教育学校1所。有各类在校生17.64万人,其中学前教育2.67万人、小学8.23万人、初中4万人、高中2.71万人、特殊教育学校学生278人。有小学专任教师4710人,初中专任教师2534人。学龄前儿童入园(班)率66.9%、三年入园率46.67%。小学学龄儿童入学率99.8%以上,残疾儿童少年入学率90%以上;小学辍学率0.5%,初中辍学率1.6%;建档立卡贫困户义务教育阶段子女全部入学,巩固率100%;高中招生4400人,高考综合上线率97%,其中一本上线546人、二本上线1726人。

【改善办学条件】 2018年,计划投入2.53亿元,涉及项目35个(校舍20个,运动场15个),其中:全面改薄专项(薄弱学校办学条件改善)资金1.89亿,投入0.86亿元,建设校舍10个;投入1720万元,建设运动场11个;投入6406万,完成校舍加固改造项目141个,全面完成校舍加固任务;完成中央预算内1000万资金项目1个(苏家院中学学生宿舍);完成投入864万元广东对口扶贫项目4个;同时,完成守望甘河、青岗岭童遵银希望小学等学校建设主体工程。

【学校信息化建设】 2018年,完成"全面改薄"教育装备项目建设11193万元,实现全区义务教育阶段学校技术装备全覆盖,建成计算机网络教室242间,装备小学生计算机6150台,每百名小学生拥有计算机8.3台,装备初中学生计算机3710台,每百名初中学生拥有计算机12.7台;教师备课计算机6039台;"班班通"多媒体远程教学设备1843套,覆盖学校185所;3D打印系统79套,覆盖73所学校。小学图书52.8万册,学生人均图书21.9册;初中图书42.84万册,学生人均图书32.4册,覆盖115所小学,24所中学;配备实验设备2套,音体美设备2套。推进义务教育学校网络升级,建成222所学校,2245个班级千兆到校、百兆到班"云+网+端"一体化全覆盖、全高速、全应用、全管控,实现义务教育学校"教育云"数字教学资源共建共享。

【控辍保学】 2018年,制定印发《昭阳区控辍保学工作实施方案》,层层实施目标责任制管理。采取送教上门等措施,确保建档立卡贫困子女、残疾儿童等特殊学生有学上。各乡(镇)、办事处和村(社区)、教师分户劝返适龄儿童复学。落实督学责任区和责任督学,针对发现问题,提出整改建议,限时整改。对不依法送适龄子女入学家长,发放《责令送被监护人接受义务教育通知书》,促进家长依法送子女接受教育,责令监护人限期送被监护人复学。约谈控辍保学不力乡镇主要领导24人次。

【学前教育】 2018年,昭阳区基本实现乡镇办事处中心幼儿园全覆盖,鼓励支持民办教育发展,奖励2018年第一批支持民办骨干普惠性幼儿园奖补资金55万元。成立昭通市昭阳区教育促进会,培养学生兴趣爱好,开展教师业务培训、交流和研讨等工作。引进教育集团入驻昭阳区开办艺术类等教育。

【职业教育】 2018年,全区就读职业学校5 663人,其中区职中1 313人。完成东西部扶贫协作就读学生295人,川、渝、滇扶贫协作职业学校招生820人。

【雨露计划】 2018年,全区实施"雨露计划",资助中职和高职学生1 913名,资助金573.15万元;学前教育助学金资助2万余人次,资助金306.45万元;享受中小学寄宿生生活补助学生4.3万人次,补助金2 556.79万元;农村义务教育营养改善计划资金6 602.04万元,受益中小学生16.5万人次;发放普通高中助学金793.42万,享受资助学生6 568人次,建档立卡学生全部享受一等助学金;发放建档立卡学生生活补助709.88万元,资助建档立卡学生5 679人次;下拨普通高中免学杂费资金367.48万元,享受免学杂费资助政策学生7 933人次;发放中职助学金180.37万元,享受中职助学金学生2 121人次;下拨中职免学费资金257.40万元,享受中职免学费政策的学生2 315人次;140名考取大学学生享受困难新生入学补助,资助金9.4万元,其中卡户生74人受到资助;155名优秀大学生享受每年5 000元优秀学子奖励,资助金77.50万元;47名建档立卡大学生享受建档立卡学生学费奖励资助,资助金23.50万元;2018年办理大学生生源地信用助学贷款学生5 234人,发放贷款4 031.19万元,其中卡户贷款学生1 681人,贷款金额1 287.57万元。就读中山东莞职业学校(2017级和2018级)学生334人,每人享受资助3 000元,合计100.2万元。

【学校安全】 2018年,按照创建"平安校园"要求,消除各类安全隐患。有针对性开展安全教育,以开学"第一周,第一课"为重点开展安全宣传教育活动。加强校车(接送学生车辆)安全管理,驾驶人员、学生和学生家长安全警示教育,确保校车安全。采取法治讲座、法治宣传栏、法治论坛、法治演讲等形式,进行学生安全教育。开展禁毒教育,创建省级禁毒教育示范学校4个,市级2个,创建禁毒防艾图书角23个。实现学校、教师、家庭禁毒教育全覆盖、无死角。专项整治食品安全、校园周边环境等,完成平安校园信息化建设56所。

【立德树人】 区教育局配合团区委举办以"践行新思想,拥抱新时代"为主题的2018年书画比赛,引导全区青少年传承和弘扬中华传统优秀文化,以艺术教育,增强青少年健康人格和审美素养教育。

【体育艺术教育】 2018年,区教育局依托青少年校外活动中心,实施素质教育,发挥戏曲艺术在传承文化、涵养、道德方面独特作用,整合戏曲教育资源,年底覆盖全区30%中小学。普及校园足球文化,苏家院镇迤那等8所学校申报足球校园,被命名为"全国青少年校园足球特色学校"。

【教师队伍建设】 9月10日,区委、区政府召开全区教育发展大会,弘扬师德师风建设。区财政投入166万元,表彰教育系统208名师德标兵、优秀教育工作者、优秀教师、名校长和名班主任,其中名班主任每人5万元,名校长每人3万元,师德标兵、优秀教师、优秀教育工作者每人5 000元。实施教师和校长培优工程,培育造就一批名校长、名班主任、名师队伍,以"名校长"引领"名教师","名教师"培养"名学生",以"名学生"打造"名学校",以"名学校"抢占优质教育资源。全年组织教师各项培训合计4 549人次,其中国培项目2 118人(小学教师1 998人和120名幼儿园老师),学校管理干部能力提升集中培训1 066人,"加强师德师风建设,牢记立德树人使命,做新时代党和人民满意的好老师"专题网络培训1 105人,教师专业素养培训186人,各种外出培训74人。颁发乡村学校从教30年教师荣誉证书,全区10名农村从教20年以上教师荣获省级表彰奖励。开展教师绩效考核表彰奖励活动,落实相关优待政策。鼓励社会团体、企事业单位、民间组织出资奖励教师。提高"500+X"边远农村教师差别化生活补助标准,一类乡镇每月从300元提高到500元;二类乡镇每月从500元提高到700元;三类乡镇每月从700提高到900元。

【党风廉政建设】 安排部署2018年党风廉政建设工作。与各校签订《2018年年度党风廉政建设责任书》，履行党风廉政建设责任，邀请区委宣传部、区纪委等部门专家作专题讲座，去年收到教育举报案件64件，2018年12件，按照程序处理。

昭阳区文体局

【群众文化活动】 2018年，区文体局实施"文化惠民工程"，到20个乡镇办事处、学校开展"送戏下乡"和"千场演出进千村"公益演出，完成演出257场，观看人次达25万余人。举办昭阳区2018"光影视觉"迎新春摄影作品展、昭阳区2018春节摄影作品展、庆"三八"女性视觉摄影作品展、"社会主义核心价值观暨中华优秀传统文化展"；举办"玉犬迎春""闹元宵"庆"三八"广场文艺展演等春节文体系列活动；在太平示范小学举办2018年"戏曲进校园"巡演活动；在乐居中学举办《经典永流传青春无极限》庆"五四"活动；举办昭阳区2018年庆"六一"文艺汇演活动、承办昭阳区第七届"大家乐"广场舞大赛和昭通市第二届全民健身电视广场舞大赛。

【全民阅读】 2018年，昭阳区图书馆在西凉山片区（即大山包镇、炎山镇、田坝乡和大寨子乡，另含苏甲乡）5个乡镇38个行政村小学，为每个三年级以上（含三年级）班级228个点创建流动图书室。开展送书下乡宣传活动；免费对外服务，昭阳区图书馆全年接待读者1万余人次，图书外借流通22 786册次，16 611人次；完成送书下乡工作43次，覆盖5万余人次。

【非遗申报保护】 2018年，区文体局自查文化馆保护省级项目，规范整理相关资料。申报市级第4批和省级第3批传承人；搜集整理非遗项目和传承人资料，公布35位代表性传承人和64个区级项目。

【文化市场管理】 2018年，区文体局进行各类文化市场咨询、年检事项62家次；审核办理文化市场经营许可6家；审核变更文化经营单位经营名称、法人、经营地址等事项6家次；更换办理各类文化市场各类许可证12家；实现网吧、娱乐行业等经营单位一户一档。开展网吧等文化市场常规管理工作，配合新闻出版广电部门开展地面接收专项整治及出版物市场整治工作，开展侵权盗版及非法出版物销毁活动。区文化市场综合执法大队全年出动各类检查2 494人次，检查各类经营场所518余次，责令改正1次，立案调查3家次，警告3家次，已罚款15 000元。

【体育基础设施建设】 2018年，区文体局验收凤凰社区、苏家院双河村、洒渔巡龙村、乐居中河村、永丰三甲村、龙泉办事处爱民路社区、青岗岭沈家沟、旧圃镇后海村8条健身路径。验收2017年中央扶贫资金建设大寨子组长锅厂村、车德村、布嘎乡新街村、乐居镇仁和村、新河村、旧圃镇锦屏村、大村村。验收2017年村级篮球场，即苏甲乡瓜寨村、洒渔乡弓河村、布嘎乡新街村、小龙洞乡宁边村7块村级文化体育活动场。

【群众体育】 2018年，区文体局承办2018年"迎新春"象棋、气排球、职工拔河比赛、"龙卢故里"跑山赛等文体系列活动。配合昭通市文体局在望海公园组织元宵节体育精品项目参演。组织人员参加昭通市二级社会体育指导员太极拳、气功培训、昭通市第九届老年人体育健身大会；举办苏家院第三届插秧比赛；启动2018年"三级社会体育指导员"培训；承办昭璞绿道通车典礼及自行车比赛、"七彩云南秘境百马"第八十八站和第八十九站马拉松赛；承办昭通市第三届体彩杯篮球轮庄比赛和昭通市第二届全国乒乓球邀请赛；组队参加昭通市文体系统"感党恩促和谐"第二届体彩杯气排球比赛，获男子组第六名；参加由区工会组织的第一届职工气排球比赛，并荣获男子组第一名。

【党风廉政建设】 全年，用好"流动图书车""文化惠民工程""文化三区人才服务工作"和"全民健身路径"等文体系统资源，推动文体系统党员干部学习，提高政治素质和业务水平。与所属馆、公司签订《昭阳区文体系统年度党风廉政建设责任书》，实行管理和量化考核。

【脱贫攻坚】 区文体局确定1名书记为队长和5名同志为队员的驻村工作队,到挂钩扶贫点田坝乡水屯村、木厂村开展扶贫工作。组织文体系统干部职工走访慰问,全年划拨4万元工作经费给水屯村,协调大米2 500千克、棉被500床、音响3个、相机3个、电脑5台、投影仪1个。协调给6个村民小组活动场所每个5 000元。驻村工作队员参与到村三委工作中,解决村三委工作经费1万元。

【表彰】 李战,获昭阳区人大常委会授予"2018年年度履职优秀人员'先进工作者'"称号。

张建丽,获云南省关心下一代工作委员会中共云南省青少年音乐艺术协会委员会授予"云南省优秀声乐指导教师一等奖"。

昭阳区卫计局

【概况】 2018年,昭阳区有医疗卫生机构348个,其中区直医疗单位5个、社区服务中心3个、乡镇卫生院17个、村卫生室155个,民营医院(诊所)168个。全区卫生计生系统核定事业编制1 378名,区乡医疗卫生机构实有在岗人员2 353名,其中编内人员1 241名,空编137人,编外人员1 112名。

【公立医院费用控制】 2018年,区卫计局培训市二院、区中医院相关工作人员,加强区级公立医院费用增长控制。指导市二院、区中医院完成月报和季报各项报表上报、各项临时性统计。

【制定公立医院考核评价办法】 2018年,区卫计局会同区财政局、区人社局制定印发《昭阳区公立医院综合绩效考评的实施办法(试行)》。建立公立医院综合绩效考核评价机制,开展公立医院综合绩效考核、公立医院改革,规范各级各类公立医院绩效评价。

【药品采购和使用管理】 2018年,区卫计局采购、配备基本药物,执行药物集中采购政策,推动药品采购改革。监督和检查辅助用药、抗菌药物等临床使用是否合理,处罚不合理用药。公示连续排名靠前药品和使用医生,通报反馈存在问题。

【关爱妇女儿童健康计划】 2018年,昭阳区继续实施"关爱妇女儿童健康计划",全年昭阳区活产数14 822人,发生孕产妇死亡3人,孕产妇死亡率20.24/10万,靖安1人,盘河1人,乐居1人。全区5岁以下儿童死亡143人,死亡率9.65‰,全区婴儿死亡104人,死亡率7.02‰。筛查妇女常见病,全市10个贫困县均纳入妇女常见病筛查项目县,市级下达1 000人筛查任务,截至12月31日,昭阳区筛查1 001人。全区妇女常见病筛查目标人群(20~64周岁妇女)249 500人,根据市级下达目标任务,2018年必须完成筛查任务49 900以上,截至12月31日,筛查60 871人,任务完成率124.2%。

【乡镇卫生院等级评审】 2018年9月26日,昭阳区制定《乡镇卫生院等级评审实施方案》,龙泉社区卫生服务中心、旧圃镇卫生院、小龙洞乡卫生院、守望乡中心卫生院、布嘎乡卫生院、永丰镇卫生院完成初评。

【家庭医生签约服务】 截至2018年12月30日,昭阳区组建199个家庭医生团队,团队成员781人,签约居民430 868人,签约率47.39%,其中65岁以上老年人签约36 433人,孕产妇签约3 429人,0~6岁儿童签约38 544人,高血压患者签约26 935人,糖尿病患者签约5 867人,肺结核患者签约242人,严重精神障碍患者签约2 475人,残疾人签约4 749人,建档立卡贫困人口签约服务200 985人,签约率100%,计划生育特殊家庭签约117人,签约率100%。

【基层卫生技术人员队伍建设】 2018年,昭阳区卫计系统设紧急招聘岗位50个,实际招聘48人;事业单位补员招聘设岗位20个,实际招聘17人;国家本科订单定向免费医学毕业生6人、专科2人;三支一扶服务期满人员4人;以上人员相关入职手续已办理。国家本科订单定向免费医学生培养6人,相关入学手续已办理。全科特岗医生服务期满2人,已办理手续。

【提高乡村医生待遇】 2018年,区卫计局按照山区、坝区、城区不同补助标准,整合300余万元为乡村医生购买养老保险。实行政策倾斜,适当调整公卫资金比例。西凉山片区增补100%,第二层次山区增补80%,坝区的山区村增补40%,增加艰苦地区乡村医生收入。

【艾滋病防治】 昭阳区开展自愿咨询检测、哨点监测、PITC、务工人员、流动人口和老年人监测检测。2018年1~12月,累计监测检测381 194人,检测人数占全区常住人口44.9%。存活感染者和病人正在接受抗病毒治疗率75%。昭阳区龙泉社区卫生服务中心开展抗病毒治疗,在治1 095例。完成新增抗病毒治疗任务233人数,存活感染者/病人抗病毒治疗覆盖率75%,"单阳家庭"阳性感染者接受抗病毒治疗率85%,治疗持续12个月(1年队列)比例达到82.1%,CD4和病毒载量检测率分别达85%,当年检测病毒载量病人中病毒抑制率(即病毒载量低于最低检测值的比例)90%。艾滋病母婴传播率控制在2.3%。全区29家医疗助产机构开展艾滋病、梅毒和乙肝母婴阻断工作,各助产机构规范开展PITC工作。2018年1~12月,昭阳区妇幼保健计划生育服务中心接受初次产前保健孕妇19 495人,接受HIV抗体检测孕妇19 495人,孕早期检测13 020人,孕早期检测率66.78%,检出HIV抗体阳性28人;昭阳区住院分娩产妇20 712人,检出HIV抗体阳性产妇27人,其中1例死胎,26例活产,均人工喂养;1~12月,对HIV阳性孕产妇所生婴儿12人(1~1.5岁),结案检测均是阴性。其余HIV核酸连续两次检测均是阴性,1名(1.5岁)儿童失访。婚姻登记人群检测11 158例,检出HIV阳性10例,梅毒44例。

【防艾全国示范区项目】 2017年年度全国示范区项目,昭阳区总项目17项,完成15项,已经开展但未完成1项,尚未开展1项;总经费628 302.75元,已使用经费567 121元,已报账经费567 121元。2018年年度全国示范区项目,昭阳区总项目11项,完成7项,已经开展但未完成4项;总经费200 000元,已使用经费162 494.37元,已报账经费162 494.37元。

【防艾省级重点地区项目】 2017年年度省级重点地区项目,昭阳区总项目35项,尚未开展1项;总经费400 140元,已使用经费287 506.24元,已报账经费28 750.24元。2018年年度省级重点地区项目,昭阳区总项目15项,已完成13项,已经开展但未完成1项,尚未开展1项;总经费400 000元,已使用经费376 730.8元,已报账经费376 730.8元。

【社会组织参与艾滋病防治项目】 昭阳区社会组织"玫瑰家园""乌蒙彩虹家园"开展男男性行为干预。男同性恋干预:月均估计人数150人,月均干预149人,月均干预覆盖率99.3%(全省平均水平98.6%);本年年度首次应完成检测283人,实际完成检测284人,完成检测率100.4%。

【打击"两非"行为】 7月18日,区卫计局、公安局、食品药品监督局召开2018年打击"两非"(非医学需要鉴定胎儿性别、非医学需要选择性别终止妊娠)专项行动协作会议,开展为期3个月专项行动。组织1次禁止"两非"业务培训会,要求人流室、产房、B超室等醒目位置张贴"严禁非医学需要鉴定胎儿性别""严禁非医学需要选择性别终止妊娠"标志,警示医护人员,接受社会监督,年内无"两非"违法行为案例。2018年,昭阳区出生婴儿性别比为107,在正常值范围。

【全员人口信息系统建设】 区卫计局于3月12日和11月30日2次召开全员人口信息系统建设工作推进会。8月3日召开全员人口信息系统建设业务培训会,组织乡村业务人员现场上机操作,解决工作中存在问题。每个乡镇、办事处下拨设备购置费5 000元,用于购买高拍仪和读卡器。截至12月31日,信息系统入库总人口853 203人,入库率97.1%,出生医学证明处理率92.44%,身份证有误比8.51%;网上办理生育登记服务1 910本,20个乡镇在12月1日前均全面实现网上办理生育登记服务。

【基层统计台账管理】 8月3日,昭阳区召开基层计划生育干部业务培训会,培训流动人口服务管理、统计台账管理和计划生育利益导向政策。乡镇、办事处按时召开月例会,会议记录齐全,台账变更及时,报表、报告单、怀孕及怀孕结果登记账齐全,账账符合率99%以上。

【计生特殊家庭扶助关怀】 11月27日,兑现昭阳区2018年计划生育家庭奖励与扶助资金。辖区计划生育特殊家庭实现乡村均有联系人,医院开通计划生育特殊家庭绿色就医通道,家庭医生签约服务100%。每年中秋、春节慰问计划生育特殊家庭。

【卫生应急队伍建设】 2018年,昭阳区建立卫生应急队伍;制定下发《2018年地质灾害应急预案》《昭阳区突发公共卫生事件应急预案和突发公共卫生事件救治预案》《突发公共卫生事件及传染病防控应急预案》。

【启动基层高血压防治管理系统】 2018年,昭阳区启动基层高血压防治管理系统运用,并培训,所有乡镇卫生院已启用;高血压个人信息与云南省信息系统交换工作正在进行中。

【消除麻风、疟疾】 2018年,区卫计局完成消除麻风、疟疾任务,落实免疫规划,规范开展预防接种;疟疾已消除,通过考核验收;完成免疫规划并达到指标要求;二类疫苗管理规范,票据齐全。

【传染病防控和慢性病防治】 截至2018年12月30日,全区65岁及以上老年人健康管理36 117人,下达管理辖区老年人任务49 111人,任务完成率73.54%,健康管理率49.27%;18岁及以上原发性高血压患者管理43 969人,下达管理任务50 989人,任务完成率86.23%,规范管理27 594人,规范管理率62.76%;35岁及以上Ⅱ型糖尿病患者管理10 936人,下达管理任务12 945人,任务完成率4.48%,规范管理6 827人,规范管理率62.43%。截至12月全区严重精神障碍患者录入"云南省严重精神障碍信息管理系统",登记在册3 842人,在册率4.66‰;年内在册管理患者2 395人,在册患者年管理率62.34%,规范管理2 156人,规范管理率56.12%;在册患者服药率24.91%;精神分裂症患者服药率27.39%,规律服药率11.03%;在管居家患者病情稳定率57.43%。

【村卫生室达标建设】 2018年,全区154个村卫生室,按照村卫生室房屋建设与器械配置标准检验,全部达标。

【基本医保对中医药服务报销倾斜】 根据《昭通市人力资源和社会保障局关于昭通市城乡居民基本医疗保险待遇等有关事项的通知》,自2018年1月1日起,门诊医疗待遇,不同级别和不同人群中医药报销比例上调5%~20%;住院医疗待遇,不同级别和不同人群中医药报销比例上调5%~10%。2018年9月1日起执行《昭通市人力资源和社会保障局关于调整城乡居民基本医疗保险待遇政策的通知》,中医药待遇标准报销比例在不同级别和不同人群上调5%。

【基层中医药服务能力提升】 2018年,全区20个乡级医疗卫生机构(其中乡镇卫生院17个、社区卫生服务中心3个),均能提供中医药服务;中医馆建设率100%,其中已建成标准中医馆14个,占比70%。开展"西学中"培训、"乡村医生中医药适宜技术培训"培训,2018年,三期共培训乡村医生151人次,每个村级医疗机构至少有1名村医参加过中医药适宜技术培训。出台《加快村级医疗机构开展中医药适宜技术服务的实施方案》,鼓励开展5种及以上中医药适宜技术服务村级医疗机构,卫计局按山区3 000元/村级医疗机构、坝区2 000元/村级医疗机构给予中医药适宜技术设备购置补助。开展建设医疗服务村卫生室、社区卫生服务站149所,能提供5类及以上中医药适宜技术服务有120所,占80.54%。

【健康扶贫】 2018年,昭阳区内定点医疗机构全面落实建档立卡贫困人口住院"先诊疗后付费"和"一站式一单式"结算。所有区直公立医院执行"先诊疗后付费",贫困人口不再交押金。各定点医疗机构都实现"一站式"结算。"四重保障"在医院一个服务窗口就结算,贫困人口只需交清规定个人自付比例部分就能办清出院手续。

【29种大病专项救治】 2018年,昭阳区按照《昭阳区卫生和计划生育局农村贫困人口重大疾病专项救治工作方案(试行)》《昭通市第二人民医院关于建档立卡贫困人口9类15种大病救治方案》,9类15种大病1 269人,已救治1 269人,救治率100%;2018年第一次新增宫颈癌、乳腺癌、肺癌、尘肺4种大病为专项救治,昭阳区卡户宫颈癌、乳腺癌、肺癌、尘肺4种大病人数共计139人,已救治139人,救治率100%;2018年第二次新增肝癌、急性心梗、白内障、神经母细胞瘤、儿童淋巴瘤、骨肉瘤、血友病、地中海贫血、唇腭裂、尿道下裂10种大病为专项救治,昭阳区卡户有这10种大病患者306人,已救治306人,救治率100%。以上29种大病合计1 714人,全部救治。

【打击非法行医专项行动】 2018年,区卫计局监督检查全区197个预防接种点,对存在不规范行为下达《卫生监督意见书》89份,要求立即整改;查处预防接种卫生行政违法案件2件。全年依法立案查处非法行医"黑诊所"和合法医疗机构各种卫生行政违法案件23件,处罚没收药品器械120箱(件、台),罚没款9.3万元。

【医疗机构及医师审批】 2018年,受理设置医疗机构申请23家,医疗机构登记注册19个(含变更负责人和执业地址重新注册),办理医疗机构变更申请36个,延续18个,校验医疗机构执业许可证302个,注销医疗机构执业许可证11个,注册放射诊疗许可证申请2个,校验放射诊疗许可证7个。全区医疗机构全部实行电子化注册管理,备案2018年新办4家民营医院。办理医师执业首次注册85人、助理医师首次注册96人、医师变更注册179人,多机构备案28人,注销医师67人,不在岗位备案医师172人,护士首次注册初审294人,护士延续注册336人,护士执业变更注册238人。

【全科医学科设置】 2018年,全区3个社区卫生服务中心,17个乡镇卫生院凡符合相关规定都设置全科医学科。全科医师注册共计48人,其中全科医师注册23人(含执业医师14人和助理执业医师7人),取得转岗培训合格注册21人,中医全科医师注册4人。

【表彰】 禄波,获国家卫生健康委员会办公厅授予"全国流动人口动态监测调查优秀个人"称号。

夏举琼,获昭通市政府授予"昭通市实施妇女儿童规划先进个人"称号。

刘怀明,获云南省疾病预防控制中心授予"2018年云南省饮用水水质卫生监测项目实施先进个人"称号。

谭艳琴,获昭通市总工会、昭通市人社局、昭通市卫生计生委授予"昭通市第五届职工技能大赛卫生应急突发疾病预防控制技术状元"称号。

李庭刚,获昭阳区委、区政府授予"昭阳区第五届文学艺术奖(美术类)"称号。

李建华,获昭通市政府授予"2018年年度献血先进个人"称号、获昭阳区委授予"优秀共产党员"称号。

昭阳区新闻中心

【融媒体中心建设】 2018年,昭阳区新闻中心建成"1个中心、2个协会、3个品牌活动、12个媒体平台"("12312")宣传格局。"1个中心"即融媒体中心;"2个协会"即昭阳区新闻工作者协会和昭阳区新媒体协会;"3个品牌活动"即每周一次"昭阳新闻讲坛"、每月一次"昭阳新闻宣传大讲堂"和"单车记者走基层"主题采访活动;"12个媒体平台"即在改版升级原有昭通电视台公共频道、昭阳信息网、微昭阳3个媒体平台基础上,新开办鹤乡圣果、苹果之城、磅礴昭阳、单车记者、新闻昭阳、世界鹤乡、鹤舞秋城、黑颈鹤之声、鸡公山大峡谷、苹果之城8个新媒体平台端。昭阳新闻融媒体共有12个微信、微博、两微一端融媒体平台,开通今日头条、新浪微博、腾讯微博、搜狐号、企鹅号、百家号、大风号、抖音等30余个宣传通道，实现"1+N"一采多编、集群式推送媒体融合发展模式。

【"单车记者"走基层活动】 2018年，区新闻中心以"穿街过巷抓新闻、走村入户找新闻"思路，到一线、基层采访报道。策划走进"樱桃小镇"、走进"贡米之乡"、走进"烟叶之乡"等大型采访活动，到各乡镇围绕乡村振兴、脱贫攻坚，走进百姓家中，看产业发展，看百姓生活变迁，开展新闻报道。同时，组织"百名记者看昭阳""作家记者看昭阳""香港重庆记者看昭阳""公益摄影家走进昭阳""媒体记者看体育赛事"《滇池·大美昆滇》杂志、《苹果之城·世界鹤乡》专刊专题采访""秘境百马奔跑昭阳苹果之城土豆留香""2018昭通苹果展销会"等主题活动，让新闻宣传走进基层、贴近群众。

【环保宣传】 2018年，区新闻中心围绕环保"回头看"、城乡人居环境提升工作，在昭阳新闻、昭阳信息网、鹤乡圣果、微昭阳等平台开辟"环保昭阳""绿水青山就是金山银山"等子栏目。增强群众"绿水青山就是金山银山"环保意识。

【昭阳政法宣传】 区新闻中心在昭阳频道《昭阳新闻》、昭阳信息网上分别开辟"昭阳政法"栏目。从6月21日开始，开设"昭阳政法"栏目，每天有一条相关新闻播出。

【业务能力提升】 成立"昭阳区新闻工作者协会"，把乡镇、街道和区直部门能写能拍、喜欢新闻宣传工作的通讯员吸收为协会会员，提升部门自我宣传能力。采取"走出去学习"把全区通讯员轮流到昭阳区新闻中心顶岗锻炼"师带徒"培养方式，提升新闻宣传队伍能力。开展每周一次《昭阳新闻讲坛》。每周工作例会上，干部职工"轮流讲课"，提高新闻采访、拍摄水平。已举办16期。

昭阳区档案局

【脱贫攻坚档案管理培训】 6月7日，昭阳区政府召开2018年脱贫攻坚档案管理工作培训会议。全区20个乡镇办事处及各有关单位分管领导和档案管理人员120余人参加会议。会上讲解脱贫攻坚档案规范性管理和如何建立台账目录，现场进行知识测试。昭阳区档案局督促检查全区20个乡镇办事处脱贫攻坚档案管理工作培训会议落实情况，6月20日前，全部完成培训任务。

【馆藏档案收集】 截至12月，区档案局收集8 000卷档案进馆。抢救修复馆藏档案，修复出重点档案450卷。

【档案信息化建设】 档案信息化建设是近年来档案重点工作。区档案局狠抓目录输入和全文扫描等档案数字化工作。截至12月，完成馆藏档案数字化25万页。

【规范示范档案室认定】 2018年，根据昭通市档案局下达规范化管理认定任务，区档案局认定管理全区规范化示范档案室，全年通过认定单位3家，复核6家。

【档案利用】 2018年，区档案局接待社会各界档案查阅利用人次2 869人，利用卷次4 812卷，摘抄190页，复印4 330页。

【档案安全管理】 区档案局加强对档案实体安全管理，健全档案管理制度，完善安全设施设备；注重网络、档案数字化和数字档案利用过程中保密安全，防止泄密事件发生；完善电子档案数据安全管理，将馆藏档案数字化备份交省档案局保管。

昭阳区广电局

【解决群众收听收看难问题】 2018年,新闻出版广电局昭阳分局将"村村通""户户通"任务纳入扶贫工作体系,为建档立卡贫困户免费维修设备,解决困难群众看电视难问题。

【广电全覆盖】 2018年,中央广播电视节目无线数字化覆盖工程(4个基站)全部安装完成投入使用。广电昭阳分局检测全区自然村信号,经检测广播电视覆盖率按国土面积计算达到98.86%,按自然村计算达到100%。已达到脱贫攻坚出列标准。

【设备维修】 广电昭阳分局管理17个乡镇"四维"服务站,按照"企业经营、市场运作、政府购买、农民受惠"模式,全年为群众免费维修"村村通"设备19 821台、"户户通"设备7 120余台、电视等其他家电16 123余台。

【农村数字电影放映】 2018年,上级补助农村数字电影放映经费232 200元,本级财政补助资金154 800元。根据2018年9月7日昭通市农村数字电影放映工作会议精神,昭阳区电影放映任务908场,全年完成1 000余场。

【"农家书屋"管理】 自昭阳区开展"农家书屋"建设项目以来,已建成"农家书屋"130余个,覆盖全区123个行政村。通过多年增补,每个"农家书屋"藏书均达2 500余本,覆盖率100%。达到脱贫攻坚出列标准。按照规定程序,2018年通过招标向所有"农家书屋"增补一批书籍。探索"农家书屋"电子平台建设,"云图书馆"下载安装5 000余次。正在新建"智慧昭通"电子平台,开辟"农家书屋"窗口。先期预备投放电子书3万册,所有人群均可免费阅读。

【侵权盗版及非法出版物销毁】 2018年,昭阳区集中销毁侵权盗版及非法出版物。市、区两级领导、市、区"扫黄打非"工作领导小组成员单位主要领导、相关部门分管领导、媒体记者、企业、群众等共600余人参加活动。在活动现场销毁收缴非法影音制品9万余册(张)、非法图书1.4余吨、非法地面卫星接收设施200余台,累计价值60余万元。向现场观看群众宣传、讲解非法出版物危害及识别方法。全年累计发放"扫黄打非"宣传折页、版权工作宣传资料16 300余份。

【"书香昭通·全民阅读"活动】 广电昭阳分局在全社会倡导"多读书、读好书、好读书"活动,推动全民阅读,营造全民读书、终身学习良好社会氛围,以开展群众性读书活动,使阅读成为人们日常生活习惯。广电昭阳分局打造"书香昭通文化昭阳"全民阅读品牌,全区共建造全民阅读点97个。与新华书店、新知图书城等企业谋划开展"全民阅读"和"绿书签"等活动,向全社会推荐号召"读好书、好读书""阅读让人生更精彩""阅读相伴美好生活"等观念。

【公共文化服务建设】 广电昭阳分局以农村为重点,推进农村广电网络覆盖、农家书屋、应急广播等建设,推进公共文化服务均等化。昭阳区所有乡镇实现有线、无线、卫星、网络等多种模式全覆盖;所有行政村实现有线、无线、卫星、网络等多种模式全覆盖;所有行政村实现"农家书屋"全覆盖;所有自然村实现卫星和应急广播全覆盖。年内整合资金和项目,新建有线网络16千米,实现"村村通网络,社社有信号"。

【新闻出版广播影视行政审批】 2018年,广电昭阳分局累计核验单位51家,通过年度核验47家,暂缓年度核验4家。新增书店6家。"三小印"企业按照相关文件要求不参与检证,但广电昭阳分局仍排查"三小印"企业,确保事前、事中、事后有人监督。

【市场监管】 2018年,广电昭阳分局开展市场检查巡查,每周例行检查、每月综合检查、季度全面检查。全年各类检查30余次,出动检查人员400余人次,检查各类企业、商店、经营场所500余家次,现场教育、警告20余家,清理游商、摊贩50余人次;依法依规收缴非法地面卫星接收设施600余套、非法影音制品3 000余张,处罚无证、假证企业和商店1家,批评和整改5家,拆除"黑广播"1家。管理和控制辖区各乡镇书店、快递物流及各网络平台等渠道,检查快递物流行业200余家。

【"扫黄打非"】 截至2018年11月,共建设"扫黄打非"进基层工作站点224个,覆盖昭阳区所有乡镇(办事处)、行政村、社区、重点企业、人流密集场所、主要景点。全区"扫黄打非"进基层工作通过市区两级考核验收。

【专项行动】 广电昭阳分局发布"清源""净网""固边""秋风""护苗""剑网"等专项行动方案,印发《2018年全区"扫黄打非"工作要点》,组织实施专项行动,收缴非法出版物800余册,移交公安机关办理1家,行政处罚1人,移交综合文化执法队办理1家,移交市工信委办理1家。其中在"秋风"行动中,"8·10刘勇非法持有、传播宣扬恐怖主义、极端主义音视频案"已办理完结;联合工信委开展"黑广播"检查执法中,发现并拆除1家"黑广播";在"固边"行动中,查处非法运输"地面卫星接收设施"500套,已移交市执法支队办理;联合市广电局、市执法支队、永善县"扫黄打非"领导小组查处并没收非法地面卫星接收设备50余台。

昭阳区委党史办

【《中共昭阳区委2016年执政纪要》】
2018年,出版发行《中共昭阳区委2016年执政纪要》,全书共90余万字。

【《不忘初心·牢记使命——昭阳区党史文化简明读本》】 2018年,区委党史研究室、区委宣传部、区政协文史委编辑出版《不忘初心·牢记使命——昭阳区党史文化简明读本》,并印发到全区各党支部,作为各基层党组织开展"不忘初心、牢记使命"主题教育必修教材。

【《守望八仙营红色印迹》】 2018年9月25日,区委党史研究室与区委宣传部编写《守望八仙营红色印迹》(43师解放昭通记)出版发行,该书记录中国人民解放军43师在解放昭通前夕,驻扎在守望乡八仙营清真古寺历史事件。

【《中国共产党昭阳区历史(第二卷)》】
2018年,继续编撰《中国共产党昭阳区历史(第二卷)》,已完成初稿,正在审核修改完善"文化大革命"时期相关历史资料。

【《中共昭阳区委组织史(1987.10~2012.12)》】
2018年,继续编撰《中共昭阳区委组织史(1987.10~2012.12)》,相关资料征集将在年底基本完成,预计在2019年年底编辑印刷出版。

【党史资料征集】 2018年,继续征集《昭阳区土地改革专题》《昭阳区文化大革命专题》《昭阳区家庭联产承包责任制专题》等历史时期资料,重点征集全区历届党委在改革开放40年来,特别是党的十八大以来历史资料,在重大党史事件、人物纪念、革命遗址保护利用、党史教育基地功能等方面发挥职能作用。

【党建和党风廉政建设】 一是完成党支部规范化达标创建工作;二是落实"三会一课""主题党日""党费日""党员政治生日""党员积分制管理"五项制度;三是公开党务信息;四是抓作风建设。确保"两学一做"学习教育常态化、制度化。组织学习《党章》、中央"八项规定"、新修订《领导干部选拔任用工作条例》《中国共产党廉洁自律准则》《中国共产党纪律处分条例》《关于新形势下党内政治生活的若干准则》《中国共产党党内监督条例》《中国共产党问责条例》《中华人民共和国监察法》等党纪国法,以反面典型为案例,开展警示教育,筑牢拒腐防变思想。

【脱贫攻坚】 区委党史办挂钩帮扶大山包镇马路村,抽调1名科室骨干人员驻村开展脱贫攻坚工作。全年干部职工先后20余次到村开展"村村清、户户清"精准扶贫工作。按有关规定给马路村拨付驻村扶贫工作经费,配合马路村两委,修改完善《村民自治村规民约》《脱贫攻坚作战图》。

昭阳区科协

【"三下乡"活动】 2018年2月6日,由昭通市委宣传部主办,昭阳区委宣传部承办,区科协、区文联、区社科联、团区委、环保局、工科局等单位协办"实施乡村振兴战略,助推精准扶贫"活动在昭阳区旧圃镇中心文化广场举行。活动包括科普宣传、文艺演出、义诊等。活动现场,区科协通过发放科普宣传资料、科普知识猜灯谜、科学知识问答送福字、专家咨询等方式开展科普宣传,为现场2 000余名群众发放《科普宣传挂图》《苹果种植技术》《全民科学素质宣传册》《科普笔记本》《云南农村科普》《昭通科普》《昭阳科普》《科普知识读本》《防艾科普常识》《防震减灾手册》《自救互救手册》等10大类宣传手册2万余册。

【"科普宣传日"活动】 9月21日,区科协联合昭阳区民间医药协会在洒渔镇街上开展以"创新引领时代,智慧点亮生活"为主题全国科普日宣传活动。工作人员通过发放宣传册、专家咨询等方式向市民普及各种科学知识,共计普惠1万余人,义诊100余人,发放药品价值6 000元。9月25日,区科协联合昭阳区民间中医药协会在凤凰办事处石头塘社区开展科普讲座,共计普惠150余人,义诊20余人,发放科普宣传资料500余份。

【科普大篷车进校园】 2018年四季度,区科协联合市科协、区教育局校外活动中心开展科普大篷车进校园活动,在青岗岭乡示范小学、洒渔镇示范小学开展科技产品科普示范活动,向中学生普及科学知识,发放宣传资料1 000余份。

【中国流动科技馆巡展】 5月7日至7月6日,"中国流动科技馆"云南昭通第二轮巡展昭阳站在昭阳区第二小学启动。巡展以"体验科学"为主题,分为"科学表演""科普影院"和"科学实践"3个展区,50件互动体验展品,涉及多学科领域。为期两个月巡展活动观展人数11 000人次,覆盖昭阳区城区中小学。活动结束后,区科协联合区教育局组织全区中小学生参加由云南省科学技术馆组织"体验科技展览,感受科技魅力"有奖征文比赛,筛选93篇征文上交,14篇获省级表彰,63篇获市级表彰,其中昭阳区第四小学的崔环同学获市级三等奖。区一中组织学生参加第33届青少年科技创新大赛,荣获三个等级奖12人。

【科普信息化建设】 2018年,昭阳区被确定为全市社区科普中国。e站示范区,市科协投入近70万科普专项资金,落地23家社区和学校。1月19日,区科协组织龙泉街道办事处公园路社区、白坡社区、凤凰街道办事处文渊社区、龙山寨社区和太平街道办事处富强社区负责人到昆明市盘龙区桃源社区和五华区丰宁街道办事处黄土坡社区,考察学习先进经验和方法。10月底,区科协按照科普中国e站落地工作要求,在全区20个社区,3个学校完成e站8件套安装工作,建设集宣传科技、普及文化、党员教育、普法教育、环境卫生、食品安全、青少年科普、十万个为什么于一体的基层公共科普服务平台。拓展科普活动室、科普画廊等科普功能,加强学校科普和社区科普等基层组织建设,建立覆盖各层次、各年龄段、多渠道、多形式的社区科普和学校科普服务体系,面向社区居民和中小学生开展尊重自然、绿色低碳、科学生活、安全健康、应急避险等知识教育培训和科普宣传。

【农民科技培训】 2018年,开办苹果管理、天麻育种管理、草莓种植、肉牛养殖和养蟹管理等专业培训400余人。

【科普项目申报】 2018年,开展各类科普项目申报创建和实施工作,昭通市昭阳区洒渔产销协会会长张伟和昭阳区云岭黑山羊养殖协会会长马敏赛申报为科普带头人,昭阳区青岗岭乡金瓜村申报为省级科普惠农示范村,昭通市昭阳区云岭黑山羊协会申报为农协会转型升级项目,石头塘社区和幸福新居社区申报为2018年年度省级科普示范社区,昭阳区一中申报为科普示范类项目,所有项目经费划拨到位。

【昭阳区科学技术协会第一次代表大会】
9月13~14日，昭阳区科学技术协会第一次代表大会召开，126名代表参加会议，会议总结近五年来全区科协工作，研究部署今后五年全区科协工作。选举昭阳区科学技术协会第一届委员会、常务委员会和区科协领导班子。

【脱贫攻坚】 全年，区科协9名干部挂钩青岗岭村72户，拨付3万元工作经费给挂钩村，10月29日，根据《关于督促区信访局等3家单位对驻村扶贫队员进行更换的通知》，更换了1名50岁以下驻村扶贫队员到村工作，完成全年遍访工作。

【党建、党风廉政建设】 开展"两学一做""万名党员进党校""新时代讲习所""主题党日""党员服务日""党员政治生日""灯下黑"自查工作，全年开展各种活动50余次。区科协主席与单位干部职工签订《党风廉政建设责任书》，召开领导班子专题民主生活会1次，开展警示教育看电影8次。制定《意识形态工作方案》，按时报送相关材料20余份。

【其他宣传】 全年进农协会组织学习《宪法》知识宣讲活动5次，宣传普惠人数500余人；在社区开展以禁毒防艾、社会维稳、扫黑除恶等为主题法律知识专题讲座3次，宣传普惠人数300余人。

昭阳区文联

【刊物出版】 2018年，《乌蒙山》出刊6期。围绕脱贫攻坚和教育均衡发展，特办一期《昭阳教育》特刊、一期改革开放40周年特刊、一期小作家作品特刊；带领区小作家协会，举办首届"昭阳杯"小作家文学作品大赛。

【《文化昭通昭阳卷》】 2018年，区文联组织完成以区委宣传部牵头《文化昭通昭阳卷》文化散文第二稿撰写和图片工作。参与区委政府相应中心工作，围绕壮大农村集体经济全省现场会，编印画册。配合"苹果大会"及"马拉松"等活动做相关宣传。

【协会活动】 区文联组织协会活动，举办较多采风、交流和学习培训活动，举办一系列书画摄影展览，特别举办三场大型纪念改革开放四十周年书法创作展、美术创作展和摄影艺术展。

【摄影活动】 区摄影家协会在区内开展"纪录新时代，摄影到基层"系列活动，突出举办摄影到扶贫点、走进扶贫村、走进扶贫户，用影像形式记录这一工程。开展人文纪实摄影大赛和专题讲座，摄影到基层活动，尤其针对脱贫攻坚，组织专题采风拍摄记录，组织苹果专题采风和小范围会员到新疆进西藏摄影创作，举办会员作品汇报展和"一带一路——昭通人眼中的缅甸摄影作品展"。

【昭通城记出版】 参与昭通城记策划、编撰、编辑设计印刷工作。

【昭阳区文学艺术界联合会第二届代表大会】 2018年9月6日，召开昭阳区文学艺术界联合会第二届代表大会，选举主席、副主席、兼职副主席、秘书长。举行协会工作换届。

昭阳区社科联

【理论成果征集】 2018年3月，区委宣传部联合区社科联组织开展昭阳区纪念改革开放40周年理论成果汇编征稿，覆盖面涉及全区各乡镇（街道）、区直各单位、各协会（学会），共收集整理出版理论文章30篇，近20万字。

【公益性科普讲坛】 2018年4月，区社科联邀请范建华教授以《乡村振兴战略的理论和实践》为题作专题讲座，10月特邀云南大学马克思主义研究院金子强教授，为昭阳区党员干部作题为《文化自信与中国传统文化的当代价值》专题讲座。

【脱贫攻坚】 2018年，区社科联组织干部下村联系帮扶贫困户24户近30次，配合挂钩村和青岗岭乡党委政府做好区委区政府部署其他各项工作。

社 会

昭阳区民宗局

【概况】 昭阳区有4个民族乡、22个民族村、229个民族自然村、364个民族村民小组,有27个民族,共94.57万人,少数民族人口16.93万人,占全区总人口17.91%。全区有佛教、道教、伊斯兰教、基督教、天主教五大宗教,信教群众20余万人,占全区总人口22%,占全市信教群众总人数40%;有宗教活动场所145所(登记开放的131所,纳入管理10所,未纳入管理4所),其中佛教11所、道教17所、伊斯兰教112所、基督教4所、天主教1所,占全市宗教活动场所41%;成立爱国宗教团体3个,即昭阳区道教协会、昭阳区基督教三自爱国会、昭阳区天主教爱国会。

【民族团结进步示范区建设】 争取省级民族团结进步示范区建设项目6个:永丰镇元龙村元龙山民族团结进步示范村、靖安镇小堡子回龙坝民族特色村、炎山镇松乐村上营民族团结进步示范村、小龙洞乡小龙洞社区大梨园民族特色村、布嘎乡迎水村山垴包自然村"十百千万"道路硬化项目、苏甲乡桂花箐苏甲村少数民族发展资金项目,总资金600万元。6个项目实施完成。

【规范宗教事务】 制定下发《关于处级领导挂钩联系伊斯兰教经文学校(班)的通知》,督促经文学校(班)规范管理,建立学生、教师档案,开展经文学校(班)省级评估工作。制定《宗教活动场所主要教职人员生活补助考核办法》,适当提高主要教职人员生活补助,增加部分实行以奖代补、考核兑现。制定《昭阳区和谐寺观教堂创建方案》,年底,通过综合评选确定5~10个区级和谐寺观教堂,并向上级推荐申报和谐寺观教堂。

【清真食品安全监管工作】 制定《昭阳区清真食品规范管理工作方案》,组织相关部门专项检查城区清真食品经营户,发放宣传资料1 000余份,下发整改通知书19份。

【民族宗教法律法规宣传】 开展走访慰问涉毒家庭、民族乡法治宣传活动、"六二六"禁毒宣传等工作,走访慰问涉毒家庭4户,接受群众现场咨询100余次,发放各类宣传资料2 000余份。

【民族教育工作】 资助昭阳区一中、二中民族班贫困学生,每年投入72万余元资助困难学生,每人每年资助600元。资助2018年考取研究生、一本、二本等高等院校应届少数民族贫困学生,向331名少数民族大学新生发放资助金71.1万元。

【"宗教慈善周"活动】 区局在龙泉街道办事处、旧圃镇、青岗岭乡开展"宗教慈善周"活动,向73人捐款捐物,价值17 770元。

【脱贫攻坚】 区局挂钩帮扶小龙洞乡小龙洞社区大梨园自然村,派驻2名工作队员常驻小龙洞社区,结对帮扶建档立卡贫困户122户513人。"十百千万"示范项目落户小龙洞社区大梨园自然村,争取中央少数民族发展资金100万元,硬化串户道路3 000米。投资9万元硬化大瓦房道路。完成本单位干部职工爱心人士注册和122户贫困户注册登记工作。完成昭阳区民族地区精准脱贫（2018~2020年）三年规划项目入库工作，筛选上报6个项目入库，涵盖6个乡镇6个贫困村。清理完善挂钩帮扶122户贫困户档案，规范装档。

【党建工作】 2018年，区局分类建档支部党建台账，设立"新时代讲习所"、党员活动室。全年开展新时代讲习11次、理论学习中心组学习10次、专题党课5次。

昭阳区民政局

【受灾情况】 2018年，昭阳区境内先后遭受洪涝、风雹、山体滑坡等多种自然灾害，涉及7个乡镇3个办事处，受灾人口46 329人；农作物受灾23 043公顷（成灾面积1 891.3公顷、绝收337公顷）；因灾倒损民房17间，一般损坏15间。造成财产损失4 197.8万元（农业损失3 809.99万元、基础设施损失86万元、家庭财产损失297.87万元）。

【救灾工作】 2018年，针对所受严重灾情，区民政局及时向受灾乡（镇）、办事处调拨各类物资，救灾棉被11 737床、棉大衣6 643件、救灾大米104.5万千克、食用油3 855桶。

【城市低保工作】 截至2018年12月，昭阳区有城市低保对象1 590户2 549人，人均补助水平314.74元。2018年7月起，在原有补助水平上人均提高25元，城市低保保障线标准提高到月人均收入557元。全年发放资金5 650.38万元。

【农村低保工作】 截至2018年12月，全区有农村低保对象25 393户45 651人，人均月补差水平：A类265元/月、B类215元/月、C类200元/月三个档次。2018年7月起，在原有补助水平上人均提高35元，农村低保保障线标准提高到农民家庭人均年纯收入3 504元。全年发放13 342.58万元。

【城乡医疗救助工作】 截至2018年12月，城乡医疗救助"一站式"救助3 837人次，支出医疗救助资金795.17万元。资助农村低保对象、特困对象及建档立卡对象参加城乡居民基本医疗保险145 870人，支付救助资金2 625.66万元；资助城市符合对象参加城乡居民基本医疗保险23 585人，支付救助资金304.17万元。

【临时城乡困难救助工作】 2018年，昭阳区拨付城乡临时救助资金420万元，救助城市困难群众820人次，救助农村困难群众5 284人次。

【农村特困人员供养工作】 2018年，全区有特困供养人员对象2 075户2 206人，其中集中供养166人、城市特困供养91人、分散供养2 040人。2018年7月，昭阳区城乡供养、集中及分散供养对象基本生活补助标准统一调整至665元/人·月。2018年，全区特困供养经费拨付1 507.39万元。

【优抚优待抚恤政策落实】 2018年，昭阳区发放各类重点优抚对象生活补助费3 168.37万元（其中"三属"生活补助费148.55万元、伤残军人保健金797.93万元、在乡老复员生活补助费127.94万元、带病回乡退伍军人生活补助费92.38万元、两参人员生活补助费1 587.37万元、农村无生活来源60岁以上退伍老兵生活补助费405.16万元、烈士子女补助费3.52万元、城镇无工作生活困难补助费5.52万元）；发放四级以上伤残军人护理费52.87万元；新农合补助金30.2万元；解困帮扶资金336万元；医疗及临时救助243.56万元。

【士兵士官安置工作】 2018年，昭阳区接收2017年冬季退役士兵和2018年转业士官193人。按相关政策规定城乡居民户籍退役士兵自主就业162人，城镇户籍退役士兵（入伍时签有安置协议）自谋职业货币补偿安置3人，2018年，支付安置经费849.84万元（其中2018年发放义务兵家庭优待金369.21万元、自主就业金191.45万元、自谋职业金95.48万元、大学生入伍奖励金138.5万元、退役士兵及复员士官开支培训经费55.2万元）。省厅批转转业士官安置31人，符合就业安置转业士官31人（市直单位安置4人），已安置27人。2018年11月，昭阳区退役军人事务局成立，原区局优抚安置工作划归退役军人事务局。

【殡改工作】 2018年，全区火化遗体1 875具，火化率66.5%，同比，增加669具，增长率55.47%；节地生态安葬428具。区殡改办巡查90余次，联合乡（镇）、办事处阻止违规土葬行为25起，处理"土葬后再次起棺火化"事件3起，配合多部门整治北闸头道沟打碑立墓作坊78家；减免和发放惠民殡葬政策资金258.16万元，惠及700人。2018年，全区发出殡改宣传资料6万余份，利用宣传车进村（社区）宣传230余次，开展大型现场宣传活动5次。初步完成永丰镇农村公益性公墓规划设计方案，进入部门审批阶段。

【救助站救助管理工作】 2018年，救助846人次，其中成年人728人次、未成年人118人次，男性708人次、女性138人次，本省630人次、外省152人次、外国1人，无法查实信息63人，危重传染病2人、精神病188人，0～14岁34人、14～17岁84人、60岁以上53人，送医救治41人。

【行政审批手续】 全年办理收养登记手续24件，一次性抚恤手续106件。

【社会福利工作】 2018年，社会福利院在院老人有165人，平均年龄67岁，最大年纪92岁，残疾人53人，建立个人资料档案和健康档案。

【基层政权建设和社区建设工作】 2018年，享受正常离任村（社区）干部577人，发放补助金44.58元；筹集资金40万元，启动洒渔三台村、苏家院坪子村2个农村社区试点建设项目；筹集资金90万元，启动北闸镇北闸社区、白坡塘村、永丰海边村、守望八仙村、苏甲车噜村村级活动场所改扩建工作。投资10万元，在凤凰办事处石头塘社区开展1个留守儿童社会工作服务项目，1个空巢老人社会工作服务项目。代区委、区政府草拟《中共昭阳区委、昭阳区人民政府关于成立城乡社区建设工作领导组的通知》（征求意见稿），《昭阳区深入推进农村社区建设试点实施方案》，联合15个部门草拟《昭阳区城乡社会服务体系建设规划（2018～2020年）》（征求意见稿），与昭阳区文明办联合下发《关于进一步修订完善村规民约文件的通知》，建立健全村级社会治理工作机制。昭阳区有中级社会工作师10人，助理社会工作师8人。

【婚姻登记】 2018年，办理结婚8 424对、离婚2 677对、补发结婚1 590对、补发2018年之前211对离婚证。

【区划地名管理工作】 2018年，进入全国第二次地名普查验收阶段及成果运用阶段，是地名普查的收尾阶段，昭阳区全国第二次地名普查工作已验收整改，完成地名标准词典第一部分编写、门牌设置及地名命名工作。命名申报远森俊城、南城1号、桃源大道等小区、道路，变更、补办门牌证700余本。组织"滇黔线""滇川线"第四轮省级边界联检。

【民间组织登记管理工作】 2018年，新注册登记社会团体5家、民办非企业21家。年底，在区民政局登记社会团体97家、民办非企业96家。3月，下发年检通知，已年检社会团体30家、民办非企业55家。

【老龄工作】 昭阳区现有11个居家养老服务中心建设项目，建成在使用10个，在建1个，资金总投入426万元左右，省属资金390万元。全区有80周岁以上老年人13 007人，其中百岁长寿老人21人；80～99周岁老年人享受高龄补助，每人每月50元，每年600元；百岁老人享受高龄补助，每人每月350元，每年4 200元。2018年，办理《云南省老年人优待证》2 886本。

【表彰】 陈智洪、耿远亮，获云南省人民政府授予"社会救助先进个人"称号。

昭阳区人社局

【就业创业工作】 2018年，发放小额担保贷款345户3 450万元，带动就业1 035人；发放"贷免扶补"90户745万元，带动就业285人。登记就业、失业人员10 846人次。城镇累计新增就业4 982人，669名失业人员实现再就业，690名就业困难人员实现就业，城镇登记失业率控制在3.4%以内，安排高校未就业毕业生就业见习40人，开发公益性岗位297人。

【劳动力培训转移工作】 各乡镇（街道）组织农村劳动力培训6.7万人次，新增农村劳动力转移就业54 645人，其中转移到省外3.15万人，建档立卡贫困劳动力1.74万人。

【城乡居民养老保险】 2018年，全区城乡居民参保426 885人，缴费315 433人3 662.71万元，核定发放待遇4 563人，月人均发放养老金109.88元，累计发放10 541.34万元。

【城镇职工基本养老保险】 全年机关事业单位职工参保14 221人，征缴保费2.47亿元，发放机关事业单位退休人员养老金3 857人1.95亿元。企业职工参保21 248人，征缴保费2.06亿元，发放企业离退休人员养老金7 508人2.31亿元。发放区统筹退休人员11人养老金8.06万元。

【基本医疗保险】 全区参保814 997人（职工33 884人，居民781 113人），职工医保征缴保费1.75亿元，基金支出1.52亿元；居民医保征缴保费1.2亿元，基金支出3.2亿元。

【工伤保险】 参保单位550家29 711人，征缴保费2 004.74万元，基金支出623.48万元。

【生育保险】 参保单位507家27 013人，征缴保费1 188.57万元，基金支出1 218.65万元。

【失业保险】 参保16 935人（机关事业单位10 929人，企业3 515人，个体工商户等单位2 491人），征缴保费1 409.52万元，基金支出106.99万元。

【基金监督】 通过现场和非现场监督检查60次，发现问题46个，下达整改意见38个，追回社保基金21.43万元。查处医疗机构违规行为25件，以问题为线索移交公安机关处理1件；核实办结社保基金监管系统预警疑点信息8条。

【招录工作】 2018年，招录参公管理人员24人、公开招聘事业单位工作人员30人、招聘优秀紧缺人才64人、招募"三支一扶"人员23人、招聘中小学幼儿园教师10人、办理事业人员聘用手续292人；与应届医药类高校毕业生签订《就业协议》49人；组织企业参加云南国际人才交流会，拟招聘专业人才3人。培训公务员职业道德和诚信建设2 422人次；行业主管部门培训专业技术人员8 861人次；规划农村订单、定向免费培养医学生6人；设置鼓励专业技术人员到乡镇基层服务岗位17个。

【人事档案管理】 全年接收人事调入档案12册，审核94家单位1 811名事业人员人事档案，协助各单位查阅人事档案3 275册，审核办理学历学位变更536人。

【职称管理】 做好工程、农业、卫生、教育等专业技术职称评审推荐工作，正高级6人、副高级558人、中级448人、初级311人。高技能人才考核通过技师31人、高级工77人、中级工30人、初级工1人。

【劳动监察和仲裁】 督促788家用人单位参加劳动保障执法年审，日常巡查920家用人单位劳动用工情况。立案办理农民工工资拖欠案件15件，涉及农民工58人，涉案金额47万元，结案率100%。办理各级督办件9件，涉及劳动者66人，涉案金额162.08万元。协调处理农民工工资拖欠案件100余起，涉及金额1 200万元。执行农民工工资保证金制度，专户滚动结存3 155.87万元。办理214件劳动争议案件，其中裁决结案94件、调解结案54件。完成劳动用工登记2 200余人次。审批10家企业部分岗位实行不定时工时制和综合计算工时工作制。审批发放《劳务派遣经营许可证》11家。按程序认定16家单位18人工龄。

【"放管服"工作】 区局深化"放管服"改革，简化办事流程。录入在昭阳区本级政务服务事项139项，经区编办和区发改局审核准确率100%。依据相关法律法规取消1项行政职权事项，调整10项行政职权事项，选派2名工作人员到区政务服务大厅为民服务。

昭阳区扶贫办

【概述】 2018年年初，全区145个贫困村出列54个，未出列91个（含深度贫困村50个）、贫困人口22 980户94 100人。因病致贫2 208户，占贫困户9.61%；因残致贫1 487户，占贫困户6.47%；因学致贫1 828户，占贫困户7.95%；其他因灾、缺土地、缺水、缺技术、缺劳动力、缺资金、交通条件落后、自身发展动力不足致贫17 457户，占贫困户75.97%。2018年，实现减贫11 292户47 053人、21个贫困村出列。

【村村清、户户清行动及贫困对象动态管理】 昭阳区制定印发《昭阳区全面开展村村清、户户清行动切实扣好精准扶贫第二粒"扣子"工作方案的通知》《昭阳区脱贫攻坚大调研大遍访专项行动方案的通知》，围绕"村村清、户户清"行动在全区范围内组织一次为期40天"大调研、大遍访"专项行动。区级领导遍访所有村（社区）30%以上村民小组、10%以上贫困户，共遍访贫困户1 194户。全区各级挂包单位100个，派出各级挂包干部6 877人参加"大调研、大遍访"工作，调研4.9万户20.78万贫困人口家庭人口结构、致贫原因、收入来源、务工情况、就医就学等情况，建立5类15个清单。各乡镇办事处紧扣2017年年度省级扶贫开发成效考核、巡视反馈、第三方评估、督查检查，发现致贫原因不精准、帮扶措施不精准、资金使用不精准等问题，形成问题清单，全面整改落实。纠正贫困户致贫原因偏差12 774户，修正国办系统问题数据14 205条。调整和补录建档立卡户数据信息，整户清退1 948户7 569人，人口清退266人，整户补录60户259人，家庭成员补录1 755人，脱贫回退91户368人，新识别472户1 701人，返贫13户63人，精准建档立卡贫困对象。

【产业扶贫】 苹果产业：按照"良种良法和组织化、党支部+合作社+农户全覆盖"要求，由政府采购苗木、区农业局派出专业技术团队指导，在北闸镇等13个乡镇、街道新植苹果1 381.46公顷，其中贫困户种植苹果58.99公顷，覆盖319户1 306人。由区农投公司、区易地扶贫搬迁产业发展有限公司在北闸镇、永丰镇、苏家院镇高标准建设现代苹果示范基地3个1 000公顷，贫困群众通过产业扶持资金和产业发展贷款资金入股方式获得收益，助推脱贫1 061户4 699人。

马铃薯产业：采取"脱毒良种、机耕机耙、种植节令、种植标准、配方施肥、地膜覆盖、田间管理、病虫防治、分级包装""九统一"绿色高产高效集成技术，完成马铃薯种薯扩繁核心基地4个933.33公顷（北闸镇小凉山200公顷、靖安镇西魁梁子333.3公顷、小龙洞乡宁边、小墕包种植200公顷、大山包镇200公顷），助推脱贫1 225户4 483人；大山包镇等12个乡镇马铃薯种薯扩繁种植1 500公顷，助推脱贫5 460户22 922人。

蔬菜产业：投入资金4 333.8万元，建设太平黄竹林蔬菜基地1个133.33公顷、靖安蔬菜基地1个133.33公顷、永丰现代农业庄园1个，就地就近吸纳1 676户7 181人建档立卡贫困群众务工。

畜牧产业：投入资金2 548万元，在北闸镇等10个乡镇，养殖生猪、肉牛、蛋鸡等畜牧养殖，助推脱贫2 595户10 935人。

【易地扶贫搬迁】 2018年，昭阳区实施易地扶贫搬迁建档立卡1 676户7 181人，借鉴幸福馨居安置点经验，坚持一区一策、量身定做，以劳动力转移就业扶贫行动"五个一批"方式，保障每户贫困户至少有一人就业,探索推行以"三变"改革资产收益、"前厂后店"、扶贫车间、扶持自主创业等多种模式实现稳定收入,确保"搬得出、稳得住、能致富"。

【劳动力转移就业扶贫】 围绕"让有条件建档立卡劳动力实现100%就业培训、100%推荐就业岗位、50%以上转移就业,建档立卡贫困家庭至少1人就业"目标,根据贫困劳动力情况,分类开展培训440期3.3万人,实施"五个一批"(结合产业发展就近就业一批、提高组织化程度转移就业一批、园区安置就业一批、巩固自发输出稳岗就业一批、开发扶贫岗位安置就业一批),转移就业5.64万人。对年龄较大、文化素质不高、部分丧失劳动能力建档立卡贫困人口,通过开发乡村环境整治员、劳务信息员、护路员等扶贫公益岗位,托底安置1 492人。2018年,实现跨省就业18 240人,省内就业8 867人、就地就近就业29 257人。

【资产收益扶贫】 按照"资产变股权、集体有股份、农民有权益"思路,推进"三变"(资源变资产、资金变股金、农民变股东)改革,发挥龙头企业带动作用,以资产股权为纽带,以公司为平台,以合作社为支撑,整合产业发展资金,投资入股龙头企业、农民专业合作社等新型经营主体统一经营,组建农投公司,嫁接龙头企业,助推建档立卡贫困群众脱贫1 937户8 368人。

【生态扶贫】 实施退耕还林造林工程4 666.67公顷,重点覆盖实施易地扶贫搬迁村及2018年计划脱贫靖安镇、青岗岭乡、乐居镇、守望乡建档立卡贫困群众。聘用有劳动能力建档立卡贫困群众125名担任天保工程护林员,新增生态护林员562名,全区生态护林员837名,每年人均补助8 000元。

【社会保障兜底扶贫】 确保贫困群众100%参加城乡居民养老保险,同时,整治低保乱象,精准认定兜底保障对象4 646人,通过政策性兜底实现脱贫。

【健康扶贫】 落实医疗保障,建立完善城乡居民基本医疗保险、大病保险、医疗救助措施。履行"先诊疗后付费"和"一站式"即时结报,开展"三个一批"救治工作。全区抽742名医护专业技术人员,组建家庭医生团队183个,建档立卡贫困人口签约200 985人,服务200 985人次。建立健全健康扶贫长效机制,防止因病致贫、因病返贫。

【教育扶贫】 落实雨露计划资助1 913名中职和高职学生,资助金额573.15万元,学前教育助学金资助306.45万元20 430人次;享受中小学寄宿生生活补助学生42 520人次,补助资金2 556.79万元;农村义务教育营养改善计划资金6 602.04万元,受益中小学生165 051人次;发放普通高中助学金793.42万6 568人次,建档立卡学生全部享受一等助学金;发放建档立卡学生生活补助709.88万元5 679人次;下拨普通高中免学杂费资金367.48万元7 933人次;发放中职助学金180.37万元2 121人次;下拨中职免学费资金257.40万元2 315人次;140名考取大学学生享受困难新生入学补助9.4万元,其中卡户生74人;155名优秀大学生享受每年5 000元优秀学子奖励计划,资金77.50万元;47名建档立卡大学生享受建档立卡学生学费奖励资助,资金23.50万元;办理大学生生源地信用助学贷款学生5 234人,发放贷款4 031.19万元,其中卡户贷款学生1 681人,金额1 287.57万元。没有一个学生因贫困而失学辍学。

【农村危房改造】 成立农村危房改造办公室,推行"十包"责任制,各行业部门抽派12名专家成立区级农村危房改造专家组,按照《昭阳区危改办提供模板细化修缮加固方案》,到17个乡镇指导农村危房改造技术、培训工匠。2018年,重点对贫困村4类重点对象全覆盖,安排实施6 034户,其中建档立卡贫困户4 935户。

【基础设施扶贫】 严格对标对表脱贫出列摘帽标准,按照"缺什么、补什么"原则,多种模式实施补短板工程,新建脱贫出列村文化活动场所111个;实施重大水利工程11项,贫困村饮水安全有保障。推进广播电视、网络等基础设施建设,所有贫困村通电、通话、通网实现全覆盖,建制村通硬化路目标全部实现。

【社会扶贫】 全区累计完成贫困户"中国社会扶贫网"注册45 295人,占91.51%,爱心人士注册8 474人;发布物品需求信息16条、资金需求信息203条,对接成功46条,成功率22.66%,捐赠资金5.475 6万元。

【东西部扶贫协作】 2018年,昭阳、东莞在"1+8"框架协议下,共商"3+1"模式下扶贫协作工作,签订《结对及项目合作协议》16个。在石碣与昭阳结对帮扶基础上,新增石龙、茶山镇与昭阳区结对,开展"镇镇、镇村、村企"等帮扶工作,实现东部企业与14个贫困村结对,选派挂职干部2名、技术人才9名开展支医、支教工作。2018年,投入扶贫协作资金3 160万元,引进东莞立时电子厂、鸿宝科技股份有限公司入驻昭阳工业园区。4月,石碣润丰果蔬有限公司与昭通昌宏信达农贸有限公司合作,成立"莞昭果蔬供应链昭阳区华苑小区澳蔬菜种植基地",试种10余种供港蔬菜品种。

【项目库建设】 采取"自下而上""自上而下"相结合方式,按照"村申报—乡镇审核—区级审定"项目评审程序,牵头相关行业部门和乡镇召开项目库建设培训会议10余次,历时7个月,通过区级评审、市级审定,历经18次修改,紧扣"两不愁、三保障"目标,按照"缺什么,补什么"原则,指导乡镇(街道)精准绘制村级施工图、乡级路线图,编制区级项目库,形成区有项目库、乡有路线图、村有施工图精准脱贫攻坚规划体系。项目库建设涉及12大项51类148个子项目,三年计划总投资1 226 458.64万元。

【小额扶贫贷款】 按照《昭阳区扶贫开发领导组关于下达2018年年度扶贫小额信贷计划的通知》文件,全区2018年小额贷款发放10 292.05万元,覆盖3 224户建档立卡贫困户,重点用于贫困户发展苹果、马铃薯、天麻种植及生猪、母牛养殖等产业。

【扶贫项目和资金管理】 推行公开公告公示制度,加大监督检查力度,优化资金审批流程,加快资金拨付进度,管理资金使用。牵头组织相关行业部门成立督查检查组,每季度督查检查一次财政专项扶贫资金项目,发现问题下发整改通知,及时整改,确保扶贫资金阳光操作,运行安全,避免违规违纪现象发生。

【档案管理】 昭阳区扶贫办与区档案局联合举办全区档案管理工作培训会议,培训全区20个乡镇(街道)和27个扶贫相关行业部门相关人员,印发《昭阳区脱贫攻坚档案管理办法》(暂行),规范全区档案管理工作。组织区级检查组到各乡镇(街道)检查村档、户档等,存在问题,当场发现当场指出,明确整改方法;通过现场培训等方式,指导业务,帮助乡村解决疑难困惑,逐村逐户梳理完善村级档案、"一户一档"及区级各部门档案资料,促进脱贫攻坚档案管理规范化、常态化。

【表彰】 范雪荣,获昭阳区人大常委会授予"先进工作者"称号。

朱凤鹃,获中共昭通市委授予"抓党建促脱贫攻坚优秀个人"称号。

昭阳区移民局

【黑石罗水库移民搬迁安置】 黑石罗水库淹没处理及征地涉及昭阳区苏甲、洒渔2个乡镇、4个村民委员会、18个村民小组,需搬迁安置184户749人。其中自行安置121户512人,集中安置63户237人。截至2017年11月10日,自行安置移民基本完成。永丰镇小闸村安家营集中安置点,于2018年10月24日组织移民代表(施工监督员)、监理、施工方、市黑石罗管理局、永丰镇等多方勘查验收移民住房,交付移民搬迁入住,协调区公安分局、苏甲乡、永丰镇为集中安置移民办理户籍迁入等手续,全部迁入永丰镇。30户移民交清房建尾款。

【溪洛渡水电站新增地质影响区搬迁安置】 金沙江溪洛渡水电站昭阳库区新增影响区涉及

炎山、田坝2个乡镇3个行政村、8个村民小组194户827人。炎山镇烂田坝涉及93户333人，完成实物指标调查复核及移民人口界定、移民意愿调查工作，应急过渡搬迁5年多；炎山镇大沱八组涉及45户201人，完成实物指标调查复核及移民人口界定、移民意愿调查工作，应急过渡搬迁4年多。田坝乡水屯村石格涉及56户293人，完成实物指标调查复核及移民人口界定、移民意愿调查工作全部，应急过渡搬迁4年多；炎山镇大沱村烂田坝、大沱八组和田坝乡水屯村石格闹3个新增地质影响区194户827人签订《移民安置协议》。

【溪洛渡水电站昭阳库区移民安置收口工作】 溪洛渡水电站移民搬迁安置涉及昭阳区炎山、田坝、大寨子3个乡镇、5个村、35个村民小组，移民1 097户4 893人。其中：区内集中安置在龙汛安置点（金江社区）654户2 979人；分散安置51户248人；自行安置15户47人；纯生产安置127户558人；外迁玉溪市峨山县化念镇安置56户234人；新增影响区194户827人。

【移民搬迁安置缺口资金】 全区移民搬迁安置缺口资金49 449.91万元，成堪院初步纳入缺口一类47 754.4万元、二类1 584.17万元、三类111.34万元。

【后扶项目实施工作】 昭阳区大中型水库移民后期扶持涉及段家石桥水库、永丰水库、跳墩河水库、高桥电站、渔洞水库、溪洛渡水电站。移民后期扶持涉及18个乡（镇）办事处、115个村、1 106个村民小组共23 994人。2018年，下拨给全区75个项目总投资3 541.5万元。其中61个新建和改造村组道路建设项目投资2 939.5万元，建设里程约42千米，改善提升178个移民村组道路通行状况；8个小型水库维修项目投资332万元，解决366.67公顷灌溉困难问题；5个文化广场建设投资221万元，为3 800移民提供休闲、娱乐、文化活动场所；1个移民技能培训项目投资49万元，提高500移民种植、养殖知识技能。项目实施后，全区261 628群众受益。后期扶持直补资金22 339人1 005.255万元（其中730人43.8万元因相关资料收集不完整，资金暂未发放），核减后期扶持直补人口189人。

【移民避险解困试点工作】 区大中型水库避险解困帮扶对象涉及1991年4月30日前开工建设渔洞水库、跳墩河水库、段家石桥水库、永丰水库。其中第二批避险解困项目概算投资13 080万元，帮扶对象889户3 270人（洒渔镇218户743人、乐居镇25户102人、大山包镇137户313人、苏甲乡29户114人、永丰镇480户1 998人）；第三批避险解困概算投资16 880万元，帮扶对象1 359户4 220人（洒渔镇240户949人、苏甲乡61户221人、北闸镇68户202人、布嘎乡174户419人、靖安镇6户21人、守望乡301户663人、苏家院镇47户143人、田坝乡51户136人、小龙洞乡258户952人、炎山镇23户44人、旧圃镇130户470人）。第二批避险解困项目洒渔镇大桥村安置点场平、挡墙、污水管网、广场建设基本完成，移民群众房屋5号、6号、7号、8号、9号、10号楼封顶；苏甲梨园村安置点完成建房主体工程27户；乐居镇安置点完成建房主体工程21户；大山包镇移民安置在永丰镇新民社区，征地、场平完成，进行基础开挖；永丰镇元龙村安置点完成广场建设。第三批避险解困项目通过省移民局初步评审。

【金江社区改水改电工作】 金江社区移民安置点自2013年移民搬迁安置至今，水电费由移民局支付，已经支付1 200余万元。2018年3月下旬，启动金江社区水电升级改造工作，区局在金江社区召开现场推进会20余次，做移民思想工作50余次。8月4日，召开现场推进会，调派太平执法大队20人、园区派出所民警10余人。10月中旬，水电改造既定项目基本完成。

【"挂包帮、转走访"脱贫攻坚工作】 区局精准扶贫挂钩旧圃镇后海村和红泥村。单位派驻2名正科级党员领导干部和2名党员同志分别到后海村和红泥村担任扶贫工作队员，全体干部职工参与挂钩联系帮扶建档立卡户。后海村有建档立卡户474户，其中2018年新识别5户；已脱贫390户，其中2018年脱贫13户，未脱贫

71户。区局在后海村实施6个项目,其中5条村内道路建设和1个抗旱塘建设,总投资290余万元;为后海村购置垃圾箱4个。红泥村有建档立卡户37户,2017年,已脱贫7户,2018年,脱贫10户38人;完成37户建档立卡户大遍访和"村村清""户户清"工作。帮助红泥村解决工作经费3万元。

【党风廉政建设】 2018年,局党组专题研究党建和党风廉政建设工作3次,局党组书记、局长讲专题党课3次,党组副书记讲专题党课2次,纪检组长讲党风廉政专题党课1次,局党组书记与班子成员廉政谈话2次;党支部召开支委会11次,党员大会3次,上党课5堂,开展"支部主题党日""牢记初心、不忘使命"主题教育等"讲习活动"7次,开展"党员服务日"活动1次,上廉政党课1次;投入经费5万余元打造过道、走廊党建、党风廉政建设、意识形态工作宣传栏,四楼会议室建成"党员活动室""新时代讲习所";选送各级媒体宣传报道信息8篇,其中昭阳党建网采用4篇,省移民局内刊选用2篇。

【信访维稳工作】 实行局班子成员分片区挂钩联系各乡(镇)、办事处,每一个班子成员对挂钩联系乡镇、办事处和所包保问题负总责。制定《昭阳区移民开发局信访积案化解及包保稳控工作方案》。摸排渔洞水库"两山""两头无地""避险解困"等10个方面突出问题,局班子成员及相关科室认领问题,提出措施办法;政策解答移民提出后扶直补、移民长效补偿标准低、生活困难、"两山"确权等问题。

昭阳区计生协会

【宣传工作】 "5·29会员活动日"期间,开展宣传服务活动90余场,发放宣传资料10万余份、避孕药具1万余盒。全年计生协会撰写上报工作信息536篇,被省、市、区主流媒体及网站采用50次。

【义诊活动】 区计生协会邀请昭通渝博肛肠医院到布嘎、洒渔、苏甲、大山包等乡镇开展"济困扶贫健康行动"巡回义诊活动,免费为2 000余户计生家庭进行义诊,发放各种健康宣传资料3 000余份。

【计划生育家庭意外伤害保险】 2018年,市下达昭阳区推动计划生育家庭意外伤害保险任务70万元,全区组织1.87万户计划生育家庭投保,实收保费95.33万元,占任务136.19%。全区赔付218件,其中死亡赔付23件、医疗赔付193件、伤残赔付2件,赔付总金额60.87万元,赔付率63.85%。

【"幸福微笑——救助唇腭裂儿童"公益项目】 3月20日,"幸福微笑——救助唇腭裂儿童"公益项目在昭通市仁安医院启动。昭阳区唇腭裂儿童45名,其中从未做过手术25名,通过筛查,国际医疗队为辖区17名唇腭裂儿童实施免费手术,区计生协会在术后跟踪回访唇腭裂儿童。

【关怀慰问活动】 区计生协会在"春节""三八妇女节""5·29会员活动日"等节日期间,筹措资金4万余元,慰问计生特殊困难家庭。

【计生基层群众自治】 2018年,区政府将计生基层群众自治工作纳入计生协会工作目标管理考核,区计生协会指导183个村(居)修订村(居)规民约,加强组织建设、阵地建设和制度建设。

【计生家庭维权工作】 2018年,昭阳区将维权项目目标人群扩大至10个项目点计划生育家庭和流动人口计划生育家庭,总户数5.8万户,22.2万人,项目实施期限2018年4~12月。

【流动人口计生协服务】 昭阳区有14个流动人口计生协会和2个企业计生协会。2018年,在昭阳区凤凰办事处石头塘社区鑫泰盛建材城新建1个流动人口计生协会和在太平办事处昭通北港管理服务公司新建1个企业计生协会。

【脱贫攻坚】 区计生协会派出1名副会长到炎山镇庙湾村驻村,开展精准扶贫工作,向庙湾村拨付扶贫工作经费5 000元；机关党员干部职工2次到炎山镇庙湾村开展脱贫攻坚大遍访工作，结对帮扶54户，协助庙湾村开展人居环境整治7次，异地搬迁宣传4次；争取省计生协会项目资金10万元，与云南省中西医结合医院驻苏甲乡布兴村工作队在苏甲乡布兴村开展计划生育贫困户养殖帮扶项目。

【党建工作】 区计生协会组织党员干部学习十九大会议精神、《党章》《习近平谈治国理政》等内容20余次；建立党员学习、党务公开、民主评议、党员联系群众等制度，执行"三会一课"、民主生活会、组织生活会、民主评议党员、"党费日""党员服务日""主题党日"制度；开展"万名党员进党校"培训活动和"新时代讲习所"讲习活动。

【表彰】 刘坤，获昭阳区政府授予"昭阳区2017年年度计划生育协会工作先进个人"称号。

铁欢，获云南省计划生育协会授予"2017年年度省级优秀宣传员"称号。

昭阳区残联

【党风廉政建设工作】 区残联主要领导与分管领导、分管领导与科室负责人、科室负责人与办事人员层层签订《昭阳区残联2018年党风廉政建设责任书》。坚持主要领导与分管领导、分管领导与科室负责人、科室负责人与工作人员廉政谈话。落实本单位《重大资金使用》《重大项目建设》《重要政策》等"三重一大"制度，在班子扩大会议上研究后形成正式文件报请区政府批示后执行，要求项目经办人员按照规定做好痕迹资料收集整理。

【脱贫攻坚】 区残联干部职工到脱贫攻坚挂钩旧圃镇锦屏村走访慰问158户建档立卡贫困户、残疾户，送上春节慰问品。开展"村村清、户户清"大调研、大遍访工作。区残联理事长曾聪走访贫困户16户，副理事长牛咏走访贫困户7户，副理事长张炜走访贫困户6户，杨庆忠走访贫困户5户，肖远惠走访贫困户5户，王明秀走访贫困户5户，冯成凤走访贫困户6户，王立俊走访贫困户6户。驻村队员马军走访贫困户115户。单位出资1.2万元用于乡村环境整治购买垃圾处理设施，下拨工作经费5 000元，完善复核项目建设涉及3 462户3 613人。

【康复工作】 免费药物治疗及住院治疗救助贫困精神病患者，资助免费住院266人，免费服药33人。开展脑瘫患儿康复训练，资助89名脑瘫患儿脑瘫康复训练。为辖区内15名18岁以下听力言语残疾儿童提供言语康复训练，免费安装助听器29名。为21名贫困截肢残疾人免费安装假肢，19名肢体残疾儿童免费实施矫治手术。发放轮椅、拐杖、三角杖、四角杖、坐便椅、助行器、盲杖等各类辅助器具619件。

【教育就业文体工作】 组织"助残就业同奔小康"百企千人创业就业活动，扶持52名自主创业残疾人创业。配合昭通市特殊教育学校招收15名智力残疾儿童。一次性助学补助28名考取本科、大、中专残疾人及残疾人子女1 000~3 000元。培训全区残疾人及其家庭劳动实用技术505人次。帮助4家盲人按摩店标准化达标建设。全省第十一届残运会，昭阳区10名残疾人运动员共夺得奖牌5金6银2铜。

【帮扶工作】 元旦春节期间，走访慰问部分自主创业残疾人、文体人才、贫困残疾人2 462人。收集残疾人机动轮椅车燃油补贴资料，为241名下肢残疾人申报燃油补贴。协助区住建局核实4类重点对象贫困残疾人危房改造信息。组织20个乡（镇）、办事处分管领导、残联理事长、村（社区）工作人员召开残疾人基本服务状况和需求专项调查动态更新及残疾人精准康复服务业务培训会。

【宣传工作】 2月6日，到旧圃镇文化广场，参加区委、区政府组织2018年文化科技卫生"三下乡"活动。3月3日，区残联到旧圃镇文化广场组织第十九次全国"爱耳日"宣传活动。接受群众咨询、义诊及听力测试200余人次，发放爱耳、护耳知识宣传资料800余份。8月25日，在主席像广场开展残疾预防日义诊、宣传活动。组织义诊活动,昭通市第一人民医院、昭阳区龙泉社区精神卫生中心各科室专家医生对视力、听力、肢体、精神疾病等类别进行义诊,发放宣传资料1 000余份。

【残疾人证换发工作】 从2009年起,昭阳区全面启动第二代《中华人民共和国残疾人证》换证工作,共核发第二代残疾人证17 690本。

【确定定点医院】 区残联与昭通市第一人民医院眼科、耳鼻喉科、昭通市精神卫生中心、昭阳区龙泉社区卫生服务中心、李景铧中医骨伤专科医院等医疗机构召开专题工作会议,确定各类残疾等级评定定点医院。

【"两项补贴"】 2018年,审核8 506名贫困残疾人生活补贴和4 704名重度残疾人护理补贴。

【征收残疾人就业保障金】 区残联审核全区行政、事业单位及企业聘用残疾人和残疾军人情况,为区地方税务局征收2017年残保金提供依据,并纳入政府性基金管理。

【换届选举】 召开全区残疾人代表会,经142名代表选举产生曾聪为理事长,牛咏、张炜为副理事长的新一届执行理事会。

昭阳区红十字会

【应急救护培训】 1~11月,累计开展有偿应急救护培训290余期,17 700余名初学机动车驾驶员通过培训、考核取得《卫生救护员合格证》。先后在7个乡镇(苏家院、旧圃、永丰、布嘎、守望、靖安、青岗岭)培训灾后恢复重建技术和红十字会基本知识、应急救护知识、避险知识等,3 200余人参训。

【援助项目】 香港红十字会援助项目民房援建459户,全部竣工入住;社区设施项目518万元,在乐居镇、苏家院镇、守望乡、布嘎乡、永丰镇、旧圃镇实施,除苏家院镇坪子村外,其余乡镇完成审计,启动结算款拨付;太阳能安装竣工验收,已拨预付款;社区建设培训(民房维护培训、志愿者培训、学校培训、村民培训等)7个项目全部完成。总会第一批博爱家园项目和省红会博爱家园项目360万元,工程竣工验收并拨款,发放生计资金。靖安镇3个村生计资金45万元和软件建设资金12万元调整到苏家院镇。红十字会工作站均建立,各个项目点应急救护站设施配备齐全。总会第二批博爱家园项目200万元,在靖安镇碧海村、乐居中河村、盘河镇新店村、苏家院迤那村、太平办事处平安社区实施。项目全部竣工,除太平办事处和盘河镇新店村,其余乡镇拨预付款。生计资金除盘河镇新店村外,其余乡镇资料已下发到农户手中。

【救助援助】 2018年,申报"李家杰先天性心脏病救助基金"11例、救助9例;申报"中国红十字基金会小天使白血病救助基金"5例,救助1例;开展各类送温暖慰问活动13次,发放大米、食用油、急救箱、衣物、被褥行李、拉杆箱等慰问物资,合计价值38 663元,慰问2 000余人。争取各项价值557 360元物资发放。接受医疗设备2套捐给市第一人民医院和市妇幼保健院,价值46.5万元。

【防艾宣传】 2018年,培训宣传防艾知识120期10 936人,问卷调查艾滋病知识知晓率2 610人,联合区防艾办组织应急救护培训学员完成艾滋病筛查540人。

【人体器官捐献】 2018年,完成注册登记人体器官捐献志愿者6人;志愿者人体器官捐献1例,成功移植一枚肾脏、一个眼角膜。

【外宣工作】 参加昭阳区各单位组织公益性活动,宣传红十字精神。推动"五进"工作,宣传自救互救、造血干细胞捐献、无偿献血等知识,现场模拟演练初级应急救护技能。利用昭阳区红十字会微信公众平台,宣传昭阳区红十字会工作及重要活动。

【脱贫攻坚】 区红十字会挂钩扶贫旧圃镇大村村,全村有234户建档立卡贫困户951人,其中已脱贫197户802人,未脱贫37户129人。建档立卡,帮扶贫困户"一户一档",完善贫困户入户调查表、问卷、信息采集、结对帮扶、遍访访谈表等表格,建立大村村扶贫档案室,规范管理扶贫工作。完成"互联网+"APP注册。参与河道清理整治行动,清除扶贫挂钩点昭鲁大河大村段河道两侧垃圾。

昭阳区防震减灾局

【召开防震减灾工作会议】 2018年10月,区政府召开常务会议,专题研究防震减灾工作。通过《昭阳区关于贯彻落实〈全省地震应急防范准备工作整改方案〉的实施意见(送审稿)》并印发各单位和各乡(镇)、办事处。把防震减灾工作责任、工作任务分解落实到各相关单位、各乡镇办事处,强化各级党委政府主体责任和部门责任,完善预案,提升应急指挥调度、应急救援能力,储备救灾物资。同时,研究防震减灾局工作经费。

【基础设施建设】 昭阳区巡龙地震综合监测站位于洒渔镇巡龙村18组,属鲁甸"8·3"地震灾后恢复重建建设项目,主体工程于2016年8月验收。2018年12月,区防震减灾局争取资金支持,投入10万元,建设观测站围墙,保护观测设施,美化观测环境。

【防震减灾知识培训】 2018年11月8日,区防震减灾局和区教育局联合在凤凰中学组织防灾减灾知识宣传和应急演练活动。全区中小学分管安全副校长和幼儿园园长参加防灾减灾、避震相关知识培训及地震疏散应急演练。

【防震减灾法治化工作】 按照推进"放管服"改革相关要求,区防震减灾局制定《部门责任清单、权利清单》,做好防震减灾公共服务。按照职能职责,梳理上报《昭阳区承担行政职能事业单位职能清理整合和机构调整详细表》,明晰防震减灾工作权责清单。

【完善群测群防机制】 在各乡镇、办事处推进群测群防"三网一员"[地震宏观测报网、地震灾情速报网、地震知识宣传网和乡(镇)、办事处防震减灾助理员]工作。观测异常并收集和报告情况。2018年12月9日,下午4点左右,乐居镇仁和村1社邓廷芬报告井水出现翻花冒泡,下午8点左右变弱,呈珠串式冒泡,10日早上8点,冒泡现象完全消失。区防震减灾局立即核实,并及时上报昭通市防震减灾局。

【新建基准站和基本站建设】 区局配合国家地震烈度速报与预警工程云南子项目新建基准站和基本站,启动租地工作。在昭阳区大山包镇合兴村、炎山镇松乐村、苏甲乡苏甲村、小龙洞乡小米村和全区11所中小学校选点建设地震预警系统。同时管理成都高新减灾研究所在昭阳区的地震预警系统网络。

【"五一二"防震减灾科普宣传】 2018年5月12日,昭通市减灾委办公室、昭阳区政府在主席像广场举办以"行动起来,减轻身边的灾害风险"为主题全国防灾减灾日宣传活动。昭通市、昭阳区民政、国土、交通、医疗、红十字会及防震减灾等10余个部门在毛主席像广场联合开展防灾减灾科普宣传活动,发放防火、防震、防涝、防病患等科普资料,宣传、讲解防灾减灾和自救互救相关知识,播放防灾减灾宣传教育影音资料,展出展板,蓝天救援队展示相关器材,组织心肺复苏、昏厥救护急救演练。区局在此次宣传活动中,发放防震减灾宣传资料1 000余份、科普宣传口袋500余个、展出展板12块,并提供现场咨询。

【脱贫攻坚】 区局12名挂包干部结对帮扶炎山镇炎山村贫困户116户。安排1名职工驻村帮扶,组织职工到挂钩村遍访建档立卡贫困户,非驻村干部入户走访累计54天,调查贫困户家庭成员结构、生产生活条件、就医就学及发展愿景等基本情况。协助炎山镇党委政府和挂钩炎山村找准致贫原因,制定《脱贫出列方案》《单位帮村计划和干部帮户计划》,围绕"两不愁、三保障"脱贫任务目标开展工作。协助炎山村完成贫困村"三年行动"方案、到户措施编制工作。拨付5 000元扶贫工作经费。

昭阳区气象局

【基础业务】 2018年，未使用超检仪器，没有发生责任性事故，常规观测资料传输及时率99%，国家级自动站资料传输及时率99%，区域站观测资料传输到报率98%，MDOS反馈及时率100%，闪电定位资料传输到报率95%以上。

【气象服务】 在春节、春运、全区两会、森林防火、春耕春播期间提供气象服务。做好大风降温、寒潮、冰雹、强对流等灾害性天气预报预警工作。为"7·12、8·4、8·10"城市内涝、"2018年昭通苹果展销会""2018年全省集体经济现场会"等重大活动提供"滚动式"专题气象保障服务。2018年，制作提供《气候影响评价》16期、《气候趋势预测》14期、《干旱监测报告》4期、《农业气象专题服务》21期、《农业气象旬报》36期、《农业气象月报》12期、《烤烟气象专题服务》2期、《烤烟气象旬报》21期、《烤烟气象月报》6期、《气象专题服务》80期、《重要天气消息》14期、《重要天气预警》123期、《一周天气预报》53期、《地质灾害气象风险预警》33期，以上共计431期。

【人工影响天气工作】 2018年，区政府下发《昭阳区人民政府办公室关于印发昭阳区2018年人工影响天气实施方案的通知》，全年开展人工防雹作业281次，用弹5 096发。

【植树造林】 3月17日，区局组织职工在守望乡朱家山义务植树活动，栽种70余棵雪松、侧柏。

【祭扫活动】 4月4日，昭通市、昭阳区气象局在昭通市烈士陵园组织开展以"文明祭祀、生态昭阳"为主题的清明节祭扫活动。

【参与全民阅读活动】 区局参与昭通市气象局组织2018年"全民阅读·书香机关"阅读活动，参加昭通人民广播电台策划《书香昭通》栏目。

【党建工作】 2018年，召开支部党员大会10次、民主生活会2次、组织生活会1次，领导干部上党课10次。结合"四城同创，美化家园"等主题党日活动，推动党建活动规范化。

【脱贫攻坚】 区气象局派驻2名工作队员到炎山镇庙湾村定点帮扶64户建档立卡贫困户252人，为村委会购置8 000元办公用品及耗材，拨付1万元工作经费，在技术和资金等方面给予扶助。全局干部职工多次到炎山镇庙湾村走访调研，建立干部职工与建档立卡贫困户包扶联系制度，建立党员干部"1+1"帮扶档案。4月28日，区局根据昭阳区地理气候及灾害特征，在江山大酒店培训112名驻村工作队员气象、防灾减灾等知识。7月25~26日，区局干部职工到炎山镇庙湾村开展"村村清、户户清"大调研、大遍访、"回头看"行动。发起自愿爱心捐款，13名职工向张有富家患有肾病综合征的儿子张应强捐助爱心款3 050元。

【表彰】 牛贵成，获中国气象局授予"全国人工影响天气工作先进个人"称号；荣获区委、区政府授予"昭阳区2018年安全生产先进个人"称号。

昭阳区农村人力资源开发办公室

【脱贫退出转移培训】 根据区委、区政府2018年脱贫攻坚十大扶贫行动计划，区人力资源办会同区住建局、区农业局、区林业局、区总工会、区妇联、团区委等7个部门重点在14个乡镇、办事处，23个出列贫困村和42个其他村组织贫困人口脱贫退出能力素质提升转移培训，完成12 659人目标任务（其中技能培训4 283人、引导培训2 823人、现场培训5 553人），转移就业5 065人，其中从事当地种养业2 905人、就近就地转移1 512人、外出务工648人，实现创收1 284.9万元。

【制定中长期发展规划】 根据昭阳区脱贫攻坚项目库建设需要,审核18个乡镇、办事处《乡级路线图》《村级施工图》、审批《昭阳区脱贫攻坚项目库2018~2020年三年规划》。审核认定2018年项目任务12 659人、投资568.52万元,2019年项目任务7 134人、投资202.6万元,2020年项目任务270人、投资5.67万元。

【宣传招聘用工信息】 通过单位对外显示屏和宣传栏,宣传广东省东莞市29家企业用工招聘信息,印制发放用工信息宣传资料3万余份;依托昭通品鑫人力资源公司、昭通业图人力资源公司参与宣传江苏、浙江、福建、广东等地企业用工信息;在每期培训工作中,由云南省劳服实业总公司现场宣传省内省外企业用工信息。

【劳务招聘工作】 区农村人力资源办先后参与春风行动招聘会、东西部劳务协作就业专场大型招聘会、工业园区用工招聘会、易地搬迁劳务招聘会和东莞市赴昭企业现场招聘会。

【东西部对口帮扶协助工作】 2018年年初,安排1名副主任到东莞石碣镇实地考察对口协作工作;3~6月,派遣1名分管副主任到东莞挂职对口帮扶协助工作;10月,安排1名工作人员驻东莞劳务工作站工作。

【人力资源动态信息录入】 根据市人社局安排,区人力资源办配合,安排3名工作人员参与人力资源信息动态录入和季度考评工作。

【劳动力职业技能鉴定】 2018年,区农村人力资源办办理4 302人职业技能鉴定、审核、备案等,涉及工种:砌筑工49人、钢筋工69人、中式烹调师202人、焊工367人、电工506人、动物疫病防治员604人、农作物植保员2 505人。

【"两引"及务工维权服务】 2018年,区农村人力资源办印制1万册劳务维权法律知识手册,在招聘活动和培训期间发放和宣传。全年开展123期培训,每期设置务工常识公共课程,讲授进城务工常识和法律维权知识。

【脱贫攻坚帮扶走访】 区农村人力资源办按户制作挂钩帮扶明白卡和帮扶卡,帮扶青岗岭村11名挂钩干部逐户走访88户贫困户,入户发放《帮扶明白卡和帮扶卡》,让挂钩群众知晓应享受帮扶政策,知晓脱贫时间,知晓挂钩帮扶人、挂钩帮扶单位,通过微信、QQ、电话等联系方式增进双方联系和沟通。不定期分批进村入户走访各贫困家庭,了解全年各时期情况,及时作出回应、予以帮扶。

【脱贫攻坚帮扶工作】 帮扶青岗岭村中核实修改完善18户挂钩户信息,生活救助帮扶14户生活困难群众,与88户挂钩户座谈,并完成手机注册,发布8户9条帮扶需求信息,筹集帮扶资金523元。单位主要领导分别遍访、调研青岗岭乡青岗岭村、太平街道办事处黄竹林社区建档立卡贫困户,青岗岭村遍访69户、黄竹林社区遍访11户。年内,为42户贫困家庭送去大米和棉被。

【脱贫攻坚驻村情况】 区办派驻青岗岭村2名工作队员,单位领导与2名驻村队员谈心,调整1名到太平办事处黄竹林社区担任工作队长,留守1名在青岗岭村。不定期听取工作队长(队员)参与乡村(办事处、社区)控辍保学、危房改造、环境整治、两违整治、卡户动态调整、小额信贷、招聘宣传、低保清理和党建等情况汇报,为驻村队员购买意外伤害保险、健康体检、按月发放交通等补助费,为挂钩乡、村(社区)拨付5.5万元工作经费。

【脱贫攻坚项目监管】 区办成立项目实施领导组,分设2个项目监管组和1个机动督查组,分工落实项目监管和督促责任。按照项目实施方案,技能培训每期到场监管不少于3次,引导培训到场监管不少于2次,截至12月30日,累计到场实地监管、抽查390余次,保证7 324人转移培训任务完成。

【脱贫攻坚项目验收】 2019年1月4日,组织区人社局、区人力资源办、区农业局、区林业局、区住建局、区妇联、团区委、区总工会和靖安镇、守望乡、北闸镇、炎山镇、青岗岭乡、大山包镇、大寨子乡、盘河镇、洒渔镇、小龙洞乡、永丰镇、乐居镇、苏家院镇、田坝乡、太平办事处、苏甲乡等分管领导和劳保所长，分5个组考核验收区级2018年项目。

【党建工作】 2018年，由支部牵头组织干部职工集中学习33次，按季度开展4次道德讲堂讲座。定期开展支部党建等系列工作，组织党员参加万名党员党校培训活动，开展庆"七一"党建活动；到挂钩村开展2次主题活动，宣读党的脱贫政策。召开会议专题研究安排意识形态工作4次。

【机关纪律作风建设】 区办按照"六带头六严禁"规定和机关工作人员"七严守"行为规范，层层压实纪律作风建设责任，主要领导与分管领导、分管领导与分管科室层层签订《责任书》。主要领导和分管领导不定期抽查职工日常工作纪律、考勤管理和作风建设等方面执行情况。

【党风廉政建设】 区办把扶贫项目工作、大额资金使用、财务支出、人事管理纳入单位廉政建设重点管控、重点落实范围。通过扶贫领域腐败问题6次案例警示教育学习，构筑思想防线。项目实施期间，主要领导与培训机构签订《廉政承诺书》，落实就业扶贫政策、纪律监督和项目监管，杜绝扶贫领域腐败问题。单位大额资金、财务支出、人事调整均通过班子集中研究、部门会议通报传达，逐项落实。

【领导班子建设】 2018年，领导带头参加中心组集中学习33次，24次传达学习市、区党委政府重要会议精神。带头在线学习法律法规，开展警示教育，观看廉政影片，自觉遵行"六大纪律""六带头六严禁""七严守"行为规范。全年单位召集召开班子会议22次，研究决定和讨论事项涉及项目工作、就业、脱贫攻坚、挂钩帮扶、党建和党风廉政、纪律作风、工会妇女事务、大额资金使用、财务、公务用车、绩效考核、人事调整、驻村工作、农转城工作、保密工作和档案工作等25项工作63个事项。召开部门会议45次，涉及32项工作135个事项。召开专题会议14次，涉及14项工作26个事项。

【综治维稳工作】 2018年，区办与区防震减灾局共同出资聘用1名安保人员，负责单位日常安保工作；在一楼服务大厅安装6个高清监控设备。全年组织在职人员开展在线学法，全部通过学法考试；落实打击整治赌博违法犯罪专项行动，杜绝单位人员参与赌博活动；宣传提升群众安全感和执法满意度、扫黑除恶平安建设工作；工会组织相关法律法规知识竞赛答题和劳动法、劳动合同法、社会保险法网络知识竞赛活动；使用单位LED显示屏，配合爱民社区做好防传销和除"四害"、卫生预防宣传工作；将禁毒防艾、普法教育工作重点作为项目培训公共课程，提高农村劳动力及外出务工人员法治意识。

【保密工作】 2018年，区办召开1次保密工作班子会议、4次保密工作部门会议。日常工作中，有专人负责保密工作，涉密文件均通过涉密计算机处理涉密信息；涉密文件建立有接收记录台账，清退文件台账；按季度定期检查单位非涉密计算机、涉密计算机和相关办公设备。

【档案管理】 按照档案局归档管理标准，区办分类建立、完成2004~2017年文书档案、实物档案，完成2005~2015年科技档案整理、扫描、归档、移交工作。建立2015~2018年脱贫攻坚项目档案卷宗。正在整理、扫描2016年、2017年脱贫攻坚项目档案资料和2018年文书档案资料，收集、整理2018年脱贫攻坚项目档案资料。

组织机构及领导名录

中共昭通市委员会
  常 委：江先奎

中共昭通市昭阳区委员会
  书 记：江先奎
  副书记：陶 毅
      施华松（2018.06止）
      虞 进（2018.03止）
      李 昆（2018.04止）
      周 祥（2018.05任）
      梁晓阳（2018.03任）
  正处级：王传斌

中共昭通市昭阳区委员会
  常 委：江先奎
      陶 毅
      施华松（2018.06止）
      虞 进（2018.03止）
      梁晓阳（2018.03任）
      李 昆（2018.04止）
      何 枢（2018.10止）
      周 祥（2018.05任）
      李大捷
      耿礼俊（2018.08任）
      陶思茂
      刘兴发
      费忠平
      李文明
      陈 瑾（女）
      黎 勇
      万玉炎（2018.04任）
      赵玮辛（女，2018.06任）
      沈 洋

区委办公室
  主 任：费忠平
  常务副主任：王 雄
  副主任：陈增瑞（女，白族）
      张朝勇
  副科级：丁桂梅（女）
  事业副科级：马 力（回族）

区委机要局
  局 长：何 梅（女）
  副局长：胡仕金

区委督查室
  主 任：张朝勇
  副主任：毛 静

区国家保密局
  局 长：王 勤（女）
  副局长：陈 青

区机关事务管理中心
  主 任：范啟梅（女）
  副主任：刘云平（回族）

信息科
  科 长：张 凌（女）

昭通市昭阳区人民代表大会常务委员会
  主 任：罗正国
  常务副主任：陈 瑛（女）
  副主任：董睿武（女）
      迟焕彩
      马洪斌（回族）
  副处级：曾家才

办公室
  主 任：杨 明
  副主任：李蓓液（女，回族）
      黄 华（女）

民工委
主　任:锁才芬(女,回族)
副主任:王建军(苗族)
选联委
主　任:郑　景
副主任:曾　洁(女)
法工委
主　任:崔　敏(女)
副主任:李必顺
财经委
主　任:冷崇达
副主任:易莉桦(女)
教科委
主　任:杨　帆
副主任:曹先碧(女)
农工委
主　任:崔讲文
政研室
主　任:贺德芝(女)
环资委
主　任:陇　煜(彝族)

昭通市昭阳区人民政府
区　长:陶　毅
常务副区长:何　枢(2018.10止)
副区长:虞　进(2018.03止)
　　　　王文生(2810.12止)
　　　　叶建平(女)
　　　　李大捷
　　　　万玉炎(2018.02任)
　　　　陶思茂
　　　　赵玮辛(女,2018.08任)
　　　　俞国汉(2018.05止)
　　　　邹云坤(2018.05止)
　　　　孙成国(2018.05任)
　　　　柯大林
　　　　吴　昆(女,回族,2018.08任)
　　　　马贤武(回族)
　　　　刘凤慧(女,正处级)
　　　　龚　黎(女)
　　　　张　兴(2018.05任)
副处级:郭映辉
　　　　邓发奎
　　　　安启能(彝族)

易迁办
主　任:邓发奎
脱贫攻坚领导组
副组长:安启能(彝族)
区政府办公室
主　任:李林森(回族)
副主任:刘　松(2018.07任)
　　　　吴发芬(女,彝族)
　　　　李贵亿(2018.01止)

政协昭阳区委员会
党组书记、主席:陈光萍(女)
党组副书记:李聪耀(苗族)
　　　　　　杨连刚
副主席:苏贤瑜(女)
　　　　刘　迪
　　　　马仲省(回族,兼任)
　　　　杨连刚
秘书长:梁　婷(女)
办公室
主　任:蒋忠奎
副主任:黄昌波(2018.08任)
研究室
主　任:阳应伟
副主任:高俊鸿(女)
法制民宗委
主　任:刘继文(苗族)
副主任:虎朝辉(回族)
经建委
主　任:汪中森(2018.08止)
副主任:杨德昆
人资委
主　任:夏　帆
副主任:刘安宁(女,彝族)
教科文卫委
主　任:张正萍(女)
副主任:丁丹阳(女,土家族)
提案委
主　任:孙成彪
副主任:张万荣
港澳台侨联络委
主　任:张　荣(回族)

昭阳区纪律检查委员会区监察委员会
  书记、监委主任:陈 瑾(女,彝族)
  副书记、监委副主任:岳建伦
        崔 荣(2018.02任)
        李贵亿(2018.02任)
  纪委常委:孙朝发
      张祥聪(彝族,2018.01任)
  纪委常委、监委委员:李兴友
        李 健
        张 勇
  监委委员:林光秀(女,2018.01任)
  正科级监察员:曾祥淑(女,2018.01任)
  工会主席:陈 敏(女)
  机关党总支专职副书记:赵声平
  正科级纪检员:陈 群
      廖家发
      卓素琼(女)
      陈 敏(女)
  副科级纪检员:谭劲松
      陈国忠
      陈训承(女)
办公室
  主 任:张祥聪(彝族,2018.01任)
案管室
  主 任:张 勇
  副主任:曾杭(2018.01任)
组织部
  部 长:王章龙(2018.01任)
  副部长:陈 勇(2018.01任)
党风政风监督室
  主 任:林光秀(女)
宣传部
  部 长:罗 瑜(女,回族,2018.01任)
信访室
  主 任:雷 蕾(女,2018.01任)
政策法规室
  主 任:张 红(女,2018.01任)
干部监督室
  主 任:吴 宏(2018.01任)
宣教中心
  主 任:陈志美(女)

案件审理室
  主 任:李兴友
  副主任:蒋 勇(2018.01任)
巡察办
  副主任:邵泽军
第一纪检室
  主 任:吴长春(2018.01任)
第二纪检室
  主 任:施 洋(2018.01任)
第三纪检室
  主 任:沙祥富(彝族,2018.01任)
第五纪检室
  主 任:耿世剑(2018.01任)
第六纪检室
  主 任:贾志光(2018.01任)
第一巡察组
  组 长:夏文炳(2018.01任)
第二巡察组
  组 长:王昭莲(女,2018.01任)
第三巡察组
  组 长:杜远坤(2018.01任)
第四巡察组
  组 长:曹德飞(2018.01任)
  副组长:罗兴文(2018.01任)
第五巡察组
  组 长:李 勇(2018.01任)
  副组长:余安兰(彝族,2018.01任)
区委办纪检组
  组 长:王开华(2018.01任)
  副组长:虎云威(女,回族,2018.01任)
综合执法局纪检组
  组 长:赵庆江(2018.01任)
组织部纪检组
  组 长:杨小平(2018.01任)
  副组长:卿熙(2018.01任)
政府办纪检组
  组 长:郭 君(2018.01任)
  副组长:高 艳(女,2018.01任)
住建局纪检组
  组 长:王开金(2018.01任)
工科局纪检组
  组 长:张彩虹(女,2018.01任)

财政局纪检组
组　长：马贤翠（女,回族,2018.01任）
交通局纪检组
组　长：徐　敏（2018.01任）
直属机关纪检组
组　长：蒋　斌（2018.01任）
人社局纪检组
组　长：戴鸿毅（2018.01任）
国土分局纪检组
组　长：陈　烬（2018.01任）
教育局纪检组
组　长：李　琴（女,2018.01任）
卫计局纪检组
组　长：温　骥（2018.01任）
市场监管局纪检组
组　长：林吉府（2018.01任）
农业局纪检组
组　长：郭伦燕（女,2018.01任）
林业局纪检组
组　长：沈　涛（2018.01任）
水务局纪检组
组　长：邵志敏（女,2018.01任）

区委组织部
部　长：周　祥（2018.09止）
　　　　耿礼俊（2018.09任）
副部长：程钦惠（女,2018.06止）
　　　　马　滔（回族）
　　　　罗天滑
　　　　高　燕（女）
正科级组织员：孟学蛟
　　　　　　　余开洋
　　　　　　　吴智慧（女）
副科级组织员：范　婷（女）
部务委员：单正伟

区委党建办
主　任：徐安丽（女）

区委宣传部
部　长：沈　洋

副部长：夏文炳（2018.02止）
　　　　许　铭（女）
　　　　蒋世平
　　　　李　斌
文明办
主　任：蒋世平
文产办
主　任：许铭（女）
外宣办
副主任：邓龙启

区委统战部
部　长：马贤武（回族）
副部长：撒兰灿（回族）
　　　　魏正富
　　　　朱显雷（苗族）

区委政研室
主　任：胡秀华
副主任：王庆能

区委新农办
主任：胡秀华

区委农办
主　任：王　铸
副主任：王国华
　　　　马敏剑（回族）

区委编办
主　任：张正刚（彝族,2018.09止）
　　　　曹履端（2018.09任）
副主任：刘雪莲（苗族）
　　　　陈万敏（女）

区直属工委
书　记：费忠平
副书记：杨春柳（女,2018.06止）
　　　　乔家波

区信访局
　　党组书记、局长:王春清(2018.07止)
　　副局长:马培富(回族)
　　　　　王立春
　　　　　李建琳(女)
接访劝返中心
　　主　任:李　飙

区政务管理局
　　局　长:庹必恒
　　副局长:张正洪
　　　　　周　刚(2018.12任)

区公共资源交易中心
　　主　任:张正洪
　　副主任:李　雪
　　　　　赵乙谦

区工商联
　　主　席:苏贤瑜(女)
　　党组书记、常务副主席:张琪华(女)
　　党组成员、副主席:王忠文(2018.07止)
　　　　　冯应学
　　党组成员、秘书长:彭开燕(女,2018.07止)

区总工会
　　主　席:陈　瑛(女)
　　党组书记、常务副主席:何　红(女,2018.12任)
　　副主席:龚建荣
　　　　　林吉府(2018.02止)
　　　　　方建丽(女)

共青团区委
　　书　记:王　林
　　副书记:田　芳(女,2018.12任)
　　　　　杨　扬(女,2018.07任)

区妇联
　　主　席:董睿武(女)
　　党组书记:饶竣英(女)
　　常委副主席:饶竣英(女,2018.08任)
　　副主席:赵声跃(女,2018.01任)
　　　　　刘兴惠(女)
妇儿工委办公室
　　主　任:黄　锟

区政法委
　　书　记:李文明
　　副书记:王建文(彝族)
　　　　　江　洪
　　　　　马培忠(回族)
610办公室
　　主　任:王建文(彝族)
　　副主任:马誉荣(女,回族)
综治办
　　主　任:李　杰(回族,2018.06止)
　　副主任:方宗麟(2018.06止)
维稳办
　　主　任:童堂华(2018.06止)
　　副主任:王晓玺(2018.06止)
执法监督室
　　副主任:周光飞(2018.06止)
政工科
　　科　长:冯贤梅(女,2018.06止)

区检察院
　　党组书记、检察长:王建雄
　　副检察长:张洪兵
　　　　　鄢显浩
　　　　　崔　荣(2018.01止)
　　纪检组长:李文彦(女)
　　专职委员:王正琨
政工科
　　科　长:余世奎
　　副科长:罗孝群(女)
反渎局
　　局　长:周清开
　　教导员:王　雯(女)
反贪局
　　副局长:窦涧峰
反贪局综合科
　　科　长:潘云亮
行装科
　　科　长:曾丽娟(女)

侦监科
科　长：高怀明
研究室
主　任：吴立新
民行科
科　长：罗　芳（女，壮族）
监督办
主　任：陈展红（女）
案管办
主　任：秦开巧（女，彝族）
控申科
科　长：许思英（女）
法警队
队　长：郑方毅
技术科
科　长：王崇康
驻工业园区检察室
主　任：郎学钦（女）

区人民法院
　　党组书记、院长：罗朝碧
　　党组副书记：王家兴
　　副院长：王晋东
　　纪检组长：陈显栋
　　专职委员：孙华卫
　　　　　　　张　云
　　副处级审判员：邓　林
　　副科级审判员：张　云
　　　　　　　　　迟　谨
　　　　　　　　　龚　勋
　　　　　　　　　赵声礼
政工科
　　党组成员、科长：殷家敏（女）
　　副科长：李自萍（女）
　　教导员：许　立
执行局
　　党组成员、局长：马贤深（回族）
　　副局长：金荣辉
　　　　　　周春林
　　　　　　邓尚云
立案庭
　　庭　长：张国平

监察室
主　任：李兴芬（女，回族）
执行裁判庭
庭　长：尤复云
行政庭
庭　长：李建华（女）
督查室
主　任：潘　荔（女）
刑一庭
庭　长：杨　勇
刑二庭
庭　长：马玉郎（回族）
民二庭
庭　长：潘文才
审判监督庭
庭　长：沈忠详
法警队
指导员：王应五
乐居法庭
庭　长：官先哲
永丰法庭
庭　长：王元智（女）
大山包法庭
庭　长：赵勇钊

区法制局
　　局　长：起　华（彝族）

公安局昭阳分局
　　局　长：王文生（2018.12止）
　　政　委：李　虎（2018.08止）
　　副政委：周　航
　　　　　　李兴魏（回族，2018.07任）
　　副局长：刘光华（2018.03止）
　　　　　　代　竹
　　　　　　戴　剑
　　　　　　李明奎（回族）
　　　　　　潘　云
　　　　　　洪昌云（2018.07任）
　　纪委书记：杨荣兴
纪委监察室
　　主　任：唐　铭（2018.06止）

政治处
主　任:周　俊
副主任:文　芳(女)
指挥中心
主　任:代顺文
安全监察大队
大队长:安金礼(彝族)
国安大队
大队长:汪国荣
副大队长:杨云焜(2018.06止)
　　　　　何叶鹏(2018.06止)
教导员:虎发斌(回族)
一中队
中队长:邓梅艳(女,2018.06止)
二中队
中队长:方禄生(2018.06止)
三中队
中队长:杜　沁(2018.06止)
禁毒大队
大队长:赵渝涛
副大队长:杨业坤(2018.06止)
教导员:赵德安
一中队
中队长:王　瑾(女,2018.06止)
二中队
中队长:赵声斌(2018.06止)
三中队
中队长:刘艳鸿(2018.06止)
经侦大队
大队长:黄　毅(2018.06止)
　　　　何淑鸿(2018.07任)
指导员:杨　昆
一中队
中队长:李世宾(女,2018.06止)
刑侦大队
大队长:龚俊东
副大队长:廖政辉(2018.06止)
一中队
中队长:刘　伟(2018.06止)
二中队
中队长:张天松(2018.06止)
三中队
中队长:郭　进(2018.06止)

四中队
中队长:杨绍祥(2018.06止)
五中队
中队长:曾　强(2018.06止)
七中队
中队长:蒋玉林(2018.06止)
八中队
中队长:李克斌(2018.06止)
巡警大队
大队长:陈洪斌
副大队长:邵聪标(2018.06止)
　　　　　邱亚平(2018.06止)
教导员:杨　威(2018.06止)
中队长:袁希华(2018.06止)
一中队
中队长:夏文敏(女,2018.06止)
三中队
中队长:郭　进(2018.06止)
四中队
中队长:杨绍祥(2018.06止)
五中队
中队长:曾　强(2018.07止)
七中队
中队长:蒋玉林(2018.06止)
八中队
中队长:李克斌(2018.06止)
治安大队
大队长:马仲团(回族)
教导员:张冀明
三中队
中队长:张　静(女,2018.06止)
四中队
中队长:雷　勇(2018.06止)
九中队
中队长:吴天明(2018.06止)
十中队
中队长:陈家平(2018.06止)
凤凰派出所
所　长:付　东
指导员:雷　云(2018.06止)
副所长:李关云
　　　　童贻麟

龙泉派出所
所　长：蒋兴文
指导员：潘忠涛
副所长：王兴开
　　　　王熙格
太平派出所
所　长：白孝邦
指导员：王　华
副所长：何　斌
　　　　程　石
北闸派出所
所　长：孟　冰
教导员：吕　智
副所长：陈　现
　　　　崔　尧
　　　　杨馥顶
大山包派出所
所　长：李富坤
指导员：杨兴洪（2018.07任）
旧圃派出所
所　长：潘　峥
指导员：赵家跃
副所长：吴太金（2018.06止）
　　　　付　勇（彝族）
靖安派出所
所　长：赵庆生
指导员：郑权文（回族）
乐居派出所
所　长：陈秋甫
指导员：赵庆忠
盘河派出所
所　长：臧　颖
指导员：杨　俊
苏家院派出所
所　长：陈信昌
指导员：耿　和
洒渔派出所
所　长：崔大鹏（2018.04止）
指导员：刘绪云
副所长：柳茂（2018.06止）
　　　　周　云

永丰派出所
所　长：邓书军
指导员：铁　帅（回族）
炎山派出所
所　长：冷崇磊
指导员：张天顺
大寨子派出所
所　长：吴　勇
指导员：肖华兵
苏甲派出所
所　长：刘阳洪
指导员：陶维波
田坝派出所
所　长：马　忠（2018.06止）
布嘎派出所
所　长：马敏前（回族，2018.06止）
　　　　周　斌（2018.07任）
指导员：陈思章
青岗岭派出所
所　长：马府仁（回族）
指导员：宋　雄
守望派出所
所　长：李朝吾
指导员：阮　豪（回族）
小龙洞派出所
所　长：马敏赛（回族）
指导员：汪宗礼
蒙泉派出所
所　长：时　雷（2018.06止）
　　　　夏文正（2018.07任）
副所长：马友明（回族）
南城派出所
所　长：沈远骥
指导员：马应耿（回族）
副所长：陈继烽
　　　　马玉岗（回族）
　　　　李雪松（白族）
土城派出所
所　长：冯全云
副所长：王凤松
　　　　鲁保永
　　　　严　彬（2018.06止）
　　　　肖兴林（2018.06止）

珠泉派出所
所　　长：潘明繁
指导员：夏连贵
副所长：卯　桦
　　　　邬　俊
　　　　熊　杰

工业园区派出所
所　　长：吕继辉
指导员：廖绍松
副所长：赵玉琴（女）
　　　　李　勇（彝族）
　　　　杨忠宽

渔洞派出所
所　　长：褚人林
指导员：张　正
拘留所指导员：崔　祥（2018.06止）
副所长：袁发金（2018.06止）
　　　　虎发斌（回族，2018.06止）

交警一大队
大队长：魏　勇
教导员：孙　燚

信息后勤中队
中队长：程　伟（2018.06止）

法宣中队
中队长：雷　成（2018.06止）

车管所
所　　长：何　跃（2018.06止）

事故中队
中队长：蒋中伟（2018.06止）

特警中队
中队长：郑　鹏（2018.06止）

古城中队
中队长：张　俊（2018.06止）

交警二大队
大队长：蒋　斌
副大队长：刘　斌（2018.06止）
教导员：雷庆安

二中队
中队长：罗　倩（女，2018.06止）
副中队长：董声林（2018.06止）

三中队
中队长：林吉闯（2018.06止）

四中队
中队长：樊俊毅（2018.06止）

五中队
中队长：周维勇（2018.06止）

六中队
中队长：刘　颖（2018.06止）

七中队
中队长：陈　禹（2018.06止）

八中队
中队长：陈家林（2018.06止）

九中队
中队长：尹　剑（2018.06止）

区司法局
党委书记、局长：刘　江（2018.07止）
　　　　　　　　张正刚（彝族，2018.09任）
党委委员：马丽芳（女，回族）
副局长：吕道富
　　　　沈忠俊
　　　　马兴华（回族）

政工科
科　　长：马丽芳（女，回族）

普法办
主　　任：杨　平

龙泉司法所
所　　长：刘　惠（女）

永丰司法所
所　　长：马　莎（女，回族）

北闸司法所
所　　长：陈绍斌

大寨子司法所
所　　长：赵泽富

田坝司法所
所　　长：张兴忠

乐居司法所
所　　长：孔祥源

守望司法所
所　　长：薛炳辞（回族）

靖安司法所
所　　长：刘昌贵

苏家院司法所
所　　长：邓尚利（女）

凤凰司法所
所　长:严文新
洒渔司法所
所　长:王绍成(回族)
布嘎司法所
所　长:马春验(回族)
炎山司法所
所　长:钟明海
苏甲司法所
所　长:李　昕
盘河司法所
所　长:陈　媛(女)
青岗岭司法所
所　长:段竹慧(女,回族)

昭阳区综合执法局
局　长:高　云(2018.06止)
　　　　刘　江(2018.07任)
党委书记:王禄义(2018.07任)
党委副书记:刘　江
纪检组长:赵庆江(2018.01任)
党委委员:廖家清
　　　　彭　松
　　　　崔　华(女)
　　　　孙显志
副局长:王禄义
　　　彭　松
　　　廖家清
　　　崔　华(女)
　　　孙显志
　　　郭　林(2018.07止)

昭阳工业园区管理委员会
书　记:周　祥(2018.04止)
主　任:叶建平(女)
副主任:蒋仕奇
　　　陈　勇
　　　虎尊银(回族)
副书记:蒋　平
纪委书记:张朝鸿(2018.01止)
纪委副书记:鲁　云(2018.01止)
　　　　　赵庆萍(女)
　　　　　赵庆雄(2018.01任)

办公室
主　任:卯昌平
副主任:马　力(回族)
招商引资办
主　任:吕维坤
社会事务科
科　长:锁贤云(回族)
副科长:江文添
规划建设科
科　长:李治华
监察科
科　长:余发敏(女)
副科长:王永飞(2018.07任)

昭阳区发改局
党组书记、局长:邓光涛
副局长:杨　涛(回族)
　　　沈雪景(女)
　　　吴　江
　　　周晓魁
改革办
主　任:沈雪景(女)

昭阳区粮食局
局　长:杨　涛(回族)
党组副书记:李　琴(女,2018.02止)
副局长:何祥春
　　　赵庆云

昭阳区工科局
党委副书记、局长:马　兵(回族)
副局长:孙华金
　　　刘廷跃
　　　杨　波
　　　王昭莲(女,2018.01止)
　　　邹　玫(女)

昭阳区财政局
副区长、财政局局长:刘凤慧(女,2018.07止)
党组书记、局长:杨　斌(2018.07任)
党组成员、副局长:冯　焜
副局长:王　焜

金融办
党组成员、主任:合宇鹏(回族)
副主任:李楚蓉(女)
　　　　钱文艳(女)
非税局
党组成员、副局长:郁　聪(2018.06止)
　　　　　　　　邱之平
国有资产管理局
副局长:蒋仕跃
财政局会管局
局　长:陈晓云(女)
预算科
科　长:陈晓云(女)
水利投资公司总经理、扶投公司
董事长:陈　勇
综改办
主　任:郑惠银(女,2018.06止)
农业开发办
副主任:万绵忠

昭阳区国土资源局
　　局　长:赵泽卿
　　副局长:孙显智
　　　　　陈绍鸿(彝族)
　　　　　戈　时
　　　　　陈美芸(女)
　　　　　彭选明
　　大山包分局
　　局　长:艾　华
　　新区分局
　　局　长:江　红(女)
　　副局长:徐　敏
　　储备中心
　　副主任:安俊文(彝族)
　　　　　张　祥
　　不动产登记中心
　　主　任:黄建立
　　征地拆迁安置科
　　副科长:丁华文

昭阳区环保局
　　党组书记、局　长:孟世胜

副局长:陈昌高
　　　　刘宪春
　　　　陈代堂
　　　　郭　林(2018.07任)

昭阳区住建局
　　局　长:黄延安
　　党委书记:李新文(女,2018.12止)
　　纪委书记:沈　涛
　　副局长:戴鸿毅(2018.04止)
　　　　　陈朝富
　　　　　徐　涛
　　　　　刘　瑾
　　　　　陈明勇
　　城市园林绿化管理局
　　局　长:秦少闻
　　保障性住房管理中心
　　主　任:吴勇
　　供排水公司
　　总经理:蒋　祥

昭阳区交通局
　　党组书记、局长:和　葵(纳西族)
　　党组副书记、副局长:李兴长(回族)
　　副局长:陈家顺
　　　　　锁培军(回族)
　　　　　赵启富
　　道路运输管理分局
　　局　长:乔嗣翔(2018.06止)
　　负责人:魏家钊(2018.06任)
　　副局长:夏永峰(2018.03任)

昭阳区农业局
　　局　长:马玉平(回族)
　　副局长:郭世龙
　　　　　吴兴祥(彝族)
　　　　　罗荣华
　　　　　陈　刚

昭阳区水务局
　　党组书记、局长:马贤武(回族,2018.07止)
　　　　　　　　　刘　刚(2018.07任)

党组成员、副局长：黄泽伟
　　　　　　　　何兴礼
　　　　　　　　左开明
　　　　　　　　马玉华(回族)
党组成员、总工程师：唐正贵

昭阳区旅游局
局　　长：杨启义(2018.07止)
副局长：吴　昆(女,2018.07止)
　　　　谢　琼(女,2018.08止)
党组成员、副局长：马娅娜(回族)

昭阳区安监局
局　　长：霍　闻
副局长：彭　奇
　　　　贾德宪
　　　　李　勇(2018.02止)

昭阳区审计局
党组书记、局长：曾家正
党组副书记：蒋开学
副局长：邱其萍(女)
　　　　丁　玲(女)
　　　　徐　骋

昭阳区市场监管局
党委书记、局长：钟顺敏(女)
党委委员、副局长：崔　华(女)
　　　　　　　　闫　峰
　　　　　　　　马　锷(回族)
　　　　　　　　孙　军

昭阳区林业局
党组书记、局长：陈顺才(2018.07止)
　　　　　　　　吕大勇(2018.07任)
党组成员、副局长：马吉祥(回族)
副局长：周　杰
　　　　马　鑫
长防办
主　任：李　春(女)
森林防火
专职副指挥长：李文陆

森林公安局
党组书记、局长：龚梅松(女)
政委、党组副书记：杨树良
党组成员、副局长：周正荣
　　　　　　　　朱　昆
政工监督室
主　任：王　蓉(女)
洒渔派出所
所　长：刘兴平
指导员：王　昆
苏家院派出所
所　长：赵庆国
指导员：耿令忠
苏甲派出所
所　长：陶永贵
指导员：林　海
靖安派出所
所　长：王　祥
指导员：曹远飞
大龙洞派出所
所　长：蒋德平
指导员：高　枫
大山包自然保护区派出所
所　长：陈　峻

大山包黑颈鹤保护区管理局
党委书记：党兴阳
副局长：孙　荣(彝族)
办公室主任：杨舜华(女)
管理所所长：道美标

昭阳区统计局
党组书记、局长：杨兴华
党组成员、副局长：田盛钧
　　　　　　　　周春明
　　　　　　　　李怀勇

国家统计局昭阳调查队
队　长：蔡　斌(2018.09止)

昭阳区供销社
党委书记、主任：郭世宏
党委委员、副主任：李才永(回族)

烟草专卖局昭阳区分公司
　　党委书记、局长、经理：吕道林
　　党委委员、纪委书记、工会主席：范荣平
　　党委委员、副经理：李锦涛
　　　　　　　　　　赫劭松
　　副局长：马玉黔（回族）

昭阳区烟办
　　主　任：杨绍斌（回族）
　　副主任：吴　澜
　　　　　　李　静（女）

昭阳区城管委
　　主　任：刘兴发
　　常务副主任：陶思茂
　　纪委书记：和　葵
　　纪委副书记：何　红（女）
　　副主任：高　云
　　　　　　马玉敏（回族）
　　　　　　虎恩部（回族）
　　　　　　黄延安
　　　　　　刘　江
　　棚改工程处
　　处　长：马玉敏（回族）
　　监察室
　　负责人：刘永富
　　管理科
　　副科长：孙继权
　　投融资科
　　副科长：贺声高
　　征地拆迁安置科
　　副科长：丁华文
　　　　　　孙显智
　　开发建设科
　　副科长：高开选
　　综合办公室
　　副主任：薛维彪（回族）
　　　　　　代余东
　　　　　　苏龙云
　　城市建设科
　　副科长：李章静（女）

　　规划科
　　副科长：余文燕（女）
　　政策法规科
　　副科长：时　璐
　　　　　　雷家金
　　监察室
　　副主任：邓　鹏
　　城管科
　　副科长：洪　志

昭阳区税务局
　　党委书记、局长：付忠志（2018.10任）
　　党委副书记、副局长：胡　伟（2018.10任）
　　党委委员、副局长：曹仁义（2018.10任）
　　　　　　　　　　邓荣宣（2018.10任）
　　　　　　　　　　陈滟滟（女，2018.10任）
　　　　　　　　　　胡选高（2018.10任）
　　　　　　　　　　陇　云（彝族，2018.10任）
　　　　　　　　　　陈仲贵（2018.10任）
　　党委委员、纪检组长：夏艳萍（女，2018.10任）

昭阳区招商局
　　局　长：武德群（女）
　　副局长：张顺惠（2018.07止）

昭阳区教育局
　　党组书记、局长：柯大林（2018.07止）
　　　　　　　　　　曹玉树（2018.07任）
　　党组书记：杨兴玺（2018.07止）
　　党组副书记、副局长：杨兴玺
　　　　　　　　　　　　李大祥
　　党组成员、副局长：傅再萍（女）
　　　　　　　　　　　周开勇
　　政府教育督导室
　　副主任：刘建荣（女）

昭阳区文体局
　　党组书记、局长：李　战（白族）
　　党组成员、副局长：文屹梅（女）
　　　　　　　　　　　曾家发

昭阳区卫计局
  党委书记、局长：周清煊
  党委委员、副局长：文贤毅（彝族）
        高荧浩
        田 辉
        刘本华
        周 兰（女）
 区中医院
  党支部书记：刘 琳（女）
 区中医药管理局
  局 长：李 琼（女）
 区防艾局
  局 长：韩晓玲（女）
 区爱卫办
  主 任：王 玲（女）

昭阳区新闻中心
  副主任：杨玉昆
      杨 琼（女）
      张国华

昭阳区档案局
  局 长：栗 萍（女）

昭阳区广电局
  局 长：吴 强

昭阳区委党史办
  主 任：刘平勇
  副主任：刘太忠
      张春城（苗族）

昭阳区科协
  主 席：徐 慧（女）
  副主席：虎学恩（回族）
      龙 平（女，2018.07止）
      彭开燕（女，2018.07任）

昭阳区文联
  主 席：彭 静
  副主席：汪中森（2018.07任）
      王忠文（2018.07任）

昭阳区社科联
  主 席：李文献

昭阳区地方志办
  主 任：张 宁
  副主任：马 娟（女，回族）

昭阳区民宗局
  党组书记、局长：马光孝（回族）
  党组成员、副局长：熊启锋（苗族）
        李 梅（女，彝族）
        马鹏远（回族）

昭阳区民政局
  党组书记、局长：谢玉平
  副局长：董学梅（女，彝族）
     马 罡（回族，2018.07任）
     史 翔
  党组成员：黄清国
 老龄工作委员会
  主 任：马 罡（回族）
  副主任：何兴文（2018.06止）

昭阳区人社局
  党组书记、局长：杨 斌（2018.07止）
        王春清（2018.07任）
  党组成员、副局长：张顺荣
        王凤林（女，2018.07任）
        卯洪播（女）
        王兴林（回族）
        张家贵
        吕建华
  党组成员、党总支书记：陈大才
 职改办
  主 任：郑荣飞
 医保局
  局 长：阮金祥
 医改办
  主 任：李辅益
 基金监督科
  科 长：庞 晔（女）
 农工办
  主 任：庞 晔（女）

劳动人事争议仲裁院
院　长：蒋彪
就业局
局　长：陈汶健

昭阳区扶贫办
党组书记、主任：洪明顺（2018.07 止）
　　　　　　　　范　雪（2018.07 任）
党组成员、副主任：陈　斌
　　　　　　　　刘萍惠（女,回族）
　　　　　　　　朱凤鹃
　　　　　　　　王富奎（彝族,2018.12 任）
　　　　　　　　邓炳炎

昭阳区移民局
党组书记、局长：张　勇
党组副书记：邬胚云
副局长：黄开云
　　　　朱明礼
　　　　温　刚

昭阳区计生协会
会　长：郭映辉
常务副会长：王菊瑟（女,回族）
副会长：马　荣（回族）

昭阳区残联
主　席：郭映辉
理事长：殷家敏（女,2018.07 止）
　　　　曾　聪（2018.07 任）
副理事长：牛　咏
　　　　　张　炜（女,回族）

昭阳区红十字会
常务副会长：赵　荣

昭阳区防震减灾局
局　长：袁　伟
副局长：官德云
　　　　徐孝芳

昭阳区气象局
局　长：牛贵成
副局长：崔清章
　　　　刘文滔

昭阳区农村人力资源开发办公室
主　任：马洪彦（回族）
副主任：马　莲（女,回族）
　　　　赵建平

凤凰街道办事处
党委书记：高　云
人大工委主任：陈勇昌（2018.07 止）
行政主任：马昌化（回,2018.07 止）
　　　　　夏凤祥（2018.07 任）
纪委书记：王本忠
党委副书记：夏凤祥（2018.07 任）
　　　　　　徐仁丁
政法专职副书记：夏凤祥（2018.07 止）
副主任：刘永令（回族）
　　　　王朝忠（2018.12 止）
　　　　马永前（回族）
　　　　马　辉（回族）
　　　　陈　昆（彝族）
武装部长：陈光昭
党政综合办主任：马　韬（回族）
经济发展办主任：张　浩
城市管理办主任：李寿涛
社会事务办主任：张福盖
社会治安综合治理办主任：余开俊
组织委员：吴　梅（女）
宣传委员：陈光昭
司法所长：严文新

龙泉街道办事处
党委书记：空缺
人大工委主任：张　炅（2018.07 止）
行政主任：赵泽云
纪委书记：陶邦花（女,苗族）
党委副书记：赵泽云
　　　　　　耿玉坤（彝族）
政法专职副书记：陈　现

副主任：甄朝刚（回族）

　　　　黄　琨

　　　　陶　锐

　　　　李　静（女）

武装部长：黄德明

武装部副部长：王云天（彝族）

党政综合办主任：李　昆（2018.07任）

经济发展办主任：冯玉龙

城市管理办主任：空缺

社会事务办主任：耿道刚

社会治安综合治理办主任：吴金平

组织委员：季心平

宣传委员：黄必琼（女）

司法所长：刘　惠（女）

财政所长：张毓璠（女）

太平街道办事处

党委书记：蒋仕新

人大工委主任：范怀斌

行政主任：赵　鑫（2018.09止）

　　　　范怀斌（2018.11任）

纪委书记：李怀欣

党委副书记：谭亚翔（2018.12任）

政法专职副书记：赵庆萍（女）

副主任：王　勇（回族）

　　　　谭亚翔

　　　　李兴魏（回族）

　　　　白孝邦（2018.07任）

　　　　林吉国

武装部长：鲁荣琳（女）

党政综合办主任：耿玉伟

经济发展办主任：马关早（回族）

社会事务办主任：虎云松（回族）

社会治安综合治理办主任：杨金铼

宣传委员：陈　玲（女）

北闸镇

党委书记：刘　刚（2018.07止）

　　　　赵　鑫（2018.07任）

人大主席：黄文亮

镇　　长：李剑波

党委副书记：李剑波

　　　　赵庆冲

纪委书记：马仪鹏（回族）

副镇长：赛贤东（回族）

　　　　孟　冰（派出所所长,2018.09止）

　　　　欧昭驿

武装部长：刘玉会（女）

组织委员：崔　毅

宣传委员：杨薛夫（彝族）

司法所长：陈绍斌

大山包镇

党委书记：孙　荣（彝族）

人大主席：李怀友（2018.03任）

镇　　长：张　炅（2018.07任）

纪委书记：游德为

党委副书记：刘平爱（2018.12止）

　　　　张　炅（2018.07任）

副镇长：陈明勇（2018.12止）

　　　　李胜盛

　　　　文银华（2018.01任）

武装部长：周　斌

组织委员：迟　斌

宣传委员：马文茂（回族）

旧圃镇

党委书记：吕大勇

人大主席：周吉金

镇　　长：余廷星

纪委书记：聂　秘（女）

党委副书记：余廷星

　　　　徐　燕（女）

　　　　钟　睿

副镇长：陈康金（彝族）

　　　　梁　玻

　　　　张　埙

　　　　潘　峥（派出所所长）

武装部长：任天沛

组织委员：郝兴雄

财政所长：王天巧（女）

土城派出所所长：冯全云

靖安镇

党委书记：李文韬

人大主席：林吉春

镇　　长:唐章雄
纪委书记:方明晖
党委副书记:唐章雄
　　　　　袁永坤
副镇长:徐世静(女)
　　　　锁　庄(回族)
　　　　马锐锋(回族)
武装部长:迟绍平
组织委员:王朝伟
宣传委员:马永明(回族)
司法所长:刘昌贵
财政所长:臧永佳(女)

乐居镇
党委书记:周清煊(2018.08止)
　　　　　陈勇昌(2018.08任)
人大主席:邓朝阳
镇　　长:成泰锷
纪委书记:邓润祥
党委副书记:成泰锷
政法专职副书记:邓廷明(挂职)
副镇长:徐　燕(女)
　　　　杨　铭
　　　　王祖江
　　　　陈秋甫(派出所所长)
武装部长:刘　洪
组织委员:王安辉
宣传委员:蒋浩忠
司法所长:孔祥源

盘河镇
党委书记:周　飞
人大主席:胡声坤
镇　　长:朱家鹏
纪委书记:何　军
党委副书记:朱家鹏
　　　　　崔大超
副镇长:王富奎(彝族)
　　　　谢　天
　　　　杨　武
　　　　臧　颖
武装部长:吴昌全

组织委员:赵　彪
宣传委员:刘　越
司法所长:陈　媛(女)

苏家院镇
党委书记:张　兴(2018.05止)
　　　　　张刚柱(2018.07任)
人大主席:杨太云
镇　　长:张刚柱(2018.07止)
　　　　　刘　俊(2018.07任)
纪委书记:雷　蕾(女,2018.04止)
党委副书记:张刚柱
政法专职副书记:邹继勇
副镇长:顾邦朝
　　　　王　军
　　　　孔　斌
　　　　陈信昌(派出所所长)
武装部长:孔　斌
宣传委员:张兴平
组织委员:赵佳媛(女)
司法所长:邓尚利(女)
财政所长:沈家健(女)

洒渔镇
党委书记:崔汝山
人大主席:杜远坤(2018.03止)
　　　　　沈忠辉(2018.03任)
镇　　长:罗正能
纪委书记:葛　玲(女)
党委副书记:罗正能
　　　　　范　雪(2018.07止)
　　　　　刘志诚(2018.12任)
副镇长:刘志诚(2018.12止)
　　　　刘国梁(2018.01任)
　　　　陈　霄(2018.01任)
　　　　赵声跃(2018.01止)
　　　　崔大鹏(派出所所长,2018.04止)
武装部长:空缺
宣传委员:杨仕雄(2018.12任)
组织委员:赵世东(2018.12任)
司法所长:王绍成(回族)
财政所长:刘志诚

永丰镇
  党委书记：马昌化（回族，2018.12任）
  人大主席：朱荣明
  镇　　长：李开锋（2018.03止）
  　　　　　卢　春（2018.03主持政府工作）
  纪委书记：耿昭富（2018.07止）
  　　　　　张亚东（回族，2018.07任）
  党委副书记：李开锋（2018.03止）
  　　　　　　耿昭富（2018.07任）
  　　　　　　郭　佳（挂职，2018.05任）
  　　　　　　马　腾（回族，2018.07止）
  　　　　　　温燕华（女，2018.03止）
  政法专职副书记：铁　帅（回族）
  副镇长：黄　明
  　　　　李德银
  　　　　张钰雯（女）
  　　　　温燕华（女，2018.03止）
  　　　　邓书军（派出所所长）
  武装部长：祖守云（2018.07止）
  宣传委员：赵雪威（女）
  组织委员：李永燕（女）
  司法所长：马　莎（女）
  财政所长：杜光春（女）

炎山镇
  党委书记：周　斌
  人大主席：空　缺
  镇　　长：黄训练
  纪委书记：王　璨
  党委副书记：黄训练
  　　　　　　陈　力（彝族）
  副镇长：邓兴奎
  　　　　曾凡华
  　　　　王明飞
  武装部长：余　波（彝族）
  宣传委员：柳　松
  组织委员：代　君
  司法所长：钟明海

大寨子乡
  党委书记：秦绍彬
  人大主席：周家明
  乡　　长：徐国权
  纪委书记：陈　立
  党委副书记：徐国权
  　　　　　　迟焕雍
  副乡长：刘明星
  　　　　赵泽平
  　　　　龙　靖
  武装部长：刘　进
  宣传委员：安顺银（彝族）
  组织委员：谷鸿芳（女）
  司法所长：赵泽福

苏甲乡
  党委书记：李　波
  人大主席：朱凤江
  乡　　长：熊　雷（苗族）
  纪委书记：徐家斌
  党委副书记：熊　雷（苗族）
  　　　　　　赵　强
  　　　　　　杨龙江（挂职）
  副乡长：杨龙江（挂职）
  　　　　钟佑文
  　　　　马俭维
  　　　　张　亮
  武装部长：任习云
  宣传委员：钟佑文
  组织委员：范　玲（女）
  司法所长：李　昕

田坝乡
  党委书记：赵声斌
  人大主席：杨　猛
  乡　　长：周　刚（2018.11止）
  　　　　　刘平爱（2018.12任）
  纪委书记：张　继（2018.11止）
  　　　　　贺帮友（2018.12任）
  党委副书记：刘平爱（2018.12任）
  　　　　　　王　雷
  副乡长：滕　波
  　　　　迟学剑
  　　　　唐禄忠
  　　　　马　忠（派出所所长，2018.04止）

武装部长:李　虎
组织委员:刘　勇(彝族)
宣传委员:迟学剑
司法所长:张兴忠

布嘎回族乡
党委书记:铁雪梅(女,回族)
人大主席:陈　茂
乡　　长:马添翼(回族)
纪委书记:任文松
党委副书记:马添翼(回族)
　　　　　兰鹏飞
副乡长:马　俊(回族)
　　　马琼会(女,回族)
武装部长:李才陇(回族)
宣传委员:李兴群(回族)
财政所长:张桂彩(女,回族)
司法所长:马春验(回族)

青岗岭回族彝族乡
党委书记:马　赛(回族)
人大主席:吴道群(女)
乡　　长:李绍宏(彝族)
纪委书记:赵　勉
党委副书记:李绍宏(彝族)
　　　　　马　涛(回族)
　　　　　代余东(挂职,2018.03止)
政法专职副书记:吴道群(女)
副乡长:马　波(回族)
　　　陈雄权(彝族)
　　　刘　玉
　　　马府仁(回族,派出所所长)
武装部长:撒招磊(回族)
宣传委员:彭　川
组织委员:马安瑾(回族)

司法所长:段竹慧(女,回族)
财政所长:赵　敏

守望回族乡
党委书记:马维猛(回族)
人大主席:马开文(回族)
乡　　长:马殿稳(回族)
纪委书记:李云鹏
党委副书记:马殿稳(回族)
　　　　　马良雄(回族)
副乡长:李东云(回族)
　　　马关令(回族)
　　　马关速(回族)
　　　李朝吾(派出所所长)
武装部长:马　雄(回族)
宣传委员:马永滔(回族)
组织委员:韩明春(女)
司法所长:薛炳辞(回族)
财政所长:马琼丽(女,回族)

小龙洞回族彝族乡
党委书记:魏龙清(彝族)
人大主席:马鹏飞(回族)
乡　　长:马良猛(回族)
纪委书记:安敞荣(回族)
党委副书记:马良猛(回族)
　　　　　马　啸(回族,挂职)
副乡长:刘剑锷(回族)
　　　马　啸(回族,挂职)
　　　马敏赛(回族,派出所所长)
　　　陈祥洲
　　　马贵梅(女,回族)
武装部长:龙兴春
宣传委员:马府坚(回族)
组织委员:马兴雷(回族)

附 录

一、方案、通知、公告

中共昭阳区委办公室 昭阳区人民政府办公室关于印发《昭阳区农村集体产权制度改革实施方案》的通知

各乡镇、街道党（工）委、政府（行政），区委各部委办局室，区级国家机关各委办局，区直各人民团体和企事业单位，中央、省、市驻昭阳区单位：

经区委、区政府同意，现将《昭阳区农村集体产权制度改革实施方案》印发你们，请认真抓好组织实施。

中共昭阳区委办公室

昭阳区人民政府办公室

2018年11月17日

昭阳区农村集体产权制度改革实施方案

为认真贯彻落实党的十九大精神和《中共中央国务院关于稳步推进农村集体产权制度改革的意见》（中发〔2016〕37号）、《中共云南省委云南省人民政府关于稳步推进农村集体产权制度改革的实施意见》（云发〔2017〕21号）、《中共昭通市委办公室昭通市人民政府办公室关于〈昭通市农村集体产权制度改革实施方案〉的通知》（昭办通〔2018〕48号，以下简称《实施方案》）要求，结合我区实际，制定本方案。

一、总体要求

（一）指导思想。以习近平新时代中国特色社会主义思想为指导，高度认识农村集体产权制度改革的重要性，以经济建设为中心，统筹安排、固本强基，把农村集体产权制度改革与精准扶贫精准脱贫相结合、发展壮大村级集体经济，充分发挥农村集体经济组织的功能作用，找准突破口，稳步推进全区农村集体产权制度改革工作，引领农民逐步实现共同富裕。

(二)基本原则

1. 把握正确改革方向。明确农村集体经济组织的市场主体地位,完善农民对集体资产股份权能,把实现好、维护好、发展好广大农民的根本利益作为改革的出发点和坚持农民集体所有不动摇、集体资产不流失。避免犯颠覆性错误,防止集体内部少数人控制,外部资本侵占。严格依法办事,妥善处理各种利益关系。

2. 尊重农民群众意愿。发挥农民主体作用,支持农民创新创造,把选择权交给农民,保障农民的知情权、参与权、表达权、监督权,让农民成为改革的参与者和受益者。坚持农村基层党组织的领导核心地位不动摇,围绕巩固党在农村的执政基础来谋划和实施农村集体产权制度改革,确保农村集体经济组织的功能作用,确保其正常开展经营管理活动,逐步实现共同富裕。

3. 因地制宜分类指导。根据集体资产的不同类型和不同条件确定产改任务,坚持分类实施、稳慎开展、有序推进;坚持先行试点、先易后难,不搞一刀切;坚持问题导向,确定产改突破口和优先序,明确产改路径,着力在关键环节取得突破。

4. 始终坚持党的领导。坚持农村基层党组织的领导核心地位不动摇,围绕巩固党在农村的执政基础来谋划和实施农村集体产权制度改革,确保集体经济组织依法依规运行,逐步实现共同富裕。

(三)改革目标。自2018年开始,全面开展农村集体产权制度改革,2019年12月底前基本完成农村集体资产清产核资工作,2021年12月底前基本完成经营性资产股份合作制度改革,建立完善归属清晰、权能完整、流转顺畅、保护严格的农村集体产权制度,保护和发展农民作为农村集体经济组织成员的合法权益。科学确认农村集体经济组织成员身份,明晰集体所有产权关系,发展新型集体经济;管好用活集体资产,建立符合市场经济要求的集体经济运行新机制,促进集体资产保值增值;落实农民的土地承包权、宅基地使用权、集体资产收益分配权和对集体经济活动的民主管理权利,形成有效维护农村集体经济组织成员权利的治理体系。

二、重点任务

(一)全面开展农村集体资产清产核资。按照《农业农村部、财政部、国土资源部、水利部、国家林业部、教育部、文化部、国家卫生计生委、体育总局关于全面开展农村集体资产清产核资工作的通知》(农经发〔2017〕11号)、《云南省农业厅、云南省财政厅、云南省国土资源厅、云南省水利厅、云南省林业厅、云南省教育厅、云南省文化厅、云南省卫生计生委、云南省体育局关于全面开展农村集体资产清产核资工作的通知》(云农经〔2018〕3号)、《昭通市农业局、昭通市财政局、昭通市国土资源局、昭通市文化体育局、昭通市卫生计生委关于全面开展农村集体资产清产核资工作的通知》(昭市农〔2018〕34号)和《中共昭阳区委办公室、昭阳区人民政府办公室关于印发昭阳区农村集体资产清产核资工作方案的通知》(昭区办通〔2017〕54号),全面启动清产核资工作。本次资产清查登记时点为2017年12月31日,前期已摸底一次,严重存在摸得不准不实的情况,清产核资不同于以往权限于账面资产清查,其范围拓展,生产小组是基础性的,是最小的独立算的生产单位,才是集体资产财产的所有权人。按照清产核资部署和要求,清产核资对象为村、组集体经济组织,包括未建立村、组集体经济组织或者村、组集体经济组织不健全,代行其集体资产管理职能的村民委员会、村民小组或其他单位(含独立核算的自然村),撤村建居后代行原集体经济组织职能的社区居民委员会,以及农村集体经济组织所属企业等。农村集体经济组织所属企业,包括全资持有、直接或间接拥有半数以上表决权等能够控制的被投资企业。乡镇一级有集体经济的也要进行清产核资。明确清产核资范围包括资源性资产、经营性资产、非经营性资产。重点清查核实未承包到户的资源性资产和集体统一经营的经营性资产以及现金、债权债务等。要分级制定清产核资工作方案,从乡镇、村民委员会、村民小组抽人组成清产核资工作小组,全面清查核实集体各类资产。

(二)精准确认农村集体经济组织成员身份。各乡镇、街道党(工)委依照有关法律法规,尊重历史、兼顾现实、程序规范、群众认可的原则,统筹考虑户籍关系、农村土地承包关系、对集体积累的贡献等因素,协调平衡各方利益,认定农村集体经济组织成员身份,解决成员边界不清问题。成员身份的确认既要得到多数人认可,又要防止多数人侵犯少数人权益,切实保护妇女合法权益。

(三)有序推进经营性资产股份合作制改革。农村集体经营性资产的股份合作制改革,不同于工商企业的股份制改造,要体现成员集体所有和特有的社区性,只能在农村集体经济组织内部进行。将农村集体经营性资产以股份或者份额形式量化到本集体成员,作为其参加集体收益分配的基本依据。

(四)及时建立农村集体经济组织登记赋码。根据《国务院关于批转发展改革委等部门法人和其他组织统一社会信用代码制度建设总体方案的通知》的要求,主要是农村集体产权制度改革后,将农村集体资产以股份或份额的形式量化到本集体成员而成立的新型农村集体经济组织,包括组、村、乡镇三级。向区级主管部门申请登记,名称可以称为"经济合作社"或"股份经济合作社"。农村集体经济组织建立后,要强化农村集体资产和财务管理,结合当地实际,整合农村改革政策、脱贫攻坚政策、产业发展政策等资源,多元化拓展村级集体经济发展空间,不断丰富村级集体经济实现形式。可参考资源开发型发展模式、服务创收型发展模式、入股合作型发展模式,选择适合本集体经济组织实际的模式发展集体经济。可创新发展模式,千方百计创造集体经济收入,让老百姓享受到改革的实惠。

三、实施步骤

全区农村集体资产产权制度改革工作自2018年8月全面启动,至2021年12月结束。具体步骤分四步进行。

(一)成立机构,制定工作方案(2018年9月31日前)。各乡镇、街道党(工)委按要求召开农村集体产权制度改革动员会,成立农村集体产权制度改革领导小组,落实乡、村两级工作机构和人员,研究部署农村集体产权制度改革工作。同时,结合实际,制定本级农村集体产权制度改革工作方案,明确目标任务、工作内容、工作措施、职责分工,规定各项任务完成的时间节点,使改革工作有条不紊推进,确保全区农村产权制度改革工作如期完成。各乡镇、街道党(工)委改革工作方案在2018年9月底前报区农村产权制度改革领导小组办公室备案。

(二)组织动员培训(2018年10月15日前)。逐级召开动员培训会,宣传农村产权制度改革的目的、意义、做法和要求,统一思想,调动积极性,让广大基层干部和群众自觉参与到改革工作中来,使具体参与改革的工作人员熟悉业务操作,提高清产核资、资产量化、集体成员身份认定等业务技能水平,确保工作质量。各乡镇、街道党政主要领导要带头学习理解政策,研究思考问题,参加动员培训会宣讲政策,作部署提要求,确保改革沿着正确的方向推进和延伸。2018年10月底前区级组织一次动员培训会,培训改革政策和业务操作要领。

(三)组织实施(2018年10月1日至2021年9月30日前)。各乡镇、街道党(工)委要统筹好农村各项改革工作和精准扶贫工作,按照制定的农村集体产权制度改革工作方案,有序开展成员资格认定、清产核资(摸清家底)、资产量化、股权设置、股权管理、收益分配、建章立制等改革工作。

1. 资格认定。各村(组)依照相关法律法规,按照尊重历史、兼顾现实、程序规范、群众认可的原则,科学合理确定认定资格基准日,认真制定本村(组)集体经济组织成员资格认定办法。严格按照村工作小组初步认定、成员信息公示、听取异议并商议修订、村集体经济组织成员大会或成员代表会议确认、公布结果的程序进行。

2. 清产核资。按照农业部制定的《农村集体资产清产核资办法》《农村集体资产清产核资报表》和昭通市农业局等7部门联合下发的《关于全面开展农村集体资产清产核资工作的通知》(昭市农〔2018〕34号)要求,对所有农村集体经济组织的资产全面开展摸清家底的工作,登记好清产核报表,明确产权归属,健全管理制度。做好清产核资数据的整理,逐级进行汇总上报,为农村集体产权制度改革奠定基础,为发展村级集体经济提供基础保障。2019年6月底前完成清产核资,12月底前完成检查验收和总结报告。

3. 折股量化。在清产核资的基础上,本着依法、依规、公平、公正的原则,按照《实施意见》的要求,合理确定折股量化资产的范围,重点对经营性资产进行折股量化。折股量化资产的范围、方式等事项,由本集体经济组织成员大会或代表大会讨论,经三分之二以上成员或成员代表通过后方可决定。

4. 股权设置。除法律、法规和现行政策有明确规定外,股份分配对象的确认、股权配置比例(集体股和个人股)的确定,坚持以人为本,在反复协调的基础上形成股权设置方案,并提交成员大会或代表大会民主讨论,经三分之二以上成员或成员代表通过,张榜公布无异议后方可实施。

5. 股权管理。集体资产折股量化的股权确定后,由本级村集体经济组织向股东出具股权证书,作为参与管理决策、享有收益分配的凭证。村(组)成员代表大会民主讨论确定股权管理中涉及的继承、转让等具体情况。

6. 制定章程。村(组)实行股份改革后,由村工作小组拟定《xxx村股份合作社章程》。《章程》包括组织的名称、性质和职能,股东权利及义务,股东代表产生办法,股权的设置和具体量化方案,组织机构设置,管理办法及职责,资产的经营管理与保值增值责任考核办法,财务收益分配办法等内容。《章程》须在村(组)内部广泛征求意见,报乡镇审核同意后提交村股份合作社股东大会民主讨论,经三分之二以上表决同意后方可通过。

7. 成立组织。村工作小组筹备并组织召开农村集体经济组织股东大会,讨论通过《xxx村股份合作社章程》,选举产生理事会(5~7人组成)和监事会(3~5人组成),宣告村股份合作社成立,依法行使原村(组)集体资产的所有权和经营管理权。股东大会是村股份合作社的最高权力机构,成员股东享有平等权利,股东(代表)会议实行一人一票制。理事会、监事会每届任期3年,可连选连任。

8. 注册登记。村集体经济组织在完成以上工作后,按照农经发〔2018〕4号文件规定办理注册登记手续,取得法人资格。

(四)总结完善(2021年10月1日至12月31日)。

1. 查缺补漏。农村集体产权制度改革工作完成后,各乡镇、村(组)要认真对照产权制度改革相关要求进行自纠自查,重点对改革过程中形成的实施方案、会议记录、有关文件、决议、清产核资报表、成员资格调查登记表、章程、股东名册、影像等重要资料进行查缺补漏、完善手续、整理归档、集中保存、妥善保管,并报乡镇、区农村集体产权制度改革领导小组办公室备案。

2. 总结考核。市、区农村集体产权制度改革领导小组办公室要逐级组织开展检查验收工作,并确保全区改革工作通过省、市级检查验收。

四、保障措施

(一)加强组织领导。各乡镇、街道党(工)委、政府要充分认识农村集体产权制度改革的重要性、复杂性、长期性,切实加强组织领导和工作统筹,积极稳妥推进改革。基层党组织在改革中要充分发挥领导核心作用,既要大胆探索、勇于试验,又要把控方向、有历史耐心。为确保工作顺利开展,建立区级统筹协调,各乡镇、街道党(工)委组织实施,部门分工协作的领导体制和工作机制。成立昭阳区农村集体产权制度改革工作领导小组,负责组织统筹全区农村集体产权制度改革工作,领导小组由区委副书记任组长,下设办公室在区农业局,由区农业局局长兼任办公室主任,负责日常工作。领导小组办公室负责研究起草农村集体产权制度改革的有关方案、文件及意见;协调成员单位依照职能开展工作;组织检查督促工作推进情况,提出阶段性目标任务,并进行检查验收;筹备召开领导小组会议,处理领导小组日常事务,完成领导小组交办的其他工作。在开展农村集体产权制度改革督促检查工作中,发现违纪违法线索,及时移交纪检监察机关依纪依规处理。各成员单位按照领导小组的统一安排和部署履行职责。区委农办负责督促指导工作开展,落实相关政策;区委组织部牵头,有关部门配合,负责抓好村级集体经济发展工作;区委宣传部牵头,区委改革办配合,宣传农村集体产权制度改革政策,以及我区此项改革的先进典型;区财政局负责筹集必要的改革工作经费;区农业局负责组织农村承包地确权登记颁证工作,指导农村集体资产清产核资工作;区国土分局负责集体土地所有权的界定;区林业局负责集体林地及荒山、荒坡所有权的界定;区水务局负责指导各乡镇、街道党(工)委水管站对集体沟、塘、坝等集体水利设施所有权的界定;区民政局、昭阳公安分局配合做好农村集体经济组织成员认定工作,对公开事宜进行监督,确保村民参与农村集体产权制度改革;区教育局负责村闲置学校所有权的界定;区文体局负责村集体文化体育公共设施等资产的所有权界定;区卫计局负责村卫生计生资产的所有权的界定;区税务局负责农村产权制度改革中有关税收优惠政策的落实;区妇联负责维护妇女合法权益;人行昭通中心支行负责农村集体经济组织及其创办实体到银行开户的支持工作,指导金融机构探索农民以其持有的集体资产股份向金融机构申请抵押、担保贷款的具体办法;区法制局负责相关工作中纠纷化解的指导工作。各乡镇、街道党(工)委要成立相应的领导小组,由乡镇、街道党(工)委书记亲自挂帅,落实领导责任,明确部门职责,各司其职、相互配合,形成一级抓一级、层层抓落实的工作格局。要高度重视基层农村经营管理体系和队伍建设,健全工作机构,配齐配强业务人员和管理力量,确保农村集体产权制度改革和后续管理在基层事有人管、责有人负。

(二)落实经费保障。农村集体产权制度改革不向农户和村集体收取任何费用,改革所需工作经费由区政府按事权管理原则纳入财政预算。

(三)加强沟通协调。各级牵头部门和相关责任单位要根据目标任务和推进情况,建立管理台账,实行动态管理,及时反馈工作动态,定期向本级领导小组和上级领导小组办公室报告有关情况,确保各项改革按照既定时间表稳步推进。

(四)强化督促指导。区、乡领导小组办公室要及时组织业务部门加强对村组集体产权制度改革的指导,发现问题及时纠正。适时组织开展专项督查,督促各项改革内容按时间节点推进。及时帮助基层解决改革过程中遇到的困难和问题。严格遵守各项纪律,对损害集体和人民群众利益的行为,依法依纪严肃处理。

(五)抓好舆论宣传。及时收集提炼农村集体产权制度改革的好经验、好做法,采取群众喜闻乐见的方式积极宣传在发展股份合作、探索集体经济新的实现形式和运行机制、培育各类合作组织、助力脱贫攻坚等方面的工作经验和典型例子。

(六)落实定期报告。各乡镇、街道及区直有关部门要于每月1日前填报上个月的《农村集体产权制度改革工作进展情况月报表》《农村集体资产清产核资工作进展情况月报表》并当月新出台的相关文件、工作简报等材料,及时报送区领导小组办公室;每年1月1日、4月1日、7月1日、10月1日前,报送上季度农村集体产权制度改革重点工作情况报告,报告的主要内容包括:工作总体进展情况、采取的主要措施、存在的突出问题和解决对策及下步工作安排等。

中共昭阳区委办公室 昭阳区人民政府办公室关于印发昭阳区2018年就业扶贫工作实施方案的通知

各乡镇、街道党(工)委、政府(行政),区委各部委办局室,区级国家机关各委办局,区直各人民团体和企事业单位,中央、省、市驻昭阳区单位:

《昭阳区2018年就业扶贫工作实施方案》已经区委、区政府同意,现将印发你们,请认真抓好落实。

中共昭阳区委办公室
昭阳区人民政府办公室
2018年4月28日

昭阳区2018年就业扶贫工作实施方案

为深入贯彻落实中央、省、市关于坚决打赢脱贫攻坚战的决策部署,根据《中共昭阳区委办公室、昭阳区人民政府办公室关于印发〈昭阳区2018年脱贫攻坚行动计划〉的通知》(昭区办通〔2018〕42号)精神和市委把劳动力转移就业作为扶贫工作的"四篇文章"之一的要求,把转移就业作为最直接最有效的脱贫方式,多措并举提高贫困劳动力稳定就业人数,努力实现"就业一人、脱贫一户"的目标,制定本方案。

一、指导思想

以习近平总书记扶贫开发重要战略思想和精准扶贫、精准脱贫的基本方略为指导,深入贯彻落实党的十九大精神,以就业培训为基础,以提升贫困劳动力就业创业能力、帮扶贫困劳动力实现稳定就业为主要任务,整合各乡镇、街道办事处和相关部门培训资源,强化就业服务保障,建立"政府推动、企业主导、供需对接、稳定就业"的就业扶贫长效机制,精准开展建档立卡贫困劳动力就业帮扶,促进建档立卡贫困户家庭脱贫增收。

二、目标任务

市级下达农村劳动力培训目标任务是6.23万人(次),其中建档立卡贫困劳动力1.21万人(次)。各乡镇、街道办事处和区直相关单位部门目标任务已分解(附件一)。

新增农村劳动力转移就业3.12万人次(其中建档立卡贫困劳动力2 272人次);新增农村劳动力转移到东莞、中山就业1.49万人次(其中建档立卡贫困劳动力5 875人次)。各乡镇、街道办事处目标任务已分解(附件二)。

三、工作措施

(一)建立完善建档立卡贫困劳动力信息台账。各乡镇、街道办事处要以劳动力数据为基础,按照"完整、准确、动态、全覆盖"的要求,对辖区内贫困家庭及其劳动力进行核实确认,合理确定转移输出对象。对劳动力转移输出的扶贫对象要做到"五清",即家庭情况清,摸清贫困家庭人口数量及构成、家庭贫困原因;个人状态清,摸清贫困家庭劳动力的健康状况、有无劳动能力;素质能力清,摸清贫困家庭劳动力的基本技能情况和文化程度;培训意愿清,摸清贫困家庭劳动力的培训工种、培训方式;就业意愿清,摸清贫困家庭劳动力对就业形式、就业岗位、就业地点、工资报酬要求情况。建立本乡镇、街道办事处贫困家庭劳动力基础台账,并根据建档立卡的数据信息变化和核实情况,及时对基础台账信息进行动态更新,对于季节性、短期务工的,要不定期进行回访,确保家底清、情况明、台账准。建立区、乡镇(街道办事处)、村(社区)三级联动管理机制,加强建档立卡贫困劳动力就业情况动态监测管理。

(二)抓实贫困劳动力培训。今年,全区计划培训贫困劳动力12 053人,由昭阳工业园区负责组织培训600人;由乡镇、街道办事处负责组织,区人力资源办负责培训11 453人。各乡镇、街道办事处要按责任书明确的目标任务,做好劳动力培训意愿调查,摸清底数后,主动对接区人力资源办,认真组织好培训。培训采取"订单培训""定向培训"和实用技术培训的模式,努力提高培训的针对性,确保有意愿的建档立卡贫困劳动力100%给予技能培训,确保"培训一人、就业一人、脱贫一户"。

1. 开展订单培训。加强与东莞、中山劳务中介组织、用工企业对接,收集所需技能工种,采取"培训+就业"的合作模式,做到"培训一人、就业一人"。

2. 开展定向培训。收集区内企业用工需求,并积极与企业对接,针对企业所需组织劳动力进行培训后,把劳动力送到企业进行岗位培训。

3. 开展实用技术培训。结合优势农特产业开展实用技术培训,确保有意愿的建档立卡贫困劳动力至少掌握1门实用技术。

4. 开展创业培训。对有创业意愿并具备一定创业条件的建档立卡贫困劳动力,提供免费创业培训,鼓励自主创业。

(三)做好劳动力转移就业工作。各乡镇、街道办事处和区直相关部门要紧紧围绕目标任务,全面提升职业技能培训和劳动力转移就业的契合度,全力实现有计划、有层次、有保障的劳动力转移就业,使劳动年龄内有就业能力和意愿的贫困劳动力都能实现就业,对有意愿的建档立卡贫困劳动力100%给予技能培训、100%推荐岗位。

1. 牢牢把握东西部扶贫协作的重大机遇,以广东东莞、中山等发达地区为重点,采取"走出去"与"请进来"相结合的方法,既大力开展宣传与沟通联络工作,宣传我区劳动力资源优势,增强对外吸引力,又吸引外地企业、用人单位和劳务公司来我区组织招聘。通过持续深化东西部劳务输出协作,组织依托劳务公司有组织输出到东莞、中山就业一批。

2. 以劳动力动态管理信息系统为基础,通过自主回原务工企业就业一批。

3. 对有创业意愿和创业能力的贫困家庭劳动力,集中组织开展免费的创业培训和创业指导,符合条件的,按规定给予创业扶持政策支持,鼓励自主创业带动就业一批。

4. 通过开发公益性岗位解决就业一批。

5. 各村就地组建村集体劳务队,对不能外出务工的建档立卡贫困人员就近就地灵活就业一批。

6. 通过区内工业、农业和服务业等行业企业解决就业一批。

四、奖补政策

(一)在昭阳工业园区创新创业园务工的劳动力,政府给予六个月的稳岗补贴,每三个月发放一次(共两次),建档立卡贫困劳动力每次补贴1 500元,非建档立卡劳动力每次补贴400元。

(二)在广东东莞、中山务工的建档立卡贫困劳动力,稳定务工半年以上的给予1 000元的一次性稳岗补贴。

(三)鼓励村(社区)干部(支书、副支书、主任、副主任除外)带领建档立卡贫困劳动力到东莞、中山等地务工(每村限一名)。凡带领卡户劳动力20人以上外出务工的,保留身份及工资待遇,并担任务工队队长,负责务工地人员的统筹、管理、联络等服务工作。

(四)对有创业意愿并具备一定创业条件的贫困劳动力,给予创业指导和创业扶持,并按照政策规定给予贴息。对在电商网络平台开办"网店"的建档立卡贫困劳动力,可认定为灵活就业人员,享受灵活就业人员扶持政策。

以上奖补政策实施时间为2018年1月1日至2018年12月31日,且不含劳务队和公益性岗位安置就业人员。

五、保障措施

(一)加强组织领导。成立昭阳区就业扶贫工作领导小组,由区委副书记、区长陶毅任组长,区委副书记、区城管委党委书记施华松和区政府副区长、区财政局局长刘凤慧任副组长,相关部门主要领导为成员,领导小组下设办公室在区人社局,由区人社局长杨斌兼任办公室主任,人力资源办主任马洪彦兼任办公室副主任。领导小组定期听取工作情况汇报,研究解决存在的问题,确保工作顺利推进。各乡镇、街道办事处要高度重视就业扶贫工作,建立乡镇、街道党(工)委书记和乡镇长、行政主任共同抓的工作领导机制,切实将贫困劳动力转移就业工作落到实处,抓出成效。

(二)强化资金保障。就业扶贫工作面广、任务繁重、资金需求量大。区财政部门负责资金筹措到位、使用和监督。区直相关部门要根据工作职责和目标任务统筹好政策资金,并确保用实、用足、用好,提高资金使用效率。审计部门要加强资金跟踪审计,确保资金规范使用。

(三)压实工作责任。乡镇、街道办事处要建立干部包村包片包户制度,切实抓好农村贫困劳动就业培训、转移就业的宣传发动组织工作。区人社局、区人力资源办要做好全区技能培训和劳动力转移就业工作的指导,落实好各项就业扶贫政策。

(四)严格考核奖惩。区委、区政府将就业扶贫工作纳入2018年年终绩效考核,由区监察委、督查部门对工作开展情况进行效能监督,对推进迟缓、落实不力的乡镇、街道办事处,年终绩效考核实行"一票否决"。

昭阳区党政领导干部生态环境损害责任追究实施办法

第一条 为认真贯彻落实中央及省、市关于加快推进生态文明建设的部署和要求，健全生态文明制度体系，强化党政领导干部生态环境和资源保护责任，严格落实生态环境损害责任追究工作，根据《云南省党政领导干部生态环境损害责任追究实施细则（试行）》及有关党内法规和国家法律法规，结合我区实际，制定本实施办法。

第二条 本实施办法适用于昭阳区乡镇（街道）党（工）委、政府（行政）领导干部，区直相关工作部门领导干部，以及法律法规授权的有关机构领导干部。

第三条 切实落实党政部门的责任。党（工）委（党组）和政府（行政）对本地区生态环境和资源保护负总责，党政主要领导承担主要责任，其他有关领导成员在职责范围内承担相应责任，相关部门及有关机构领导干部按照职责分别承担相应责任。

第四条 党政领导干部对生态环境保护工作共同负有领导责任。负有生态环境和资源保护监督管理职责的政府工作部门及有关机构党政领导干部既要负责分管范围业务工作，又要负责分管范围内的生态环境保护工作。

第五条 党政领导干部生态环境损害责任追究，坚持依法依规、客观公正、科学认定、权责一致、终身追究的原则，实行党政同责、一岗双责。

第六条 有下列情形之一的，应当追究党政主要领导的责任：

（一）贯彻落实上级党委、政府关于生态文明建设的决策部署不力，致使辖区环境污染、矿产资源开发、农产品产地、自然保护区、饮用水源地、风景名胜和自然遗产地、城市绿地、林业、水土保持和地下水等生态环境和资源问题突出或者任期内生态环境状况明显恶化，生态环境保护目标责任考核不合格的；

（二）作出的决策与生态环境和资源方面政策、法律法规相违背的；

（三）违反主体功能区定位或者突破资源环境生态红线、城镇开发边界，盲目决策，在环境容量、能源消耗总量、土地开发强度、资源利用等方面，不顾资源环境承载能力，造成严重后果的；

（四）作出的决策严重违反城乡建设、土地利用、生态环境保护等规划的；

（五）乡镇、街道办事处与工作部门之间，区政府各工作部门之间在生态环境和资源保护协作方面推诿扯皮，主要领导不担当、不作为，造成严重后果的；

（六）本地区由于主要领导未履职尽责，发生严重环境污染和生态破坏事件，或者对严重环境污染和生态破坏（灾害）事件处置不力的；

（七）对公益诉讼裁决和资源环境保护督察整改要求执行不力的；

（八）其他应当追究责任的情形。有上述情形的，在追究党（工）委（党组）和政府（行政）主要领导责任的同时，对其他有关领导成员及相关部门领导成员依据职责分工和履职情况追究相应责任。

第七条 有下列情形之一的，应当追究党政领导班子成员的责任：

（一）指使、授意或者放任分管部门对不符合主体功能区定位或者生态环境和资源方面政策、法律法规的建设项目审批（核准、备案）、建设或者投产（使用）的；

（二）对分管部门违反生态环境和资源方面政策、法律法规行为监管失察、制止不力甚至包庇纵容的；

（三）未正确履行职责，导致应当依法由政府责令停业、关闭的严重污染环境或破坏生态的企（事）业单位或者其他生产经营者未停业、关闭的；

(四)对严重环境污染和生态破坏(灾害)事件组织查处不力的;

(五)其他应当追究责任的情形。

第八条 有下列情形之一的,应当追究有关工作部门领导成员的责任:

(一)制定的规定或者采取的措施与生态环境和资源方面政策、法律法规相违背的;

(二)批准开发利用规划或者进行项目审批(核准、备案)违反生态环境和资源方面政策、法律法规的;

(三)执行生态环境和资源方面政策、法律法规不力,不按规定对执行情况进行监督检查,或者在监督检查中敷衍塞责的;

(四)对上级部门督办、区委区政府交办,发现或者群众举报的严重破坏生态环境和资源的问题,隐瞒不报,压案不查,不按规定查处或者查处不力的;

(五)不按规定报告、通报或者公开环境污染和生态破坏(灾害)事件信息的;

(六)对应当移送有关机关处理的生态环境和资源方面的违纪违法案件线索,不按规定移送或者故意出具虚假材料的;

(七)其他应当追究责任的情形。有上述情形的,在追究有关领导成员责任的同时,对负有责任的有关机构领导人员追究相应责任。

第九条 党政领导干部利用职务影响,有下列情形之一的,应当追究其责任:

(一)限制、干扰、阻碍生态环境和资源监管执法工作的;

(二)干预司法活动,插手生态环境和资源方面具体司法案件处理的;

(三)干预、插手建设项目,致使不符合生态环境和资源方面政策、法律法规的建设项目得以审批(核准、备案)、建设或者投产(使用)的;

(四)指使篡改、伪造生态环境和资源方面调查和监测数据的;

(五)其他应当追究责任的情形。

第十条 负有生态环境和资源保护监管职责的政府工作部门发现有本办法规定的追责情形的,必须按照职责依法对生态环境和资源损害问题进行调查。

(一)环境保护主管部门负责所有环境污染损害问题的调查;

(二)国土资源主管部门负责土地资源、矿产资源等生态环境损害问题的调查;

(三)住房和城乡建设部门负责城市污水等生态环境损害问题的调查;

(四)城管部门负责垃圾等生态环境损害问题的调查;

(五)水务部门负责水资源、水土保持等生态环境损害问题的调查;

(六)农业部门负责农业用地、渔业水域等生态环境损害问题的调查;

(七)林业部门负责森林、林地、湿地和陆生野生动植物等生态环境损害问题的调查;

(八)涉及自然保护区生态环境损害问题的调查,由相关部门按照职责分工进行。

第十一条 负有生态环境和资源保护监管职责的政府工作部门按照职责依法对生态环境和资源损害问题进行调查处理时,发现有本实施办法规定的追责情形的,在根据调查结果依法作出行政处罚决定或者其他处理决定的同时,对相关党政领导干部应负责任和处理提出建议,按照干部管理权限将有关材料及时移送纪检监察机关或者组织(人事)部门。

司法机关在生态环境和资源损害等案件处理过程中发现有本实施办法规定的追责情形的,应当向有关纪检监察机关或者组织(人事)部门提出处理建议。需要追究党纪政纪责任的,由纪检监察机关按照有关规定办理;需要给予诫勉、责令公开道歉和组织处理的,由组织(人事)部门按照有关规定办理。

第十二条 党政领导干部生态环境损害责任追究形式有:诫勉、责令公开道歉、组织处理、党纪政纪处分、移送司法机关处理。

组织处理包括调离岗位、引咎辞职、责令辞职、免职、降职等。组织处理和党纪政纪处分可以单独使用,也可以同时使用。

追责对象涉嫌犯罪的,移送司法机关依法处理。

第十三条 健全和完善生态文明和环境目标责任考核评价指标体系,按照有关生态文明建设及生态环境和资源保护情况规定对党政班子及其成员进行考核评价,对领导干部实行自然资源资产离任审计,对在生态环境和资源方面造成严重破坏负有责任的干部不得提拔使用或者转任重要职务。

第十四条 负责作出责任追究决定的机关和部门,以及负有生态环境和资源保护监管职责的工作部门,一般应当将调查结果、行政处罚决定或者其他处理决定、责任追究情况等,视影响程度和范围进行书面通报,同时通过本级或者上级主要新闻媒体、召开情况通报会等方式向社会公开。

第十五条 实行生态环境损害责任终身追究制。领导干部违背环境保护的有关规定,造成重大环境事故、生态环境和资源严重破坏的,责任人不论是否已调离、提拔或者退休,都必须依照生态环境保护责任追究办法进行追责。

第十六条 负有生态环境和资源保护监管职责的政府工作部门,在发现本实施办法规定的追责情形而未调查核实提请纪检监察机关、组织(人事)部门等部门追责的,追究有关部门责任人责任;组织(人事)部门在接到有关部门提请追究党政领导干部生态环境保护责任的报告后,未组织调查核实并作出组织处理的,追究组织(人事)部门有关责任人责任;纪检监察机关在接到有关部门提请追究党政领导干部生态环境保护责任的报告后,未组织调查核实并作出纪律处分的,追究纪检监察机关有关责任人责任。

第十七条 受到责任追究的人员对责任追究决定不服的,可以向作出责任追究决定的机关和部门提出书面申诉。作出责任追究决定的机关和部门应当依据有关规定受理并作出处理。

申诉期间,不停止责任追究决定的执行。

第十八条 受到责任追究的党政领导干部,取消当年年度考核评优评先资格。受到调离岗位处理的,一年内不得提拔;单独受到引咎辞职、责令辞职和免职处理的,一年内不得安排职务,两年内不得担任高于原任职务层次的职务;受到降职处理的,两年内不得提升职务。同时受到党纪政纪处分和组织处理的,按照影响期长的规定执行。

第十九条 建立健全沟通协作机制。负有生态环境和资源保护监管职责的工作部门、纪检监察机关、组织人事部门应当建立健全生态环境和资源损害责任追究的沟通协作机制。

第二十条 本实施办法由区委组织部、区纪委负责解释。

第二十一条 本实施办法自发文之日起施行。

中共昭阳区委办公室
2018年5月5日

昭阳区总工会特殊困难职工临时救助办法

区直各基层工会：

为确保帮扶救助惠及每位会员职工，针对未纳入全国总工会帮扶工作管理系统的全区机关、事业单位的会员在职职工，因遭遇突发事件、自然灾害、意外伤害致伤致残、房屋损害不能居住及患癌症、尿毒症等重大疾病导致基本生活陷入困境的特殊困难职工。为确实维护这一部分人的生活保障权益，稳定职工队伍，给予其应急性、过渡性的临时救助，区总工会结合全区实际，特制定此试行办法，现下发给你们，请遵照执行。

一、救助的原则

区总工会临时救助工作坚持维护职工队伍的稳定，确保有特殊困难的职工都能求助有门，并按照规定得到及时救助；着眼于解决基本生活困难、摆脱临时困境，既要尽力而为，又要量力而行；坚持公开公正，做到政策公开、过程透明、结果公正；坚持制度衔接，加强各项救助、保障制度的衔接配合，形成整体合力；坚持资源统筹，工会救助、社会帮扶、职工自救有机结合。区直各基层工会要全面掌握本单位、本部门职工个人或者家庭因突发性、临时性导致基本生活困难的情况，及时上报到区总工会职工服务中心。区总工会职工服务中心应将视其困难程度给予非定期、非定量的临时救助，切实保障困难职工基本生活权益。

二、救助的主要内容

（一）救助对象在全国总工会帮扶工作管理系统建立正式档案和临时档案的困难职工、农民工以外的全区机关、事业单位符合临时帮扶对象的特殊困难在职职工。

（二）救助类型

1. 在职职工中的会员因自然灾害、意外（公务）事故致伤致残或房屋损毁且不能居住的个人或家庭；

2. 在职职工中的会员（含配偶、子女）患癌症、尿毒症，或因疾病导致基本生活暂时出现严重困难的个人或家庭。

（三）资金来源：由区总工会本级工会经费解决。

（四）救助申请程序

职工服务中心遵循的救助程序：个人申请—所在单位工会审查（并公示）—区总工会职工服务中心核实—区总工会分管领导审核并拟定帮扶意见（并公示）—区总工会主席办公会议讨论。

（五）申请所需资料

1. 困难在职职工本人书面申请；

2. 困难在职职工本人身份证、所在单位出具的证明；

3. 患病的困难在职职工需要市（县）级以上医院诊断证明书，住院发票；

4. 填写《困难职工临时救助申请表》。

（六）审核审批

1. 收到特殊困难职工书面申请的10个工作日内，由区总工会职工服务中心工作人员，通过入户调查、向职工单位工会核实等方式，对临时救助申请人的家庭经济状况、人口状况、遭遇困难类型等进行逐一调查核实，视情况组织民主评议，提出审核意见，并在申请人所在单位张榜公示后，报区总工会分管领导进一步审核。

2. 分管领导收到职工服务中心提交的调查材料和审核意见后，要进一步审核，并拟定具体帮扶意见,在5个工作日内,召开区总工会主席办公会对调查材料和审核意见进行全面审查,作出审批决定并张榜公示。对符合条件的,应及时予以批准;对不符合条件的,书面向申请人说明理由。原则上,申请人以同一事由重复申请临时救助,无正当理由的,不予救助。

(七)救助的标准

1. 临时救助以家庭或个人为单位,一个家庭或个人每年接受临时救助的次数一般不超过1次,原则上为一事一救,不得以同一事由反复进行申请,避免临时救助长期化、固定化。

2. 对符合条件的救助对象,为遭受自然灾害(房屋损毁且不能居住)和意外(公务)事故,致残且造成生活不能自理的特殊困难职工,最高救助不超过3 000元;因家庭成员(含配偶、子女)患癌症、尿毒症的,按申请人每年自付医疗费用(占家庭年度总收入的30%)给予救助,最高救助不超过3 000元。特殊情况的救助,经区总工会主席办公会议讨论通过,可适当提高救助标准或特事特批。

(八)救助的方式

临时救助资金实行实名领取制度,原则上通过银行转账转入困难职工银行卡,特殊情况可发放现金,须由申请人本人签收。申请人因特殊情况不能签收的,由他人代领时,须提供代领人的身份证、联系电话及与申请人的关系证明资料。

三、资金管理和相关要求

1. 临时救助资金的使用要按照量入为出、收支平衡的原则,科学合理编制临时救助资金年度使用方案,做到统筹兼顾、合理安排。临时救助资金的收支预、决算,纳入区总工会预、决算统一管理。

2. 临时救助资金发放使用要严格按标准和规定执行。临时救助资金的发放由区总工会(常务副)主席"一支笔"审批。

3. 临时救助资金财务收支情况按实际使用情况公布,并自觉接受区总工会经审会及市级审计部门、省总工会经审办的检查监督。

4. 坚持临时救助资金专款专用原则,任何单位或个人不得截留、挪用、冒领、拆借临时救助资金,不得随意扩大临时救助资金的使用范围。对于违反规定的,将追究有关人员责任。

本办法自2018年1月1日~2018年12月31日实施,执行期限为一年,解释权由区总工会职工服务中心负责解释。

昭阳区总工会
2018年5月24日

昭阳区人民政府关于印发降低实体经济企业成本实施方案的通知

各乡、镇人民政府,街道办事处,区直各委、办、局:

经区人民政府同意,现将《昭阳区降低实体经济企业成本的实施方案》印发你们,请认真贯彻执行。

昭阳区人民政府
2018年5月30日

昭阳区降低实体经济企业成本的实施方案

根据《云南省降低实体经济企业成本实施细则》及有关法律法规和政策文件,进一步落实企业税费、融资、交易、社保、物流等系列优惠政策,全面降低实体经济企业成本,突出"降成本"政策的普惠性、针对性和差别化,着力推进我区供给侧结构性改革"降成本"工作,促进全区经济平稳健康发展。特制定本工作方案。

一、总体要求

(一)总体要求。深入贯彻落实党的十九大、十九届二中全会、中央经济工作会、中央农村工作会精神和习近平总书记系列重要讲话精神,落实党中央、国务院和省委、省政府决策部署,坚持市场主导和政府引导相结合,国家、省政策和创新本地政策措施相衔接,继续开展降低实体经济企业成本行动,深化落实降低制度性交易成本、实施普遍性降费、降低人工成本、降低生产要素成本、降低物流成本、降低税负成本、降低融资成本等一揽子政策措施,进一步改善企业发展环境,切实减轻企业负担,提升企业发展后劲,助推转型升级,促进全区经济平稳健康发展。

(二)工作目标。经过1~2年努力,降低实体经济企业成本工作取得初步效果,3年左右实现实体经济企业成本明显下降,盈利能力显著增强。

二、合理降低企业税费

(三)贯彻落实国家"营改增"和简化增值税税率结构政策,全面打通企业抵扣链条,实行不动产进项税抵扣,增加企业增值税进项抵扣。完善征管服务措施,引导企业加强财务核算,用足抵扣政策,确保所有行业税负只减不增。对纳税人提供的直接或间接国际货物运输代理服务,金融同业往来利息收入,纳税人提供技术转让、技术开发和与之相关的技术咨询、技术服务等项目免征增值税。(区国税局牵头;区财政局、地税局配合)

(四)落实国家和省支持企业创新和针对高新技术企业的优惠有关政策,对认定的高新技术企业减按15%的税率征收企业所得税;企业为开发新技术、新产品、新工艺发展的研究开发费,未形成无形资产计入当期损益的,在按照规定据实扣除的基础上,按照研究开发费用的50%加计扣除,形成无形资产的按照无形资产成本的150%摊销;2017年1月1日~2019年12月31日,科技型中小企业符合条件的研究开发费用未形成无形资产加计扣除比例提高到75%,形成无形资产的按照无形资产成本的175%在税前摊销。(区国税局牵头;区财政局、区地税局、区工科局、区统计局配合)

(五)落实国家和省有关"双创"税收优惠政策,众创空间按照规定条件享受固定资产加速折旧、进口设备税收等优惠政策。2016年1月1日~2018年12月31日,对符合条件的科技企业孵化器自用以及无偿或通过出租等方式提供给孵化企业使用的房产、土地,免征房产税和城镇地使用税。(区地税局牵头;区工科局、区财政局、区国税局配合)

(六)严格执行小微企业、西部大开发、企业兼并重组、技术先进型服务企业等国家税收优惠政策,加强宣传和政策解读,简化办理程序,优化纳税服务,确保符合条件的企业依法依规享受税收"减、免、缓"政策落实到位。(区国税局牵头;区地税局、区财政局、区工科局配合)

(七)2016年1月1日~2018年12月31日,对专门经营农产品的农产品批发市场、农贸市场使用(包括自有和承租)的房产、土地,暂免征房产税和城镇土地使用税;对同时经营其他产品的农产品批发市场和农贸市场使用的房产、土地,按其他产品与农产品交易场地面积的比例确定征免房产税和城镇土地使用税。2017年1月1日~2019年12月31日,对物流企业自有的(包括自用和出租)大宗商品仓储设施用地,减按所属土地等级使用税额标准的50%计征城镇土地使用税。(区地税局牵头;区住建局、区国土分局、区市场监管局配合)

(八)将免征教育费附加、地方教育附加的范围,由按月纳税的月销售额和营业额不超过3万元(按季度纳税的季度销售额或营业额不超过9万元)的缴纳义务人,扩大到按月纳税的月销售额或营业额不超过10万元(按季度纳税的季度销售额或营业额不超过30万元)的缴纳义务人。(区地税局牵头;区财政局配合)

(九)继续落实大型水电企业增值税政策,装机容量超过100万千瓦的水力发电站(含抽水蓄能电站)销售自产电力产品的,自2016年1月1日~2017年12月31日,对其增值税实际税负超过12%的部分实行即征即退政策。(区国税局牵头)

(十)严格执行取消、免征、降低停征行政事业性收费的有关政策规定,进一步清理规范行政事业性收费。对工业园区内的企业,除国家和省法定不能减免的收费外,其他涉企行政事业性收费,原则上一律免收。自2017年4月1日起,取消非刑事案件财物价格鉴定费等12项涉企行政事业性收费;停征地质成果资料费、城市放射性废物送贮费等23项涉企行政事业性收费;对仲裁收费、药品生产经营质量管理规范认证费等6项行政事业性收费标准降低30%。实行差别化排污收费政策,建立约束激励机制,促进企业治污减排,对企业污染物排放浓度值低于国家和我省规定的污染物排放限值50%以上的,减半征收排污费。(区发改局、区财政局牵头;区工科局、区住建局、区卫计局、区环保局、区市场监管局配合)

(十一)自2016年9月1日起,上年年度企业应纳税所得额低于30万元企业,可申请减缴专利申请费、年费、复审费和发明专利申请实质审查费。(区工科局牵头;区发改局、区财政局配合)

(十二)取消价格调节基金,停征新菜地开发建设基金、育林基金、散装水泥专项资金。自2017年4月1日起,取消城市公用事业附加中的电附加和自来水附加、新型墙体材料专项基金。(区财政局牵头;区发改局、区工科局、区国土分局、区地税局、区农业局、区林业局、区水务局、区国税局配合)

(十三)加强旅游景区门票价格监管,凡实行政府定价和政府指导价管理的旅游景区门票价格,严格执行门票价格调整周期、幅度的规定,凡上调实行政府指导价管理的同一游览参观的门票价格,调价频率不得低于3年;原门票价格在50元以内(不含50元)的,一次提价幅度不得超过原票价的35%;50元(含50元)~100元(不含100元)的,一次提价幅度不得超过原票价的30%;100元(含100元)~200元(不含200元)的,一次提价幅度不得超过原票价的25%;200元(含200元)以上的,一次提价幅度不得超过原票价的15%。(区发改局牵头;区旅游局配合)

三、有效降低企业融资成本

（十四）积极引导金融机构加大对实体经济企业的支持力度。采取增信和贴息等措施，加大对符合产业升级方向的企业和项目的信贷支持；在给予项目各方咨询服务、结算服务（合各类网银等交易银行及货币增值服务）时，适当给予费用减免。（区金融办牵头；区发改局配合）

（十五）降低贷款中间环节费用，进一步清理规范银行业金融机构的收费行为，严禁通过"以贷转存""存贷挂钩"等方式变相提高贷款利率，督促银行业金融机构依法合规收费。（区金融办牵头；区财政局、区工科局配合）

（十六）建立健全企业上市、挂牌奖励扶持政策，对在境内外主要证券交易所首次公开发行股票并上市的企业、在全国中小企业股份转让系统挂牌的企业、成功发行债券的企业，给予奖励。（区金融办牵头；区财政局、区发改局、区工科局配合）

（十七）扶持我区区域性股权市场依法规范发展，引导企业积极运用公司债、企业债、银行间市场非金融企业债务融资工具等直接融资，鼓励符合条件的企业境外发债。（区金融办牵头；区发改局、区工科局配合）

（十八）规范资产评估市场，鼓励引导金融机构和担保机构提高信用良好企业的抵押物折扣率，降低担保费率。（区财政局牵头；区金融办、区工科局配合）

（十九）引导银行继续为企业提供综合成本低的"助保贷"等项目服务。（区金融办牵头；区工科局、区财政局配合）

（二十）改进对小微企业的金融服务，优化商业银行信贷结构。落实小微企业流动性资金贷款无还本续贷、循环贷款等还款方式创新政策，支持符合条件的地方法人银行发行小微企业专项金融债，鼓励金融机构深化小微企业金融服务与"互联网十"的融合，改造信贷管理制度和信用评价模型，优化业务办理流程。（区金融办牵头）

（二十一）利用普惠金融发展专项资金，对符合条件的县域金融机构给予涉农贷款增量奖励，对符合条件的农村金融机构给予定向费用补贴，对符合条件的个人和小微企业创业担保贷款实行贴息及奖补。（区财政局牵头；区金融办配合）

（二十二）对政府与社会资本方签订PPP项目合同，并引入社会资本、采用PPP模式化解存量政府性债务和使用云南省PPP融资支持基金的PPP项目按照规定给予以奖代补。（区财政局牵头）

四、着力降低制度性交易成本

（二十三）持续深化"放管服"改革，建立完善政府权力清单、政府责任清单、随机抽查事项清单、证明材料清单，加强对市场运营、行政审批、各类保证金收取、证明材料的规范管理，强化行政许可标准化建设和分类管理，严格执行行政许可事项目录公布的承诺时限，简化办事流程。加快推进政务服务网建设，完善网上行政审批服务系统，清理规范行政审批前置中介服务事项，无法律法规依据的审批事项、中介服务事项、收费项目一律取消。加快推进"多证合一、一照一码"登记制度改革，建立企业投资负面清单管理制度，推行企业登记全程电子化，加强涉企信息归集共享。（区委编办、区政务服务局、区市场监管局牵头，区工科局、区人社局、区国税局、区地税局配合）

（二十四）落实各类市场主体在投资核准、政府扶持、参与政府投资项目等方面享受同等待遇政策，对民间投资进入自然资源开发、环境保护、能源、交通、市政公用事业等领域，除法律、行政法规有明确规定外，取消最低注册资本、股东结构、股份比例等限制。（区发改局牵头；区工科局、区市场监管局、区国土分局、区环保局、区交运局、区住建局配合）

（二十五）加强投资审批在线监管，投资审批办理事项纳入投资项目在线审批监管平台，实行"一口受理、并行办理、限时办结、统一答复"。项目单位应在开工建设前依法办理有关手续。核准项目除重大项目需要环评审批外，其他只保留规划、土地两项前置审批；备案项目不再设置任何前置条件，项目备案机关收到项目单位合规备案信息后须及时赋码确认备案。各级公共资源交易机构不得变相前

置审批、备案、监管、处罚等行政管理事项。(区政务服务局牵头,区发改局、区工科局、区国土分局、区环保局、区住建局配合)

(二十六)进一步优化投资项目在土地、规划、环评、消防、水务、电力设施配套等环节的审批流程,对具备条件的园区实行一次性审批和一次性收费。对市级重大工业项目开辟"绿色通道"成立专项服务组提升对重大工业项目的服务水平。将企业投资项目行政审批纳入重点稽查工作范围,设立投诉举报电话,加大稽查力度,建立有关问题移交监察部门处理机制。(区工科局、区级有关行政审批部门、区公安消防大队、区供电分局牵头;区监察局配合)

(二十七)优化服务流程,对商务登记备案单位,备案人员为单位股东的,不再提交公司章程或协议;商务登记备案单位年审,不再提交工商营业执照及年报情况。(区工科局牵头)

(二十八)积极开展守信联合和失信联合惩戒,在行政管理、公共服务、市场交易和投融资等领域,对守信企业在行政审批、政府采购、招投标管理、投资补助等环节给予重点支持,对失信企业建立行业失信黑名单制度和联合惩戒机制。(区发改局牵头;区社会信用体系建设成员单位配合)

(二十九)加大反垄断执法力度,加强价格执法,对不正当竞争、滥用市场支配地位、乱收费等违法行为依法处罚。加强知识产权保护,加大对专利、商标、商业秘密等方面知识产权侵权假冒行为的打击力度。切实履行与企业签订正式合同中的承诺事项,及时协调处理企业投诉事项,杜绝承诺不兑现、承诺缩水等现象,严肃查处"吃拿卡要""乱作为"等行为。(区市场监管局、区工科局、区发改局牵头;区直有关部门配合)

(三十)推行行业协会商会与行政机关脱钩,理清行业协会商会与行政机关职能边界,清理行业协会商会违法违规强制企业付费参加考核评比、表彰、赞助捐赠等项目。(区民政局牵头;区发改局、区工科局、区编办配合)

五、合理降低企业人工成本

(三十一)生育保险基金累计结余超过9个月的统筹区,降低生育保险费率至0.5%以下。工伤保险行业类别从原来的3类划分为8类,在工伤保险基金支付能力在保障12个月支付水平的前提下,平均费率在现0.84%基础上适当下调。2017年1月1日~2018年4月30日,失业保险费费率下调至1%,其中单位缴费费率下调至0.7%,个人缴费费率下调至0.3%。企业职工基本养老保险单位参保总费率降至27%,其中单位缴费费率从20%下调为19%,个人缴费费率8%不变。执行时间:从2016年5月1日执行至2018年4月30日。执行期满后,单位缴费费率按照国家、省相关规定执行。(区人社局牵头;区财政局配合)

(三十二)2016年5月1日~2018年4月30日,企业住房公积金缴存比例按照"限高保低"的原则,不得超过12%;低于5%或申请缓缴的,经企业单位职工代表大会或工会讨论通过后,报区住房公积金管理中心审批执行。(区住建局牵头;区财政局配合)

(三十三)录用正在领取失业保险金的失业人员并签订劳动合同的,由失业保险机构给予用人单位就业补助,补助标准每人不超过1 500元;以转岗方式安置富余人员进行转岗培训,可按照培训项目实际付费的50%给予每人不超过400元的一次性培训补助。对符合规定条件的企业,可按照不超过该企业及其职工上年年度实际缴纳失业保险费总额的40%~50%给予稳岗补贴。(区人社局牵头)

(三十四)企业吸纳就业困难人员,与之签订劳动合同并按照标准缴纳社会保险费的,按照规定给予3年的社会保险补贴;小微企业吸纳高校、技工院校毕业生,与之签订1年以上劳动合同并缴纳社会保险费的,按照规定给予1年的社会保险补贴;积极鼓励和支持管理规范、社会责任感较强的企业招用贫困劳动力;对招用贫困劳动力按规定缴纳企业职工社会保险费的市内企业,按最高不超过为贫困劳动力缴纳社会保险费的三分之二给予社会保险补贴。(区人社局牵头)

(三十五)推进户籍制度改革,实现居住证制度全覆盖,促进农业转移人口在城镇落户并纳入当地就业、教育、社会保险等公共服务覆盖范围。全面放开落户限制,取消对高校毕业生和中高级技工落户限制,降低劳动力自由流动成本。(区公安分局牵头;区人社局、区教育局、区卫计局配合)

(三十六)严格执行省最低工资标准增长相关政策,督查企业贯彻落实。(区人社局牵头)

六、进一步降低企业用能成本

(三十七)推进电力市场化改革,完善交易规则,落实输配电价政策,扩大交易准入范围,加大售电公司培育,支持符合准入条件的工商企业通过双边协商、集中竞价等方式直接参与市场化交易,或委托售电公司、供电部门代理等购电,直接交易的电量和容量将不再纳入发用电计划。(区工科局牵头;区发改局、区供电分局配合)

(三十八)完善大工业两部制电价用户基本电价执行方式,放宽基本电价计费方式变更周期限制,按照变压器容量或最大需量计费变更周期调整为按季变更,若电力用户选择按照最大需量方式计收基本电费的,合同最大需量核定值变更周期调整为按月变更;放宽减容(暂停)期限限制,电力用户(含新装、增容用户)可提前5个工作日向电网企业申请减容、暂停、恢复用电,减容(暂停)后容量达不到两部制电价规定容量标准的,按照相应用电类别单一制电价计费,减容(暂停)设备自设备加封之日起免收基本电费。电网企业主动指导企业用户科学配置用电变压器容量,合理选择计费方式,降低基本电费支出。(区发改局牵头;区供电分局配合)

(三十九)拥有并网自备电厂的企业应与电网企业协商确定备用容量,并按照约定的备用容量向电网企业缴纳系统备用费;对用电企业利用余热、余压建设的自备发电机组,已按照大工业两部制电价缴纳了基本电费的,不再缴纳自备电厂系统备用费。对列入我省"四个一百"和工业转型升级"三个一百"的重点建设项目,暂缓收取临时接电费。(区发改局、区工科局牵头;区供电分局配合)

(四十)对用电量进入全省前100名的企业,优先支持其与发电量高、电价相对低的发电企业签订中长期合约。(区工科局牵头;区发改局、区供电分局配合)

(四十一)鼓励售电公司以规模化、专业化的服务帮助小企业、园区分散企业参与电力交易,鼓励110千伏以下的中小用电企业,特别是新材料企业以直接参与或者通过委托售电公司等多种方式参与市场化交易。(区发改局牵头;区工科局、区供电分局配合)

(四十二)落实公共照明和旅游景观亮化工程用电价格政策,对公共性、公益性亮化工程用电,结算电价不超过0.4元每千瓦时;支持景区旅游企业由供电企业打捆用电量参与电力市场化交易。对承担公共性、公益性量化功能的有关企业量化工程用电,由县区人民政府给予适当补贴(区发改局牵头;区住建局、区旅游局、区供电分局配合)。

(四十三)对实施"一户一表"改造后抄表收费到户的城乡居民用户,落实每户每年1 560千瓦时、每千瓦时0.36元的电能替代价格政策;对年用电量4 000千瓦时及以上的居民用户,引导其自主选择云南电网公司制定的用电套餐。(区发改局牵头;区供电分局配合)

(四十四)完善天然气价格形成机制和管道人气定价机制,适时开展管输价格成本监审,合理制定我区天然气管输价格。支持非居民用气供需双方在价格政策允许的范围内,公开交易形成具体价格。(区发改局牵头;区工科局、丰顺燃气公司、中诚昭阳燃气公司配合)

七、降低企业用地成本

(四十五)严格执行中央出台的6项专项资金计提政策,对农田水利建设资金和教育资金统一按照土地出让收益计提。全部取消省级及以下各级政府自定的附加于工业用地上的各项计提资金。(区财政局、区国土分局牵头;区工科局配合)

(四十六)工业用地前期开发成本,只限于与宗地直接相关的道路、供水、供电、供气、排水、通信、照明、绿化、土地平整等基础设施建设。应由市政统一建设、与工业用地宗地无直接相关的市政道路、轨道交通、公用水利、绿地景观、河道治理、排污处理等城市基础设施建设费用,不得摊入工业用地前期开发成本。坚持区域内土地开发成本综合、动态平衡,通过商业用地、综合用地、住宅用地等经营性用地弥补工业用地成本。稳定土地取得成本,稳步推进征地补偿标准更新修订。(区国土分局牵头;区财政局、区住建局、区工科局、区审计局配合)

(四十七)国家《战略性新兴产业重点产品和服务指导目录》以及《生产性服务业分类(2015)》(国统字〔2015〕41号)明确的战略性新兴产业、现代仓储物流、生产性服务业中轻资产且可大量使用标准化厂房的项目可归类为工业产业类,用地时由城市规划部门按照工业用地出具土地规划条件、国土资源部门按照工业用地及工业地价提供用地。(区国土分局牵头;区住建局、区工科局、区发改局配合)

(四十八)煤炭企业的矸石山、排土场用地,防排水沟用地,矿区办公、生活区以外的公路、铁路专用线及轻便道和输变电线路用地,或(炸)药库库房外安全区用地,向社会开放的公园及公共绿化带用地,暂免征收土地使用税。(区地税局牵头;区国土分局、区工科局、区住建局配合)

(四十九)工业用地最低价格的确定,不得低于项目实际土地取得成本、土地前期开发成本和按照规定应收取的有关费用之和。对一次性缴纳土地出让金有困难的企业,经批准可最长于2年内分期缴纳。(区国土分局牵头;区发改局、区工科局配合)

(五十)支持企业在符合规划、不改变用途的前提下,依法依规按照程序提高现有工业用地土地利用强度、增加容积率,对其不再增收土地出让价格款。完全退出行业产能的企业处置和转让的土地收入,专项用于退出企业的职工安置。(区国土分局牵头;区财政局、区工科局、区住建局配合)

(五十一)企业利用自有的存量和闲置土地、厂房、仓库等改造升级传统工业,兴办先进制造、生产性及高科技服务业、创业创新平台等国家支持的新产业、新业态建设项目的,可实行按照原用途和土地权利类型使用土地过渡期政策。过渡期政策以5年为限,5年期满涉及转让需办理有关用地手续的,可按照新用途、新权利类型、市场价,以协议方式办理。(区国土分局牵头;区发改局、区工科局配合)

(五十二)坝区耕地质量补偿费除商住用地外,其余用地一律免缴。商住用地的坝区耕地质量补偿费除缴纳省级部分外,涉及上缴市级部分可根据情况报市政府申请缓缴或免交,县(区)级部分由县(区)及自行决定收缴。(区国土分局牵头;区财政局、区人社局配合)

(五十三)实施差异化的工业用地区域政策和奖励政策。综合考虑工业项目投资强度、产业性质、科技含量、就业岗位数、纳税额、产值等因素,对工业企业进行奖励,具体奖励金额按以下办法和要求确定。(区工科局、工业园区管委会办公室牵头;区财政局、区国土分局配合)

奖励办法:奖励金额=基础地价×(1-N项将利率之和)

基础地价:基础地价的确定以全省工业用地均价17万元/亩为基础,上下浮动30%确定基础地价。

奖励率:

(1)根据项目投资强度,给予最高不超过20%的奖励;重大项目"一事一议"。

(2)符合国家《战略性新兴产业重点产业和服务指导目录》明确的战略性新兴产业工业项目用地,最高可奖励40%;符合我省8大重点产业中工业类发展方向,除上述战略性新兴产业领域外的项目用地,最高可奖励10%。

(3)工业项目用地亩均工业增加值、亩均税收、亩均就业人数等与本地平均数相比,每超10%按照奖励1%计,最高可奖励10%。

(五十四)逐步增加年度工业用地出让面积占全市土地出让面积的比重,工业项目建设用地应保尽保。(区国土分局、区工科局牵头;区发改局配合)

(五十五)盘活工业闲置土地和低效用地,对因使用权人自身原因造成闲置的,闲置1年不满2年的要按照土地出让或划拨价款的20%征收土地闲置费,并限期开发;闲置满2年的依法收回,并重新安排使用。加强工业用地利用综合评价,对投资强度低、利用效益差等情况的,列入低效用地清理处置范围并规划另行安排使用。(区国土分局牵头;区直有关部门配合)

八、大幅降低企业物流成本

(五十六)加大多式联运、甩挂运输等新型运输方式的扶持力度,推进物流大数据、服务平台建设,提升物流配送效率,促进公路、铁路、水路、航空等运输方式有效衔接,降低运输成本。(区交运局、区工科局牵头;区发改局、区财政局、区市场监管局配合)

（五十七）贯彻落实国务院关于进一步降低物流成本的决策部署，落实国家和我省的鲜活农产品"绿通车"政策。（区交运局牵头；区发改局、区农业局配合）

（五十八）对新入驻或所在地方政府认定的物流园区、工业园区、电商园区等的快递企业营业、处理及仓储用房，由所在地方政府按照每平方米不超过10元的标准给予快递企业月租补贴，单户企业每年补贴不超过30万元。（区工科局牵头；区发改局、区财政局、区邮政管理局配合）

（五十九）依法探索降低高速公路收费、延长收费年限的原则，适时适度降低高速公路货车通行费收费标准。（区交运局牵头）

九、提高企业资金周转效率

（六十）鼓励实体经济企业将符合条件的经营性资产证券化，或通过金融租赁、融资租赁等方式盘活存量资产。支持重点企业筹集周转资金，防范企业资金链断裂风险传导。（区金融办牵头；区工科局、区财政局配合）

（六十一）加快推进地方存量政府债务置换，按照有关规定妥善偿还经清理核实属于地方政府债务拖欠的工程款。对通过出让资产等方式获得的增量资金，优先用于清偿政府投资项目拖欠工程款。（区财政局牵头；区国资局配合）

（六十二）全面清理建筑企业在工程建设中需缴纳的各类保证金，除依法设立的投标保证金、履约保证金、工程质量保证金、农民工工资保证金外，其他保证金一律取消。对保留的各项保证金，推行银行保函制度，市场主体可以银行保函缴纳。（区住建局牵头；区财政局、区人社局配合）

（六十三）鼓励银行业金融机构创新贷款抵质押方式，拓展应收账款质押、股权质押、存货及仓单质押等贷款业务；支持创新创业型企业面向符合一定条件的合格投资者发行债券；鼓励发行可续期债券、小微企业增信集合债券等其他创新品种；鼓励符合条件的企业在银行间市场发行短期融资券、中期票据、非公开定向融资工具、绿色票据和项目收益票据等直接债务融资工具。（区金融办牵头；区发改局配合）

十、支持工业企业"轻资产"入园发展

（六十四）鼓励和支持工业园区所在县区人民政府、园区管委会或政府性融资平台公司采取"订单式"统规统建用于企业入驻的生产性用房，对报经省工信委审查认可的，给予每平方米200~300元补助支持，其中，单层每平方米给予200元补助，多层每平方米给予300元补助。鼓励龙头企业、骨干企业以"园中园"模式建立特色化、专业化园区，其生产性用房纳入补助扶持范围。（工业园区管委会牵头；区工科局、区财政局配合）

（六十五）将园区基础设施建设纳入城镇基础设施建设规划，推进园区和城镇水电燃气、通信网络、污水处理、公共交通、公租房、廉租房等市政公用基础设施同步建设，集中建设医院、学校、文化娱乐、职业培训、商业中心、就业和社保服务等生活配套设施，实现园区和城镇基础设施共享。（工业园区管委会牵头；区住建局、区工科局配合）

（六十六）贯彻落实省加大企业做优做强奖补政策，对符合方向的技术改造投资项目，建设有效期内按照技术改造固定资产实际投入的10%进行奖补，市、县（区）分别承担50%。鼓励企业技术创新，对新认定的企业技术中心、制造业创新中心，按照国家级300万元、省级100万元的标准给予一次性奖补。对国家智能制造试点示范项目给予一次性奖补200万元，对省级组织实施的智能制造示范项目给予一次性不少于100万元奖补。对列入国家级、省级认定的单项冠军示范企业，分别给予一次性200万元、100万元奖励。对确定为国家级、省级服务型制造示范企业的，分别给予一次性200万元、100万元的奖励。对认定为国家级、省级工业设计中心的企业分别给予一次性200万元、100万元的奖励。支持集群发展，深入开展新型工业化产业示范基地（产业转移合作示范园区）创建活动，对认定为国家级、省级示范基地的分别给予以此新万元、100万元奖励，认定为"中国制造2025"卓越提升试点示范基地的一次性给予500万元奖励。对认定的绿色供应链、绿色园区、绿色工厂、绿色产品和工业产品生态（绿色）设计示范企业给予50万~200万元一次性奖励。（区工科局、区财政局牵头；区直有关部门配合）

十一、实施保障

(六十七)加强政策宣传。各牵头部门和配合部门要加强对《降低实体经济企业成本实施方案》的深入研究和落实,在各门户网站和办公地点公开政策措施,让实体经济企业了解优惠政策,获得最大实惠。

(六十八)建立政策落实评价考核机制。要高度重视统计工作,严格落实部门和企业的依法统计责任,定期或不定期开展数据核查,确保数据质量客观、真实。各牵头部门和配合部门建立科学规范的评价考核体系和激励机制,开展年度政策落实效果评价考核和奖励,将年度工业经济发展责任目标纳入县区综合考评指标体系,在创新创优中单列为二级指标,并给予不低于2分的加分奖励。

(六十九)强化工作统筹。各区直相关部门要对照工作方案,明确细化推进的路线图、任务书、时间表,做到工作明确、措施明确、时限明确、责任明确;要按月报送成本工作监测情况,每半年开展自查,各项政策措施是否落实到位,取得的实效进展,梳理实体经济企业在发展中面临的新困难和新问题、采取的措施和建议。对工作滞后,政策措施宣传不到位的部门,报经区政府分管领导对所涉相关部门启动约谈。

(七十)强化信息报送。各区直相关部门要按月跟踪监测行业降成本工作监测情况,每年6月20日,12月20日报送降成本工作效果评估,统计部门负责做好统计监测及服务工作,牵头落实部门于6月25日,12月25日前书面向区政府分管领导报告,并抄送区发改局,区发改局要及时汇总"降成本"工作情况上报市发改委,切实推进"降成本"各项工作落实。

昭阳区人民政府关于促进经济持续平稳健康发展的意见

各乡、镇人民政府,街道办事处,区直各委、办、局:

2018年是贯彻落实党的十九大精神的起始之年,是改革开放40周年,是决战脱贫攻坚、决胜全面小康、实施"十三五"规划承上启下的关键一年。全区上下要全面贯彻党的十九大精神,以习近平新时代中国特色社会主义思想为指导,认真落实中央经济工作会议、省委十届四次全会、市委三届四次全会、区委五届三次全会、区五届人大二次会议的决策部署,坚持稳中求进工作总基调,坚持新发展理念,深化供给侧结构性改革,着力促进全区经济持续健康发展。根据《云南省人民政府关于促进经济持续健康较快发展22条措施的意见》(云政发〔2018〕5号)、《昭通市人民政府关于促进全市经济持续平稳健康发展的意见》(昭政发〔2018〕11号)要求,为切实贯彻落实关于稳增长的各项决策部署,现提出以下意见:

一、突出重点领域重大项目,保持投资较快增长

(一)加大项目储备力度。密切关注国家、省、市发展战略,准确把握国家、省、市投资导向和支持重点,紧紧抓住"十三五"规划中期评估调整机遇,根据经济发展水平、项目市场前景、前期工作程序、投资投向等环节,建立健全重大建设项目储备库,拓宽项目储备渠道,认真谋划、筛选、包装、储备一批符合国家产业政策和投资投向的投资大、支撑强、后劲足的重大基础设施、产业发展项目列入国家重大项目库。注重与国家、省、市发展规划等相衔接,争取一批重大项目纳入国家和省、市专项规划盘子。(区发改局牵头;区直有关部门配合)

(二)加强项目前期工作。进一步规范前期工作经费的使用和管理,严格落实经费滚动回收使用机制,对2017年以前区级财政安排的前期工作经费进行清理,按要求归还,补充前期费资金支持。积极争取省、市前期工作经费支持,区级多方筹措资金,围绕以综合交通、城乡建设等为主的基础设施,脱贫攻坚、产业发展、社会事业等为重点的行业领域,梯次推进各类项目前期工作。对年内要实施的新开工项目,切实加快策划、审批、规划、用地、环评、取水、人防等各项工作,确保项目及早落地、开工建设。(区发改局、区财政局按照职责分工分别牵头;区统计局、区住建局、区环保局、区林业局、区规划分局、区国土分局、区水务局、区人防办等区直有关部门配合)

(三)优化项目投资结构。以存量项目投资保基数、以增量项目投资保规模,着力调整优化项目投资结构,突出抓好工业投资、民间投资工作,进一步加大工业投资考核奖惩力度,大幅提高工业投资占固定资产投资的比重,推进产业结构优化升级。加大城镇基础设施建设力度,力争城建、房地产及保障性安居工程完成投资122亿元;着力推进产业建设,力争农业、工业、服务业项目完成投资55亿元;扎实推进脱贫攻坚,力争易地搬迁等项目完成投资48亿元;加快综合交通基础设施建设,力争完成投资3亿元;强化公共服务设施建设,力争教育卫生等社会公共事业项目完成投资37亿元;加大环境保护整治,力争环保项目完成投资1亿元。(工业园区管委会、区发改局、区工科局、区住建局、区交运局、区教育局、区农业局、区卫计局、区扶贫办、市城投公司、区易地办等区直有关部门按照职责分工分别负责)

(四)筹措项目建设资金。不断加强与国家和省、市对口部门的汇报衔接,加大中央预算内投资及各类专项资金争取力度。重视发挥信贷资金融资主渠道作用,强化与国开行、农发行等政策性银行和浦发银行、农村商业银行等商业银行的融资合作,做好政银企沟通协调服务合作,加大金融支持项目融资贷款需求力度,切实降低重大项目、重要产业融资成本。通过招商引资、企业发债和运作PPP项目等多渠道融资,重点吸引社会资本参与产业、扶贫、民生事业等项目的投资运营管理,切实解决项目建设资金短缺问题。聚焦房屋建设、基础设施、产业发展、就学就医等方面,多方筹集资金,强化统筹整合,制定脱贫攻坚项目管理办法,加强扶贫项目管理,提高扶贫资金使用效益,夯实脱贫攻坚基础。用好用活用足国土资源超常规支持脱贫攻坚政策,扎实推进城乡建设用地增减挂钩工作。(区发改局、财政局、金融办、区扶贫办按照职责分工分别牵头;区委编办、区国土分局、区政务服务管理局、区环保局、区住建局、区交运局、区水务局、区林业局、区规划分局、区人防办等区直有关部门,各乡镇、办事处配合)

(五)扎实推进重点项目建设。紧紧围绕全省"四个一百"、全市"五个一批"及区委、区政府确定的重大项目,建立健全项目督查调研、联动推进、全程服务等机制,继续实行固定资产投资"一月一调度"、重大项目"一月一调度"制度,扎实抓好水电铝、文化体育旅游产业新区等重大项目建设,着力推进乌蒙水乡、新机场迁建、地下综合管廊、中心城市轨道交通1号线试验段等新开工项目建设进度,充分发挥重大项目"龙头"引领作用。适时组织开展重大项目调研、观摩讲评,列出问题清单、责任清单,限时整改落实,促进重大项目有序推进。(区发改局牵头;工业园区管委会、区工科局、区国土分局、区环保局、区住建局、区交运局、区农业局、区林业局、区水务局、区教育局、区卫计局、市城投公司等有关部门配合)

(六)完善投资管理政策。健全完善投资项目库和与之相对应的项目信息台账,做好投资审批改革,全面推行投资项目在线审批监管,对投资规模大、带动作用明显的重大产业、基础设施、脱贫攻坚和社会事业等项目在依法审批的前提下,一律并联审批、快审快办,确保在法定时限内办结。进一步规范投资审批事项,向社会公布事项清单,优化审批流程,提高审批效率,加大审批后的事中事后监管。探索以事前准入标准代替审批的企业承诺制。探索以政府购买服务方式全面推行企业投资项目的代办制,为企业提供无偿代办服务。严格扩大有效投资考核,注重结果应用(区发改局、区政务服务管理局按照职责分工分别牵头;区直有关部门配合,各乡镇、办事处配合)

(七)提高招商引资成效。进一步创新招商方式、转变招商理念,持续加大以商招商、产业链招商、驻点招商、精准招商等工作力度,实施"一个项目、一名领导、一个部门、一套方案、一抓到底"的工作机制,借助东莞、中山和昭通扶贫协作工作契机,加大项目衔接和产业承接力度,倾情倾力引进关键型、龙头型、基地型的大项目落户我区。同时,强化工业项目策划论证,提高工业招商实效,对实际投资5亿元以上重大工业项目(含实际投资3 000万元以上的铝产业深加工项目)优先供应土地,按规定落实工业项目用地优惠价格。此外,加强与商会、行业协会的合作交流,积极借助各类行业协会、商会等窗口和平台,充分发挥其桥梁纽带作用和人脉资源优势,加大宣传推介力度,拓展招商引资领域,增强招商引资实效,全面推进招商引资工作。(区招商局、工业园区招商办按照职责分工分别牵头;区发改局、区财政局、区国土分局等区直有关部门,各乡镇、办事处配合)

(八)落实项目责任追究制。区人民政府和各重点行业部门签订投资目标责任,继续实行区级领导挂钩包保重点项目制度及行业部门、业主单位协同推进重大项目制度,及时协调解决项目推进中土地、林地、环保、规划、选址等困难和问题,形成项目推进全程服务机制。全面落实投资目标责任、项目审批、前期工作、项目落地、资金争取5项责任制度,督促抓好项目和投资任务落实,全力推进各行业重点项目建设。加强对中央和省预算内投资计划执行情况的检查力度,确保预算内投资项目按时开工建设;对完成不好的项目资金,经请示区委、区政府和市级相关部门同意,按上级部门的要求一律收回上缴。(区发改局牵头;区直相关部门,各乡镇、办事处配合)

二、加大工业领域投资力度,促进工业稳定发展

(九)大幅提升工业投资。用好用足用活国家和省、市各项减税降费政策,加大中小企业培育扶持力度,支持和鼓励企业加大科技投入,推进开展企业技术改造促进工业转型升级,积极争取省级工业转型和重点产业发展专项资金支持企业发展,保重点产业发展专项资金中一定比例的资金用于研发经费投入。对有市场、提高供给质量、促进传统优势产业的产品升级、工艺装备提升、节能环保、安全生产等技术改造项目,以及促进生物产业、新材料、先进装备制造、电子信息、节能环保等新兴产业发展壮大的项目,积极争取上级贷款贴息等资金支持。加快发展优势产业,力促矿冶、建材等产业提质增效,推进煤炭企业兼并重组、转型升级。创新工业园区机制体制,组建产业投资公司,加快园区基础设施及配套项目和创新创业园区建设,工业园区内、符合园区产业发展规划、企业自建的2018年新建标准化厂房,积极争取市级补助。推进云冶水电铝、省建投绿色材料生产基地、乔治白服饰、煤炭技改等重大工业项目建设,加快滇粤产业园、水电铝配套物流城等项目前期工作进程。紧盯水电铝一体化等重点产业,确定重点招商领域和方向,积极引进有实力大企业、大集团,拉长铝产业链,加速水电铝上下游配套,推动水电产业和铝等载能产业融合发展。(工业园区管委会、区工科局按照职责分工分别牵头;区发改局、区财政局、区招商局、区国土分局、区环保局、区住建局、区规划分局等区直有关部门配合)

(十)扶持企业做大做强。优化提升传统支柱产业,发展壮大特色优势产业,加快培育战略新兴产业,促进产业结构优化升级。区级财政积极争取上级专项资金,用于扶持企业发展、产业培育、项目建设、市场开拓等。鼓励扶持企业规模化发展,力争新增规模以上工业企业5户。对新竣工投产并于当年纳规企业且主营业务年达到2 000万元及以上、主营业务收入达到5 000万元及以上、主营业务收入达到10 000万元及以上,经统计部门核实认定,分别给予10万元、20万元、30万元的一次性奖励;对原有规模以下企业首次升为规模以上的企业,一次性奖励5万元。对规模以上工业企业,工业总产值同比增长15%以上的给予促产扩销补助奖励,其中工业产值达到10亿元及以上的,每户补助奖励30万元;达到5亿元及以上的,每户补助奖励20万元;达到1亿元及以上的,每户补助奖励10万元;1亿元以下5 000万元及以上的,每户补助奖励7万元;5 000万以下2 000万元及以上的,每户补助奖励5万元。对与世界500强、国内100强、行业前3强实现战略重组,且年度新上项目设备投资额5 000万元以上的企业,给予150万元的一次性补助。(区工科局、工业园区管委会牵头;区发改局、区财政局、区统计局、区国税局、区地税局、区招商局等区直有关单位配合)

(十一)支持企业科技创新。建立完善以企业为主体、市场为导向、产学研深度融合的技术创新体系,引导以企业为主体的各类创新机构加大研发经费投入,全面加强质量管理,广泛弘扬"工匠精神",深入发掘"草根创客",积极培育"百年老店"。区级财政积极争取上级专项资金,对新获批的高新技术企业、引进的中小型高新技术企业,根据企业研发经费投入,采取后补助方式分别给予最高20万元、10万元的奖补;企业与高等院校、科研院所合作,引进科研成果(专利)或开展技术难题公关(委托或联合开发)的项目列入省级以上科技计划并实施后,按照所实际支付的引进(合作)费用的20%给予资金补助,最高不超过10万元;鼓励企业设立研发机构,对首次认定的国家级、省级、市级企业技术中心(工程中心、工程技术研究中心)分别给予30万元、10万元、5万元的一次性补助;通过省级认定为科技小巨人企业、科技型中小企业,补助5万元。(区工科局牵头;工业园区管委会、区财政局、区招商局配合)

(十二)深入实施园区经济发展攻坚工程。坚持政府主导、企业主体、市场化运作的发展思路,优化园区空间布局,做到政策向园区倾斜、项目向园区集聚、要素向园区配置。创新园区开发建设模式,大力引入社会资本参与园区建设,推进园区"投融建管营"一体化,大力推进"大产业+新主体+新平台"发展模式,加快打造特色、高效、活力、创新、绿色园区。进一步配套完善工业园区基础设施,创新体制机制,全力培育产业集群,充分发挥工业园区推动区域经济发展的主阵地作用,力争新增入园企业5家以上、实现园区工业总产值增长10%,助推全区工业经济稳定发展。坚定不移推进双创工业园、滇粤产业园项目建设,扎实推进云南建投绿色材料生产基地、水电铝配套物流城、乔治白服饰、电子孵化园、美之脆苹果冻干片等重点项目建设,确保70万吨水电铝项目建成投产。(区工科局、工业园区管委会、区农业局按照职责分工分别牵头;区直有关部门,各乡镇、办事处配合)

(十三)强化工业经济监测服务。加强对重点工业行业、重点产业、重点企业、重点项目的监测服务和督导帮扶,强化调度,加强应策,确保工业经济责任目标按进度完成。坚持和完善区级领导干部联系帮扶重大工业项目、重点企业工作机制,落实包保责任,强化督导检查,推进稳增长政策措施的落实。密切关注全区规模以上的企业生产经营情况,及时研究帮扶措施,采取"一户一策"帮助支持企业稳定发展。(区工科局、工业园区管委会按照职责分工分别牵头;区统计局等区直有关部门配合)

三、加快培育消费热点,推进现代服务业发展

(十四)深入实施服务经济倍增专项行动。认真贯彻落实《服务经济倍增计划(2017～2021)》,加快重点行业发展,对省服务经济倍增计划所明确要重点发展的14类服务业规模以上企业,加大考核奖惩力度,加大对物流产业、租赁和商务服务业、居民服务业的支持力度,支持鼓励企业升规达限,推动零散、小规模服务业企业提档升级,力争新增规上服务业、限上商贸企业和大个体30家,每家给予2万元补助。增加消费领域特别是服务消费和绿色消费有效供给,推动供给侧结构性改革扩大消费行动,推动实体店销售和网购融合发展。牢牢抓住昭阳"避暑胜地"优势,注重餐饮、住宿、娱乐、文化创意、教育培训、医疗保健、居家养老等消费热点培育,开展电子商务培训,大力推进电子商务进社区,开拓中高端和个性化生活服务消费市场。(区工科局、区市场监管局牵头;区发改局、区教育局、区财政局、区卫计委、区旅游局、区文体局、区民政局、区金融办、区交运局、区统计局等区直有关部门配合)

(十五)加大企业开拓市场力度。对现有在库批发、零售、住宿、餐饮4大类企业行业排名前列且增速超过18%的限上法人企业给予补助,其中批发业5家,零售业10家,每户补助5万元;住宿业5家,餐饮业5家,每家补助3万元。对现有在库其他服务业企业,在L、O、R门类和非L、O、R门类排名前列且增速超过20%的重点服务业法人企业8家,分别给予每家3万元补助。区级财政安排外贸进出口补助经费60万元,对全区有进出口实绩的企业给予奖励,每户奖励3万元;对外贸进出口同比有增幅的企业给予奖励,每增长1%奖励0.5万元,单户最高不超过10万元。(区工科局、区市场监管局牵头;区发改局、区教育局、区财政局、区卫计委、区旅游局、区文体局、区民政局、区农业局、区粮食局、区金融办、区交运局、区统计局、区交警一大队配合等区直有关部门配合)

(十六)加快旅游产业发展。深入实施全域旅游、"旅游+""一部手机游云南"发展战略,加快推动旅游产业、城市建设、美丽乡村、特色农业等深度融合发展,引进更多社会资本参与旅游开发建设。加快完善大山包生态旅游区总体规划,全面转移自然保护区内生产活动,充分挖掘户外地形条件等核心资源,沿G356线绿道长廊拓展大山包极限运动小镇、凤凰山温泉旅游度假小镇游客集散区、文化体育旅游产业新区等配套服务功能,精心打造集大型演艺、运动养生、民俗体验、温泉度假、休闲观光、健康旅游等为一体的生态旅游商圈,力争实现旅游综合收入36亿元以上。组织开展好国内外旅游推介活动,优化旅游消费环境,着力激发旅游需求,积极促进旅游消费。(区旅游局牵头;区直有关部门,各乡镇、办事处配合)

(十七)加快发展现代金融服务业。积极培育发展新型金融机构,支持符合条件的企业发起设立自担风险的民营银行、金融租赁公司、合资证券公司等金融机构。加快银行业金融机构建设,支持金融机构入驻昭阳,对在我区新设立银行分支机构的给予一定开办费用奖励;鼓励涉农金融机构完善"三农金融事业部"运行机制,支持农业银行、邮政储蓄等银行业机构向我区金融服务薄弱乡镇延伸服务网点,进一步提升"三农"金融服务水平。深化与政策性银行的银政合作,鼓励政策性银行对我区重大建设项目提供信贷支持。(区金融办牵头;区发改局、区财政局等区直有关部门,各有关金融机构配合)

(十八)促进住房消费健康发展。全面落实各级促进房地产市场平稳健康发展的系列政策,进一步规范和完善房地产市场监管长效机制,促进全市房地产市场平稳健康发展,拉动消费和投资。强化政策引导,支持改善型住房需求,抑制投资投机性购房,稳定购房消费,促进住房租赁消费,保持房地产业平稳健康发展。坚持房子是用来住的、不是用来炒的定位,加快建立多主体供应、多渠道保障、租购并举的住房制度,积极推进棚改货币化安置,有序推进商品房与保障房转换。培育和发展住房租赁市场,引导住户根据自身经济条件,合理选择住房居住方式,实现居民住有所居目标。跟踪服务好重大房地产开发项目,发挥好重大房地产项目对房地产业的拉动作用,将易地搬迁与房地产开发相结合,积极引导有条件的易地搬迁对象购买商品房。(区住建局牵头;区发改局、区财政局、区国土分局、区金融办等区直有关部门,有关金融机构配合)

四、多措并举激发实体经济发展活力,发挥支持实体经济主体作用

(十九)深入实施民营经济发展攻坚工程。深入实施民营经济"双培双优"行动计划,坚持区级领导、区级部门挂钩联系民营企业制度,建立健全支持民营经济加快发展的协调服务机制,落实支持民营经济发展的政策措施,深入实施民营经济发展"十大工程",积极构建"亲""清"新型政商关系,促进民营经济加快发展。实施新一轮微型企业培育工程,帮助成长性好的小微企业争取省、市资金扶持,培育一批省级成长型中小企业走"专精特新"发展道路,集中政策资源重点培育民营"小巨人"企业打造行业标杆。实施成长型中小企业培育工程,对成长型中小企业申报国家和省级中小企业专项发展扶持资金的技术创新和技术改造建设项目给予倾斜支持。拓宽民营经济融资渠道,鼓励民营企业用好用活贫困地区企业上市"绿色通道"政策,支持企业上市融资或在新三板及其他区域性股权交易市场挂牌。(区工科局、区工商联按照职责分工分别牵头;区直有关部门配合)

(二十)培育民间投资动能。认真落实国家放开民间投资领域、促进民间投资健康发展系列政策措施,营造公平竞争的市场环境,进一步放开民间投资市场准入,充分发挥民间投资稳增长、调结构、促就业等重要支撑作用。大力推广政府和社会资本合作(PPP)模式,鼓励民间资本投向竞争性领域和能源、交通、环保、市政基础性设施、基础产业建设及教育、卫生、养老等公益性领域,拓宽民间资本投资开放领域,确保各类投资主体享受一视同仁待遇,积极推动民营经济长足发展。着力改善和优化投资发展环境,建立健全市场准入负面清单制度和民间投资重大项目服务体系,严格落实《企业投资项目核准备案管理条例》和相关管理办法意见,全面推行投资项目在线审批监管,强化企业投资项目事中事后监管;及时帮助解决民间投资困难和问题,着力提升民间投资的规模、速度和结构。(区工商联、工业园区管委会、区工科局按照职责分工分别牵头;区发改局、区财政局、区招商局、区国土分局、区环保局、区住建局、区规划分局、区市场监管局等区直有关部门配合)

(二十一)切实降低实体经济企业成本。认真落实《云南省人民政府关于印发云南省降低实体经济企业成本实施细则的通知》(云政发〔2018〕5号)等文件精神及优惠政策,加大政策宣传力度,确保降成本政策措施企业知晓度达到100%。持续深化"放管服"改革,加快推进政府权责清单、企业投资负面清单以及政务服务网建设,完善网上行政审批服务系统,清理规范行政审批前置中介服务事项,严格执行行政许可项目目录公布的承诺时限,将市场监管、政府审批、各类保证金收取、证明材料纳入清单管理,降低制度性交易成本;继续落实全省电力市场化交易方案,大力推进全区工业企业参与市场化竞价交易;取消坝区耕地质量补偿费;积极参与建设云南省融资对接信息系统平台建设活动,加强投融资服务,切实降低企业融资成本;进一步加大清费减费工作力度,清理规范涉企收费,全面清理规范工程建设领域保证金,除保留依法依规设立的农民工工资、投标、履约、工程质量4项保证金外,其他保证金一律取消;依法依规征收、减免税款,提升税收收入质量,坚决杜绝收过头税,落实便民办税春风行动,为稳增长重点行业提供全方位、多层次、高质量的纳税服务。推行企业登记全程电子化,加强涉企信息归集共享。进一步加大开展降成本专项督查力度,适时组织开展降本措施实施情况第三方评估。(区委编办、区发改局、区工科局、工业园区管委会、区金融办、区国税局、区地税局、区国土分局、区住建局、区供电分局、区市场监管局、区政务服务局、区政府督查室按照职责分工分别负责)

(二十二)大力培育市场主体。积极推动"个转企、小升规、规改股、股上市",推动市场主体总量快速增长。建立激励机制,着力推动市场主体质量明显提升,加快培育规模以上服务业、限额以上批发零售和住宿餐饮业及资质内建筑业,进一步优化中小企业金融、人才培训、管理咨询等服务,发展壮大规模以上工业企业;积极组织申报科技型中小企业、高新技术企业,扶持鼓励一批发展潜力大的科技型中小企业发展壮大,促进高新技术企业快速增长。充分利用支持贫困地区企业上市的优惠政策,通过合并、引进、改造等方式,支持实体企业上市(主板、中小板、创业板等)、发债,对成功上市、发债的企业及帮助企业实现上市和发债的中介机构给予奖励。(区工科局、区财政局、区金融办按照职责分工分别牵头;区直有关单位配合)

(二十三)着力实施新旧动能接续转换工程。坚持守底线、挖潜能、促转型相结合,优化存量、控制减量、做大增量,牢牢守住二产底线、最大限度挖掘一三产潜力和加强产销衔接,改造提升传统动能、加快培育发展新动能,加强与大企业大集团的合作,加快打造铝等产业链,加快构建绿色食品加工制造、生物医药、现代物流等产业集群。支持工业企业转型升级,积极探索引进第三方技改服务公司机制,为企业技术改造提供专业解决方案和技术服务。大力实施"互联网+"行动计划,积极发展大数据、云计算、物联网产业,着力打造发展新引擎,统筹信息技术、节能环保等其他战略性新兴产业发展。大力发展电子商务、平台经济、分享经济等新业态新模式,塑造发展新优势,加快培育现代服务业。鼓励企业扩大增量,培育发展一批市场前景广阔和运用行业领先技术或设备的各类企业。(区工科局、工业园区管委会、区农业局按照职责分工分别牵头;区发改局、区财政局、区统计局等区直部门配合)

(二十四)支持企业扩销促产。提高区内公路、易地扶贫搬迁、市政工程等重大建设项目本地产品使用率。政府集中采购所需产品(服务)时,在同质同价条件下,原则上优先采购本地产品(服务)。积极组织区内企业参与"滇产名新特优产品全国行"等系列产销衔接活动,继续实施扩销促产鼓励政策,引导支持企业加强产销对接和市场开拓。积极争取省、市电子商务发展促进资金,鼓励企业扩大网上销售。(区工科局、工业园区管委会按照职责分工分别牵头;区发改局、区财政局、区政务服务管理局等区直有关部门配合)

五、重统筹、抓建管,统筹推进城乡区域协调发展

(二十五)充分发挥中心城市的辐射带动作用。以规划为引领、产业为支撑,着力构建"深度融合、特色彰显,无所谓城、无所谓乡"的城乡一体化新格局。围绕"建设引领省际区域发展的滇川黔省际中心城市"目标,优化布局工业产业园区、文化体育旅游产业新区、古城片区、旧城片区、省耕塘公园和乌蒙古镇片区、乌蒙水乡和凤凰山森林公园以及温泉旅游度假小镇、苹果小镇片区等功能区。坚持组团式发展,拉开中心城市建设骨架,加快文化体育旅游产业新区、乌蒙水乡公园等城市客厅打造,扎实推进文渊、下排街、八角亭片区棚户区改造,继续抓好渝昆高铁、都香高速、宜昭高速、绕城高速、昭通机场迁建、轨道交通、地下综合管廊、碧桂园、红星美凯龙等重大项目建设,配合做好新航线开辟工作,优化城市形象,提升城市"颜值"。强化基础设施支撑,统筹推进综合交通、水网、电网、现代产业、园区建设、新兴市场、信息服务等多领域发展,深入实施城乡人居环境提升工程。深化城市综合管理体制改革试点工作,进一步加大城市管理智慧化平台建设和功能整合力度,全力提升城市管理水平。(区城管委、区住建局、区规划局按照职责分工分别牵头;区直有关部门,各乡镇、办事处配合)

(二十六)推进易地扶贫搬迁城镇化集中安置。深入实施易地扶贫搬迁,坚持城镇化集中安置和以区为主体集中规划建设管理,推进实施"进城、入镇、进厂、上楼"搬迁安置,积极探索完善保障房安置、进城集中安置、进城融合安置、小集镇安置等模式,积极引入央企、省企参与项目建设,有序推进工业园区红路、永丰进城入镇易地扶贫集中安置点规划建设。对接完善就业、就学、就医和社保、社区服务体系,切实解决好搬迁群众后续发展问题,确保建档立卡1 683户7 181易地搬迁人口搬得出、稳得住、持续能发展、群众较满意。(区易地搬迁办、区发改局、区住建局、区扶贫办按照职责分工分别牵头;区规划分局、区国土分局、区人社局、区教育局、区卫计局、区民政局等区直有关部门,各乡镇、办事处配合)

(二十七)启动实施乡村振兴战略。对接省、市乡村振兴战略规划,开展全区规划编制,在全区范围内选择一批乡镇开展实施乡村振兴战略试点示范。推进农业供给侧结构性改革,加快构建产业、生产、经营等现代农业体系,促进农产品加工业转型、休闲农业升级、农业物联网发展、电商下乡生鲜进城、农民返乡创业创新热潮,加快推进"互联网+"现代农业发展。扶持培育新型农业经营主体,鼓励和支持新型农业经营主体开展农村承包土地经营权流转、产地农产品初加工、农村产业融合发展、农业生产全程社会化服务等试点。加快发展高原现代特色农业,坚持"老产业+新理念、新机制、新技术=新产业"的理念,依托昭龙绿色产业示范带,集中连片打造苹果、马铃薯等主导产业,改造提升粮、烟等传统产业,大力发展核桃、天麻、葡萄、蔬菜、花椒、肉牛、生猪、蛋鸡等高原特色优质农业。积极争取省财政安排的高原特色农产品深加工专项资金扶持,大力支持农产品加工业。提高农业综合效益,推动数量增长向质量提升、要素驱动向创新驱动、分散布局向集群发展转变,强化环境、质量、安全、卫生标准约束。发挥比较优势,突出特点,打造"一村一品、一乡一业"发展新格局。加快土地确权登记,稳步推进农村土地流转,积极推进农村股份合作制改革。切实推进农业投融资体制改革,完善农业投融资平台,积极筹措资金解决中小企业融资难、融资贵问题。打好精准脱贫攻坚战,加大对贫困乡村扶贫开发力度,提高脱贫质量,解决区域性整体贫困问题。(区农业局牵头;区发改局、区工科局、工业园区管委会、区财政局、区金融办、区扶贫办、区林业局、区农投公司等区直有关部门,各乡镇、办事处配合)

六、全面深化深化改革,激发创新活力动力

(二十八)推进国有企业混合所有制改革。贯彻落实各级全面深化国有企业改革的政策措施,制定出台加强国有资产监督管理工作方案、建立区属国有企业法人治理结构意见。稳步推进我区国有企业股份制改革,全方位、多层次、宽领域推进国有资本、集体资本、非公有资本交叉持股,鼓励和支持区属国有企业积极稳妥发展混合所有制经济。继续推进国有资本与非国有资本融合发展,研究推出一批混合所有制改革企业和项目,鼓励非国有资本通过多种形式参与国有企业项目建设和改革重组。优先在水利设施、城镇供水、污水垃圾处理、公共交通等领域推出一批符合产业政策、有利于转型升级的示范项目,实现改革取得新突破。积极借鉴民营企业先进管理经验,进一步加快推进国有企业管理体制和运营机制改革。(区国资局牵头;区财政局、区工科局、区工商联、区住建局、区水务局、区交运局等区直有关部门,区属国有企业配合)

(二十九)激发创业创新活力。积极争取省创新创业奖补政策,全面落实企业研发费用加计扣除等促进技术进步的税收激励政策。进一步推进大众创业万众创新深入发展,开展科技企业孵化器、技术创新中心、产业技术应用研究实验室等科技创新服务平台培育认定建设、高新技术企业和科技型中小企业培育及"科技入昭""智能制造"工程等创业创新工作,支持社会投资机构通过直接购买或租赁已开发闲置房地产楼盘建立科技企业孵化器或众创空间,积极争取省市支持。贯彻落实科研人员兼职兼薪相关政策,鼓励科研人员通过科技成果转化获得合理收入。允许在履行好岗位职责、完成本职工作的前提下,经所在单位批准,科研人员可以到企业和其他科研机构、社会组织等兼职并取得合法报酬。积极推进小微企业创业孵化示范基地和创业示范园区建设。(区工科局、区人社局按照职责分工分别牵头;区财政局、工业园区管委会、区教育局、区国税局、区地税局等区直有关部门配合)

(三十)大力优化营商环境。认真贯彻落实《云南省人民政府关于进一步推进"放管服"改革10条措施的意见》(云政发〔2017〕48号),全面推进"两集中、两到位"改革,全面推行行政审批标准化建设,以标准化促进规范化,提升审批效率和质量。着力构建审批事项最少、审批时间最短、监管依法强化、服务热情周到的营商和办事环境。按照"简化审批、公平监管、系统服务"的要求,完善企业落户注册、优惠条件、社会责任、费用收取、政府服务等具体的政策措施,促进企业引进、扶持、服务的清单化、制度化,实现"企业围着政府政策转"向"政府围着企业需求转"转变,着力营造稳定公平透明、可预期的营商环境,打造政府核心竞争力、建人民满意政府。加快推进"互联网+政务服务",逐步实现政务数据统一归口管理,形成线上线下融合发展的一体化政务服务体系。严格落实各项收费清理政策,进一步规范行业协会商会收费行为。深化商事制度改革,深入开展"证照分离、证照同办"改革,全面推进"多证合一、一照一码"。(区委编办、区发改局、区民政局、区市场监管局、区政务服务管理局按照职责分工分别牵头;区直有关部门配合)

八、强化保障抓落实,确保各项政策措施取得实效

(三十一)全面兑现2017年稳增长激励政策。区级各部门要对2017年省、市、区政府稳增长政策措施的贯彻落实情况进行认真梳理,按照资金安排和来源渠道,全面兑现激励承诺,充分调动全区创业发展的积极性和主动性。(区政府督查室牵头;区财政局、区发改局、区工科局、区统计局等区直有关部门配合)

(三十二)加强监测分析。锁定目标任务、任务支撑、时序、差距等重点环节,高度重视经济运行预期管理工作,各行业部门要层层压实责任,严格按照时间节点完成预期目标任务。深度推动经济运行研判、预警、应策、推动和问效等制度,推动经济运行分析从浅表性分析向深层次分析转变,提高经济运行分析和推动发展的针对性和积极性,及时研究解决经济发展面临的困难和问题。坚持领导挂图指挥、部门挂图作战、统计等综合部门挂图监测,加强统计监测和指导,科学依法依规抓好统计工作,确保统计数据质量。(区发改局牵头;工业园区管委会、区统计局、区工科局、区财政局、区农业局、区林业局、区交运局、区住建局、区旅游局、区市场监管局、昭阳区调查队等有关部门配合)

(三十三)强化督查考核。区级有关责任部门要在本意见出台10个工作日内,结合本部门、本行业实际,制定实施行之有效的稳增长工作措施、实施办法或细则,既要确保经济增速,更要提高发展质量,防范风险。要加大宣传解读力度,提高政策措施知晓度。区政府督查室定期组织开展稳增长专项督查活动,重点对投资、工业、消费三大指标主要领导负责制、重大政策措施落实、指标完成情况实行一月一督查、一月一通报制度。审计部门继续对政策措施落实情况进行跟踪审计,发改部门适时对政策措施产生效果进行评估。积极支持配合省、市稳增长督导工作,在重大项目推进、易地搬迁、工业经济等方面,强化督导发展问题整改。把区直部门经济发展预期目标执行完成情况作为部门绩效考核评价重要依据,加强对庸、懒、散、混现象的督查治理,及时发现、处理不作为、慢作为、乱作为问题,确保各项政策措施落到实处、取得实效。(区政府督查室牵头;区发改局、区审计局等区直各部门配合)

昭阳区人民政府
2018年5月30日

关于印发昭通中心城市室内公共场所、工作场所及公共交通工具控烟工作规范的通知

各乡镇、街道党(工)委、政府(行政),区委各部委办局室,区级国家机关各委办局,区直各人民团体和企事业单位,中央、省、市驻昭阳区单位:

为切实有效落实昭通中心城市室内公共场所、工作场所以及公共交通工具的禁烟、控烟工作,规范张贴禁止吸烟警语和标识,现将《昭通中心城市室内公共场所、工作场所以及公共交通工具控烟工作规范》印发你们,请遵照执行。

昭通中心城市四城同创指挥部
2018年6月11日

根据《国家卫生城市标准(2014)版》"深入开展禁烟、控烟宣传活动,禁止烟草广告。开展无烟学校、无烟机关、无烟医疗卫生机构等无烟场所建设。室内公共场所、工作场所和公共交通工具设置禁止吸烟警语和标识"的要求,为有效落实昭通中心城市室内公共场所、工作场所以及公共交通工具的禁烟、控烟工作,规范张贴禁止吸烟警语和标识,特制定本工作规范。

一、工作内容

(一)创建无烟单位。

(二)室内公共场所、工作场所以及公共交通工具一律禁止吸烟。

二、工作范围

(一)公共场所。指公众可以进入的所有场所,或供集体使用的场所,无论其所有权或进入权。具体包括:车站、客运站、商场、影剧院、歌舞厅、体育馆、健身场馆、图书馆、阅览室、博物馆、书店等。

(二)工作场所。指工作人员在其就业或工作期间使用的任何场所。包括:进行工作的场所,如办公室、会议室、实验室等;还包括工作人员在工作期间使用的附属或关联场所,如大厅、走廊、电梯、楼梯间、洗手间、休息室、餐厅、车辆等。

(三)室内场所。指全面封闭的场所和只要该区域包括有顶部的遮蔽,或者有一处或多处墙壁或侧面环绕,不论该顶部、墙壁或侧面使用了何种物料,也不论该结构是永久的还是临时的,这类区域都为"室内场所"。

(四)公共交通工具。指公交车、出租车、客车、火车、飞机等。

三、工作规范

(一)创建无烟单位。中心城市范围内所有机关、中小学校、托幼机构、医疗卫生计生机构必须按照《昭通中心城市四城同创指挥部办公室关于印发〈昭通中心城市创建无烟单位实施方案〉等2个方案的通知》(昭中创指办通〔2017〕7号)文件要求,全面开展无烟单位创建工作,按照申报和现场无烟环境规范要求,开展创建活动,递交申报资料,并对存在问题积极整改落实。

(二)张贴规范统一的禁烟标识。所有公共场所、工作场所、室内场所以及公共交通工具内,应在醒目并与人的视线平行位置,张贴规范统一的禁烟标识。禁烟标识可以是有机玻璃、铝塑、亚克力等防护性持久的材质,尺寸应与建筑物的面积、周边环境和空间体积相匹配。禁烟标识可以按照《中国公民健康素养——基本知识与技能》中规定的国家标准张贴。

(三)设置禁烟警语或提示语。凡禁烟的室内公共场所和工作场所的主要入口处应设有明显的禁烟警语或提示语。如设置"本场所室内全面禁止吸烟(有禁止吸烟图标),吸烟请到室外吸烟区(有箭头标识)"告知牌。

(四)设置吸烟区。吸烟区应设置在室外尽量远离建筑物的区域,并要求设置清晰的引导标志,引导吸烟者到室外吸烟区吸烟。吸烟区设置应当符合下列要求:

1. 吸烟区应无顶无墙,露天开放式;
2. 与非吸烟区有效分隔;
3. 有吸烟区的明显标牌;
4. 设置明显的引导标识;
5. 符合消防安全标准;
6. 远离通风口、人员密集区域和行人必经通道;
7. 配置不易燃、不易损的烟灰缸(盒)及垃圾收纳桶,烟灰缸(盒)内有灭烟材料(沙或水);
8. 在显著位置设置醒目的吸烟危害健康警示标识或者图片。

(五)中小学校、托幼机构不设置吸烟区。

(六)实行单位控烟工作一把手负责制。机关、企事业单位、社会团体和其他社会组织的法定代表人或者主要负责人是本单位控烟工作第一责任人,全面负责本单位控烟工作。

(七)领导带头遵守控烟禁烟规定。按照国务院办公厅印发《关于领导干部带头在公共场所禁烟有关事项的通知》文件精神,各级领导干部要带头模范遵守控烟禁烟各项规定,认真抓好室内公共场所、工作场所禁止吸烟的宣传教育、监督管理,对本单位本部门所属干部职工违反禁烟规定的行为及时作出严肃处理。

(八)设立人员负责具体事务。各单位设置一定数量的专(兼)职控烟劝导员、监督员、巡查员,并佩戴明显标识,对本单位和外来办事人员进行文明劝导。

(九)禁烟场所内不能有吸烟现象和吸烟痕迹。所有室内公共场所、工作场所以及公共交通工具内不得摆放烟灰缸。垃圾桶、花盆等容器内不得有烟头、烟灰、烟渍。

(十)机关、企事业单位、社会团体和其他社会组织公务活动、会议中严禁吸烟。公务活动、会议承办单位不得提供烟草制品,公务活动、会议参加人员不得吸烟、敬烟、劝烟。

(十一)车站、医疗卫生机构内部的小卖部不能售卖香烟。粘贴"此处无烟草制品售卖"的永久性告示。

(十二)城市建成区禁止任何形式的烟草广告。

中共昭阳区委 昭阳区人民政府
关于印发《昭阳区法治政府建设实施方案》的通知

各乡镇、街道党(工)委、政府(行政),区委有关委办局室,区级国家机关各委办局,区直各人民团体和企事业单位,中央、省、市驻昭阳区单位:

经区委、区政府同意,现将《昭阳区法治政府建设实施方案》印发你们,请认真抓好组织实施。

中共昭阳区委
昭阳区人民政府
2018年7月20日

昭阳区法治政府建设实施方案

为深入推进依法行政,加快建成"法治昭阳",根据《中共中央、国务院关于印发〈法治政府建设实施纲要(2015～2020年)〉的通知》(中发〔2015〕36号)、《云南省法治政府建设规划暨实施方案(2016～2020年)》(云发〔2016〕32号)和《昭通市法治政府建设实施方案》(昭发〔2018〕6号)精神,结合昭阳实际,制定本实施方案。

一、指导思想和目标原则

(一)指导思想。以马克思列宁主义、毛泽东思想、邓小平理论、"三个代表"重要思想、科学发展观为指导,深入贯彻落实党的十八大、十八届三中、四中、五中、六中全会精神和习近平新时代中国特色社会主义思想,按照"五位一体"的总体布局和"四个全面"的战略部署,围绕全面推进依法治国的总目标,坚持在市委、市政府的领导下,坚定法治信仰,秉持法治精神,强化法治思维,把法治建设与全面深化改革结合起来,以依法全面履行政府职能为核心,以规范权力运行为重点,以完善依法行政制度体系为保障,创新理念、转变观念、统筹规划、协同推进,为我区全面建成小康社会提供有力的法治保障。

(二)工作目标。经过坚持不懈的努力,全面完成《云南省法治政府建设规划暨实施方案(2016～2020年)》和《昭通市法治政府建设实施方案》确定的目标任务,到2020年全区社会治理体系和治理能力现代化水平显著提升,法治氛围日益浓厚,法治精神得到弘扬,法治环境明显优化,社会大局安定有序,基本建成职能科学、权责法定、执法严明、公开公正、廉洁高效、守法诚信的法治政府。实现政府职能依法全面履行,依法行政制度体系完备,行政决策科学民主合法,宪法法律严格公正实施,行政权力规范透明运行,群众权益依法有效保障,依法行政能力普遍提高。

(三)基本原则坚持党的领导。把党的领导贯穿于法治政府建设的全过程,实现党的领导、人民当家作主和依法治国的有机统一。

坚持以人民为中心。把保障公民合法权益作为法治政府建设的根本出发点和落脚点,依法规范约束公共权力,尊重和保障人权,着力改善民生。

坚持服务大局。把法治政府建设贯穿于经济建设、政治建设、文化建设、社会建设和生态文明建设之中,创造良好的法治环境。

坚持法制统一。切实维护宪法、法律的尊严和权威,确保宪法和法律正确实施,确保党的路线方针政策贯彻落实。

坚持公平公正公开。坚持法律面前人人平等,健全完善社会公平保障体系,维护社会公平正义,推进权力阳光运行。

二、主要任务和具体措施

(一)依法全面履行政府职能

1. 依法定位政府职能。加快转变政府职能,优化政府组织结构,推进机构、职能、权限、程序、责任法定化。理顺上下级行政机关之间、部门之间的职责关系,依法设定职权,避免职能重复交叉。依法设置政府职能部门、议事协调机构和临时机构,全面清理区级各部门的行政权力。推进机构改革,转变政府职能,充分发挥市场在资源配置中的决定性作用,继续加强经济调节和市场监管职能,更加注重社会管理、公共服务和环境保护职能,突出保障和改善民生。(区委编办、区政府法制局牵头实施,区直相关部门及各乡镇、办事处负责落实)

2. 全面落实行政审批制度改革措施。全面清理并依法取消和承接行政审批事项,做好已取消和承接的行政审批事项的落实和衔接,对保留的行政审批事项实行目录化、编码化管理。全面清理行政审批前置环节中的有偿中介服务,对确需保留的中介服务事项实行清单管理,明确事项名称、设置依据、服务时限、收费依据和收费标准并向社会公布,严禁将属于行政审批的事项转为中介服务事项。优化行政审批流程,减少审查环节,提高审批效率。推进行政审批和政务服务规范化、标准化,整合政务服务资源,完善统一的政务服务平台,推进行政许可事项上网运行,做到应上尽上,推行网上预受理、预审查,实行行政审批一个窗口办理、并联办理、限时办理、规范办理、透明办理,除涉及国家秘密、商业秘密或个人隐私外,要公开审批事项的受理、进展、结果等信息。完善投资项目在线审批平台监管机制,实施在线监测并向社会公开,实现部门间的横向联通及市、区的纵向贯通。按照省、市部署,适时推进相对集中行政许可权。(区委编办、区政府法制局、区发改局、区政务服务局根据职责实施,区直相关部门及各乡镇、办事处负责落实)

3. 落实权力清单和责任清单制度。坚持权责一致原则,持续推进权力清单、责任清单的编制和公开。按照全面梳理、清理调整、审核确认、优化流程的程序,厘清行政职能、法律依据、实施主体、职责权限、管理流程、监督方式等事项并将权力清单向社会公布;制定行政权力运行流程图,并逐一厘清与行政权力相对应的责任事项、责任主体、责任方式,厘清与权力相统一的责任清单并向社会公布。坚持"法无禁止即可为"的原则,逐步建立以市场为导向的负面清单制度,分类列出禁止进入、限制进入的领域及行业,保障各类市场主体可依法进入负面清单之外的领域和行业。(区委编办、市场监管局、区政府法制局根据职责实施,区直各部门及各乡镇、办事处负责落实)

4. 加强市场监管。继续深化商事登记制度改革,落实放宽企业住所、名称、经营范围、注册资本登记条件等优惠政策,实行"多证合一、一照一码",推行市场主体简易退出、电子营业执照和全程电子化登记,实行"一址多照"和"一照多址",深入推进注册登记制度便利化。完善市场监管体系,落实政府属地监管责任,建立完善信息公示、随机抽查、防范化解风险等协同监管机制,引导企业和行业组织守法自律。创新执法方式,加强事中事后监管,全面推行信用监管模式,强化和规范信用信息的共享和应用,加大违法失信的惩戒力度,实现"一处失信,处处受限"的信用约束机制。(区发改局、区财政局、区人社局、区市场监管局、区统计局根据职责实施,区直相关部门及各乡镇、办事处负责落实)

5. 创新社会治理方式。加强社会治理体制、机制、能力、人才队伍和信息化建设,提高社会治理科学化和法治化水平。加大市场主体和社会组织培育力度,适合由社会组织提供的公共服务和解决的事项,交由社会组织承担。支持和发展社会工作服务机构和志愿服务组织,规范和引导网络社团社群健康发展,加强监督管理。深入推进社会治安综合治理,健全落实领导责任制,深入推进社区(村)网格化服务管理,切实打通服务群众"最后一公里"。完善立体化社会治安防控体系,有效防范管控影响社会安定的问题,保护人民生命财产安全。完善应急处置机制,提高公共突发事件防范处置和防灾救灾减灾能力。加强重点行业、重点领域服务管理,依法防范和化解金融风险,切实维护公共场所和公共交通安全。创新社会治理方式,推进平安社区建设。推进社会自治,发挥市民公约、乡规民约、行业规章、团体章程等社会规范在社会治理中的积极作用。全方位强化安全生产,全过程保障食品药品安全。(区综治办、区人社局、区市场监管局根据职责实施,区直各部门及各乡镇、办事处负责落实)

6. 优化公共服务。着力促进教育、卫生、文化等社会事业健康发展,强化政府促进就业、调节收入分配和完善社会保障职能,加快形成政府主导、覆盖城乡、可持续的基本公共服务体系,健全特殊人员关怀帮扶体系,实现基本公共服务标准化、均等化、法定化。建立健全政府购买公共服务制度,公开政府购买公共服务目录,加强政府购买公共服务质量监管,推进公共服务提供主体和提供方式多元化。(区发改局、区教育局、区卫计局、区民政局、区财政局、区人社局、区文体局根据职责实施,各乡镇、办事处负责落实)

7. 强化生态环境保护。完善生态环境保护制度,制定和完善有效约束开发行为和促进绿色发展、循环发展、低碳发展的规范性文件。推进环境监督体制改革,落实环境信息公开制度、环境影响评价制度和污染物排放总量控制制度,完善污水处理和排污收费政策,合理提高收费标准。健全生态环境保护责任追究制度和生态环境损害赔偿制度,对领导干部实行自然资源资产离任审计。(区环保局、区发改局、区财政局、区国土局、区水务局、区农业局、区林业局、区政府法制局根据职责实施,各乡镇、办事处负责落实)

(二)完善依法行政制度体系

8. 建立健全行政规范性文件管理制度。严格按照《云南省行政规范性文件制定与备案办法》和《昭阳区人大常委会关于规范性文件备案审查办法》的规定,履行规范性文件的制定、报备程序。以区政府和区政府办名义制定的规范性文件,凡未经区政府法制局合法性审查或审查不合格的,不得上会研究或对外发布。对审查中发现违法设定行政许可、行政处罚、行政强制以及违法减损公民、法人和其他组织合法权利或者违法增加其义务的规范性文件,及时予以纠正;对部门职责不清、行政管理措施不当的规范性文件,及时进行修改。全面落实行政规范性文件"三统一"和定期清理制度,实现规范性文件目录和文本动态化、信息化管理,加强对规范性文件实施后评估和异议审查处理工作,切实提高规范性文件的质量和实施效果。(区政府办、区政府法制局牵头实施,区直各部门及各乡镇、办事处负责落实)

9. 改进规范性文件的起草方式。实行区政府法制局组织起草重要的规范性文件,加强对部门起草规范性文件的合法性审查,从体制机制和工作程序上防止部门利益和地方保护主义。完善规范性文件多元起草机制,健全公开透明、程序规范的委托第三方起草规范性文件草案的工作机制。对部门间存在争议较大的或者专业性、技术性强的重要规范性文件,引入第三方进行评估,充分听取各方意见,协调决定。建立重要规范性文件制定公众参与制度,对起草制定规范性文件涉及群众切身利益的,要采取座谈会、论证会、听证会、问卷调查等形式广泛听取意见建议,凝聚社会共识。(区政府法制局牵头实施,区直各部门及各乡镇、办事处负责落实)

10. 加强重点领域制度建设。根据昭阳区国民经济和社会发展"十三五"规划,围绕区委、区政府重点工作,有针对性开展调研,对实践证明已经比较成熟的改革经验和行之有效的工作举措,及时通过规范性文件形式进行推广运用,强化政府规范性文件对改革的引领和推动作用。(区政府法制局牵头实施,区直有关部门负责落实)

(三)推进行政决策科学化、民主化、法治化

11. 完善行政决策程序制度。认真贯彻落实《云南省重大行政决策程序规定》,制定《昭阳区人民政府重大行政决策程序规定》及其相关配套制度,把公众参与、专家论证、风险评估、合法性审查、集体讨论决定作为重大行政决策的法定程序,明确决策主体、决策事项范围、法律责任,规范流程。实行重大行政决策目录管理制度,调整目录应当经过集体决定,并及时公布。(区政府办牵头实施,区直各部门及各乡镇、办事处负责落实)

12. 增强公众参与实效。事关经济社会发展全局和涉及群众切身利益的重大行政决策事项,应当广泛听取意见,与利害关系人进行充分沟通,并注重听取人大代表、政协委员、人民团体、基层组织、社会组织的意见。各级行政机关特别是区政府要加强公众参与平台建设,对社会关注度高的决策事项,应当公开信息、解释说明,及时反馈意见采纳情况和理由。完善重大行政决策听证制度,建立听证目录,规范听证程序,扩大听证覆盖面,对涉及公共利益和人民群众切身利益的重大决策实行听证。依法应当听证而未经听证的,不得提交讨论作出决策,听证意见应当作为决策的重要依据。(区政府办牵头实施,区直各部门及各乡镇、办事处负责落实)

13. 提高专家论证和风险评估质量。加强新型智库建设,建立行政决策咨询论证专家库。对专业性、技术性较强的决策事项,应当组织专家、专业机构进行论证。选择论证专家要注重专业性、代表性、均衡性,支持其独立开展工作,逐步实行专家信息和论证意见公开。完善重大行政决策风险评估机制,凡是涉及经济社会发展和人民群众切身利益的重大决策都要进行社会稳定、环境保护、社会效益、法律效果、财政金融和公共安全等方面的风险评估。(区政府办牵头实施,区直各部门及各乡镇、办事处负责落实)

14. 加强合法性审查。建立行政机关内部重大决策合法性审查机制,区政府重大决策事项应当在会前交由区政府法制局进行合法性审查,部门重大决策事项应当在会前交由部门法制(规)机构进行合法性审查,未经合法性审查或经审查不合法的,不得提交讨论、作出决策。(区政府法制局牵头实施,区直各部门及各乡镇、办事处负责落实)

15. 坚持集体讨论决定。重大行政决策应当经政府常务会议或者全体会议讨论,由行政首长在集体讨论基础上作出决定。行政首长拟作出的决定与会议组成人员多数意见不一致的,应当在会上说明理由。集体讨论情况和决定要如实记录、完整存档。(区政府办牵头实施,区直各部门及各乡镇、办事处负责落实)

16. 建立健全行政决策责任追究制度。按照"谁决策、谁负责"的原则,建立重大决策终身责任追究制度及责任倒查机制,严肃查处违反重大行政决策程序规定,导致决策错误、严重失误或者依法应该及时作出决策但久拖不决造成重大损失、恶劣影响的行为,实现决策权力和决策责任相统一。(区监察委牵头实施,区直各部门及各乡镇、办事处负责落实)

17. 全面落实政府法律顾问制度。建立健全以政府法制机构人员为主体,吸收专家和律师参加的法律顾问队伍,2018年6月底前实现法律顾问行政机关全覆盖。发挥法律顾问在重大行政决策、推进依法行政中的积极作用。健全法律顾问列席政府有关会议、参与重大决策合法性审查等工作机制,畅通政府法律顾问意见表达渠道,完善政府法律顾问建议书、工作报告等制度,保证法律顾问在制定重大政策、推进依法行政中发挥积极作用。建立政府法律顾问进出机制和日常管理机制,实现法律顾问工作制度化、规范化、常态化。建立政府购买法律服务机制,有效规范成本核算、质量控制、绩效考核和监督管理,提高政府购买法律服务的质量和效率。(区政府法制局牵头实施,区直各部门及各乡镇、办事处负责落实)

(四)坚持严格规范公正文明执法

18. 改革行政执法体制。推进行政执法重心下移,根据政府的事权和职能,按照减少层次、整合队伍、提高效率的原则,合理配置执法力量。按照行政执法机关的性质,推进行政执法组织专门化,一个行政执法机关原则上只设置一支行政执法队伍,实现部门内综合执法。加强城市管理综合执法机构和队伍建设,完善管理和协调机制,逐步实现城市综合执法中的执法权、执法力量、执法手段三集中,提高执法和服务水平。健全行政执法和刑事司法衔接机制,界定完善案件移送范围、标准和程序,建立健全行政执法与刑事司法联席会议制度,建立行政执法机关、公安机关、检察机关、审判机关信息共享、案情通报、案件移送制度。(区委编办、区法院、区检察院、区政府法制局根据职责实施,区级行政执法部门及各乡镇、办事处负责落实)

19. 完善行政执法程序。建立健全行政裁量权基准制度,重点细化、量化行政处罚、行政强制、行政征收等行政裁量标准,行政执法决定书中要将行政裁量权基准作为适用的依据。建立执法全过程记录制度,推行行政执法文书电子化,实现对立案、调查取证、决定、执行等行政执法活动全过程的跟踪记录,确保所有执法工作都有据可查,严格按照法定程序执法。完善行政执法协调机制,及时解决职责不清、多头执法、重复执法等问题。确定重大行政执法决定事项范围,严格执行重大行政执法决定法制审核制度,未经法制审核或者审核未通过的,不得作出执法决定。(区政府法制局牵头实施,区级行政执法部门及各乡镇、办事处负责落实)

20. 创新行政执法方式。推进以网上执法办案系统为重点的行政执法信息公开系统建设,实现行政执法信息共享。推行行政执法公示制度,依法公开行政执法部门要向社会公开的部门执法依据、执法权限、实施机构、执法流程、执法职责、监督方式等事项,所作出的决定要保证相对人通过适当途径查询。推广运用行政指导、行政奖励等柔性、激励性执法方式和说服教育、调解疏导、劝导等非执法手段化解行政纠纷,融执法于服务之中,融处罚于教育之中。探索建立行政相对人信用记录制度,建立公民和法人守法信用记录,完善守法诚信褒奖机制和违法失信行为惩戒机制。(区级行政执法部门牵头实施,各乡镇、办事处负责落实)

21. 全面落实行政执法责任制。依法严格确定各部门及机构、岗位执法人员的执法责任,建立健全常态化的执法责任追究机制。动态管理执法依据和岗位责任,根据法律法规规章立改废或者政府机构改革情况及时作出调整,并依法向社会公开。强化对政府领域内不作为、乱作为的监督,坚决纠正和惩处不依法履行政府职责的行为。健全落实行政执法评议考核机制,逐步推行行政执法绩效考核制度。加强和改进重点执法监管,加大食品药品安全、农产品质量、环境保护、安全生产、劳动保障领域等关系群众切身利益的重点领域执法力度,重点解决有法不依、执法不严等问题,严格依法惩处各类违法行为。(区级行政执法部门牵头实施,各乡镇、办事处负责落实)

22. 健全行政执法人员管理制度。大力推进行政执法人员专业化、职业化、法制化,加大行政执法人员执法业务日常培训和考核力度,并将日常考核成绩与资格考试成绩挂钩。落实行政执法资格准入制度,严肃查处未取得行政执法资格的人员从事行政执法活动。加强行政执法人员法纪道德教育,全面提高行政执法人员素质。规范执法辅助人员管理,明确适用岗位、身份性质、职责权限、权利义务、聘用条件和程序等。(区政府法制局牵头实施,区级行政执法部门及各乡镇、办事处负责落实)

23. 加强行政执法保障。推动形成全社会支持行政执法机关依法履职的氛围。对妨碍行政机关正常工作秩序、阻碍行政执法人员依法履责的违法行为,坚决依法处理。各级党政机关和领导干部要支持行政机关依法公正行使职权,不得授意行政执法人员做不符合法律规定事情。行政机关履行执法职责所需经费,由各级政府纳入本级财政预算,保证执法经费足额拨付。改善执法条件,合理安排执法装备配备、科技建设方面的投入。严格执行罚缴分离和收支两条线管理制度,严禁以任何形式下达或者变相下达罚没任务或者指标,严禁将行政事业性收费、罚没收入同部门利益直接或者变相挂钩。(区财政局牵头实施,区级行政执法部门及各乡镇、办事处负责落实)

(五)强化对行政权力的制约和监督

24. 健全行政权力运行制约和监督机制。坚持用制度管权管事管人,坚持决策权、执行权、监督权既相互制约又相互协调,完善各方面监督制度,确保行政机关按照法定权限和程序行使权力。严格规范性文件起草程序,防止地方保护、部门权益和法律政策冲突,切实把权力关进制度的笼子。加强行政程序制度建设,严格规范作出各类行政行为的主体、权限、方式、步骤和时限。(区监察委、区政府法制局根据职责实施,区直各部门及各乡镇、办事处负责落实)

25. 自觉接受党内监督、人大监督、民主监督、司法监督。遵守党章党规和宪法法律,维护党的集中统一领导,坚持民主集中制,落实全面从严治党责任,做到依法用权、秒公用权、廉洁从政。落实向同级人大及其常委会报告依法行政工作制度,认真接受询问和质询,按时报备规范性文件,及时办理人大代表建议。自觉接受政协民主监督,为政协委员履行职责提供便利,积极办理政协委员提案。支持人民法院依法实施的监督,落实行政机关负责人出庭应诉制度,执行人民法院生效的判决和裁定。支持司法机关依法独立行使职权,对提出的司法建议,及时研究办理,扎实改进工作。(区直各部门及各乡镇、办事处负责落实)

26. 加强行政监督和审计监督。完善政府内部层级监督,加强对重点部门和关键岗位行政权力的监督制约,改进上级行政机关对下级行政机关的监督,建立健全常态化、长效化监督机制。加强对政府内部权力的制约,对财政资金分配使用、国有资产监管、政府投资、政府采购、公共资源转让、公共工程建设等的权力集中极易导致权力滥用和失控,产生腐败行为的部门和岗位,实行分事行权、分岗设权、分级授权,定期轮岗,强化内部流程控制,建立内部审批制度规范,防止内部审批漏管失控和权力滥用。监察机关要切实履行监督责任,确保廉政建设各项任务落实。完善审计制度,健全审计工作领导机制和有利于依法独立行使审计监督权的审计管理体制,合理配置审计力量,建立具有审计职业特点的审计人员管理制度,推进审计职业化建设,基本形成与昭阳治理体系和治理能力现代化相适应的审计监督机制。对公共资金、国有资产、国有资源和领导干部履行经济责任情况实行审计全覆盖。落实地方审计机关重大事项和审计结果必须向上级审计机关报告,同时抄报同级党委和政府的制度。(区监察委、区审计局、区财政局根据职责实施,区直有关部门及各乡镇、办事处负责落实)

27. 完善社会监督和舆论监督机制。主动接受舆论和社会公众监督,建立对行政机关违法行政行为投诉举报制度,畅通举报箱、电子信箱、热线电话等监督渠道。发挥报刊、广播、电视等传统媒体监督作用,加强与互联网等新兴媒体的互动,重视运用和规范网络监督,建立健全网络舆情监测、收集、研判、处置机制,推动网络监督规范化、法治化。支持法制督察和特邀法制督察对行政执法实行督察。(区委宣传部、区监察委、区政府办、区信访局根据职责实施,区直有关部门及各乡镇、办事处负责落实)

28. 全面推进政府信息公开。加大政府信息公开力度,坚持公开为常态、不公开为例外,不断拓宽信息公开的领域和范围,及时、准确、全面、具体地公开政府信息,重点推进财政预决算、公共资源配置、重大建设项目批准和实施、社会公益事业建设等领域的信息公开。对涉及公民、法人或其他组织权利和义务的政府信息,在公布后通过政府及部门网站进行解读、邀请专家参加媒体在线访谈、鼓励学者发表评论文章等方式做好宣传工作,最大限度地保障群众的知情权和监督权。深入落实中共中央办公厅、国务院办公厅《关于全面推进政务公开工作的意见》,积极推进决策公开、执行公开、管理公开、服务公开、结果公开。面向社会服务的政府部门要在办公场所公开办事依据、条件、流程、机构和人员、收费标准等信息,并将办事结果通过适当方式进行公开,为群众提供优质、高效、便利的服务。推行行政案件办理程序和结果网上公开,充分保障行政相对人的知情权、表述权、参与权和救济权。坚持方便群众知情、便于群众监督的原则,拓宽公开渠道,完善政府发言人、突发事件信息发布等制度,充分利用政务微博、微信等新媒体,对热点敏感问题做好舆论引导,及时回应群众关切,畅通政府和群众联系的渠道,切实提高政务公开的社会效益。(区委宣传部、区政府办、区财政局、区信访局、区政务服务局根据职责实施,区直各部门及各乡镇、办事处负责落实)

29. 完善纠错问责和行政赔偿机制。加强行政问责规范化、制度化建设,明确问责范围、规范问责程序,增强行政问责的针对性、操作性和时效性。坚决纠正行政不作为、乱作为和慢作为,坚决克服懒政、庸政、怠政,坚决惩处失职、渎职。认真落实党风廉政建设责任制,坚持有错必纠、有责必问,对"四风"问题突出、发生顶风违纪问题或者出现区域性、系统性腐败案件的地方、部门和单位,既要追究主体责任、监督责任,又要严肃追究领导责任。依法受理行政赔偿申请,严格执行国家赔偿法规定的范围、程序、方式和计算标准,严格落实行政赔偿费用核拨规定,落实行政赔偿责任。(区监察委、区财政局、区政府法制局根据职责实施,区直有关部门及各乡镇、办事处负责落实)

(六)依法有效化解社会矛盾纠纷

30. 健全依法化解纠纷机制。建立健全社会矛盾预警机制、利益表达机制、协商沟通机制、救济救助机制。及时收集分析热点、敏感、复杂矛盾纠纷信息,加强群体性、突发性事件预警监测。强化依法应对和处置群体性事件机制和能力。依法加强对影响或危害食品药品安全、安全生产、生态环境、网络安全、社会安全等方面重点问题的治理。加大普法力度,完善法律援助制度,引导和支持公民、法人和其他组织依法表达诉求和维护权益。完善调解、仲裁、行政裁决、行政复议、行政诉讼、信访等有机衔接、相互协调的多元化纠纷解决机制。加强行业性、专业性人民调解组织建设。(区综治办、区公安局、区司法局根据职责实施,区直有关部门及各乡镇、办事处负责落实)

31. 加强行政复议工作。畅通行政复议受理渠道,推进行政复议规范化建设,健全行政复议案件审理机制,改进审理方式,强化听证会、案件调查会和现场调查勘查在查明案件事实中的作用,加大公开听证、实地调查取证和案件集体讨论审理力度,积极引入政府法律顾问、专家学者、执业律师、专业技术人员参与行政复议案件审理,切实纠正违法或不当行政行为。提高行政复议办案质量,增强行政复议的专业性、透明度和公信力,积极探索不履行行政复议决定的责任追究制度。充分发挥行政复议在解决行政争议中的重要作用。切实提高行政复议人员素质行政复议经费预算,建立健全行政复议人员资格管理等制度。(区政府法制局牵头实施,区直有关部门及各乡镇、办事处负责落实)

32. 完善行政调解、行政裁决、仲裁制度。明确行政调解范围,规范行政调解程序,做好调解情况统计和分析研判,有效化解行政纠纷。建立健全行政裁决工作机制,明确裁决主体和适用范围,规范裁决工作程序,强化行政机关解决同行政管理活动密切相关的民事纠纷功能。落实仲裁制度,提高仲裁公信力,发挥仲裁在解决民事纠纷中的作用。(区综治办、区司法局、区人社局、区政府法制局根据职责实施,区直有关部门及各乡镇、办事处负责落实)

33. 加强人民调解工作。进一步健全各类人民调解组织,完善人民调解组织网络,实现村委会、居委会人民调解组织全覆盖,推进企事业单位、乡镇街道、社会团体、行业组织中人民调解组织建设。完善人民调解员队伍建设,提高人民调解员素质,增强人民调解规范化管理,规范人民调解登记、记录、调解协议书制作和档案管理工作,及时将调解纠纷登记、调解工作记录、调解协议等材料立卷归档。重点协调解决消费者权益、劳动关系、医患关系、物业管理等方面的矛盾纠纷,促进当事人平等协商、公平公正解决矛盾纠纷。完善人民调解、行政调解、司法调解联动工作体系。(区综治办、区司法局牵头实施,区直有关部门及各乡镇、办事处负责落实)

34. 改革信访工作制度。把信访纳入法治化轨道,保障合理合法诉求依照法律规定和程序得到合理合法的结果。规范信访工作程序,引导群众依法上访,畅通群众诉求表达、利益协调和权益保障渠道,维护信访秩序。优化传统信访途径,实行网上受理信访制度,健全及时就地解决群众合理诉求机制。严格实行诉访分离,推进通过法定途径分类处理信访投诉请求,推行信访事项简易办理和律师参与信访接待制度,引导群众在法治框架内解决矛盾纠纷。认真落实涉法涉诉信访改革工作的相关要求,抓好涉法涉诉信访工作,完善涉法涉诉信访依法终结制度,依法严厉打击信访活动中的违法犯罪行为,确保社会大局和谐稳定。(区政法委、区信访局牵头实施,区直有关部门及各乡镇、办事处负责落实)

(七)不断强化法治政府基础建设

35. 树立重视法治素养和法治能力的用人导向。抓住领导干部这个全面依法治国的"关键少数",把法治观念强不强、法治素养好不好作为衡量干部德才的重要标准,把能不能遵守法律、依法办事作为考察干部的重要内容,把严守党纪、恪守国法的干部用起来。在相同条件下,优先提拔使用法治素养好、依法办事能力强的干部。对特权思想严重、法治观念淡薄的干部要批评教育、督促整改,问题严重或违法违纪的,依法依纪严肃处理。(区委组织部、区人社局牵头实施,区直有关部门及各乡镇、办事处负责落实)

36. 加强对政府工作人员的法治教育培训。全面建立领导干部学法制度,政府工作人员特别是领导干部要通过理论中心组学习、政府常务会议学法、领导班子集体学法等形式,系统学习中国特色社会主义法治理论,学好宪法、基本法律知识和与自己所承担工作密切相关的法律法规以及新颁布的法律、法规、规章。完善学法制度,区政府领导班子每年应当进行2次以上法治专题教育,切实做到学法计划、内容、时间、人员、效果"五落实"。区委党校要把宪法、法律和依法行政知识作为干部教育的必修课。健全行政执法人员岗位培训制度,每年组织开展行政执法人员通用法律知识、专门法律知识、新法律法规等专题培训。(区政府办、区司法局、区直有关部门及各乡镇、办事处根据职责实施)

37. 完善法治能力考核测试制度。将年度法律知识考核测试结果作为领导干部任职的重要参考,促进政府及其部门负责人严格履行法治建设职责。实行公务员晋升依法行政考核制度,政府及其部门将工作人员参加法治培训情况及学习成绩与职务晋升、奖惩等挂钩。(区委组织部、区人社局、区司法局、区公务员局、区政府法制局根据职责实施)

38. 创新法治宣传方式。落实"谁执法谁普法"的普法责任制,优化法治环境。大力开展法治宣传教育进企业、进社区、进学校等宣传教育,全面弘扬社会主义法治精神,积极引导公民、法人和其他组织尊法学法守法用法,依法维护自身权益。建立行政执法人员以案释法制度,使执法人员在执法普法的同时不断提高自身法治素养和依法行政能力。创新法治宣传方式,充分利用广播电台、电视台、报刊、门户网站、微博、微信等媒介和手段,全面弘扬社会主义法治精神。(区司法局牵头实施,区直有关部门及各乡镇、办事处负责落实)

三、组织保障和落实机制

党的领导是全面推进依法治国、加快建设法治政府最根本的保证,必须坚持党总揽全局、协调各方,发挥各级党委领导核心作用,把党的领导贯彻到法治政府建设各方面。各级政府及其部门要自觉接受党的领导,切实增强建设法治政府的使命感、紧迫感和责任感,加强组织领导,强化工作责任,一级抓一级,层层抓落实。

39. 加强党对法治政府建设的领导。各级政府要在党委统一领导下,谋划和落实好法治政府建设的各项任务,主动、及时向党委报告法治政府建设中的重大问题,及时消除制约法治政府建设的体制机制障碍。(区政府、区直各部门根据职责实施)

40. 落实第一责任人责任。党政主要负责人要履行推进法治建设第一责任人职责,要将法治政府建设与改革发展任务同部署、同落实、同考核,定期听取工作汇报,及时解决重大问题。摆在工作全局的重要位置。对不认真履行第一责任人职责,导致本辖区本部门一年内发生多起重大违法行政案件或造成严重社会后果的,依法追究主要负责人的责任。各乡(镇)、办事处和区政府组成部门要结合实际制定加强法治政府建设的实施方案,每年确定重点任务,作出具体安排,切实抓出成效。各乡(镇)、办事处每年第一季度要向同级党委、人大和上一级政府报告上年年度法治政府建设情况,政府组成部门每年第一季度要向本级政府和上一级政府有关部门报告上一年年度法治政府建设情况,报告的主要内容要通过报刊、政府网站等向社会公开。(区政府、区政府办、区直各部门及各乡镇、办事处根据职责实施)

41. 强化考核评价和督促检查。各级党委、政府要把依法行政暨法治政府建设考核纳入本地综合考评指标体系,占一定分值或权重,把法治建设成效作为衡量各级领导班子和领导干部工作实绩的重要内容,纳入政绩考核指标体系,充分发挥考核评价对法治政府建设的重要推动作用。各级政府及其部门的党组织要领导和监督本单位模范遵守宪法法律,坚决查处执法犯法、违法用权等行为。要加强对法治政府建设进展情况的督促检查,结合法治政府建设年度重点工作,开展定期检查和专项督查。对工作不力、问题较多的,要及时约谈、责令整改、通报批评。(区考评办牵头实施,区直各部门及各乡镇、办事处负责落实)

42. 严格落实财政保障制度。将依法行政必要的经费开支列入年度预算,由区财政予以保障。要加大行政基础设施建设投入,切实保障依法行政在组织推动、行政执法监督、行政复议、依法行政宣传培训、示范创建、考核评议等方面的各项经费支出。(区财政局牵头实施,区直各部门及各乡镇、办事处负责落实)

昭阳区人民政府办公室关于印发全面推开公立医院综合改革实施方案的通知

各乡、镇人民政府,街道办事处,区直有关部门:

经区人民政府同意,现将《昭阳区全面推开公立医院综合改革实施方案》印发你们,请认真抓好落实。

附件:《昭阳区全面推开公立医院综合改革实施方案》

昭阳区人民政府办公室
2018年8月9日

昭阳区全面推开公立医院综合改革实施方案

按照《云南省全面推开县级公立医院综合改革实施方案》(云政办〔2015〕82号)、《关于全面推开城市公立医院综合改革的通知》(云医改办发电〔2017〕1号)、《昭通市全面推开公立医院综合改革实施方案》(昭政发〔2017〕32号)要求,结合我区实际,制定本实施方案。

一、深化认识,理清改革思路

(一)指导思想

按照国家、省、市关于公立医院综合改革的工作部署,紧紧围绕建设"健康昭阳"为指导,坚持公立医院的公益性质,坚持"保基本、强基层、建机制"的基本原则,以破除"以药补医"机制为关键环节,统筹推进公立医院补偿机制、人事分配、管理体制、药品保障、服务能力、行业监管等综合改革,建立起维护公益性、调动积极性、保障可持续的运行新机制。统筹优化医疗资源布局、构建合理就医秩序、推动社会办医、加强人才培养等各项工作,把深化医改作为保障和改善民生的重要举措,着力解决群众看病就医问题。

(二)基本原则

坚持政府主导。把人民群众健康利益放在首位,强化政府在领导、保障、管理和监督等方面的责任,维护公立医院公益性质,让人民群众看得上病、看得好病。

坚持改革联动。统筹推进医疗、医保、医药"三医"联动,协同城乡公立医疗卫生机构改革,强化城市公立医院与基层公立医疗卫生机构垂直管理、医共体一体化管理和医联体分工协作机制,与社会办医协调发展,营造良好的公立医院改革环境,增强改革的系统性、整体性和协同性。

坚持分类实施。针对不同层级、不同类型的公立医院,在财政投入、医保支付、价格调整、绩效考评、人事薪酬等方面实行差别化改革政策。将管理体制、运行机制、分级诊疗、价格调整、医保支付、编制人事、收入分配等改革作为重点任务。

(三)总体目标

一是落实政府的领导、保障、监督和管理责任,建立维护公益性、调动积极性、保障可持续的运行新机制,深化我区城市公立医院综合改革,逐步推进基层医疗卫生机构改革。二是破除公立医院逐利机制,全面取消药品加成,区域医疗费用年均增长幅度控制在10%以内,个人卫生支出占卫生总费用的比例降低到30%以下,公立医院药占比总体降到30%以内,基本药物使用比例达到规定要求。三是落实公立医院的服务功能定位。2017年,市二院、区中医院、区妇幼保健计划生育服务中心全面实施城市公立医院综合改革,以区、乡、村医共体一体化管理模式,运行层级管理的工作机制,实施分级诊疗制度,基本实现预防在村室、小病在乡镇、大病不出区和区域内就诊率提高到90%左右的医改目标。四是逐步加大医保政策保障力度,确保实际住院费用报销比例和政策范围内住院费用报销比例分别控制在60%和75%以上。五是加强精细化管理,初步建立规范高效的公立医院运行机制和现代医院管理制度。六是构建起公益性健康服务、分工协作、富有效率的医疗体系和分级诊疗就医格局,为群众提供安全、有效、方便、价廉的医疗卫生服务,有效解决人民群众看病就医问题、提高人民群众健康素质、维护社会公平正义、促进经济社会发展。

(四)基本路径

建立现代医院管理制度,加快政府职能转变,推进管办分开,完善法人治理结构和治理机制,合理界定政府、公立医院、社会、患者的责权利关系。建立公立医院科学补偿机制,通过降低药品耗材费用、取消药品加成、深化医保支付方式改革、规范药品使用和医疗行为等措施,留出空间,同步理顺公立医院医疗服务价格,建立符合医疗行业特点的薪酬制度。以基层服务能力建设为基础,以分工协作机制为支撑,纵向整合城乡公立医疗卫生资源,构建协同发展的服务体系,优化资源配置,引导合理就医。

二、加强领导,理顺管理体制

(五)加强组织领导

成立区公立医院综合改革工作领导组,由区长担任领导组组长,严格落实对医改的领导、保障、管理和监督责任,强化"三医"的统筹管理;将改革中相关部门涉及医疗、医保和医药的职能划由一位政府领导分管,积极推进公立医院综合改革;成立综合协调、投入保障、药品耗材采购、医保支付、分级诊疗、人事薪酬、管理考核、医院运行、健康扶贫和医疗卫生信息化10个专项工作小组,协同推进公立医院综合改革;将医改任务完成情况纳入全面深化改革绩效考核和政府目标管理绩效考核。(牵头单位:区卫计局;配合单位:区公立医院综合改革工作领导组各成员单位)

(六)切实履行政府办医职责

政府作为公立医院出资人,建立财政投入稳定增长机制,将取消药品加成后减少收入的10%纳入同级财政预算;承担对公立医院基础设施建设、重点学科发展、人才培养、政策性亏损、公共卫生、紧急救治和符合国家规定的离退休人员费用等投入责任;按分级负责的要求,对符合区域卫生规划的新建、改(扩)建项目,由发改、财政和卫计等部门根据项目功能、规模及建设标准给予核定。严禁向公立医院摊派或将公立医院的资产、设备抵押,收费权质押用于地方政府融资。(牵头单位:区财政局;配合单位:区发改局、区卫计局)

(七)全面改革公立医院管理体制

进一步转变政府职能,推进"政事分开、管办分开",组建成立区公立医院管理委员会,由政府主要领导任主任,分管领导任副主任,成员由相关部门主要负责人及部分人大代表和政协委员组成。委员会负责公立医院日常管理,制定和执行公立医院管理委员会章程,健全完善公立医院制约机制和公立医院绩效考评制度,负责公立医院的发展规划、章程制定、重大项目实施、财政投入、院长选聘、运行监管、绩效考核等。管理委员会下设办公室在区卫计部门,负责具体工作。(牵头单位:区卫计局、区委编办、区委组织部、区发改局、区人社局、区财政局等部门)

(八)强化卫计部门职能

区卫计行政部门在日常工作中应认真履行监管职责,将区域内所有医疗机构纳入区卫计部门的统一规划、统一监管,组织开展经常性督导检查。严格公立医疗机构、技术、执业资格、设备的准入和退出,健全医疗机构绩效考评制度,对医疗机构的基本标准、服务质量、技术水平、管理水平等进行综合评价,确保各医疗机构的功能任务符合医疗机构设置规划要求。强化临床路径管理,完善技术规范,提高诊疗行为质量和透明度。根据不同类别医院的功能定位,合理设定全区医疗费用增长控制目标,分类确定控费要求并进行动态调整,确保公立医院医疗费用增长幅度稳定在合理水平。(牵头单位:区卫计局;配合单位:区发改局、区人社局、区财政局等部门)

(九)落实公立医院运营管理自主权

落实公立医院独立法人地位,执行区公立医院管理委员会的决策,按规定行使人事管理权、副职推荐权、绩效工资内部分配权、年度预算执行权等经营管理自主权。实行院长负责制,院长作为政府决策指令的执行者,代表政府履行对医院的管理责任。探索试行院长薪酬年薪制,合理核定年薪水平,院长收入不再与所在医院的创收相关,而是与承担的风险、职责匹配,与任期目标挂钩,薪酬支付由区财政负担或统筹公立医院综合改革补助资金安排。(牵头单位:区卫计局;配合单位:区委组织部、区委编办、区人社局、区财政局等部门)

三、创新机制,推动分级诊疗

(十)推进区、乡、村医共体一体化管理

纵向整合城乡公立医疗卫生资源,推进以市二院为龙头,乡镇卫生院为枢纽,村卫生室为基础的区、乡、村紧密型医共体一体化建设,形成区、乡、村医疗卫生机构医共体分工协作机制,构建区、乡、村三级联动的医疗卫生服务体系,实现区级医院对基层医疗机构的集中统一管理,成为服务、责任、利益、管理四者统一的共同体,力争区域内就诊率达到90%以上。在医共体内,统一核算医疗服务成本、统一成员单位绩效考核,统一管理和分配医疗收入,统筹人事管理及薪酬分配;统筹医务人员和医疗资源调配,实行区、乡、村医护人员定期轮岗;乡镇卫生院、村卫生室以医共体形式,划归区级医院统筹管理。(牵头单位:区卫计局;配合单位:区人社局、区财政局)

(十一)推动分级诊疗制度建设

在医共体内推动分级诊疗制度建设。以区、乡、村医共体一体化管理模式,落实层级管理分工协作、利益共享、责任分担机制,实施医共体内基层首诊、双向转诊、上下联动、急慢分治、远程会诊的分级诊疗制度。加强全科医生队伍建设,推进全科医生签约服务。建立公立医院与基层医疗卫生机构之间的便捷转诊通道,公立医院要为基层转诊患者提供优先就诊、优先检查、优先住院等便利。围绕区、乡、村医疗卫生机构的功能定位和服务能力,确定各级医疗卫生机构诊疗的主要病种,明确出入院和转诊标准。(牵头单位:区卫计局;配合单位:区发改局、区人社局、区财政局等部门)

(十二)规范双向转诊

按照"科学就医、方便群众、提高效率"的原则,推动形成基层首诊、双向转诊、急慢分治、上下联动的分级诊疗模式。建立健全转诊指导目录,重点畅通慢性期、恢复期患者向下转诊渠道,逐步实现不同级别、不同类别医疗机构之间的有序转诊。建立完善双向转诊机制,明确转诊过程中双方责任义务,确保医疗服务的连续性及安全性。中心(乡镇)卫生院确需转诊的患者,由区级医院为其提供优先接诊、优先检查、优先住院等服务。患者在区级医院已完成难度较大的诊治且病情平稳后,转回中心(乡镇)卫生院,由区级医院指导后续诊治工作。力争每年由公立医院向基层医疗卫生机构和慢性病医疗机构转诊的人数增长率保持在10%以上,基层医疗卫生机构诊疗量占区域总诊疗量比例达到65%以上。(牵头单位:区卫计局;配合单位:区发改局、区人社局、区财政局等部门)

(十三)建立家庭医生签约服务制度

落实以全科医生为主的家庭医生签约服务制度,明确签约服务内容和签约条件,确定双方责任、权利、义务及其他有关事项,优化签约服务的方式,通过提高基层服务能力、医保支付、便民惠民等措施,鼓励和引导城乡居民与基层医生或家庭医生团队签约,提高签约服务水平和覆盖面。在2017年家庭医生签约服务覆盖率达到30%以上,重点人群签约服务覆盖率达到60%以上,建档立卡贫困人群和计划生育特殊家庭签约服务覆盖率达到100%的基础上，力争2020年实现将签约服务扩大到全人群，基本实现家庭医生签约服务制度的全覆盖。（牵头单位：区卫计局；配合单位：区发改局、区人社局、区财政局等部门）

（十四）加大医保引导力度

强化医保对医疗服务供需双方的引导和医疗费用的控制作用，对符合规定的转诊住院患者可连续计算起付线，促进患者有序流动；对于不按照转诊规定自行选择上转的患者，适当降低其医保待遇；从上一级医院转到下一级医院住院的，在原基础上适当提高报销比例。对认真实施分级诊疗制度、严格管控医疗费用的医疗机构，城乡医保管理机构要在结算支付管理中给予适当政策倾斜，对不执行分级诊疗制度的定点医疗机构，按照一定额度扣减医疗机构垫付的医保补偿资金，必要时调减次年医保预算指标。（牵头单位：区人社局；配合单位：区卫计局）

四、破除以药养医，规范药品采购制度

（十五）全面取消药品加成

全面推行医药分开，坚持医疗、医保、医药联动，全部取消药品加成（除中药饮片外），2018年后公立医院药占比总体降到30%以内，并按要求比例配备使用基本药物。取消药品加成后减少收入的80%通过调整医疗服务价格予以补偿；10%由区财政纳入财政预算予以补偿；10%通过医院精细化管理、压缩运行成本自行消化。同时合理核定城市公立医院运营费用，增加区级财政投入，确保城市公立医院正常运行。（牵头单位：区卫计局；配合单位：区发改局、区人社局、区财政局等部门）

（十六）抓好药品和医用耗材集中采购

公立医院要按照质量优先、价格合理的原则，制定科学合理的药品采购目录，依托省、市级药品集中采购平台，依法规范做好药品采购，保证临床需要。公立医院要按照规定优先使用基本药物和常用低价药品。配备使用品种不低于国家基本药物目录（含省增补）规定品种的80%，基本药物费用比例不低于药品总费用的35%。要按照省分批公布的高值医用耗材招标采购中标结果，通过省级平台采购高值医用耗材。在保证质量的前提下，鼓励采购国产高值医用耗材。（责任单位：区财政局、区卫计局）

（十七）整治医药购销领域商业贿赂

公立医院要建立健全管理制度，加强医药购销领域的管理，在与医药生产企业及其代理人签署药品、医用设备和医用耗材等采购合同时，必须同时签署廉洁购销合同。要严格执行诚信记录和区场清退制度，及时逐级报送医药购销领域商业贿赂不良记录。各相关部门定期联合开展专项检查，严厉打击虚假交易、商业贿赂、价格欺诈和虚开发票等违法违规行为，依法严肃惩处违法违规企业和医疗机构，追究相关人员的责任，涉嫌犯罪的，及时移送司法机关处理。（牵头单位：区卫计局；配合单位：区发改局、区人社局、区市场监管局等部门）

（十八）规范用药行为

一是不断提高医疗机构合理用药水平。完善基本药物优先和合理使用制度，坚持基本药物主导地位，引导和调动各级医疗机构使用常用低价药品的积极性和按比例配备使用基本药物。建立药物临床综合评价体系和用药临床综合评价机制，提高合理用药水平。二是加强医疗质量管理与控制，规范临床检查、诊断、治疗、使用药物和植（介）入类医疗器械行为，严格控制高值医用耗材、"大处方"、套餐式检查和抗生素使用，加强输液管理，明确无需输液和使用抗生素治疗的病种目录，并不断扩大临床路径覆盖面，在2017年年底二级公立医院70%的出院患者按照临床路径管理的基础上，到2020年年底实现二级以上医院全面开展临床路径管理。三是加强对医疗机构药物合理使用情况考核。医疗机构要将药品采购使用情况作为院务公开的重要内容，每季度公开药品价格、用量、药占比等信息。落实处方点评、中医药辨证施治等规定，医疗机构要建立抗生素、辅助用药、营养性药品重点监控目录，实行药品超常使用预警通报制度。对重点监控的药品要实施处方点评，对不合理用药的处方医生进行公示，并建立约谈制度。（牵头单位：区卫计局；配合单位：区发改局、区人社局、区市场监管局等部门）

五、把握核心,完善保障制度

(十九)改革医保支付方式

按照"总额预算、结余留用、合理超支分担"的原则,对医共体内医疗机构实行医保总额付费等支付方式改革,引导双向转诊,同时实行差异化支付方式改革,引导基层首诊。在医保基金总额预付下,综合采用按人头、按床日、按单病种、按疾病诊断相关分组(DRGs)等多种付费方式相结合的复合型付费方式。建立健全与支付方式改革相关的管理流程、技术支撑和政策配套,规范病历、疾病分类编码及病案首页的书写。医保支付方式改革覆盖所有医疗机构及医疗服务,按项目付费占比明显下降。对住院医疗服务,主要按病种、按疾病诊断相关分组(DRGs)付费,长期、慢性病住院医疗服务可按床日付费;对基层医疗服务,可按人头付费,积极探索将按人头付费与慢性病管理相结合。到2020年所有公立医院全面铺开按疾病诊断相关组(DRGs)的付费方式。(责任单位:区人社局、区卫计局)

(二十)理顺医疗服务价格

通过取消药品加成、挤压药品耗材流通领域水分和规范诊疗行为,为医疗服务价格调整腾出空间。在保证公立医院良性运行、医保基金可承受、群众整体负担不增加的前提下,按照"腾空间、调结构、保衔接"的步骤和"总量控制、结构调整、有升有降、逐步到位"的原则,合理调整医疗服务价格,体现医务人员技术劳务价值,并按规定纳入医保支付范围。强化医疗服务价格、医保支付、分级诊疗、费用控制等政策衔接。通过取消药品加成、挤压药品耗材流通领域水分和规范诊疗行为,为医疗服务价格调整腾出空间。提升体现医务人员技术劳务价值的诊疗服务项目价格,降低医院大型医用设备检查、检验价格,不断提高医务服务收入占比,转化为公立医院的合理收入。(责任单位:区发改局、区人社局、区财政局、区卫计局)

(二十一)逐步提高保障水平

推进建立稳定可持续的医保筹资和保障水平调整机制。在基金可运行的前提下,逐步提升医保障水平,缩小政策范围内住院费用支付比例与实际住院费用支付比例间的差距。加强基本医保、城乡居民大病保险、职工补充医疗保险、医疗救助、疾病应急救助、商业健康保险等多种保障制度的衔接。继续巩固完善"一站式"医保信息交换和即时结算制度,进一步方便患者报销和减轻群众医药费用负担,确保实际住院费用报销比例和政策范围内住院费用报销比例分别保持在60%和75%以上。其中,中医医院住院的中医服务项目及在综合医院中医科住院的中医药服务项目报销比例比其他项目提高10%,门诊中医药报销比例不低于60%。缩小实际住院费用支付比例与政策范围内住院费用支付比例的差距。(牵头单位:区人社局;配合单位:区民政局、区财政局、区卫计局等部门)

(二十二)发挥医保监控作用

切实做好基金运行的监测和分析,加强对基金使用的审计和监督,切实防范基金风险。健全完善医保监管制度,强化定点医疗机构服务协议管理,充分发挥各类医疗保险对医疗服务行为、医药费用的控制和监督制约作用,建立医保定点医疗机构信用等级管理和黑名单管理制度,逐步将医保对医疗机构的监管延伸到对医务人员医疗服务行为的监管,有效控制医疗费用的不合理增长和切实保障基金安全运行。(牵头单位:区人社局;配合单位:区发改局、区财政局、区卫计局等部门)

六、明确主体,激发改革活力

(二十三)完善公立医院管理制度

落实制定现代医院管理制度的相关政策文件,逐步取消公立医院行政级别。建立协调、统一、高效的办医机制。依法制定医院章程,按照章程实行重大决策、重大项目实施、重要干部任免、大额资金使用集体讨论并按规定程序执行,发挥医院职工代表大会的民主监督作用。建立健全公立医院院长任期目标年薪制度、总会计师制度、全面预算管理制度、成本核算制度、财务报告制度、第三方审计制度和信息公开制度。落实医疗质量安全的核心制度和基本规范,重点管理好病历书写、查房、疑难病例和死亡病例讨论、手术安全管理和急诊抢救等工作。推动公立医院后勤服务社会化改革,降低医院

运行成本,提高服务效率。(牵头单位:区卫计局;配合单位:区委组织部、区委编办、区人社局、区财政局等部门)

(二十四)转变医院用人机制

探索实行人员总量管理制度,参照国家公立医院相关人员配备标准,制定区级公立医院人员配备标准和核定办法,以符合医疗机构设置规划标准的医院床位数为基数,结合服务人口、服务量、床位使用率等要素,科学核定公立医院人员总量,探索建立与人员总量管理相衔接的财政、人事管理制度。在岗位设置、收入分配、职称评定、管理使用等方面,编制内外人员享受相同待遇。进一步完善聘用制度、岗位管理制度和公开招聘制度,形成能进能出、能上能下的灵活用人机制。对急需引进的高层次人才、短缺专业人才,可由医院采取考察的方式进行招聘,结果公开。(牵头单位:区委编办;配合单位:区人社局、区财政局、区卫计局等部门)

(二十五)深化薪酬制度改革

探索制定公立医院绩效工资总量核定办法,建立动态调整机制,逐步提高人员支出经费占业务支出的比例。完善绩效工资制度,改变以往分配模式,建立与岗位职责、工作业绩、实际贡献紧密联系的分配激励机制,切实遏制医护人员"创收"思想,突出重点向临床一线、业务骨干、关键岗位、特殊岗位以及有突出贡献的人员倾斜,医院在核定的绩效工资总量内根据考核结果自主分配绩效工资。(责任单位:区人社局、区财政局、区卫计局)

(二十六)建立科学的绩效考评机制

建立并完善以社会效益、运行效率、群众满意度为核心的公立医院绩效考评制度。按照公立医院绩效考核办法,开展公立医院绩效考核。内部考核与奖惩要突出岗位工作量、服务质量、行为规范、技术能力、医德医风和患者满意度等指标,将考核结果与医务人员的岗位聘用、职称晋升、个人薪酬挂钩。加强完善公立医院用药管理,严格控制药品、高值医用耗材的不合理使用。严禁给医务人员设定创收指标,医务人员的薪酬不得与医院的药品、耗材、大型医学检查等业务收入挂钩。(牵头单位:区卫计局;配合单位:区人社局、区财政局等部门)

(二十七)加强公立医院财务和预算管理

严格预算管理和收支管理,加强成本核算与控制,实行规范化的成本核算和成本管理。积极推进医院财务制度和会计制度改革,严格财务集中统一管理,建立健全医院财务报告制度、绩效考评制度、第三方会计审计监督制度、总会计师制度和财务信息公开制度。(责任单位:区财政局、区审计局、区卫计局)

(二十八)加强公立医院精细化管理

以主动服务为抓手,以制度建设为保障,在医疗服务、医院形象、医院发展、管理创新、社会责任、医院文化和医院品牌等各方面,建设"公信力公益性医疗卫生机构";创新发展理念,提升管理能力,走"内涵型、精细化"发展路径;创新医院管理,对职能科室实行扁平化管理,通过优化重组、内部职能归并、集中办公和运行,有效减少管理层级,拓宽管理幅度,实行减员增效,不断提升管理能力,达到既要"瘦身",又要"强身"的目的;让医患沟通零距离,通过医院管理重心前移,由职能科室到门诊一线值岗,直接与病人进行零距离沟通,协调和解决各种矛盾与问题;实行医院管理重点工作服务承诺制度,通过提高手术室工作效率、规范院内会议制度、强化医患沟通、缩短门诊患者等候时间、实现健康教育全覆盖、严控院内感染、关爱员工等管理举措,达到科室、员工、患者等多方满意的管理效果。(责任单位:区卫计局)

(二十九)完善医疗质量安全管理制度

规范临床检查、诊断、治疗、使用药物和植(介)入类医疗器械行为,落实医疗质量安全的核心制度和基本规范,重点管理好病历书写、查房、疑难病例和死亡病历讨论、手术安全管理和急诊抢救等工作。(责任单位:区卫计局)

(三十)建立控制医疗费用不合理增长的长效机制

要建立对医疗费用重点监测指标的定期发布制度,定期通过门户网站等媒体载体向社会发布重点检测指标,持续有效地控制医疗费用不合理增长。(责任单位:区卫计局)

(三十一)加强服务能力建设

围绕近三年区外转出率靠前的5~10个病种确定需要重点加强建设的相关临床和辅助科室,提出人才、技术、管理能力等提升需求,争取各级相关部门采取多种方式加大支持力度和对口支援工作,加强以人才、技术、重点专科建设为核心的能力建设,全面提升医院综合服务能力。(责任单位:区卫计局;配合单位:区委组织部、区人社局、区财政局)

(三十二)持续推进改善医疗服务行动

创新思路、改善服务、夯实质量,医疗全程管理。加强门诊、住院、药房等医疗资源灵活调配;推行日间医疗服务,加强日间手术精细化管理,探索开展其他日间医疗服务;持续提升医疗质量,重点做好分级诊疗医疗质量连续化管理,并加强医院感染管理;推进临床路径管理,并进一步扩大覆盖面,充分发挥临床路径作为医疗质量控制与管理工具的作用;充分利用信息化手段,提供信息查询与推送、信息化结算支付服务,搭建双向转诊信息平台,保证分级诊疗的连续性;深入推进优质护理服务,落实责任制整体护理;加强药品管理和药师队伍建设,转变药事服务模式;加强诊区安全与患者隐私保护,为医患双方提供良好诊疗环境,构建和谐医患关系,树立行业良好风气。(责任单位:区卫计局)

七、统筹推进,落实各项工作

(三十三)推进健康扶贫惠民工作

实施好中央预算内投资和金融服务支持的医疗卫生扶贫建设项目。远程医疗、重点专科建设、农村卫生人才培养等项目向特困、民族地区倾斜。建立精准到户、到人、到病种的健康扶贫数据库,实施资助参保、报销倾斜、兜底保障和分类救治政策,确保农村贫困人口大病得到及时有效救治,个人就医费用负担大幅减轻。继续组织实施好"关爱妇女儿童健康行动计划""光明工程""贫困尿毒症患者救助"和"儿童先心病救治"等一批惠民实事项目。(牵头单位:区卫计局;配合单位:区人社局、区民政局、区财政局、区扶贫办等部门)

(三十四)建立严格规范的综合监管制度

加强监督体系建设,增强医疗监管能力,完善机构、人员、技术、设备的准入和退出机制。加强公立医院医疗质量安全、费用控制、财务运行、医务人员执业行为等的监管。(责任单位:区卫计局;配合单位:区人社局、区财政局)

(三十五)加强信息化建设

加强公立医院信息系统标准化建设,完善信息安全保护体系。加快全区人口健康信息平台建设,实现上联下通。2018年年底实现居民电子健康档案、电子病历、公共卫生、医院管理等系统的互联互通和信息共享,积极推进区域内医疗卫生信息资源整合和业务协同。积极推动远程医疗系统建设,提高优质医疗资源可及性。(责任单位:区卫计局;配合单位:区发改局、区财政局)

八、保障措施,确保改革推进

(三十六)强化组织保障

区公立医院综合改革工作领导组负责公立医院综合改革的领导工作,领导小组办公室设在区卫计局,主要负责公立医院综合改革工作的组织协调、工作指导及督导工作。各有关部门要将公立医院改革作为全面深化改革的重要内容,主要领导负总责,分管领导具体负责,围绕公立医院改革政策,明确各部门职责,制定改革任务落实时间表,明确任务分工。财政、发改、价格、编制、人社、市场监管等相关部门要各司其职,强化对改革医院的支持和指导,完善配套改革措施,密切配合,综合推进。(责任单位:区公立医院综合改革工作领导组各成员单位)

(三十七)加强督导评价

要建立督导、考核、评估、问责机制,督促整体推进改革任务,并将公立医院改革工作纳入政府绩效考核内容。相关部门要加强对公立医院改革工作的指导,制定改革效果评价指标体系。建立医院改革推进情况定期通报和评价机制。(责任单位:区公立医院综合改革工作领导组各成员单位)

(三十八)确保信息公开

公立医院要加强对政策法规、招标信息、采购信息、药品和医疗服务价格信息、处方点评内容等信息公示公开工作,要在单位网站设立专门的信息公开版块,并通过院内公告栏、电子显示屏、电子查询系统等载体,加大信息公开力度,主动接受社会监督。(责任单位:区卫计局)

(三十九)加大宣传力度

大力宣传和解读改革的政策措施,合理引导社会舆论和群众预期,调动广大医务人员参与改革的积极性、主动性,做好医务人员的广泛动员工作,凝聚共识、增强信心,营造改革的良好氛围,确保改革顺利推进。(责任单位:区公立医院综合改革工作领导组各成员单位)

昭阳区打好精准"组合拳"决胜脱贫攻坚问题清零战

今年以来,昭阳区围绕年度脱贫目标任务,聚焦问题和薄弱环节,抓住精准,对标对表,明确靶向,分类施策,打好精准扶贫"组合拳",扎实推进脱贫攻坚问题销号清零工作。

一是坚持问题导向。紧盯2018年计划脱贫户、出列村短板问题,2017年扶贫开发工作成效考核发现问题,省委第三巡视组机动巡视反馈问题,省督查组脱贫攻坚督查反馈问题,昭通市扶贫开发领导小组每月脱贫攻坚工作督查通报问题,精准识别、精准退出问题,国办系统数据问题,"互联网+"社会扶贫问题,全域组织抓排查,做到逐村逐户、镇不漏村、村不漏户、户不漏项,以问题为突破口,对症下药、靶向治疗,全面补齐短板。

二是坚持责任导向。紧紧围绕市委"133"工作思路,坚持"标本兼治、务求实效,统筹兼顾、突出重点,上下联动、合力攻坚"的整改原则,紧盯问题台账、任务清单,成立整改工作领导小组,明确整改时限、责任单位和责任人,做到"一个问题、一套方案、一名责任人、一抓到底",全面压实工作责任,切实做到问题不整改不放过、整改不全面不放过、问题不销号不放过、责任追究不到位不放过。实施定期报告、调度、研判、督查机制,全力实施问题整改清零,统筹推进各类问题整改。各乡镇、街道及区直各有关部门定期向区扶贫开发领导组报告问题整改情况和重点工作任务推进情况;区扶贫开发领导组定期对"清零行动"进展情况和其他需研究报告的重大事项予以调度推进,分析脱贫攻坚工作形势,总结经验做法,研究解决问题;定期对"清零行动"开展联合督查、重点督查、暗访督查,对整改工作进行跟踪督导。通过层层传导压力,层层压实责任,要求做到问题整改"无遗漏、无虚假、真整改、真清零"。

三是坚持效果导向。深入开展"脱贫攻坚大调研、大遍访""村村清、户户清"等行动,"带着问题下去、带着满意回来",全面深入、较真碰硬地推动脱贫攻坚突出问题集中整改。目前,全区各级领导干部大调研大遍访行政村150余个、贫困群众4万余户,省、市专项考核问题和通过举一反三自查问题得到了有效整改。纠正贫困户致贫原因偏差12 774户,修正国办系统问题数据14 205条,进一步精准了建档立卡基础数据信息;聚焦"两不愁、三保障",按照"应纳尽纳、应退尽退、应扶尽扶"要求,开展建档立卡数据信息调整和补录,整户清退1 948户7 569人,人口清退266人,整户补录60户259人,家庭成员补录1 755人,脱贫回退91户368人,新识别472户1 701人,返贫13户63人,进一步精准建档立卡对象;紧扣贫困户致贫原因和脱贫标准,结合贫困户家庭生产生活条件、发展能力和意愿,精准制定了到户帮扶措施5万余条。紧扣村出列短板,按照"缺什么、补什么"的原则,精准制定村级施工图、乡级路线图和区级项目库;对照贫困村出列十项标准,2018年计划出列的26个贫困村,进村公路硬化、村卫生室、适龄儿童少年有学上和通动力电、广播电视、网络宽带目标均已实现,目前正在对未达标的项目对标对表查缺补漏。极力加大"中国社会扶贫网"注册力度,目前全区累计完成贫困户注册45 644人,占92.22%,爱心人士注册8 473人,发布物品需求信息16条,发布资金需求信息215条,对接成功71条,对接成功率33.02%,捐赠资金5.982 5万元,社会扶贫工作得到加强。

通过脱贫攻坚清零战的实施,全区广大干部扎实下好进村入户的苦功夫,练好因贫施治的硬功夫,做好一户一策的细功夫,切实把精准要求贯彻落实到脱贫攻坚的各环节、各领域和全过程,全面做到了贫困对象家底、致贫原因、帮扶措施、投入产出、帮扶责任、脱贫时序"六清",有效形成了全区"一盘棋""一本账",为决战决胜脱贫攻坚奠定了坚实基础。

昭阳区扶贫开发办公室
2018年8月27日

中共昭阳区委 昭阳区人民政府关于
实施全面两孩政策改革完善计划生育服务的管理意见

各乡镇、街道党(工)委、政府(行政),区委各部委办局室,区级国家机关各委办局,区直各人民团体和企事业单位,中央、省、市驻昭阳区单位:

为深入贯彻落实《中共昭通市委昭通市人民政府关于实施全面两孩政策改革完善计划生育服务管理的意见》(昭发〔2017〕4号)(以下简称"意见")精神,现就全面做好新形势下计划生育服务管理工作,提出以下实施意见:

一、总体要求

"十二五"时期以来,人口发展的内在动力和外部条件发生显著变化。人口发展面临结构性失衡,出生人口性别比偏离正常范围,老龄化显现,劳动年龄人口比重下降,这些变化对人口安全和经济社会发展带来新的挑战。为积极应对这些变化和挑战,中央决定实施全面两孩政策、改革完善计划生育服务管理,这是新形势下坚持计划生育基本国策的重大战略部署,也是促进人口长期均衡发展的重大举措,全区上下要从全局和战略高度出发,充分认识坚持计划生育基本国策的重要性和长期性,充分认识实施全面两孩政策、改革完善计划生育服务管理的重大意义,增强责任感和使命感,坚决落实市委《意见》精神,用法治的思维、创新的精神和务实的作风,不断探索计划生育服务管理工作新机制和新方法。

实施全面两孩政策、改革完善计划生育服务管理,不是对计划生育基本国策的否定,而是对具体生育政策的调整和完善。我区是欠发达区,计划生育工作起步较晚,发展历程曲折,城乡、区域之间发展不平衡,群众生育观念呈现多元化趋势,部分群众自愿选择少生优生,但也有不少群众的生育意愿还比较强烈,违法多孩生育现象较为突出。由于人口基数大,育龄妇女多,出生人口刚性增长不可避免,未来相当长时期内,我区人口众多、人均资源占有量少的基本区情不会根本改变,人口对经济社会发展的压力不会根本改变,人口与资源的紧张关系不会根本改变,计划生育工作只能加强不能削弱。因此,必须长期坚持计划生育基本国策不动摇,始终坚持把人口问题摆在突出的战略位置,坚定不移地做好计划生育工作,促进人口与资源环境均衡发展,推动人口与经济社会发展相适应。全区各级各部门必须立足区情,从全局和战略高度充分认识做好新形势下计划生育服务管理工作的重要意义,进一步增强人口忧患意识,坚持党政"一把手"负总责不动摇,坚持计划生育"一票否决"制度不动摇,以更加务实的作风,更加有力的措施,更加严明的纪律,深入推进新时期计划生育服务管理工作全面开展。

二、工作措施

(一)稳妥扎实有序实施全面两孩政策。认真贯彻落实新修订的《中华人民共和国人口与计划生育法》和《云南省人口与计划生育条例》,落实特殊情形再生育、技术服务、计生家庭奖励优惠政策,妥善做好政策衔接,维护群众合法权益。开展风险评估,积极应对可能出现的出生堆积风险,防止生育水平出现大的波动。开展全面两孩政策实施情况效果评估,加强人口与计划生育形势分析。加强对工作基础薄弱乡镇、街道的督查指导,对违法多孩生育率突出的乡镇、街道进行通报、约谈,并限期整改,严格控制违法多孩生育。依法征收社会抚养费,规范社会抚养费管理和使用,将公民违反计划生育政策情况纳入社会信用体系建设,对依法应缴纳社会抚养费、有实际履行能力却又拒不缴纳的,要建立不良信用记录,纳入统一信用信息共享交换平台。做好信访维稳,确保政策实施过程可控、生育秩序可控、社会风险可控。

(二)改革生育服务管理制度。实行生育登记服务制度,对生育第一个子女和第二个子女的,夫妻可按规定在一方户籍地或现居住地的乡镇、街道登记领取《生育服务证》领证,无法亲自办理生育登记的,可书面委托他人代为办理登记。对登记领取《生育服务证》的夫妻依法依规提供孕前优生健康检查、增补叶酸、孕产期健康管理、预防艾滋病梅毒乙肝母婴传播、新生儿疾病筛查、0~6岁儿童健康管理、计划生育技术项目、术后随访免费服务和生育保险报销、住院分娩补助。对符合政策再婚生育第三个子女的,优化办事流程、简化办理手续,实行生育情况承诺制度,最大限度为群众提供服务。加强政务公开,及时在政务网站、服务窗口、宣传栏等醒目位置公开计划生育办事指南。

(三)加强出生人口监测预测。建立完善卫计、公安、民政、统计、人社、教育等部门协作配合、信息共享的人口统计制度,及时把握出生人口动态,提高计划生育统计台账质量,夯实人口信息统计基础,准确掌握婚姻、家庭、出生、迁徙、死亡变动情况,实现户籍管理、婚姻、人口健康、教育、社会保障、人口调查等信息共享。完善我区全员人口信息系统平台建设,建立健全区乡村三级出生监测网络,卫计部门要加快推进与市同步的信息实时共享,加快推进人口健康信息化建设,2018年全面启动全员人口基础信息系统建设,按期实现我区与全省人口和计划生育信息互联互通。

(四)加强妇幼健康计划生育技术服务。以保障母婴安全、提高出生人口素质和提高妇女儿童健康水平为目的,完善和加快妇幼卫生服务体系建设,全面保障两孩生育政策顺利实施,推动妇女儿童健康事业的发展。健全妇幼保健计划生育服务体系,实施关爱妇女儿童健康行动工作,提高妇幼健康服务能力、服务计划生育家庭、实现人人享有生殖健康服务,提高人民群众的满意度和获得感。全面落实国家免费孕前优生健康检查,开展孕期保健及产前筛查服务,加强对高危孕产妇的专案管理,提高新生儿疾病筛查率。推进出生缺陷综合防治,提高人口出生素质。为实行计划生育的育龄夫妻提供免费的技术服务。加强再生育咨询指导,为符合政策准备再生育的人群提供免费的取环、复通等服务。计划生育手术费按《云南省人口与计划生育条例》相关规定纳入财政预算。推进妇幼保健计划生育服务机构标准化建设和规范化建设,加大对在建"8.03"项目的区妇幼保健院的房屋建设和设备资金的投入,逐步达到国家对二级妇幼保健院的标准配置要求。引进妇幼卫生相关专业人才,利用现有房屋条件进行规范化改造和能力提升建设,力争2018年通过"二级保健院的评审"验收。加大对区妇幼保健院的建设投入,加快步伐,拓展区妇幼保健院妇幼保健计划生育服务功能,力争在"十三五"期间建设1所由区政府举办的标准化、规范化妇幼保健计划生育服务中心。不断加强妇产科和儿科能力建设,提高孕产妇与新生儿危急重症救治能力,市二院作为我区孕产妇和儿童的急救抢救中心,要充分发挥"龙头"引领作用,结合医改,积极与区妇幼保健计划生育服务中心搭建医联体服务平台,整合资源,对人员、财务、设备、药品、业务等实行统一管理,形成"管理、责任、利益、服务"共担紧密型共同体,实现责权统一、功能完善、管理规范、运转高效的医疗服务一体化管理。在2018年组建"危重产妇和新生儿急救中心",逐步建成"昭阳区妇女儿童专科医院"。健全会诊、转诊网络,畅通急救绿色通道,保障母婴安全,严控孕产妇和婴幼儿死亡率。加快产科和儿科医师、助产士及护士人才培养和技能提升,利用现有的医师资源,鼓励参加儿科医师转岗培训等。合理确定服务价格,按照医院绩效分配的相关规定制定绩效分配方案,对从事产科和儿科的医务工作者在薪酬分配和职称评定等方面给予倾斜,做到"拴心留人",在职称评定、薪酬分配等方面加大政策倾斜力度,提高妇幼健康服务人员的积极性。为妇女儿童提供规范的孕前保健、孕期保健、住院分娩、儿童保健和计划免疫等服务。到2020年,孕产妇死亡率和婴儿死亡率控制在全市目标要求内。全面推进避孕方法知情选择,向育龄人群宣传并提供安全、有效、适宜的避孕节育服务,加大对避孕药具的投入,拓宽发放渠道,提高避孕药具的使用率和覆盖率,加大免费计划生育避孕药具发放网点建设,提高药具服务的公平性和可及性。对按政策规定不可再生育的夫妻引导使用长效避孕措施。实施妇幼健康优质服务示范工程,提高群众生殖健康水平。

(五)促进社会性别平等。宣传、人社、公安、卫计、市场监管、妇联、团委等部门各司其职,互相配合,定期开展专项整治行动,综合治理出生人口性别比。深入开展"圆梦女孩""关爱女孩行动""婚育新风进万家"等活动,引导群众树立"性别平等,生男生女都一样"的好观念。加强对儿童教育、女性就业、女孩家庭养老等问题的帮扶,营造有利于女孩成长的社会环境。坚持标本兼治,建立有奖举报制度,依法打击"两非"行为,严肃查处相关涉案人员和医疗机构。要采取针对性措施,依法保障女性就业、休假等合法权益,防止用人单位对孕产妇生育的歧视,鼓励用人单位设置哺乳场所,制定有利于职工平衡和家庭关系的措施,支持女性生育后重返工作岗位。

(六)积极构建有利于计划生育家庭发展支持体系。一是继续落实计划生育奖励扶助政策。按照"老人老办法、新人新办法"的原则,认真落实好计划生育家庭奖励扶助制度和特别扶助制度。全面两孩政策实施前的独生子女家庭和农村计划生育两女结扎户家庭,继续实行原来相关优惠政策。全面两孩政策实施后,独生子女家庭再生育的,停止享受独生子女家庭的一切优先优惠政策,此前已享受的不再退还,《独生子女父母光荣证》收回注销。实施全面两孩政策后自愿只生育一个子女的家庭或农村生育两女施行结扎手术的家庭,不再办理《独生子女父母光荣证》或《两女结扎户光荣证》,不再享受相关的优惠政策。二是建立综合帮扶计划生育特殊困难家庭。有关部门要发挥各自部门优势,为独生子女发生三级以上伤残或死亡、未再生育或收养子女的家庭提供基本的生活、养老、医疗服务、精神慰藉和心理疏导等服务,帮助特殊困难家庭尽早融入社会,健康快乐地生活。财政每年要专门预算用于计划生育特殊困难家庭经济救助、节日慰问、临终关怀等资金。卫计部门要按时兑现独生子女保健费,对年满60周岁及以上的农村独生子女父母和农村办理《两女结扎户光荣证》夫妻发给养老补助金,补助标准在现行的基础上提高1倍。教育部门要对全面实施两孩生育政策以前的农村独生子女和两女结扎户两女给予下列优惠:优先安排农村独生子女和两女结扎户两女中小学校寄宿制学生生活补助费;对全区农村独生子女和两女结扎户两女在报考市、区内高中阶段学校时统一参照省对农村独生子女考取高中阶段学校和大专院校的有关规定给予加分并优先录取;对全区考取市、区高中阶段学校和大专以上院校的农村独生子女、两女结扎户两女统一参照省对农村独生子女考取高中阶段学校和大专院校的奖励标准提高1倍给予奖励;对考取市、区高中阶段学校的农村独生子女和两女结扎户两女全部实行免费教育。人力资源和社会保障部门要对全面两孩政策实施前的独生子女家庭和计划生育两女结扎户家庭、对农村未满18周岁的独生子女及其父母、两女结扎户中未满18周岁的两女及父母,按上级要求资助缴纳城乡医疗个人筹资部分,属贫困人口按相关规定报销,所需费用由区财政全额承担。民政部门要在民政救助,低保等优惠政策方面优先考虑计划生育特殊家庭。乡镇、街道要建立第一、第二联系人制度,定期对计划生育特殊困难家庭进行走访慰问。三是增强家庭抚幼和养老功能。建立和完善包括生育关怀支持、幼儿养育、青少年发展、老人赡养、病残照料等家庭发展政策,鼓励按政策生育。对符合政策生育的育龄夫妇,其享有的产假和护理假按照新修订的《云南省人口与计划生育条例》执行。增强社区幼儿照料、托老日间照料和居家养老等服务功能。积极探索创新医养结合机制,全力支持公立医疗机构和社会力量开展医养结合工作。推进医疗卫生和养老服务相结合,探索居家养老服务体系,为老年人提供健康养老服务,推动老龄健康事业发展。大力发展老年医疗等健康服务业,制定五年规划和实施方案,积极推进医疗卫生与养老服务相结合,以多种形式满足群众养老需要。广泛开展创建"幸福家庭"和"计划生育新家庭"等活动,做好家庭发展追踪调查。

(七)推进流动人口基本公共卫生计生服务均等化。我区流出人口规模庞大,各乡镇、街道要着力加强流动人口源头管理,深化流动人口区域协作,巩固完善流动人口信息互通、服务互补、管理互动的"一盘棋"工作机制。加强流动人口信息平台的管理和应用,开展流动人口婚育信息网络异地查询,加强流动人口统计和动态监测,做好流动人口在现居住地的生育登记和基本公共卫生计生服务均等化。区财政要按照常住人口数和负担比例筹措拨付基本公共卫生服务经费,将流动人口纳入城镇基本公共卫生和计划生育服务范围。建立流动人口基本公共卫生服务均等化推进工作的评估考核机制,考核结果与第二年基本公共卫生服务补助资金挂钩。按照常住人口配置服务资源,落实好流动人口健康档案、健康教育、儿童预防接种、传染病防控、孕产妇和儿童保健、计划生育等6类基本公共服务。关怀关爱流动人口和留守人群,增强流动人口自我保健意识和防护能力,提高流动人口健康素养和健康水平。

(八)提高计划生育基层统计台账质量。基层统计台账运转合格率和统计报表账实符合率须达到98%以上。乡镇、街道社会事务办和乡镇卫生院(含社区卫生服务中心)要建立联系制度,定期交换出生、死亡、孕期信息,宣传员要及时运转统计台账,确保卫生计生上报数据统一。

(九)千方百计控制违法多孩生育。昭阳区辖区内所有国家机关、企事业单位人员、城乡居民及纳入辖区管理的流动人员,必须按以下规定采取长效节育措施。一是对符合《云南省人口与计划生育条例》规定生育二孩及三孩的夫妇,生育六个月后可自愿选择采取长效节育措施且接受生殖健康管理服务,凭《生育服务证》报销生育保险,新条例之前生育二孩的夫妇也可自愿选择采取长效节育措施。二是违法多生育子女的夫妇,计生工作人员上门动员施行长效节育措施不得低于三次,若拒绝管理的,将公民违反计划生育政策情况纳入社会信用体系,建立不良信用记录,暂停办理相关手续,并严格按照《云南省社会抚养费征收管理规定》(云政发〔2002〕110号)和《昭通市社会抚养费征收使用管理实施办法》(昭政发〔2009〕35号)的规定征收社会抚养费。

(十)加强督促检查。区卫计部门要成立专项督查组,于每年的4月和8月开展对乡镇、街道目标责任制完成情况进行督促检查,对工作不力、任务完成较差、手术虚报、漏统漏报等严重问题,及时上报区委、区政府主要领导和相关部门,在全区范围内通报,并限期整改。

(十一)充分发挥计生协会的作用。切实加强区乡村三级计划生育协会建设,各乡镇、街道要明确一名计生协会专职干部,深入开展基层群众自治工作,积极探索建立以村(社区)为主的计划生育服务管理新机制,最终实现自我管理、自我服务、自我教育、自我监督。各级计生协会要通过项目运作、购买服务等方式,做好宣传教育、生殖健康咨询服务、优生优育指导、计划生育家庭帮扶、权益维护和流动人口服务管理工作。

(十二)广泛开展宣传和舆论引导。各级各部门要把思想和行动统一到中央、省委、市委、区委的决策部署上来,通过中心组学习,认真领会《意见》精神,增强抓好计划生育工作的责任心,提高计划生育工作水平。宣传部门要制定工作方案,充分发挥主流媒体和新媒体作用,加强人口基本国情和计划生育基本国策教育,不断增强全社会的国情和国策意识。要大力宣传计划生育取得的伟大成就,做好实施全面两孩政策的解读,正确引导社会舆论,营造支持政策落实和改革创新的良好氛围。要弘扬主旋律,传播正能量,总结推广各地推进计划生育服务管理改革的好经验、好做法,因地制宜地开展进村入户宣传,营造良好舆论氛围。要做好舆情跟踪监测,及时通过互联网、广播、电视、报刊等渠道,主动回应社会关切,防止虚假失实报道和恶意炒作。

三、组织领导

(一)切实加强领导。区委区政府每年至少召开1次全区计划生育工作会议,对当年工作进行总结,安排部署下年工作。区计划生育领导小组每年召开1次会议,分析、研究计划生育工作,帮助解决实际困难和问题。领导组成员单位要结合自身职能做好相关工作,重点解决好政策配套、公共服务保障、执法协调、信息互通等问题,做到上下联动,齐抓共管,保障良好执法环境,确保计划生育工作顺利有序开展。组织部门要会同人事、卫生计生等部门把计划生育工作纳入各级党政领导班子和领导干部经常性考核的重要内容,作为对干部评价政绩、提拔使用的重要依据。各乡镇、街道党委政府要定期专题研究计划生育工作,确保全面实施两孩政策后,计划生育工作健康有序开展。

(二)坚持目标责任制考核。坚持和完善计划生育目标管理责任制,将计划生育工作考核结果纳入区委区政府综合考核内容。坚持各级党政"一把手"亲自抓、负总责不动摇,严格兑现奖惩。对工作出现滑坡的乡镇、街道,约谈主要领导,并对相关责任人进行问责;对主要目标任务未完成、严重弄虚作假、违法行政造成恶劣影响的,实行"一票否决"。各级各部门在单位评先和干部职工报考聘用、选拔任用、推先评优、表扬等过程中,应征询当地卫生计生部门意见。各乡镇、街道每年9月30日前要向区委、区政府专题报告本乡镇、街道计划生育工作情况。

（三）稳定行政管理机构和队伍。计划生育工作的重心在基层,全面实施两孩政策后,计划生育服务管理面临一些新情况新问题,责任更重了,工作难度更大了,工作要求更高了。计划生育技术服务机构并入乡镇卫生院（社区卫生服务中心）后,各乡镇、街道要确保配有2名以上从事计划生育的工作人员。

（四）加强村级计划生育宣传员和社区流动人口计划生育服务管理员队伍建设。各乡镇、街道要有流动人口计划生育服务管理专职人员,各村（社区）配1名专职计生宣传员,各城市社区配1名流动人口计划生育服务管理专（兼）职人员,农村社区每增加3 000人增配1名专职计生宣传员。计生宣传员实行聘任制,工资报酬参照村委会副职的标准,并采取基础工资与绩效工资相结合的方式兑现,所需经费除省、市财政补助外,其余部分由区财政承担;社区流动人口计划生育服务管理员报酬不低于上年当地最低工资标准,由市、区财政各按50%的比例承担;村（社区）小组配1名计生服务员协助宣传员工作,其报酬参照村居民小组长补贴标准落实。计生宣传员和流动人口计划生育服务管理专（兼）职人员实行"乡聘乡管村用"。

事业单位每年招考工作人员时,要安排一定比例的岗位,主要面向连续3年考核为优秀的村（社区）计生宣传员和社区流动人口服务管理人员进行招考。

（五）加大计划生育投入保障力度。区财政要保证计划生育事业经费及时足额到位,确保法律法规规定的各项奖励优惠政策、计划生育免费基本技术服务经费落到实处。

本意见从发文之日执行,同时,《中共昭阳区委昭阳区人民政府关于进一步加强人口和计划生育工作的意见》（昭区发〔2009〕1号）终止执行。

中共昭阳区委
昭阳区人民政府
2018年8月27日

昭阳区人民政府关于印发昭阳区农村人居环境整治三年行动实施细则的通知

各乡(镇)人民政府,街道办事处,区直有关部门:

经区人民政府研究同意,现将昭阳区农村人居环境整治三年行动实施细则(2018~2020年)印发你们,请认真抓好落实。

昭阳区人民政府
2018年8月29日

昭阳区农村人居环境整治三年行动实施细则
(2018~2020年)

按照《中共中央办公厅、国务院办公厅关于印发〈农村人居环境整治三年行动方案〉的通知》(中办发〔2018〕5号)和《中共云南省委办公厅、云南省人民政府办公厅关于印发〈云南省农村人居环境整治三年行动实施方案(2018~2020年)〉的通知》(云办发〔2018〕15号)及《昭通市进一步提升城乡人居环境三年行动计划(2018~2020年)》精神,为加快推进我区农村人居环境整治,提升农村人居环境水平,制定本实施细则。

一、总体要求

(一)指导思想

以习近平新时代中国特色社会主义思想为指导,全面贯彻党的十九大精神和习近平总书记考察云南重要讲话精神,紧紧围绕统筹推进"五位一体"总体布局和协调推进"四个全面"战略布局,牢固树立和贯彻新发展理念,坚持绿水青山就是金山银山,顺应广大农民过上美好生活的期待,统筹城乡发展,统筹生产生活生态,以建设美丽宜居村庄为导向,以农村垃圾、污水治理和村容村貌提升为主攻方向,动员各方力量,整合各种资源,强化各项举措,加快补齐农村人居环境突出短板,为如期实现全面建成小康社会目标打下坚实基础。

(二)基本原则

——规划先行、统筹实施。按照城乡融合、多规合一的要求,健全乡村规划体系,科学编制村庄规划,严格规划管控,确保规划的适用性和权威性,做到无规划不建设、无许可不动工。统筹兼顾农村田园风貌保护和环境整治,强化地域文化、民族元素符号,保护乡情美景、留住乡愁记忆。

——问题导向、分类整治。针对规划缺失、建设无序,侵蚀农村生产生活生态空间;基础薄弱、配套不够,"一水两污"设施严重缺乏;特色缺失、千村一面,"有新房无新村";垃圾乱扔、粪污乱排、污水横流、水体黑臭、村庄脏乱差、重建轻管等问题对症下药,一村一策,因地制宜,禁止一哄而上和生搬硬套,杜绝形象工程、政绩工程。实施易地扶贫搬迁和生态扶贫搬迁的村庄等可不列入整治范围。

——因地制宜、示范先行。根据地理、民俗、经济水平和农民期盼，既尽力而为又量力而行，集中力量解决突出问题，做到干净整洁有序。坚持先易后难、先点后面，合理安排整治任务和建设时序。通过试点示范引领，总结出可复制、可推广的经验，点、线、面结合，带动整体提升。

——村民主体、建管并重。充分发挥村民主体作用，尊重村民意愿，根据村民合理需求确定整治时序和标准。建立政府、村集体、村民等各方共谋、共建、共治、共评、共享机制，坚持先建机制后建工程，动员村民投身美丽家园建设，保障村民决策权、参与权、监督权。发挥村规民约作用，强化村民环境卫生意识，激发内生动力。合理确定运行管护方式，推进建设管护机制创新，确保各类设施建成并长期稳定运行。

——落实责任、形成合力。强化各级党委、政府和村级组织的责任，切实加强统筹协调，加大各级财政投入力度，强化监督考核激励，建立上下联动、部门协作、高效有力的工作推进机制。

（三）行动目标

坚持目标导向，按照"旅游特色型、美丽宜居型、提升改善型、自然山水型、基本整洁型"5种类型村庄，实施规划引领，示范带动，分步实施，统筹推进。到2020年，分别建成旅游特色型13个以上、美丽宜居型7个以上、提升改善型53个以上、自然山水型3个以上、基本整洁型3个以上，基本解决村庄环境脏乱差等问题，实现"有新房有新村有新貌"，村庄环境基本干净整洁有序，村民环境卫生与健康意识普遍增强，人居环境明显改善，长效管护机制基本形成。

——旅游特色型。对旅游资源丰富、民族文化浓郁、田园风光秀美、通达条件良好的村庄，实现生活垃圾处置体系全覆盖，全面完成无害化卫生户厕改造，公厕布局合理、数量充足、干净卫生，生活污水得到全面治理，旅游功能齐备，旅游基础设施和公共服务设施配套完善，村容村貌特色鲜明，长效管护机制健全。具体目标为：2018年建成5个、2019年建成7个、2020年建成1个。

——美丽宜居型。对高等级公路、重要旅游公路、铁路以及重要通道沿线、城镇周边、交通便利、人口集中、发展条件较好的村庄，实现生活垃圾处置体系全覆盖，全面完成无害化卫生户厕改造，公厕布局合理、干净卫生，生活污水得到全面治理，村容村貌特色明显，长效管护机制健全。到2020年，建成7个以上"美丽宜居型"村庄，其中2018年建成2个、2019年建成4个、2020年建成1个。

——提升改善型。对有一定基础，且交通较为便利、人口相对集中、具备一定发展潜力的村庄，生活垃圾基本得到处置，85%以上的农户完成无害化卫生户厕改造，公厕干净卫生，生活污水乱排乱放得到管控，村容村貌明显改善。到2020年，建成53个以上"提升改善型"村庄，其中2018年建成11个、2019年建成27个、2020年建成15个。

——自然山水型。对依山傍水、自然风光秀丽、生态良好、环境优美的村庄，生活垃圾基本得到处置，50%以上的农户完成无害化卫生户厕改造。到2020年，共建成3个以上"自然山水型"村庄，其中2018年建成1个、2019年建成1个、2020年建成1个。

——基本整洁型。对规模小、较分散、经济欠发达的村庄，在优先保障农民基本生产生活条件的基础上，生活垃圾基本得到处置，30%以上的农户完成无害化卫生户厕改造，村容村貌干净整洁。到2020年，共建成3个以上"基本整洁型"村庄，其中2018年建成1个、2019年建成1个、2020年建成1个。

二、重点任务

在继续深入推进城乡"四治三改一拆两增""七改三清"行动的基础上，结合实际，突出问题导向，全面完成以下重点任务。

（一）加强村庄规划编制与实施管理。采用"多规合一"的编制方法，统筹农村生产、生活、生态空间，严格保护坝区空间生态环境，加大力度推进实用性村庄规划编制，配套完善乡村公厕、"一水两污"、集贸市场等公共服务设施，建立党委政府组织领导、村级组织及村民发挥主体作用、技术单位指导的村庄规划编制和实施管理机制。加强乡（镇）、村庄规划法制化建设，全面实施村庄规划监管，强化乡村建设规划许可，深入推行村庄土地规划建设专管员网格化管理制度。凡新建农房都必须经过审批。建立健全违法用地和建筑查处机制，坚决依法依规查处及拆除违法违规违章建筑。到2019年7月底前,基本建立以区域乡村建设规划为依据和指导的村镇规划编制体系,编制完成达到修建性详细规划深度的城镇周边、行政村村委会所在地、主要交通干线沿线和沿边地区重要村庄实用性建设规划。到2020年年底前,实现乡(镇)村庄规划管控基本覆盖。

(二)全面推进农村生活垃圾治理。采取"村收集、镇转运、区处理""组收集、村(镇)转运、镇(片区)处理""源头减量、就近就地处理"等多种模式,加大农村生活垃圾治理力度。原则上至少3至5户农户要有1个以上垃圾桶,每个组至少有1个以上垃圾收储设施,每个行政村有1辆普通垃圾转运车,每个乡(镇)至少有3辆以上的封闭式垃圾转运车和1辆以上钩臂车、3个以上钩臂箱;根据运距等情况至少规划建设3个以上垃圾处理厂(场);边远村庄和不具备外运条件的农村生活垃圾,可结合实际制定垃圾分类办法,进行源头分类减量,通过卫生填埋、堆肥或建设符合环保要求的小型垃圾焚烧设施等就近还田或就地处理。乡村集贸市场和学校等公共场所产生的垃圾,要同时进行处理。在建立村庄保洁和垃圾清运收费制度的基础上,设立村庄保洁公益岗位,稳定保洁队伍,并优先安排建档立卡等贫困对象担任村庄保洁员。开展非正规垃圾堆放点排查整治。到2018年,乡(镇)镇区生活垃圾实现全覆盖收集处理;到2020年,村庄生活垃圾基本实现全收集全处理。

(三)深入推进农村生活污水治理。根据不同区位条件、村庄人口聚集程度、污水产生规模,因地制宜采用污染治理与资源利用相结合、工程措施与生态措施相结合、集中与分散相结合的建设模式和处理工艺。推动城镇污水管网向周边村庄延伸覆盖。积极推广低成本、低能耗、易维护、高效率的污水处理技术,鼓励采用生态处理工艺。加强生活污水源头减量和尾水回收利用。以房前屋后河塘沟渠为重点实施清淤疏浚,采取综合措施恢复水生态,逐步消除农村黑臭水体。将农村水环境治理纳入河长制管理,加大污水处理设施建设力度。到2020年,乡(镇)镇区生活污水处理设施基本实现全覆盖,"旅游特色型""美丽宜居型"村庄及饮用水水源地周边的村庄生活污水处理设施基本实现全覆盖。

(四)大力推进农村厕所革命。在乡(镇)镇区和行政村村委会所在地公厕建设全覆盖的基础上,逐步消除旱厕,改造建设水冲式厕所。积极推进旅游村寨等公厕改造建设。加快推进农村无害化卫生户厕改造建设,推广水冲式卫生厕所改造模式,同步实施厕所粪污治理,原则上以"水冲厕+装配式三格化粪池+资源化利用"方式为主,推进厕所革命。拆除重建的农村危房、易地扶贫搬迁新建住房以及农户新建住房,按照"人畜分离、厨卫入户"的要求,配套建设无害化卫生户厕。鼓励结合实际,根据目前划定的禁限养殖区要求单独建立猪、牛、羊等大型牲畜集中养殖区,集中建圈,科学养殖,推进畜禽粪污资源化利用。制定农村厕所革命三年行动计划,建立完善厕所建设运营管理机制。到2020年,改造建设64 660座以上无害化卫生户厕,实现农村卫生户厕覆盖率达50%以上。

(五)着力提升村容村貌。按照国家和省委、省政府的安排部署,建好、管好、护好、运营好"四好农村路",推广建设"两站两员"机制,加强农村道路交通安全管理,加大农村公路两侧绿化、美化和垃圾治理力度,加快推进深度贫困地区通村(组)道路建设,加快推进入户道路建设,努力实现"畅安舒美"的通行环境。实施农村饮水安全巩固提升工程;加快推进农村电网改造升级,完善村庄公共照明设施;加大农村地区通信设施建设;整治村庄公共空间、庭院环境和各类架空管线,消除私搭乱建、乱堆乱放。加大传统村落民居和历史文化名镇名村保护力度,加强历史建(构)筑物及古树名木保护并进行挂牌管理。弘扬传统农耕文化,提升田园风光品质。根据规划风貌管控要求,重点对村庄原有房屋屋顶、外立面等整体外观和门、窗、梁柱外部节点等进行风貌整治;新建农房要严格管控宅基地面积、高度和外观风貌。推进村庄绿化,充分利用闲置土地组织开展植树造林,因地制宜利用村内闲置空地、房前屋后建设"小果园、小菜园、小花园",积极创建园林乡镇和绿色村庄。加强自然生态环境修复,保护森林,加强乡村湿地保护与恢复。在有条件的乡村和社区,积极推进乡村湿地建设。推动卫生村庄创建工作。

(六)建立完善长效管护机制。各级党委政府、各有关部门和运维单位要制定明确的管护制度和措施,建立区、乡(镇)、村有制度、有标准、有队伍、有经费、有督察的村庄人居环境长效管护机制。鼓励专业化、市场化建设和运行管护。在农村厕所改造建设、生活垃圾污水治理和村庄风貌提升中,推行"统一规划、统一建设、统一运行、统一管理"。建立并实施环境治理依效付费制度,健全服务绩效评价考核机制。鼓励有条件的乡(镇)探索建立污水处理农户付费制度,完善财政补贴和农户付费合理分担机制。支持村级组织和农村"工匠"带头人等,承接村内环境整治、村内道路建设管护等小型涉农工程项目。简化农村人居环境整治建设项目审批和招投标程序,降低建设成本。乡(镇)要建立健全工程质量安全责任制,确保工程建设质量。

三、发挥村民主体作用

(一)发挥基层组织作用。充分发挥好基层党组织核心作用,强化党员意识、标杆意识,带领农民群众推进移风易俗、改进生活方式、提高生活质量。健全村民自治机制,充分运用"一事一议"民主决策机制,建立健全农村人居环境整治项目公示制度,保障村民权益。鼓励农村集体经济组织通过依法盘活集体经营性建设用地、空闲农房及宅基地等途径,多渠道筹措资金用于农村人居环境整治,营造清洁有序、健康宜居的生产生活环境。

(二)开展文明创建活动。结合实施乡村振兴战略,突出提升文明素质、培育乡风民风、改善人居环境、丰富文化活动,推动脱贫攻坚,深入开展农村精神文明创建活动,增强群众的幸福感与获得感。要采取张贴美丽乡村宣传画,致群众公开信等形式,着力提高群众卫生意识。要积极发挥工会、共青团、妇联、志愿者等群团组织作用,以办夜校培训班等多各有效形式,从洗脸、洗衣、刷牙等生活习惯开始,以家庭主妇为重点,教会群众养成良好的卫生习惯。要广泛开展"自强·诚信·感恩"主题实践活动,广泛开展"移风易俗·弘扬时代新风"行动。深化"文明家庭""最美家庭""十星级文明户"及"好邻居""好婆婆""好媳妇"等文明创建活动,提升农村文明素质和文明程度。要加强村规民约建设,切实形成长效机制。党员干部要带头,示范带动形成人人都是管理员、人人都是保洁员的良好氛围。

(三)制定完善村规民约。将村庄规划管控、环境卫生、村容村貌、古树名木保护、公共设施管护、推动移风易俗等要求纳入村规民约,提倡运用村规家训、牌匾楹联、俗语格言等乡风教化资源,潜移默化地影响农民群众的价值取向和道德观。在农村建立健全村民议事会、道德评议会等乡风评议组织,引导农民自我管理、自我教育、自我提高,促进农民群众养成共管共享的良好习惯。明确村民维护公共环境责任,庭院内部、房前屋后环境整治由农户自己负责;村内公共空间整治以村民自治组织或村集体经济组织为主,主要由村民投工投劳解决,鼓励村民和村集体经济组织全程参与农村环境整治规划、建设、运营、管理。

四、强化政策支持

(一)加大政府投入。在积极争取中央、省级、市级补助资金的同时,加大区级资金投入。区级通过以奖代补、先建后补等方式支持各乡(镇)开展农村人居环境整治。各乡(镇)政府要统筹整合使用好相关涉农资金,加大投入力度,保障村庄规划编制、人居环境基础设施建设和运行等经费投入。依法依规用好政府债券资金。城乡建设用地增减挂钩所获土地增值收益,按相关规定用于支持农业农村发展和改善农民生活条件。村庄整治增加耕地获得的占补平衡指标收益,通过支出预算统筹安排支持当地农村人居环境整治。

(二)明确补助标准。积极争取落实省级补助政策,对达到验收标准的无害化卫生户厕改造建设,按平均400元/座标准配套给予补助,对建档立卡贫困户、低保户、农村分散供养特困人员、贫困残疾人家庭等4类重点对象,适当提高补助标准。对列入旅游特色型、美丽宜居型和提升改善型村庄村容村貌整治的,区级财政对经验收达到创建标准的实施以奖代补奖励。

按照"村收集、镇转运、区处理"的原则,全面实施收费制度,区级财政通过以奖代补方式每年给予乡镇、办事处(农村型社区)一定补助资金。

积极通过购买服务、自建等模式,加快"一水两污"设施建设,根据运距分片区、分单元建设垃圾焚烧项目、污水处理厂和集镇供水项目。

"一水两污"设施建设补助标准由区财政局根据项目规划设计及建设模式确定。

（三）加大金融支持力度。各乡（镇）、办事处要不断建立完善提升人居环境类重点项目库，做深做实做细重点项目前期工作；要建立政银企沟通协调机制，主动研究金融机构信贷政策，定期向金融机构精准推介提升人居环境类重点项目，争取信贷支持；要加强与政策性银行的对接，充分运用政策性银行的贷款优势，努力争取中长期、低成本资金支持；要建立完善担保体系、贷款风险补偿金等机制，引导各驻昭金融机构扩大信贷投放，支持农村人居环境整治；要深化国有企业改革，鼓励资金实力强大的央企、民企等带资金进入，做大平台公司规模，提升投融资能力；支持效益好、实行市场化运作的农村基础设施重点项目开展股权和债权融资。财政部门要主动对接，了解掌握国内外政府贷款和国际金融组织贷款的规模、投向、要求等，根据条件要求提前申报我区重点项目，争取贷款支持。

（四）调动社会力量积极参与。鼓励各类企业积极参与农村人居环境整治项目。规范推广政府和社会资本合作（PPP）模式，通过特许经营等方式吸引社会资本参与农村人居环境整治项目。引导有条件的地区，将农村环境基础设施建设与特色产业、休闲农业、乡村旅游等有机结合，实现农村产业融合发展与人居环境改善互促互进。引导相关部门、国企民企、社会组织、个人通过捐资捐物、结对帮扶等形式，支持农村人居环境设施建设和运行管护。倡导新乡贤文化，以乡情乡愁为纽带吸引和凝聚各方人士支持农村人居环境整治。

五、强化保障措施

（一）加强组织领导。成立由昭阳区农村人居环境整治三年行动领导小组，负责统筹推进农村人居环境整治三年行动工作；区领导小组办公室做好指导、督促、考核、培训、考核验收标准和办法等工作。区级牵头部门负责牵头督促指导，收集工作开展情况，积极争取资金、政策、项目；区级配合部门主动履职，积极配合好牵头部门开展工作。乡（镇）党委政府担当主体责任，抓好相关工作落实，明确工作目标要求，层层传导压力，做好项目落地、资金使用、推进实施等工作，对资金绩效负责。各乡镇在推进易地扶贫搬迁、生态扶贫搬迁等相关项目时，要将农村人居环境整治统筹考虑、同步推进。

（二）建立督查考核验收工作机制。区人居办要牵头健全完善督查考核、部门联动、宣传培训等工作机制，把农村人居环境整治各项重点工作纳入政府目标责任考核范围，每年一考核，三年总考核，考核结果作为乡（镇）干部政绩考核的重要内容。要逐级签订责任状。区领导小组办公室根据省级制定的考核验收标准和办法积极配合做好重点对"旅游特色型""美丽宜居型"村庄建设的考核验收和对"提升改善型""自然山水型""基本整洁型"村庄建设进行抽查；配合市级重点对"提升改善型"村庄建设的考核验收和对"自然山水型""基本整洁型"村庄建设进行抽查。区级在抓好"旅游特色型""美丽宜居型""提升改善型"村庄建设工作的同时，重点对"自然山水型""基本整洁型"村庄建设组织考核验收。

（三）建立健全工作机制。一是完善督查督办机制。由区委督查室、区政府督查室牵头，相关部门配合，建立督查督办机制。区领导小组办公室或牵头单位组织相关部门适时开展专项检查。二是完善工作报送机制。每月由牵头单位收集部门工作开展情况、工作安排、存在问题、建议及时上报区农村人居环境整治领导小组办公室。三是完善会议机制。原则上领导小组会议半年召开一次，工作推进会每季度召开一次，联席会议每月召开一次。

（四）建立完善长效管护机制。一是建立"五有"长效机制。开展文明创建活动，基本建立有制度、有标准、有队伍、有经费、有督查的村庄人居环境长效管护机制区。二是建立"四个统一"的模式。基本建立城乡垃圾污水"统一规划、统一建设、统一运行、统一管理"的模式。三是环境治理依效付费制度。区级价格主管部门依据《定价目录》确定的管理权限，按照"污染者付费"和"补偿成本、合理盈亏"原则，建立污水处理等收费制度，合理制定收费标准。四是农村垃圾污水处理农户付费制度。按照农村污水处理设施和污水管网建设进程，在有条件的地区通过"一事一议、村规民约"等方式建立农村生活垃圾处理付费制度，探索建立用户付费、村集体补贴、财政补贴相结合的机制，引导村民和村集体出资出力承担一定的生活垃圾日常保洁义务,鼓励社会帮扶、捐资捐赠治理农村垃圾。五是由区发改局牵头简化整治项目审批和招投标程序。进一步缩减农村人居环境整治所涉及投资项目报建审批事项,不断简化、优化投资项目审批流程,提高招投标效率,加快推进项目实施。

（五）大力营造浓厚氛围。由区委宣传部牵头,组织开展农村美丽庭院评选、环境卫生光荣榜等活动,增强村民保护人居环境的荣誉感。通过广播、电视、报刊、网络等载体,制作刊播富有乡土气息、符合农民审美情趣的优秀公益广告,多形式、全方位宣传推广各地好经验好做法,宣传先进典型,激发农村基层干部和广大村民群众的积极性、主动性和创造性,努力营造全社会关心支持农村人居环境的良好氛围。

六、相关工作要求

各乡镇要按照本实施细则制定各地具体的实施细则,明确分年度实施计划、责任人、资金筹措、村民参与机制等内容,于2018年9月底前将实施细则报区领导小组办公室备核。区级有关部门要加强指导,并将实施方案中的工作目标、建设任务、体制机制创新等作为督导评估和安排各级资金的重要依据。

中共昭阳区委办公室 昭阳区人民政府办公室关于印发昭阳区提升城乡人居环境行动示范村庄改造实施方案的通知

各乡镇、办事处党委、政府(行政),区委各部委办局室,区级国家机关各委办局,区直各人民团体和企事业单位,中央、省、市驻昭阳区单位:

经区委、区政府同意,现将《昭阳区提升城乡人居环境行动示范村庄改造实施方案》印发你们,请认真贯彻执行。

中共昭阳区委办公室
昭阳区人民政府办公室
2018年10月9日

昭阳区提升城乡人居环境行动示范村庄改造实施方案

为认真贯彻落实乡村振兴战略,按照市委、市政府提出的"一城三区、若干小镇,产城融合、城乡一体"的城乡发展总体布局,突出示范引领作用,着力改善提升城乡人居环境,加快城乡一体化进程,结合实际,特制定本方案。

一、适用范围

本方案仅适用于拟规划实施的45个示范村庄提升改造工作。

二、指导思想

以党的十九大精神为指引,全面贯彻落实乡村振兴战略,以改善村容村貌、提升人居环境为目标,按照规划引领、示范带动,整体规划、逐步实施的要求,结合山水脉络、自然环境、人文风俗,大力实施"环境整治、民居改造、配套基础设施建设、公共服务提升和生态环境建设"五大工程,着力打造"环境秀美、设施配套、服务便捷、宜居宜业"的美丽村庄。

三、基本原则

(一)规划先行、统筹实施。按照城乡融合、多规合一的要求,健全乡村规划体系,科学编制达到修建性详细规划深度的实用性村庄规划,严格规划管控,确保规划的适用性和权威性,做到无规划不建设、无许可不动工。

(二)因地制宜、示范先行。根据地理、民俗、经济水平和农民期盼,既尽力而为又量力而行,集中力量解决突出问题,做到干净整洁有序。坚持先易后难、先点后面,合理安排整治任务和建设时序。通过试点示范引领,总结出可复制可推广的经验,点面结合带动整体提升。

(三)村民主体、建管并重。尊重村民意愿,根据村民需求合理确定整治时序和标准。建立政府、村集体、村民等各方共谋、共建、共管、共评、共享机制,坚持先建机制后建工程,动员村民投身美丽家园建设,保障村民决策权、参与权、监督权。发挥村规民约作用,强化村民环境卫生意识,激发内生动力。合理确定投融资模式和运行管护方式,推进投融资体制机制和建设管护机制创新,确保各类设施建成并长期稳定运行。

（四）区级统筹，乡镇主体。区级领导组进行统一领导、统一指挥、统一规划，落实乡（镇）、办事处和村级组织的主体责任，强化监督考核激励，建立上下联动、部门协作、高效有力的工作推进机制。

（五）依法依规，公开公平。严格依法依规、严格审批程序，切实做到政策公开、补助标准公开、审批程序和审批结果公开，充分发挥好群众的监督权、知情权，切实获得群众的支持、配合、参与和认可。

四、目标任务

围绕城市周边G85高速、G356高速、GZ40线及永丰荷花稻田田园综合体、永丰海升苹果基地田园综合体、黄竹林蔬菜基地田园综合体、凤凰山反背葡萄田园综合体、龙泉北闸苹果产业特色小镇田园综合体周边等重点区域，开展提升城乡人居环境行动示范村庄改造工作，分三年时间完成45个村庄提升改造，每年完成15个。

五、组织领导

成立昭阳区提升城乡人居环境行动示范村庄改造领导组，负责示范村庄提升改造建设工作的统一领导、统一指挥。

组　长：江先奎　市委常委、区委书记
　　　　陶　毅　区委副书记、区长
副组长：周　祥　区委副书记、区委组织部部长
　　　　刘兴发　区委常委、区城管委主任
　　　　何　枢　区委常委、常务副区长
　　　　王文生　副区长、区公安分局局长
　　　　叶建平　副区长、昭阳工业园区管委会主任
　　　　陈　瑾　区委常委、纪委书记、监察委主任
　　　　陶思茂　区委常委、副区长
　　　　费忠平　区委常委、区委办主任
　　　　李大捷　区委常委、副区长、驻村扶贫工作队副总队长
　　　　万玉炎　区委常委、副区长、驻村扶贫工作队副总队长
　　　　赵玮辛　区委常委、副区长
　　　　刘凤慧　副区长
　　　　柯大林　副区长
　　　　马贤武　区委统战部部长、副区长
　　　　张　兴　副区长
　　　　龚　黎　副区长
　　　　孙成国　副区长
　　　　吴　昆　副区长
　　　　郭映辉　区政府副处级领导
成　员：和　葵　区城管委纪委书记、区交运局局长
　　　　高　云　区城管委副主任、凤凰办事处党委书记
　　　　黄延安　区城管委副主任、区住建局局长
　　　　刘　江　区城管委副主任、区综合执法局局长
　　　　邓光涛　区发改局局长
　　　　杨　斌　区财政局局长
　　　　刘明波　区规划分局局长
　　　　赵泽卿　区国土分局局长
　　　　马玉平　区农业局局长

吕大勇　区林业局局长
　　孟世胜　区环保局局长
　　刘　刚　区水务局局长
　　曹先平　区供电分局局长
　　及项目涉及乡(镇)、办事处党委书记、乡(镇)长、行政主任

　　领导组下设办公室在区城管委,办公室主任由刘兴发同志兼任,办公室副主任由陶思茂、黄延安同志兼任。负责村庄改造相关工作的统筹协调,规划设计方案、村庄改造点的审查、审批以及项目建设的指导、监管、督查、考核、验收等工作。

六、改造内容

　　按照提升城乡人居环境行动"七改三清"的要求,重点对改造村庄范围内的基础设施、房屋风貌等进行改造。房屋改造建设必须符合"一户一宅"的规定,符合建新拆旧原则,符合昭阳区现行宅基地面积标准,优先利用原有宅基地、村内空闲地,原则上不允许扩大村庄改造区建设规模,严格控制占用耕地,禁止占用基本农田。房屋风貌改造和拆除重建均由乡(镇)、办事处实施"三调"并在本村(社区)、小组公示后,按照"一点一方案、一点一审批"原则,统一报区领导组办公室审批,并实施挂牌改造。

　　(一)基础设施。村庄改造范围内供排水、道路、电网、绿化、广场、公厕、垃圾处理等基础设施,由政府统一规划、统一出资,统一建设。

　　(二)房屋风貌改造。村庄改造范围内符合规划、质量合格的房屋,按程序申报批准后,按照政府补助、群众自筹、统一风貌、统一改造的原则,由乡(镇)、办事处负责组织专业施工队伍,统一进行房屋风貌改造。申请房屋风貌改造旧房未拆除的必须拆除旧房后予以批准。

　　(三)拆除重建。示范村庄建设原则上不予批准新建房屋,对原有危房和不符合规划要求的房屋可实施拆除重建,拆除重建对象必须是原住户,已修建房屋旧房未拆除的一律不允许再拆旧房重建,旧房必须拆除。房屋主体工程按照政府统一规划、统一设计、群众自建原则,由群众按照规划设计自行建设;房屋外观风貌由乡(镇)、办事处负责组织专业施工队伍,统一改造。

　　1. 危房拆除重建。村庄改造范围内土坯房、简易房、无圈梁抗震柱等不符合抗震要求的房屋,按程序申报批准后,进行拆除重建(在村庄内部,符合规划布局的危房,原则上实行原址重建)。

　　2. 不符合规划的房屋拆除重建。对不符合规划布局的所有房屋,按程序申报批准后,由群众自行拆除原房屋并复耕,同时可在村庄内部自行调剂宅基地,按规划要求修建房屋。

　　(四)违章建筑。由乡(镇)、办事处负责依法拆除。

七、房屋改造建设标准

　　房屋风貌改造和拆除重建必须严格控制面积、楼层等,严禁超标准建设。

　　(一)房屋风貌改造。原则上四层以上房屋须拆减至四层后,按规划设计要求进行风貌改造。

　　(二)房屋拆除重建。拆除重建的房屋,占地面积不得超过80m^2,楼层不得超过三层半,建筑面积不得超过280m^2。根据家庭人口数,5人及5人以下的不得超过二层半,5人以上的不得超过三层半。

八、补助标准

　　(一)基础设施。按照规划设计投资建设,资金由区人民政府据实拨付。

　　(二)房屋风貌改造。对村庄改造范围内符合风貌改造的房屋,按照政府补助、群众自筹原则,每户补助2万元,不足部分由群众自筹。

　　(三)拆除重建。

　　1. 危房拆除重建补助标准。对村庄规划范围内符合拆除重建要求的危房,按照政府补助、群众自筹原则,每户补助4万元(其中主体工程建设2万元,外观风貌改造2万元)。不足部分由群众自筹。

　　2. 不符合规划的房屋拆除重建补助标准。对不符合村庄规划布局,且经鉴定不属危房的房屋,由群众自行拆除后,参照《昭阳区人民政府关于印发城市规划区违法用地和违法建筑综合整治办法(暂

行)的通知》(昭区政通〔2014〕3号)规定标准给予一定奖励,再按照政府补助、群众自筹原则,每户补助4万元(其中主体工程建设2万元,外观风貌改造2万元)。不足部分由群众自筹。

房屋风貌改造和拆除重建补助资金按3、5、2比例拨付(即:工程启动后拨付30%,建设完工后拨付50%,验收合格后拨付20%)到乡(镇)办事处后,由乡(镇)办事处组织拨付。

九、实施步骤

城乡统筹示范村庄提升改造工作分三期实施。

(一)2018年9月1日前,由涉及乡(镇)、办事处负责完成改造村庄"三调"工作;由区规划分局完成1个示范点改造设计规划编制工作,2018年9月15日前,完成当年启动的剩余14个村庄改造编制工作;启动1个示范点改造工作,2018年9月15日前,全面启动剩余14个点的村庄改造工作。

(二)2019年9月1日前,完成一期启动的15个点改造工作。

(三)2020年9月1日前,完成二期启动的15个点改造工作。

(四)2021年9月1日前,完成三期启动的15个点改造工作。

十、相关要求

(一)统一思想,提高认识。全区各级各有关部门要以市委市政府"一城三区、若干小镇、产城融合、城乡一体"为引领,进一步提高认识,下定决心、率先一步、真抓实干,坚持规划先行,严禁违章建筑,严控建设成本,及时启动、强势推进村庄提升改造工作,确保城市周边形象得到彻底改变。

(二)加强领导,精心组织。领导组负责村庄改造工作的统一领导、统一指挥。各乡镇、办事处作为实施主体,要成立相应组织领导机构,加强领导,精心组织专班、组织专业施工队伍,快速推进各项目点改造建设,确保按时、按质、按量全面完成改造建设工作。

(三)严肃工作纪律,强化督查考核。各级各有关部门要高度重视改造工作的重要性,全力支持配合,共同推进改造工作顺利实施,要严肃财经纪律,严防贪污腐败,对履职不到位、推诿扯皮、以权谋私的单位和个人严肃追责问责;各乡(镇)、办事处,要严格控制违章建筑,凡是违章建筑管控不力、不按标准进行改造的,一律严肃问责;领导组办公室要强化督查考核,严格按照时间节点、工作计划督促推进改造工作,确保各项工作顺利完成。

中共昭阳区委 昭阳区人民政府关于印发昭阳区教育振兴三年行动计划（2018~2020年）的通知

各乡镇、街道党（工）委、政府（行政），区委各部委办局室，区级国家机关各委办局，区直各人民团体和企事业单位，中央、省、市驻昭阳区单位：

经区委、区政府同意，现将《昭阳区教育振兴三年行动计划（2018~2020年）》印发你们，请认真组织实施。

中共昭阳区委昭阳区人民政府
2018年11月30日

昭阳区教育振兴三年行动计划（2018~2020年）

为全面落实《国家中长期教育改革和发展规划纲要（2010~2020年）》《中共中央国务院关于全面深化新时代教师队伍建设改革的意见》《中共云南省委云南省人民政府关于深化新时代中小学教师队伍建设改革的实施意见》要求及全国教育大会精神，统筹城乡教育资源均衡配置，促进基本公共教育服务均等化，尽快实现教育优质均衡发展，结合我区实际，制定本行动计划。

一、指导思想

以习近平新时代中国特色社会主义思想为指导，全面贯彻落实党的十九大精神及党的教育方针、路线、政策，坚持以人民为中心的发展思想，按照全市"教育兴昭"战略部署，解决教育发展不平衡不充分问题，促进教育公平，提高教育质量，以此不断满足人民群众对优质教育的需求。

二、基本原则

（一）政府主导，统筹推进。

（二）科学规划，精准发力。

（三）因地制宜，分类指导。

（四）创新机制，注重实效。

三、总体目标

坚持发展更加公平更高质量的教育，三年内在中心城市新建扩建20余所中小学，着力打造区一中、区二中、凤凰中学、实验小学、区五小、区四小、区三小、区一小等一批品牌学校，优质教育资源进一步扩大，教育内涵发展水平显著提高，教育治理能力不断提升，各级各类学校协调发展，教育服务经济社会发展能力明显增强，教育发展成果更好地满足人民日益增长的美好生活需要。到2020年，学前教育三年毛入园率达85%、普惠性幼儿园入园率达80%，义务教育巩固率达98.5%，高中阶段教育毛入学率达90%，着力培养造就一支党和人民满意的师德高尚、业务精湛、结构合理、充满活力的教师队伍，真正把昭阳区打造成优质教育资源集聚地，实现"学在昭阳"的目标。

四、教育发展条件和机遇

近年来,随着综合实力的不断提升,城市环境的不断改善,群众收入的不断提高,以及资金流、人才流、信息流的加速聚集,全区经济社会发展成效显著。2017年,全区生产总值达255.9亿元,财政收入达11.38亿元,城镇常住居民人均可支配收入达2.94万元,农村常住居民人均可支配收入达9608元,城市建成区面积达46.05平方千米,城镇人口达51.6万人,这为我们实施教育振兴三年行动计划创造了物质条件。

区委区政府历来高度重视教育工作,始终保持教育投入"三个增长",全区教育事业健康发展。教育体系日益完善。学前教育资源持续扩大,义务教育均衡发展稳步推进,普通高中特色化、多样化发展成效明显,职业教育、民族教育、民办教育、特殊教育、高等教育、终身教育蓬勃发展。教育公平有效推进。外来务工人员随迁子女入学稳妥推进,农转城居民子女入学全面落实,残疾少年儿童受教育权利得到保障,学龄儿童少年"有学上"的问题全面解决,学生营养改善计划全面实施,贫困学生资助体系不断健全,确保不让一名学生因家庭贫困而辍学。教育改革全面深化。教育领域综合改革深入推进,办学模式更加多样,发展活力不断增强。人民群众更加满意。"上学难、上学贵"问题得到有效缓解,普通家庭特别是贫困家庭的教育负担逐步减轻,人民群众对校风教风学风建设、学习生活条件、学生管理服务、教师教学水平和教学质量等方面的满意度不断提升。教育振兴的基础是坚实的。

党的十九大作出了中国特色社会主义进入新时代的重大判断,对教育工作作了全面安排部署,开启了加快教育现代化、建设教育强国的新征程。习近平总书记、李克强总理在全国教育工作大会上作了重要讲话,对教育事业发展前所未有的重视,国家对西部地区、贫困地区、边远地区的教育投入还将加大。市委市政府实施"教育兴昭"战略,加大对教育的投入,特别是加大对中心城市教育发展的重视和倾斜。区委区政府也把教育摆在更加突出的位置,举全区之力优先发展教育事业。随着城市综合实力的迅速提升、人居环境的大幅改善,昭阳已成商家投资热土,到我区发展民办教育的人士逐年增多,我区面临教育振兴的良好机遇。

五、重点措施

(一)实施校点布局调整行动

根据学龄人口变化趋势、城市化进程需要,进一步优化教育资源配置。

2018年,启动实验小学老校区、区四小李家花园校区(原区一小老校区)、区四小北校区(省耕公园)、区五小温泉校区、区五小北校区(云南工投)、区五小乌蒙水乡校区、东城小学、太平桃源小学、区二小东校区(24号安置点)、区一中分校10所中小学建设。以上学校项目,总投资7.76亿元,2019年9月建成投入使用,项目建成后能新增学位12 900个。

2019年,启动实验小学分校(太平示范小学扩建)、龙泉白坡小学、凤凰示范小学(凤凰山公园)、区二中、区三中、永丰镇示范小学(易地搬迁点)、永丰镇中学(易地搬迁点)、北闸镇红路示范小学(易地搬迁点)、北闸镇中学(易地搬迁点)、太平中心幼儿园、龙泉中心幼儿园11所中小学、幼儿园建设。以上项目,总投资7.93亿元,项目建成后能新增学位6 300个。

2020年,新建区四中,规模60个班,学位3 000个,总投资2.2亿;在凤凰山小镇新建一所凤凰中学分校,规模48个班,学位2 400个,总投资1.6亿元;启动昭阳区职中改扩建,总投资2.2亿元。

同时,在《昭阳区教育振兴三年行动计划》中,还将新建农村寄宿制学校30所,提升改造农村学校160所,新建学生宿舍3.1万平方米,进一步完善农村中小学校运动场、绿化、校园文化、信息化等基础设施建设。

教育振兴三年行动计划完成后,将新增中小学学位34 500个(小学21 000个,初中9 000个,高中4 500个),全区办学条件将得到极大改善,大班额将完全消除,城区入学难、择校热等问题将得到有效缓解,优质均衡发展将更加充分。

(二)实施校长培优行动

加强对校长的培养培训。三年拟培养60至80名中小学、幼儿校(园)长。促进校长专业化,提高校长管理水平,每年有计划地组织校长参加国家校长培训、参加云南省万名优秀校长培训,组织校长到大学研修培训,请名校长到我区为校长上课、到学校实地指导,组织校长论坛、研讨会、观摩活动,展示教育思想、管理经验和办学成果。

完善校长奖惩机制。制定校长任职资格标准,推行校长竞聘上岗制度,加强校长履职考核,推行校长任期目标制,将校长考核结果与评优、晋职、晋级、奖励挂钩;建立校长履职绩效考核奖励及问责制度,校长每月500元绩效考核奖励纳入财政预算,每年评选10名校长,每人奖励3万元,对完不成年度任期目标的校长,严格追责问责。

支持校长依法治校。督促校长建立学校办校章程,全面依法治校。创造有利条件,营造良好的教育发展环境,鼓励校长在实践中大胆探索,创新教育思想、教育模式和教育方法,形成教学特色和办学风格,打造一批教育家,倡导教育家办学。同时,实施校长轮岗交流制度,充分利用校长轮岗,扶持薄弱学校发展。

(三)实施教师队伍优化激励行动

补充教师队伍。按照"控制总量、盘活存量、优化结构、有减有增"的原则,盘活现有编制存量,建立健全中小学教师编制动态管理机制,通过特岗、补员、选调等方式,每年新增教师300名以上,三年增加教师1 000名以上。对区外工作原户籍在昭阳区,年龄45岁以下可申请调入我区山区学校工作;昭阳区干部职工夫妻两地分居的,一方在昭阳区工作,另一方在区外任教且年龄45岁以下的,可申请调入昭阳区山区工作;获市级党委、政府或教育部门以上表彰的优秀教师、骨干教师、名师,可申请调入昭阳区城区工作;区外30岁以下,本科以上文凭、专业对口的教师可申请调入昭阳区工作。充分发挥特岗计划主渠道作用,从2019年起,扩大特岗教师招聘占比。特岗教师3年服务期内,与当地在编在岗教师同等享受政策性增资、乡镇岗位补贴、乡村教师差别化生活补助等待遇,参加养老保险、医疗保险、工伤保险、生育保险、失业保险、住房公积金等社会保障,依法缴费并享受权益。特岗教师3年服务期计入工龄和教龄。

激励教师队伍。加大教师表彰力度,大力宣传教师中的"时代楷模"和"最美教师"。开展名师、名班主任、教学能手、教学新秀、学科带头人等评选表彰奖励,重点奖励贡献突出的教学一线教师。做好特级教师评选,发挥引领作用。做好乡村学校从教30年教师荣誉证书颁发工作,做好农村从教20年以上教师省级表彰奖励的评选推荐。因地制宜开展多种形式的教师表彰奖励活动,并落实相关优待政策。鼓励社会团体、企事业单位、民间组织对教师出资奖励,开展尊师活动,营造尊师重教良好社会风尚。计划每年投入资金2 000余万元,建立班主任绩效考核机制。班主任绩效考核按照小学每月300元/人、中学每月400元/人,对班主任进行绩效考核。提高"500+X"边远农村教师补助标准,一类乡镇每月从300元提高到500元;二类乡镇每月从500元提高到700元;三类乡镇每月从700提高到900元对山区教师进行绩效考核。建立教育教学质量绩效考核,区级财政每年安排300万元,专项用于对高考、中考、小学成绩突出的教师进行绩效考核。建立"师德标兵、名教师、名班主任"绩效考核评选机制,每年评选名教师100名、师德标兵30名,每人一次性绩效考核奖金5 000元,名班主任20名,每人一次性绩效考核奖金5万元。建立教学新秀、教学能手、学科带头人考核评选机制,每两年开展一次"教学新秀、教学能手、学科带头人"评选表彰活动,每人绩效考核奖金1 000元。以上绩效考核,由昭阳区教育局制定相应可行的考核办法。

落实师德教育新要求。将学习贯彻习近平总书记对教师的殷切希望和要求作为教师师德教育的首要任务和重点内容。加强师德养成教育,用"四有好老师"标准、"四个引路人""四个相统一"和"四个服务"等要求,统领教师成长发展,细化落实到教师教育课程,引导教师以德立身、以德立学、以德施教、以德育德。严格执行师德失范"一票否决"制。建立师德不良记录和师德失范"岗位退出"机制,将师德考核作为教师聘用、评优、职称晋升的重要依据,对违反《中小学教师职业道德规范》的教师,依照情节予以约谈、问责、通报等处理。实行教师淘汰制度，对不能胜任教育教学任务的教师，解除聘用合同。

建立完善城乡教师交流机制。推动城区教师到农村支教、中心学校教师到村小支教；完善农村优秀教师有序流动机制，原则上每年从城区、坝区学校拿出空余岗位面向农村考录优秀教师。晋升副高以上职称的教师原则上要有一年以上在农村学校或薄弱学校任教经历。

（四）实施义务教育巩固提高行动

义务教育是国家依法统一实施、所有适龄儿童少年必须接受的教育，具有强制性、免费性和普及性，是教育工作的重中之重。

巩固义务教育普及成果。合理规划学校布局，山区合理撤并校点，坝区深入推进校际均衡，城区调整学校布局，方便学生就近入学。坚持以全日制公办中小学为主，确保进城务工人员随迁子女平等接受义务教育。建立健全政府主导、社会参与的农村留守儿童关爱服务体系和动态监测机制，加快农村30所寄宿制学校建设，优先满足留守儿童住宿需求。

提高义务教育质量。建立国家义务教育质量基本标准和监测制度。严格执行义务教育国家课程标准、教师资格标准。深化课程与教学方法改革，2018年杜绝超大班额现象，2020年杜绝大班额现象。优化音乐、体育、美术等学科教师，开足开好规定课程。大力推广普通话教学，使用规范汉字。

维护学生身心健康。减轻学生过重的课业负担。过重的课业负担严重损害儿童少年身心健康，政府、学校、家庭、社会必须共同努力，标本兼治、综合治理，把减负落实到中小学教育全过程，促进学生生动活泼学习、健康快乐成长，率先实现小学生减负。学校要把减负落实到教育教学各个环节，给学生留下了解社会、深入思考、动手实践、健身娱乐的时间。提高教师业务素质，改进教学方法，增强课堂教学效果，减少作业量和考试次数。培养学生学习兴趣和爱好。严格执行课程方案，不得增加课时和提高难度。各种等级考试和竞赛成绩不得作为义务教育阶段入学与升学的依据。增强学生体质。科学安排学习、生活、锻炼，保证学生睡眠时间。大力开展"阳光体育"运动，保证学生每天锻炼一小时，不断提高学生体质健康水平。提倡合理膳食，改善学生营养状况，提高农村学生营养水平。把保护学生视力纳入对政府和学校的考核，保护好学生眼睛。

推进义务教育均衡发展。继续确保教育投入"三个增长"，推进义务教育学校标准化建设，均衡配置教师、设备、图书、校舍等资源。采取必要措施，认真整改义务教育均衡发展存在的相关问题，特别是抓好控辍保学，确保适龄儿童少年不因家庭经济困难、就学困难、学习困难等原因而失学，努力消除学生辍学现象，确保我区义务教育均衡发展顺利通过国家评估验收。

努力缩小校际差距。加快薄弱学校改造，着力提高师资水平，利用强校带弱校，适当建设强校分校，实行区内强弱校之间的教师、校长交流制度。实行优质普通高中和优质中等职业学校招生名额合理分配到区域内初中的办法。在保障适龄儿童少年就近进入公办学校的前提下，发展民办教育，提供选择机会。通过多种方式，最大限度缩小校际差距，着力解决"大班额、择校热"等问题。

（五）实施高中教育攻坚行动

高中阶段教育是学生个性形成、自主发展的关键时期，对提高国民素质和培养创新人才具有特殊意义。我区高中教育多年来始终是一项瓶颈，制约了我区人口素质的提高，因此要克难攻坚，加快发展高中教育，力争到2020年，高中阶段毛入学率达90%以上，满足初中毕业生接受高中阶段教育需求。根据经济社会发展需要，今后一个时期总体保持普通高中和中等职业学校招生规模大体相当。

加快高中学校建设。努力完成区一中分校、区二中高中项目建设，区一中分校力争2018年10月份启动建设，建成后引进区外优质品牌教育资源联合办学，办学规模达4 500人以上。狠抓高中办学质量，把一本、二本升学率作为评价高中学校的主要指标，力争三年内将区一中晋升为省一级一等完全中学，区二中晋升为省一级三等完全中学。

全面提高普通高中学生综合素质。深入推进课程改革，全面落实课程方案，保证学生全面完成国家规定的文理等各门课程的学习。创造条件开设丰富多彩的选修课，为学生提供更多选择，促进学生全面而有个性的发展。建立科学的教育质量评价体系,全面实施高中学业水平考试和综合素质评价。建立学生发展指导制度,加强对学生的理想、心理、学业等多方面指导。

(六)实施职业教育拓展行动

发展职业教育是推动经济发展、促进就业、改善民生、解决"三农"问题的重要途径,是缓解劳动力供求结构矛盾的关键环节,必须摆在更加突出的位置。职业教育要面向人人、面向社会,着力培养学生的职业道德、职业技能和就业创业能力,满足经济社会对高素质劳动者和技能型人才的需要。

把提高质量作为重点。加大区职中改扩建力度,以服务为宗旨,以就业为导向,推进教育教学改革,深化产教融合、校企合作,建立健全德技并修、工学结合的职业教育育人机制。实行工学结合、校企合作、顶岗实习的人才培养模式。坚持学校教育与职业培训并举,全日制与非全日制并重。加强"双师型"教师队伍和实训基地建设,提升职业教育基础能力。建立健全技能型人才到职业学校从教的制度。建立健全职业教育质量保障体系,吸收企业参加教育质量评估。建立健全政府主导、行业指导、企业参与的办学机制,鼓励企业接收学生实习实训和教师实践,鼓励企业加大对职业教育的投入。加快发展面向农村的职业教育,加大培养适应农业和农村发展需要的专业人才力度,培养有文化、懂技术、会经营的新型农民。

利用外部资源助推我区职业教育发展。抢抓东莞对口帮扶机遇,推荐一大批学生到广东职业学校就读;利用昭通职教中心的优势,大量动员学生进入职教中心就读;广泛宣传动员学生到市外、省外就读职业学校。力争用三年时间的努力,实现我区初、高中毕业未升入高一级学校的学生全部进入职业学校或职业院校就读的目标。

健全职业学校教师补充和"双师型"教师培养培训机制。按照学校教师编制总数20%比例核定兼职教师政府购买岗位数,开通高技能人才进入职业学校兼职任教的绿色通道,实施"专业带头人"培养工程。

(七)实施民办教育扶持行动

民办教育是教育事业发展的重要增长点和促进教育改革的重要力量。要鼓励出资、捐资办学,促进社会力量以独立举办、共同举办等多种形式兴办教育。支持民办学校创新体制机制和育人模式,提高质量,办出特色,办好一批高水平民办学校。确保民办学校、学生、教师与公办学校、学生、教师平等的法律地位,保障民办学校办学自主权。建立完善民办学校教师的社会保险制度。政府委托民办学校承担有关教育和培训任务,拨付相应教育经费。区政府在财力允许的情况下可以设立专项资金,用于资助民办学校。对为民办教育做出突出贡献的组织、学校和个人给予奖励和表彰。民办学校在征用学校用地上与公办学校同价。

教育行政部门要切实加强民办教育的统筹、规划和管理工作。规范民办学校法人登记管理。完善民办学校法人治理结构,依法设立理事会或董事会,保障校长依法行使职权,逐步推进监事制度。落实民办学校教职工参与民主管理、民主监督的权利。明确民办学校变更、退出机制。切实落实民办学校法人财产权。依法建立民办学校财务、会计和资产管理制度。建立民办学校办学风险防范机制和信息公开制度。扩大社会参与民办学校的管理与监督。加强对民办教育的评估。

(八)实施学前教育促进行动

学前教育对幼儿身心健康、习惯养成、智力发展具有重要意义。要遵循幼儿身心发展规律,坚持科学保教方法,保障幼儿快乐健康成长。

一是建立政府主导、社会参与、公办民办并举的办园体制。大力发展公办幼儿园,积极扶持民办幼儿园。通过新建和扩建幼儿园、利用学校布局调整后的校舍改建幼儿园、开发小区配建幼儿园等形式,三年计划投入2亿元,新建学前教育项目19个,形成城区幼儿园、乡镇中心幼儿园、村级幼儿园三级学前教育办学体系,以普及为主题,以普惠为主线,全力推进一县一示范、一乡一公办、一村一幼的目标,确保2020年全区学前教育3年毛入园率达到85%。要努力提高农村学前教育普及程度,着力保证留守儿童入园,对家庭经济困难幼儿入园给予补助。

二是加强学前教育管理，规范办园行为。严格学前教育办园标准，完善幼儿园收费管理办法。严格执行幼儿教师资格标准，切实加强幼儿教师师德师风建设，加强培养培训，提高幼儿教师队伍整体素质。要发挥乡镇中心幼儿园对村幼儿园的示范指导作用，坚决纠正幼儿园"小学化"倾向。

六、加强保障

（一）强化组织保障。各级各部门要将支持教育改革发展作为"一把手工程"来抓，进一步深化对教育优先发展战略地位的认识，切实加大对发展教育的支持力度，把教育工作记在心里、扛在肩上、抓在手中，摆上重要议事日程，细化分工，确定路线图、任务书、时间表和责任人，积极主动地关心和参与教育事业，引导和动员社会各方面力量支持教育事业发展，努力形成全社会关心教育、支持教育、发展教育的良好氛围。

压实党的领导责任。要全面加强党对教育工作的领导，区委常委会每年至少研究一次教育工作，解决教育发展中的重大问题。把党对教育工作的领导落实到学校工作的方方面面，落实到教书育人的各个环节；要把政治建设放在首位，不断增强"四个意识"，让习近平新时代中国特色社会主义思想成为指引教育航向的灯塔，全面提高党的建设质量，提升党的组织力、战斗力、号召力；要把抓"关键少数"和管"绝大多数"结合起来，用清廉铸就忠诚，用忠诚凝聚力量，全面建设清明政风、清净校风、清正教风、清新学风，打造"清廉教育"，为加快建设高水平的教育现代化提供强大的精神力量和政治保障。

压实各级各部门责任。各乡镇（街道）、村（居民）委会，要守土有责、守土尽责，党政主要领导务必负起振兴教育发展的责任，定期不定期研究教育工作，切实帮困解难。政法、消防、文体、教育、综合执法等有关部门，要结合"扫黑除恶"行动，加强协调配合，大力整顿校园周边环境，敢于向一切干扰正常教育教学秩序、侵害师生合法权益的黑恶势力亮剑，切实维护正常的教育教学秩序；教育、卫生、市场监管等部门要加强学生营养餐和学校食堂监管，确保学生吃上安全放心的食品；教育、司法、公安等部门要抓好学校法制、禁毒等教育，有效预防和减少青少年违法犯罪。

压实学校责任。学校要聚焦办学主业、人才培养、学校管理，坚持以学生为本，以质量为中心，以抓教学为首要，统筹抓好教学和安全等各方面管理，切实保障学校各项活动高效运转。

压实社会责任。各行各业都要理解教育的艰辛，关心教育事业，把支持教育当作一项义不容辞的责任，自觉地为教育发展提供帮助、增添力量；社会各界人士特别是党代表、人大代表、政协委员、老干部要发挥自身优势，积极为教育发展建言献策、正名鼓劲；要引导家庭注重管教、注重家风建设，积极推动家庭学校互动。要通过各种途径，采取各种措施，营造全社会关心、支持教育发展的浓厚氛围，让尊师重教蔚然成风，让教师成为全社会最受人尊敬、最值得羡慕的职业。

（二）强化经费保障。准确把握教育事业发展面临的新形势新任务，全面落实教育优先发展战略，在经济社会发展规划上优先安排教育、财政资金投入上优先保障教育、公共资源配置上优先满足教育需要。各级各部门要积极落实教育优先发展战略地位，多渠道筹措资金，依法落实教育经费的"一个比例、三个增长"，确保教育振兴三年行动计划学校建设经费。把更多教育投入用到加强师资队伍建设上，确保教师工资水平不低于当地公务员平均工资水平，确保教师各项表彰奖励经费落到实处。

教育附加费专项用于教育事业，土地出让金、城市基础设施配套费等政府性基金收入按比例用于教育，财政部门要认真核算、据实拨付。相关部门要出主意、想办法，依法鼓励和支持社会力量办学，扩大教育社会投入。财政、审计等部门要加强教育资金的监管，对各级各类专款严格实行"专户存储、专户核算、专户管理、专款专用"制度，在投放及使用方面，向薄弱学校、重点项目、重点工作、师资队伍建设倾斜，着力提高资金的使用效益。教育部门要进一步完善学生资助制度，全面实现奖、助、贷、勤、补、免等多元化资助，提高资助精准度。

（三）强化督导评估。教育督导部门要围绕立德树人的根本任务和全面实施素质教育的战略主题，突出推进教育公平和提高质量两大工作重点，进一步完善督学、督政、监测评估三位一体的教育督导体系，建立健全幼儿园、中小学、职业教育专业化督学队伍，强化对学校工作的指导。要探索管、办、评分离的评价办法，引入第三方督导评估，不断完善督导机制。要实行督导评估结果公告制度，强化评估结果运用,对督导评估发现的问题,定期跟踪、设置"闹钟",该提醒的提醒,该督促的督促,该表彰的表彰,对站位不高、认识不够、工作不力的单位和个人,分层分级进行通报、约谈、问责,确保各项工作有序推进、过程可控。

(四)强化宣传教育。各级各部门要坚持在党的领导下办好人民满意的教育,推进教育的现代化。要充分发挥学校党支部、共青团、少先队、工会的作用,开展"不忘初心,牢记使命"主题教育,强化思想武装,推进"两学一做"学习教育常态化制度化,用习近平新时代中国特色社会主义思想武装广大干部师生头脑。要加强廉政勤政教育,认真做好教育专项资金、工程项目、设备采购、招生考试等方面的监督检查工作。统筹推进学校、家庭、社会三位一体系统教育,加强社会主义核心价值观教育,强化理想信念教育、道德法制教育、爱国主义教育、心理健康教育、中华优秀传统文化教育和社会主义先进文化教育,着力培养德智体美全面发展的社会主义建设者和接班人。要充分利用网络、电视等传统媒体和新媒体,大力宣传教育振兴三年行动计划的重大意义,努力营造全社会关心支持教育事业发展的良好氛围。

中共昭阳区委办公室 昭阳区人民政府办公室关于印发昭阳区2018～2020年生态环境保护和建设三年行动计划的通知

各乡镇、办事处党委、政府(行政),区委各部委办局室,区级国家机关各委办局,区直各人民团体和企事业单位,中央、省、市驻昭阳区单位:

《昭阳区2018～2020年生态环境保护和建设三年行动计划》已于2018年11月8日经区委区政府专题办公会议审议通过,现印发你们,请认真组织实施。

中共昭阳区委办公室
昭阳区人民政府办公室
2018年12月10日

昭阳区2018～2020年生态环境保护和建设三年行动计划

根据市委、市政府工作部署,为加快改善我区生态环境质量,持续推进生态建设和环境保护,深化生态文明体制机制改革,推进绿色转型发展,现结合实际,制定本行动计划。

一、指导思想、基本原则、总体目标

(一)指导思想。

全面贯彻党的十九大精神,紧紧围绕打好绿色能源、绿色食品、健康生活目的地"三张牌"的总体目标,按照"守一片蓝天、绿一方群山、护一江清水、建一座果城"的总体要求,牢固树立创新、协调、绿色、开放、共享的发展理念,以生态文明建设为统领,以改善生态环境质量和推动绿色发展为核心,以健全环境保护管理制度和体系为依托,以深入推进环保专项行动计划为抓手,坚持节约优先、保护优先、自然恢复为主的方针,着力解决大气、水、土壤、固废和生态建设等重点领域突出问题,进一步优化产业结构和空间格局,推进生态环境治理体系和治理能力现代化,加快形成资源节约、绿色低碳的生产生活方式,建设成生态环境优美、绿色生活宜居的昭通中心城市。

(二)基本原则。

1. 坚持目标导向,统筹规划。按照生态环境良好、产业高端发展、环境管理先进的绿色低碳发展目标,突出规划引领,在环保三年行动计划中细化落实本区"十三五"规划和各专项规划涉及生态环境保护、体现绿色发展的有关任务措施,将环境保护和生态建设目标融入区域经济社会发展的全局和全过程。

2. 坚持需求导向,生态优先。以生态宜居发展转型,优化产业结构、促进资源能源集约利用、持续改善环境质量、有效管控环境风险,加快形成节约资源和保护环境的空间格局、产业结构、生产方式和生活方式。

3. 坚持问题导向,重点突破。聚焦人民群众和社会关注的突出环境问题,着力解决水、气、土、固废等领域亟需解决的主要矛盾,开展多污染物协同防治,围绕重点区域及重点领域,统筹运用源头预防、结构优化、转型升级、污染治理、生态保护等多种手段,落实污染治理和生态建设任务,切实改善环境质量,建设绿色宜居生活环境。

4. 坚持创新驱动,精细管理。严格落实"党政同责和一岗双责",实施环境监测监察执法垂直管理制度;落实生态文明体制改革,加强政策创新和模式创新,强化排污者责任,健全环保信用评价、信息强制性披露、严惩重罚等制度;完善环境治理市场化机制,全面提升区域环境保护的社会治理水平,推动环境保护和生态建设的科学化、规范化和精细化发展。

(三)总体目标。

1. 环境质量有效改善。地表水环境质量明显改善,基本消除黑臭水体,基本消除丧失使用功能(劣于Ⅴ类)的水体,所有考核断面达到水质目标;环境空气质量(AQI)优良率力争达到97.2%左右,PM2.5年均浓度达到35微克/立方米以内;区域噪声问题得到有效控制。

2. 产业结构和空间格局不断优化。持续推动产业结构调整,加快实现工业绿色发展和转型升级。积极培育新兴产业,全面推动污染企业搬迁和结构调整;按照"守一片蓝天、绿一方群山、护一江清水、建一座果城"的总体空间格局,各类功能用地占比适宜,实现南北协同互动发展,区域可持续发展水平得到有效提升。

3. 低碳绿色发展水平有效提升。经济发展的资源环境效率显著提高。绿色建筑和装配式建筑推广力度进一步加大,绿色、低碳生产生活方式得到推广。

4. 精细化管理机制不断完善。全面提升区域环境保护的社会治理水平,推动环境保护和生态建设的科学化、规范化和精细化发展。环境治理体系和风险防控体系进一步完善,环境保护责任体系更加健全,政府主导、企业主体、社会组织和公众共同参与的环境治理体系初步形成,公众对生态环境质量的满意度稳步提升。

5. 到2035年,基本形成有利于资源节约和生态环境保护的空间开发格局。生产、生活、生态空间得到进一步优化,绿色发展水平进一步提升,生态环境质量保持优良,生态产品供给能力明显增强,坚持生态美、环境美、城市美、乡村美、山水美,为把昭通建设成为长江上游重要生态屏障,为云南创建中国最美丽省份和全国生态文明建设排头兵作出昭阳应有贡献。

二、水环境保护专项

(一)行动目标。到2020年,全区优良水体水质稳中向好,饮用水水源安全得到全面保障,重点流域污染治理和环境风险防范能力不断增强,地下水环境质量保持稳定,农村环境综合整治取得积极进展。着力打造水清、岸绿、景美的水生态环境,构建人水和谐的美丽家园。

(二)主要任务。

1. 饮用水源地安全保障。

(1)城市饮用水水源保护。依法划定集中式饮用水水源保护区,对新增水源及时划定水源保护区。开展饮用水水源地规范化建设,设置保护区标志,依法清理饮用水水源保护区违法建筑和排污口。强化集中式饮用水水源保护区应急监管工作,建立应急预案,储备应急物资,定期开展应急演练,做到"一源一档"。强化饮用水水源水质监测和动态跟踪,实施从水源到水龙头全过程监管,持续提升饮用水安全保障水平。自2018年起,每季度向社会公开饮水安全状况信息。到2020年,区级及以上集中式饮用水源水质优于或达到Ⅲ类的比例分别达到95%、97.2%。

(2)全面落实河(湖)长制。按照"一个U盘下达河长令"的要求,保护优良水库、改善水质良好水库、加大力度治理污染水库的思路,多措并举,综合施策。强化流域空间管控和生态减负,共抓大保护,不搞大开发,严禁在生态保护红线内开展开发建设及经营活动。全面抓好"两污"工程建设,加快雨污分流改造以及次干管、支管建设,建立科学运行的管理机制,既要建设好,又要运行好,确保已建设施充分发挥环境效益,渔洞水库、黑石罗水库达到相应水功能区水质目标要求。

（3）农村饮用水水源保护。加强农村饮用水水源保护，实施农村饮水水源保护，分类推进农村饮用水水源保护区划定工作。参照《饮用水水源保护区划分技术规范》，完成供水人口在1 000人以上的集中式饮用水水源保护区划定。开展农村饮用水水源环境状况调查评估和定期监测。

2. 城市水环境治理。按照"控源截污、内源治理；活水循环、清水补给；水质净化、生态修复"的基本原则开展黑臭水体整治。结合昭阳区黑臭水体污染源和环境条件调查结果，系统分析黑臭水体污染成因，合理确定水体整治和长效保持技术路线。加强公众参与力度，及时公开治理情况。提高群众对黑臭水体治理过程的参与程度，每半年向社会公布一次治理成果，接受社会监督。到2020年，城市建成区内完成黑臭水体治理目标，实现河面无大面积漂浮物，河岸无垃圾，无违法排污口，基本消灭黑臭水体。

3. 农村环境综合整治。重点以建设美丽宜居村庄为导向，持续开展农村人居环境整治行动，将农村水环境治理纳入河（湖）长制管理。到2018年，乡镇镇区生活垃圾（包括原临时堆放的垃圾）实现全收集全处理；到2020年，村庄生活垃圾基本实现全收集全处理。到2020年，乡镇镇区生活污水处理设施基本实现全覆盖，旅游特色型、美丽宜居型村庄及饮用水水源地周边村庄生活污水处理设施基本实现全覆盖。到2020年，新建改建交通沿线、景区（点）、旅游特色小镇、旅游村寨等旅游厕所140座，改造建设5万座以上无害化卫生户厕，实现农村卫生户厕覆盖率达50%以上。农村人居环境明显改善，村庄环境基本干净整洁有序，管护长效机制初步建立。着力控制农业面源污染，减少化肥农药施用量，禁止高毒高风险农药使用，推进有机肥替代化肥、病虫害绿色防控替代化学防治和废弃农膜回收。严禁秸秆露天焚烧，推进综合利用。推进生态健康养殖，规模畜禽养殖场（小区）配套建设废弃物处理设施比例达70%以上，规模养殖场畜禽粪便综合利用率达75%以上。到2020年，农村环境质量得到明显改善，村容村貌得到显著改观。

三、大气环境保护专项

（一）行动目标。到2020年，全区环境空气质量总体继续保持优良，城市空气质量优良天数比例不低于97.2%，PM2.5达到国家环境空气质量二级标准要求，着力守护好昭阳的蓝天白云和清新空气

（二）主要任务。

1. 全面整治燃煤小锅炉。加快完成燃煤小锅炉综合整治，基本淘汰建成区每小时10蒸吨及以下燃煤锅炉，原则上不再新建、改建、扩建燃煤锅炉，禁止新建20蒸吨以下燃煤锅炉。

2. 挥发性有机物治理。大力推进石化、包装印刷、工业涂装等工业行业挥发性有机物综合整治，推动油罐企业实施原料替代和技术改造。严格执行有机溶剂产品有害物质限量标准，推进建筑装饰、汽修、干洗、餐饮等行业挥发性有机物治理。

3. 强化移动源污染治理体系。完善绿色综合交通体系建设，强化移动源污染防治，提升道路机动车辆污染治理水平。继续推进新能源汽车应用，加大环卫行业新能源车推广力度；加快充电桩等配套基础设施建设；强化在用车尾气治理及排污监管；推进非道路移动机械污染防治，加强非道路机械执法检查。

4. 持续加强扬尘污染控制。加强施工扬尘监管，推进绿色施工，建设工程施工现场应全封闭设置围挡墙、施工围网、防风抑尘网，严禁敞开式作业，施工现场道路应进行地面硬化，裸露地面、临时堆放物料采取覆盖、临时绿化等措施，施工场地出场车辆应进行全面清洗，严禁随意抛洒各类散装物料和建筑垃圾；渣土运输车辆采取密闭措施，合理划定建筑渣土车辆运输路线；大型堆煤、料堆实施封闭存储或建设防风抑尘设施；加强道路扬尘防治，加大道路保洁频率，强化精细化作业，推行道路机械化清扫等低尘作业方式，及时修复破损路面，防治出现破损及裸露泥路造成扬尘污染。

四、土壤污染防治专项

（一）行动目标。到2020年，全区土壤污染加重趋势得到初步控制，农用地和建设用地土壤环境安全得到基本保障，土壤环境风险达到基本控制，全区农产品质量和人居环境安全得到切实保障。

(二)主要任务。

1. 全面摸清土壤环境状况。按照昭阳区土壤污染防治工作方案,开展辖区内重点行业企业用地土壤污染状况详查,基本掌握重点行业企业用地中污染地块的分布及其环境风险情况;开展辖区内潜在污染场地排查,建立潜在污染场地、重点监管企业数据库。2020年年底前,完成农用地土壤环境质量类别划定。

2. 严格控制和预防土壤污染。严格执行相关行业企业布局选址要求,有序搬迁或依法关闭对土壤造成严重污染的企业,推进涉重企业重金属排放管控及清洁生产改造;强化工业企业源头管理,重点监管企业定期进行土壤及地下水监测。严格环境准入,防治新建项目对土壤造成污染。排放镉、汞、砷、铅、铬等重金属和多环芳烃、石油烃等有机污染物的建设项目,在开展环境影响评价时,需要增加对土壤环境影响评价的内容,并提出防范土壤污染的具体措施;需要建设的土壤微软防治设施,要落实"三同时"制度。

3. 污染土壤治理与修复。对拟开发利用为居民用地和商业、学校、医疗和养老机构等公用设施用的污染地块,经土壤环境调查和风险评估确认需要治理和修复的,土地权人需要开展污染地块治理与修复。污染地块经治理和修复,并符合相应规划用地土壤环境质量要求后,才可以进入用地程序。

五、固体废物污染防治专项

(一)行动目标。完善生活垃圾分类减量,巩固无害化成果,突破减量化瓶颈,打通资源化渠道,基本建成系统完善的固废分类收运、处置和循环利用体系。

(二)主要任务。

1. 持续推进生活垃圾分类减量。继续完善生活垃圾分类收运体系,推行生活垃圾源头分类减量,推进居住区、商业区、办公区、医院、学校等生活垃圾分类,到2020年,基本实现生活垃圾源头分类减量全覆盖;稳步推进城市垃圾进入水泥窑协同处置,加快推进垃圾发电项目建设;全面完成三善堂存量垃圾无害化处理及农村垃圾的规范化处置设施建设。

2. 推进固体废弃物回收和资源化利用。健全建筑垃圾全程管控和资源化利用体系,推进区级建筑垃圾中转分拣场所建设,研究实施建筑垃圾资源化利用,提升建筑垃圾资源化利用水平;提升再生资源回收利用水平,建立健全覆盖全区、深入社区的电子废弃物回收体系,实现电子废弃物回收箱布点各街镇全覆盖。

3. 完善危险废物安全收运处置。加强危险废物、医疗废物全过程动态管理,完善危险废物、医疗废物网上申报和联单管理制度;加强预案管理与更新,探索危险废物管理相关机制。

六、声环境污染防治专项

(一)行动目标。重点强化交通噪声污染防治,强化工业噪声污染源头控制,加强社会生活噪声管控力度。

(二)主要任务。

1. 强化交通噪声污染防治。依靠科技支撑,强化交通噪声污染防治。疏解道路拥堵节点,提升路网运行效率,通过实施声呐控制、流量管控等措施,对违法鸣号进行防控。

2. 强化工业及建筑施工噪声污染防治。严格新建项目审批和执法监管,强化工业噪声污染源头控制,加强对建筑施工噪声监管,强化夜间施工的规范化审批,实行夜间施工总量控制,依法从严处置违法夜间施工行为。

七、工业污染防治与绿色转型发展专项

(一)行动目标。深化产业结构调整,推进绿色转型发展。至2020年,产业结构不断优化。推进绿色示范工厂建设,推进第三方治理示范项目。

(二)主要任务。

1. 持续推动产业结构调整。持续推动产业结构调整,严格产业环境准入。大力发展战略性新兴产业、生产性服务业及文化创意产业等重点产业,稳步提高现代服务业在区域经济结构中的比重。

2. 推进绿色(生态)制造。统筹推进绿色制造体系建设,按更高标准要求推进建设绿色示范工厂,引导开发绿色产品。

3. 推进环保产业化。发展环保产业,积极组织推进第三方治理示范项目建设。

4. 推进清洁生产和治理改造。继续推动重点企业实施清洁生产审核与技术改造,对保留企业或过渡性保留企业实施清洁生产达标审核,不断提高清洁生产水平。

5. 完善园区环境管理。开展园区区域环境影响现状评价,对园区环境现状进行评估,探索环保准入条件,实施企业准入的协同管理,形成负面清单,对符合要求的企业,开通绿色通道,为企业入住园区提供更加便捷的条件,优化园区营商环境。

八、生态环境保护建设专项

(一)行动目标。进一步完善全区绿化布局,强化生态保护,开展各类绿地建设。以完善功能设施,优化植物群落,营造特色景观为目标,对公园绿地实施改造提升,提高全区绿化覆盖率,缓解城市热岛效应。

(二)主要任务。

1. 打好生态保护修复,严守生态保护红线。一是划定并严守生态保护红线。到2020年,全面完成全区生态保护红线勘界定标,实现一条红线管控重要生态空间。建立生态保护红线绩效评估制度,配合省级生态保护红线监测网络和监管平台建设。二是加强生物多样性保护。严格《落实云南省生物多样性保护战略与行动计划(2012~2030年)》,加强生物多样性保护优先区域、重点领域、重要生态系统的保护。开展自然保护区规范化、生物廊道、保护小区建设,优化生物多样性保护网络。推进珍稀濒危野生动植物及极小种群物种抢救保护,国家重点保护野生动植物受保护率达到90%以上。三是建立以国家公园为主体的自然保护地体系。基本化解保护地交叉重叠、多头管理问题。加强重点生态功能区保护,不断完善自然保护地体系,巩固生态安全屏障。强化天然林和公益林管护,对原始独特天然林实行重点保护。加强草地、湿地保护和恢复,实施退化生态系统修复,推进荒漠化、石漠化、水土流失综合治理。到2020年,对大山包湿地进行保护和恢复,湿地保护率不低于52%,对25度以上陡坡耕地实施退耕还湿还草2万亩,裸地冲沟修复60公顷,并对水土流失区域开展生态治理。完成自然保护区范围界限核准和勘界立标。整合申报一批国家公园,基本建立自然保护地相关法规和管理制度。加强风景名胜区资源保护。加强休渔禁渔管理,推进重点水域禁捕限捕,加大渔业资源增殖放流。推动耕地草原森林河流湖泊休养生息。持续开展"绿盾"专项行动,严肃查处各类违法违规行为,限期进行整治修复。2018年年底前,全面排查违法违规挤占生态空间、破坏自然遗迹等行为,制定治理和修复计划并向社会公开。四是开展大规模国土绿化行动。精心规划设计,广泛开展沿路、沿河(湖)、沿集镇"三沿"造林绿化活动,结合全域旅游,在重点交通干线打造一批有特色的林荫大道、鲜花大道和生态景观大道,在综合交通枢纽、旅游景区、特色小镇等重点区域打造一批绿色精品工程。结合水源地保护统筹实施流域森林保护与建设,提高水源涵养能力。加强城市绿化,提高城镇面山林木覆盖率,在城市功能疏解、更新和调整中,将腾退空间优先用于留白增绿。保留乡村风貌,留住田园乡愁,全面开展乡村绿化美化工程,加强原生植被、自然景观、古树名木、小微湿地保护,坚决制止开山毁林、填塘造地等行为,积极推进荒山荒坡造林和露天矿山综合整治。优化林分结构,适地适树实施森林抚育、低效林改造、国家储备林、珍贵用材林基地建设等项目,提高森林质量,展现植被立体分布特征和多样性特点。到2020年,争创省级森林城市。

2. 大力实施"绿化工程"。坚持尊重自然、顺应自然、天人合一的理念,依托现有山水脉络等独特风光,让城市融入大自然,让居民望得见山、看得见水、记得住乡愁,加快形成"水清、河畅、路通、岸绿、景美"的亲水空间,力争新增城市绿地408万平方米,绿地率从2017年的25.12%提高到36%。一是见缝插绿。以社区为单位,按照"见缝插针绿化"的理念,加强机关、学校、小区、企业、庭院绿化建设,宜树则树、宜花则花、宜草则草、宜藤则藤,分类指导,立体绿化。完成公园建设9个,提质改造公园、小游园12个,创建园林单位60个,新增绿地191万平方米。二是因路配绿。以道路绿化为骨架,全面开展绿化工作。对新建道路,严格按照断面建成分车带和绿化带绿化;对现有道路及道路节点进行全面改造、补植,不留任何空白地带,加快形成城市林荫系统。完成新建城市道路附属绿地项目20个,新增绿地97万平方米;改建道路附属绿地项目8个,新增绿地36万平方米。三是依山造绿。结合城市总体构架,全面实施大小凤凰山、花果山、面山及南、北部面山、九龙山、万亩苹果产业园绿化工作,栽种昭通本地速生乔木、灌木,三年内见到绿化效果。实施防护林项目建设6个,新增绿地84万平方米。

九、循环经济与绿色生活

(一)行动目标。全面落实国家"循环发展引领行动"要求,构建低消耗、少排放、能循环的产业体系,加强示范引领,加强科技、机制和模式创新,激发循环发展新动能,逐步形成绿色生产和生活方式。

(二)主要任务。

1. 推进"两网融合"建设。积极推进生活垃圾分类收运体系和再生资源回收体系"两网融合",实现垃圾减量和资源增量,推进居民区低价值可回收物资源化实施项目。

2. 推进绿色创建。将绿色生活相关内容纳入文明城区、文明社区、文明乡镇、文明小区、文明村及文明单位指标体系,坚持创建引领,推动工作落地;进一步提高创建标准,积极开展创建节约型示范单位、绿色家庭、绿色餐厅、绿色生态社区、绿色学校和绿色出行等行动,推进绿色生态城区创建,引导公众积极践行绿色生活。

3. 推进生态创建。加快推进省级生态文明建设示范区创建,大力开展绿水青山就是金山银山实践创新基地建设活动。到2020年,力争创建省级生态文明区,省级生态文明乡镇(街道)创建比例达到90%以上,争创一批国家生态文明建设示范区。

十、政策机制和能力建设专项

(一)行动目标。深化生态文明体制改革,推进体制、机制、政策等改革创新,进一步提高城区环境管理精细化、科学化水平,推进环境治理体系、治理能力现代化。

(二)主要任务。

1. 环保机制建设。建立完善生态环境保护责任体系,强化各级党委、政府及相关部门的生态环境保护责任,实施严格的生态环境保护责任追究制度。深化环保体制改革,落实环保机构监测监察执法垂直管理制度改革,调整区环保机构管理体制和区环境监测事权,将环境执法机构列入政府行政执法部门序列,健全乡(镇)、办事处环境保护管理体制。健全完善环境保护和环境建设协调推进委员会和加强环境监管执法领导小组两个平台机制建设,形成区域大环保格局。

2. 环境监测监管体系建设。健全固定污染源监测体系,加强固定源在线监测能力建设;强化重点监管企业自动监控,推进重点工业企业污染源特征因子在线监测试点。推进固定污染源统一管理,结合市级计划,分批分步骤推进排污许可证制度。建设昭阳区"大数据与城市管理项目",加强环保数据中心建设与应用,实现环保信息化基础设施、数据、应用等资源的高效整合,提升环境管理信息化支撑能力。强化环境风险预警预测和应急能力建设,推动企业环境风险防范与事故应对能力建设,督促指导企业制定风险防控措施,提升应急防范和响应能力,加强突发环境事件应急处置能力,不断提高环境风险防控水平。

3. 推进全社会环保共建共治共享。提升环境信息化水平,推进环境质量、环境监测、重点污染源、突发环境事件等信息公开,完善建设项目环境影响评价信息公开机制,落实企业环境信息公开制度,接受公众监督,推动全社会参与环境保护。加强生态文明宣传教育,强化公众参与,倡导绿色低碳、文明健康的生活方式和消费模式,提高全社会生态文明意识;引导环保社会组织有序发展;推动生态文明理念在全区广泛普及。

十一、保障措施

(一)强化组织领导,形成工作合力。区委、区政府成立区生态文明建设工作领导小组,组建专门办公室,办公室设在区环保局,负责日常工作。各乡镇、办事处、各部门要成立相应的组织机构,落实经费,完善机制,保障各项工作有效推进。形成各乡镇党政主要领导亲自抓、分管领导具体抓、其他领导配合抓的生态文明建设工作格局。各部门要进一步理清工作思路,认真履行职责、承担任务,密切配合、通力合作,确保各项工作有效推进。

(二)强化责任压实,狠抓工作落实。建立健全生态文明建设责任制,把生态文明建设各项任务层层分解、落实到位。各乡镇、各部门要根据任务分工,结合工作实际制定每一项工作任务的详细实施方案,明确具体项目,采取有效措施,按步骤分年度扎实有序推进各项工作。区人大、区政协要加强对生态文明建设工作的依法监督和民主监督;区纪检监察部门要强化生态文明建设工作监督检查和效能监察;区委、区政府督查部门要把生态文明建设工作落实情况纳入重大事项督查范围,加强日常督查和重点督查,保证全面完成生态文明建设目标任务。

(三)强化资金保障,拓宽融资渠道。积极争取国家、省、市专项资金、政策、项目支持,整合资金,加大投入,运用财政贴息、投资补助、减免行政收费等手段支持生态文明建设。要安排环境保护、生态建设方面的引导资金和专项资金支持重点流域、区域污染防治和生态保护等环境基础设施项目建设。继续完善政府引导、市场运作、社会参与的多元投入机制,制定优惠政策,吸引更多的社会资本、民间资本、外来资本和金融信贷资金参与生态文明建设。设立生态文明建设专项基金,积极开展环境资本运作,使良好的生态环境成为不断增值的资本,实现经济发展与环境保护双赢

(四)强化考核评价,实行奖惩结合。完善政绩考核办法,将生态建设和环境保护指标纳入乡镇、部门年度主要责任目标管理考核工作,考评结果作为考核、评价干部政绩的硬指标和选拔任用干部的重要依据。建立多元化考评机制,组织对各乡镇、各部门工作和目标任务完成情况进行定期、不定期的评比检查,及时掌握和通报情况,并将评比情况作为年度绩效考核的依据。对不顾资源和生态环境盲目决策而造成严重后果的,要严肃追究有关人员的领导责任。对履职不力、监管不严、失职渎职的,依纪依法追究有关人员的监管责任。

二、表　彰

中共昭阳区委昭阳区人民政府关于表彰 2018年年度先进优秀教师及教育工作者的决定

各乡镇、街道党（工）委、政府（行政），区委各部委办局室，区级国家机关各委办局，区直各人民团体和企事业单位，中央、省、市驻昭阳区单位：

去年以来，在区委区政府的坚强领导下，全区教育系统广大教师和教育工作者坚持以习近平新时代中国特色社会主义思想为指导，全面贯彻党的教育工作方针，紧紧围绕立德树人的根本任务，勤勉敬业，扎实工作，做出了优秀工作业绩。在第34个教师节来临之际，为展示新时期人民教师和教育工作者的良好精神风貌，激励社会各界关心支持教育事业发展，区委区政府决定授予王亚丽等208名师德标兵、优秀教育工作者、优秀教师、名校长和名班主任荣誉称号。

希望受表彰的先进个人要珍惜荣誉、再接再厉，在各自的工作岗位上再创佳绩、再立新功。希望全区广大教职员工及社会各界要向受表彰的先进个人学习，积极进取，奋力拼搏，为推动全区教育事业上台阶上水平，实现"学在昭阳"目标做出新的更大贡献。

附：昭阳区2018年年度师德标兵、优秀教育工作者、优秀教师、名校长和名班主任表彰名单

中共昭阳区委
昭阳区人民政府
2018年9月10日

附件：

昭阳区2018年年度师德标兵、优秀教育工作者、优秀教师、名校长和名班主任表彰名单

一、师德标兵（52名）

李　东、何　锦、朱明艳、钱世龙、何太琳、蒋德丽、蒋德春、赵　英、陈邦银、陈让仙、谢　荣、李　莹、李文凤、何莲惠、陈　杰、范　梅、李　宏、刘昭荣、张泽莉、罗天富、张正富、马仲朝、陈大礼、沈忠举、余永刚、王帮会、李生鹏、金红辉、王登华、李世成、王富友、虞艳敏、王文珍、周　炜、兰　容、阮英华、陈　颖、孙键寻、王兴玲、锁银菊、何　飞、王登正、吴太菊、刘其兵、马本尼、刘　辉、陈大忠、刘万春、吴青青、李兴艳、母其功、解　铃

二、优秀教育工作者(56名)

洪美昌、罗晓燕、刘基友、毛维刚、马光梨、李阳忠、赵　祝、叶树云、冯　平、丁开锋、贺　玲、杨应宇、马　焘、陈启翠、王志富、赵　恒、马兰琼、温升良、李兴树、耿　靖、张明顺、马真奎、陈正刚、朱明奎、马才伟、马召云、苟　琨、徐文才、王官瑞、冯权界、李查先、谭　杰、杨明仙、刘人康、孔凡春、冯顺波、徐　翼、谢明奎、辛永斌、胡红琼、王柏蕾、刘永慧、杨文高、崔永发、臧庆江、王　波、朱兴术、吕彦平、刘国金、周广正、陈天淡、孔　赟、赵升华、杨　俊、李文江、洪德娟

三、优秀教师(84名)

安金平、周兆贵、杨丽琼、余　静、曾　勇、陈维亮、李　琼、刘友芬、施辉雪、曹　蕾、李红月、夏瑞丽、汪智荣、迟宽波、高　巍、田茂文、刘建芸、韩庭学、杨光勇、孙继荣、雷阳春、张冬梅、马敏炎、黄孝梅、李文美、季兴雁、张泽敏、赵志海、范荣忠、符开翠、吴　媚、杨清荣、王玉碧、李正丹、温元鸿、朱刚义、钟　艳、黄　琼、马贵平、锁才应、柯尊府、郑　翔、金治美、范翠莲、姚正会、温　怡、吕志莲、李寿仙、余　礼、杨林江、钱　玲、李　梅、李才锋、彭家峰、张广昆、白友翠、吕孟媛、黄银达、陶　晗、刘　雄、邓仁才、张金彩、崔　娥、马培梅、廖文玲、宁　果、高　燕、刘世华、张才娥、刘　彪、冯贤丽、马林千、朱　俊、许登梅、蒋德成、曾　俊、卢华忠、陆安巧、冯应发、王　红、朱永慧、付　坤、李玉雷、耿玉江

四、名校长(5名)

黄　琳、徐　伟、杨正聪、王亚丽、彭泽刚

五、名班主任(11名)

赵　燕、赵高顺、吉　碧、张永宏、毛天熠、曾　义、蒋　林、钟志杰、吴　芬、陈林新、陈远熙

中共昭阳区委 昭阳区人民政府关于表彰 2017~2018年年度教育教学质量先进学校、优秀管理人员和优秀教师的决定

各乡镇、办事处党委、政府（行政），区委各部委办局室，区级国家机关各委办局，区直各人民团体和企事业单位，中央、省、市驻昭阳区单位：

2017~2018学年，全区广大教育工作者认真贯彻落实党的教育方针，大力实施"教育兴昭"战略，立足岗位，努力工作，无私奉献，全面推行素质教育均衡发展，不断提高教育教学质量，在学校管理、教育改革、规范化学校建设等方面取得了显著成绩。为树立典型，表彰先进，激励创新，推动教育事业更好更快发展，区委、区政府决定对2017~2018年年度区一中等28所教育教学质量先进学校、陈赓等56位优秀管理人员、张雨晨等743位优秀教师给予表彰。

希望受表彰的学校和老师珍惜荣誉，再接再厉，继续发挥模范带头作用。望全区广大教育工作者以先进为榜样，弘扬高尚师德，潜心立德树人，更新教育理念，推进教学改革，加强教学研究，为办好全区人民满意的教育作出更大的贡献。

附件：1. 教育教学质量先进学校名单
      2. 教育教学质量优秀管理人员名单
      3. 教育教学质量优秀教师名单

中共昭阳区委
昭阳区人民政府
2018年12月26日

附件1

教育教学质量先进学校名单（28所）

一、初中（11所）

1. 城区

一等奖：区一中

二等奖：区二中、凤凰中学

2. 坝区

一等奖：乐居第一中学

二等奖：北闸中学

三等奖：洒渔中学

3. 山区

一等奖：炎山中学

二等奖：靖安中学、青岗岭中学

三等奖：大山包中学、小龙洞中学

二、小学(12所)

1. 直属小学

一等奖:区五小

二等奖:区一小

2. 四城小学

一等奖:南城小学

二等奖:北城小学

3. 坝区中心校

一等奖:永丰中心校

二等奖:布嘎中心校、乐居中心校

4. 山区中心校

一等奖:大寨中心校

二等奖:青岗岭中心校、田坝中心校

三等奖:炎山中心校、靖安中心校

三、民办学校(2所)

一等奖:华宇特色学校

二等奖:鑫华学校

四、进步奖(3所)

区四中、苏家院中学、旧圃中心校

附件2

教育教学质量优秀管理人员名单(56人)

区一中(1人):陈　庚

区二中(1人):陈允许

乐居中学(1人):陈　萍

凤凰中学(1人):邱芝义

炎山中学(1人):冯应斌

区四中(1人):曾文斌

区三中(1人):阮朝忠

田坝中学(1人):李正华

布嘎中学(1人):马　崇

小龙洞中学(1人):马祥斌

金江学校(1人):吴明奎

靖安中学(1人):徐贤武

苏家院中学(1人):蒋忠炳

北闸中学(1人):李　俊

青岗岭中学(1人):刘　振

洒渔中学(1人):张正光

苏甲中学(1人):向兴忠
守望中学(1人):聂 辉
盘河中学(1人):唐万全
大山包中学(1人):张大定
旧圃中学(1人):杨春梅
永丰中学(1人):虎良吉
太平中学(1人):李文俊
大寨中学(1人):金志祥
职业中学(1人):刘 杰
进修学校(1人):李建华
区五小(1人):邓尚丽
区四小(1人):杨发伟
区一小(1人):徐绍荣
区三小(1人):程清云
北城小学(1人):陈文权
西城小学(1人):严 敏
南城小学(1人):朱 英
区二小(1人):杨喜芳
东城小学(1人):马祥武
乐居中心校(1人):卯昌洪
布嘎中心校(1人):马建军
大寨中心校(1人):刘 涛
凤凰中心校(1人):陆和艳
永丰中心校(1人):李 钵
旧圃中心校(1人):彭家恒
青岗岭中心校(1人):丁遵猛
田坝中心校(1人):李成树
苏家院中心校(1人):臧永江
太平中心校(1人):曾 青
靖安中心校(1人):李 路
炎山中心校(1人):柳再杰
洒渔中心校(1人):阳明庆
守望中心校(1人):马殿猛
龙泉中心校(1人):赵 荣
小龙洞中心校(1人):陈 俊
苏甲中心校(1人):杜雄燕
大山包中心校(1人):韩 静
盘河中心校(1人):罗连平
北闸中心校(1人):范广云
区幼儿园(1人):余秋怡

附件3

教育教学质量优秀教师名单(743人)

区一中(50人):
张雨晨、尹发强、吕　燕、王　燕、高兴岚、田顺仙、凌惠荣、张　静、许碧琴、蔡　青、肖佑铭、吕国莲、郑　胜、朱啟会、臧永波、李梦迪、龚兴鹏、陈绍勇、伍代琼、何秀平、杨应田、卢　梅、张雪琴、沈自尹、蒋德彦、周吉先、陈相宇、杜　妍、马丽蕊、郑甜甜、李道欢、乔露金、向　艳、陈恭润、徐　庚、辛　华、黄　芬、申　建、马春莉、王学会、李章莲、孟祥霞、王　环、李　锐、陈太媛、邱国林、管毓金、龙　滇、赵翠华、吴召琴

区二中(45人):
郑　群、孟春景、马艳美、赵军模、罗银洪、张　娟、袁开艳、张振荣、刘大成、蒙润姣、杨　旭、杨尔军、饶惠琼、崔大娟、马　臻、秦　梅、周咏梅、刘江燕、邵光敏、王家春、吉国宣、范朝俊、张　翼、朱素兰、金元丽、李琼英、申开笛、卢　芸、王光琼、邓永琼、沈燕敏、武英华、江　琼、杨美丽、马秀云、吕吉波、蔡智敏、李月秋、张乐成、吴道雪、肖耀春、段天润、马艳梅、毛莉莉、周　文

乐居中学(22人):
贺声龙、张　丹、崔昌文、范怀奎、孟东霖、任永芳、马　倩、白志敏、童益龙、阮殿凡、师学艳、聂正权、荀世凤、田茂虎、訾　梅、朱文云、徐　艳、冯蒙艳、邓红梅、刘平芳、赵家艳、陈　涛

凤凰中学(25人):
余　萍、沈　竹、马晓旭、赵泽莲、高顺娥、戴正刚、李朝丽、郭　梅、肖顺艳、李寿林、陈礼书、陶国先、蔡荣霞、耿　富、李良吉、李　宏、李文尧、周世梅、訾成俊、牛文师、孙　琰、陈国丹、马敏表、蔡　兰、马　蓉

炎山中学(11人):
周权坤、蒋德坤、陈洪坤、李艳志、李明秀、张友权、敖秀琼、张雪梅、陈吉冬、李　凯、陈昌云

区四中(12人):
马菊本、张　兰、杨德洪、李本梅、程　玲、吕少奇、张朝五、王　强、马敏清、马永梭、彭美琼、范怀信

区三中(23人):
卯明娜、陈允坚、钱福星、吴志丹、岳万兰、付　娟、马丽芸、张保英、李艳敏、杨代明、邓立红、龚学勤、刘毅梅、游童开、黄燕林、范广敏、曹继伟、杨　勇、王　雁、卯声明、李　鹏、朱绍敏、夏晓露

田坝中学(6人):
燕朋乾、郑世江、张　雍、黄顺国、曹德凤、杨党香

布嘎中学(13人):
何　跃、张　棚、柳尧芬、杨　娇、牟华军、虎良庆、臧永敏、孔丽梅、罗金仙、马仲华、范应民、穆志洪、崔国勇

小龙洞中学(13人):
罗昌霞、赵香雷、孔祥锐、冯兴东、付　云、刘平江、王小雪、马金现、马真艳、郭碧花、马雪兰、刘祥美、陈粥艳

金江学校(2人):
耿子燕、李　琼

靖安中学(15人):
谌光亮、李连好、苟　锐、涂国龙、范怀友、王传玲、向万萍、姜南云、米　露、戚文涛、邹于燕、余　梅、崔华文、何禹伽、林　领

苏家院中学(15人)：

李祖平、彭明琳、陈大彩、王丽明、王春琼、朱明俭、迟梦伦、郭世贤、迟少晓、黎永堂、解道锐、雷光友、解道芳、孟会达、蒋仕政

北闸中学(22人)：

陈　兴、李　俊、程忠华、陈　静、宋晓波、杨　娜、冷白云、邵聪敏、陈太存、赵余洪、曾朝辉、尹天丽、谢　灵、王忠兰、方禄为、马琼芳、曹静芬、耿世松、何术早、赵　娇、李举静、高顺娟

青岗岭中学(10人)：

秦　娜、马　艳、李　敏、谢　涛、曹景丹、柳迎春、谭登鹏、龚　涛、马殿香、薛　涛

洒渔中学(14人)：

王　琴、段赤萍、孟　良、冯　彪、张志焕、肖兴林、代泽梅、徐文金、余福洪、董　明、姜凤武、王梦然、林晓东、季顺富

苏甲中学(4人)：

钟佑洪、马文娟、袁　梅、陈　波

守望中学(7人)：

周世琼、虎思明、臧琳、罗晓、李光锐、杨　传、陈　涛

盘河中学(4人)：

马殿红、罗　丹、杨昌兴、丁开鹏

大山包中学(5人)：

缪祥崽、文大松、孙选华、柏荣标、赵煜思

旧圃中学(8人)：

仇　鸿、陈云亮、马　涛、罗小存、费忠勇、李文高、彭　明、吴顺全

永丰中学(4人)：

陈吉梅、陈绍宏、姜　梅、刘平莲

太平中学(8人)：

王庸华、杨　敏、刘富怀、崔娴、韩正荣、曹源美、夏文宇、陈　红

大寨中学(4人)：

陆友娥、陶其亮、刘洪萍、何奎丽

职业中学(4人)：

刘远兰、孙德会、秦明兴、姚伦莲

进修学校(1人)：

肖　敏

仁德中学(1人)：

赵柏璋

正道教育(1人)：

马春荣

建飞中学(1人)：

王宗勇

区五小(25人)：

管仕梅、范佩志、孙　丹、郑忠艳、王福春、普廷荣、马　瑞、袁　祥、李世宏、柯尊巧、易　梅、李正英、徐仁龙、周雪娇、邓兴艳、陈　菊、王艾梅、符明梅、赵庆然、金芳元、骆地萍、李文丽、魏　笑、刘　丽、苏怦伐

区四小(24人)：
陆远东、袁　会、吕志坤、李　智、马　莉、邓　丽、姜　梅、周　艳、乔　星、曾　磊、王启微、杨文平、马兴柳、杨兵山、锁培东、陶宇华、李　燕、徐　丹、杨丽萍、肖　静、陈媛清、孙　靖、安金焕、刘兴勇

区一小(18人)：
颜　萍、李文娟、吴高会、刘德莲、王玉莲、徐文黎、黄廷松、施　媛、李乘风、高　梅、黄代英、刘有奎、谭朝春、夏举亮、徐文坤、王廷燕、胡家珍、黄呈月

区三小(23人)：
赵　文、赵　丽、季永文、杨希惠、李波伟、刘拉欧、孔凡玲、顾开伟、崔刚宽、侯洁萍、徐素萍、王艳群、道美俊、陈　琼、张晓可、张天亮、周凤飞、袁　冉、张祥波、王　琴、刘　科、马银琼、保建敏

北城小学(9人)：
余兴坤、罗桂洪、何家丽、邓福忠、刘淑燕、孙德福、陈再权、李井方、李　菊

西城小学(9人)：
张喻静、宁　铝、陈　倩、马三永、王崇贤、朱荣珍、潘文昆、杨　静、马　俊

南城小学(10人)：
陆珍文、马丽松、邓　英、臧庆春、撒兰勇、蒋德俊、马绍萍、姚　煜、耿　泉、温灿林

区二小(9人)：
邹　霁、张　洁、陈　俊、凌冬梅、章倩芸、刘智艳、马建萍、崔存章、饶绍丽

东城小学(7人)：
张　林、胡永景、胡荣鑫、田　星、徐天梅、訾成翠、范培敏

乐居中心校(13人)：
高升艳、刘　涛、张应秦、张丽娟、饶元文、柯　睿、罗崇彦、陈大莲、马玉虹、王　飞、马本磊、王明娥、徐　彬

布嘎中心校(16人)：
陶应银、袁开学、马　卫、马洪骋、王仕梅、徐　飞、曾广华、康远乖、王　洁、马永普、陈荣会、马　娟、温志宏、秦明谣、何金存、甄选国

大寨中心校(9人)：
舒正国、刘礼静、朱家宽、周仕伟、涂富琴、马殿数、周　瑜、张贤飞、马　姣

凤凰中心校(16人)：
夏文庆、魏家美、张广兰、李琼兰、张　鑫、王德兰、温元馨、夏举英、洪德润、姜　英、周训英、马　俭、李廷孟、赵建蕾、秦明会、胡　敏

永丰中心校(14人)：
韩洪芬、李　竹、王正龙、田朝雨、曾崇先、秦芳明、张　荣、王选贵、陈文平、祖　伟、马仲良、徐天祥、彭　义、刘明燕

旧圃中心校(18人)：
肖　鸿、唐　莉、刘祥琼、蔡志勇、袁德会、崔　媛、周应莲、徐启香、柳　昂、陈映红、汪　丽、郝　贤、陈必华、邱亚华、邓金凤、张　丽、狄发昌、张　洁

青岗岭中心校(15人)：
许　艳、尹齐波、陈经树、何　成、高国莲、刘　广、李福梅、宋建春、窦　鹤、赵庆皓、孙继秀、纳　山、朱　勇、吴绍珍、毕　溢

田坝中心校(5人)：
曹文君、李官平、李贵森、何　鑫、杜远香

苏家院中心校(15人)：
臧函志、孟兴伟、聂啸、李中美、赵庆莲、陈琼、朱家艳、张静、顾苏琼、张广敏、杨再英、李文能、陈光金、赵庆宾、周正美

太平中心校(20人)：
吴太琼、甄艳萍、游梅、杜文敏、李文朝、刘平莲、温林美、崔汝选、马永表、蒋坤、孟修连、何世飞、张泽芬、胡纯碧、刘安翠、艾艳、乔邦维、吕廷珍、马本玲、刘仁淑

靖安中心校(19人)：
付远荣、汪娟、刘晓燕、解道彩、马梦、张艳蓉、余光琼、杨彪、刘大艳、朱明毅、蔡娅金、龚敏、顾瑾、姜恒、张梅、刘阳涛、张显、赵艳、肖代巧

炎山中心校(7人)：
周华、刘琼、李阳美、李琼芝、刘如意、李艳先、赵庆华

洒渔中心校(20人)：
王佶、范开妍、李世克、刘静、张英、吴智美、毛誉润、苏福会、孔祥丹、浦绍斌、熊振、吴智燕、何吉培、何吉芝、张彩云、丁光宛、徐声梅、曾德丽、董升、唐顺彪

守望中心校(13人)：
周云丽、马琼(小)、马永莲、马春梅、罗世芳、唐建明、郎学玉、马祥竹、铁蓉、纳永竹、马继琼、马丽萍、杨威

龙泉中心校(7人)：
杨希莲、刘莹、马洪林、洪贤英、孙世彪、孔祥菊、季建荣

小龙洞中心校(12人)：
马兴国、颜邦林、刘红玲、虎赛菊、马赛平、杨寻寻、马荣、顾文相、李碧武、迟焕娇、文正芬、马仕本

苏甲中心校(7人)：
陶雪梅、朱雪、王从宛、王雪、蔡红梅、张玲、吴泗美

大山包中心校(7人)：
李政英、黄俊、朱明宪、龚成伍、何仕碧、胡银珍、吕兴贵

盘河中心校(8人)：
仇惠凤、周艳、陈举松、胡裕春、刘勇、刘相飞、王波、严智玉

北闸中心校(12人)：
邓锐毅、季顺勇、刘煜、崔贵文、徐声琼、李玉路、程静、徐家盛、肖梅、谢发群、吴丽、杨勇

区幼儿园(2人)：
孔婷、赵连洪

华宇学校(2人)：
许静、行艳

鑫华学校(2人)：
胡世贵、蒋桢

中共昭阳区委 昭阳区人民政府
关于命名表彰第十五批区级文明单位文明村的决定

各乡镇、街道党（工）委、政府（行政），区委各部委办局室，区级国家机关各委办局，区直各人民团体和企事业单位，中央、省、市驻昭阳区单位：

近年来，在区委、区政府的坚强领导下，全区各级各部门坚持以习近平新时代中国特色社会主义思想为指导，全面贯彻落实党的十九大精神，坚持物质文明建设和精神文明建设"两手抓、两手都要硬"的战略方针，以弘扬和践行社会主义核心价值观为主线，深入开展群众性精神文明创建活动，城乡人居环境、社会公共秩序、公共服务水平、人民生活质量明显改善，向上向善、诚信互助的社会风尚更加浓厚，社会文明程度明显提升，为全区改革发展稳定做出了重要贡献。为表彰先进，树立典型，激励全区各级各部门、各行各业参与精神文明建设的积极性、主动性、创造性，进一步推动全区精神文明建设工作，区委、区政府决定授予昭通市政务服务管理局等10个单位"昭阳区第十五批文明单位、文明村"荣誉称号，届期为2018年至2020年。

希望受命名表彰的单位珍惜荣誉、再接再厉，继续发挥榜样示范作用，为全区精神文明建设作出更大的贡献。各级各部门要以受表彰的单位为榜样，以社会主义核心价值观为统领，全面贯彻落实《公民道德建设实施纲要》和中央、省、市、区文明委关于加强新时期精神文明建设的相关精神，进一步增强抓好精神文明建设的责任感和使命感，振奋精神，开拓创新，切实把精神文明建设工作做深、做细、做实，把精神文明建设工作融入单位、行业常规工作，为我区改革发展提供强大的精神动力、智力支持和思想保证。

附件：昭阳区第十五批命名表彰的区级文明单位名单

中共昭阳区委
昭阳区人民政府
2019年1月17日

附件：

昭阳区第十五批命名表彰的区级文明单位名单

昭通市移民开发局
昭通市高速公路投资发展有限责任公司
昭通市公安局交通警察支队
昭通市政务服务管理局
昭通高速公路路政管理大队
昭阳区城市规划建设管理经营委员会
昭阳工业园区税务局
中国移动通信集团云南有限公司昭阳分公司
昭阳区苏甲乡桂花箐村
昭阳区苏甲乡苏甲村

中共昭阳区委 昭阳区人民政府关于表彰奖励 2018年年度外宣工作先进单位和个人的决定

各乡镇、街道党（工）委、政府（行政），区委各部委办局室，区级国家机关各委办局，区直各人民团体和企事业单位，中央、省、市驻昭阳区单位：

2018年，全区广大外宣工作者认真贯彻落实中央、省、市、区党的宣传思想文化建设工作各项决策部署，立足岗位，努力工作，无私奉献，全区对外宣传工作取得了较好成绩。为树立典型，表彰先进，激励全区各单位和通讯员积极主动宣传昭阳、传播昭阳，区委决定对中共昭阳区委宣传部等8家单位和曹斌等30名先进个人进行表彰，现将表彰单位和个人公布如下：

一、先进集体（8家）

中共昭阳区纪委、中共昭阳区委宣传部、中共昭阳区委外宣办、昭阳区人民检察院、云南昭通大山包黑颈鹤自然保护区管理保护局、昭阳区新闻中心、昭阳区文体局、昭阳区司法局。

二、先进个人（30名）

一等奖：曹斌、曹剑、邱俊、郑远见、蒋德玉

二等奖：邓龙启、刘跃武、罗瑜、蔡发磊、史海洋、凌操、刘琪、严格、蒋斌、申晓

三等奖：马简聪、刘天成、杨琼、彭沁、王明艳、张燕、任天能、余汝毅、杨宇、赵磊明、曹玉彦、刘安红、邓小娇、虎良单、朱晶晶

希望以上受表彰的单位和个人，戒骄戒躁，再接再厉，为昭阳对外宣传工作再立新功。希望受表彰的单位和个人珍惜荣誉，再接再厉，继续发挥模范带头作用。望全区广大外宣工作者以先进为榜样，围绕中心、服务大局，唱响昭阳正能量，提振干部群众精气神，充分发挥宣传思想文化工作在推进经济社会发展中的独特优势和作用，为昭阳跨越发展新时代摇旗呐喊、鼓劲加油。

中共昭阳区委

昭阳区人民政府

2019年1月21日

昭阳区人民政府 关于表彰2018年年度计划生育协会工作先进单位和先进个人的决定

各乡、镇人民政府,街道办事处,区直各部门:

2018年,昭阳区计生协会在区委、区政府的高度重视下,在省、市计生协会的关心指导下,深入学习贯彻党的十九大和十九届一中、二中、三中全会精神及中国计生协八届三次全国理事会、省计生协五届二次理事会和市计生协"二代会"精神,紧紧围绕宣传教育、生殖健康咨询服务、优生优育指导、计生家庭帮扶、权益维护和流动人口服务六项工作任务,全区计生协会工作取得明显成效,涌现出一大批先进单位和个人。为充分调动各级计生协会工作积极性,进一步推进计生协会工作持续健康发展。经研究,决定对2018年年度计生协会工作中作出突出贡献的先进单位和先进个人给予表彰。

受表彰的先进单位和先进个人如下:

一、计划生育协会工作先进单位(5个)

龙泉办事处计划生育协会、太平办事处计划生育协会、苏家院镇计划生育协会、大山包镇计划生育协会、石头塘社区计划生育协会

二、计划生育协会先进个人(22名)

凤凰办事处:李金龙 孟 清
龙泉办事处:刘 琼 李善勇
太平办事处:陈 玲 马 波
旧圃镇:刘大发
守望乡:马 景
小龙洞乡:王荣祖
永丰镇:张钰雯
布嘎乡:赵声斌
洒渔镇:刘兴武
乐居镇:徐 燕
苏家院镇:顾邦朝
苏甲乡:马俭维
青岗岭乡:王书亮
靖安镇:李 坤
盘河镇:梅志辉
大山包镇:金昌波
炎山镇:袁安芬
田坝乡:袁开国
区计生协会:周永惠

希望受表彰的先进单位和先进个人戒骄戒躁、再接再厉,在今后的工作中再创佳绩。同时,希望全区各级各部门和全体干部群众以受表彰的先进单位和先进个人为榜样,努力工作,积极进取,为我区计生协会工作持续健康发展作出新的更大的贡献。

昭阳区人民政府
2019年2月28日

昭阳区人民政府 关于表彰奖励2018年年度见义勇为先进个人的决定

各乡镇、街道党（工）委、政府（行政），区委各部委办局室，区级国家机关各委办局，区直各人民团体和企事业单位，中央、省、市驻昭阳区单位：

2018年，全区各族人民深入学习贯彻落实习近平新时代中国特色社会主义思想和党的十九大精神，大力培育和践行社会主义核心价值观，切实加强思想道德建设，人民群众自觉维护社会治安的积极性进一步高涨，涌现出了一批见义勇为先进典型。他们在人民群众生命财产安全遭受危难时刻，英勇无畏、正义凛然，同违法犯罪和灾害事故进行英勇斗争，用实际行动彰显了中华民族的传统美德，谱写了一曲曲新时代的正气歌。为表彰见义勇为行为，弘扬社会正气，决定授予在抢救他人生命过程中牺牲的任继彦同志"昭阳区见义勇为先进个人"称号，并奖励人民币5万元。

希望全区各级各部门大力宣传见义勇为群体和个人英勇事迹，努力营造全社会关心关爱见义勇为人员、积极参与支持见义勇为事业的良好氛围，进一步推动见义勇为事业持续健康发展；各族干部群众要以他们为榜样，勇于同各类违法犯罪行为作斗争，自觉维护国家和集体利益，保护人民群众生命财产安全，为创建平安昭阳，构建和谐昭阳作出新的贡献！

昭阳区人民政府
2019年3月1日

中共昭阳区委 昭阳区人民政府
关于表扬2018年年度脱贫攻坚先进个人的决定

各乡镇、街道党(工)委、政府(行政),区委各部委办局室,区级国家机关各部委办局,区直各人民团体和企事业单位,中央、省、市驻昭阳区单位:

2018年,全区上下高举习近平新时代中国特色社会主义思想伟大旗帜,严格按照中央、省、市关于坚决打赢脱贫攻坚战的各项决策部署,坚持以脱贫攻坚统领经济社会发展全局、以党的建设统领推动各项工作落实"双统领",强化铁的纪律和硬的作风"双保障",努力实现党的建设和脱贫攻坚"双推进",各项工作稳步推进、成效显著,涌现出了一批敢担当、善作为,攻坚克难、实绩突出的党员干部。为表扬先进、鞭策后进、鼓舞士气、凝聚力量,进一步激发广大党员干部聚力脱贫攻坚、奋发干事的激情,区委、区政府决定对马昌化等4名先进党委(党组)书记、何兴焕等10名先进党组织书记、施辉文等100名先进村(居)民小组长(小组党支部书记)予以表扬。

希望受表扬的先进个人珍惜荣誉,再接再厉,再立新功,继续发挥模范带头作用。全区各级党组织和广大党员干部要以他们为榜样,勇挑最重担子、敢啃最硬骨头,汇集一切力量、穷尽一切措施,为全区决胜脱贫摘帽、冲刺全面建成小康作出应有的贡献,以优异的成绩向新中国成立70周年献礼。

附件:昭阳区2018年年度脱贫攻坚先进个人名单

中共昭阳区委
昭阳区人民政府
2019年3月15日

附件:

昭阳区2018年年度脱贫攻坚先进个人名单

一、脱贫攻坚先进党委(党组)书记4名
马昌化　　永丰镇党委书记
李文韬　　靖安镇党委书记
铁雪梅　　布嘎乡党委书记
钟顺敏　　区市场监管局党委书记、局长

二、脱贫攻坚先进党组织书记10名
何兴焕　　青岗岭乡青岗岭村党总支书记
陈家富　　苏甲乡水井村党支部书记
游光平　　乐居镇中河村党支部书记
黄河兵　　凤凰街道石头塘社区党总支书记
黄明才　　北闸镇北闸社区党总支书记

马光数　永丰镇新民社区党总支书记
李　玲　龙泉街道环城北路社区党支部书记、主任
王寿忠　旧圃镇旧圃社区党总支书记
刘仁泽　靖安镇洪家营村总支书记、主任
袁　涛　炎山镇炎山村党总支书记

三、脱贫攻坚先进村（居）民小组长（小组党支部书记）100名

施辉文　永丰镇青坪村第5小组组长
马仲吉　永丰镇新民社区第14小组组长
孔令龙　永丰镇新民社区第13小组组长
张文富　永丰镇元龙村第9小组组长
范锦元　永丰镇三甲村第6小组组长
虎巧兰　小龙洞乡小米村第5小组组长
虎良伟　小龙洞乡龙汛村第5小组组长
马兴稳　小龙洞乡小堖包村第6小组组长
袁云富　小龙洞乡宁边村第4小组组长
马良书　小龙洞乡中营村第10小组组长
柳立朝　田坝乡水屯村第23小组组长
杜现华　田坝乡酒房村第8小组组长
王易泽　田坝乡田坝村第9小组组长
杨发荣　田坝乡二坪村第10小组组长
杨发顺　田坝乡二坪村第13小组组长
李建有　苏家院镇双河村第16小组组长
王国奎　苏家院镇坪子村第2小组组长
文洪汝　苏家院镇苏家院村第14小组组长
陶泽文　苏家院镇迤那村第15小组组长
锁云早　守望乡刘家海子社区第12小组组长
马二林　守望乡卡子村第五党支部书记
马永湘　守望乡八仙营村第四党支部书记
马　旭　守望乡葫芦坪村第三党支部书记
马玉芬　守望乡水井湾社区第6小组组长
刘朝喜　青岗岭乡青岗岭村第10小组组长
廖成贵　青岗岭乡大营村第20小组组长
李传金　青岗岭乡青岗岭村第20小组组长
李才勇　青岗岭乡大营村第22小组组长
赵庆显　青岗岭乡乐德古村第19小组组长
王建国　龙泉街道白坡社区第6小组组长兼调解员
李世华　龙泉街道集中社区纳舒寨党支部书记、第8小组组长
陈光珍　龙泉街道环北路社区第9小组组长
蒋德琼　龙泉街道枫园社区第13小组组长
赵声荣　龙泉街道珠泉路社区第10小组组长
陈家顺　龙泉街道公园路社区第3小组组长
余朝芬　龙泉街道北正街社区第3小组组长
马增勤　龙泉街道崇义社区第1小组组长

祖守亮	苏甲乡布初村第18小组组长
钟兴发	苏甲乡车噜村第4小组组长
季清显	苏甲乡桂花箐村第2小组组长
陈明国	苏甲乡瓜寨村第19小组组长
陈昌友	苏甲乡布兴村第10小组组长
范怀胜	旧圃镇红泥闸村第五党支部书记
高必虎	旧圃镇锦屏村第八党支部书记
刘顺贵	旧圃镇土城村第一村民小组党支部书记、小组长
周世学	旧圃镇三棵树村第二村民小组党支部书记、小组长
饶友诚	旧圃镇后海村第一党支部书记
高阳生	旧圃镇三善堂村第七党支部书记、小组长
韩明友	太平街道水平社区柳树闸党支部书记
崔汝志	太平街道石渣河社区第十八党支部书记
向玉明	太平街道永乐社区诸葛营党支部书记
周乐彦	太平街道石渣河社区第十九党支部书记
陈光彩	太平街道石渣河社区第17小组组长
李正发	炎山镇炎山村第29小组组长
许林学	炎山镇炎山村第27小组组长
陈家国	炎山镇松乐村第4小组组长
梁龙顺	炎山镇松乐村第2小组组长
孙荣富	北闸镇邓子村第4小组组长
刘克建	北闸镇北闸社区第7小组组长
周锦朴	北闸镇邓子村第三党支部书记
钱文照	北闸镇新田村第12小组组长
艾永凤	北闸镇新田村第四党支部书记
洪稳昌	北闸镇海坝村第19小组组长
张广学	北闸镇海坝村第一党支部书记
李文荣	北闸镇白坡塘村第五党支部书记
徐坤跃	布嘎乡布嘎村第六党支部书记
高 军	布嘎乡花鹿坪村第6小组组长
甄朝兵	布嘎乡迎水村第16小组组长
王宗富	布嘎乡花鹿坪村第15小组组长
张泽满	布嘎乡花鹿坪村第12小组组长
曹玉国	大山包镇合兴村第1小组组长
杜远明	大山包镇马路村第4小组组长
张广锦	大山包镇老林村第二党支部书记
李寿林	凤凰街道学庄社区第7小组组长
段兴昌	凤凰街道和平社区第1小组组长
王 新	凤凰街道凤凰社区第7小组组长
蒲正仁	凤凰街道凤凰社区第4小组组长
刘清松	凤凰街道荷花社区第8小组组长
韩光毕	乐居镇上街村第九党支部书记
陈仁耀	乐居镇新河村第15小组组长

范荣建　乐居镇乐居村第5小组组长
秦明朝　乐居镇中河村第21小组组长
温联舜　乐居镇中河村第12—13组党支部书记
马　熙　靖安镇小堡子村第二党支部书记
王从凡　靖安镇大坪子村第8小组组长
穆志祥　靖安镇碧海村第16小组组长
锁贤平　靖安镇碧凹村第4小组组长
毛明江　靖安镇百顺村第7小组组长
雷加文　大寨子乡大寨子村第1小组组长
周顺龙　大寨子乡大寨子村第15小组组长
夏维美　大寨子乡新林村第8小组组长
张顺德　大寨子乡窝凼村第7小组组长
王开富　盘河镇头寨村第8小组组长
麻望江　盘河镇五寨村第4小组组长
杨明武　盘河镇大花村第2小组组长
钟明勇　洒渔镇三台村第12小组组长
孙继沛　洒渔镇巡龙村第15小组组长
刘平飞　洒渔镇白鹤村第8小组组长
李光巧　洒渔镇大桥村第9小组组长
钟兴凤　洒渔镇三台村第12小组组长

中共昭阳区委办公室　昭阳区人民政府办公室关于表彰昭阳区2018年年度安全生产工作先进集体和先进个人的决定

各乡镇、街道党(工)委、政府(行政)，区委各部委办局室，区级国家机关各委办局，区直各人民团体和企事业单位，中央、省、市驻昭阳区单位：

2018年，全区安全生产工作严格按照"党政同责、一岗双责、齐抓共管"的要求，不断强化责任落实，深入开展"安全生产大检查"和"打非治违"活动，全面进行隐患排查，大力推进宣传教育，全区安全生产形势稳定，为全区经济社会发展和人民生命财产安全提供了坚实的安全保障，在安全生产监管工作中涌现出了一批成绩显著的先进集体和先进个人。为树立典型、鼓励先进，经过考核评审，区委、区政府决定对区政府办等23个安全生产工作先进集体、区安监局等3个安全生产大检查长效机制工作先进集体、华新水泥(昭通)有限公司等10个安全生产大检查长效机制工作优秀企业和马凌锋等96名安全生产工作先进个人予以表彰。现将受表彰的先进集体、优秀企业和先进个人通知如下：

一、安全生产工作先进集体(23个)

区政府办、区工科局、区卫计局、区交运局、区财政局、区安监局、区市场监督管理局、区公安分局、区交警一大队、区交警二大队、区道路运输管理分局、区综合执法局、区消防大队；龙泉街道党工委、行政，永丰镇党委、政府，北闸镇党委、政府，大山包镇党委、政府，盘河镇党委、政府，洒渔镇党委、政府，苏甲乡党委、政府，大寨子乡党委、政府，守望乡党委、政府，小龙洞乡党委、政府。

二、安全生产大检查长效机制工作先进集体(3个)

区安监局、昭阳工业园区、区工科局。

三、安全生产大检查长效机制工作优秀企业(10个)

华新水泥(昭通)有限公司、云南省中石化燃气有限公司昭通分公司、云南省2013~2017年城市棚户区改造项目(一期)—太平片区(二期)桃源社区安置点建设项目、云南昭通交通运输集团有限责任公司客运旅游服务分公司、中国石化销售有限公司云南昭通昭阳石油分公司、华润新能源光伏发电(昭通)有限公司、昭通月中桂食品有限责任公司、昭通画苑酒店管理有限公司、昭通金塔实业有限公司、昭通安通包装材料有限公司。

四、先进个人(96名)

区委办：马凌锋、徐明斌

区委组织部：温胤彬

区委政法委：童堂华

区委宣传部：王雅婷

区纪委监察委：崔光荣、陈　晨

区新闻中心：邱　俊

昭阳工业园区：娄高全

区政府办：张永志、马行键

区安委办：周　勇、尹佳崦

区发改局：朱　明

区工科局:孙华金、陆光勇、汤朝兵
区公安分局:雷　勇、宗　民
区教育局:周开勇、陈　鑫
区民政局:王　能
区司法局:汪海鹰
区财政局:陆　琼
区人社局:赵泽昌
区环保局:高　刚
区住建局:李寿贵、谭清慧
区交运局:李斌亮、张兵
区农业局:刘世界
区林业局:马连芳
区水务局:黄泽伟、张广文
区文体局:罗　昆
区卫计局:李文洲
区审计局:陶永繁
区旅游局:杨　柳
区安监局:潘炜臣、宋利平、林雯雪
区市场监督管理局:马　锷、崔凤鸣、郑昌发
区综合执法局:彭　松、晋春丽
区交警一大队:祖　鹏、潘文祥
区交警二大队:阳先靖、范应刚
区道路运输管理分局:郑阳锟
区总工会:张林青
团区委:赵　丹
区国土分局:张　勇、郑　剑
区气象局:牛贵成
区消防大队:杨　勇、刘林高
区广电分局:高亚莉
太平街道:杨秀敏、沈远荣
龙泉街道:甄朝刚、刘松
凤凰街道:魏佳宁、刘永令
北闸镇:洪应昌、刘明荣
永丰镇:张钰雯、刘平波
旧圃镇:陈　伟、陈书华
盘河镇:谢　天、赵礼中
洒渔镇:申云雄、张世能
乐居镇:罗　刚、徐　燕
苏家院镇:顾邦朝、蒋仕万
靖安镇:马锐锋、邱恒林
大山包镇:李胜盛、范怀德

炎山镇:高兴怀
守望乡:虎尊华、李朝吾
布嘎乡:周兆柱
小龙洞乡:虎发斌
苏甲乡:张　亮、蒋开卫
青岗岭乡:李绍宏、蔡荣海
大寨子乡:肖华兵、赵泽平
田坝乡:王　众、柳建成

希望受表彰的单位、企业和个人珍惜荣誉,戒骄戒躁,再接再厉,再创佳绩。同时,希望各部门要以先进为榜样,进一步强化安全生产红线意识,狠抓各项工作落实,努力创造良好的安全生产环境,进一步开创我区安全生产工作新局面,为构建"和谐昭阳,平安昭阳"作出新的更大贡献。

中共昭阳区委办公室
昭阳区人民政府办公室
2019年4月9日

昭阳区人大常委会 关于表彰区五届人大二次会议代表议案和建议办理先进单位的决定

昭阳区第五届人民代表大会第二次会议以来,各代表议案、建议办理单位认真履行职责,严格办理程序,注重办理实效,一批人民高度关注的事关振兴发展、事关人民福祉的重大民生问题得到解决,树立了政府勤政为民、务实高效的良好形象,有力地推动了我区经济建设和社会发展。代表议案、建议办理工作取得了可喜成绩。

为激励先进,树立榜样,推动代表议案、建议办理工作更上新台阶,经区人大常委会主任会议研究,决定对区政府办公室、区教育体育局、区财政局、区交通运输局、区住建局、区综合执法局、区水务局七个代表议案、建议办理工作先进单位予以表彰。

希望受表彰的单位再接再厉,发扬成绩,摒弃不足,不断提高代表议案、建议办理质量和水平。各办理单位要向受表彰的单位学习,以更加扎实的作风、更加负责的态度,不断健全完善工作机制,落实工作责任和措施,切实提高代表议案、建议的落实率和满意度,为助推全区经济社会发展作出应有的贡献!

昭阳区人大常委会
2019年4月10日

昭阳区人民政府关于表彰教育系统第九届"学科带头人、教学能手、教学新秀"的决定

各乡、镇人民政府,街道办事处,区直各相关部门:

根据昭阳区第九届"学科带头人、教学能手、教学新秀"评选活动方案要求,教育系统参赛教师通过学校初赛、片区复赛、全区决赛,并经各学科评委组认真评审,已评选出教育系统第九届"学科带头人、教学能手、教学新秀"。为树立典型,表彰先进,激励创新,经区人民政府研究,决定对全区教育系统第九届"学科带头人、教学能手、教学新秀"进行表彰。

希望受表彰的老师珍惜荣誉,再接再厉,继续发挥模范带头作用。望全区广大教育工作者以先进为榜样,弘扬高尚师德,潜心立德树人,更新教育理念,推进教学改革,加强教学研究,为办好全区人民满意的教育作出更大的贡献。

附件:昭阳区教育系统第九届"学科带头人、教学能手、教学新秀"人员名单

昭阳区人民政府
2019年4月19日

附件:

昭阳区教育系统第九届"学科带头人、教学能手、教学新秀"人员名单

一、学科带头人(10人)

(一)中学(3人)

1. 数学

太平中学:胡同敏

北闸中学:朱良兵

2. 美术

凤凰中学:王淼

二、小学(7人)

1. 语文

昭阳区二小:刘智艳

2. 数学

昭阳区五小:夏维波

3. 英语

北城小学:蒋德勇

南城小学:王琼

4. 美术

昭阳区五小:缪成

5. 体育

昭阳区五小：周宗顺

6. 音乐

昭阳区一小：狄琴

三、教学能手（140人）

（一）中学（50人）

1. 语文（8人）

昭阳区四中：顾红

永丰中学：严为君

北闸中学：姜仁锐

旧圃中学：周兆斌

区一中：王国燕

凤凰中学：邝敏

区一中：钱旭

华宇学校：冀勇

2. 数学（7人）

区二中：常莉、马莉媚

青岗岭中学：李敏

永丰中学：周广正

区三中：耿昭丽

盘河中学：张兴荣

凤凰中学：吕艳

3. 英语（7人）

青岗岭中学：罗丹

区二中：宋克萍

永丰中学：张亚松

苏甲中学：王文莲

太平中学：张举斌

区一中：许绪会

小龙洞中学：马敏玉

4. 信息技术（9人）

洒渔中学：刘建涛

区四中：马明正

永丰中学：顾磊

北闸中学：王超井

区三中：胡群梅

华宇特色学校：肖云松

苏家院中学：赵申芬

守望中学：陈涛

小龙洞中学：付云

5. 体育（10人）

区一中：龙滇、王正斌

青岗岭中学：张浩

小龙洞中学:丁凤英
凤凰中学:张强
太平中学:温月丽
大寨中学:赵升华
华宇学校:钱德龙
洒渔中学:周启忠
区四中:袁勇

6. 音乐(6人)
青岗岭中学:吴永庆
苏家院中学:王丽明
凤凰中学:蔡兰
太平中学:王国勇
旧圃中学:谷梅
北闸中学:翁林武

7. 美术(3人)
永丰中学:毛朝鲜
守望中学:施丽莎
区二中:平苹

(二)小学(90人)

1. 语文(15人)
区三小:徐显彩、李美云
区五小:范广敏、侯明琼
洒渔中心校:丁宇、石坚
区四小:黄传丽
苏家院中心校:李章琼
华宇特色学校:祁仕红
区一小:李光芬
大寨中心校:关海强
龙泉中心校:孔祥菊
北城小学:李世稳
东城小学:李晓滢
凤凰中心校:王吉娟

2. 数学(13人)
区四小:乔星
东城小学:薛芳
区三小:顾开伟、温树坤
洒渔中心校:钟艳
区五小:郑媛
南城小学:程宗凡
布嘎乡中心校:王文彦
华宇特色学校:刘晓梅
区一小:李顺雄
北城小学:杨德玲

苏家院中心校：柳旭

太平中心校：李芳

3. 音乐(13人)

南城小学：米世雄

区二小：刀娅

区五小：谢丽

区三小：赵金燕、李瞭辽

太平中心校：赖玉娇

小龙洞中心校：余添海

东城小学：郭必慧

永丰中心校：唐萍

凤凰中心校：罗保俊

区四小：杨迎春

华宇学校：张汝琳

布嘎中心校：何海斌

4. 美术(10人)

区五小：黄定安

区一小：唐芳云

区三小：周厚省

龙泉中心校：彭文彬

守望中心校：李维艳

南城小学：宋艾清

旧圃中心校：赵声良

华宇特色学校：唐聪

区二小：刘国仁

西城小学：邹彬

5. 体育(13人)

北城小学：沈丽莎

区四小：罗鳃

凤凰中心校：马培梅

区三小：刘艳、李江

区一小：姚应龙

太平中心校：李世斌

区二小：陈国敏

华宇学校：伍维

东城小学：吴光元

靖安中心校：黄绍鑫

旧圃中心校：王崧

西城小学：许朝文

6. 英语(13人)

区四小：叶海燕

区三小：保建敏、周凤飞

区二小：马凤琼

布嘎乡中心校:李耀华
区五小:周雪娇
青岗岭中心校:白友翠
苏家院中心校:张广敏、龚晓艳
区五小:邓兴艳
守望中心校:万亿玲
区一小:黄呈月
龙泉白坡小学:范梅

7. 信息技术(13人)

区三小:唐章伟、胡元德
区五小:陈智洪
区一小:陈书敏
区四小:陈玥
区二小:孟选波
华宇特色学校:秦玉
太平中心校:付德兰
北城小学:赵丽华
永丰中心校:马翠萍
龙泉中心校:雷阳波
布嘎中心校:岳廷飞
北闸中心校:崔论文

四、教学新秀(47人)

(一)中学(28人)

1. 语文(5人)

苏家院中学:张兆锦
布嘎中学:杜娟
田坝中学:聂佳宇
炎山中学:杨梅
洒渔镇中学:陈恭翠

2. 数学(4人)

苏家院中学:浦仕府
小龙洞中学:王小雪
炎山中学:廖朝顺
区三中:付娟

3. 英语(5人)

苏家院中学:吴太菊
乐居中学:陈俊玲
区二中:夏丽萍
区一中:刘维琼
区三中:张保英

4. 信息技术(3人)

乐居中学:江美滢
青岗岭中学:许长红
炎山中学:张雪梅

5. 美术(4人)

小龙洞中学:毛志娥

青岗岭中学:李凯

布嘎中学:吴珊

北闸中学:杨洪伟

6. 音乐(5人)

小龙洞中学:刘宏炜

洒渔中学:唐统波

布嘎中学:代余欣

乐居中学:蔡文艳

大寨中学:谭玉美

7. 体育(2人)

区二中:冉敏

乐居中学:黄啟杰

(二)小学(19人)

1. 语文(1人)

青岗岭中心校:史珊珊

2. 数学(3人)

大山包中心校:李政英

靖安镇中心校:仲显丽

青岗岭中心校:饶汝丽

3. 美术(5人)

区四小:朱东升

炎山中心校:高家梅

田坝中心校:陈红

苏甲中心校:符明伦

大山包中心校:周芳

4. 音乐(3人)

区五小:王利平

旧圃中心校:陈思思

北城小学:向桂花

5. 体育(2人)

田坝中心校:李章航

乐居中心校:周运涛

6. 英语(3人)

永丰镇中心校:刘明燕

靖安中心校:邓明燕

炎山中心校:宗光兰

7. 信息技术(2人)

大寨中心校:冯雷全

乐居中心校:卯昌洪

中共昭阳区委办公室 昭阳区人民政府办公室关于表彰2018年年度综治维稳 扫黑除恶 禁毒 信访工作先进集体和先进个人的决定

各乡镇、街道党（工）委、政府（行政），区委各部委办局室、区级国家机关各委办局，区直各人民团体和企事业单位，中央、省、市驻昭阳区单位：

2018年，全区综治维稳、扫黑除恶专项斗争、禁毒、信访工作的各级各部门坚持以习近平新时代中国特色社会主义思想为指导，深入学习贯彻党的十九大和中央、省、市、区政法工作会议精神，树牢"四个意识"，坚定"四个自信"，拼搏奋进、务实苦干、锐意进取，有力维护了全区社会大局和谐稳定。

工作中，涌现出了一批先进集体和先进个人。为表彰先进，树立典型，进一步激发广大干部职工的积极性和主动性，推动全区综治维稳和信访各项工作再上新台阶，经区委、区政府研究，决定对全区综治维稳、扫黑除恶、禁毒、信访工作成绩突出的先进集体和先进个人予以表彰。

一、综治维稳工作6个先进集体和10名先进个人

（一）先进集体区

综合执法局、区司法局、区市场监督管理局、龙泉街道、旧圃镇、炎山镇

（二）先进个人

王禄义　区禁毒办主任、区应急管理局局长
邓龙启　区委宣传部外宣办副主任
鄢显浩　区检察院副检察长
代顺文　区公安分局党委委员、指挥中心主任
钟顺敏　区委组织部副部长、区人社局局长
刘兴慧　区妇联副主席
马　志　区司法局基层科科长
赵泽云　龙泉街道党工委书记
钟　睿　旧圃镇政法副书记
王明飞　炎山镇副镇长

二、扫黑除恶工作5个先进集体和5名先进个人

（一）先进集体

区委组织部、区委宣传、区扫黑办、区公安分局、凤凰街道

（二）先进个人

高　燕　区委巡察办主任
蒋世平　区委宣传部副部长
周贤书　区扫黑办工作人员
廖政辉　区公安分局刑侦大队副大队长
夏凤祥　凤凰街道行政主任

三、禁毒工作5个先进集体和10名先进个人

（一）先进集体

区禁毒办、区财政局、洒渔镇、小龙洞乡、苏甲乡

(二)先进个人

曾　姜	区公安分局民警、区禁毒办工作人员
马兰柳	区禁毒办工作人员
唐　鸿	区市场监管局执法大队大队长
张　锦	区卫健局艾滋病防治科科长
杨文琼	旧圃镇综治办主任、社戒社康办主任
陈绍斌	苏家院镇副镇长
马　波	小龙洞乡综治办主任、社戒社康办主任
曹国勇	守望乡社戒社康办主任
刘　熙	炎山派出所副所长
陈　庚	区一中纪检委员、安全副校长

四、信访工作3个先进集体和10名先进个人

(一)先进集体

昭阳区综合执法局、昭阳区龙泉街道、昭阳区盘河镇

(二)先进个人

童堂华	区政法委工作人员
田　辉	区工业园区纪工委副书记
毕　宇	区规划编制服务中心副主任
李新文	区直党工委副书记
李玉晶	区信访局工作人员
李国义	太平街道信访办主任
铁　帅	永丰镇政法副书记
李才陇	布嘎乡政法副书记
马锐锋	靖安镇副镇长
夏文健	炎山镇信访办主任

希望受表彰的先进集体和先进个人要珍惜荣誉,戒骄戒躁,奋发有为,再创佳绩。全区各级各部门和广大干部职工要以先进为榜样,锐意进取、敢于担当,切实履行好职责使命,不断开创我区综合治理工作新局面,为建设法治昭阳、平安昭阳、和谐昭阳作出新的更大贡献。

中共昭阳区委办公室
昭阳区人民政府办公室
2019年5月10日